NOTICES BIOGRAPHIQUES

LES
ÉVÊQUES DE QUÉBEC

PAR

MONSEIGNEUR HENRI TÊTU

CAMÉRIER SECRET DE SA SAINTETÉ LÉON XIII

Aumônier de l'Archevêché de Québec

QUÉBEC
NARCISSE-S. HARDY, ÉDITEUR
1889

NOTICES BIOGRAPHIQUES

LES

ÉVÊQUES DE QUÉBEC

PAR

MONSEIGNEUR HENRI TÊTU

CAMÉRIER SECRET DE SA SAINTETÉ LÉON XIII

Aumônier de l'Archevêché de Québec

QUÉBEC
NARCISSE-S. HARDY, ÉDITEUR.
1889

Enregistré, conformément à l'Acte du Parlement du Canada, par NARCISSE-S. HARDY, en 1889, au bureau du Ministre de l'Agriculture, à Ottawa.

Typographie d'Aug. Côté et Cie

DÉCLARATION DE L'AUTEUR

Si nous donnons à certains évêques et à d'autres personnages dont il est parlé dans cet ouvrage, le titre de saint, et si nous parlons de quelques miracles attribués aux mêmes, nous déclarons qu'en cela nous n'avons eu nullement l'intention de prévenir le jugement de l'Église.

AVANT-PROPOS

L'histoire de l'église du Canada est encore à écrire, mais l'historien n'est plus à trouver ; et la vie de Mgr de Laval, qui paraîtra bientôt, prouvera que M. l'abbé A. Gosselin est à la hauteur de la tâche. Nous ne sommes que le modeste précurseur de cet écrivain distingué, et notre but, en publiant ces notices biographiques sur les évêques de Québec, est de préparer les lecteurs à une étude plus approfondie de nos annales ecclésiastiques.

Il est temps de faire connaître les prélats qui ont occupé le premier siège épiscopal du Canada, depuis Mgr de Laval, qui en a été le fondateur, jusqu'à Son Éminence le cardinal Taschereau, qui en est la gloire la plus éclatante. L'église de Québec peut être fière de ses évêques ; elle-même ne pourra que gagner à rappeler le souvenir des chefs qui, depuis deux siècles, l'ont dirigée avec tant de sagesse et l'ont illustrée par tant de vertus.

Après avoir publié, de concert avec M. l'abbé C. O. Gagnon, les lettres pastorales des évêques, ces monuments impérissables de la pureté de leur doctrine, il nous appartenait, il semble, de raconter les faits les plus saillants de leur carrière apostolique. Nous avons refait avec soin les courtes notices biographiques publiées en même temps que les « Mandements des évêques de Québec » et en les réunissant dans un volume spécial illustré de dix-sept portraits, nous les mettons à la portée de tous les âges et de toutes les intelligences. Les enfants eux-mêmes apprendront à connaître ceux qui furent les pères de leur patrie comme de leur église, et ils graveront dans leur mémoire les traits de leurs augustes visages en même temps que les traits édifiants de leur vie.

Nous n'avons pas ménagé les citations, et, chaque fois qu'il a été possible, nous nous sommes effacé pour faire parler les évêques eux-mêmes, soit par le moyen de leurs mandements, soit par celui de leur correspondance. Et comme notre œuvre n'est pas celle d'un panégyriste, nous avons raconté tous les faits qui nous ont paru les plus propres à montrer tels qu'ils étaient, ceux dont nous écrivons la vie, sans omettre les actes épiscopaux qui donnent le plus de prise à la critique. C'est au reste la seule manière d'écrire l'histoire, et l'épiscopat canadien n'aura pas à en souffrir. Si les évêques de Québec ne furent pas tous des Laval et des Plessis, tous, on peut le dire, furent de vertueux ecclésiastiques, et plusieurs moururent en odeur de sainteté. Ce livre sera donc édifiant dans son ensemble, sinon dans tous ses détails, et nous avons la confiance qu'il sera instructif pour le grand nombre des lecteurs ; après en avoir parcouru les humbles pages, ils comprendront mieux quelle large et glorieuse part appartient aux évêques de Québec dans les événements les plus importants de notre histoire.

Mgr DE LAVAL

CHAPITRE I

Naissance de Mgr de Laval.—Sa vie à l'hermitage de Caen.—Il est nommé vicaire apostolique de la Nouvelle-France.—Son départ.—État de l'église du Canada.

Mgr de Laval naquit, le 30 avril 1622, à Montigny-sur-Avre, canton de Brézolles, diocèse de Chartres, département d'Eure-et-Loir. Son père Hugues de Laval était seigneur de Montigny et de Monbaudry, sa mère s'appelait Michelle Péricard.

Le jeune de Laval fit ses études chez les Jésuites de Laflèche, reçut la tonsure en 1631, et fut fait chanoine d'Évreux trois ans plus tard. Héritier en même temps, par la mort de son frère aîné, du nom et des biens de sa famille, il renonça à ces avantages en faveur d'un plus jeune frère, pour suivre l'attrait qui le poussait vers Dieu seul. Ainsi se manifestaient, dès ses plus tendres années, cet esprit de détachement, ce mépris des richesses qui lui inspirèrent par la suite tant d'actes sublimes, tant d'obscurs dévouements.

Ayant terminé sa théologie à Paris, il reçut la consécration sacerdotale, le 23 septembre 1647, à l'âge de vingt-cinq ans. A cette époque, existait à Paris une pieuse congrégation fondée au Faubourg Saint-Marceau par le père Bagot, et qui plus tard donna naissance à la maison des Missions Étrangères. L'abbé de Montigny, c'est ainsi qu'on le nommait alors, faisait partie de cette association érigée sous le vocable de la sainte Vierge. Ces réunions se composaient des hommes du temps, les plus distingués par leur naissance, leurs talents et leurs vertus. L'un d'eux, M. des Maizerets, suivit Mgr de Laval au Canada, où il le seconda merveilleusement en tout.

Plus tard, on retrouve ce groupe d'élite chez M. de Bernières de Louvigny, trésorier général à Caen, la congregation de Paris ayant été dissoute par les événements politiques qui agitaient alors la capitale. L'Hermitage, comme on appelait la maison de M. de Bernières, devint une sorte de cénacle, où s'épanouirent, comme dans un jardin merveilleux, les fleurs de toutes les vertus. Là, Dieu, la science, la charité, se partageaint tous les instants. Qui dira les oraisons, les jeûnes, les macérations, les veilles, les travaux intellectuels du futur apôtre, pendant les quatre années de son séjour dans cette demeure bénie!

Un attrait également puissant le poussait vers les œuvres de miséricorde corporelle. C'est ainsi qu'il surpassa tous ses émules, au nombre desquels se trouvaient MM. de Mézy, Dudouyt et des Maizerets, dans le zèle qu'il déploya en faveur des malades de l'Hôtel-Dieu. Lui, le rejeton d'une famille illustre, se faisait, à l'instar de saint François-Xavier, le serviteur de ces malheureux, auxquels il rendait les services les plus abjects. « On l'a vu de plus, dit l'auteur des Mémoires de la vie de Mgr de Laval, faire plusieurs longs pèlerinages, à pied, sans argent, mendiant son pain, et cacher à dessein son nom, afin de ne rien perdre de la confusion, du mépris et des mauvais traitements ordinaires dans ces occasions et qui ne lui furent pas épargnés. Il s'en félicitait comme les apôtres, et remerciait Dieu d'avoir quelque chose à souffrir pour son amour. »

Quelques-unes des œuvres de l'abbé de Montigny revêtent, dès cette époque, un caractère de publicité : témoin la réformation des Hospitalières de Caen, qui s'étaient départies de leur sévérité primitive et dont il fut nommé directeur. Il entreprit, dans l'intérêt de ces religieuses, un voyage à la cour, qui le fit apprécier de la reine Anne d'Autriche, régente du royaume.

Comme, dès l'année 1651, on parlait d'envoyer un évêque dans la Nouvelle-France, il ne faut pas s'étonner si M. de Laval, une fois connu, réunit tous les suffrages. Son courage, son zèle tout apostolique, son culte pour la pauvreté évangélique, ne le mettaient-ils pas à la hauteur de la position à la fois pleine d'honneur et de difficultés qu'on lui offrait, et n'expliquaient-ils pas l'insistance qu'on mit à la lui faire accepter?

Cependant la perspective de cette dignité redoutable effrayait son humilité. Un autre, selon lui, était plus apte aux fonctions sublimes de l'épiscopat. Partir en qualité de simple missionnaire, voilà où se bornait son ambition. Mais Dieu avait sur lui des vues plus élevées et depuis longtemps il préparait son serviteur pour en faire le premier évêque du Canada. La reine et M. de Bernières furent les principaux instruments dont la Providence se servit pour faire connaître ses adorables desseins à M. de Laval, et leurs instances réunies finirent par triompher de ses humbles refus.

Préconisé au mois de mai 1658, l'abbé de Montigny reçut d'Alexandre VII les bulles qui le faisaient évêque de Pétrée *in partibus infidelium* et vicaire apostolique de toute la Nouvelle-France.

Enfin, le 8 décembre 1658, le nonce du Pape, assisté de Mgr Abelly, évêque de Rhodez, et de Mgr du Saussaye, évêque de Toul, le sacrait évêque dans l'église abbatiale des Bénédictins de Saint-Germain-des-Prés, à Paris. M. de Laval n'avait alors que trente-cinq ans.

Il serait trop long d'énumérer ici les obstacles et les contrariétés que le prélat eut à subir, avant son départ pour le Canada. Nous devons nous borner à dire que ces épreuves venaient de l'archevêque de Rouen, qui s'était insensiblement accoutumé à regarder le Canada comme une partie de son diocèse, et qui n'entendait pas abandonner ce qu'il croyait être sa propriété.

Mgr de Laval ne se laissa pas dominer par cette opposition. Son devoir ne lui montrait qu'une autorité, celle du Pape. Fort de ce suprême appui, il s'embarqua pour sa nouvelle patrie, le jour de Pâques, 1659. Parmi ses compagnons de voyage, se trouvaient MM. Ango des Maizerets, Torcapel, Pèlerin, le jeune de Bernières, et le père Jérôme Lallemant, de la compagnie de Jésus.

Bien pauvre et bien misérable était la petite église qui attendait de l'autre côté des mers le jeune évêque et ses dignes coopérateurs. Les Récollets, on le sait, avaient été les premiers à évangéliser le Canada dès l'année 1615, et dix ans après les Jésuites étaient venus partager leurs travaux héroïques. Ce qu'ils eurent à souffrir dans leurs pénibles voyages à travers les forêts, ce qu'ils endurèrent pour la foi du Christ, ce qu'ils opérèrent de conversions parmi les sauvages, tout cela est raconté dans les admirables relations de ces intrépides missionnaires ; tout cela fera à jamais la gloire de ces deux ordres religieux comme l'honneur de l'église du Canada.

Après la prise de Québec par les Anglais, en 1629, tous les prêtres furent chassés de ce pays et se virent obligés de repasser en France. Le 13 juillet 1632, le traité de Saint-Germain-en-Laye remit la colonie entre les mains des Français, et les révérends pères Jésuites se hâtèrent de reprendre leurs missions canadiennes. Pendant vingt-cinq ans, ils furent à peu près seuls chargés de l'administration ecclésiastique de la Nouvelle-France, et, jusqu'à 1657, l'on ne compte pas plus de neuf prêtres séculiers qui y avaient exercé le saint ministère ; encore n'y demeurèrent-ils pour la plupart qu'un petit nombre d'années.

Les Récollets auraient vivement désiré revenir en même temps que les Jésuites, mais leur requête fut mise de côté par la compagnie des cent associés, qui dirigeait alors les affaires de la Nouvelle-France.

Enfin, en 1657, les Sulpiciens arrivèrent à Montréal et desservirent cet établissement qui, depuis sa fondation, avait été sous la direction des pères de la compagnie de Jésus.

La colonie était à cette époque dans un état vraiment déplorable : elle était épuisée par un demi-siècle d'épreuves et de luttes ; maladies contagieuses, guerres sans cesse renaissantes, incendies désastreux : tous les malheurs avaient fondu sur cet infortuné pays. Il était temps qu'un homme de Dieu vînt soutenir cette église naissante, au milieu de tant d'épreuves et de tant de dangers. Mgr de Laval était bien cet homme de Dieu : il avait, on le verra, toutes les qualités requises pour remplir la mission sublime qui lui était confiée ; il avait le cœur d'un apôtre et d'un saint, la sagesse et l'énergie d'un homme d'État.

CHAPITRE II

Arrivée.—Premiers actes épiscopaux.—Affaire de la juridiction.—Vente des boissons aux sauvages.—Rapports de Mgr de Laval avec les gouverneurs du Canada.

L'évêque de Pétrée arriva le 16 mai 1659 devant l'Ile-Percée, à l'entrée du fleuve Saint-Laurent. A peine fut-il débarqué, qu'il se mit de suite à travailler à la vigne de son divin Maître.

Voici comment s'expriment les Relations des Jésuites à l'occasion de l'arrivée de Mgr de Laval.

« Si les démons servent à convertir les sauvages et les sauvages à réduire les hérétiques, que ne devons-nous pas espérer du secours des anges tutélaires de ces contrées ? Notamment depuis que ces esprits y ont amené un homme angélique ; je veux dire Mgr l'évêque de Pétrée qui, en passant dans les limites de notre Acadie, a donné le sacrement de confirmation à cent quarante personnes, qui jamais peut-être n'auraient reçu cette bénédiction. » Québec, 16 octobre 1659.

Mgr de Laval mit un mois entier à remonter le Saint-Laurent.

« Il eut le loisir de contempler les deux rives de ce fleuve majestueux, dont la sublime grandeur lui faisait deviner l'immensité du pays qu'il devait évangéliser. Son œil d'apôtre se fixait ardemment et avec anxiété sur ces vastes forêts, abritant d'innombrables peuplades *assises à l'ombre de la mort*, et plongées dans les ténèbres de l'ignorance et de la barbarie. » (*a*)

Le 16 juin 1659, le vaisseau qui le portait jetait l'ancre devant le fier promontoire où, cinquante ans auparavant, Champlain avait jeté les assises de la première ville épiscopale du Canada.

Comment décrire la joie de la population se rendant en foule au-devant de son nouveau pasteur ?

Enfin Québec possédait un évêque ! Quel encouragement pour les missionnaires qui allaient trouver en Mgr de Laval, un père, un protecteur ! Quel gage de confiance pour les communautés naissantes, alors aux prises avec tant de difficultés ! ! Quel suprême appui pour tout le peuple canadien ! ! !

C'est au son des cloches et au bruit de l'artillerie, que l'éminent prélat, environné de ses compagnons et du vicomte d'Argenson, gouverneur de la Nouvelle-France, fit son entrée dans la ville.

Les Jésuites eurent l'honneur insigne de donner l'hospitalité au digne évêque, pendant les trois premières semaines de son séjour à Québec. L'Hôtel-Dieu, fondé par la duchesse d'Aiguillon, mit ensuite à sa disposition un appartement qu'il occupa pendant près de trois mois.

Le pensionnat des Ursulines, fondé par madame de la Peltrie, et auquel il fit faire une clôture séparée pour ne pas contrevenir aux règlements canoniques, devint sa troisième habitation.

Il accepta ensuite, pour trois ans, la maison même de madame de la Peltrie. Enfin il devint acquéreur d'une

---

(*a*) Paroles du cardinal Taschereau.

vieille demeure, qui fut plus tard l'emplacement du presbytère, et où vinrent le rejoindre, en 1662, MM. Dudouyt et de Bernières, neveu du trésorier général. Ce dernier devint plus tard premier curé de la ville et le premier doyen du chapitre.

Les premiers actes du ministère de Mgr de Laval à Québec s'exercèrent en faveur de la nation sauvage, laquelle était l'objet de ses pensées et de sa plus tendre sollicitude. A un enfant huron, il conféra le premier des sacrements, et peu après, il administrait les derniers à un adulte de la même tribu. Apprenant « la maladie de ce dernier, Mgr de Laval
» voulut, dit la mère de l'Incarnation, lui consacrer ses
» premiers soins et ses premiers travaux, donnant un bel
» exemple à nos sauvages, qui le virent avec admiration,
» prosterné près d'un pauvre moribond, qui sentait déjà le
» cadavre, et auquel il nettoyait de ses pauvres mains les
» endroits du corps où l'on devait faire les onctions sacrées. »

Heureux évêque s'il eût pu consacrer toute sa vie au service des humbles et des infortunés ! mais sa charge pastorale lui réservait bien d'autres soins, et l'obligea, dès son arrivée, à lutter contre des hommes qui auraient dû être les premiers à lui en faciliter l'exercice.

Il importait avant tout que l'autorité du vicaire apostolique fut publiquement reconnue. Malheureusement M. de Queylus, qui s'était déjà installé curé de la paroisse de Québec, en sa qualité de grand-vicaire de l'archevêque de Rouen, se croyait parfaitement indépendant du vicaire-apostolique.

Mgr de Laval, nommé par le Pape, appuyé sur l'opinion des cardinaux qui disaient que le *Canada n'était pas un diocèse de France*, ne pouvait, lui. admettre l'autorité de M. de Queylus, pas plus que celle de l'archevêque de Rouen ; aussi, le 3 août 1660, il publia un mandement pour ordonner à tous les ecclésiastiques du diocèse de ne reconnaître aucune autre juridiction que la sienne. M. de Queylus, qui n'était soutenu par personne, abandonna la partie et repassa en France, le 22 octobre suivant.

Cependant la lutte n'était pas encore terminée, car, en 1661, l'abbé de Queylus finit par obtenir à Rome, à force d'intrigues, une bulle d'érection de la cure de Montréal, pour soustraire cette ville à la juridiction du vicaire apostolique.

Le 3 août de la même année, il était de retour à Québec, et se présentait devant l'évêque de Pétrée qui. instruit de toutes ses menées et de l'erreur commise dans l'obtention de la bulle, lui défendit de se rendre à Montréal. L'abbé ne voulut pas obéir et, malgré une nouvelle défense, avec menace de censure, il partit dans la nuit du 5 au 6 août 1661. L'évêque eut l'indulgence de lui déclarer qu'il encourrait la suspense seulement dans le cas où il ne retournerait pas de suite à Québec pour y recevoir ses ordres. M. de Queylus n'obéit pas encore et encourut la peine ecclésiastique. Il ne descendit de Montréal que pour s'embarquer, le 22 octobre, sur le dernier bateau qui partait pour la France.

La conduite du saint évêque fut approuvée en tout par le souverain Pontife, qui défendit que l'on mît à exécution une bulle obtenue par la fraude.

On ne peut s'empêcher de regretter l'obstination que fit paraître l'abbé de Queylus en toute cette affaire. Du reste, c'était un prêtre zélé qui s'était acquis l'estime universelle pendant son séjour au Canada. Il y revint plus tard et fut accueilli à bras ouverts par Mgr de Laval.

A peine l'évêque eût-il remporté cette victoire, qu'il fut obligé de livrer de nouveaux combats, pour empêcher les Français de vendre des boissons enivrantes aux sauvages.

Voici ce que pensait la Mère de l'Incarnation sur ce commerce immoral et sur les ravages qu'il causait dans la colonie :

« Il y a eu ce pays des français si misérables et sans
» crainte de Dieu, qu'ils perdent tous nos nouveaux chré-
» tiens, leur donnant des boissons très violentes, comme de
» vin et d'eau-de-vie...... ces boissons perdent tous ces pau-
» vres gens, les hommes, les femmes, les garçons et les filles
» mêmes...... ils sont pris tout aussitôt et deviennent comme
» furieux. Ils courent nus avec des épées et d'autres armes,
» et font fuir tout le monde, soit de jour soit de nuit...... il
» s'ensuit de là des meurtres, des violements, des brutalités
» monstrueuses et inouies...... c'est une chose déplorable de
» voir les accidents funestes qui naissent de ce trafic. Mgr
» notre prélat a fait tout ce qui se peut imaginer pour
» en arrêter le cours, comme une chose qui ne tend à rien
» moins qu'à la destruction de la foi et de la religion dans
» ces contrées. Il a employé toute sa douceur ordinaire pour
» détourner les français de ce commerce si contraire à la
» gloire de Dieu et au salut des sauvages. Ils ont méprisé
» ses remontrances, parce qu'ils sont maintenus par une puis-
» sance séculière qui a la main forte...... Mais enfin le zèle
» de la gloire de Dieu a emporté notre prélat, et l'a obligé
» d'excommunier ceux qui exerçaient ce trafic. Ce coup de
» foudre ne les a pas plus étonnés que le reste ; ils n'en ont

» tenu compte, disant que l'Église n'a point de pouvoir sur
» des affaires de cette nature……. Il a pensé mourir de
» douleur à ce sujet, et on le voit sécher sur pied. »

Voilà en deux mots l'histoire de cette malheureuse vente de boissons aux Sauvages, qui causa tant de déboires à Mgr de Laval, et qui lui suscita tant de persécutions de la part de plusieurs des gouverneurs de la colonie. Nous ne pouvons dans une esquisse entrer dans les détails de cette lutte qui dura bien des années. Mais nous dirons que nous ne sommes pas de ceux qui reprochent à Mgr de Laval d'avoir usé de sévérité dans des circonstances aussi graves. Quelques historiens, sans approuver le commerce immoral des boissons enivrantes, hésitent à exonérer le prélat de tout blâme. Ils nous le représentent comme un homme au caractère absolu et dominateur, qui voulait tout conduire dans la Nouvelle-France. « L'atmosphère en France était à
» l'absolutisme, a dit l'un d'eux…… Louis XIV, le monar-
» que peut-être le plus absolu des temps modernes, était
» l'exemple sur lequel se modelaient tous ceux qui, de loin
» comme de près, partageaient son pouvoir. Les hommes
» d'église les plus saints subissaient, même à leur insu, cette
» influence, comme les hommes du monde. Mgr de Laval
» n'en fut pas exempt, il ne faut pas craindre de le dire. »
Nous regrettons de différer d'opinion avec le savant auteur, mais nous croyons pouvoir dire que Mgr de Laval, bien loin de partager l'absolutisme de son souverain, était l'un des hommes les plus doux de la terre. Nous en avons pour témoin la vénérable mère de l'Incarnation, qui était non seulement une sainte, mais une femme d'un jugement remarquable. L'écrivain cité serait le dernier à récuser son

témoignage. Non, Mgr de Laval n'a pas pris pour modèle l'orgueilleux monarque qui gouvernait la France, mais le grand saint Charles Borromée, qui lui aussi était un homme d'une grande douceur, mais qui n'en fut pas moins obligé de lutter avec vigueur contre plusieurs des gouverneurs de Milan.

Voici quelques paroles du chanoine Latour, qui nous donnent une idée de l'humilité et de la douceur du saint évêque de Québec : « Jamais évêque n'a plus aimé son » clergé ni n'en a été plus tendrement aimé que M. de » Laval. C'était un véritable père.

» Jamais personne ne s'est plus défié de lui-même, ni n'a » demandé avec plus d'humilité, ni suivi avec plus de docilité » les avis de ses inférieurs et de ses disciples. Son premier » principe fut de suivre dans le gouvernement l'esprit de » Jésus-Christ, marqué dans ses paroles de l'Évangile : » *les rois dominent les peuples, mais pour vous que le plus grand* » *se fasse le plus petit*...
» Il avait des assemblées fréquentes avec ses grands vicaires, » les principaux de son chapitre, les supérieurs des commu- » nautés et les religieux distingués par le mérite et la vertu ; » point d'affaire importante qu'il n'y proposât. »

Mgr de Laval ne cessa de travailler à l'union de tous les membres du clergé séculier et régulier, et c'est pour cela qu'en 1665, il fit passer un acte d'association entre le Séminaire de Québec, le Séminaire de Montréal et les RR. PP. Jésuites. C'est ainsi que sa douceur se manifestait dans toutes ses œuvres. Il était reconnu comme un véritable pacificateur, et on eut souvent recours à lui pour terminer des différends. Quand il eut donné sa démission, on craignit

pendant longtemps qu'il ne pût revenir au Canada ; et le marquis de Denonville, gouverneur de la Nouvelle-France, écrivait au marquis de Signelay « que dans l'état présent des
» affaires publiques, il était nécessaire pour le service du roi,
» pour le bien de la colonie, et de l'église naissante, que l'an-
» cien évêque revint *pour ménager les esprits* sur lesquels il
» avait un grand ascendant par *son génie et par sa réputation*
» *de sainteté.* » En voilà assez, nous croyons, pour établir que Mgr de Laval était non seulement un homme d'une énergie indomptable, mais encore un saint qui savait faire aimer la vertu.

Sa conduite au sujet de la vente des boissons fut approuvée par la Sorbonne en 1662, et les mesures qu'il avait cru devoir prendre furent jugées « très sages et très justes. »

CHAPITRE III

Triste état de la colonie.—Zèle de Mgr de Laval pour les missions.—Ses visites pastorales.

Comme nous l'avons dit précédemment, Mgr de Laval avait trouvé la colonie dans un état vraiment lamentable, sans secours suffisants de la mère-patrie, et exposée aux incursions continuelles des Iroquois qui ne se proposaient rien moins que d'exterminer tous les Français. Le danger était si grand, que dans la ville de Québec même, les Ursulines et les Sœurs de l'Hôtel-Dieu étaient obligées de se retirer la nuit dans le vaste couvent des Jésuites, plus facile à défendre que les monastères de ces bonnes religieuses. A Montréal, le péril était plus imminent encore, et n'eût été, en 1660, le dévouement héroïque de Daulac et des seize héros qu'il commandait, tous les habitants auraient péri dans un effroyable massacre.

C'est au milieu de fatigues et d'alarmes sans nombre, dans un pays affligé de plus par une cruelle disette, que Mgr de Laval passa les trois premières années de son épiscopat. Mais son courage n'en fut pas affaibli. Nature fortement trempée, cœur intrépide, il semblait grandir dans les épreuves, et sa présence consolait les citoyens affligés et ranimait leur espérance.

Il n'attendit pas que tout danger eût disparu, pour s'occuper de l'évangélisation de son immense vicariat apostolique.

Dès 1660, des missionnaires furent envoyés dans les parties les plus lointaines, et des mesures furent prises pour faire porter les lumières de la foi jusqu'aux environs de la Baie d'Hudson. Grâce à son zèle apostolique, les Hurons, les Algonquins, les Abénaquis, et les Sioux furent évangélisés, et firent plus tard la joie et la consolation de leur premier pasteur.

Sa soif dévorante du salut des âmes poussait même l'homme de Dieu vers les régions reculées du Lac Supérieur. S'il ne suivit pas dès lors l'impulsion de sa charité évangélique, c'est, disent les relations de 1660, qu'il était incapable de se diviser.

« Du moins, ajoutent-elles, son cœur y a volé, pendant qu'il
» s'arrête ici, au centre de toutes ces missions, pour pouvoir
» donner ses soins et partager son zèle également. »

Les contemporains de l'illustre évêque ont pu constater l'exactitude de ce témoignage. En effet, quels trésors de dévouement ne dépensa-t-il pas dans les travaux d'un ministère qui s'exerçait tantôt à la ville, tantôt à la campagne ! Que de fatigues, de misères de tout genre accompagnaient l'apôtre dans ses courses diverses, à une époque où les voyages, soit par mer soit par terre, n'étaient adoucis par aucune des améliorations que le progrès moderne a introduites dans notre manière de voyager !

L'été, on nous le représente dans un léger canot, ramant lui-même pour hâter la marche du frêle esquif. L'hiver, on le voit, avec sa chapelle sur le dos, parcourant, en raquette, la plaine glacée. Un pauvre morceau de pain : voilà souvent tout ce qui apaisait la faim du missionnaire. De là pour l'héroïque prélat, des infirmités qui l'accablèrent pendant toute sa vie, et contribuèrent même, par la suite, à le faire renoncer à ses fonctions épiscopales.

Le registre des confirmations nous donne des détails très intéressants sur les visites pastorales de Mgr de Laval. On aimera sans doute à savoir quelles sont les paroisses qui ont eu l'insigne honneur de posséder pendant quelques jours le premier évêque de la Nouvelle-France.

En 1660, Mgr de Laval confirma au Château-Richer, à Québec, à Trois-Rivières et à Montréal. Dans cette dernière ville, on voit parmi les confirmands, Paul de Chomedey, l'illustre fondateur de Ville-Marie. L'année suivante, visite pastorale à Sillery, et au 1er mai 1662, au monastère des Ursulines. De retour d'Europe où, comme on le verra, il passa une année, Mgr de Laval reprit ses courses évangéliques, et le 23 mars 1664, confirma à la cathédrale, puis au Cap des Trois-Rivières, à Trois-Rivières et à Montréal. En 1665, il fit descendre le Saint-Esprit sur cent cinquante-deux confirmands de la paroisse de Québec.

En 1666, la visite pastorale commença le 21 du mois de février ; en voici l'itinéraire : Château-Richer, Ange-Gardien, Québec, Cap de la Magdeleine, Montréal, Fort-Sorel, et Trois-Rivières.

Les Relations des Jésuites parlent de la manière suivante de ses courses pénibles en 1668 : « Mgr l'évêque de Pétrée, après avoir fait partout sa visite en canot, c'est-à-dire à la merci d'une frêle écorce, et après avoir parcouru toute nos habitations depuis Québec jusqu'au-dessus de Montréal, donnant même jusqu'au Fort de Sainte-Anne, qui est le plus éloigné de tous les forts, à l'entrée du Lac Champlain, voulut faire part de ses bénédictions à notre église des

Sauvages de Tadoussac, s'y étant rendu vers la fin de juin, après avoir bien souffert de la part des calmes et des tempêtes de la mer.

» Les heureux succès que Dieu a donnés aux armes du roi dans la Nouvelle-France, faisant jouir nos Sauvages de Tadoussac, aussi bien que tous les autres qui nous sont alliés, des agréables fruits de paix ; cette église que la crainte de l'Iroquois avait dispersée çà et là, s'est heureusement réunie dans son poste, qui est l'embouchure de la rivière du Saguenay, appelée Tadoussac. Mgr l'évêque le sachant, et ayant été informé, dès le printemps, de la satisfaction que les Sauvages de cette église avaient donnée à leur pasteur, le P. Henri Nouvel, qui avait hiverné avec eux, dans les bois, fit savoir qu'il les visiterait.

» Cette nouvelle les consola beaucoup, mais son arrivée à Tadoussac, qui fut le 24 juin 1668, les combla de joie qu'ils firent paraître en sa réception, car s'étant trouvés au nombre de quatre cents âmes à son débarquement, ils témoignèrent par la décharge de leurs fusils et par leurs acclamations, le contentement qu'ils avaient de voir une personne qui leur était si chère et dont la plupart avait souvent expérimenté les bontés.

» Ils l'accompagnèrent ensuite en leur chapelle d'écorce, le feu ayant réduit en cendres celle qu'on leur avait bâtie; et là il leur fit dire le motif de son arrivée en ce lieu, à savoir pour se conjouir avec eux de l'affection qu'ils témoignent avoir envers leur christianisme, pour administrer le sacrement de confirmation à ceux qui ne l'ont pas reçu et pour les assurer des bons sentiments que le roi a pour eux, dont ils ont des marques bien évidentes, par la paix à laquelle il a forcé les Iroquois. Cela fait, la charité de leur digne évêque les ravit, lorsqu'au sortir de la chapelle, ils le virent entrer dans leurs cabanes les unes après les autres, pour y visiter les malades et leurs capitaines, consolant ceux-là par sa présence dont ils étaient confus et par ses charités qu'il étendait sur eux, sur leurs pauvres veuves et sur leurs orphelins, et encourageant ceux-ci à appuyer ceux-là de la foi de leur autorité et à se maintenir toujours dans les devoirs de véritables chrétiens; ce qu'il renouvela en un célèbre festin, leur recommandant surtout de n'oublier jamais les obligations insignes qu'ils ont au roi, qu'ils doivent considérer comme leur libérateur et comme celui à qui seul, après Dieu, ils ont l'obligation de leur repos et de leur vie.

« Les quatre jours suivants furent employés à disposer à la confirmation ceux qui ne l'avaient pas encore reçue. Ce sacrement fut administré à diverses reprises à cent quarante-neuf personnes. La dévotion avec laquelle ils l'ont reçu et qu'ils ont fait paraître partout ailleurs, a ravi monseigneur, et lui a fait avouer que les peines qu'il a prises pour ce voyage, lui donnent une satisfaction toute particulière, de voir de ses propres yeux le christianisme en vigueur et la piété régner parmi ces pauvres Sauvages autant et plus que parmi beaucoup de nations policées. Dieu réservait à cette mission la conversion de quelques Sauvages infidèles qui ont vécu longtemps parmi les chrétiens avec une aversion étonnante du christianisme, et qui se sont trouvés si fortement touchés par la venue et les instructions de Mgr de Pétrée, qu'ils ont changé tout d'un coup de résolution et n'aspirent plus depuis ce temps-là qu'au baptême. C'est un effet des bénédictions qu'accompagne toujours le caractère, et qui va donner une nouvelle force à nos chrétiens, dans l'espérance qu'ils ont de jouir encore les années suivantes, du même bonheur. »

Les immenses consolations attachées à cette mission, ne furent pas les seules qu'éprouva le digne apôtre pendant l'année 1668. Plusieurs ecclésiastiques vinrent de France au Canada pour se mettre sous sa direction pastorale et travailler avec lui dans son église naissante. Il manifesta la joie que lui procura leur venue dans une lettre adressée à M. Poitevin, curé de Saint-Josse à Paris.

» Le secours des prêtres que vous nous avez envoyés est venu fort à propos, pour nous donner le moyen d'assister divers lieux de cette colonie, qui en ont un notable besoin, et sans lesquels ils auraient été destitués de toute assistance La venue de M. l abbé de Queylus, avec plusieurs bons ouvriers tirés du Séminaire de Saint-Sulpice, ne nous a pas moins apporté de consolation ; nous les avons tous embrassés dans les entrailles de Jésus-Christ. Ce qui nous donne une joie plus sensible est de voir notre clergé dans la disposition de travailler tout d'un cœur et d'un même esprit à procurer la gloire de Dieu et le salut des âmes, tant des français que des sauvages......Les pères Jésuites s'y emploient toujours avec le même zèle qu'ils y ont travaillé pendant quarante ans, j'en ai reçu des témoignages sensibles après le retour de nos visites. »

En 1669, Mgr de Laval confirma dans les paroisses de l'Ile d'Orléans et sur la côte de Beaupré, puis il continua à Dombourg (Pointe-aux-Trembles), lle de Montréal, Sault Saint-Louis, Montréal, Fort Saint-Louis, Champlain, Batiscan, Québec. En 1675, le saint prélat se trouvait à Montréal pour les fêtes de la Pentecôte. Le 25 mai, il se rendit à la Prairie de la Magdeleine où il autorisa la construction d'une chapelle auprès du fort Saint-Lambert.

Les paroisses suivantes eurent le bonheur de voir et d'entendre leur premier pasteur dans le courant de 1676 : Boucherville, Montréal, La Prairie de la Magdeleine, Sorel, Saint-Ours, Contre-Cœur, Rivière-du-Loup, Saint-François, Trois-Rivières, Cap de la Magdeleine, Grondines, Dombourg et Québec. En 1681, on trouve pour la première fois d'autres noms de paroisses visitées, telles que Verchères, Boucherville, Repentigny, La Chenays, La Valtrie, Cressé (Nicolet), Rivière-Puante, Gentilly, Sainte-Anne, Deschambault, Ile Jésus, Cap Saint-Michel, Isle-aux-Oies, Cap Saint-Ignace, Rivière-du-Sud, La Durantaye, Beaumont, Pointe de l'église Saint-Joseph.

D'après le registre cité, Mgr de Laval aurait donné la confirmation à près de cinq mille personnes.

Le nombre de prêtres ordonnés par lui, s'élève à quarante et un. Le premier canadien qui reçut l'onction sacerdotale fut M. Germain Morin. Il fut ordonné le 29 sept. 1665, devint secrétaire de l'évêque et, après avoir été curé dans plusieurs paroisses, entre autres à la Bonne Sainte-Anne, il mourut à l'Hôtel-Dieu, le 20 août 1702.

CHAPITRE IV

Voyage de Mgr de Laval en France.—Érection de l'Évêché de Québec et du Conseil Souverain.—Retour au Canada.—Fondation du Séminaire.

La grande sollicitude de Mgr de Laval pour son église, la nécessité de l'érection à Québec d'un évêché, d'un chapitre, d'un séminaire, en même temps que l'établissement d'un conseil souverain, l'engagèrent, au mois d'août de 1662, à entreprendre un voyage d'outre-mer.

Le digne prélat reçut à la cour de Louis-le-Grand, les honneurs dûs à sa naissance, à ses éminentes vertus, à ses travaux, et au prestige alors attaché à une mission au-delà des mers. Le roi de France qui, sous les humbles habits du missionnaire, avait su reconnaître l'illustre pontife, l'honora d'une attention toute particulière. Approuvant les vues élevées de Mgr de Laval, il lui promit l'établissement à Québec d'un évêché dont il devait faire solliciter les bulles d'érection par son ambassadeur à Rome. La fondation d'un séminaire reçut également son approbation, ainsi que toutes les mesures qui lui furent soumises par l'évêque du Canada.

Quelle ne dut pas être la joie du zélé prélat en entrevoyant la réalisation prochaine de ses plus chers projets ! Aussi plus touché des heureux fruits de son voyage à Paris, que des honneurs dont on l'y avait comblé et des brillantes promesses d'avenir qu'on lui avait faites, s'il eût voulu rester en France, Mgr de Laval fit voile pour le Canada, pendant les fêtes de la pentecôte, de l'année 1663. Il était accompagné de troupes envoyées à Québec et de cent familles françaises destinées à peupler le pays. Ces familles furent accordées à la Nouvelle-France, par le roi, à la demande de Mgr de Laval. Il ne faut pas oublier le chevalier de Mézy, qui venait à Québec pour y remplacer le baron d'Avaugour, comme gouverneur de la Nouvelle-France. M. de Mézy était bien connu du prélat, qui avait partagé jadis avec lui la touchante hospitalité de M. de Bernières, à l'Hermitage de Caen. Aussi l'évêque l'avait-il hautement recommandé à Louis XIV, comme parfaitement qualifié par ses vertus et ses talents, pour gouverner avec sagesse la colonie naissante du Canada.

Une épidémie désastreuse qui sévit parmi l'équipage, pendant la traversée, rendit le retour de Mgr de Laval excessivement pénible. Atteint lui-même du scorbut, l'évêque de Québec se multiplia auprès des malades et des mourants Non content de prodiguer à tous le secours du ministère le plus paternel, il s'imposa même des privations personnelles, en abandonnant à ses compagnons toutes les douceurs qu'on avait embarquées, pour tempérer les excessives fatigues de ce long voyage.

Une fois réuni à sa chère église (15 sept. 1663), Mgr de Laval hâta l'accomplissement des différentes mesures qu'il avait proposées au roi. Malheureusement le despotisme religieux de Louis XIV et le gallicanisme de son parlement retardèrent, jusqu'au 1er octobre 1674, l'érection du siège épiscopal de Québec.

Le but de Mgr de Laval en demandant cette érection canonique, était de soustraire le pouvoir religieux du Canada à la dangereuse pression de la puissance civile, comme on le constate par les lignes suivantes d'une de ses lettres à la Propagande.

....

« J'ai appris par une longue expérience combien la condition du vicaire apostolique est peu assurée contre ceux qui sont chargés des affaires politiques. Je veux dire les officiers de la cour, émules perpétuels et contempteurs de la puissance ecclésiastique, qui n'ont de plus ordinaire à objecter que l'autorité du vicaire apostolique est douteuse et doit être restreinte dans de certaines limites. »

C'est grâce aux instances et aux persévérants efforts de notre premier pasteur que le siège de Québec devint aussi indépendant qu'il pouvait l'être de la cour de France, et et que sa dépendance immédiate de Rome fut maintenue.

Mgr de Laval avait le plus grand respect pour le Souverain Pontife et pour l'Église Romaine. Il écrivait très souvent au Saint-Siège, pour consulter ou pour envoyer des rapports détaillés sur l'état de son diocèse.

Voici ce qu'il dit, dans sa relation de 1661, en parlant de l'église qui devait bientôt devenir sa cathédrale : « On y voit une église en forme de croix latine construite en pierre et regardée dans les commencements de la colonie comme un vaste et magnifique bâtiment. On y observe pour la célébration du service divin le cérémonial des évêques ; les prêtres ainsi que les jeunes clercs élevés au séminaire assistent toujours aux offices, avec dix ou douze enfants de chœur. Aux fêtes solennelles, on y chante en musique la messe, les vêpres et le salut, avec accompagnement d'un instrument à cordes et de l'orgue, qui ajoutent beaucoup à l'harmonie et à la douceur du chant. J'ai pris mon domicile au séminaire, et j'ai huit prêtres avec moi. »

Le pays est encore redevable à Mgr de Laval de la création d'un conseil souverain. C'était là, comme on l'a vu plus haut, l'un des buts de son voyage en France, et la preuve de sa grande sollicitude pour tout ce qui touchait aux intérêts de la colonie. « Il fut l'âme et la vie de ce conseil dont il avait été le véritable fondateur...... c'est lui qui l'avait fait établir par le roi, qui en avait nommé le président dans la personne du gouverneur de son choix, qui en nomma aussi tous les membres et tous les officiers. C'est lui qui le mit en mouvement et qui dirigea les travaux de cette grande institution, dans laquelle étaient concentrées toutes les forces vives de la colonie. » (a)

Mais l'œuvre fondamentale de Mgr de Laval, celle qui suffirait à immortaliser son épiscopat, et qui redit encore son nom à toute l'Amérique du Nord, fut sans contredit le Séminaire de Québec. Latour dit que ce fut « le chef-d'œuvre et l'ouvrage favori de ce saint prélat. »

En l'établissant par son mandement du 26 mars 1663, Mgr de Laval s'appuie sur le concile de Trente et sur l'exemple de saint Charles Borromée. Il veut que son séminaire « serve de clergé à cette nouvelle église ; on y élevera
» et formera les jeunes clercs qui paraîtront propres au
» service de Dieu......nous désirons que ce soit une conti-
» nuelle école de vertu et un lieu de réserve, d'où nous puis-
» sions tirer des sujets pieux et capables pour les envoyer à
» toutes rencontres, et au besoin dans les paroisses, et tous
» autres lieux du dit pays, afin d'y faire les fonctions
» curiales...... et les retirer des mêmes paroisses et fonctions,
» quand on le jugera à propos... »

(a) L'abbé Auguste Gosselin.

Comme on le voit, tous les curés étaient amovibles, et d'après le mandement, ils appartenaient au séminaire, qui recevant toutes les dîmes, se chargeait de leur subsistance et était obligé de les assister en santé et en maladie.

L'intention de Mgr de Laval était de faire de tout son clergé une famille dont il fût le père. Aussi l'appelait-il « la sainte famille des missions étrangères. »

Le 30 décembre 1663, le séminaire devint propriétaire du terrain qui environnait la cathédrale, et trois ans plus tard, Mgr de Laval acheta de Guillemette Hébert, veuve de Guillaume Couillard, un emplacement de 16 arpents situé dans un des plus beaux endroits de la ville. C'est là qu'il fit construire son séminaire, qui fut d'abord une grande maison en bois ; sur la porte on lisait « S M E »—Séminaire des Missions Étrangères. Le Séminaire de Québec était agrégé à celui des Missions Étrangères de Paris ; cette union fut faite en 1665, renouvelée en 1675, et confirmée par le roi en 1676.

Jusqu'en 1668, on se borna à former aux fonctions ecclésiastiques les jeunes gens qui avaient étudié chez les Jésuites ou qui arrivaient de France suffisamment instruits. Mais bientôt il fallut songer à fonder un petit séminaire, et Mgr de Laval, toujours confiant en la divine Providence, n'hésita pas à en faire l'ouverture, le 9 octobre de cette année. On accommoda une vieille maison achetée de madame Couillard, et on y logea les élèves dont le séminaire payait la pension chez les Jésuites. Cependant, vu le petit nombre de professeurs disponibles, les enfants continuèrent de fréquenter les classes des révérends Pères.

Huit jeunes hurons et huit jeunes canadiens furent les premiers élèves du petit Séminaire de Québec. Voici ce que dit Mgr de Laval dans une lettre qu'il écrivait, le 3 novembre 1668, à M. Poitevin, curé de Saint-Josse, à Paris : « Comme le roi m'a témoigné qu'il souhaitait que l'on tâchât d'élever à la manière de vie des Français, les petits enfants des sauvages, pour les policer peu à peu, j'ai formé exprès un séminaire où j'en ai pris un nombre à ce dessein ; et pour y mieux réussir, j'ai été obligé d'y joindre de petits français, desquels les sauvages apprendront plus aisément et les mœurs et la langue, en vivant avec eux. »

Cependant l'évêque ajoute plus loin que le succès de cette entreprise lui paraît fort douteux, et l'avenir justifia ses prévisions. En effet, les efforts réunis des instituteurs vinrent se briser contre l'indolente nature des élèves, qui avaient plus d'aptitudes pour la chasse et la pêche que pour les éléments de la grammaire, et il fallut bientôt renoncer à l'idée d'avoir des élèves parmi les Sauvages. Ainsi se manifestait ce jugement exquis, cet esprit de pénétration qui caractérisaient à un si haut degré le premier évêque du Canada.

Dans le même temps, Mgr de Laval fondait un autre collège sur la Côte de Beaupré, à Saint-Joachim. Cette institution destinée aux enfants des paysans, avait pour but d'enseigner les éléments de la grammaire et du calcul, et de former les élèves à différents métiers, mais surtout à l'agriculture. Les besoins de la colonie, à cette époque, disent assez l'utilité de la nouvelle maison fondée par Mgr de Laval.

Avec l'instruction, on y puisait aussi le courage et la valeur qui font les héros, témoin les prodiges de bravoure des élèves de Saint-Joachim, pendant l'attaque des Anglais en 1690.

Après la mort de son fondateur, cette maison, privée de tout secours, ne fit que languir jusqu'en 1715, et alors elle fut complètement abandonnée. L'évêque songea aussi à faire deux autres établissements au Château-Richer : l'un pour les sœurs de la congrégation, l'autre pour un collège qui, à cause de la proximité de la ville, aurait remplacé celui de Saint-Joachim. Le second incendie du Séminaire de Québec, en 1705, et le décès du prélat, en 1708, empêchèrent de réaliser ce dernier projet. Quant au couvent, il subsista et fut tenu par les sœurs jusqu'à l'époque de la conquête, où il fut incendié. Les fondations de cet édifice sont encore visibles près de l'église du Château-Richer.

Mgr de Laval avait donné pour ainsi dire toute son âme à l'œuvre de son séminaire, il lui donna aussi sa fortune et lui légua la seigneurie de Beaupré, l'Ile Jésus, la seigneurie de la Petite Nation, et tous ses meubles, livres, etc., et arrérages de rentes qui se trouveraient en sa possession au moment de sa mort.

En 1678, la grande maison en bois, bâtie en 1666, fit place à un nouvel édifice en pierre, l'un des plus beaux du pays, et capable de loger tous les élèves du grand et du petit séminaire.

« Rien, dit l'histoire manuscrite du Séminaire de Québec, ne représente mieux la primitive Église que la vie de ce clergé. Ils n'étaient tous qu'un cœur et qu'une âme sous la conduite de Mgr de Laval. Ils ne faisaient qu'une seule famille dont il était le père. Biens de patrimoine, bénéfices simples, pensions, présents et honoraires ; ils mirent tout en commun. Mgr de Laval ne faisait rien de considérable que de concert avec tout son clergé ; ses biens étaient aussi en commun. Il n'y avait ni riches, ni pauvres, ils étaient tous frères. »

Fondée par un saint, habitée par des ecclésiastiques qui rappelaient les vertus des premiers chrétiens, une telle maison ne pouvait manquer d'attirer sur elle les plus précieuses bénédictions du ciel. Aussi serait-il difficile de dire tout le bien qu'a fait et fait encore le Séminaire de Québec dans le Canada, et l'on peut dire dans toute l'Amérique Septentrionale. L'arbre planté par Laval a grandi, arrosé par bien des larmes ; ses rejetons sont vigoureux, et il peut aujourd'hui convier tous les enfants du pays à s'asseoir à l'ombre de ses branches et à se nourrir de ses fruits. « Le Séminaire, dit le chanoine de La Tour, ne s'est pas borné à former de bons prêtres pour la colonie, on y travaille encore à y former des missionnaires pour les Sauvages, ce qu'on a exécuté depuis avec succès chez plusieurs nations, entre autres dans celles des Abénaquis dans l'Acadie, des Tamarois et des Illinois le long du Mississipi, où l'on entretient toujours plusieurs missionnaires, conformément à une clause du testament de Mgr de Laval. » Les missions acadiennes furent inaugurées sous l'administration de ce prélat en 1677; celles des Tamarois commencèrent sous Mgr de Saint-Vallier, en 1698.

Montréal avait aussi son séminaire fondé par M. de Queylus et M. l'abbé Souart, tous deux prêtres de Saint-Sulpice. L'histoire de l'Hôtel-Dieu de Québec dit que « cette nouvelle maison a été soutenue depuis par les sujets que le séminaire de Paris lui envoie tous les ans, qui édifient le peuple par leurs vertus, qui l'aident et le consolent par leurs instructions et qui le soulagent par les abondantes aumônes qu'ils répandent dans toute l'étendue de cette île. » Comme on le voit, les Sulpiciens d'alors étaient bien ce qu'ils sont aujourd'hui ; et c'est à eux que la ville consacrée à Marie dut en grande partie ses merveilleux établissements de charité et d'éducation qui s'élevèrent comme par enchantement et qui font son honneur et sa gloire.

CHAPITRE V

M. de Mézy.—M. de Tracy.—Cérémonies à la Cathédrale.—Translation de reliques.—Les Hospitalières de Montréal.—La Sœur Bourgeois.—La Mère de Saint-Augustin.—La Mère de l'Incarnation.—Les Jésuites.—Les Récollets.

M. de Mézy, avons-nous dit dans le cours de cette esquisse, avait été appelé au gouvernement du Canada par Mgr de Laval, avec lequel il avait été fort lié autrefois, et qui appréciait vivement ses qualités et ses vertus. Malheureusement certaines questions d'amour-propre et d'intérêt, l'intervention de quelques esprits mécontents, et intéressés à lui rendre suspects l'évêque et le clergé, changèrent entièrement les bonnes dispositions du nouveau gouverneur. Non content de s'opposer à toutes les vues de son supérieur ecclésiastique, il lui refusa encore les devoirs de la plus stricte bienséance. Dépassant toutes les limites, son irritation le poussa même à des excès tellement regrettables envers Mgr de Laval, que la population entière protesta à la cour contre M. de Mézy. Aussi, dès l'année 1664, l'odieuse conduite du gouverneur obligeait-elle le roi à le révoquer de ses fonctions.

Déjà le coupable était jugé par Dieu. Avant sa mort, qui arriva en 1665, il reconnut ses torts et sollicita le pardon de Mgr de Laval. De plus, il fit afficher par toute la ville, l'acte de rétractation de tout ce qu'il avait dit et écrit contre l'évêque et le clergé de la colonie. Son testament contenait les mêmes solennelles réparations. C'est dans ces sentiments que le gouverneur expira, pressé dans les bras de l'évêque qui l'avait confessé et réconcilié avec Dieu.

M. de Mézy fut remplacé par M. de Tracy, qui arriva à Québec, le 30 juillet 1665, en qualité de vice-roi. Il était accompagné du régiment de Carignan, troupe d'élite qui se fixa au pays, et d'où plusieurs de nos bonnes familles canadiennes tirent leur origine.

Il fit oublier à Mgr de Laval les persécutions de son prédécesseur. D'une piété égale à sa bravoure, il protégea la religion et édifia le pays par les preuves éclatantes qu'il donna de sa foi. Assidu aux offices, il se faisait un devoir de rehausser par sa présence l'éclat de toutes les solennités religieuses.

Les cérémonies à la cathédrale étaient déjà, à cette époque, très imposantes. A part les prêtres du séminaire, on voyait au chœur soixante enfants, qui portaient en hiver une soutane et un camail rouge, avec un surplis ordinaire ; l'été le camail était remplacé par un bonnet carré.

Mgr de Laval, qui désirait suivre en tout la direction de Rome, avait, dès son arrivée, prescrit l'usage du rituel romain dans tout son diocèse.

En 1666, on fit la translation solennelle des reliques des saints martyrs Flavien et Félicité, don du Pape à l'évêque de Pétrée, en 1662, et qui aujourd'hui encore sont enchâssées dans le maître-autel de la basilique.

Dans une lettre à son fils, la mère de l'Incarnation décrit ainsi cette fête magnifique :

« Il ne s'était pas encore vu dans ces contrées, une si belle cérémonie. Il y avait, à la procession, quarante-sept ecclésiastiques en surplis, chapes, chasubles et dalmatiques.

Comme il fallait porter les reliques dans les quatre églises de Québec, nous eûmes la consolation de voir cette imposante cérémonie. M. de Tracy, vice-roi, M. de Courcelles, gouverneur, avec les deux plus considérables de la noblesse, portaient les quatre grandes châsses sur des brancards magnifiquement ornés. La procession sortant d'une église y laissait une châsse. La musique ne cessa point, tant dans les chemins, que dans les stations. Monseigneur suivait les saintes reliques et la procession, en habits pontificaux. Je n'aurais jamais espéré de voir une si grande magnificence dans l'église du Canada, où, quand je suis venue, je n'avais rien vu que d'inculte et de barbare. C'est une chose ravissante de voir M. de Tracy dans une exactitude merveilleuse à se rendre le premier à toutes ces saintes cérémonies, car il n'en perdrait pas un moment. Son exemple a tant de force que le monde le suit, comme des enfants suivent leur père. Il favorise et soutient l'Église par la piété et par le crédit qu'il a universellement sur tous les esprits. »

Cette dévotion du gouverneur s'affirma particulièrement dans un pèlerinage qu'il fit, avec Mgr de Laval, à Sainte-Anne de Beaupré, le 17 août 1666. On remarque encore aujourd'hui, au-dessus du maître-autel, le tableau donné à cette occasion par le pieux pèlerin.

Mgr de Laval n'oubliait pas ses communautés religieuses ; il les visitait, les dirigeait avec une sagesse admirable et les consolait dans leurs épreuves. Il sollicita lui-même, en 1669, des lettres patentes du roi, pour l'établissement définitif de l'Hôtel-Dieu de Montréal, qui existait déjà depuis dix ans ; et en 1676, il approuvait par un mandement la congrégation de Notre-Dame fondée à Ville-Marie par la vénérable sœur Bourgeois. Cette sainte fille avait toute l'estime et l'affection de son premier supérieur et, quand elle mourut, il rendit hommage à ses vertus. « C'était, » écrivait-il, un fruit mûr pour le ciel, elle a été un sujet » d'édification pendant sa vie, elle nous doit servir d'exemple » après sa mort.

» Elle était simple et humble, et Dieu lui a fait bien des » grâces...... elle servira auprès de Notre Seigneur d'un » grand secours à notre communauté. »

Les annales des Ursulines et de l'Hôtel-Dieu de Québec, nous disent quelle vénération avaient ces deux communautés pour Mgr de Laval, et quel fut son dévouement pour elles. Le saint évêque comprenait quels trésors Dieu avait mis pour ainsi dire entre ses mains, quand il lui avait confié des âmes d'élite comme la sœur Bourgeois, la mère de l'Incarnation et la mère de Saint-Augustin. Il survécut à ces trois femmes admirables, confiant que, par leurs mérites et leurs prières, elles lui prépareraient aussi sa place au ciel. A peine la mère de Saint-Augustin avait-elle rendu le dernier soupir, qu'il chargea le Père Raguenau d'écrire sa vie, d'après les notes qu'elle avait laissées elle-même, sur l'ordre formel de Mgr de Laval, pour faire connaître le opérations de Dieu dans son âme. Après la mort de la mère de l'Incarnation, il écrivait : « Le témoignage que nous pouvons » en rendre est qu'elle était ornée de toutes les vertus dans » un degré très éminent..
» Sa vie, commune à l'extérieur, était à l'intérieur toute divine, » de sorte qu'elle était une règle vivante pour toutes ses » sœurs............ nous ne doutons pas que ses prières n'aient » obtenu en grande partie les faveurs dont jouit maintenant » l'église naissante du Canada. »

On a vu précédemment en quelle estime Mgr de Laval tenait les RR. Pères Jésuites et quel encouragement il donnait à leurs missions. Les Récollets reçurent aussi son paternel appui. Quand ils revinrent au pays, en 1670, Mgr de Laval les assista dans leur pauvreté, et leur confia le soin des missions des Trois-Rivières, de l'Ile-Percée, de la Rivière Saint-Jean et du Fort de Frontenac.

Il faut dire cependant que ces religieux ne vécurent pas toujours en bonne intelligence avec l'évêque.

A leur arrivée, ils avaient repris leur ancienne maison de Notre-Dame des Anges, sur la rivière Saint-Charles ; mais cette situation n'était favorable ni à la direction des âmes à laquelle ils entendaient bien s'adonner, ni aux quêtes qu'ils étaient obligés de faire. Ils songèrent donc à se loger dans la ville et demandèrent la liberté de se bâtir une infirmerie, afin d'y mettre leurs malades, qui dans le couvent n'étaient pas à portée des médecins ni des remèdes. Sur ces représentations, le roi leur concéda un emplacement appelé la Sénéchaussée, près de la cathédrale, et Mgr de Laval leur permit de se bâtir une infirmerie, et d'y dire la messe, portes fermées, en faveur des religieux malades qui ne pouvaient se rendre au couvent. L'infirmerie fut bâtie, et M. de Bernières alla, par ordre de l'évêque, y planter une croix.

C'en fut assez pour les Récollets : entre leurs mains, tout était un germe fécond. L'infirmerie devint bientôt un hospice pour tous les religieux en santé comme en maladie, et l'hospice devint un couvent, l'autel pour dire la messe devint une chapelle, et la chapelle une église. Un chœur et une sacristie l'assortirent. Quelques pénitentes affidées y vinrent et le public y fut reçu. La messe basse devint solennelle, on célébra la fête de l'Ordre, et bientôt on éleva un clocher et la cloche appela le public aux offices.

Quelques années après, un religieux étant venu à mourir dans la prétendue infirmerie, Mgr de Laval défendit de l'y enterrer, mais s'offrit de le faire enterrer à la cathédrale. Les Récollets refusèrent tout, enterrèrent le mort dans l'hospice, et invitèrent par billets toute la ville aux obsèques. L'évêque pensa qu'il était temps de mettre fin à de pareils empiétements, et il leur défendit de passer outre dans leur construction, avec ordre de s'en tenir aux termes de la permission qui leur avait été accordée. Mais le gouverneur et l'intendant eurent beau se joindre à l'évêque pour les arrêter, l'ouvrage continua toujours. Enfin toutes les bontés et les avis de Mgr de Laval ne produisant aucun effet, il dut leur interdire toute fonction ecclésiastique dans son diocèse, et il en écrivit au roi qui seul pouvait rémédier au mal. Il vint un ordre de la cour ordonnant d'abattre le clocher du couvent, ce qui fut exécuté à regret Le prélat rendit aux Récollets leurs pouvoirs, et voyant qu'il ne pouvait obtenir davantage de ces religieux, il crut qu'il valait mieux leur laisser une liberté à laquelle ils ne voulaient pas renoncer. Les Récollets continuèrent donc d'exercer leur ministère à la haute-ville, mais ce ne fut pas pour le plus grand bien. La paroisse était desservie par le curé et les Révérends Pères Jésuites. Les Récollets étaient certainement de trop, et sous l'administration de Mgr de Saint-Vallier, ils furent la cause de troubles et de divisions déplorables. (a)

(a) Voir M. de Latour.

CHAPITRE VI

Deuxième voyage en France.—Dévotions encouragées.—M. de Frontenac.—Troisième voyage.—Mgr de Laval est gravement malade.—Il veut donner sa démission et fait son quatrième voyage en France.—Éloge que fait de lui Mgr de Saint-Vallier.

Dans l'automne de 1671, Mgr de Laval partit de nouveau pour la France. Il y demeura trois ans pour obtenir les bulles de l'évêché de Québec. Il écrivit à ce sujet à la Propagande : « je n'ai jamais recherché l'épiscopat et je l'ai accepté malgré moi, convaincu de ma faiblesse ; mais en ayant porté le fardeau, je regarderai comme un bienfait d'en être délivré, quoique je ne refuse pas de me sacrifier pour l'Église de Jésus-Christ et pour le salut des âmes...... après avoir tout considéré mûrement, j'ai pris la résolution de me démettre de cette charge, et de ne pas retourner dans la Nouvelle-France, si on n'y érige l'évêché, et si je ne suis pourvu et muni des bulles qui m'en constituent l'ordinaire. Telle est la fin de mon voyage en France et l'objet de mes vœux. »

Les négociations s'établirent entre les cours de Rome et de France, et le roi ayant enfin cédé de ses prétentions, Clément X nomma Mgr de Laval évêque de Québec, et maintint sa dépendance immédiate du Saint-Siège, le 1er octobre 1674.

A son retour en 1675, le prélat travailla avec un redoublement de zèle au bien spirituel et temporel de son troupeau.

Sa piété ne lui faisait négliger aucun des moyens propres à sanctifier les âmes, et c'est une chose bien digne de remarque, que les principales dévotions qui existent aujourd'hui et qui font la force spirituelle de notre peuple si religieux, existaient déjà sous le premier évêque de la Nouvelle-France.

Qui n'invoque et n'honore d'une manière spéciale le grand saint François-Xavier ; eh bien ! cette dévotion nous vient en grande partie de Mgr de Laval. Le 3 décembre 1667, il ordonnait que sa fête serait d'obligation et célébrée dans tout le diocèse, « ce grand saint, dit le pieux évêque, étant qualifié dans toute l'Église, apôtre des Indes, et ce pays passant pour une partie des Indes, nous avons pensé ne pouvoir dispenser cette église naissante de lui rendre ce devoir, à moins que de lui refuser cette qualité, outre que d'ailleurs ce qui nous a obligé à ce dessein, est le grand avantage et les grâces extraordinaires que tout ce christianisme des Français et des Sauvages a reçus jusqu'à présent et retirera à l'avenir, d'un si grand protecteur ; une infinité de merveilles et de miracles que Dieu a voulu opérer, dans ce dernier temps, en toutes les parties du monde, par le recours que l'on a eu à son intercession, font assez paraître la grande puissance qu'il a auprès de sa divine Majesté. »

Que dire de la dévotion du pieux évêque pour l'Immaculée Conception de Marie ?

Le 11 juillet 1666, il avait consacré sa cathédrale à Marie Immaculée, et lui-même l'honorait et se vouait à son service par un vœu que nous ne pouvons nous empêcher de citer en entier :

« Adorable Jésus, sauveur du monde, quoique nos péchés nous doivent éloigner de votre présence, si est-ce qu'étant épris d'une affection de vous honorer et votre très sainte Mère, et poussés du désir de nous voir dans la fidèle correspondance que vous désirez de vos serviteurs, pour vous faire reconnaître et adorer des pauvres peuples de ces contrées, nous voici prosternés à vos pieds où nous vous promettons et faisons vœu, comme aussi à la très sainte Vierge votre Mère, de célébrer, douze fois ces douze mois suivants, le sacrifice de la sainte messe, et pour ceux qui ne sont prêtres, de communier et dire le chapelet autant de fois, et ce à l'honneur et en actions de grâces de l'Immaculée Conception de cette sainte Vierge, votre Mère, comme aussi de jeûner tous la veille de cette sienne fête à la même intention. Le tout, de plus, pour obtenir de votre bonté et miséricorde, par son intercession et par ses mérites, la conversion de ce pays et la conversion des pauvres Sauvages qui l'habitent. Recevez donc, ô sainte et sacrée Reine des anges et des hommes, sous votre sainte protection, ces peuples désolés et abandonnés que nous vous présentons par les mains de votre glorieux époux et de vos fidèles serviteurs saint Ignace et saint François-Xavier, et de tous les anges gardiens et protecteurs de ces lieux, pour les offrir à votre bien-aimé Fils, à ce qu'il lui plaise les maintenir et conserver contre leurs ennemis, donner la connaissance de son saint nom à ceux qui ne l'ont pas encore, et à tous la persévérance en sa sainte grâce et en son saint amour. Ainsi soit-il.

» (1666) FRANÇOIS, Évêque de Pétrée. »

L'année précédente, Mgr de Laval avait établi dans la cathédrale la confrérie du Saint-Scapulaire, répandue aujourd'hui dans toutes les paroisses du Canada, et la confrérie de la Sainte-Famille, dont il fit lui-même les sages règlements.

Mais ce fut surtout envers la bonne sainte Anne, que ce prélat encouragea la dévotion de ses diocésains. Il avait compris avec l'intelligence que donne le génie joint à la sainteté, que cette dévotion deviendrait nationale, et qu'elle serait la sauvegarde de la foi pour tout le peuple.

Voici ce que dit de sainte Anne son admirable mandement sur les fêtes :

« Et comme d'ailleurs ce christianisme a un besoin tout particulier de puissants protecteurs au ciel, et que nous avons reconnu un concours général de tous les fidèles à recourir en tous leurs besoins avec une piété et dévotion singulière à la bonne sainte Anne, et même qu'il a plu depuis plusieurs années faire paraître par beaucoup d'effets et secours miraculeux, que cette dévotion lui est très agréable, et qu'il reçoit volontiers les vœux qui lui sont présentés par son moyen, Nous avons jugé à propos d'ordonner, comme de fait nous ordonnons, que la dite fête de sainte Anne sera dorénavant observée et chômée en tout le pays de la Nouvelle-France, et censée fête de commandement, et que tous les fidèles seront obligés de la garder, tout ainsi que les autres qui leur sont commandées. »

La chapelle dédiée à cette grande thaumaturge fut reconstruite, avec son autorisation, en 1676.

Le passage suivant d'une de ses lettres en 1685, fera voir l'intérêt qu'il prit à cette église et aux nombreux pèlerinages qui s'y faisaient.

« Comme M. Morel devait faire quelques quêtes pour le rétablissement de l'église de Sainte-Anne, et que je me persuade aisément qu'il aura encore amassé quelque chose pour joindre au reste du fond, tant de ce qu'il m'a baillé que de ce qui est entre les mains des Boulangers, qui se monte bien à cinq cents livres, au cas que l'on envoyât six maçons, il en faudrait accommoder Sainte-Anne de deux, et commencer au moins l'été de 1686, à moins que les navires de cette année n'arrivassent de si bonne heure, que l'on pût commencer dès cette année. Ce qui aurait un bon effet et exciterait les peuples à continuer leurs charités pour le rétablissement d'une église où tout le pays a une si grande dévotion. »

En effet, à cette époque et plusieurs années auparavant, on accourait en foule vers la Bonne Sainte-Anne de Beaupré, à laquelle on faisait, comme aujourd'hui, des vœux et des offrandes. C'est en 1665 que la mère de l'Incarnation écrivait : « A sept lieues d'ici, il y a un bourg appelé le Petit-Cap où il y a une église de Sainte-Anne, dans laquelle Notre Seigneur fait de grandes merveilles en faveur de cette mère de la très sainte Vierge. On y voit marcher les paralytiques, les aveugles recouvrer la vue, et les malades, de quelque maladie que ce soit, recevoir la santé. »

Aussi le pieux évêque de Québec, touché des merveilles qui, dès l'origine du Canada, ont rendu si célèbre ce lieu de pèlerinage, en avait approuvé le recueil authentique fait par M. Thomas Morel, curé de Sainte-Anne de Beaupré : « tout
» ce qu'il contient est conforme à la vérité et très propre à
» favoriser la dévotion envers la mère de la sainte Vierge.
» *Nous affirmons que rien n'a contribué aussi efficacement aux*
» *progrès de cette église naissante, que la dévotion spéciale que*
» *le peuple de tout le pays professe envers cette grande sainte,*

» *dévotion qui le distingue certainement des autres peuples.* »
25 juin 1680.

Ajoutons à tout cela l'approbation donnée aux règlements de la confrérie de Sainte-Anne, érigée dans l'église paroissiale de Québec, et l'on sera convaincu que Mgr de Laval n'avait rien de plus à cœur que de promouvoir le culte rendu en Canada à la mère de la très sainte Vierge.

Toutes ces œuvres de piété jointes aux travaux apostoliques des missionnaires pouvaient seules consoler Mgr de Laval des chagrins que lui causait la perversion des Sauvages par la traite de l'eau-de-vie. Si M. de Tracy avait secondé ses vues chrétiennes sur cette importante question, il n'en fut pas ainsi du comte de Frontenac, qui arriva au pays en qualité de gouverneur, dans l'automne de 1672. Cet homme, qui unissait de si grands défauts à de si belles qualités, ne fut pas longtemps sans permettre à son tour ce commerce immoral, et comme il restait sourd à toutes les représentations de l'évêque, celui-ci fut obligé de repartir pour la France, en novembre 1678, et d'aller plaider auprès du roi la cause de la religion et de la civilisation. « Il est impossible, dit Ferland, de ne pas admirer l'énergie que déployait le noble évêque, implorant la pitié du monarque pour les pauvres Sauvages de la Nouvelle-France avec tout le courage que montrait Las Casas, lorsqu'il plaidait la cause des Sauvages de l'Amérique espagnole. Louis XIV confia l'examen de la question à son confesseur, le Père La Chaise, et à l'archevêque de Paris, et, après mûre délibération, ils furent d'avis que le roi devait défendre très expressément aux Français de porter des boissons enivrantes dans les bois et dans les habitations des Sauvages. Colbert envoya à M. de Frontenac l'ordonnance expédiée en conformité avec cet avis, et enjoignit à l'intendant de tenir la main à la faire ponctuellement exécuter. L'évêque avait obtenu beaucoup moins qu'il ne demandait. Mais comme il ne pouvait avoir davantage, il s'en revint au Canada au printemps de 1680. »

Tant de voyages, de travaux, de fatigues, de déceptions et de chagrins, amenèrent chez Mgr de Laval une maladie qui le conduisit aux portes du tombeau.

A peine revenu à la vie, le courageux pasteur poursuivit sa tâche. Mais elle était si ardue, et l'apôtre si affaibli, qu'il dût bientôt songer à prendre un repos nécessaire, et c'est pour réparer ses forces épuisées, qu'il se rendit à la campagne, dans une maison du séminaire. La souffrance le suivit dans sa retraite, et ce fut aussi la souffrance qui le força d'en sortir ; car un incendie désastreux ayant détruit presque toute la basse-ville de Québec, dans l'été de 1682, le pasteur ne put rester loin de son troupeau, dans cette infortune. On le vit prodiguer ses consolations aux familles les plus éprouvées, et, pour soulager leur détresse, se réduire à une sorte de pénurie; l'on dit qu'à cette époque néfaste, il versa trente mille livres dans le sein des pauvres, somme énorme pour le temps et pour les minces ressources du généreux donateur.

Revenu un peu à la santé, Mgr de Laval ne songea plus qu'à donner sa démission.

« Les forces de Mgr de Laval ne pouvaient suffire à son zèle, dit l'Histoire de l'Hôtel-Dieu, les fatigues continuelles qu'il essuyait dans les visites de son diocèse, qu'il faisait quelquefois en raquettes, lui avaient déjà fait contracter plusieurs infirmités, et, par-dessus tout cela, son humilité lui persuadait qu'un autre à sa place ferait plus de bien que lui, quoiqu'il en fit véritablement beaucoup, parce qu'il ne cherchait que la gloire de Dieu, et le salut de son troupeau. Sa doctrine et ses éminentes vertus le faisaient regarder comme un très digne prélat ; lui seul souhaitait d'être déchargé. »

Dans une de ses lettres, le bon évêque attribue en partie sa démission à une affection du cœur, qui le réduisait parfois à ne pouvoir se lever de son lit, et à une espèce de congestion cérébrale qui lui faisait éprouver des éblouissements et un long mal de tête, après une étude fatigante.

Mais avant d'abandonner le siège épiscopal, il pourvut à la bonne administration de son église en érigeant un chapitre, par ses lettres patentes, en date du 6 novembre 1684. Par la bulle d'érection de l'évêché, la paroisse de Québec avait été supprimée et le chapitre était chargée du soin des âmes. Le 14 novembre, à la demande de presque tous les chanoines, l'évêque érigea de nouveau la cure et l'unit au séminaire, ramenant les choses à peu près à leur premier état. On ne peut s'empêcher de regretter cette irrégularité de la part de Mgr de Laval dans l'exécution de la bulle du Souverain Pontife, irrégularité qui fut plus tard la source de bien des procès entre l'évêque de Québec, le chapitre et le séminaire. Le pieux prélat crut sans doute que le consentement du chapitre lui donnait le droit de changer les dispositions du document pontifical, et ne prévit pas les nombreuses difficultés qui devaient être la conséquence de l'union de la paroisse au séminaire.

C'est dans le dessein d'obtenir un remplaçant au siège de Québec, que Mgr de Laval traversa de nouveau les mers pour la quatrième fois. Déjà il y songeait depuis quelque temps. Il avait chargé M. Dudouyt, son procureur à Paris, de faire sans bruit quelques recherches sur un sujet propre à le remplacer, et, le 28 mars 1684, M. Dudouyt lui annonçait, qu'après avoir consulté M. Tronson et le Père LeValois, il croyait lui avoir trouvé un bon successeur, dans la personne de l'abbé de Saint-Vallier.

Sa lettre renfermait un portrait du candidat avec les raisons pour et contre. Mgr de Laval crut que c'était le meilleur choix, et il partit en novembre de la même année, pour la France, afin de le faire ratifier par le roi.

La Providence permit que le prélat rencontrât encore des obstacles. Mais cette fois, son grand mérite seul les fit naître. Car Louis XIV, connaissant ses hautes vertus, l'immense influence que sa popularité exerçait dans son diocèse, et le bien qui résultait de sa sage administration, hésitait à lui donner un successeur. Mgr de Laval en avait rendu la nomination extrêmement difficile.

Cependant, vaincu par ses prières, touché de ses infirmités, le monarque finit par se rendre. Il fut convenu entre M. de Saint-Vallier et l'évêque de Québec, que le premier viendrait au Canada, en qualité de grand vicaire, afin de visiter son futur diocèse et d'en étudier les divers besoins, pendant que Mgr de Laval, restant en France, y solliciterait les bulles du Saint-Siège.

C'est en 1685 que le nouveau dignitaire arriva au pays ; il fut émerveillé de l'état florissant de la colonie, et surtout de l'église qui venait d'être confiée à ses soins.

A cette époque, il y avait à Québec : le château Saint-Louis, le séminaire, le monastère des Ursulines, l'Hôtel-Dieu, le vaste collège des Jésuites, en face de la cathédrale, et le couvent des Récollets, appelé alors Notre-Dame-des-Anges, aujourd'hui devenu l'Hôpital-Général, et habité à cette époque par quinze religieux. Il y avait cent quatre-vingt-sept maisons dans la ville. Dix mille sept cent vingt-cinq Français ou Canadiens habitaient la Nouvelle-France.

En voyant l'état si prospère du pays, en constatant le bien qu'y avait fait la religion, Mgr de Saint-Vallier attribua ces heureux résultats à l'esprit d'initiative et de zèle de Mgr de Laval ; plus tard, il fit de lui ce bel éloge : « je m'estimerais heureux si je pouvais soutenir le bien que M. de Québec avait établi avec tant de bénédiction et tant de peine, pendant près de trente années. La noble maison de Laval dont il est sorti, le droit d'aînesse de sa famille auquel il a renoncé, en entrant dans l'état ecclésiastique, la vie exemplaire qu'il a menée en France avant qu'on pensât à l'élever à l'épiscopat, le zèle et l'application avec laquelle il a gouverné si longtemps l'église, soit en qualité de vicaire apostolique, évêque de Pétrée, soit en qualité de premier évêque de Québec, dont le titre a été érigé à Rome en 1674, à l'instance de Louis-le-Grand, qui a doté l'évêché ; la constance et la fermeté qu'il a eues à surmonter tous les obstacles qui se sont opposés en diverses occasions et en différentes manières à la droiture de ses intentions et au bien de son cher troupeau ; les soins qu'il a pris de la colonie des Français et de la conversion des Sauvages, les navigations qu'il a entreprises plusieurs fois pour le bien des uns et des autres ; le zèle qui le pressa de repasser en France, il y a trois ans, pour venir se chercher un successeur, son désintéressement et l'humilité qu'il a fait paraître en offrant et en donnant de si bon cœur sa démission pure et simple : enfin toutes les grandes vertus que je lui vois pratiquer chaque jour dans le séminaire où je demeure avec lui, mériteraient bien en cet endroit de solides louanges; mais sa modestie m'impose silence, et la vénération qu'on a pour lui partout où il est connu, est un éloge moins suspect que celui que j'en pourrais faire.; l'honneur qu'il m'a fait de jeter les yeux sur moi pour remplir sa place, m'a mis sur les épaules un fardeau si fort au-dessus de mes forces, qu'il me semble que, sans être ingrat, il me serait permis de n'en être pas tout-à-fait reconnaissant ; il lui était aisé de mieux choisir, et je sens bien qu'il me sera difficile de soutenir l'idée qu'il a eue de ma personne quand il m'a proposé au roi, tout indigne que je suis pour un si redoutable ministère. »

CHAPITRE VII

Lettre de Mgr de Laval.—Son retour au Canada.—Siège de Québec.—Les deux incendies du Séminaire.—Mort de Mgr de Laval.—Ses funérailles.

Après un séjour de deux ans au Canada, pendant lequel il exerça tous les pouvoirs de l'évêque, M. de Saint-Vallier s'embarqua pour la France, en 1687, afin de recevoir la consécration épiscopale.

Le prélat eut beaucoup de peine à obtenir ses bulles. Mgr de Laval fait mention de ces difficultés dans une de ses lettres à M de Bernières, le 18 mars 1687 : « M. Dudouyt vous donne avis de tout ce qui s'est passé depuis le retour de M. de Saint-Vallier, qui ne pourra pas avoir ses bulles, cette année, et par conséquent repasser en Canada ; et moi, conformément aux sentiments que le Seigneur me fait la miséricorde de me continuer, j'y retourne comme au lieu où mon cœur est inséparablement attaché, en sorte que, quand je serais assuré de mourir sur la mer, je m'embarquerais pour n'être pas privé au moins de la consolation de mourir dans l'accomplissement du bon plaisir de Notre Seigneur, dans lequel doit consister notre bonheur pour le temps et pour l'éternité. »

Cependant si Mgr de Laval désirait retourner en Canada, il ne fut pas sans rencontrer à la cour de France des oppositions formidables ; une lettre qu'il adressait, le 9 juin suivant, à trois chanoines de Québec, prouve qu'il avait presque perdu l'espoir d'en obtenir la permission. Nous citons en partie cette lettre admirable, remplie des plus beaux sentiments d'humilité et de résignation à la volonté de Dieu :

« A Paris, ce 9 juin 1687.

» Vous connaîtrez par les copies des lettres actives et passives que vous trouverez ci-jointes ce qui m'oblige de rester en France. Je n'eus pas plustôt reçu ma sentence, que Notre Seigneur me fit grâce de me donner les sentiments d'aller devant le très Saint-Sacrement lui faire un sacrifice de tous mes désirs et de ce qui m'est de plus cher en ce monde.

» Je commence en faisant amende honorable à la justice de Dieu qui me voulait faire la miséricorde de reconnaître que c'était par un juste châtiment de mes péchés et infidélités que sa providence me privait de la bénédiction de retourner dans un lieu où je l'avais tant de fois offensé, et je lui dis, ce me semble, de bon cœur et en esprit d'humiliation ce que le grand prêtre Héli dit lorsque Samuel lui déclara de la part de Dieu ce qui lui devait arriver : *Dominus est, quod bonum est in oculis suis faciat* ;—mais, comme la volonté de Notre Seigneur ne rejette point un cœur contrit et humilié et que—*humiliat et sublevat*—il me fit connaître que c'était la plus grande grâce qu'il me pouvait faire que de me donner part aux états qu'il a voulu porter en sa vie et en sa mort pour notre amour, en action de grâce de laquelle je dis un *Te Deum* avec un cœur rempli de joie et de consolation au fond de l'âme, car pour la partie inférieure elle est laissée dans l'amertume qu'elle doit porter. C'est une blessure et une plaie qui sera difficile à guérir et qui apparemment durera jusqu'à la mort, à moins qu'il ne plaise à la divine Providence, qui dispose des cœurs comme il lui plaît apporter quelque changement à l'état des affaires ; ce sera quand il lui plaira et comme il lui plaira, sans que les créatures puissent s'y opposer, n'étant en pouvoir de faire que ce qu'elle leur permettra. Il est bien juste cependant que nous demeurions perdus à nous-mêmes et que nous ne vivions que de la vie du pur abandon en tout ce qui nous regarde au dedans et au dehors : il faut mettre toute notre confiance et notre force en Notre Seigneur, en sa sainte Mère et toute sa sainte Famille. C'est l'œuvre de Dieu, et nous avons par sa miséricorde cherché uniquement sa gloire en ce que nous avons fait, ou pour mieux dire en ce que le sentiment des serviteurs de Dieu a fait unanimement. Ainsi j'espère qu'il tirera de cette épreuve le bien de l'Église et qu'il fortifiera de son divin Esprit tous ceux qui auront eu part à ses souffrances.

» Je ne doute point que l'on ne soit fort surpris dans le pays de voir que je ne repasse point ; M. de Villeray et tous ceux qui étaient en France m'ayant toujours vu dans ce dessein et ce désir, sauront bien que l'état de ma santé n'en aura pas été cause. L'on a déjà dit ici que c'était par ordre, comme vous le connaîtrez par la dernière lettre que j'écris au P. de la Chaize, et il y a bien de l'apparence que ce bruit ira jusques à la Rochelle et ensuite en Canada, mais je n'y dois pas contribuer. L'esprit de Notre Seigneur nous y oblige, et il tirera sa gloire de tout. C'est de la main de Notre Seigneur et de sa sainte Mère que nous devons tout recevoir comme une grâce bien spéciale, et je puis dire pour moi la plus grande et la plus précieuse que j'aie encore reçue de ma vie. Priez-les que j'en fasse un saint usage. J'espère néanmoins la miséricorde de mourir en Canada, quoique j'aie bien mérité d'être privé de cette consolation : *Verumtamen non mea sed Dei voluntas fiat.*»

Le clergé de Québec ne désirait pas le retour de l'ancien évêque avec moins d'ardeur que le prélat lui-même.

Nous en avons la preuve dans une lettre que le chapitre lui écrivait, le 10 octobre 1687 :

«... Agréez, cependant, Monseigneur, la protestation qu'elle (la Compagnie) vous fait de conserver pour Votre Grandeur une reconnaissance immortelle des bienfaits qu'elle en a reçus, entre lesquels celui dont elle vous sera éternellement redevable est d'avoir été son instituteur, son fondateur et son père.

» C'est par rapport à des titres si glorieux et si aimables tout ensemble pour nous, que nous sommes résolus d'avoir toujours pour Votre Grandeur des cœurs de véritables enfants. Plaise à Dieu, Monseigneur, que les enfants aient la joie de revoir et de vivre en la compagnie de leur Père.

» C'est la grâce que nous ne cesserons de lui demander, sous le bon plaisir toutefois de son adorable et amoureuse Providence, aux ordres de laquelle nous savons que Votre Grandeur est entièrement soumise............ »

Cettre lettre fait voir l'attachement et l'affection filiale du chapitre de Québec pour Mgr de Laval et la haute opinion qu'il avait de ses vertus

Les amis du vénérable prélat réussirent enfin à triompher des obstacles qui s'opposaient à son retour, et, le 3 juin de l'année 1688, le père était rendu à ses enfants.

Éloigné depuis trois ans de son cher troupeau, vivement désiré de tous, Mgr l'ancien, comme on l'appelait alors pour le distinguer de son successeur, fut reçu avec les démonstrations de la joie la plus vive. Il s'y déroba cependant, son zèle l'entraînant vers les paroisses qu'il avait érigées avec tant de peines. C'est ainsi qu'il remonta le Saint-Laurent et s'arrêta assez longtemps à Montréal. Mgr de Saint-Vallier ne vint au Canada que cinq ou six mois après le premier évêque.

Celui-ci, dont la faiblesse et les infirmités augmentaient sans cesse, avait fait du séminaire l'asile de ses dernières années. De sa solitude, il s'intéressait vivement à son ancien diocèse, suivant avec sollicitude les développements de la colonie, et mettant au service de tous, les lumières de sa longue expérience.

Que d'actes inconsidérés, que de dissensions, sa prudence et son esprit de conciliation ne comprimèrent-ils pas! Malheureusement il est des troubles que son dévouement fut impuissant à combattre ou à prévenir, et, contrarié dans ses vues les plus chères, le bon prélat ne pouvait souvent que prier pour son église et la paix du pays.

Il fut particulièrement éprouvé pendant le siège de Québec par les Anglais, en 1690. Dans ces jours de deuil et d'alarmes pour la colonie, la grandeur d'âme de Mgr de Laval ne l'abandonna pas un instant. Fidèle à ses traditions, l'héroïque vieillard était partout où il y avait un courage à relever, une âme à consoler.

D'après son avis, on mit le succès des armes canadiennes sous la protection de la sainte Vierge, promettant à cette puissante Mère que, si la victoire appartenait au Canada, l'église de la Basse-Ville, érigée depuis deux ans à peine, serait placée sous le vocable de Notre-Dame de la Victoire.

Marie exauça ce vœu. Les Anglais furent repoussés avec perte, et Québec fut délivré après avoir été assiégé pendant sept jours.

Bien que toujours malade et souffrant, Mgr de Laval vécut encore de longues années, retenu providentiellement pour le bien du diocèse dont l'évêque titulaire fut éloigné pendant plus de douze ans. Mgr l'ancien n'était pas administrateur en titre, mais rien d'important n'était fait sans ses conseils, et toutes les chroniques s'accordent à reconnaître les services éminents qu'il rendit à la colonie, pendant les longues absences de son successeur. Douze prêtres furent ordonnés par lui de 1691 à 1708.

En 1696, le précieux registre des confirmations mentionne qu'il confirma à la cathédrale cent soixante-deux personnes, et, en 1701, trois cent vingt-deux à la chapelle du séminaire. Il eut le courage, à l'âge de quatre-vingt-un ans, d'aller administrer le même sacrement à Montréal et dans les paroisses voisines.

Dieu qui voulait associer son serviteur aux amertumes de sa Passion, permit que ses derniers jours fussent remplis de chagrins et de déboires. L'épreuve la plus sensible au cœur de Mgr de Laval fut sans contredit l'incendie de son séminaire, le 15 novembre 1701. De cet édifice qui, par sa beauté et ses proportions, faisait la gloire de Québec, il ne resta que des ruines. Le vénérable évêque lui-même fut à grande peine retiré des flammes. Quelle ne fut pas sa douleur en voyant s'écrouler en un jour le chef-d'œuvre de sa vie, l'objet de ses plus chères espérances ! Cependant, en face de ce malheur terrible, nul ne montra plus de résignation, nul n'embrassa la croix avec plus de religieuse fermeté.

Quatre ans après, un nouveau séminaire s'élevait sur les cendres de l'ancien. On poursuivait activement les derniers travaux de reconstruction, lorsqu'un second incendie vint anéantir le nouvel édifice. Une âme moins fortement trempée que celle de Mgr de Laval eût succombé sous le poids écrasant de ce nouveau désastre. Lui, sans se laisser abattre, baisa, comme toujours, la main qui le frappait sans relâche dans ses affections les plus chères.

Cependant le Seigneur voulait récompenser la résignation du vertueux prélat. « Depuis longtemps, dit la pieuse auteur
» de l'Histoire de l'Hôtel-Dieu, il languissait dans les infir-
» mités que ses immenses travaux et son grand âge lui
» avaient attirées ; il approchait du terme que les justes
» regardent comme l'objet de leurs désirs. Un prêtre du
» séminaire, qui avait toujours eu pour lui une parfaite
» vénération, le voyant près de sa fin, lui dit : Nous quitte-
» rez-vous sans nous rien dire ? Et lui nommant plusieurs
» prélats qui ont exhorté leurs enfants spirituels avant que
» de mourir et qui leur ont donné des avis salutaires, il
» ajouta : Pourquoi ne feriez-vous pas comme eux ? Le
» prélat lui répondit : Ils étaient des saints et je suis un
» pécheur. Il ne témoigna pas moins le désir qu'il avait du
» salut de son troupeau, et plein de grands sentiments, il
» mourut le 6 de mai 1708. »

Mgr de Laval était âgé de quatre-vingt-six ans, il était évêque depuis ciquante ans et avait gouverné pendant trente-cinq ans l'église de la Nouvelle-France.

Jamais prélat ne fut plus vivement regretté. La colonie tout entière s'émut de cette perte immense. Cinquante ans de dévouement, de soins vigilants, de paternelle tendresse avaient établi entre le pasteur et le troupeau des liens presque indissolubles, et chacun pleurait en lui un ami, un bienfaiteur, un père.

Une fois la nouvelle de cette mort répandue dans la ville, la foule entoura sa dépouille mortelle, et chacun s'empressait de faire toucher au corps du prélat, des chapelets, ou d'autres objets de piété. Les enfants eux-mêmes criaient : « laissez-nous approcher, laissez-nous voir le saint. »

Les annales des Ursulines qui rapportent ce fait, rendent compte de l'impression que produisit dans les communautés la mort de Mgr de Laval :

« Les communautés religieuses, ayant témoigné un grand désir de voir les restes vénérés du prélat défunt, les messieurs du séminaire nous accordèrent cette faveur. On tendit les églises de noir, et l'on fit, au milieu, une élévation toute entourée de lumières pour y poser le précieux dépôt. Le troisième jour donc, six ecclésiastiques, qui se changeaient à chaque station, portèrent le saint corps dans les quatre églises de la haute-ville, savoir : chez les RR. PP. Franciscains, dans notre petite chapelle, à l'église des RR. PP. Jésuites, et enfin à l'Hôtel-Dieu, d'où le convoi se dirigea vers la cathédrale pour l'inhumation. Le clergé, y compris les enfants de chœur, était bien de cent cinquante personnes ; tous les curés de trente lieues à la ronde s'étaient rendus à Québec, et les religieux s'étaient joints au cortège. Jamais on n'avait vu en ce pays de convoi, de pompe funèbre semblable : aussi était-ce la pompe funèbre du saint premier évêque de la Nouvelle-France ! »

La première oraison funèbre fut prononcée le jour même des obsèques, par M. Glandelet, vicaire général et doyen du chapitre ; la seconde, le quatre juin suivant, par M. Joseph Seré de la Colombière.

« Après la mort du prélat, dit M. de Latour, on fit des procès-verbaux sur plusieurs miracles opérés à son tombeau. » Malheureusement, ces procès-verbaux dressés par M. le grand vicaire Glandelet, n'ont jamais pu être retrouvés.

CHAPITRE VIII

Translation des restes de Mgr de Laval.—Procès de canonisation.—Vertus.—Miracles.

Depuis plus d'un siècle et demi, Mgr de Laval dormait en paix dans la vieille cathédrale de Québec, lorsqu'en 1878, l'exhumation de ses ossements bénis, retrouvés intacts, produisit parmi la population canadienne les plus vifs sentiments de joie religieuse.

Le Séminaire de Québec, tout retentissant encore du nom de Laval, tout embaumé de ses vertus, en fut particulièrement ému. Avec instance, il sollicita du curé de Notre-Dame, l'honneur insigne de recevoir dans sa chapelle, les restes vénérés de son illustre fondateur. « Il est notre bienfaiteur, disait la supplique. Il est notre plus beau modèle. Il est, nous en avons la ferme espérance, notre protecteur au ciel. » Ces titres si nombreux et si légitimes obtinrent aux enfants de Laval, la réalisation de leurs vœux les plus chers. Le 15 mai 1878, avait lieu la translation intime des restes de l'illustre pontife, dans la chapelle du séminaire. Merveilleuse coïncidence, ou plutôt permission de la Providence, les cendres de Mgr de Laval étaient ainsi ramenées, après cent soixante-dix ans, à l'endroit même où s'exhala son dernier soupir. En effet, l'histoire manuscrite du séminaire nous donne les renseignements suivants :

« Après l'incendie de 1705, Mgr de Laval fut l'hôte des RR. PP. Jésuites, pendant deux mois. Puis on lui dressa un petit appartement dans l'endroit du séminaire que les flammes avaient épargné, c'est-à-dire dans la partie la plus voisine de la cathédrale, située à la place de la chapelle actuelle. Rien n'indique que plus tard, il ait été obligé de changer de logis. Il est donc probable que Mgr de Laval est mort dans cette partie du séminaire bâtie à cette époque, à l'endroit même de la chapelle actuelle. » (a)

Cette cérémonie de la translation des restes de Mgr de Laval, qu'on a qualifiée d'intime, car, à part le clergé de la ville, on n'y avait convié que la *famille*, c'est-à-dire les professeurs et les élèves de l'Université et du Séminaire, ne laissa pas d'être accompagnée d'une grande pompe. Plus de quarante prêtres en rehaussaient l'éclat.

Mais rien n'égala l'enthousiasme qui se manifesta le jour de la translation solennelle, le 23 mai 1878. Tout le pays était là : les archevêque et évêques, au nombre de neuf, plus de quatre cents prêtres, le lieutenant-gouverneur de la Province de Québec, plusieurs ministres locaux et fédéraux, l'Université Laval, les différents corps religieux et civils, enfin une foule immense accourue pour rendre hommage à l'illustre fondateur de l'église du Canada.

Comme au jour de ses premières funérailles, Mgr de Laval a traversé les rues de son cher Québec, s'arrêtant comme autrefois, dans chacune des églises de la Haute-Ville et des chapelles des communautés religieuses. Les catafalques érigés dans ces sanctuaires surpassaient en luxe et en délicatesse tout ce qu'on avait vu jusqu'alors. Mais la vieille cathédrale semblait avoir gardé pour elle, le cachet de la grandeur et de la majesté.

(a) Cette chapelle a été détruite par l'incendie du 1er janvier 1888.

A la porte de cette église, Son Excellence Mgr Conroy, délégué apostolique au Canada, reçut le brillant cortège. Mgr l'archevêque de Québec, quinzième successeur de Mgr de Laval, aujourd'hui Son Éminence le cardinal Taschereau, chanta le service. Personne n'a oublié avec quelle éloquence Mgr Antoine Racine rappela à l'immense auditoire, les vertus de Mgr de Laval, et les grands traits de sa vie, et démontra la fécondité de son apostolat et la durée de ses œuvres.

Puis le cortège se remit en marche pour la chapelle du séminaire. Le dernier *libera* annonça la fin de la cérémonie religieuse, et les restes précieux du premier évêque de Québec furent déposés sous les voutes de ce monument qu'il éleva lui-même à la gloire de la religion et de la patrie.

Les circonstances étaient favorables, et le vœu populaire s'était clairement manifesté au milieu de ces fêtes splendides : cette translation des restes de Mgr de Laval faisait désirer un triomphe encore plus éclatant, et soupirer après la fête des fêtes, celle de la glorification de l'illustre serviteur de Dieu. Aussi une supplique fut de suite adressée à nos seigneurs les évêques de la Province, pour que, sur leur demande, le procès de canonisation de Mgr de Laval fût autorisé par le Saint-Siège.

Les prélats consentirent de suite avec joie à faire cette démarche et, comme l'on sait, le premier procès est déjà terminé et soumis à l'approbation de Sa Sainteté Léon XIII.

Pour qu'un saint soit canonisé, il faut prouver sa réputation de sainteté, ses vertus héroïques et ses miracles ; et ce n'est qu'après plusieurs procès très difficiles que Rome se prononce et autorise le culte public.

Ce qu'on a déjà vu, suffit à prouver que Mgr de Laval avait à sa mort une grande réputation de sainteté, qui est parvenue jusqu'à nous, après avoir subi l'épreuve de deux siècles. Ses vertus éminentes ont été reconnues et admirées par tous ses contemporains.

Donnons-en quelques témoignages.

La mère de l'Incarnation parle ainsi du zèle de Mgr de Laval :

« Notre prélat est très zélé et inflexible, zélé pour ce qu'il croit devoir augmenter la gloire de Dieu, et inflexible pour ne point céder en ce qui est contraire. Je n'ai point encore vu de personne si ferme que lui en ces deux points. » Toutes les œuvres de Mgr de Laval porte le cachet de cette ardeur apostolique à laquelle Mgr de Saint-Vallier a également rendu un éclatant témoignage, lorsqu'il a dit : « Ma plus grande peine est de trouver une église où il ne nous paraît plus rien y avoir pour exercer mon zèle. »

Ce zèle, chez Mgr de Laval, était, comme nous l'avons déjà prouvé, réglé par la plus admirable prudence. Il ne faisait rien sans consulter, aussi s'adressait-on à lui de toutes parts pour en recevoir des conseils, sachant que tout ce qu'il dirait serait dicté par la plus grande sagesse. M. Tronson écrivait à M. Dollier du Séminaire de Montréal : « Il ne faut rien faire..... sans consulter Mgr l'évêque de Québec l'ancien...... Il repasse cette année au Canada ; et ses vues feront connaître ce que Dieu demande de nous en cette occasion. Vous connaissez *sa piété, son désintéressement, sa prudence, et ses lumières* ;...... il connaît mieux que personne l'état de son église. Nous ne cherchons tous que la volonté de Dieu, et c'est là le moyen de la connaître. »

Nous sortirions du cadre que nous nous sommes tracé, si nous voulions entrer dans le détail de toutes les vertus que pratiqua à un si haut degré le premier évêque de Québec. Laissons seulement parler un témoin qui nous donnera une idée de la foi, de l'espérance, de la charité, de l'humilité et de la mortification du saint prélat.

Ce témoin, c'est le bon frère Hubert Houssart, qui fut attaché au service de l'évêque, pendant les vingt dernières années de sa vie. A la mort de Mgr de Laval, il écrivit une longue lettre à M. Tremblay du séminaire de Paris. Cette lettre a été publiée pour la première fois dans l'*Abeille*, et nous allons en donner quelques extraits.

«Monsieur,

» Vous avez déjà, sans doute, appris la mort de Mgr de Laval, ancien et premier évêque du Canada, et ce n'est pas pour vous en informer que je prends la liberté de vous écrire......, mais pour vous témoigner combien cette mort et la séparation d'un si bon, si saint et si charitable maître m'a été sensible.........Mais la consolation qui s'est mêlée parmi la tristesse, en voyant un saint mourir en saint, après avoir vécu en saint, a été un très grand soulagement à ma peine, aussi bien qu'à celle de tout le séminaire et de tous les peuples du Canada, et la haute idée que nous avons tous de la grande gloire que possède dans le ciel notre défunt et notre commun Père, nous fait espérer que, par son intercession et son crédit auprès de Dieu, il nous dédommagera copieusement de la perte que nous avons faite de sa sainte présence. Plusieurs l'ont déjà éprouvé dans le soulagement qu'ils ont reçu dans leurs peines et infirmités, par l'invocation et le recours qu'ils ont eus à notre dit saint défunt, comme vous l'apprendrez par une autre voie.

» Toutes les personnes du séminaire doivent avoir une confiance très particulière aux mérites et intercessions de leur premier Père ; car Sa Grandeur s'étant offerte en sacrifice, comme Elle fit, six jours avant son saint trépas, pour porter la peine de tous les péchés du séminaire, et ayant prié Dieu de l'exterminer Elle seule...... ; ayant prié aussi de détruire entièrement le péché de sa sainte maison et d'y maintenir jusques à la fin des siècles le très saint amour et le véritable culte de Dieu et de la très sainte famille de Jésus, Marie, Joseph, et des saints Anges, et Sa Grandeur ayant été exaucée par le redoublement de ses douleurs, qui furent excessives depuis ce jour-là jusqu'à sa mort, nous avons tout lieu de croire qu'il nous a acquis par ses souffrances des grâces particulières, pour éviter le péché et pour pratiquer la vertu.

» Mais je ne puis, monsieur, me dispenser de vous dire que, quand il me revient en la mémoire l'accent et la ferveur avec laquelle Sa Grandeur prononçait ces paroles et beaucoup d'autres pleines de feu et d'amour, les yeux et les mains élevés vers le ciel, avec des sentiments extraordinaires d'humilité et de mépris de soi-même, et des retours d'une véritable confiance en Dieu, nonobstant, disait-elle, sa très grande indignité, j'en ai le cœur si pénétré, que je ne puis retenir mes larmes ; je souhaitais pour lors que toutes les personnes du Canada eussent pu entendre chacune, une seule de ses paroles, pour en être toutes embrasées ; car elles étaient toutes capables de pénétrer, attendrir et enlever les cœurs, même les plus endurcis.

» Je ne doute pas, monsieur, que vous n'ayez aussi appris la distribution qui a été faite, à la grande instance des peuples du Canada, du linge trempé et teint du sang de mon dit Seigneur, de ses cheveux et de ses habits………

» Vous serez, sans doute, bien aise que je vous fasse un petit détail de quelques actions communes et ordinaires de Sa Grandeur, qui m'ont le plus touché, et m'ont fait prendre la résolution, plus de quinze ans avant sa mort, d'en agir ainsi………

» Ce qui m'a toujours tenu dans la surprise et dans l'admiration, a été de voir un homme d'un aussi grand mérite, ……… d'une aussi grande vénération, et aussi utile en ce pays que l'était monseigneur, cassé et rompu de vieillesse, de fatigues et d'infirmités jusques à l'âge de quatre-vingt cinq ans, être aussi exacte que l'était Sa Grandeur à se mortifier en toutes choses………

» 1º De coucher sur un très chétif matelas sur les planches. ……. à faire tous les jours lui-même son pauvre lit, jusqu'à la fin de sa vie, sans permettre que j'y touche que très rarement………

» 2º De ne se jamais coucher qu'il n'eût dit et ne se fût acquitté de tous ses offices, prières, lectures, chapelets, etc., quelque tard qu'il fût et quelqu'affaire qu'eut eue Sa Grandeur, et quoiqu'il se couchât fort tard, ne jamais manquer à se lever, pendant plus de quinze ans, à deux heures du matin, (je ne parle que du temps que j'ai servi Sa Grandeur, car plus de trente ans auparavant, Elle se levait à la même heure), et les cinq dernières années de sa vie sur les trois heures. Et de se lever pendant les dites quinze années et celles d'auparavant, tout seul, sans feu, n'ayant point de poêle dans sa chambre, où il gelait très fort toutes les nuits pendant l'hiver………. s'en aller à quatre heures à l'église, la lanterne à la main, en ouvrir les portes, sonner sa messe, qui était la première, de quatre heures et demie, pour les travaillants, et rester à l'église ou à la sacristie, qui était fort froide et incommode pour lors, jusques à sept heures…..

» 4º…………..Sa Grandeur cherchait tous les jours les moyens qu'Elle pouvait s'imaginer pour se procurer des douleurs et des souffrances, comme, soit par exemple, de porter presque tous les jours le cilice, et de le quitter tous les soirs en cachette, de peur que je ne le visse en pansant le cautère qu'Elle avait au bras, et sur ces dernières années, qu'Elle ne pouvait presque plus agir, le porter jour et nuit, et avoir un très grand soin et faire en sorte que je ne le voie point en pansant le dit cautère………. De dire assidûment la sainte messe, nonobstant des ouvertures et des plaies très considérables et très sensibles qu'Elle avait aux jambes et aux pieds, et que nos messieurs et même monsieur le médecin lui représentassent le tort qu'Elle faisait à sa santé, en se gênant et souffrant, comme Elle faisait, pour dire la sainte messe.

» D'assister, en ces états et avec toutes ces plaies, à tous les offices de la cathédrale, quelque froid qu'il fît, et de s'y faire porter quand Elle ne put plus marcher. C'est dans la pratique de cette ferveur et dans l'exercice de cette dévotion et de cette haine d'Elle-même, qu'Elle gagna pendant l'office du Vendredi-Saint, par un des plus grands froids qu'il se puisse faire en Canada, une engelure au talon qui lui a causé la mort………

» J'aurai plutôt fait, monsieur, de vous dire en deux mots, que, quand il s'agissait du service de Dieu et de la charité du prochain, aucune douleur ni infirmité n'étaient capables d'y faire manquer Sa Grandeur en un seul point..........

» Mais ce qui fait mieux connaître la patience de Sa Grandeur dans ses plus grandes plaintes, c'est que, quand on voulait avoir égard à ses douleurs et à ses plaintes et qu'on voulait l'épargner, Elle voulait qu'on fît ce qui était nécessaire à ses plaies sans avoir égard à ses plaintes et douleurs.

» En pansant la plaie qui lui a causé la mort, sa douleur était si grande que tout le corps lui en frémissait ; il se plaignait d'une manière à tirer les larmes des yeux de ceux qui étaient présents. Le bon frère Boussat, y étant un jour, dit à Sa Grandeur par compassion : Eh bien ! Monseigneur, que voulez-vous que nous fassions ? que mettrons-nous sur votre plaie ? Sa Grandeur lui répondit d'un accent tout transporté et embrassé de l'amour de Dieu, et les mains jointes : Mon frère, je ne veux que Dieu, faites tout ce qu'il vous plaira et ce que vous jugez qu'il faut faire.................

» 5° La mortification au boire et au manger n'est pas le moindre point de ses vertus ; au contraire je crois que c'en est un des plus grands..

» ...Je l'ai vu plus de cent fois garder de la viande cuite dans sa chambre (car comme vous le savez, monsieur, Sa Grandeur a toujours mangé dans sa chambre, pendant les vingt dernières années de sa vie), je l'ai vue, dis-je, garder de la viande cuite, cinq, six, sept et huit jours, dans les chaleurs de l'été, et, lorsqu'elle était toute moisie et pleine de vers, Elle la lavait dans de l'eau chaude ou dans du bouillon de sa soupe, et ensuite la mangeait et me disait qu'elle était très bonne..........

» En un mot, je puis dire sans exagération que toute la vie de Sa Grandeur n'était qu'un jeûne continuel, car Elle ne déjeunait point, et ne prenait tous les soirs que la valeur d'une légère collation..........

» 6º Un autre point de mortification et d'humilité fort extraordinaire, en une personne du rang, de la dignité, de l'âge, et des infirmités de monseigneur, est que Sa Grandeur ne m'a jamais permis, pendant toutes les vingt années que j'ai eu l'honneur d'être à son service, de faire quoi que ce soit pour son service, qu'Elle ne l'ait pu faire elle-même, si bien qu'il fallait que je demeurasse les bras croisés...... pendant que Sa Grandeur faisait son feu, balayait, desservait sa table, lavait son petit meuble de table, s'habillait, faisait son lit, etc., etc..........

» Mais si j'ajoutais à cela et si je racontais toutes les fois que Sa Grandeur, nonobstant ma grossièreté, mon ignorance et toutes mes mauvaises qualités, me consultait, demandait mes avis, me priait, quoique je ne fusse que son valet.......... c'est ce qui faisait l'étonnement des personnes qui ont connu le grand mérite, les grandes lumières et la profondeur des connaissances qu'avait Sa Grandeur.......... quand je pense seulement à ces manières si tendres, si charitables, si humbles et si déférentes de Sa Grandeur à mon égard, j'en ai le cœur si attendri que je m'en expliquerais mieux par mes larmes que par mes paroles.

» 8º Pour ce qui regarde sa charité et ses aumônes, c'est un point où les personnes qui ont le mieux connu Sa Grandeur auraient peine à en faire connaître toute l'étendue. J'ai autant de témoins de cette vérité qu'il y a de personnes en Canada..

» ...Sa Grandeur, l'automne dernier avant sa mort, se voyant sans avoir de quoi faire l'aumône, Elle fit tout son possible pour en avoir du Séminaire, mais le Séminaire étant lui-même à l'extrémité, n'ayant pas la moitié de ses besoins les plus essentiels, et ne pouvant rien donner à Sa Grandeur pour faire ses aumônes (car ça toujours été Elle qui les a distribuées de ses propres mains), Elle me dit, d'une manière fort triste et fort touchante, qu'Elle ne pouvait pas vivre longtemps, si Elle n'avait pas de quoi donner aux pauvres, et effectivement Sa Grandeur n'a plus vécu que six mois après, et Elle s'est trouvée si dénuée des biens de ce monde, qu'Elle n'avait pas en mourant la valeur d'un sou dont Elle pût disposer en faveur des pauvres................................

« ...Quelques mois avant sa mort, je vis encore, dans le fond de sa cassette, un petit couteau de cinq ou six sous, je le demandai à Sa Grandeur, et Elle me le donna, mais d'une manière et d'un ton à me tirer les larmes des yeux : *Mon enfant, me dit-Elle, si je possède encore ce couteau, je vous le donne de bon cœur, afin de ne posséder plus rien sur la terre, et que je sois entièrement dégagé de tous les biens de ce monde...*

« 10° Je n'ai garde, monsieur, d'entreprendre de parler de la haute contemplation et de l'union continuelle que monseigneur avait avec Dieu, ce sont pour moi lettres closes, et je dois bien me contenter d'admirer ces voies sublimes et élevées dans lesquelles Dieu a conduit Sa Grandeur............

« ...L'aversion qu'Elle avait des moindres choses qui pouvaient tant soit peu ternir le lustre et la pureté de son âme,

………la portait à se confesser tous les jours, avant de dire la sainte messe.

« …Et c'est ce qui m'a excité à prendre la résolution, dès les premières années que j'ai été auprès de Sa Grandeur, de ramasser tout ce que je pouvais qui ait appartenu à sa sainte personne, et, depuis son trépas, à tremper des linges dans son sang, lorsqu'on l'a ouvert, à enlever quelques os ou cartilages de dessus sa poitrine, et à couper ses cheveux, et conserver ses habits, et tout cela pour servir de très précieuses reliques.

« Je crois, monsieur, que vous et toutes les personnes bien intentionnées, approuveront mon procédé en cela, comme effectivement plus de trois mille personnes de toutes sortes d'états et conditions l'ont approuvé en Canada, en demandant avec empressement, et s'estimant bienheureuses d'avoir de petites parcelles du dit linge et de ces précieux restes de mon dit Seigneur, qu'ils portent sur eux avec respect et dévotion ; des capitaines mêmes et officiers de troupes ont fait faire exprès des reliquaires d'argent pour y en enfermer et les porter sur eux, étant mûs à cela par l'idée et l'estime générale que chacun a du grand mérite et de la haute sainteté de mon dit Seigneur, et par les secours extraordinaires et miraculeux que plusieurs ont reçus et reçoivent journellement dans leurs infirmités, par l'invocation de mon dit Seigneur, en s'appliquant les dites reliques ou les portant sur eux………

» Fr. H. Houssart. »

Comme on le voit par cette lettre touchante et admirable du frère Houssart, les miracles eux-mêmes n'ont pas manqué à la gloire de Mgr de Laval ; mais, malheureusement, il n'y en a pas eu de procès-verbaux, ou, si on en a faits, ils ont été perdus comme ceux dressés par M. le grand vicaire Glandelet. Plusieurs guérisons extraordinaires ont été attribuées à Mgr de Laval, depuis la translation de ses restes, et nous pourrions en citer un grand nombre. Contentons-nous de la suivante, qui est absolument inédite, et que nous tenons de la bouche même de Mgr Gravel, évêque de Nicolet.

En 1882, mademoiselle Rosa Hébert, alors âgé de 13 ans, était en promenade à Saint-Hyacinthe, dont Mgr Gravel était alors le curé.

La pauvre enfant souffrait d'une surdité qu'elle avait contractée à l'âge de deux ans, à la suite de fièvres scarlatines : elle ne pouvait rien entendre de ce qui se disait autour d'elle, et ne parvenait à comprendre qu'à l'aide de signes, et en suivant le mouvement des lèvres de ceux qui lui parlaient. Mgr Gravel l'ayant rencontrée, lui demanda si elle désirait guérir, et si elle consentirait à porter sur elle une parcelle du tombeau de Mgr de Laval, et à réciter tous les jours la prière autorisée par Mgr l'archevêque de Québec. La pieuse enfant consentit avec joie, et se mit à invoquer avec ferveur son nouveau et puissant protecteur, et à porter la petite relique. Presque de suite, il se produisit chez elle un changement remarquable, et chaque jour le mieux s'accentuait d'avantage ; si bien que, quelques mois après, mademoiselle Hébert put fréquenter les classes avec la même facilité que les autres élèves, trouvant même que celles-ci parlaient trop fort autour d'elle. L'enfant, sa mère, et toute sa famille considèrent cette cure comme miraculeuse, et l'attribuent à l'intercession de Mgr de Laval.

Mademoiselle Hébert demeure actuellement aux États-Unis ; elle entend parfaitement. Le médecin qui l'avait soignée, est prêt à rendre témoignage en faveur du miracle.

La vénérable mère de l'Incarnation avait donc bien raison de dire que « Mgr de Laval porte les marques et le caractère d'un saint, » puisqu'il a la réputation et les vertus d'un saint, et qu'on lui attribue, justement il semble, un grand nombre de guérisons miraculeuses. Cependant, n'oublions pas que la canonisation d'un saint est l'une des plus grandes faveurs que le ciel puisse accorder à un pays. Ce ne sont pas quelques prières isolées, mais les prières, les cris vers le ciel, de tout un peuple, qui obtiendront de Dieu la glorification du premier évêque et du père de la Nouvelle-France.

Dans une lettre que Mgr Legaré nous faisait l'honneur de nous écrire, en 1887, pour nous encourager à publier une notice biographique sur Mgr de Laval, nous trouvons le passage suivant :

« D'après les témoignages qui ont été rendus dans le procès préliminaire de sa béatification, Mgr de Montmorency-Laval a été un nouveau François-Xavier par son zèle d'apôtre, un nouveau François d'Assise par sa mortification et son esprit de pauvreté ; un nouvel Ambroise par sa fermeté à sauvegarder les droits de l'Église ; un nouveau Thomas de Villeneuve par sa prudence et sa sagesse. On voit rayonner sur son front l'auréole de toutes les vertus.

» C'est notre ferme espérance qu'un jour l'Église lui décernera un culte public.

» Ce sera votre bonheur, mon cher confrère, d'avoir contribué par votre publication, à cet heureux événement. »

Oui, nous l'espérons, un jour viendra où, « de Rome, la cité des triomphes et des longs souvenirs, la parole infaillible du Père commun de tous les fidèles annoncera au monde à la Ville, que le nom de Laval est consigné au livre du ciel. Et si l'Église glorifie son serviteur par cette couronne qu'elle ne réserve qu'à l'héroïsme de la vertu, et à une sainteté irrécusable, cette glorification sera le plus précieux, le plus brillant rayon de gloire attaché au front de l'église de Québec.

» Votre image, mille fois bénie, ô Laval ! apparaîtra radieuse sur nos autels ; et au culte de l'admiration et de la reconnaissance, le peuple canadien, que vous avez tant aimé, ajoutera celui de la prière et de l'invocation. » (a)

(a) Éloge funèbre de Mgr de Laval par Mgr Ant. Racine.

Mgr DE SAINT-VALLIER

CHAPITRE I

Naissance de Mgr de Saint-Vallier.—Il est nommé aumônier du roi.—Sa vie édifiante à la cour.—Il est choisi pour succéder à Mgr de Laval.—Traversée de l'Océan.—Son arrivée à Québec.

Mgr Jean-Baptiste de Saint-Vallier naquit à Grenoble, le 14 novembre 1653, de Jean de la Croix, seigneur de Chevrières, et de Marie de Sayne, fille unique de messire Jacques de Sayne, chevalier, seigneur de l'Echigny et de Chamblanc. Après avoir reçu de ses illustres parents, cette première éducation virile et chrétienne que l'on savait si bien donner dans les bonnes familles françaises de cette époque, l'enfant entra au Séminaire de Grenoble, et se distingua pendant toutes ses études classiques par son application au travail, par une grande facilité d'élocution, et surtout par une admirable piété.

Le prestige d'un grand nom; ses talents réels, l'influence de sa famille : tout lui assurait un avenir brillant dans le monde ; mais Mgr le Camus, évêque de Grenoble, décida sans peine le jeune de Saint-Vallier à embrasser de préférence les sacrifices que présente une vie consacrée au service de l'Église. Les succès le suivirent dans la carrière ecclésiastique, car, à dix-neuf ans, on le proclamait docteur en Sorbonne. Aucun historien n'a donné la date de son ordination sacerdotale, mais on sait qu'il s'y prépara par un mois entier de retraite, et que ses œuvres de piété et de pénitence firent l'édification de tout le séminaire.

D'abord chanoine de la cathédrale de Grenoble, l'abbé de Saint-Vallier fut bientôt arraché à ces fonctions relativement humbles, pour paraître à la cour, où l'appelait à grands cris l'ambition de ses parents. Son frère aîné, qui était alors capitaine des gardes du roi, saisit la première occasion favorable pour lui procurer une place plus en rapport avec la dignité de sa famille, et il le fit nommer aumônier ordinaire du roi. La vertu du jeune prêtre n'était pas en danger au milieu des plaisirs de la cour, et bien qu'il n'eût pas encore vingt-trois ans, il se conduisit toujours avec la gravité d'un saint ecclésiastique, qui s'occupe plus de plaire à Dieu qu'aux hommes. Fidèle à dire la messe tous les jours, et à faire une retraite tous les ans, il poussait l'esprit de son état jusqu'à porter habituellement la soutane, ce qui ne se voyait plus à la cour, et il employait utilement son temps à donner des instructions et les autres secours de son ministère aux officiers du palais. Ses efforts furent couronnés de succès : on vit bientôt refleurir la piété et les bonnes mœurs en des lieux qui avaient été souvent le théâtre de l'irréligion et du libertinage. Les œuvres de charité avaient dès cette époque toute ses prédilections, et son amour des pauvres et des affligés l'accompagna pendant toute sa vie.

« Un soir, M. de Saint-Vallier étant retiré dans son appartement pour prendre son repos, entendit à sa porte comme le gémissement d'une personne dans la souffrance. Il appela son domestique, celui-ci qui ne voulait pas se déranger, répondit que ce n'était rien. L'abbé sortit alors lui-même, et trouva dehors un pauvre homme presque nu, transi de froid et couvert d'ulcères. Il conduisit ce malheureux jusqu'à sa chambre, le fit asseoir sur un fauteuil près du feu, lui apprêta à manger, pansa ses plaies, le fit changer de linge, le coucha dans son propre lit, et passa la nuit à veiller auprès de lui. Il ne le quitta le matin que pour aller dire la messe, mais à son retour, il ne le trouva plus, et personne ne peut lui dire comment l'inconnu s'était évadé. » (*a*)

Les hôpitaux et les prisons recevaient souvent la visite du charitable aumônier. Un jour, il descendit dans un cachot infect, où gisait un pauvre détenu affligé de toutes les misères et de toutes les douleurs. Ému de compassion, le jeune prêtre obtint pour ce malheureux une prison moins horrible, se dépouilla pour lui d'une partie de ses vêtements, lui fit donner les soins qu'exigeait son état déplorable, et finit, bientôt après, à force de douceur et de charité, par convertir celui qui avait été un scélérat.

«Quel spectacle surprenant, se présente à nos yeux ! s'écrie l'abbé Fornel (*b*). Notre nouveau Jean-Baptiste se sanctifie à la cour des rois, au milieu des délices ; quel prodige ! Vous disiez autrefois, Seigneur, qu'on ne voyait là que des hommes de plaisir, vêtus mollement et qui, semblables à des roseaux flexibles, se laissent agiter par tous les vents de l'inconstance et du changement. Mais jetez les yeux sur l'abbé de Saint-

---

(*a*) " Monseigneur de Saint-Vallier et l'Hôpital-Général de Québec." Cet ouvrage dû à la plume aussi élégante que pieuse de l'annaliste de l'Hôpital-Général, nous a été d'un grand secours pour la composition de cette notice.

(*b*) Oraison funèbre de Mgr de Saint-Vallier.

Vallier, qui réside à la cour du plus grand des monarques. Ce n'est point un homme qui aime la bonne chère, ou qui recherche le luxe des habits ; ce n'est point un homme sujet à des alternatives de piété et de relâchement, et qui, pour vouloir partager son cœur entre Dieu et le monde, se met enfin au rang des adorateurs de la fortune, et devient le zélé partisan du grand monde qui l'éblouit. Non : dans un lieu qu'on peut appeler l'écueil de la piété et de l'innocence, et où les plus sages perdent le sel de leur sagesse, on est dans l'admiration des vertus de l'abbé de Saint-Vallier ; on vante sa piété, sa religion, son recueillement, sa ferveur ; on admire son zèle qui lui fait remplir le ministère d'un apôtre, instruisant les uns, reprenant les autres, animant ceux-ci, exhortant ceux-là, avec une force, une charité, une onction semblable à celle de Jean-Baptiste, lorsqu'il instruisait les soldats et les officiers de la cour du roi de Judée."

M. de Saint-Vallier accompagna le roi dans une de ses expéditions de Flandre, et déploya, en faveur des blessés et des mourants, les vertus qu'il pratiquait habituellement à Paris, pour le soulagement de tous ceux qui avaient besoin de lui. Louis XIV sut apprécier les services rendus par son aumônier, et, pour les reconnaître d'une manière signalée, il lui offrit le siège épiscopal de Tours, et, quelque temps après, celui de Marseille ; mais l'humble prêtre crut devoir refuser, et témoigna au monarque le grand désir qu'il avait de donner des missions dans les différentes provinces du royaume. Louis XIV ne voulut pas insister, se réservant de profiter d'une autre vacance pour donner à son aumônier une charge importante dans le gouvernement de l'Église. L'occasion ne se fit pas longtemps attendre, car Mgr de Laval ayant offert sa démission de l'évêché de Québec, en 1684, on jeta les yeux sur l'abbé de Saint-Vallier qui, cette fois, accepta la charge épiscopale, parce qu'elle était accompagnée de sacrifices, de pauvreté et de missions pénibles.

Mgr de Laval avait chargé M. Dudouyt, son agent en France, de prendre des informations au sujet de celui que l'on pouvait choisir pour lui succéder sur le siège de Québec. M. Dudouyt, après avoir consulté, écrivit au prélat, en mars 1684 :

« Nous avons examiné, dit-il, sur qui on pouvait jeter les yeux... ça été à l'occasion de la proposition que nous a faite le P. le Valois, touchant M. l'abbé de Saint-Vallier, dont voici les qualités pour et contre. Il est de naissance considérable, il a du bien, il est aumônier du roi, qui a beaucoup d'estime pour lui ; il est d'un parfait exemple à la cour, où il travaille avec édification, il est austère pour lui-même. On le veut faire évêque en France, mais il s'en défend autant qu'il peut.

» Il a demeuré, les six derniers mois avant Pâques, au Séminaire de Saint-Sulpice, où il a fort édifié. Le P. le Valois est son directeur, et lui fait faire ses retraites. C'est lui (le P. le Valois) qui a pensé qu'il serait propre pour le Canada et qui lui en a parlé ; et il (M. de Saint-Vallier) a dit que, pour éviter d'être évêque en France, il consentirait plutôt à l'être en Canada, et qu'il voudrait demeurer votre coadjuteur tant que vous vivrez ; on croit que l'estime que le roi a pour lui, ferait qu'il agréerait la chose.

» Les raisons qui nous ont paru contraires, sont qu'il a un zèle un peu trop ardent, soit pour sa propre perfection, soit pour y porter les autres ; qu'il n'a pas encore beaucoup d'expérience, étant jeune ; qu'il est austère... J'ai parlé de cette affaire à M. Tronson ; nous en avons examiné les raisons pour et contre. M. Tronson convient qu'il a beaucoup d'ardeur et pas encore d'expérience... le P. le Valois m'a répondu qu'il se modère beaucoup dans son zèle et son ardeur, soit pour sa propre conduite, soit pour celle des autres ; qu'il a proposé de lui-même que, lorsqu'il serait obligé de conduire le diocèse, il aurait un conseil composé des personnes les plus capables, par l'avis desquelles il se conduirait, et qu'il voulait demeurer votre coadjuteur, tant que Notre Seigneur vous conservera la vie. »

Mgr de Laval fut enchanté de cette lettre, et se décida de suite à passer en France, à la fin de cette même année, pour régler cette affaire importante. Il parla lui-même au roi, du choix de M. de Saint-Vallier, et le demanda pour son successeur. Louis XIV, surpris de voir que son aumônier acceptait un évêché en Canada, après avoir refusé ceux qu'il lui avait offert, en France, se rendit, cependant, aux instances de l'évêque de Québec, et aux humbles raisons de l'abbé de Saint-Vallier. Ce dernier, après avoir vaincu les oppositions de sa famille éplorée, s'en alla résider au Séminaire des Missions-Étrangères, où se trouvait le vénérable évêque de Québec, pour recevoir de lui les instructions dont il avait besoin pour gouverner son diocèse.

Malheureusement les démêlés qui existaient entre les cours de Rome et de France, rendaient impossible l'obtention immédiate des bulles. Alors on décida que Mgr de Laval resterait en France pour les obtenir, tandis que son successeur élu irait en Canada, en qualité de vicaire général, pour visiter son église et le troupeau confié à ses soins. M. de Saint-Vallier se hâta de faire ses derniers préparatifs, et, avec l'agrément du roi, il quitta la France, en mai 1685. Voici comment il raconte lui-même son voyage, dans une longue lettre qu'il publia, à son retour à Paris.

« Vous n'avez peut-être pas oublié que je partis de Paris, au mois de mai de l'année 1685. Je m'embarquai à la Rochelle, le mois suivant, dans le même vaisseau que montait M. le marquis de Denonville, qui avait été nommé par le roi, gouverneur de la Nouvelle-France, et qui menait avec lui madame sa femme et une partie de sa famille.

» De neuf ecclésiastiques qui avaient bien voulu me suivre, et qui avaient tous passé par le Séminaire des Missions-Étrangères de Paris, où j'avais fait ma demeure depuis ma nomination à l'épiscopat, il n'y en eut que deux qui demeurèrent auprès de moi durant la navigation ; les autres furent partagés sur deux vaisseaux, cinq sur l'un et deux sur l'autre ; les cinq avaient pour chef M. l'abbé d'Urfé, ci-devant doyen de la cathédrale du Puy, dont on connaît assez le nom et la vertu, sans qu'il soit nécessaire que je fasse connaître ici sa personne et son mérite ; il suffit de dire qu'il a été, pendant plusieurs années, un exemple de zèle et d'humilité dans le Séminaire de Saint-Sulpice de Paris, et qu'il avait déjà demeuré dix ans en Canada, où il avait donné beaucoup d'édification dans le Séminaire de Montréal, qui (comme l'on sait) est dépendant de celui de Saint-Sulpice, et dont j'aurai occasion de parler dans la suite de cette lettre.

» Deux des prêtres qu'on avait embarqués, avec cinq cents soldats qui passaient avec nous, furent les plus heureux de tous ; car outre les exercices de piété qu'ils firent faire à l'équipage et aux passagers, comme on le faisait dans les autres navires où nous étions, il plut à Dieu de leur fournir une nouvelle matière de zèle, par la maladie qui se mit dans les troupes, et qui enleva cent cinquante hommes ; ils s'appliquèrent si fortement jour et nuit à secourir ces pauvres malades, qu'à force d'être auprès d'eux pour leur donner les soulagements du corps, et pour leur administrer les sacrements, la longue fatigue jointe au mauvais air les réduisit enfin au nombre de ceux qui avaient besoin de secours ; quelque soin qu'on prît de les assister, il fut impossible de vaincre la malignité du mal ; et ils eurent autant de joie de perdre la vie en cette occasion, qu'ils causèrent de douleur à tout le monde par leur perte ; l'un mourut dans le vaisseau, peu de temps avant qu'il touchât au port, et l'autre languit encore quelques jours après être arrivé à Québec.

» En arrivant à Québec, je fus descendre au Séminaire des Missions-Étrangères, qui est dépendant de celui de Paris, et qui a été jusqu'à présent le séminaire épiscopal de Canada. MM. les directeurs de cette maison vinrent au-devant de moi, avec tout le respect et toute la cordialité que je pouvais attendre d'eux ; et comme ce sont eux qui remplissent toutes les places de la cathédrale, ils me reçurent en chapitre, dans les formes, en qualité de grand vicaire de Mgr de Québec, qui m'avait donné cette qualité par des lettres authentiques avant mon départ de France. »

CHAPITRE II

L'abbé de Saint-Vallier à Québec.—Ses visites dans les communautés, à Québec et à Montréal.—Voyage en Acadie.—Incendie du monastère des Ursulines.—Mandements contre les immodesties dans les églises.—Avis au gouverneur.—Retour en France.

A son arrivée à Québec, le 30 juillet 1685, M. de Saint-Vallier donna d'abord les secours de son ministère et de sa charité à bon nombre de ses compagnons de voyage qui, malades, les uns de fièvres, les autres de scorbut, remplirent bientôt les salles de l'Hôtel-Dieu ; puis il se mit de suite à visiter l'immense territoire qui formait alors l'église de la Nouvelle-France. Nous ne pouvons mieux faire que de suivre le récit que le prélat publia lui-même, après les quinze mois qu'il passa en Canada, en qualité de vicaire général. Il parle d'abord de toutes les institutions de sa ville épiscopale, du chapitre de la cathédrale, composé de douze chanoines, d'un doyen, d'un grand chantre, d'un archidiacre, d'un théologal et d'un grand pénitencier ; puis de la cathédrale elle-même, servant en même temps de paroisse ; « le bâtiment n'en est pas encore achevé, et le roi donne chaque année une gratification, pour consommer peu à peu l'ouvrage qu'on y a commencé ; on y fait l'office avec une gravité et une pompe proportionnée à la solennité des jours......... La maison des Jésuites est bien bâtie, leur église est belle......... Le supérieur est à présent le Père Dablon, homme d'un mérite et d'une expérience consommée, avec qui j'ai eu beaucoup de liaison pendant mon séjour en Canada ; plus on le voit, plus on l'estime, et dans le compte qu'il a bien voulu me rendre des qualités et des travaux de tous les religieux qui lui sont soumis, soit dans le collège, soit dans les missions, j'ai connu qu'ils sont tous des saints qui ne respirent que Dieu seul, et qui ne s'épargnent en rien pour convertir les infidèles, et pour sanctifier les chrétiens. Il faut avouer que parmi ces pères de la Nouvelle-France, il y a un certain air de sainteté si sensible et si éclatant, que je ne sais s'il peut y avoir quelque chose de plus en aucun autre endroit du monde, où la compagnie de Jésus soit établie. J'ai parlé à ceux qui sont à Québec, et j'ai reçu des lettres de ceux qui sont en mission ; tous m'ont paru d'une vertu et d'une soumission, dont je suis encore plus édifié, que je ne suis satisfait de leurs talents, et je ne puis sans injustice supprimer le témoignage que je rends ici en leur faveur.

» Le couvent des Récollets s'appelle Notre-Dame des Anges ; le lieu est agréable, c'est la promenade de la ville la plus belle, et on y va souvent par dévotion en pèlerinage. Il y a douze ou quinze religieux de bonne volonté, toujours prêts à aller partout où il plait à l'évêque de les envoyer. J'ai sujet de me louer d'eux dans les emplois que je leur ai commis. Il y a lieu d'espérer que, comme on leur envoiera toujours de France des sujets bien conditionnés, et des gardiens aussi prudents et modérés, que l'est celui qui est à présent à leur tête, nous vivrons bien ensemble.

» Il y a à Québec deux communautés de religieuses érigées par lettres patentes : les Ursulines et les Hospitalières ; les unes et les autres travaillent, chacune selon l'esprit de leur vocation, avec grande fidélité aux emplois de leur institut.

» Dans la visite que j'ai faite à Québec, j'ai commencé par le séminaire ; je déclarai d'abord que mon dessein étant de m'instruire et de m'informer de l'état de l'église, plutôt que de faire aucun changement, que je ne changerais rien dans les choses tant soit peu de conséquence, et que je m'estimerais heureux, si je pouvais soutenir le bien que monsieur de Québec avait établi avec tant de bénédiction et tant de peine, pendant près de trente années." Puis après avoir fait l'éloge de son prédécesseur, il fait celui des prêtres du séminaire. « Les directeurs sont en petit nombre, et s'ils avaient moins de grâce et d'activité qu'ils n'en ont, il leur serait impossible de faire tout ce qu'ils font au dedans et au dehors de leur maison : le détachement dont ils font profession, la charité qui les unit, l'assiduité qu'ils ont au travail, et la régularité qu'ils s'efforcent d'inspirer à tous ceux qui sont sous leur conduite, m'ont donné une très sensible consolation. »

M. de Saint-Vallier quitta bientôt sa ville épiscopale pour visiter les paroisses de la côté de Beaupré et de l'Ile d'Orléans, puis il se rendit à Montréal, où il fut reçu, avec de grandes marques d'honneur et de joie, par M. le chevalier de Callières accompagné du clergé et du peuple.

« Je fis mes visites dans la paroisse, dans les maisons religieuses, et dans le séminaire que messieurs de Saint-Sulpice de Paris y ont établi depuis plusieurs années, et où ils ont un bon nombre de sujets envoyés de France, dont j'ai connu les talents et les vertus, non seulement par la réputation publique, mais par les entretiens particuliers que j'ai eus avec eux, et par la confiance avec laquelle ils ont bien voulu me découvrir leurs plus secrètes dispositions ; leur supérieur a été fait grand vicaire par mon prédécesseur, et il a dans sa maison de quoi fournir des curés à la ville et aux environs, des supérieurs aux religieuses Hospitalières et aux Sœurs de la Congrégation, et des missionnaires aux Sauvages. Monsieur l'abbé d'Urfé a désiré qu'on le mît au nombre de ceux qui desservent des paroisses, et il en conduit une des plus exposées, avec toute l'application et toute l'ardeur de son zèle.

» Tous ces différents ouvriers travaillent à l'envi à qui fera le mieux, chacun dans leurs postes, et le désir qu'ils ont tous d'être occupés à la sanctification des âmes, ne les empêche pas de s'appliquer avec fidélité au soin du temporel, qui, nonobstant leur vigilance, ne suffit pas encore aux dépenses de leur maison.

» Leur supérieur est un sujet de mérite et de grâce, qui a reçu de Dieu un merveilleux discernement pour placer ceux qui sont sous sa conduite, selon la diversité de leurs talents. Il sait l'art de ménager tous les esprits, et sa prudence jointe à sa douceur et à ses autres vertus, lui a gagné l'estime et l'affection de toutes sortes de personnes.

» L'hôpital est administré par dix-huit ou vingt religieuses Hospitalières, dont plusieurs sont venues de France. Ce sont de vertueuses filles ; mais on ne peut guère être plus pauvres qu'elles le sont. Tout leur bâtiment consiste dans un corps de logis, dont le bas est une salle de malades, étayée par dehors et par dedans, et le haut est un grenier plutôt qu'un dortoir, où on est obligé de mettre plusieurs lits dans chaque cellule, et où le froid et le chaud sont extrêmes, suivant la diversité des saisons.

» Les filles de la Congrégation sont aussi assez incommodées dans leurs affaires ; c'est même une merveille qu'elles aient pu subsister après l'accident qui leur arriva, il y a trois ou quatre ans ; toute leur maison fut brûlée en une nuit, elles ne sauvèrent ni leurs meubles, ni leurs habits, trop heureuses de se sauver elles-mêmes ; encore y en eut-il deux d'entre elles qui furent enveloppées dans les flammes. Le courage de celles qui en échappèrent, les soutint dans leur extrême pauvreté, et quoiqu'elles fussent plus de trente, la divine Providence pourvut à leur pressante nécessité. Il semble que cette calamité n'ait servi qu'à les rendre plus vertueuses et plus utiles au prochain, car il n'y a point de bien qu'elles n'aient entrepris depuis ce temps-là, et dont elles ne soient venues à bout. Outre les petites écoles qu'elles tiennent chez elles pour les les jeunes filles de Montréal, et outre les pensionnaires françaises et sauvages qu'elles élèvent dans une grande piété, elles ont établi une maison qu'on appelle la Providence, dont elles ont la conduite, et où elles instruisent plus de vingt grandes filles, qu'elles forment à tous les ouvrages de leur sexe, pour les mettre en état de gagner leur vie dans le service.

» De cette maison sont sorties plusieurs maîtresses d'école, qui se sont répandues en divers endroits de la colonie, où elles font des catéchismes aux enfants, et des conférences très touchantes et très utiles aux autres personnes de leur sexe, qui sont plus avancées en âge.

» Il y a surtout dans la mission de la Montagne une école d'environ quarante filles sauvages, qu'on habille et qu'on élève à la française, en leur apprenant en même temps les mystères de la foi, le travail des mains, le chant et les prières de l'Église, non seulement en leur langue, mais encore dans la nôtre, pour les faire peu à peu à notre air et à nos manières. On voit plusieurs de ces filles qui, depuis quelques années, ont conçu le dessein de se consacrer tout à fait à Dieu avec les Sœurs de la Congrégation, dont elles suivent déjà fidèlement les règles et les observances ; mais on n'a pas encore jugé à propos de leur faire contracter aucun engagement ; et on ne le leur permettra qu'après les avoir longtemps éprouvées. »

Mgr de Saint-Vallier n'omit pas de visiter, en revenant à Québec, les paroisses situées sur les deux rives du Saint-Laurent, et, en particulier, la petite ville des Trois-Rivières, où il eut, dit-il, beaucoup de consolation. Il ne séjourna pas longtemps dans sa ville épiscopale, car avant de revoir la France, il voulait se rendre compte par lui-même des missions lointaines de l'Acadie.

« Le voyage le plus long et le plus fatigant que j'aie fait, dit-il dans la lettre déjà citée, est celui de l'Acadie et du Port-Royal, qui est distant de Québec de près de deux cents lieues Je partis le mercredi d'après Pâques, second jour du mois d'avril, malgré les glaces qui nous mirent plusieurs fois en péril et qui nous retardèrent extrêmement.» L'intrépide prélat visita d'abord la Pointe-Lévis, la Pointe-à-la-Caille, le Cap Saint-Ignace, Trois-Saumons, La Bouteillerie et la Rivière-du-Loup. Puis il partit, accompagné de deux prêtres et de cinq guides, pour ce long et périlleux voyage qu'il raconte en détail, donnant la description de toutes les rivières et de tous les postes les plus importants. Il s'arrêta partout où se trouvaient réunis des groupes de Sauvages et de Français : à Miramichi, Richibouctou, Chédaik, l'Ile Saint-Jean, Cap-Louis, Chetabouctou, Beaubassin, Les Mines, Port-Royal, L'Ile-Percée. Il arriva à ce dernier endroit, le 26 août, « après avoir essuyé, dit-il lui-même, bien des incommodités.» Quel voyage, en effet, pour un jeune prélat qui sortait de la cour de Louis XIV ! Qu'il fallait d'énergie et d'esprit de mortification pour affronter de pareilles fatigues et de pareils dangers ! Mais l'abbé de Saint-Vallier était un caractère intrépide, violent même, comme on le verra dans la suite, et quand il entreprenait quelque chose, rien ne pouvait le faire reculer. Il fit l'admiration des Sauvages et des Français qui eurent le bonheur de sa visite sur ces plages lointaines ; il les évangélisa, et donna à plusieurs le sacrement de confirmation. C'est aussi pendant cette visite, qu'il donna des règlements importants aux missionnaires Récollets établis à l'Ile-Percée, et à monsieur Thury, vicaire général pour toute l'Acadie, et qu'il adressa des lettres pastorales aux habitants des Mines et de Beaubassin pour les encourager à bâtir des églises.

Une barque venue de Québec, ramena le prélat, après un long voyage rendu encore plus pénible par le froid de la saison. Son absence avait été de quatre mois.

L'évêque élu n'eut guère le temps de se reposer de ses fatigues, car à peine était-il de retour, qu'un incendie désastreux consuma le monastère des Ursulines, le 20 octobre 1686.

Le charitable abbé de Saint-Vallier vint efficacement en aide aux religieuses Ursulines : il leur fit d'abondantes aumônes, et il adressa à ses prêtres un chaleureux appel, pour qu'eux et leurs paroissiens se fissent un devoir de leur rendre toutes les assistances possibles. La voix du premier pasteur fut écoutée, et lui-même rendit témoignage de la charité de ses bons diocésains :

« Dans l'incendie qui arriva aux Ursulines de Québec, il n'y eut personne qui ne prît part à leur douleur, et qui ne s'efforçât à réparer selon son pouvoir leur perte : tous les corps du clergé séculier et régulier, qui sont parfaitement unis ensemble, donnèrent l'exemple, et contribuèrent à l'envi à secourir ces pauvres filles ; il y eut des communautés qui se dépouillèrent de leur propre nécessaire, pour le donner en cette occasion à celles qui se trouvaient dépourvues de tout ; mais quelque effort qu'on ait pu faire sur les lieux, on a été obligé de recourir en France aux aumônes des gens de bien, et c'est de ce côté-là qu'on attend tout le secours dont on a besoin. »

Bien qu'il trouvât le peuple aussi dévôt que charitable, le prélat ne fut pas sans remarquer certains désordres dans les mœurs et les coutumes d'un certain nombre de familles, et c'est pour y remédier qu'il publia deux mandements contre les immodesties dans l'église. Il rédigea aussi, à cette époque, des « avis donnés au gouverneur et à la gouvernante sur l'obligation où ils sont de donner le bon exemple au peuple. » Signalons les avis sur les festins, sur le bal et la danse, sur les comédies, sur le luxe des habits et sur les nudités. Ces avis seraient très utiles encore aujourd'hui, dans un bon nombre de familles catholiques, où, pour satisfaire les exigences du monde, on semble oublier les règles élémentaires de la décence et de la modestie.

Comme on le voit, l'infatigable abbé de Saint-Vallier avait déjà fait un travail énorme, quand il lui fallut songer à retourner en France.

« Je m'embarquai, dit-il, le dix-huitième de novembre de l'année 1686, et comme toute la navigation, qui dura quarante-cinq jours, fut une tempête presque continuelle, on se vit souvent en danger de faire naufrage. Le vaisseau pensa une fois s'entr'ouvrir ; une autre fois, il demeura quelque temps sur le côté ; mais surtout ce fut une merveille, qu'étant battu des flots et des vents durant trente-six heures entre les terres, il ne se brisât point mille fois. L'équipage et les passagers crurent le péril si grand, que tout le monde se confessa. J'eus même la consolation, dans le reste de la traversée, de recevoir plusieurs confessions générales, de communier plus d'une fois les mêmes personnes, et de voir tout le monde si réglé et si retenu, qu'il y avait sujet de bénir Dieu de nous avoir menés jusqu'aux portes de la mort. Il arriva aussi un certain jour, que notre bâtiment toucha, et on crut périr dans le moment ; les cris qu'on jeta confusément me parurent capables d'effrayer les plus intrépides. O qu'il est avantageux dans ces rencontres d'avoir une bonne provision de fermeté et de confiance en Dieu ! c'est le meilleur viatique que puissent prendre ceux qui entreprennent ces voyages.

» Nous prîmes port à la Rochelle, le premier jour de l'année 1687, et après y avoir passé quelques jours, pour rendre nos actions de grâces à Dieu, je me rendis incessamment à Paris. »

CHAPITRE III

On redoute au Canada le règne de Mgr de Saint-Vallier.—Son sacre.—Retour des deux évêques.—Visite de Québec et de Montréal.—Bureau des Pauvres.—Fondation de l'Hôpital-Général.

Malgré tout le dévouement et la charité manifestés par Mgr de Saint-Vallier, dans son séjour au Canada, la vérité historique oblige de dire qu'il laissa dans bien des cœurs, avec le souvenir de ses vertus, un sentiment de malaise et d'inquiétude pour l'avenir. Accoutumés au gouvernement paternel de Mgr de Laval, les membres du clergé ne furent pas sans remarquer dans son successeur, une disposition fâcheuse à tout changer et à tout conduire par lui-même. Bien qu'il ne fût encore que vicaire général, il ne laissa pas de faire des règlements nouveaux, même au Séminaire de Québec, où il demeurait, et il fit présager aux esprits clairvoyants, les luttes qui devaient signaler son laborieux et pénible épiscopat. On en écrivit en France à Mgr de Laval, qui en éprouva une vive affliction. Quelques efforts furent faits pour amener un changement de nomination, mais en vain ; car le roi ayant offert un évêché de France à l'abbé de Saint-Vallier, celui-ci refusa péremptoirement, et demanda avec instance que l'on obtint ses bulles de la cour de Rome.

Elles furent expédiées le 27 juillet 1687, et l'ancien évêque ayant donné sa démission, le 24 janvier 1688, le successeur fut sacré le lendemain, jour de la conversion de saint Paul, dans l'église de Saint-Sulpice, à Paris, par Mgr Jacques-Nicholas Colbert, coadjuteur de l'archevêque de Rouen.

C'est pendant son séjour à Paris, que l'évêque publia l'intéressant travail que nous avons cité et qui a pour titre : « État présent de l'église et de la colonie française de la Nouvelle-France. » Cette lettre produisit une excellente impression à la cour. Malheureusement l'admiration que le prélat y montrait pour tout ce qu'il avait vu dans son diocèse, ne dura pas longtemps, car il changea bientôt l'état de choses qu'il avait tant vanté, et on lui reprocha amèrement plus tard de n'avoir pas été sincère, ou plutôt de s'être étrangement trompé. Mgr de Saint-Vallier aurait sans doute préféré que Mgr de Laval ne retournât plus en Canada, et ce désir chez lui était bien naturel ; mais une lettre du marquis de Denonville l'informa que, s'il revenait seul, la colonie serait mécontente. Alors il se joignit à ceux qui plaidaient auprès du roi en faveur du retour du vénérable évêque. Ce dernier ayant obtenu la permission tant désirée, se hâta de partir pour sa chère église de Québec, où il arriva le 3 juin 1688.

Mgr de Saint-Vallier resta encore quelque temps en France, pour faire ses derniers et importants préparatifs. Sa famille le combla de riches présents ; les communautés religieuses, les dames de la cour lui firent don de linges d'autel, d'ornements, de vases sacrés. Le roi lui-même se montra à son égard d'une libéralité qui fut un grand bienfait pour l'église de Québec : deux ans auparavant, il avait déjà uni l'abbaye de Lestrées à l'évêché et au chapitre de Québec, il avait aussi donné à l'évêque élu un emplacement à la basse-ville et la somme de quinze cents livres pour la construction d'une église, quatre mille cinq cents livres pour l'achèvement de la cathédrale, trois mille livres pour diverses églises et presbytères, et huit mille livres pour fixer de nouveaux curés dans les paroisses. Cette dernière somme qui devait être annuelle, jointe au six mille livres que produisaient les dîmes, permettait de fixer trente-six curés, au lieu des vingt qu'il y avait en 1685. Le monarque voulut encore ajouter à ces allocations, et, avant le départ du prélat, il lui accorda deux mille livres pour les prêtres infirmes du séminaire, douze cent pour les quatre missionnaires qui desservaient l'Acadie, trois cent pour des remèdes pour les pauvres, quatre cent pour un régent au collège des Jésuites, et quinze mille, payables en trois ans, pour aider à la construction d'un palais épiscopal. On voit que, dans un temps où l'église de Québec avait un besoin absolu du secours du roi, le choix de Mgr de Saint-Vallier, comme évêque, avait été des plus heureux ; la place qu'il avait occupée au service de sa Majesté, l'influence de sa famille, lui assuraient d'avance les faveurs royales.

Il arriva à Québec, le premier août 1688, et fut reçu solennellement par le clergé et les citoyens. « Dans le cours de la matinée, racontent les annales des Ursulines, Mgr de Laval, accompagné de plusieurs prêtres, se rendit au vaisseau pour saluer son successeur, que les lois de l'ancienne étiquette française retenaient à bord du navire, jusqu'à ce qu'il eut répondu à tous les compliments qu'on lui avait préparés. Enfin, vers deux heures de l'après-midi, tout le clergé, les autorités civiles et militaires et le peuple s'étant rendus au quai, Mgr de Saint-Vallier se présenta à eux.

« Harangué d'abord par M. de Bernières, au nom du clergé, il fut ensuite complimenté par le maire, au nom de toute la ville ; puis la procession se mit en marche, musique militaire en tête, et l'on conduisit le nouvel évêque à la cathédrale, entre deux haies de mousquetaires, qui ne manquèrent pas de saluer et de faire feu tout le long de la route. »

Le séminaire eut, cette fois encore, l'honneur de servir de résidence au prélat, qui y demeura pendant trois mois, en compagnie de son vénérable prédécesseur. Voici, d'après M. l'abbé Fornel, quelle était leur manière de vivre à tous deux : « N'était-ce pas un spectacle digne de l'admiration des anges et des hommes, de voir le premier évêque de Québec et son successeur s'efforcer, l'un et l'autre, par une noble émulation et par un combat de ferveur, à qui l'emporterait dans les exercices de piété ? Ne les a-t-on pas vus l'un et l'autre unir et concilier ensemble les fonctions de séminaristes et de chanoines : de chanoines par leur assiduité aux heures canoniales, et de séminaristes en s'abaissant aux plus bas emplois, comme de balayer et de servir à la cuisine ? » (a)

Cependant la vie active allait mieux à la nature ardente de Mgr de Saint-Vallier que la vie contemplative, et les immenses besoins de son diocèse ne lui permirent pas de se reposer longtemps de son voyage. Aussi se mit-il résolument à l'œuvre, s'occupant de la construction des églises et des presbytères, nommant des curés dans les endroits le plus en souffrance, distribuant aux pauvres églises les nombreux ornements qu'il avait apportés de France, visitant les communautés et même toutes les familles de sa ville épiscopale. Bientôt il se rendit à Montréal pour suivre à peu près le même programme qu'à Québec, et pour répandre partout les

---

(a) Oraison funèbre de Mgr de Saint-Vallier.

secours dont on avait tant besoin : on vit, en moins de quatre ans, plus de quarante églises bâties ou réédifiées par ses soins en différents endroits du diocèse.

Les pauvres ne furent pas oubliés, et le prélat leur distribua lui-même d'abondantes aumônes. Il y avait déjà, à cette époque, un Bureau des Pauvres établi à Québec et dirigé par le curé et par les premiers citoyens. Cette institution qui ressemblait beaucoup à ce que sont aujourd'hui les admirables conférences de Saint-Vincent de Paul, avait des revenus assez considérables, et venait en aide à toutes les familles en détresse. A l'exemple de la ville et sur l'invitation des deux premiers évêques, chaque paroisse s'efforçait de secourir ses pauvres, de sorte que la mendicité était à peu près inconnue dans le pays. Cependant, les infirmes et les invalides n'avaient pas encore d'hospice dans la ville, et Mgr de Saint-Vallier songea bientôt à leur procurer un asile où ils pussent passer en paix leurs derniers jours et se préparer à bien mourir. Pour réussir dans son projet, il décida d'y appliquer les fonds du Bureau des Pauvres, qui s'élevaient à plus de deux mille livres. Les directeurs ne l'entendaient pas ainsi, et ils firent une vive opposition au prélat, appréhendant avec raison de voir reparaître la mendicité. L'évêque réussit cependant à calmer cette opposition, en assurant qu'il se chargeait lui-même du soin des pauvres, et il commença de suite à loger un certain nombre d'infirmes dans la maison de Providence qu'il avait établie à la haute-ville ; puis, au printemps de l'année 1689, il écrivit à la sœur Marguerite Bourgeois, pour l'engager à faire le voyage de Québec, et pour lui confier la direction du nouvel établissement. L'héroïque vierge se mit en route à pied, la navigation étant encore fermée par les glaces. « Dans ce voyage, dit l'abbé Faillon, elle eut à endurer des peines incroyables, étant obligée souvent de se traîner sur les genoux, tantôt dans les neiges, tantôt sur la glace, et quelquefois dans l'eau. A Québec, elle apprit de Mgr de Saint-Vallier, le dessein qu'il avait de la charger de l'Hôpital-Général, qu'il voulait substituer à la maison de Providence. » Quoiqu'elle vît bien qu'une œuvre de cette nature était peu compatible avec la fin de son institut, elle ne voulut pas contrister l'énergique prélat, et se mit à travailler comme une hospitalière ; puis après quelque temps, elle établit, pour lui succéder, la sœur Anne Rioux, qui dirigeait depuis quatre ans le couvent de la Sainte-Famille de l'Ile d'Orléans. Celle-ci s'adjoignit une excellente femme, nommée Marie Pelletier, qui s'employa tout entière à la bonne œuvre, allant de paroisse en paroisse, hiver comme été, mendier ce que la charité des habitants de la colonie voulait bien lui donner, pour faire subsister les internes de l'hôpital et les indigents qui dépendaient du bureau.

Cependant Mgr de Saint-Vallier voulait asseoir sa fondation sur des bases plus solides, et le couvent de Notre-Dame des Anges qu'occupaient alors les Récollets, sur les bords de la rivière Saint-Charles, lui parut une maison toute préparée pour son hôpital. Les Révérends Pères, qui désiraient depuis longtemps s'établir définitivement à la haute-ville, où ils avaient déjà un hospice, cédèrent avec plaisir à l'évêque leur monastère de Notre-Dame des Anges. C'était déjà une belle maison ; en 1677 le comte de Frontenac, protecteur des Récollets, avait fait élever à ses frais un corps de logis de soixante pieds de long sur vingt-et-un de large. « En 1678, dit Leclercq, on ajouta une très belle chapelle en rond-point, et, l'année suivante, une grande sacristie par le bas, et un chœur au-dessus pour chanter l'office divin, un grand dortoir de pierre qui fut achevé les années suivantes, avec tous les offices réguliers et un grand cloître. »

Par le contrat passé entre Mgr de Saint-Vallier et les Récollets, le 13 septembre 1692, les Pères cédaient leur couvent avec les cent-six arpents de terre qu'ils possédaient sur la rivière Saint-Charles, et l'évêque s'engageait à leur payer vingt-six mille livres dans l'espace de cinq ans ; de plus il leur permit d'ériger en couvent régulier leur maison de la haute-ville, et leur céda un terrain d'un arpent, voisin de leur hospice, et sur lequel étaient construits les bâtiments qui servaient d'Hôpital-Général. Ce fut le 30 octobre 1692 que les pauvres furent menés à l'hospice de Notre-Dame des Anges, sous la conduite d'une sœur de la Congrégation.

Les membres du Bureau des Pauvres furent nommés administrateurs du nouvel Hôpital-Général ; c'étaient : le curé de Québec, M. Dupré, René-Louis Chartier de Lotbinière, lieutenant général, Paul Dupuy, Charles Aubert de la Chesnaye, Pierre de Bécard, Peuvret du Mesnu, et François Magdeleine Ruette d'Auteuil. M. le comte de Frontenac et M. de Champigny étaient avec l'évêque les chefs de l'administration.

Mgr de Saint-Vallier songea bientôt à fonder à Notre-Dame des Anges une communauté de religieuses hospitalières, et son choix se porta de suite sur les sœurs de l'Hôtel-Dieu. Après certaines difficultés et certaines oppositions qu'il serait trop long de raconter dans cette notice, la nouvelle communauté composée de quatre religieuses prit solennellement possession du couvent de Notre-Dame des Anges. Mais quelques mois après, et en dépit des clauses formelles du contrat passé entre l'Hôtel-Dieu et l'évêque, le prélat exigea que l'Hôtel-Dieu lui fournît deux autres religieuses, et, pour le bien de la paix, on en fit le sacrifice. En 1699, nouvelle intimation de l'évêque qui voulait que l'Hôtel-Dieu lui fournît douze religieuses en tout et douze cents livres de rentes pour l'Hôpital-Général.

Alors la mère Saint-Ignace, qui était supérieure, représenta au prélat que la perte de ces nouveaux sujets et d'une telle partie des revenus entraînerait l'appauvrissement, sinon la ruine de l'Hôtel-Dieu, dont ces douze cents livres formaient le revenu le plus clair. Irrité de cette opposition, Mgr de Saint-Vallier voulut que la supérieure fut privée de toute charge, et voyant l'impossibilité où était l'Hôtel-Dieu de fournir le nombre de religieuses demandé, il fit une ordonnance, en date du 7 avril, par laquelle il séparait entièrement les deux communautés. Cet acte fut signé par l'Hôtel-Dieu et l'Hôpital-Général.

« Comme il n'y avait aucun espoir de conciliation, dit l'abbé Casgrain, le chapitre résolut d'en appeler à l'autorité royale, non pas en vue de faire résilier le contrat de séparation auquel il n'avait, cependant, consenti que par respect pour l'évêque, comme il est exprimé dans l'acte d'adhésion, mais en vue de faire préciser certains points qui auraient pu être encore l'occasion de quelques difficultés. Le mémoire que l'Hôtel-Dieu adressa au comte de Pontchartrain, alors ministre d'État, fut soumis, avant d'être expédié en France, à l'ancien évêque, Mgr de Laval, qui vivait retiré au Séminaire de Québec. Le vénérable prélat examina attentivement ce mémoire et le jugea en tout conforme à la vérité et à la justice. » (a)

Le ministre d'État donna pleinement gain de cause à l'Hôtel-Dieu, et même il accorda au delà de ce qui avait été demandé, car il ordonna la dissolution de l'Hôpital-Général et le retour des religieuses à la maison-mère.

Mgr de Saint-Vallier fut atterré par la nouvelle de ce jugement, et, dans une visite qu'il fit à l'Hôtel-Dieu, il pleura d'une telle abondance, disent les mémoires, que les sœurs elles-mêmes ne purent retenir leurs larmes. Ces bonnes religieuses ne voulaient pas plus que lui, la destruction de l'hôpital maintenant établi. Par le conseil de M. de Callières, qui était chargé d'exécuter l'ordre de la cour, on se contenta de faire revenir la supérieure de l'Hôpital-Général avec les novices au voile blanc, et on y laissa les autres religieuses ; puis on écrivit en France, pour obtenir la confirmation du nouvel ordre de choses.

Mgr de Saint-Vallier se rendit lui-même auprès du roi, en 1700, pour plaider la cause de son hôpital, et il le fit si bien, que, le 31 mai 1701, une décision de la cour assurait à jamais l'existence de cette maison. Le nombre des religieuses fut fixé à douze, comme l'avait demandé l'évêque et comme il en était convenu d'avance avec la communauté de l'Hôtel-Dieu.

Nous avons tenu à raconter un peu en détail l'histoire de cette fondation, car elle nous montre Mgr de Saint-Vallier tel qu'il était : avec la charité ardente de son cœur et l'impétuosité de son tempérament, son énergie indomptable et sa sévérité

(a) Histoire de l'Hôtel-Dieu.

souvent arbitraire. Il voulait avoir un hôpital-général, et il réussit, en dépit de toutes les oppositions, mais renversant tout sur son passage, anéantissant la belle institution du Bureau des Pauvres, et plongeant toute une communauté dans les inquiétudes et les angoisses. Il n'en fut pas moins le fondateur d'une maison, où, depuis bientôt deux cents ans, les pauvres reçoivent les soins assidus des servantes de Dieu, et où de ferventes religieuses attirent sur notre pays, par leurs prières et leurs charités, les plus grandes bénédictions du ciel. Cet asile, dont le berceau a été arrosé de tant de larmes, fera la gloire incontestable de Mgr de Saint-Vallier, qui en a été le père et le soutien ; son nom y sera à jamais béni par les religieuses de la miséricorde de Jésus, et par les membres souffrants du Christ (a).

(a) Mgr de Saint-Vallier affecta pendant quelque temps une salle de l'hôpital, pour y recevoir les femmes de mauvaise vie qui voulaient revenir à Dieu. En 1725, il permit aussi aux religieuses de recevoir des élèves pensionnaires.

CHAPITRE IV

Translation des reliques de saint Paul.—Siège de Québec et Notre-Dame de la Victoire.—Difficultés entre l'évêque et le séminaire.—Voyage en France.—Le prélat gagne sa cause.—Son retour à Québec.—Affaire des cures.—Affaire des dîmes.

A son retour de France, en 1688, Mgr de Saint-Vallier avait apporté plusieurs reliques précieuses appartenant à l'abbaye de Maubec, entre autres une relique insigne de saint Paul apôtre. Dès qu'elle fut enchâssée par le soin des religieuses Ursulines, l'évêque annonça une procession extraordinaire, pour en faire la translation à la cathédrale, le 25 janvier 1689. Voici comment cette belle fête est racontée dans les annales du monastère des Ursulines.

« La veille, nous fîmes un salut en l'honneur du grand apôtre ; puis avant de sceller la châsse, monseigneur nous fit baiser la relique, et il eut aussi la bonté de nous en donner une petite parcelle pour enrichir la chapelle des saints. Ce jour même, 24 janvier, trois ecclésiastiques vinrent, vers le soir, pour emporter la châsse à l'église de la paroisse. Nous l'avions exposée dans le chœur, sur un brancard garni de damas et de moire d'argent frangés d'or ; au-dessus, il y avait une écharpe brochée, appartenant à M. le marquis de Denonville. Quand les prêtres entrèrent dans la chapelle, nous étions toutes rangées dans le chœur, revêtues des manteaux d'église, et tenant à la main des cierges ardents. Après avoir chanté l'hymne de saint Paul, nous nous dirigeâmes en procession vers la porte conventuelle, suivies des élèves françaises et des séminaristes, et chantant le *Laudate Dominum* ; puis nous nous partageâmes en deux haies pour laisser passer la précieuse relique. Elle fut portée d'abord à l'Hôtel-Dieu, et ensuite à l'évêché, où monseigneur de Québec passa cette nuit en prières.

» Le lendemain, le 25 janvier, tout le clergé de la cathédrale avec les Pères Jésuites, vêtus en tuniques, dalmatiques, ou chasubles, et rangés chacun selon sa dignité, s'achemina en bel ordre vers la chapelle de l'évêché : Mgr de Laval et Mgr de Saint-Vallier, revêtus de leurs habits pontificaux, suivaient la procession. Quatre prêtres portaient la sainte relique. En sortant de la chapelle de l'évêché, la procession se mit en marche vers l'église des RR. PP. Jésuites, où se fit la première station, et de là on se rendit à la cathédrale. Tous les corps de la ville suivaient en grande tenue, et la piété de notre population se manifesta d'une manière bien consolante.

« Le pieux prélat, voulant que les pauvres participassent d'une manière particulière à la joie de cette fête, ne se contenta pas de leur distribuer d'abondantes aumônes, mais, de plus, il en réunit treize qu'il fit dîner à l'évêché, où il les servit de ses propres mains. Dans l'après-midi, monseigneur officia à vêpres ; ensuite il y eut sermon et bénédiction du Saint-Sacrement ; ainsi finit cette grande journée qu'on avait passée à honorer publiquement l'apôtre des nations. »

La même relique insigne de saint Paul et celles de saint Flavien et de sainte Félicité, furent encore portées en procession aux trois églises de la haute-ville, dans l'été de la même année 1689, à la nouvelle d'une invasion des Iroquois, qui menaçaient encore toute la colonie. Dans la nuit du 4 au 5 août, ces barbares fondirent sur la paroisse de Lachine, et y firent un effroyable massacre. « Ils exercèrent, dit M. de Belmont, tout ce qu'ils savaient de cruautés et se surpassèrent eux-mêmes, laissant les vestiges d'une barbarie inouïe : des femmes empalées, des enfants rôtis sur les cendres chaudes, toutes les maisons brûlées, tous les bestiaux tués ; quatre-vingt-dix personnes emmenées furent brûlées cruellement et immolées à leur vengeance, ou plutôt à celle de Dieu, qui se servait des Iroquois pour les ministres de sa justice, parce que cette paroisse de Lachine avait été le théâtre le plus fameux de l'ivrognerie des Sauvages. » (a)

Les soldats envoyés pour réprimer cette invasion et punir ce massacre, furent presque tous tués à leur tour, et les Iroquois, maîtres de la campagne, se répandirent dans l'Ile de Montréal, laissant partout des traces sanglantes sur leur passage. Dans le seul canton de Lachine, ils enlevèrent près de cent vingt personnes et en brûlèrent près de deux cents. Dans toute la colonie, les habitants vivaient dans une terreur continuelle, et plusieurs craignaient qu'on ne fût obligé d'abandonner le pays, s'il ne venait pas de secours.

L'arrivée de M. de Frontenac, qui prenait, pour la seconde fois, la charge de gouverneur, rétablit la confiance dans les esprits. Mais avant qu'il eût réussi à terminer les hostilités avec les Sauvages, un autre danger plus grand encore menaçait la colonie. Le 16 octobre 1690, trente-quatre vaisseaux anglais, sous le commandement du général Phipps, s'arrêtaient devant Québec, pour s'en emparer. Frontenac était

---

(a) M. de Belmont. Histoire du Canada.

prêt à les recevoir. Averti depuis quelque temps de leur prochaine arrivée, il n'avait rien omis de ce qui pouvait contribuer à la défense de la ville. Et quand Phipps le fit sommer de se rendre, le gouverneur dit à l'envoyé : « Allez, je vais répondre à votre maître par la bouche de mes canons. »

Le 18 octobre, la flotte commença le bombardement de la ville. « Cependant, à mesure que le danger augmentait, les prières publiques redoublèrent. Les citoyens avaient pris pour patronne et pour protectrice, la très sainte Vierge ; une de ses bannières avait été apportée de Montréal, par M. Joseph Seré de la Colombière, aumônier des milices, qui, lors de sa descente, l'avait placée, comme un signe de salut, à l'avant du canot qu'il montait. Cette bannière était portée en procession dans toutes les églises......... Les dames s'étaient engagées par un vœu solennel à se rendre en pèlerinage à l'église de la basse-ville, si la sainte Vierge obtenait leur délivrance. » (a)

Mgr de Saint-Vallier était en visite pastorale à Montréal, quand il apprit que sa ville épiscopale était assiégée. Il se hâta de revenir à Québec, pour prendre part aux dangers de son troupeau, le consoler par sa présence, et le fortifier par ses exhortations. Dans une lettre pastorale remplie de foi et de patriotisme, il conjura tous les fidèles de la ville, de combattre avec courage pour leur patrie et pour leur religion. Mgr de Laval, dans une longue lettre à M. de Denonville, raconte les dangers du siège et la déroute des Anglais :

« Québec, dit-il, était assiégé doublement d'ennemis et de famine ; et sans que les habitants de Beaupré, de Beauport

---

(a) Histoire de l'Hôtel-Dieu.

et de l'Ile d'Orléans se sont signalés en courage, en les attaquant dans leur camp, il y a apparence qu'ils auraient demeuré plus de temps à terre et qu'ils auraient réduit tout le monde qui était à Québec, à la dernière extrémité. Ils les obligèrent à se rembarquer la nuit, en confusion, ayant laissé dans leur camp cinq pièces de canon et un drapeau, dont les habitants s'emparèrent à la faveur des coups de fusil qu'ils tirèrent aux ennemis, qui n'osèrent approcher avec leurs chaloupes pour les enlever, et ensuite par une protection spéciale de Dieu, qui mit la consternation dans leurs esprits. Ils se sont retirés, à quoi ils ont été forcés en partie par les mauvais temps qui ont été fort extraordinaires eu égard à la saison. »

Ce fut un beau jour, pour les habitants de Québec, que celui du 21 octobre, quand ils virent la flotte disparaître derrière la falaise de Lévis. Tous reconnaissaient devoir à la protection du ciel, leur délivrance et leur victoire. Pour seconder ces beaux sentiments, l'évêque ordonna une procession générale d'actions de grâces. Le dimanche dans l'octave de la Toussaint, « l'on porta l'image de la sainte Vierge aux quatre églises où l'on fut en station, et l'on chanta le *Te Deum* à la cathédrale. » De plus, pour se conformer au vœu que l'on avait fait, Mgr de Saint-Vallier décida que l'église de la basse-ville serait dédiée à Notre-Dame de la Victoire, et qu'elle serait un monument éternel de la reconnaissance des Canadiens envers la reine des cieux. Il régla aussi que, chaque année, il y aurait une fête et une procession en son honneur, le quatrième dimanche d'octobre.

Les divers dangers qu'avait couru la colonie, avaient empêché Mgr de Saint-Vallier de mettre à exécution le projet qu'il avait formé, depuis quelques mois, de passer en France, pour y faire décider plusieurs questions importantes. La disette et le froid extraordinaire qui suivirent la guerre, l'empêchèrent encore de partir, dans l'automne de 1690, et il dut demeurer au milieu des habitants de Québec, pour les assister, dans le cours du rude hiver qu'ils eurent à passer.

Le prélat n'avait demeuré que trois mois au séminaire, après lesquels il habita une humble maison, qu'il avait louée, et où demeuraient avec lui deux ecclésiastiques. Il était mécontent des prêtres du séminaire, et ceux-ci l'étaient encore plus de sa manière d'agir à leur égard. Il avait déplacé deux prêtres nommés curés par son prédécesseur, ôté à MM. de Bernières et des Maizerets leur titre de grand vicaire, pour le donner au jeune abbé de Merlac et à M. Glandelet, et fait entendre qu'il voulait tout conduire par lui-même. A son arrivée au Canada, en 1685, Mgr de Saint-Vallier avait été émerveillé de la vie édifiante des messieurs du séminaire et de leur détachement des biens de la terre. Encouragé par l'exemple de son prédécesseur, il avait mis ses biens en commun avec ceux de la maison, et donné jusqu'à sa bibliothèque. Maintenant il se repentait de cette générosité, à laquelle il voyait de grands inconvénients, et crut qu'il devait rompre un engagement qu'il avait conclu sans en peser toutes les conséquences. Les cures jusqu'alors avaient été unies au séminaire, et les curés nommés aussi par lui ; l'évêque voulait faire lui-même toutes les nominations, et gouverner son diocèse à la manière des évêques de France. Pour opérer tous ces changements, il fallait s'entendre avec les messieurs des Missions-Étrangères de Paris, et surtout faire régler la question par le roi. Avant son départ, le prélat adressa une lettre pastorale à son clergé, dans laquelle il lui donnait les avis les plus sages pour la conduite des paroisses, mais, chose singulière, il ne nomma personne pour administrer le diocèse, et se contenta d'autoriser les supérieurs des séminaires de Québec et de Montréal, des Jésuites et des Récollets, à donner la juridiction à leurs sujets. Puis, après avoir informé Mgr de Laval et les autres intéressés du but de son voyage, il partit pour plaider sa cause à Paris.

Louis XIV confia l'examen de toute cette affaire à Mgr de Harlay, archevêque de Paris, et au R. P. Lachaise, son confesseur, et les chargea de lui soumettre un rapport. Ils entendirent Mgr de Saint-Vallier et les prêtres du Séminaire des Missions-Étrangères de Paris, qui offrirent, pour avoir la paix, de rappeler tous leurs messieurs du Canada. Mais cette proposition ne fut pas acceptée. Après plusieurs conférences, les commissaires présentèrent leur projet de règlement, qui fut confirmé par le roi, le 11 de février 1692. Ce règlement avait dix-sept articles, presque tous favorables à l'évêque de Québec. Il ne devait plus y avoir de cures unies au séminaire, plus d'expropriation de biens de la part des ecclésiastiques ; les curés de la campagne ne pourraient plus loger au séminaire sans la permission de l'évêque ; celui-ci reprenait ses biens, sa bibliothèque, etc., tout ce qu'il avait donné en 1685. Mgr de Saint-Vallier obtint plusieurs autres faveurs qu'il avait demandées, entre autres, des lettres patentes pour son Hôpital-Général ; et ce fut pendant son séjour à Paris, qu'il négocia avec le provincial des Récollets de Saint-Denis, l'achat du couvent de Notre-Dame des Anges.

Le prélat se mit joyeusement en route pour retourner dans son diocèse, où il amenait avec lui quatorze Récollets et un certain nombre d'ecclésiastiques séculiers. La flotille française, composée de dix vaisseaux, fut obligée de s'arrêter à Tadoussac. Mais Mgr de Saint-Vallier, pressé de revoir son troupeau, prit une barque de pêcheur, et arriva à Québec, le 15 du mois d'août.

D'après les décisions données par la cour, l'union du clergé avec le séminaire était anéantie. Il est bien difficile de dire aujourd'hui, si ce changement important était prématuré, et s'il n'aurait pas mieux valu attendre encore longtemps, avant de briser ce qui avait été édifié avec tant de peine, avant de rompre une union qui avait des avantages incontestables, pour une église desservie par des prêtres missionnaires. Mgr de Saint-Vallier crut bien faire, mais il infligea à son illustre prédécesseur une blessure qui ne fut jamais guérie, et il s'attira à lui-même des difficultés qui le suivirent jusqu'au tombeau.

Nous n'entrerons pas davantage dans la discussion de cet acte administratif de l'évêque distingué dont nous racontons la vie ; mais nous croyons utile de mettre ici un précis historique de l'affaire des cures amovibles et inamovibles, et de parler aussi des divers règlements et difficultés au sujet des dîmes.

A l'arrivée de Mgr de Laval à Québec, en 1659, les Jésuites, qui étaient à peu près les seuls pasteurs en Canada, lui remirent toutes les missions françaises et se bornèrent aux missions sauvages et au soin du collège. L'évêque forma peu à peu des paroisses, qu'il unit à son séminaire par son ordonnance du 26 mars 1663. Cette maison percevait toutes les dîmes, et se chargeait de la subsistance des curés en santé comme en maladie. Le 26 avril 1669, le roi approuva complètement cet ordre de choses, et décida qu'aucun curé ne serait irrévocablement fixé dans les paroisses. On comprend combien ce système était parfaitement adapté aux besoins et aux ressources de cet immense pays, et aussi combien il était encourageant pour les missionnaires qui, après avoir usé leur santé dans les fatigues d'un héroïque ministère, étaient sûrs de trouver un asile dans leur maladie ou dans leur vieillesse. Cependant, en 1679, le roi rendit une ordonnance qui renversait tout ce système. « Nous ayant été rapporté, dit-il, que divers seigneurs et habitants de notre pays de la Nouvelle-France, désiraient avoir des curés fixes pour leur administrer les sacrements, au lieu de prêtres et curés amovibles qu'ils avaient eus auparavant... les dîmes... appartiendront entièrement à chacun des curés dans l'étendue de la paroisse où il est et où *il sera établi perpétuel*, au lieu du prêtre amovible qui la desservait auparavant. » Pour se conformer, autant que possible, aux ordres du roi, Mgr de Laval fixa une quinzaine de curés et prépara ainsi les voies à un successeur qui voudrait se conformer à l'usage de France. En 1686, et 1692, nouvelles ordonnances du roi, pour que les curés soient nommés inamovibles. Mgr de Saint-Vallier en fixa un petit nombre, pour contenter le ministre, M. de Pontchartrain, mais on ne voit pas qu'il fût en faveur de ce système, encore impossible dans les circonstances où se trouvait l'église du Canada. Il força même à donner leur démission, quelques curés qui avaient été nommés inamovibles par son prédécesseur.

Mgr Dosquet disait plus tard dans une lettre au ministre :
« Il y a des ordres de la cour portant ..... de fixer toutes les cures ; mais cela n'a pas eu de suite. Feu M. de Saint-Vallier fit venir des ordres contraires ; il en a fixé lui-même, et le peu qu'il a fixé, il l'a remis à son ancien état, à la mort du premier titulaire. » Les messieurs de Saint-Sulpice, qui desservaient un certain nombre de paroisses, ne voulurent pas, eux non plus, établir des curés inamovibles, et ils ne furent pas inquiétés, à ce sujet, par la cour de France.

D'après l'ordonnance de 1663, les dîmes devaient se payer au treizième minot, et il n'y avait d'excepté que les produits des manufactures, de la chasse et de la pêche. Les habitants, et surtout ceux de la Côte de Beaupré, se plaignirent au gouverneur et au roi, et sur les instances de Mgr de Laval et de l'Intendant, M. Tracy fixa les dîmes au vingt-sixième, pour vingt ans seulement, et les rendit payables directement au curé, l'arrêt de 1663 restant en force pour ce qui concernait la matière de la dîme. Le décret de 1679, déjà cité, réglait que la dîme appartiendrait en propre au curé qui l'aurait reçue. Si elle ne suffisait pas pour la subsistance du prêtre, le conseil supérieur devait fixer un supplément à payer par les seigneurs et les habitants ; mais ce dernier article ne fut jamais exécuté. Plus tard, le roi donna, chaque année, huit mille livres sur son domaine d'occident, pour tenir la place de ce supplément, que l'on ne voulait pas payer. Sur cette somme, deux mille livres devaient être consacrées aux prêtres invalides, et douze cents pour la bâtisse des églises paroissiales. Les Récollets, à leur retour, en 1670, devinrent un sérieux obstacle au paiement de la dîme, et compliquèrent malheureusement des affaires déjà assez embrouillées, en s'offrant pour desservir les paroisses, et se contentant des aumônes qu'on voudrait leur faire. Ils firent les mêmes offres à l'évêque et ensuite à la cour. Mais on comprend quels inconvénients et quels dangers il y aurait eu pour ces religieux, de vivre ainsi isolés les uns des autres, et d'avilir leur ministère par une mendicité qui n'était pas à sa place. Mgr de Laval se contenta de leur assigner quelques missions, où il fut souvent obligé de leur venir en aide.

En 1705, il y eut un célèbre procès au sujet de la dîme. MM. Boullard, curé de Beauport, et Dufournel, curé de l'Ange-Gardien, eurent à comparaître devant le conseil supérieur, parce que, outre la dîme de grains, ils avaient exigé la dîme de tout ce que la terre produit. Les curés se défendirent, en se basant sur l'arrêt de 1679. Le procureur général répondit que l'usage devait faire loi, et le conseil lui donna raison, en condamnant les deux curés. Ceux-ci en appelèrent au roi, qui confirma le jugement du conseil supérieur, le 12 juillet 1707. Les dîmes furent pour toujours fixées au vingt-sixième et déclarées payables en grains seulement.

CHAPITRE V

Difficultés entre l'évêque et le chapitre.—Querelles avec les Récollets de Montréal.—Le gouverneur fait représenter le *Tartufe*.—Départ de l'évêque pour la France.—On veut lui faire résigner son évêché.—Son retour à Québec.

Les règlements que Mgr de Saint-Vallier avait obtenus à la cour de France, ne purent ramener la paix entre lui, son séminaire et son chapitre. Il ne fallait qu'une occasion pour rallumer le feu de la discorde, et elle ne tarda pas à se présenter. M. de la Colombière ayant été nommé chanoine, fut installé par le doyen ; M. de Merlac protesta et prétendit que le droit d'installer les chanoines lui appartenait, en sa qualité de grand chantre. Le chapitre refusa de modifier l'acte d'installation, comme l'exigeait M. de Merlac; l'évêque intervint, et condamna le chapitre. « Le chapitre, dit M. le grand vicaire Langevin, ne put se soumettre à cet acte d'autorité fait contre le droit; mais au lieu d'en appeler au Saint-Siège, il suivit la coutume française, et en appela comme d'abus, de cette ordonnance, auprès du conseil supérieur. C'était se mettre dans son tort......... Le lendemain, l'évêque (suivant son droit incontestable en pareil cas) adressa à MM. de Bernières, des Maizerets et Glandelet, dignitaires du chapitre, une lettre pour leur interdire le ministère de la prédication et de la confession dans son diocèse, et l'interdit fut signifié à ces hommes, très estimables d'ailleurs, et que toute la colonie respectait. » (a) Le scandale fut grand, car l'affaire était

---

(a) Notice Biographique sur François de Laval de Montmorency.

connue partout. Le gouverneur et l'intendant avaient essayé d'intervenir en faveur du chapitre, et le conseil supérieur avait pris connaissance de l'appel. De leur côté, Mgr de Laval et le Père Dablon, supérieur des Jésuites, avaient en vain tenté d'amener l'évêque à un accommodement. Les choses en étaient là, quand des lettres arrivèrent de la cour, pour renvoyer, par devant les commissaires à Paris, toutes les difficultés qui pouvaient survenir entre l'évêque, le chapitre et le séminaire, *toutes choses demeurant en même état en attendant.* Le chapitre alors se désista de son appel, et l'interdit fut levé. Il avait duré deux ans.

Mais ce n'était là qu'une des nombreuses causes portées en appel, du Canada, à la cour de France. L'évêque avait, il semble, le don de soulever les querelles autour de lui, et bientôt un concert de plaintes contre son administration allait se faire entendre aux oreilles fatiguées du grand roi.

Comme on l'a vu précédemment, Mgr de Saint-Vallier avait amené d'Europe avec lui quatorze Récollets ; il leur obtint des lettres patentes pour un établissement à Montréal, les fit nommer aumôniers des troupes du pays, et leur confia les missions de Port-Royal et de Plaisance. Ceux de Montréal construisirent bientôt une église, à l'aide des abondantes aumônes que leur fit le séminaire de Saint-Sulpice, et, quand elle fut terminée, ils y célébrèrent une grande fête, à laquelle ils invitèrent l'évêque et l'intendant, M. de Callières, gouverneur de la ville, le séminaire, les Jésuites et toutes les personnes de distinction. Le cérémonial entre l'évêque, le gouverneur et l'intendant avaient été longtemps une source féconde de difficultés, mais le roi avait donné un règlement très détaillé qui semblait ne laisser place à aucune dispute.

Malheureusement, comme il n'y était pas question des honneurs dûs au gouverneur particulier de Montréal, la guerre recommença sur ce terrain. M. de Callières prétendit avoir droit à un prie-Dieu dans l'église, auprès de celui de l'évêque, et les Récollets, pour lui être agréables, lui dressèrent ce prie-Dieu fatal, sur lequel il se mit fièrement. Le prélat fut indigné, essaya en vain de faire comprendre au gouverneur qu'un pareil honneur n'était dû qu'à M. de Frontenac, et, sur son refus de quitter le prie-Dieu, il sortit lui-même de l'église, avant la fin de la messe, et ne voulut pas assister au banquet qui suivit. Pour comble de malheur, des dames de la ville, ayant trouvé une porte ouverte, ou peut-être forcé une faible clôture de bois, entrèrent dans le couvent pendant le dîner, allèrent au réfectoire et quêtèrent le long des tables. Les religieux en furent profondément mortifiés, mais le gouverneur et l'intendant s'en firent un jeu et, au lieu de les renvoyer, leur firent donner des rafraîchissements.

Cette aventure fit grand bruit dans la ville, et l'évêque ne tarda pas à en être instruit. Piqué au vif, dans son zèle et son indignation, il interdit l'église des Récollets, le 13 mai 1694. Les Pères gardèrent l'interdit pendant deux mois, et, dans cet intervalle, on tâcha d'en arriver à un accommodement. L'évêque exigeait que le gouverneur de Montréal renonçât, par écrit, à sa prétention du prie-Dieu, jusqu'à ce que la cour eût prononcé. M. de Callières le refusa constamment, soutenu qu'il était par le gouverneur général et l'intendant. Alors l'interdit fut maintenu ; mais les Récollets ne se crurent plus obligés de l'observer, et, par un décret du 16 juillet 1694, leur vénérable discrétoire ordonna, « sous peine de désobéissance, au gardien et à tous les religieux, de faire publiquement leurs fonctions comme auparavant. » Les portes de l'église furent ouvertes, le service se fit, les sacrements furent administrés plus solennellement que jamais. Un mois après, Mgr de Saint-Vallier leur fit trois monitions juridiques (a) et prononça un second interdit contre leurs personnes, leur ôtant tout pouvoir de prêcher et de confesser, sous peine d'excommunication *ipso facto*, et les déclarant irréguliers pour avoir célébré malgré la censure. Les religieux ripostèrent, et, par un nouveau décret du 2 octobre 1694, signifié à l'évêque, le discrétoire déclara *l'interdit nul dans le fond et dans la forme* et ordonna *à tous les religieux de continuer leurs fonctions*. L'excitation publique ne fit que s'accroître de jour en jour : les uns regardaient les Récollets comme excommuniés, et soutenaient qu'on ne pouvait fréquenter leur église ; d'autres, au contraire, affectaient de s'y rendre plus assidûment, et, parmi ces derniers, on ne manqua pas de remarquer le gouverneur général et M. de Callières.

M. de Frontenac, qui prenait le parti du gouverneur particulier, s'avisa, sur ces entrefaites, pour se venger de l'évêque, de faire représenter chez lui, à Québec, la célèbre comédie du *Tartufe*. Pendant trois mois, la maison du gouverneur fut un théâtre, où s'exerçaient des comédiens improvisés, et, quand la troupe fut prête, la pièce fut jouée avec tout l'éclat possible. Le gouverneur ne se contenta pas de la faire repré-

---

(a) Dans la dernière monition, le prélat, provoqué par les Récollets, donna les raisons qu'il avait pour les interdire, telles que l'entrée des femmes dans leur couvent, et l'amitié trop marquée du gardien pour le gouverneur, " amitié, dit le prélat, injurieuse pour le gardien, et contraire à son devoir, pour des intérêts que tout le monde sait, qu'on n'oserait exprimer, de peur de faire rougir le papier. " Cette monition fut publiée au prône ! (Voir M. de Latour.)

senter au château, il voulut que les acteurs et les actrices allassent jouer dans toutes les communautés religieuses, à l'exception des Récollets. Il les mena d'abord chez les Jésuites, où tout le monde entra avec lui, ensuite à l'hôpital dans la salle des pauvres, où les religieuses eurent l'ordre de se rendre, puis enfin au parloir des Ursulines où la pièce fut donnée, en présence de toute la communauté. Le séminaire refusa de recevoir M. de Frontenac et ses comédiens, et les dames de la Sainte-Famille n'acceptèrent aucune des invitations qu'on ne manqua pas de leur faire ; elles ne voulurent être ni actrices, ni spectatrices, et donnèrent ainsi à la ville l'exemple de la modestie, et du respect à l'autorité religieuse. (a)

On peut se faire une idée de la sainte colère de Mgr de Saint-Vallier. Cette fois, il ne put lancer d'interdit, mais il chargea le théologal à la cathédrale, et le recteur des Jésuites au collège, de prêcher contre la comédie et, le dimanche suivant, il fit lire un mandement, pour protester contre la représentation de la pièce de Molière et pour défendre d'y assister.

« Mais au regard des spectacles, et comédies impies, ou impures, ou injurieuses au prochain, qui ne tendent d'elles-

---

(a) M. Parkman (Count Frontenac and New France) croit que le *Tartufe* n'a jamais été joué à Québec, et que tout cet épisode *a été probablement inventé* par M. de Latour. Ce chanoine vint en Canada trente-quatre ans seulement après ces querelles entre l'évêque et le gouverneur ; nous ne pouvons admettre qu'il ait pu être trompé au sujet d'événements qui venaient de se passer ; il n'aurait pas pu davantage tromper le public en les publiant ; il y aurait eu des protestations qu'on ne trouve nulle part.

D'après M. Parkman, Mgr de Saint-Vallier aurait payé cent pistoles à M. de Frontenac, pour l'empêcher de faire jouer la pièce de Molière. Cet incident est rapporté par La Motte-Cadillac, mentionné dans un rapport de l'intendant au ministre, et dans une lettre de M. de Pontchartrain, etc.

mêmes qu'à inspirer des pensées et des affections tout-à-fait contraires à la religion, à la pureté des mœurs, et à la charité du prochain, comme sont certaines pièces de théâtre qui tournent la piété et la dévotion en ridicule, qui portent les flammes de l'impureté dans le cœur, qui vont à noircir et à déchirer la réputation, ou qui, sous le prétexte apparent de réformer les mœurs, ne servent qu'à les corrompre, et, sous couleur de reprendre le vice, l'insinuent adroitement et avec artifice dans l'âme des spectateurs, comme pourrait être la comédie du Tartufe, ou de l'imposteur, et autres semblables, Nous déclarons que ces sortes de spectacles et de comédies ne sont pas seulement dangereuses, mais qu'elles sont absolument mauvaises et criminelles d'elles-mêmes, et qu'on ne peut y assister sans péché, et comme telles nous les condamnons et faisons défenses très expresses à toutes les personnes de notre diocèse, de quelque qualité et condition qu'elles soient, de s'y trouver. »

Rien de plus condamnable que la conduite du gouverneur en toute cette affaire : si l'évêque manqua de cette habileté qui ne nuit pas aux meilleures causes, il avait pour lui le bon droit, et il défendit la cause de la religion et des bonnes mœurs. M. de Frontenac se plaignit amèrement de sa sévérité, et en appela comme d'abus, au conseil supérieur. Mais il fut ordonné que les parties se pourvoiraient auprès de Sa Majesté, qui ne rendit jamais de décision à ce sujet. (a)

(a) Frontenac mourut en novembre 1698, et fut enterré dans l'église des Récollets. "Il paraissait, dit Charlevoix, avoir un grand fonds de religion, et il en donna constamment, jusqu'à la mort, des marques publiques. On ne l'accusa jamais d'être intéressé ; mais on avait de la peine à concilier la piété dont il faisait profession, avec la conduite qu'il tenait à l'égard des personnes contre lesquelles il

Comme on le voit, les causes ne manquaient pas, les plaideurs non plus ; les mémoires arrivés à la cour de tous les côtés donnèrent de graves inquiétudes au roi sur l'état de l'église de Québec, et, le 15 avril 1694, l'archevêque de Paris écrivit à Mgr de Saint-Vallier, « que le roi approuvait qu'il fît un voyage en France cette année, et que son intention était qu'il ne différât pas son départ. »

L'évêque de Québec nomma pour administrer son diocèse, M. Dollier de Casson, supérieur du Séminaire de Montréal, et quitta Québec dans l'automne de la même année. Le roi était décidé de lui faire donner sa démission, et c'est ce que disaient l'archevêque de Paris, M. de Denonville et le Père Lachaise. M. de la Colombière avait écrit à ce dernier que Mgr de Saint-Vallier était incapable de gouverner un diocèse, soit en Canada, soit en France, et Louis XIV avait pris connaissance de cette lettre. Les officiers contre lesquels l'évêque avait publié un mandement et qui avaient été rappelés en France, ne manquèrent pas non plus de le déprécier de leur mieux auprès des personnes influentes. Tout le monde était contre lui : le Séminaire des Missions-Étrangères de Paris, les Sulpiciens, les Jésuites, les Récollets, M. de Frontenac, et même ceux qui avaient autrefois pris sa défense, y compris le Père le Valois. C'est dans des circonstances aussi défavorables que le prélat se présenta à la cour, au mois de décembre

---

s'était laissé prévenir...... Après tout, la Nouvelle-France lui devait tout ce qu'elle était à sa mort, et l'on s'aperçut bientôt du grand vide qu'il y laissait. " Le Père Goyer récollet, prononça son oraison funèbre.

Charlevoix fait erreur quand il dit que Frontenac ne fut pas accusé d'être intéressé. Non seulement il fut accusé, mais il paraît bien prouvé qu'il abusa de son pouvoir pour faire le commerce des pelleteries avec les Sauvages. (Parkman— Count Frontenac.)

1694. Le roi lui fit savoir par M. de Pontchartrain, qu'il s'opposait pour un temps à son retour dans son diocèse, afin sans doute de fournir au prélat les moyens de répondre à ses accusateurs, ou de lui donner l'occasion de résigner volontairement un poste où il avait eu tant de déboires.

Mgr de Saint-Vallier, quoique chagrin de cette décision, s'y soumit avec l'esprit de religion qui ne l'abandonnait jamais, et écrivit à son clergé, pour lui faire connaître ses peines et ses espérances.

Il demanda en même temps aux communautés religieuses de son diocèse de travailler à procurer son retour, mais il n'y eut que les supérieures des deux communautés de filles de Montréal qui répondirent à son appel. Il sollicita aussi le secours de Mgr de Laval, et il lui disait dans une lettre datée du 25 mars 1696 :.......... « J'espère trouver des moyens plus efficaces........... quand je serai une fois de retour en Canada. J'avais compté, Monseigneur, que ce serait cette année, que j'aurais l'honneur de vous y voir, mais la Providence ayant réglé la chose autrement, je me soumets amoureusement à ses ordres......... Je vous crois plus capable que personne de demander et d'obtenir mon retour dans mon diocèse ; ma disposition présente est cependant de me soumettre entièrement aux ordres de Dieu, non seulement pour une année d'absence, mais pour plusieurs années, si telle est sa sainte volonté. »

L'ancien évêque ne crut pas devoir se rendre aux vœux de son successeur. Convaincu qu'il valait mieux, pour le bien de la paix, obtenir la démission de Mgr de Saint-Vallier, il lui répondit dans ce sens, et le conjura d'imiter la conduite de saint Grégoire de Nazianze et de plusieurs autres prélats, qui s'étaient démis du gouvernement de leurs églises pour rétablir la paix et l'union.

« Cependant le roi était fort embarrassé sur le parti ultérieur qu'il convenait de prendre au sujet de monseigneur de Québec. Voulant se décharger de la responsabilité qu'entraînait l'absence d'un évêque retenu loin de son diocèse, il appela auprès de sa personne pour les consulter, les deux grandes lumières de l'église gallicane, savoir l'archevêque de Cambrai et l'évêque de Meaux. Fénelon ne se jugea pas assez éclairé sur les affaires de l'église du Canada pour hasarder une opinion définitive. Quant à Bossuet, il déclara, de concert avec l'archevêque de Paris, que si l'évêque de Québec ne donnait pas de lui-même sa démission, il était contre les canons de le retenir en France. Quelques semaines plus tard, Louis XIV, animé du désir de concilier tous les partis, manda à Versailles monseigneur de Saint-Vallier et lui parla à peu près en ces termes :—« Je sais que je m'adresse à un saint évêque, tout dévoué à la gloire de Dieu et rempli de zèle pour mon service ; je sais aussi que, à raison des circonstances, il est devenu très difficile à cet évêque de faire le bien au Canada, tandis qu'il pourrait sans peine en faire beaucoup ailleurs. »—Sa Majesté ajouta qu'elle aurait de l'obligation à monseigneur de Saint-Vallier s'il entrait dans ses intentions, et qu'elle aurait soin de lui. A tout cela l'évêque ne fit que des protestations de respect, de reconnaissance et d'attachement.—« Mais, dit le roi, vous ne répondez pas à ce que je vous demande. »—« Sire, repartit le prélat, il y a des choses sur lesquelles il est plus respectueux de ne pas répondre à Votre Majesté. » (a) Le monarque lui fit alors diverses recommandations au sujet de la paix, le laissant libre de partir pour son diocèse quand bon lui semblerait.

Heureux d'un résultat dû à son invincible persévérance, Mgr de Saint-Vallier se hâta de dire encore une fois adieu à son pays natal et prit passage sur la *Gironde*. La traversée fut longue et pénible ; les fièvres firent de grands ravages parmi les passagers ; l'évêque lui-même fut dangereusement malade, et cinq ecclésiastiques sur les quinze qui l'accompagnaient, moururent victimes du fléau.

(a) Monseigneur de Saint-Vallier et l'Hôpital-Général de Québec.—Histoire manuscrite du Séminaire de Québec.

CHAPITRE VI

Palais épiscopal.—Fondation des Ursulines des Trois-Rivières.—Les Frères Charron à Montréal.—Les Sœurs de la Congrégation.—Missions de l'Acadie.—Les Tamarois.—Nouveau voyage de l'évêque en France.

A son arrivée à Québec, au printemps de 1697, Mgr de Saint-Vallier prit possession de son palais épiscopal, dont il avait fait commencer la construction en 1694. « Le palais épiscopal, dit La Potherie, est sur la côte. C'est un grand bâtiment de pierre de taille, dont le principal corps de logis avec la chapelle qui doit faire le milieu, regarde le canal ; il est accompagné d'une aile de soixante-douze pieds de longueur, avec un pavillon au bout, formant un avant-corps du côté de l'est. Et dans l'angle que fait le corps de logis avec cette aile, est un pavillon de la même hauteur, couvert en forme d'impériale, dans lequel est le grand escalier. Le rez-de-chaussée de la principale cour, étant plus élevé que les autres cours et le jardin, fait que dans cette aile, le réfectoire, les offices et la cuisine sont en partie sous terre, tous voûtés de brique, et ne prennent jour que du côté de l'est. La chapelle est de soixante pieds de longueur ; son portail est de l'ordre composite, bâti de belle pierre de taille qui est une espèce de marbre brut. Ses dedans sont magnifiques par son retable d'autel, dont les ornements sont un raccourci de celui du Val-de-Grâce. Il y aurait peu de palais épiscopaux en France qui pussent l'égaler en beauté, s'il était fini. Tous les curés de campagne qui ont des affaires particulières à la ville, y trouvent leur chambre, et mangent ordinairement avec monsieur l'évêque qui se trouve presque toujours au réfectoire. »

Comme on le verra, l'évêque ne résida pas longtemps dans cette belle maison épiscopale ; il songeait plutôt à trouver les moyens de construire des palais pour les pauvres et les malades. Après avoir logé ceux de Québec dans son Hôpital-Général, il songea aussi à ceux des autres villes, et, au mois de septembre 1697, il proposa aux Ursulines de Québec de fonder, à Trois-Rivières, un couvent qui servît, en même temps, de maison d'éducation pour les filles de la ville, et d'hôpital pour les malades. « Il offrait de payer six cents livres de rente annuelle pour fonder l'entretien de six lits à l'hôpital. De plus, il proposait de faire lui-même l'acquisition de la plus belle maison qu'il y eût alors à Trois-Rivières. Située au bord du grand fleuve et entourée de jardins, cette maison, bâtie pour servir de résidence au gouverneur, offrait l'aspect le plus agréable ; les jeunes élèves y pouvant jouir de la vue du Saint-Laurent et du paysage charmant de la rive opposée, tandis que la brise caressante y viendrait rafraîchir journellement le front douloureux des pauvres malades. » (a)

Les Ursulines acceptèrent de suite la fondation de ce couvent, et, le 10 octobre suivant, elles prenaient possession de leur nouvelle demeure, qui a fait, depuis son établissement, la joie et l'honneur de la ville et de tout le district des Trois-Rivières.

(a) Les Ursulines de Québec.

Vers le même temps, Mgr de Saint-Vallier approuvait la congrégation des Frères Charron, établie à Montréal en 1688, par Jean-François Charron, Pierre Le Bert et Jean Fredin. Le but de cette société était d'avoir soin des pauvres et des malades, et de former des maîtres pour ouvrir des écoles dans les paroisses. Charron, abandonné par ses deux amis, offrit sa fortune qui était considérable pour la fondation du nouvel établissement. Sa charité et sa piété lui acquirent la portection du Séminaire de Saint-Sulpice, qui de suite lui donna un terrain, et lui obtint la protection du roi, qui approuva l'institut en 1694. Les « Frères hospitaliers de Saint-Joseph de la Croix » ou « Frères Charron », au nombre de six, prirent l'habit, le 25 avril 1701 ; mais ils ne le gardèrent pas longtemps, car, en 1705, M. de Pontchartrain leur défendit de porter leur costume et de recevoir des novices. En 1717, les deux tiers des Frères étaient rentrés dans le monde et leur communauté était réduite à trois. Le fondateur se rendit alors en France, pour y recruter un certain nombre de laïques et pour y obtenir des secours pécuniaires. Quelques bons sujets consentirent à venir avec lui en Canada, et le régent lui accorda un subside annuel de trois mille francs. « Étant informé, disent les lettres patentes (1718), que les jeunes garçons manquent d'instruction dans notre colonie du Canada, pendant que les jeunes filles en reçoivent par le moyen des Sœurs de la Congrégation établies dans la plus grande partie des cures de la campagne (a), nous autorisons les directeurs de l'Hôpital-Général à faire l'instruction des jeunes garçons, et, pour cet effet, voulons qu'ils fassent tenir

---

(a) Il y avait, à cette époque, dix maisons tenues par les Sœurs de la Congrégation.

des écoles publiques dans le dit hôpital, et qu'ils puissent envoyer des maîtres d'école dans toutes les paroisses du diocèse de Québec. » Comme on le voit, les Frères avaient abandonné alors le soin des malades, dont étaient déjà chargées les sœurs de l'Hôtel-Dieu. Au moment où son œuvre semblait assurée pour toujours, le Frère Charron mourut (1719), sur un vaisseau, devant la Rochelle. Cependant les messieurs de Saint-Sulpice n'abandonnèrent pas l'institut qui venait de perdre son fondateur ; ils procurèrent aux Frères le moyen de s'établir dans les paroisses voisines de Montréal, où ils rendirent d'importants services. En 1723, Mgr de Saint-Vallier, leur donna une constitution fort étendue et leur permit de reprendre leur costume. Il leur avait assuré précédemment des rentes pour le soutien de leurs écoles. (a) Cependant cette congrégation ne tarda pas à s'affaiblir, peu à peu, par le manque de sujets et aussi par les spéculations ruineuses du Frère Chrétien, qui avait succédé au Frère Charron. En 1731, on retira aux Frères Hospitaliers la subvention du gouvernement et, en 1745, ils disparurent tout-à-fait.

Il n'en fut pas ainsi de la maison fondée par la Sœur Bourgeois, à qui les épreuves ne manquèrent pas, sans doute, mais qui reçut aussi toutes les bénédictions du ciel. Mgr de Saint-Vallier, on l'a vu déjà, avait confié aux Sœurs de la Congrégation l'établissement de la Providence, établie à Québec pour apprendre à travailler à des filles pauvres. Mais lorsque le séminaire fut forcé, faute de moyens, de discontinuer les secours qu'il leur donnait, elles profitèrent de l'occasion pour abandonner cette œuvre, qui

---

(a) Archives de l'Archevêché de Québec.

n'entrait pas assez dans les fonctions propres de leur institut. Mais ce ne fut pas sans encourir, pour un moment, la disgrâce du prélat, qui alla jusqu'à les menacer d'interdire leur pensionnat et de les interdire elles-mêmes. Revenu à des sentiments plus doux, il ne lança pas, cette fois, ses foudres toujours menaçantes, et permit aux sœurs, en 1695, de s'établir à Québec, à la basse-ville, où elles eurent une maison jusqu'en 1844, époque où leur établissement fut transféré à Saint-Roch. L'évêque eut, pendant longtemps, l'intention de fondre l'institut des Sœurs de la Congrégation avec celui des Ursulines, et il composa lui-même des règlements pour en venir à cette fusion ; mais après bien des observations de la part de la Sœur Bourgeois, et des correspondances avec M. Tronson, il vint à abandonner ce projet, et travailla de toutes ses forces pour faire approuver, par la cour, les nouvelles règles qui avaient été adoptées par les sœurs et par l'évêque lui-même. Il leur accorda plusieurs faveurs spirituelles et temporelles et ne négligea rien pour la multiplication de leurs couvents dans les paroisses. C'est ainsi que, dans l'un de ses synodes, il fit adopter le passage suivant :

« 26. Nous croyons aussi très important de recommander aux curés des principales et plus grandes paroisses de ce diocèse, de travailler, autant qu'il leur sera possible, à convaincre les habitants de leurs paroisses, des grands avantages qu'ils recevront de l'établissement d'une maison des Sœurs de la Congrégation, pour l'instruction des personnes de leur sexe. Nous déclarons que Nous sommes dans la disposition de fonder un revenu fixe pour le soutien et entretien de deux sœurs dans les paroisses, où les habitants auront le courage de leur bâtir une maison solide ; et ce, dans les quatre premières années après ce présent synode. »

Si Mgr de Saint-Vallier s'occupait des hôpitaux et des maisons d'éducation, il n'avait pas un moindre zèle pour l'évangélisation des âmes, et il ne cessa de travailler, pendant toute son administration, à multiplier et à diriger les missions, tant parmi les Français que parmi les Sauvages. En 1690, il chargea les Jésuites de toutes les missions des Illinois, des Miamis, des Sioux et autres du pays des Outaouacs. Aux Récollets, il donna les missions de l'Ile-Royale. Le 4 mai 1698, il écrivit aux directeurs du Séminaire de Québec, pour leur confier toutes les missions de l'Acadie, « accordant à ceux qui seront envoyés par le dit séminaire pour faire les fonctions dans les dites missions, les privilèges à Lui accordés par le Saint-Siège. » Il déclarait que le supérieur de ces missions, nommé par le séminaire, serait son grand vicaire et le supérieur général de toutes les missions de l'Acadie.

Le 1er mai de la même année, les messieurs du séminaire avaient aussi été chargés d'envoyer des missionnaires pour évangéliser les Tamarois, nation habitant la rive gauche du Mississipi, entre la rivière des Illinois et l'Ohio, et avoisinant les tribus des Illinois et des Argansas. Le 16 juillet suivant, M. de Montigny partit en qualité de supérieur, accompagné de MM. Davion et Saint-Cosme ; l'année suivante, on envoya MM. Bergier, Bouteville et Saint-Cosme le jeune, avec trois frères donnés et deux forgerons. Le séminaire consacra dix mille huit cents livres à cette mission. Les Jésuites se plaignirent en France et au Canada, de ce que le séminaire se serait emparé d'une mission fondée par eux depuis plusieurs années, et le Père Lachaise en parla au roi. Mgr de Saint-Vallier décida en faveur du séminaire ; et, plus tard, il nomma trois grands vicaires pour les pays d'en haut : MM. de la Colombière, de Montigny et Bergier, révoquant tous les pouvoirs donnés aux supérieurs religieux qui pouvaient se trouver dans ces missions. L'évêque soutint que les prétentions des Jésuites étaient inadmissibles, puisque les missions du séminaire ne nuisaient en rien aux leurs, et que le poste le plus rapproché des Pères était à quatre-vingt-dix lieues de l'établissement du séminaire. La cour eut à s'occuper de ces difficultés ; les évêques d'Auch, de Meaux et de Chartres firent un rapport, et, en dernier lieu, les Tamarois restèrent aux messieurs qui en avaient été chargés par l'évêque de Québec. Deux prêtres canadiens, MM. Foucault et Saint-Cosme y périrent victimes de leur zèle et furent tués par les Sauvages. Quand les difficultés avec les Jésuites eurent été réglées par la cour, Mgr de Saint-Vallier rendit au supérieur ses pouvoirs de vicaire général, pour le territoire desservi par ses religieux. On sait qu'en 1763, M. François Forget Duverger, qui était gardien de la mission, vendit tout l'établissement à un négociant, nommé Lagrange. Il craignait que les Anglais ne s'emparassent de ces biens ; et, quoiqu'il ne fût qu'administrateur et nullement autorisé à aliéner les propriétés, il vendit à vil prix, et fit perdre au séminaire des terrains dont la valeur serait énorme aujourd'hui.

Voici ce que dit M. de Latour des missionnaires formés par le Séminaire de Québec :

« Le séminaire ne s'est pas borné à former de bons prêtres pour la colonie, on y travaille encore à y former des missionnaires pour les Sauvages, ce qu'on a exécuté depuis avec succès chez plusieurs nations, entre autres dans celles des

Abénaquis dans l'Acadie, des Tamarois et des Illinois le long du Mississipi, où l'on entretient toujours plusieurs missionnaires, conformément à une clause du testament de M. de Laval. J'ai vu partir, de mon temps, les sieurs Gaston et Courrier, deux jeunes hommes pleins de ferveur et d'une très grande espérance, dont l'un fut massacré par les Sauvages, l'autre y vit comme un saint, jusqu'à y faire des choses qu'on a regardées comme des miracles. J'ai vu à Québec le sieur le Riche, qui, après avoir été longtemps chez les Abénaquis, et ensuite curé à la campagne, est mort chanoine de la cathédrale, plein de mérite, et le sieur Thaumur de la Source, qui, après plusieurs années de séjour chez les Tamarois, est mort à Québec, dans une si grande réputation de sainteté, que tout le peuple à ses obsèques allait faire toucher des chapelets à son corps, et déchirait ses habits pour avoir des reliques. J'ai cru devoir en passant rendre cette justice à la piété de ces dignes ouvriers. »

Les difficultés qu'eut Mgr de Saint-Vallier avec les Jésuites, au sujet de la mission des Tamarois, fut l'une des raisons, mais non la principale, qui lui firent entreprendre un autre voyage à travers l'océan. Il avait surtout à assurer, comme l'on a vu plus haut, l'existence de son Hôpital-Général, et à obtenir des lettres patentes pour le couvent des Trois-Rivières, et l'union canonique des abbayes de Maubec, de Lestrées, et de Bénevent, à l'évêché, au chapitre et au Séminaire de Québec. Cette fois, il confia l'administration de son diocèse à MM. des Maizerets et Glandelet, les mêmes qu'il avait interdits quelques années auparavant, mais qui depuis étaient rentrés dans les bonnes grâces de leur évêque. Le prélat quitta Québec le 13 octobre 1700.

CHAPITRE VII

Mgr de Saint-Vallier se rend à Rome.—Bulle unissant les trois abbayes de Maubec, de Lestrées et de Bénévent.—Captivité de l'évêque en Angleterre. —Sa délivrance après cinq ans d'exil.—Nouvelles instances du roi pour lui faire résigner son évêché.—Retour à Québec.

Le bateau qui portait l'évêque de Québec, arriva à Rochefort le 29 novembre, après une traversée dont les débuts n'avaient pas été sans dangers. Le prélat se rendit de suite à Paris, où, avec son activité ordinaire, il ne tarda pas à présenter tous ses mémoires et à plaider toutes ses causes. Comme un certain nombre d'affaires ne purent recevoir de solutions définitives avant le départ des vaisseaux de 1702, Mgr de Saint-Vallier résolut d'aller lui-même à Rome, pour traiter directement avec le Saint-Siège de l'union des trois abbayes. « Ces sortes d'union à des gens de mainmorte, dit l'Histoire manuscrite du Séminaire de Québec, souffraient toujours d'inombrables difficultés. Il fallait le consentement des habitants, des curés, des évêques, des magistrats, de la cour ; il fallait enquête sur enquête, et des formalités dont le moindre défaut rendait tout invalide. L'abbaye de Bénevent relevait de l'abbé de Sainte-Geneviève, général de la congrégation des chanoines réguliers de Saint-Augustin ; celle de Maubec dépendait de l'ordre des Bénédictins de Saint-Maur, et celle de Lestrées, de l'ordre de Citeaux. » Tout le travail à faire en France, était terminé, il ne restait plus qu'à obtenir une bulle de Rome pour confirmer les lettres patentes déjà données par la cour, et on la sollicitait depuis longtemps en vain. Confiant dans un meilleur succès, et muni de lettres de recommandation de la part du roi et de plusieurs évêques, Mgr de Saint-Vallier se mit en route pour l'Italie, au commencement de septembre. Il fut très bien accueilli par le pape Clément XI, qui ordonna de procéder sans délai à l'examen de son affaire. Il ne permit pas que la cause fût portée devant la congrégation des évêques, où elle n'aurait pu passer : mais il nomma, pour en connaître, une congrégation spéciale de sept prélats. (a) Ceux-ci se mirent immédiatement à l'œuvre, et constatèrent que la bulle avait déjà été demandée trois fois. Tout en décidant qu'elle serait accordée conformément aux vœux du Saint-Père, ils ne purent la délivrer à l'évêque, qui n'avait pas le temps d'en attendre l'expédition. « Mgr de Saint-Vallier, écrivait à ce sujet M. Tremblay, du Séminaire des Missions-Étrangères, a plus fait en trois mois qu'il est resté à Rome, qu'on ne fait ordinairement en dix ans...Il quitta cette ville, en février 1703, huit jours avant le tremblement de terre qui la mit à deux doigts de sa ruine totale. Il revint en France si promptement, qu'il fit en quatre jours le voyage de Livourne à Marseilles, voyage que Mgr de Lionne, évêque de cette dernière ville, mettait vers ce temps tout un mois à faire. »

La bulle tant désirée fut signée, le 7 septembre 1704, mais on avait fait des modifications importantes aux projets soumis par Mgr de Saint-Vallier ; aussi elle ne fut jamais mise complètement en force ; ni le chapitre, ni l'évêque ne voulut

---

(a) Histoire manuscrite du Séminaire de Québec.

de certaines clauses, concernant le partage des biens et le nombre des dignités. En 1713, le prélat espérait obtenir une autre bulle plus conforme à ses désirs, mais en attendant, il demanda et obtint de la cour des lettres patentes, pour confirmer la bulle primitive qui établissait l'évêché et le chapitre, en date du 1er octobre 1674. (*a*)

D'après un mémoire signé par Mgr de Saint-Vallier, les revenus des trois abbayes étaient partagés comme suit, entre l'évêché, le chapitre et le Séminaire de Québec : évêché, neuf à dix mille livres de rente ; chapitre, six mille cinq cents livres, mais deux mille cinq cents livres étaient retenues sur cette somme pour les religieux survivants de qui relevaient autrefois les abbayes ; Séminaire de Québec, deux mille livres.

Au mois de juin 1704, Mgr de Saint-Vallier se mit en route pour retourner dans son diocèse, mais, après trois semaines de navigation, les vaisseaux français rencontrèrent une flotte anglaise qui les attaqua et s'empara de *la Seine*, qui portait l'évêque de Québec. Les autres navires se dérobèrent à la poursuite de l'ennemi. C'était le 26 juillet, fête de la bonne sainte Anne. « Aussitôt, disent les annales de l'Hôpital-Général, selon la coutume, en ces rencontres, on ôta les passagers du vaisseau prisonnier pour les mettre dans un vaisseau de la flotte anglaise ; monseigneur, notre fondateur, qui était alors malade, crut qu'il lui serait plus doux de ne pas changer de navire et de demeurer dans le sien : mais il lui en coûta bon, car les Français en étant sortis, il se trouva

---

(*a*) Notice biographique sur François de Laval de Montmorency par M. le grand vicaire Langevin.

seul au milieu d'hommes grossiers, qui ne respectèrent ni sa naissance ni son caractère. Un d'eux le prit à la gorge pour avoir sa croix pectorale ; un autre lui arracha son anneau, et, tous ensemble, lui firent plusieurs insultes, que le prélat souffrit avec une grande patience. Il n'avait garde de se plaindre de ce qui ne s'attaquait qu'à sa personne, étant d'ailleurs trop pénétré de douleur à la vue du mépris des hérétiques pour les corps des saints martyrs qu'il apportait dans son diocèse. Ces sacrilèges poussèrent l'impiété jusqu'à les brûler en guise de bois pour servir à leur cuisine. » Ces reliques précieuses avaient été données par le Souverain Pontife à l'évêque de Québec pendant son séjour à Rome.

Instruit de l'odieuse conduite de ses matelots, le chef de l'escadre anglaise fit transporter Mgr de Saint-Vallier à bord de son propre navire, où il tâcha de réparer par ses bons traitements tout ce que le prélat avait eu à souffrir. Les prisonniers furent conduits à Plymouth, puis à Londres, et on les dispersa en différents endroits. Mgr de Saint-Vallier, et les ecclésiastiques qui l'accompagnaient au nombre de dix-huit, résidèrent à Rochester, Farnham et Peterhead.

Avant la fin de l'année, tous les Français furent mis en liberté, « excepté toutefois les ecclésiastiques, dit l'Histoire manuscrite du Séminaire de Québec. Ceux-ci furent retenus plus longtemps sur les instances de quelques calvinistes réfugiés en Angleterre, qui avaient intérêt à obtenir par l'entremise du parlement et de la reine, l'élargissement de plusieurs ministres de leur secte retenus par le roi de France. »

Mgr de Saint Vallier écrivit au Saint-Père, pour lui apprendre sa captivité ; et, dans sa lettre, en date du 25 novembre 1704, il dit qu'en arrivant en Angleterre, il éprouva une longue et douloureuse maladie, dont il ne faisait que relever. Le Pape fut très sensible aux malheurs du prélat, et pour lui témoigner son estime et, en même temps, mettre son zèle à profit, il lui donna des lettres de vicaire apostolique pour l'Angleterre. A peine revenu à la santé, l'évêque se hâta d'exercer ses pouvoirs, en faveur de tous ceux qui pouvaient avoir besoin de son ministère ; et l'un de ses compagnons, M. de Prévil, prêtre sulpicien, parle ainsi de ses travaux apostoliques. « Il est certain que Mgr de Saint-Vallier a été de tout temps un modèle accompli de toutes les vertus ; mais on peut dire qu'il les a portées jusqu'à l'héroïsme dans cette terre de tribulation...... son zèle infatigable avait transformé sa prison en une église, où il exerçait les fonctions de son ministère de manière à gagner au Seigneur les âmes les plus endurcies.

» Des catholiques romains que leurs intérêts retiennent en Angleterre, et un bon nombre de prêtres et de religieux qui y vivent cachés, se rassemblaient dans son appartement, où il leur distribuait la parole de Dieu et leur conférait les sacrements. Quoique le prélat prît des précautions pour tenir secrètes les saintes pratiques de religion qu'il exerçait, on en eut connaissance, et il eut ordre de changer de ville ; mais quelque endroit qu'on lui assignât pour prison, il sut toujours en faire une maison de prière, et y gagner des âmes à Jésus-Christ. »

Cependant la reine eut de grands égards pour son vénérable prisonnier, elle lui assigna une pension, et le fit soigner par son propre médecin, et si elle lui refusa la liberté pendant cinq ans, ce fut à la prière de l'empereur d'Allemagne, qui voulait se venger de Louis XIV, parce qu'il retenait lui-même en France le grand doyen de la cathédrale de Liège, le baron de Méan.

Tout en se livrant, en Angleterre, à l'exercice du saint ministère, on comprend que Mgr de Saint-Vallier eût sans cesse à l'esprit le souvenir de sa propre église, et qu'il désirât ardemment y être uni de nouveau. Aussi, le 3 février 1705, il écrivait de Farnham à tous les membres de son clergé, pour leur demander des prières, afin de hâter l'heure de sa délivrance et de son retour. (a)

Il devait s'écouler encore bien longtemps avant que le ciel se rendît propice aux vœux du pieux évêque. Ce fut pendant sa captivité que mourut, en 1708, son illustre prédécesseur, Mgr de Laval. Enfin, l'année suivante, Louis XIV ayant remis en liberté le baron de Méan, Mgr de Saint-Vallier recouvra aussi la sienne. « J'ai sorti d'Angleterre, écrivait-il, le 15 juin 1709, et suis arrivé à Paris, au commencement de juillet. Si Sa Majesté ne s'opposait à mon retour dans mon diocèse, dans la crainte que je n'éprouve encore les mêmes risques auxquels j'ai été exposé, je braverais volontiers ces dangers, afin de satisfaire le désir insatiable que j'ai de me voir en possession de mes chères ouailles, et de travailler de toutes mes forces à leur salut, pour lequel je souhaite me sacrifier. »

Si le roi s'opposait au départ de Mgr de Saint-Vallier, c'est qu'il espérait encore réussir à lui faire donner sa démission. Des efforts avaient été tentés dans ce sens pendant qu'il était prisonnier en Angleterre, mais sans succès, car le prélat

---

(a) Cette lettre est publiée dans les " Mandements des évêques de Québec. "

écrivait « qu'un évêque doit mourir les armes à la main. » (a)
De son côté, il avait demandé un coadjuteur, mais c'était un successeur qu'on voulait lui donner, et on parlait de M. Joseph Seré de la Colombière, comme devant être évêque de Québec. Il avait été recommandé déjà par Mgr de Laval.

« M. de Saint-Vallier, dit l'abbé Faillon, aliéna si fort tous les esprits en Canada et en France, par l'usage qu'il fit de son autorité, qu'il perdit insensiblement toute créance à la cour, même dans les choses où son bon droit semblait être incontestable. » Le pauvre évêque était devenu tellement impopulaire, qu'il lui suffisait de plaider une cause pour qu'elle fût perdue d'avance. Il en était lui-même convaincu, car désirant faire approuver les règles des Sœurs de la Congrégation de Notre Dame, il demandait à M. de la Colombière d'en écrire lui-même au ministre ; « mais, ajoutait-il, il ne faut pas que vous parliez du tout de moi dans la lettre. »

Voici comment l'auteur de l'Histoire de l'Hôpital-Général raconte les derniers combats que l'évêque de Québec eut à livrer, pour obtenir la permission de retourner dans son église. « Monseigneur, ignorant ou feignant d'ignorer l'intrigue tramée contre lui, était résolu de se rendre à la Rochelle, afin de s'embarquer dans le premier vaisseau qui devait faire voile pour le Canada. Avant de quitter Paris, il voulut prendre congé du ministre : celui-ci saisit adroitement l'occasion pour représenter à l'évêque le danger qu'il allait courir en se risquant sur de petits navires marchands, ajoutant que l'on devait, l'année suivante, armer un vaisseau

---

(a) Lettre de M. Leschassier.—Voir Faillon. "Histoire de la Sœur Bourgeois."

du roi pour Québec, et qu'il ferait bien d'attendre jusque-là. Voyant que ces spécieuses raisons ne tendaient qu'à empêcher son retour, monseigneur de Saint-Vallier remercia M. de Pontchartrain de l'intérêt qu'il prenait à sa conservation, l'assura que rien n'était capable de l'arrêter, qu'il braverait avec joie les plus grands dangers pour se réunir à son cher troupeau. Le ministre lui fit alors sentir qu'il ne devait plus songer au voyage ; que son âge avancé ne lui permettait plus de soutenir les fatigues attachées à l'administration d'un diocèse comme celui du Canada ; puis, pour adoucir ce qu'il pouvait y avoir d'amer dans une telle insinuation, M. de Pontchartrain ajouta que, dans peu, on pourvoirait le prélat d'un autre siège beaucoup plus avantageux. L'humble prélat répondit que le pauvre diocèse auquel la divine Providence et son choix l'avaient lié, avait pour lui des charmes si puissants qu'il ne le changerait pas pour le plus riche du royaume ; que Sa Majesté connaissait là-dessus ses sentiments, lui ayant offert d'autres évêchés dans un âge où ces sortes d'attraits pouvaient le toucher davantage ; que, au reste, il ne connaissait aucune raison légitime qui pût justifier devant Dieu son abdication. Le ministre ne s'en tint pas à des représentations privées ; il employa encore son autorité officielle, en signifiant au prélat, de la part du roi, plusieurs propositions qui tendaient toutes à un même but. A chacun des articles proposés, monseigneur fit une réponse pleine de sagesse et de fermeté apostolique, » et refusa péremptoirement toutes les offres qu'on pût lui faire. Le 4 avril 1713, il écrivit une lettre au roi pour le conjurer de le laisser partir pour le Canada. On avait retenu l'évêque en France quatre années, pendant lesquelles on avait employé tous les moyens pour lui faire résigner sa charge. Enfin, voyant que toutes les instances et les prières étaient inutiles et que rien ne pouvait abattre cette volonté de fer, Louis XIV lui permit d'effectuer son départ. Par malheur, le vaisseau de la marine royale que l'évêque se proposait de prendre, venait de lever l'ancre et il fut obligé d'attendre trois mois encore, avant de pouvoir quitter la France. C'est alors que, mortifié à bon droit par toutes les difficultés qui s'accumulaient autour de lui, il écrivit une lettre terrible à son clergé, pour se plaindre des *faux frères* et les empêcher de lui nuire davantage auprès de la cour.

Nous la citons en partie.

« Vous savez, Nos Très Chers Frères, comment le Seigneur nous a éloigné de vous, dans le temps même que nous nous en approchions et que nous espérions de vous rejoindre, après quatre ans de séparation et de voyage pour les nécessités de notre église ; vous savez, dis-je, sans doute, que la divine Providence nous a conduit en Angleterre, et que pendant l'espace de cinq années, nous avons éprouvé une compensation rude et amère de toutes les douceurs et consolations spirituelles que nous avions goutées dans la sainte cité de Rome, auprès des corps des saints apôtres, et sous les yeux du Père commun des fidèles.

« Mais ce que vous ne savez pas peut-être, et ce que je voudrais, s'il était possible, dérober à vos yeux, c'est une épreuve bien plus fâcheuse que nous souffrons maintenant, semblable à celle dont saint Paul se plaint et néanmoins se glorifie dans plusieurs de ses épîtres ; c'est la persécution des faux frères, persécution qu'il appelle même, selon saint Chrysostôme, l'ange de Satan.

« La charité que nous conservons pour ces faux frères et l'amour de la paix nous ont fait dissimuler jusqu'ici cette persécution, peut-être au-delà de notre devoir. Nous nous sommes contenté d'en gémir devant Dieu. Nous nous sommes flatté que notre longue patience, les excès mêmes où ils se sont portés les feraient rentrer en eux-mêmes ; enfin nous avons espéré que la présence du pasteur rendu à son troupeau pourrait dissiper cet orage. Mais nous voyons, avec une vive amertume de cœur, que rien ne les touche ; et que ce qu'ils craignent le plus est cette présence du pasteur. Ils voudraient, s'il leur était possible, nous tenir toujours éloigné de l'église de Québec, notre épouse ; et, ne pouvant, après de vains efforts, rompre les liens qui nous attachent à elle, autant par inclination que par devoir, ils s'opposent sous main à notre retour. Par une politique souterraine très opposée à l'esprit de l'Évangile, ils nous retiennent dans une espèce d'exil en ce pays-ci, en faisant naître des obstacles à notre départ, et rendant inutile tout ce que nous faisons pour les surmonter.

« Connaissant, comme nous le faisons, combien notre prompt retour dans notre diocèse est nécessaire au troupeau dont le soin nous est confié par Jésus-Christ, le prince des pasteurs, et ayant inutilement tenté toute autre voie, nous sommes obligé d'avoir recours aux remèdes extrêmes. Afin donc de mettre ceux qui s'opposent à notre départ dans la nécessité de procurer eux-mêmes efficacement ce prompt départ, bien loin de continuer à le traverser, comme ils font, nous jugeons nécessaire, dans les circonstances présentes, d'en venir à la fâcheuse extrémité d'ôter tout moyen de recourir à d'autres qu'à nous, pour les choses qui dépendent de l'autorité des évêques. Dans cette unique vue, quelque satisfaction que nous ayons eue par le passé et que nous espérions encore pour l'avenir du secours de nos vicaires généraux, nous suspendons et nous révoquons tous les pouvoirs par nous donnés à nos dits vicaires généraux jusqu'à présent ; et nous déclarons que la présente suspension et révocation aura lieu à commencer du premier janvier de l'année prochaine mil sept cent quatorze. Otons dès à présent aux dits vicaires généraux tout pouvoir de donner aucune permission, dispense, pouvoir ou faculté, lesquelles puissent avoir lieu au-delà de ce terme, par rapport aux villes et territoires de Québec et de Montréal ; et au-delà du premier de janvier mil sept cent quinze pour le reste du Canada. Révoquons de même, dès à présent, tous les pouvoirs, dispenses, permissions ou facultés qui pourraient déjà avoir été accordés, par nous ou par nos grands vicaires, pour avoir lieu au-delà des dits termes. ...... »

Enfin l'évêque apprit qu'un misérable petit navire, appelé *la Manon*, faisait voile pour Québec, il se hâta de s'y embarquer, et arriva dans sa ville épiscopale, le 17 août 1713, après treize ans d'absence. On le reçut avec toute la solennité possible, au bruit de tous les canons du fort et des vaisseaux de la rade. Après avoir été complimenté par l'archidiacre du chapitre, M. de la Colombière, et par l'intendant, le prélat se rendit à la cathédrale, où l'on chanta le *Te Deum*.

CHAPITRE VIII

Mgr de Saint-Vallier demeure à l'Hôpital-Général.—Visites pastorales.—Mgr de Mornay coadjuteur.—Vente des boissons aux Sauvages.—Synodes.—Conférences ecclésiastiques.—Incendie de Montréal.—Simplicité et pauvreté de vie de Mgr de Saint-Vallier.—Ses aumônes.

Mgr de Saint-Vallier trouva, à son arrivée, le palais épiscopal habité par M. Bégon, l'intendant, dont la maison avait été détruite par un incendie. Il le laissa en possession de cette résidence, décidé à ne plus l'habiter lui-même, mais de consacrer aux bonnes œuvres le revenu qu'il aurait de ce loyer. Puis il prit ses appartements à l'Hôpital-Général, ne se réservant qu'une chambre au Séminaire de Québec, pour lui servir de pied à terre et de bureau quand il viendrait en ville. L'évêque se mit de suite à expédier les nombreuses affaires qui l'attendaient, après une absence de treize ans. Il commença par visiter ses communautés et les églises de la ville, sans oublier de faire son pèlerinage à celle de Notre-Dame de la Victoire, qui s'appelait maintenant Notre-Dame des Victoires, en souvenir de la destruction de la flotte anglaise, vis-à-vis de l'Ile-aux-Œufs, le 22 août 1711. Après avoir consacré huit jours seulement à sa ville épiscopale, pendant lesquels il fit plusieurs ordinations pour combler les vides nombreux que la mort avait faits dans son clergé, il partit, accompagné de deux prêtres, pour aller donner la confirmation dans les paroisses des environs de Québec. « Dès les trois heures du matin, dit l'Histoire de l'Hôpital-Général, on trouvait le prélat à l'église ; il entendait les confessions, et accueillait tous ceux qui venaient à lui, jusqu'à l'heure de sa messe. Après avoir donné la confirmation, le pasteur bénissait une fois encore ses ouailles chéries ; puis il repartait pour aller porter aux autres brebis de son bercail les faveurs et les grâces dont l'évêque est le dépositaire sacré. » Il reprit cette visite pastorale pendant une partie de l'hiver, et, au printemps, il la continua dans les districts de Montréal et des Trois-Rivières. C'est ainsi qu'il se dépensait avec un zèle infatigable pour secourir une église privée pendant si longtemps de la présence du premier pasteur. Il eut même l'intention, en 1715, de se rendre à la Louisiane, et au Cap-Breton, et s'il ne mit pas son projet à exécution, ce ne fut que sur les justes représentations de ses prêtres, qui craignaient avec raison qu'il ne pût supporter à son âge les fatigues d'un si long et si périlleux voyage. Il tâcha d'y suppléer, en donnant les instructions les plus détaillées aux vicaires généraux chargés de gouverner ces parties éloignées de son diocèse, et en y envoyant de nouveaux missionnaires.

Comme le roi, l'année précédente, lui avait donné un coadjuteur, dans la personne de Mgr de Mornay, l'évêque de Québec se hâta de lui écrire, pour lui faire connaître les grands services qu'il pouvait lui rendre, en allant visiter les endroits les plus abandonnés de son église ; mais le coadjuteur ne put jamais se décider à traverser la mer, et ne fit rien pour venir en aide à celui qu'il avait pourtant la mission de seconder en tout.

Mgr de Saint-Vallier conserva jusqu'à la fin de sa vie, la direction de tout son immense diocèse, écrivant aux missionnaires du Détroit, comme à ceux de l'Ile-Royale, de l'Acadie et des Tamarois. Il s'était opposé depuis longtemps à l'érection de vicariats apostoliques, et, dans un mémoire présenté au roi, il insistait sur la nécessité pour tous les prêtres qui iraient dans la Nouvelle-France, de tenir leurs pouvoirs de l'évêque de Québec. Le grand désir qu'il semblait avoir de conserver son église dans toute son étendue, lui faisait écrire que les communications entre Québec et la Louisiane étaient faciles ; il en donnait pour preuve le voyage qu'avait fait le Père Marquette pour la découverte du Mississipi ! Dans le même mémoire, il donne la préférence aux évêchés sur les vicariats apostoliques, « puisque, dit-il, les évêques titulaires conservent mieux les intérêts du roi que les vicaires apostoliques qui semblent plus attachés à ceux de Rome. » On regrette d'avoir à signaler cette tendance malheureuse qu'avaient alors les évêques français, de plaire au roi d'abord, et au Pape ensuite. Mgr de Saint-Vallier n'avait pu, sur cette question, se soustraire à l'influence de son siècle.

Ce qui n'empêche pas d'ailleurs qu'il fut toujours d'une orthodoxie parfaite, détestant l'erreur et la combattant sous toutes ses formes ; il le fit bien voir en publiant la bulle *Unigenitus* contre le jansénisme, et en chassant de son diocèse le moine bénédictin George-François Poulet, dont il craignait les doctrines perverses.

Le prélat n'était pas moins zélé pour sauvegarder la morale de son peuple, que pour veiller sur sa foi. Suivant en cela les traces de son prédécesseur, il fit surtout une guerre à mort à la vente des boissons enivrantes aux Sauvages, et, dans son oraison funèbre, le Père de la Chasse ne manqua pas de citer une conférence à laquelle il assista, et et où l'on s'efforça d'amener l'évêque à des accommodements.

« Voulez-vous, lui disait-on, faire perdre ce pays au roi de France, le livrer à nos voisins, qui, donnant aux Sauvages autant d'eau-de-vie qu'ils en veulent, vont les attirer tous à eux, et mettront ensuite, avec eux, toute cette colonie en combustion ? »

« Voulez-vous, répondit le saint pontife, voulez-vous que nous conservions ce pays au roi de France en offensant le roi du ciel ?... Notre monarque a trop de piété pour vouloir être maître du Canada, s'il n'en peut être maître qu'à cette condition. D'ailleurs, si les Sauvages à qui nous devons toujours refuser ce que nous ne pouvons leur accorder sans péché, nous mettent à mort, ah ! ne vaut-il pas mieux que nous mourions innocents que de vivre coupables ? »

Si Mgr de Saint-Vallier veillait avec soin sur son peuple, il s'appliqua surtout à lui donner de bons pasteurs et de saints prêtres. Aucun évêque ne poussa plus loin que lui l'amour de la discipline ecclésiastique, et on peut le regarder à bon droit comme le fondateur de celle qui régit encore aujourd'hui le clergé canadien. Pour comprendre son œuvre, il faut lire son rituel, les quatre synodes qu'il présida, en 1690, 1694, 1698 et 1700, le catéchisme qu'il publia, en 1700, le mandement qu'il fit pour établir les conférences ecclésiastiques, et les nombreuses lettres pastorales qu'il adressa au clergé et aux fidèles, pendant sa longue et laborieuse administration.

Comme on l'a déjà vu souvent dans le cours de cette notice, Mgr de Saint-Vallier, ne prêchait pas seulement par ses paroles et par ses écrits, mais il savait donner à tous l'exemple des plus belles vertus, et en particulier du zèle pour le salut des âmes et de la charité pour les pauvres. Les occasions ne lui manquèrent pas de les exercer jusqu'à la fin de sa carrière. En 1714, l'aumônier de l'Hôpital-Général ayant quitté son poste, l'évêque prit sa place, et se mit à faire tout l'ouvrage d'un simple chapelain, confessant les pauvres et les religieuses, visitant les malades et administrant les mourants. Le désastreux incendie qui détruisit une partie de Montréal, en 1721, l'appela sur ce nouveau théâtre de la souffrance et de la misère. Pour comble de malheur, l'hôpital fondé par mademoiselle Mance, et qui avait déjà brûlé en 1695, était devenu, cette fois encore, la proie des flammes. Le charitable prélat donna cinq mille livres aux bonnes religieuses, et adressa un chaleureux appel à ses diocésains, pour les prier de venir en aide à tous les incendiés.

Si l'évêque avait toujours des aumônes à donner à tous les pauvres et à tous les malheureux, c'est qu'il vivait pauvrement lui-même, afin de pouvoir secourir les autres. Citons encore le beau livre si souvent mis à contribution : « Ceci nous amène à parler de la manière de vivre tout apostolique du vénérable évêque. On ne servait sur sa table qu'un plat de viande bouillie, avec du vin le plus commun ; c'était seulement quand il y avait des étrangers, qu'on présentait d'autres mets, et monseigneur usait alors d'une sainte adresse pour ne pas y toucher, alléguant pour cela des raisons de santé. En carême, il observait le jeûne le plus rigoureux ; pendant son unique repas, il faisait faire à haute voix quelque sainte lecture ; et, joignant l'aumône à la piété et à la mortification, il faisait asseoir à sa table quelque pauvre, à qui il servait toujours le meilleur morceau......... Le prélat se réduisit à n'avoir qu'une voiture des plus simples et des plus incommodes, dans laquelle il se trouvait exposé à toutes les intempéries de l'air. Il n'avait que deux serviteurs, dont l'un lui servit plus tard de secrétaire, car il se priva, après quelques années, des services d'un ecclésiastique qui remplissait auprès de lui cet office. Deux habits de laine lui ont duré quinze ans : tout ce qui était à son usage portait l'empreinte de la simplicité et du dénûment que prescrit l'Évangile : il était magnifique seulement en aumônes.» (a)

Nous donnons ici la liste de celles qui sont connues des hommes ; un grand nombre d'autres ne furent connues que de Dieu :

1º Une fondation de 40,080 livres au Séminaire de Québec, pour l'entretien de six prêtres dans les missions sauvages les plus abandonnées ;

2º La construction du palais épiscopal, qu'il légua à ses successeurs, et qui lui coûta plus de 80,000 livres ;

3º La fondation de l'Hôpital-Général à laquelle il consacra 60,000 livres ;

4º La fondation des Ursulines des Trois-Rivières, qu'il dota de 30,000 livres ;

5º Un don de 20,000 livres aux prêtres du Séminaire de Montréal ;

6º Une donation de 8,000 livres pour le soutien d'une école à Québec ;

7º Une somme de 6,000 livres aux Sœurs de la Congrégation de Notre-Dame de Montréal.

Le total des sommes dépensées au Canada par Mgr de Saint-Vallier, s'élève à 600,000 livres, sur lesquelles 200,000 provenaient de son patrimoine de famille. (b)

(a) Mgr de Saint-Vallier et l'Hôpital-Général.
(b) Archives de l'Hôpital-Général de Québec. Histoire manuscrite du Séminaire de Québec.

CHAPITRE IX

Dernières années de Mgr de Saint-Vallier.—Sa maladie.—Sa mort.—Ses funérailles.

Mgr de Saint-Vallier remplit toutes ses fonctions épiscopales jusqu'en 1725 inclusivement, et, cette année-là encore, il put faire la visite de son diocèse. Mais il revint exténué de fatigue, et, depuis lors, demeura dans son cher hôpital, se préparant à la mort dans la solitude et la prière. Il avait déjà subi plusieurs maladies graves, et à Québec et en Angleterre, et la misère qu'il avait éprouvée dans ses nombreux voyages, avait achevé de ruiner ses forces. Une fièvre lente le minait intérieurement, et tout faisait présager que le prélat n'avait plus que peu de temps à vivre. Cependant, jusqu'au premier novembre 1727, il put encore rendre de nombreux services à la communauté dont il était le père, et se rendre même à la cathédrale pour officier aux fêtes pontificales. Mais ce jour-là, le mal augmenta, et le vénérable évêque ne fit plus que languir et souffrir jusqu'au jour de sa mort.

Les annales de l'Hôpital-Général ont noté avec soin tous les détails de sa dernière maladie et recueilli avec piété ses dernières paroles.

La veille de Noël, le célèbre docteur Sarrazin avertit le prélat que tout serait bientôt fini, et l'on envoya chercher l'archidiacre, M. de Lotbinière, pour lui administrer les derniers sacrements. A dix heures, il reçut le saint viatique avec de grands sentiments de foi et de piété, et répondit à toutes les prières du rituel. Le vénérable évêque vécut encore près de deux jours, qu'il passa tout entiers à faire des actes de résignation à la sainte volonté de Dieu et à donner ses dernières recommandations aux religieuses de son Hôpital-Général. Il mourut le 26 décembre 1727, à l'âge de 74 ans, après quarante années d'épiscopat.

Le corps fut embaumé par M Bergier, chirurgien du roi, et. après avoir été revêtu des habits pontificaux, il fut exposé, pendant sept jours, dans une des salles de l'hôpital, transformé en chapelle ardente. Ce fut là que tous les fidèles de la ville allèrent prier, auprès de la dépouille mortelle de leur premier pasteur, et témoigner de la vénération qu'ils avaient pour sa mémoire.

La carrière épiscopale de Mgr de Saint-Vallier avait été marquée par bien des difficultés et bien des luttes, elles se continuèrent même après sa mort. et la guerre ecclésiastique se fit jusque sur son tombeau.

Quatre jours après le décès du prélat, le chapitre de la cathédrale pourvut au gouvernement du diocèse, en nommant M. Boullard, vicaire général et administrateur. Mais l'archidiacre, M. Chartier de Lotbinière, contesta la légitimité de l'élection, parce que le siège, d'après lui, n'était pas vacant, Mgr de Mornay, qui avait été nommé coadjuteur *cum futura successione,* devant être lui-même l'administrateur de son diocèse. Il fut soutenu par l'intendant, M. Dupuy, que Mgr de Saint-Vallier avait eu le malheur de choisir pour son exécuteur testamentaire. Le gouverneur, M. de Beauharnois défendait les prétentions du chapitre.

Le prélat avait demandé d'être enterré dans l'hôpital qu'il avait fondé, et personne ne pouvait s'opposer à l'exécution de cette volonté suprême. Il fut décidé que, le trois janvier, le corps du prélat serait transporté à la cathédrale, où le service solennel serait chanté ; tout le clergé devait ensuite se rendre avec le cortège funèbre à Notre-Dame des Anges, pour l'inhumation. Cependant, l'intendant, qui se conduisit en tout cela comme un véritable insensé, craignait que les chanoines ne voulussent garder le corps du prélat dans la cathédrale, et, pour les en empêcher, il se rendit à l'Hôpital-Général, à l'entrée de la nuit, la veille du jour fixé pour les obsèques, et ordonna de procéder sans délai à l'enterrement de l'évêque. « Parmi les personnes présentes, se trouvait M. Leclair, curé de Saint-Vallier et chanoine, il voulut faire quelqu'observation ; l'intendant n'en tint aucun compte. M. de Lotbinière, le Père de la Chasse, jésuite, le Père Antoine de Lino et le frère Thomas Bertand, récollets... se revêtirent de leurs surplis ; M. Leclair se vit obligé d'en faire autant. Ils se rendirent dans la chapelle ardente, et, après les prières prescrites, ils prirent le corps de monseigneur qu'ils renfermèrent dans deux cercueils, l'un de plomb, l'autre de chêne, et le portèrent à l'église. M. Dupuy, les personnes venues avec lui, et nos pauvres, portant des cierges, formaient le cortège funèbre. Ce fut M. Dupuy qui entonna le *Libera*, et les hommes de sa suite déposèrent le cercueil dans le tombeau préparé, au pied de l'autel du Saint-Cœur de Marie. La communauté se tenait au chœur ; toutes étaient inconsolables de voir leur fondateur et leur père privé des honneurs d'une sépulture convenable. » (a)

(a) Annales de Notre-Dame des Anges.

Les chanoines apprirent, ce soir-là même, tous les détails de cette lugubre cérémonie, et M. Boullard se transporta de suite à l'Hôpital-Général, où il interdit l'église et la supérieure. Voici comment il raconte lui-même la chose, dans le manifeste qu'il publia quelques jours après :

« Nous protestons au public, qu'ayant appris par un bruit commun, le deuxième janvier, qu'on venait d'enterrer ce jour-là furtivement, à l'Hôpital-Général, le corps de notre révérendissime évêque, nous nous y portâmes avec quelques chanoines et prêtres, avec toute la simplicité, modestie, douceur, convenables à notre état. Ce fut une surprise pour nous, quand nous étant présentés, pour entrer dans l'église, nous la trouvâmes entr'ouverte, et qu'on nous dit qu'il était défendu d'y laisser entrer personne ; mais y entrâmes néanmoins après quelque résistance ; notre prière faite, étant allés dans la salle, où le corps du feu mon dit seigneur avait été jusqu'alors exposé, nous ne trouvâmes plus rien, et nous nous informâmes de ce qu'on en avait fait ; on répondit qu'il venait d'être inhumé ; nous fûmes dans le corps de la maison, pour nous en informer plus à fond, la supérieure et l'assistante refusèrent d'y venir sous notre commandement réitéré plusieurs fois, ce qui nous obligea de procéder contre cette désobéissance, et l'attentat qu'on avait commis contre le mérite et la dignité de ce vertueux et illustre prélat. Après avoir été instruit suffisamment de la manière dont la chose s'était passée, considérant de plus que c'était une injustice et un affront au chapitre, qui se tenait prêt pour aller lever solennellement ce vénérable dépôt, et lui faire des obsèques avec la décence et la forme convenables, et le reporter ensuite avec la même pompe funèbre au dit Hôpital-Général.

Sur ce scandale arrivé, nous jugeâmes à propos d'interdire pour un temps l'église et la supérieure. Ensuite, étant retournés pour entrer dans l'église, nous en trouvâmes les portes fermées et gardées par des gens armés de gros bâtons, que nous y laissâmes, après avoir demandé avec toute douceur l'entrée de la dite église, ce qui nous fut refusé, parce que, disaient ces gardes, il y avait défense de la part du roi d'y entrer. Nous nous retirâmes et achevâmes notre procès-verbal, et, après l'avoir lu, nous le présentâmes devant une compagnie nombreuse et très honorable, nous laissâmes l'écrit, en déclarant ce qu'il portait. Nous ne voulons rien dire de quelques autres indignités dont on usa envers nous, au mépris de notre caractère. Mais nous ne pouvons nous empêcher de nous inscrire en faux contre tout ce qu'on avance qui n'est pas conforme au présent écrit, et déclarer nul et sans effet tout ce qu'on oserait faire, et entreprendre contre notre autorité. Ordonnons que cette présente déclaration sera lue et publiée dans la chaire de l'église cathédrale et dans les paroisses du diocèse. »

Cet interdit ne fut levé que le dernier jour du mois, et par l'entremise de M. de Beauharnois.

Un service solennel fut célébré à la cathédrale, le 5 de janvier, et on y prononça l'oraison funèbre du vénérable défunt. Elle est attribuée à M. l'abbé Fornel. Le Père de la Chasse fit aussi l'éloge du prélat, dans l'église de l'Hôpital-Général, où l'on chanta plusieurs services, après la levée de l'interdit. Dans le discours de ce père jésuite, on remarque le passage suivant : « Voilà donc ce qui doit rendre immortelle la mémoire de Mgr de Saint-Vallier, surtout dans ce diocèse. Voilà ce qui l'égalera aux Laval, et aux noms les plus fameux

en vertus, qu'il plaira à Dieu de donner à cette église………
Il a été un grand évêque par sa piété, encore plus grand par son zèle, et très grand par sa charité. *Ab auditione mala non timebit.* Voilà non seulement ce qui doit rendre son nom recommandable de siècle en siècle, et jusques à la postérité la plus reculée, à tous les gens de bien, mais ce qui doit en même temps fermer la bouche à tous les pâles envieux et à tous les ennemis de sa réputation et de sa gloire. »

Ces paroles donnent, il semble, une idée exacte de ce que fut Mgr de Saint-Vallier : un grand évêque qui fit immensément de bien, mais qui, par ses nombreux défauts de caractère, se créa tant d'ennemis pendant sa vie, qu'il fallut le défendre contre eux, même après sa mort.

« Le grand bien qu'il fit dans son diocèse, dit l'abbé Casgrain, et qui ne peut être contesté sans injustice, fut mêlé de procédés arbitraires et d'actes bizarres, qui mirent souvent à de rudes épreuves, ceux qui vivaient avec lui, et les empêchèrent de l'apprécier alors à sa juste valeur ; mais le temps a rendu plus de justice au second évêque de Québec. »

Mgr DUPLESSIS DE MORNAY

Mgr Louis-François Duplessis de Mornay naquit à Vannes, en Bretagne, en 1663. Il fut nommé par le roi, coadjuteur de Mgr de Saint-Vallier, obtint des bulles de Clément XI, datées du mois de mars 1713, et fut sacré à Paris, dans l'église des Capucins, rue Saint-Honoré, par le cardinal de Rohan, sous le titre d'évêque d'Euménie, enPhrygie, le 22 avril 1714.

Voici ce que le ministre du roi écrivait de lui à quelqu'un du Canada, le 10 juin 1713 : « Le roi vient de vous donner pour coadjuteur à l'évêque de Québec, le révérend père de Mornay, gardien des Capucins de Meudon. C'est un homme de condition, qui joint à sa naissance une grande piété et un esprit propre pour le gouvernement, ayant été, depuis dix-neuf ans, revêtu des plus grandes dignités de son ordre. Il est dans toutes les dispositions à votre égard que vous pouvez désirer de lui, et je suis persuadé que le choix que Sa Majesté a fait vous fera plaisir. » Malheureusement l'église de Québec ne put jamais profiter des belles qualités et des talents de son nouveau pasteur, car il ne lui donna jamais la consolation de sa présence.

Dans le cours de l'année 1715, Mgr de Saint-Vallier ayant reçu de la Louisiane des lettres qui lui parlaient de l'esprit d'irréligion commençant à régner dans ces contrées, écrivit à son coadjuteur pour lui faire part de ces tristes nouvelles et pour le presser d'aller lui-même au secours des âmes en péril. De son côté, le roi entendait bien que Mgr de Mornay se rendît utile à l'église du Canada, autrement que par ses prières ; on le voit par une lettre du 10 juillet 1715, qu'il fit écrire à MM. de Ramesay et Bégon : « Sa Majesté, dit le ministre, a témoigné au père de Mornay, coadjuteur, la nécessité qu'il y a qu'il se rende à Québec, le plus tôt qu'il sera possible, pour soulager le sieur évêque dans les travaux de son diocèse ; il est incertain s'il y passera cette année, en tout cas, il s'y rendra l'année prochaine de bonne heure. » (a)

Mais ni les instances de Mgr de Saint-Vallier ni celles de la cour ne purent le décider à traverser l'océan. Nommé grand vicaire pour la Louisiane, il s'occupa cependant à distance de pourvoir aux besoins de cette province, et quand la Compagnie d'Occident lui demanda des prêtres pour desservir les colons de ce pays, il en confia la direction à ses frères capucins.

Ce furent les religieux de la province de Champagne qui se chargèrent de cette mission, en 1717, mais le premier capucin n'arriva que le 18 janvier 1721, à Mobile, desservi

---

(a) Quelques historiens disent que Mgr de Mornay devint administrateur du diocèse de Cambrai, après la mort de Fénelon, arrivée en 1715. Nous ne savons sur quel document est basée cette assertion, et nous n'oserions pas la soutenir. Un autre historien dit que le prélat alla, en 1714, résider à Cambrai, " dont l'évêque était absent." Or l'évêque n'était pas absent de son siège, à cette époque, il était chez lui malade, et se préparait à la mort. Quoiqu'il en soit, si Mgr de Mornay a été administrateur du diocèse de Cambrai, il n'y a laissé aucune trace de son passage, pas même le souvenir de son nom. Le savant historiographe de ce diocèse, M. le grand vicaire Destombes, m'écrivait dernièrement : " Le nom de Duplessis de Mornay ne paraît dans *aucune* de nos tables les plus complètes. "

auparavant par un prêtre du Séminaire des Missions-Étrangères. (a)

Il fut entendu que les Jésuites et les prêtres du séminaire évangéliseraient les Sauvages et que les Capucins exerceraient leur ministère parmi les blancs. On ne voit pas que Mgr de Mornay se soit occupé beaucoup des affaires de la Louisiane, autrement que par l'entremise des religieux qu'il y avait envoyés. Seulement, à leur prière, il fit rappeler en France le père de Beaubois, jésuite, qui était vicaire général de l'évêque de Québec, mais dont les Capucins contestaient la juridiction. Quand Mgr de Pontbriand eut pris possession du siège épiscopal, les choses furent rétablies dans leur premier état, et ce fut un jésuite qui exerça dans la Louisiane les pouvoirs de vicaire général. Les Capucins eurent beau protester, la conduite de l'évêque fut approuvée par la cour.

Au mois de mars 1728, avant d'avoir appris le décès de Mgr de Saint-Vallier, le coadjuteur donna sa démission, et le roi nomma, pour le remplacer, l'abbé Machuco de Presnaux. Cette nomination se trouvait nulle, de même que la démission de Mgr de Mornay, car ce dernier était devenu évêque de Québec, par la mort de son prédécesseur : il avait été nommé coadjuteur *cum futura successione*. Il craignit sans doute d'augmenter les difficultés, en offrant encore de se démettre, et, ne voulant ou ne pouvant partir pour Québec, il adressa, le 31 mai 1728, une procuration à l'archidiacre Chartier de Lotbinière, pour qu'il prît possession du siège en son nom.

(a) The catholic church in colonial days by John Gilmary Shea.

Mais depuis la mort de Mgr de Saint-Vallier, ce monsieur était en guerre avec le chapitre, et il ne put procéder à l'exécution de son mandat, sans rencontrer le mauvais vouloir des chanoines. Rien de plus curieux que le document qui rend compte des difficultés qu'on lui fit, et de toutes les cérémonies qui accompagnèrent cette prise de possession du siège épiscopal de Québec. Nous ne pouvons résister à la tentation de le citer dans son entier, malgré certains petits détails qui paraîtront peut-être trop puérils, mais qui font connaître l'esprit normand des chanoines de cette époque. Cette pièce historique a d'ailleurs son importance : elle montre jusqu'à quel point tout était soumis alors à la cour de France, et avec quel soin les causes étaient examinées et les jugements rendus par le roi.

« EXTRAIT DES REGISTRES DU CONSEIL D'ÉTAT.

» Sur la requête présentée au Roi, étant en son Conseil, par Louis-François de Mornay, évêque de Québec, contenant qu'il aurait été pourvu au mois de mars mil sept cent treize, de la coadjutorerie de Québec, en vertu des bulles apostoliques de provision de Notre Saint-Père le Pape Clément Onze, sur la nomination du feu Roi, avec future succession au dit évêché, dont il aurait prêté serment de fidélité entre les mains de Sa Majesté, que le décès du sieur de Saint-Vallier, évêque de Québec, étant arrivé au mois de décembre (vingt-six), mil sept cent vingt-sept, et l'exposant n'ayant pu alors se transporter en Canada pour prendre possession en personne du dit évêché, il aurait envoyé sa procuration en date du trente-et-un de mai mil sept cent vingt-huit, au sieur Eustache Chartier de Lotbinière, archidiacre de l'église cathédrale de Québec, pour, au nom de l'exposant, prendre possession corporelle, réelle et actuelle du dit évêché, et de ses droits, appartenances et dépendances avec les solennités en tel cas requises et accoutumées ; en vertu de laquelle procuration, le dit sieur de Lotbinière s'étant transporté à l'église cathédrale de Québec, le deux septembre mil sept cent vingt-huit, accompagné du sieur Iché, notaire royal, et des témoins, ayant requis le chapitre de la dite église de s'assembler pour être procédé à la dite prise de possession, il lui fut demandé par le chapitre assemblé un délai de dix jours pour assembler tous les sujets du dit chapitre, afin de rendre la dite prise de possession plus solennelle ; à quoi le dit sieur de Lotbinière ayant acquiescé, il lui en fut délivré acte par le dit notaire le même jour, et, le onze septembre suivant, jour de l'échéance du délai demandé par le chapitre, le dit sieur de Lotbinière s'étant transporté en la maison du sieur Thierry Hazeur, grand pénitencier, lors président du chapitre, logé au séminaire, qui est le lieu ordinaire où se tient le chapitre, pour le requérir de le faire assembler, le dit sieur Hazeur lui aurait fait réponse que le mauvais temps avait apparemment empêché quelques chanoines, qui étaient dispersés à la campagne, de se rendre au dit Québec, et qu'il le priait, de la part du chapitre, d'attendre jusqu'au quinze du dit mois ; à quoi le dit sieur de Lotbinière aurait encore consenti et déclaré que pour quelques raisons que ce pût être, il prendrait possession du dit évêché, le dit jour quinze septembre, sans autre délai, dont il lui fut pareillement donné acte par le dit notaire en présence des témoins par lui appelés. Enfin, le dit jour quinze septembre, le dit sieur de Lotbinière, s'étant transporté avec le dit sieur Iché, notaire, et deux témoins, en la maison du dit sieur Hazeur, et ne l'y ayant pas trouvé, ils s'enquirent aux sieurs Châles et Castongay, ecclésiastiques, logés au dit séminaire, où pouvait être le dit sieur Hazeur ou quelqu'un des chanoines ; lesquels ayant répondu qu'ils n'en savaient rien. le dit sieur de Lotbinière, accompagné comme dessus, se serait transporté chez le nommé Jean Brassart, premier bedeau. qu'il aurait sommé d'aller à l'église pour y sonner les cloches, à l'occasion de la prise de possession qu'il entendait faire au nom de l'exposant du dit évêché de Québec, conformément à la procuration dont il était porteur ; lequel Brassart aurait répondu qu'il ne pouvait sonner les cloches sans la permission du sieur Boullard, vicaire général, auquel il allait la demander ; ensuite de quoi le dit sieur de Lotbinière, accompagné des dits notaire et témoins, se transporta à l'église, pour y faire sonner la cloche du chapitre, afin d'avertir les chanoines ; mais il se serait aperçu que la corde attachée à la dite cloche en avait été ôtée, et le dit Brassart étant de retour du logis du dit sieur Boullard, dit hautement au dit sieur de Lotbinière que le dit sieur Boullard lui avait défendu de sonner ; ce que le dit sieur de Lotbinière ayant pris pour refus de la part des chanoines de se trouver à la dite prise de possession, après les deux délais par eux demandés, il requit le dit notaire, en présence des témoins menés exprès et de plusieurs personnes qui étaient lors dans la dite église, de lui donner acte de la prise de possession réelle et actuelle qu'il entendait faire au nom du dit exposant de l'évêché de Québec, et de ses droits, appartenances et dépendances, ce qui fut exécuté par l'entrée faite en la dite église cathédrale, revêtu du surplis et de l'étole, prise d'eau bénite, lecture faite, lecture à haute et intelligible voix des bulles du dit exposant, prières faites devant le Saint-Sacrement, baiser du grand autel ; après quoi le dit sieur de Lotbinière, ayant demandé aux sieurs Courrier et Castongay, ecclésiastiques, pour lors présents, la clef du tabernacle, pour donner la bénédiction du Saint-Sacrement au peuple, ils auraient répondu qu'ils ne savaient où elle était ; et continuant les cérémonies nécessaires à la dite prise de possession, le dit sieur de Lotbinière se serait intronisé, au dit nom, en la chaire épiscopale étant dans le sanctuaire de la dite église, ensuite dans la place du dit évêque au chœur, prise de possession des livres du chœur et de la chaire de la prédication, et s'étant transporté au-devant du palais épiscopal situé en la dite ville de Québec, accompagné des dits notaire et témoins appelés, il en aurait pris corporelle, réelle et actuelle possession par l'entrée au dit palais par la principale porte et autres portes des chambres et appartements, et par l'entrée dans la chapelle du dit évêché ; quoique cette prise de possession soit faite dans toutes les règles et autant qu'elle a pu l'être, malgré les empêchements qui y ont été apportés de la part des chanoines et chapitre du dit Québec ; — l'exposant a appris depuis qu'elle avait été traitée par les dits chanoines et chapitre de clandestine, et qu'ils avaient fait sommer depuis le dit sieur de Lotbinière de présenter sa procuration au chapitre et de procéder à la dite prise de possession d'une manière authentique, ce qu'il refusa de faire, après quoi, le vingt-et-un du dit mois de septembre, le dit chapitre sous un prétexte spécieux de réparer, disait-il, le scandale de cette prise de possession, fit chanter le *Te Deum* en remerciment d'avoir donné à l'église de Québec, l'exposant pour évêque ; un pareil procédé de la part du chapitre oblige l'exposant de représenter à Sa Majesté, que le chapitre de Québec n'a eu aucune raison de qualifier cette prise de possession de clandestine, parce qu'il n'a pas tenu du dit sieur de Lotbinière, qu'elle ne fût plus solennelle, il avait satisfait par deux fois aux délais qui lui avaient été successivement demandés, et il a cru ne devoir pas différer plus longtemps l'exécution de sa procuration, il a requis le notaire de le mettre en possession, et à cet effet il s'est adressé aux officiers de l'église, pour sonner les cloches, ils ont refusé leur service, il a voulu faire sonner par d'autres, et il a trouvé que l'on avait ôté les cordes, tous ces faits sont justifiés par les procès-verbaux du notaire, des deux, onze et quinze septembre de l'année dernière ; il semblerait bien injuste dans cet état, de reprocher au sieur de Lotbinière, qu'il y a procédé clandestinement, ainsi c'était une illusion de la part du chapitre de l'avoir fait sommer depuis de présenter sa procuration pour y procéder de nouveau, et on ne peut rien lui imputer du refus qu'il en a fait ; aussi paraît-il que le chapitre a senti son tort et reconnu la dite prise de possession, puisqu'en signe de réjouissance il a fait chanter un *Te Deum* dans son église, six jours après, en présence du gouverneur, et où les corps religieux ont assisté ; d'ailleurs une prise de possession par procureur exige moins de cérémonie que la prise de possession de l'évêque en personne, et quand l'exposant sera sur les lieux, c'est alors qu'il conviendra d'y apporter plus de solennité. Requérait à ces causes qu'il plût à Sa Majesté déclarer bonne et valable la prise de possession faite du dit évêché de Québec par le dit sieur de Lotbinière, le dit jour quinze septembre, mil sept cent vingt-huit, au nom et comme fondé de procuration de l'exposant, et en tant que de besoin la confirmer.

« Vu la dite requête et pièces y attachées, ouï le rapport, Sa Majesté, étant en son conseil, a déclaré et déclare bonne et valable la prise de possession du dit évêché de Québec, et de ses droits, appartenances et dépendances, faite le dit jour quinze septembre mil sept cent vingt-huit, par le dit sieur de Lotbinière, au nom et comme fondé de procuration du dit Sieur de Mornay, et en tant que de besoin Sa Majesté l'a confirmée, ordonne en conséquence qu'elle sortira son plein et entier effet, nonobstant opposition ou empêchement quelconque.

« Fait au Conseil d'État du Roi, Sa Majesté y étant, tenu à Marly, le deux mars mil sept cent vingt-neuf.

(Signé)   PHILIPPEAUX
                        avec paraphe. »

Ce jugement fait voir que Mgr de Mornay n'avait pas tardé à être informé par M. de Lotbinière, de tous les détails de la prise de possession, et il s'était hâté de soumettre toute cette affaire à la cour de France. C'était un grand malheur, que les évêques de Québec fussent ainsi obligés de faire régler par un tribunal séculier, des questions qui relevaient des tribunaux ecclésiastiques ; mais on avouera qu'ils pouvaient difficilement en agir d'une autre façon. Les concordats donnant une certaine autorité à la couronne pour les évêchés de France, les évêques de Québec, quoique dépendant seulement du Saint-Siège, en vertu de leurs bulles, étaient forcés, pour éviter de plus grands maux, de s'adresser au roi, qui entendait bien prononcer sur tous les différends qui pouvaient s'élever dans les colonies françaises.

Pour une foule de questions, il aurait été parfaitement inutile aux évêques de s'adresser uniquement à la cour de Rome, dont les décisions n'auraient pas été reconnues par les gouverneurs et les intendants. Cet état de choses n'empêchait pas les prélats de correspondre régulièrement avec le Saint-Siège, de lui envoyer des rapports détaillés sur les affaires de l'église du Canada, et de demander les indults et permissions dont ils avaient besoin pour le bon gouvernement de leurs diocèses. Il suffit, pour s'en convaincre, de lire les lettres que Mgr de Laval et Mgr de Saint-Vallier écrivaient au Saint-Père ou au préfet de la congrégation de la Propagande.

Avant de connaître la décision de la cour, sur la validité de la prise de possession, par M. de Lotbinière, les chanoines avaient écrit à l'évêque de Québec, pour lui parler de leurs difficultés, car celui-ci leur répondit par la lettre suivante qui témoigne de son mécontentement contre eux.

« A Paris, 20 mai 1729.

« Je ne répondrai pas, Messieurs, aux articles particuliers de la lettre que vous m'avez fait l'honneur de m'écrire. La paix et la charité ne consistent pas dans les disputes. Il faut en éviter toutes les occasions. Tenez-vous-en à ce que monseigneur l'évêque de Samos, mon coadjuteur, vous dira de ma part. C'est lui seul qui est aujourd'hui revêtu de tous mes pouvoirs, et en ce cas même (ce qu'à Dieu ne plaise), mais pour prévenir toutes difficultés, autant qu'on peut y pourvoir, en cas qu'il vint à mourir, je vous déclare que le gouvernement du diocèse sera entièrement dévolu à celui ou à ceux qu'il aura établi grand vicaire ou vicaire général, selon le pouvoir que je lui en ai donné, et qu'on ne pourra rien changer sans des ordres exprès et positifs de moi. Cette lettre servira de réponse à tous ceux du chapitre qui m'ont écrit, et auxquels je ne fais pas de réponse particulière, chargeant Mgr l'évêque de Samos, mon coadjuteur, de vous expliquer mes intentions. Je mets en lui toute ma confiance, comme je lui ai donné tous mes pouvoirs ; ayez donc pour lui tous les égards que vous devez avoir pour celui qui va faire toutes les fonctions de votre évêque, qui le représente, ou plutôt qui représente la personne de Jésus-Christ notre Sauveur, en qui je suis,

    Messieurs,
  Votre très humble et très obéissant serviteur,
    † Louis François De Mornay,
      Évêque de Québec. »

Cette lettre montre que Mgr de Mornay venait d'obtenir un coadjuteur qui pût gouverner une église qu'il persistait à ne pas visiter lui-même, et ce coadjuteur était Mgr Dosquet, consacré évêque de Samos, en 1725. Avec le consentement du roi, l'évêque de Québec le nomma son vicaire général et lui transmit tous les pouvoirs nécessaires pour l'administration de son diocèse, le 25 mai 1729. Le coadjuteur s'embarqua, la même année, pour le Canada, et y demeura jusqu'en 1732. Mais à cette époque, il fut obligé de repasser en France, pour obtenir le règlement de plusieurs affaires, et il insista auprès du roi, pour que Mgr de Mornay allât administrer lui-même l'église qui lui avait été confiée.

En conséquence, le ministre lui écrivit, le 4 août de l'année suivante, la lettre sévère qu'on va lire :

« Le Roi a bien voulu pourvoir à l'abandon dans lequel vous laissez votre évêché, par la nomination de monseigneur

Dosquet à la coadjutorerie de Québec ; mais vous savez que la santé de ce prélat et l'état de ses affaires l'ont obligé de repasser en France, où il paraît qu'il sera retenu longtemps. Sa Majesté est persuadée que, privé de ce secours, vous n'hésiterez pas à vous rendre dans votre diocèse ; informée des besoins pressants où il est, elle m'a ordonné de vous dire que son intention est que vous vous y rendiez sans plus de retard ; et comme l'état où se trouve actuellement le clergé de la Louisiane requiert encore plus votre présence que celui du Canada, elle souhaite que vous commenciez votre visite par cette province, où il n'a pas encore paru d'évêque, et où vous pourrez faire cesser le trouble qui y règne. »

Le vieil évêque préféra se décharger de toute administration, et, le 12 septembre 1733, il se démit de son évêché de Québec. Il était avancé en âge et sa santé laissait à désirer ; quelques-uns disent que ce fut la grande crainte qu'il avait de traverser la mer, qui l'empêcha toujours de venir en Amérique.

D'après une lettre écrite par M. de Saint-Senoch, qui gérait les affaires de la succession de Mgr de Saint-Vallier, en France, Mgr de Mornay avait renoncé au don que cet évêque avait fait à ses successeurs, de son palais épiscopal, croyant que les Sœurs de l'Hôpital-Général en devaient être les propriétaires. Mais la cour en décida autrement, et le palais fut remis aux évêques de Québec.

Mgr de Mornay mourut à Paris, le 28 novembre 1741, à l'âge de soixante-dix-huit ans.

Pendant tout son épiscopat, il n'avait adressé aucun mandement au clergé ou aux fidèles. Nous n'avons de lui que la lettre citée plus haut, et une autre que nous allons reproduire. Elle est écrite aux chanoines de Québec.

« Messieurs,

« J'avais vu avec plaisir, dans la lettre que vous m'avez fait l'honneur de m'écrire, que votre confiance en moi vous faisait croire que je pouvais vous être bon à quelque chose. Je me flatte que mon zèle pour vous et mon exactitude dans cette occasion, vous en auraient persuadé encore plus que tout ce qu'on peut vous avoir dit de moi. Je vous avoue cependant que mon plaisir a été encore plus grand, après avoir parlé séparément à M le Doyen et à M De Lorme, du pouvoir que vous m'aviez envoyé, lorsqu'ils m'ont dit que volontiers ils m'accepteraient pour médiateur, mais qu'ils ne croient pas en avoir besoin, qu'ils avaient aplani leurs difficultés, et qu'ils vous en rendraient compte cette année. Leur union m'a donné d'autant plus de joie, que c'est l'esprit de Dieu qui l'inspire, et que vous vous en trouverez mieux pour vos affaires. Vous ne devez pas hésiter, Messieurs, quand vous me croirez capable de vous rendre service ; vous me trouverez toujours disposé à vous donner des preuves de mon attachement et que je suis plus que personne,

Messieurs,

Votre très humble et très obéissant serviteur,

† Louis François De Mornay,
Évêque de Québec. (a)

(a) Cette lettre, qui n'est pas datée, a été écrite en 1732 ; cette année-la, M. de La tour, doyen du chapitre, était en France, et il avait une procuration des chanoines pour traiter de leurs affaires.

Mgr DOSQUET

CHAPITRE I

Premières années de Mgr Dosquet. — Il entre à Saint-Sulpice, passe deux ans au Canada et retourne en France. — Supérieur à Lisieux. — Procureur des Missions-Étrangères à Rome. — Évêque de Samos et coadjuteur de Québec. — Son arrivée en Canada. — Naufrage de l'*Éléphant.*

Mgr Pierre-Herman Dosquet naquit à Lille, en 1691. Il entra, en 1715, au Séminaire de Saint-Sulpice, à Paris, après avoir reçu l'ordre du sous-diaconat, et il y demeura six ans. Alors il manifesta le désir de s'agréger à cette maison, et offrit de traverser la mer, pour aller travailler avec les Sulpiciens de Montréal. Son sacrifice fut accepté, et l'abbé Dosquet arriva en Canada, dans le mois de juillet 1721.

Chargé de diriger les Sœurs de la Congrégation, il s'acquit bientôt leur estime et leur entière confiance. Malheureusement le climat du pays était absolument contraire à sa constitution, sa santé allait s'affaiblissant de jour en jour, et bientôt, sur l'avis des médecins, il lui fallut repartir pour la France, pour conserver sa vie déjà en danger. L'abbé Dosquet n'oublia pas les bonnes religieuses qu'il avait desservies avec zèle, pendant le séjour de deux ans qu'il fit à Montréal, et l'on peut dire que, jusqu'à sa mort, il leur montra le plus grand intérêt. On le voit par la correspondance qu'il entretenait avec la supérieure, et par la peine qu'il se donna pour faire publier la vie de la Sœur Bourgeois. (a)

Pendant qu'il était à Paris, pour le rétablissement de sa santé, M. Dosquet fut nommé supérieur de la communauté de Lisieux, qui n'était point encore unie au Séminaire de Saint-Sulpice. « M. Le Peletier, qui craignait de voir les jansénistes introduire leurs erreurs dans cette maison, et qui savait qu'elle avait, d'ailleurs, besoin de réforme, avait promis à M. l'archevêque de Paris de la pourvoir de bons directeurs ; et ce fut pour ce double motif, qu'il proposa à M. Dosquet d'en prendre la conduite. » (b) Le jeune prêtre n'avait que trente-et-un ans ; mais la sûreté de sa doctrine et la régularité de sa vie en faisaient déjà un ecclésiastique distingué, capable de remplir les postes les plus difficiles. Il consacra au soutien de cette communauté non seulement ses talents et ses vertus, mais encore une partie de sa fortune ; car, dans une lettre à la Sœur Trottier, de Montréal, il fait allusion aux grandes dépenses qu'il a été obligé de faire. « Je vous suis bien obligé, disait-il, de la charité que vous avez eue de m'envoyer un baril de capillaire, de ginseng, etc. En voilà pour longtemps ; ainsi, je vous prie, ne m'envoyez plus rien. Je désire ardemment pouvoir reconnaître vos bontés ; mais le Seigneur m'en ôte les moyens ; qu'il en soit béni ! »

M. Dosquet ne resta pas longtemps supérieur à Lisieux. A cette époque, le Séminaire des Missions-Étrangères était sur

---

(a) L'abbé Faillon.—Vie de la Sœur Bourgeois.
(b) L'abbé Faillon.—Vie de la Sœur Bourgeois.

le point de disparaître par le manque de sujets, et MM. de Brisacier et Thiberge, qui en étaient supérieurs, désiraient unir leur maison à celle de Saint-Sulpice. Les messieurs de cette dernière congrégation aimèrent mieux leur fournir quelques sujets d'élite, qui pussent donner une nouvelle vie à l'établissement en danger de périr ; de la sorte, les deux séminaires, dont le but n'était pas le même, continueraient de faire le bien, chacun d'après l'esprit de sa fondation. On jeta de suite les yeux sur M. Dosquet, comme étant l'un des plus capables de contribuer à cette œuvre excellente. Il devint bientôt directeur des Missions-Étrangères, et, en 1725, il fut envoyé à Rome, en qualité de procureur général, pour gérer les affaires des missions orientales. Son mérite et ses talents ne tardèrent pas à le faire choisir pour vicaire apostolique dans les Indes, et le Pape Benoît XIII le sacra lui-même, sous le titre d'évêque de Samos, le jour de Noël de cette même année 1725. Mgr Dosquet continua, cependant, de demeurer à Rome, jusqu'en 1728, époque où il fut nommé coadjuteur de Mgr de Mornay.

Il paraît singulier que l'on eût songé à lui, pour l'envoyer de nouveau en Canada, puisque le climat de ce pays avait été déjà si contraire à sa santé. Mais il avait les moyens de subvenir lui-même à son entretien, il connaissait déjà le diocèse, les besoins de cette église exigeaient la prompte arrivée d'un premier pasteur : toutes ces raisons engagèrent le supérieur de Saint-Sulpice à recommander Mgr Dosquet pour la coadjutorerie de Québec. Ce ne fut que sur les instances réitérées de son ancien maître, que l'évêque accepta cette charge, qu'il pensait trop lourde pour lui.

Nommé vicaire général de l'évêque de Québec, avec tous les pouvoirs d'administrateur du diocèse, il's'embarqua, dans l'été de 1729, pour aller remplir sa difficile mission.

Parmi les compagnons de voyage de l'évêque, se trouvait l'abbé de Latour, supérieur de la communauté des philosophes du Séminaire de Saint-Sulpice, à Paris, et l'un des ecclésiastiques qui avaient été cédés au Séminaire des Missions-Étrangères. Mgr Dosquet l'emmenait pour en faire son conseiller et son soutien dans toutes les affaires, et il avait déjà décidé de le faire nommer, par le roi, doyen du chapitre de la cathédrale. Le vaisseau du roi, *l'Éléphant*, portait aussi en Canada M. Hocquart, nouvel intendant, les abbés Vallier et Gosselin, et quelques autres prêtres qui se rendaient à Montréal. Arrivé à douze lieues de Québec, le navire donna sur un écueil, près du Cap-Brûlé, et sombra presque de suite. Mais par une protection de la divine Providence, tous les passagers eurent le temps de débarquer, et furent reçus avec une joie d'autant plus vive que l'on fêtait, en même temps, leur arrivée et la protection céleste dont ils avaient été favorisés dans un si grand péril. (a)

(a) " Personne ne s'est perdu dans ce naufrage, dit la mère Sainte-Hélène, dans une de ses lettres ; on a sauvé Mgr l'évêque de Samos, coadjuteur de Québec, un nouvel intendant, nommé M. Hocquart, et tous les passagers ; on a même retiré de ce pauvre vaisseau quantité d'effets mouillés et gâtés. C'est une grande perte, car il était richement chargé, et la colonie se ressent toujours beaucoup de ces sortes d'accidents. "

CHAPITRE II

Difficultés entre les chanoines de Québec et les communautés.—Mgr Dosquet casse les nominations faites par le chapitre, *sede vacante*.—Histoire de la procession à l'église des Jésuites.—M. de Latour.—Procès du chapitre avec le séminaire.—Zèle de Mgr Dosquet pour les communautés religieuses.— Vente des boissons aux Sauvages.—Départ du coadjuteur pour la France.

L'église de Québec avait grand besoin d'un évêque, à l'arrivée de Mgr de Samos. La difficulté des communications entre le Canada et la France rendaient absolument impossible l'administration de Mgr de Mornay, et il était temps que le coadjuteur vînt sur les lieux régler une foule de questions pendantes et terminer des différends regrettables. Depuis la mort de Mgr de Saint-Vallier, il y avait divergence d'opinion au sujet du légitime représentant de l'autorité ecclésiastique ; les corps religieux étaient loin de s'entendre en tout, et personne n'était là, pour juger et prononcer en dernier ressort. Le chapitre lui-même était divisé : M. de Lotbinière, archidiacre, avait à lutter contre ses collègues, qui prétendaient être les véritables administrateurs du diocèse. Ces troubles et ces difficultés se faisaient sentir même dans les communautés de femmes, et pour s'en convaincre, il suffit de lire le passage suivant écrit par la mère Sainte-Hélène, de l'Hôtel-Dieu : « Les chanoines, se croyant maîtres absolus, firent tant de changements, surtout dans les maisons religieuses, que les Ursulines eurent recours au conseil pour implorer la protection du roi contre les menaces qu'on leur faisait :

on avait déjà interdit leur confesseur, et on les avait traitées fort durement, même dans leur propre chaire, sur ce qu'elles avaient dit que leur communauté avait toujours été plus paisible, quand elles avaient eu des confesseurs jésuites, que lorsqu'elles avaient eu des prêtres. Cette parole a tellement choqué ces messieurs, qu'ils ont cru le clergé. flétri et déshonoré ; ils ont empêché les sept discrètes de communier et de se confesser toute l'année...... D'autres communautés ont aussi été tourmentées. »

Bien qu'ayant demeuré deux ans au Canada, Mgr Dosquet était loin de s'attendre à trouver, à son retour, tant de divisions et de difficultés. Sa présence fut un soulagement universel, et les annales des Ursulines disent que tous les troubles s'apaisèrent aussitôt que parut le premier pasteur, chacun s'empressant de lui donner toutes les marques possibles de soumission et de respect. Cependant, s'il en fut ainsi dans ce vénérable monastère, on ne peut dire que le calme se rétablit partout d'une manière aussi complète. Les tempêtes ne cessent jamais tout d'un coup, et la mer continue d'être agitée longtemps après que le vent a cessé de souffler sur les vagues.

Pendant la vacance du siège, le chapitre connaissant bien les décisions et les désirs de la cour, s'était cru autorisé à ériger des paroisses et à nommer six curés inamovibles. Mgr Dosquet ne put s'empêcher de désapprouver une semblable usurpation de pouvoirs, et il ordonna aux curés nommés par les chanoines, de lui donner leurs démissions pures et simples. Ils le firent tous, mais ces procédés ne furent pas sans causer du mécontentement et de l'agitation. Aux reproches que le ministre adressa à ce sujet à l'évêque, celui-ci répondit : « Que sur environ cent paroisses qui composaient le diocèse de Québec, il n'y en avait que vingt qui fussent alors remplies par des curés en titre, et encore aux environs de Québec. Que cette conduite avait été tenue dans toutes les églises naissantes, et qu'on ne pouvait faire autrement au Canada, puisqu'il y avait des missions qui s'étendaient sur une longueur de douze ou quinze lieues. Il serait dur, ajoutait-il, qu'un ecclésiastique qui a desservi une mission pénible, où il a essuyé beaucoup de fatigues, n'en pût être déplacé pour un poste supérieur. Il y a des arrangements et des changements convenables à faire dans le besoin, soit à l'égard du curé, soit à l'égard des paroissiens. Enfin la nécessité d'envoyer dans des paroisses des jeunes gens au sortir du séminaire, sans avoir eu le temps de les éprouver, fait qu'on ne peut leur confier une paroisse d'une manière irrévocable ; il est donc de l'honneur du clergé, du bien des âmes et du gouvernement du diocèse, qu'un évêque puisse disposer des sujets selon les vues que la Providence lui suggère. Il y a eu des ordres de la cour portant permission de fixer toutes les cures ; mais cela n'a pas eu de suites. Feu M. de Saint-Vallier fit venir des ordres contraires ; il en a fixé lui-même, et le peu qu'il a fixé, il l'a remis à son ancien état, à la mort du premier titulaire. »

Quelques mois seulement après son arrivée, l'évêque rendit une ordonnance qui fut une nouvelle cause de mécontentement pour les chanoines. Depuis le mandement de Mgr de Laval, en date du 15 janvier 1660, la paroisse de Québec et le clergé se rendaient en procession à l'église des Jésuites, pour y chanter les vêpres et y assister au sermon, les jours de fêtes de la Circoncision, de saint François-Xavier, et de saint Ignace lorsque cette fête tombait le dimanche, et le chapitre ne manquait jamais d'assister lui-même à cette procession, en vertu d'une délibération solennelle du 8 mai 1685. Mais les bons rapports qui avaient existé pendant si longtemps entre les chanoines et les Jésuites, avaient été rompus, depuis que les affaires du jansénisme et des cérémonies chinoises avaient créé en Europe tant de divisions, et suscité tant de querelles entre la compagnie de Jésus et les autres congrégations religieuses. MM. Brisacier et Thiberge s'étant ouvertement déclarés pour leurs confrères de la Chine contre les Jésuites, entraînèrent toutes les Missions Étrangères, dont ils furent si longtemps les chefs, et répandirent dans tout le nouveau monde leurs ouvrages sur les cultes chinois. Avec ces ouvrages passèrent malheureusement aussi, sans doute contre leur intention, quelques livres jansénistes qui ne furent pas sans introduire cette monstrueuse erreur en Canada.

M. de Latour dit qu'il y eut un parti de jansénistes, dont les plus célèbres furent M. de Villermaula, du Séminaire de Saint-Sulpice, que ses supérieurs rappelèrent et chassèrent de leur corps, et M. Thiboult du Séminaire de Québec. (a)

(a) Les communautés de femmes du Canada, contrairement à ce qui arriva en Europe, ne subirent que médiocrement l'influence du jansénisme, si toutefois elles en furent affectées. Il est curieux de lire ce que dit à ce sujet la mère Sainte-Hélène, dans une lettre en date de 1720 : " Si j'étais du sentiment des nouveaux docteurs, je vous assure que je me trouverais bien soulagée de pouvoir dire que la grâce me manque pour accomplir mes bons desseins ; mais je ne vois que trop que c'est ma faute. A propos de ces nouveautés, je vous dirai que je ne pus m'empêcher de rire, quand je vis, dès l'an passé, sur la liste des appelants au futur concile, les sœurs cordelières d'Abbeville. Il me semble qu'il ne convient guère à des filles d'entrer dans ces sortes d'affaires, et il faut qu'un parti se sente bien faible, quand il accepte et qu'il recherche de tels appuis...."

Quoiqu'il en soit, la bonne harmonie n'existait plus entre les Jésuites et les prêtres séculiers de Québec, et les chanoines profitèrent de la vacance du siège pour manifester leur mauvaise humeur envers les membres de la compagnie de Jésus, en supprimant la procession solennelle qui se faisait à l'église des Révérends Pères, depuis déjà soixante-et-huit ans.

Non content de les blâmer, Mgr Dosquet voulut rétablir l'ancien usage qu'ils venaient d'abolir, et, le 25 décembre 1729, il rendit un décret, dans lequel, après avoir fait l'historique de la procession, il ajoute : « Nous qui sommes chargé de tenir la main à l'exécution des ordonnances épiscopales et des délibérations du chapitre......... nous avons ordonné que tant la dite ordonance que la délibération du chapitre sortiront leur plein et entier effet ; en conséquence, sans avoir égard à tout ce qui a pu être fait au contraire, que nous avons cassé et cassons, en tant que de besoin, nous ordonnons que la paroisse et le clergé iront à perpétuité processionnellement de l'église cathédrale à celle des Jésuites, et reviendront de même ; y diront vêpres et entendront le sermon, et feront le salut, le jour de la Circoncision et le jour de saint François-Xavier tous les ans, et le jour de saint Ignace quand la fête tombera un dimanche ; et à l'égard du chapitre, qu'il continuera d'y aller conjointement avec la paroisse, jusqu'à la distinction de l'église cathédrale d'avec la paroissiale, auquel temps il en sera délibéré avec l'agrément de nous ou de nos successeurs...... »

Les chanoines furent obligés de s'exécuter, et ils se rendirent chez les pères Jésuites, le 1er janvier 1730. Mais le coadjuteur finit par se fatiguer de leurs oppositions et des brouilleries qu'il avait avec eux, et voulant sans doute les gagner à lui, il consentit de vive voix à ce que le chapitre passât de nouveau la résolution de ne plus aller en procession chez les pères de la compagnie de Jésus. Confus de détruire ainsi son propre ouvrage, il ne voulut ni signer ni souffrir qu'on fît mention de lui, bien qu'il présidât l'assemblée qui fut tenue à ce sujet, le 26 novembre 1730. Il exigea cependant que le curé et son petit clergé fissent la procession accoutumée. Ce qui eut lieu pendant quelques années, après lesquelles chacun resta dans son église.

Mgr Dosquet ne tarda pas à éprouver la funeste influence d'un climat qui était absolument contraire à sa santé. Aussi, se voyant incapable de visiter les paroisses, il confia ce soin à M. de Lotbinière, qui était archidiacre du chapitre, et, le 21 février 1730, il adressa un mandement aux curés pour leur faire connaître tous les pouvoirs qu'il lui avait donnés à cette fin. Le 7 mars de la même année, l'évêque nomma M. de Latour supérieur de toutes les communautés religieuses de femmes : « nous avons établi, dit-il, et nous établissons supérieur. .... M. Bertrand de Latour, prêtre, docteur en droit, doyen de notre chapitre, conseiller clerc au conseil supérieur, notre official et grand vicaire, lui donnant un plein et entier pouvoir d'en faire toutes les fonctions, comme nous pourrions le faire nous-même. Ordonnons à toutes les religieuses en général, et à chacune en particulier, de lui porter respect, soumission et obéissance dus en cette qualité. »

M. de Latour était un homme très instruit, et il rendit de grands services au diocèse, pendant le peu de temps qu'il y séjourna. Mais il arrivait de France, il n'avait que trente ans, et la faveur dont il jouissait auprès de son évêque lui créa des envieux. Retourné en France après un an et demi, il ne revint plus en Canada, quoiqu'on lui eût offert la cure de Québec. On sait qu'il fit publier les annales de l'Hôtel-Dieu de Québec, et qu'il est l'auteur d'un très grand nombre d'ouvrages sur la théologie et la liturgie. Ses mémoires sur la vie de Mgr de Laval ont été d'une grande utilité : malheureusement il n'en parut qu'un volume ; le second volume fut supprimé par ordre de la cour, après un procès intenté par la famille de Mgr de Saint-Vallier. La suppression de ce livre est une perte irréparable pour l'histoire des deux premiers évêques de Québec.

Voici comment M. de Latour raconte les commencements d'un procès entre le chapitre et le séminaire au sujet de la nomination à la cure de Québec, procès qui ne se termina que par l'incendie des stalles de la cathédrale, à l'époque de la conquête. « Le séminaire et le chapitre plaident au conseil du roi depuis plusieurs années, je ne sais quel en sera le succès. A la mort de M. Thiboult, curé, en 1724, le chapitre réclama la cure ; il prétendit que la paroisse ayant été supprimée et unie au chapitre par la bulle même d'érection de l'évêché, le prélat (Mgr de Laval) ne pouvait, sans le consentement du Pape, détruire son ouvrage contre les dispositions d'une bulle sur laquelle était fondée sa propre autorité ; que la démission n'ayant pas été légitimement acceptée, ni l'union régulièrement faite, le chapitre rentrait dans son droit primitif. Ce procès fut assoupi ; le sujet proposé par le séminaire (M. Boullard) étant agréable à tout le monde, le chapitre lui fit titre de son côté, aussi bien que le séminaire ; et pour contenter les deux patrons, on prit possession en vertu des deux titres, sans préjudice des droits respectifs. A la mort de M. Boullard, curé, M. Dosquet, évêque, s'opposa à la nomination du séminaire ; il prétendit que l'union étant nulle par les mêmes raisons qu'avait autrefois opposées le chapitre, et la démission du chapitre n'ayant été ni ne pouvant être révoquée, il était en droit de l'accepter, et de faire l'union dans les formes, ou de séparer totalement la cure, comme aurait pu faire M. de Laval, puisque tout était entier par rapport à lui. Le chapitre n'ayant plus aucun droit depuis sa démission, et le séminaire n'en ayant encore aucun à cause de la nullité de l'union, le chapitre ne fit aucune démarche. J'en étais alors doyen, et j'avais été nommé curé par le séminaire, et le prélat m'offrait son titre ; mais le séminaire, pour ne pas risquer son droit, ne voulait pas que je l'acceptasse, et prétendait que je ne fisse valoir que le sien. Je ne voulus pas le bénéfice, et la démission de son évêché, que fit bientôt après M. Dosquet, termina le différend. Son successeur ne fit aucune difficulté, et M. Plante, nouveau pourvu, prit possesion sans obstacles C'est depuis sa mort que le procès entre le chapitre et le séminaire a été renouvelé et se poursuit au conseil. »

A la fin de l'année 1730, Mgr Dosquet annonça par un mandement, à ses diocésains, qu'il allait faire lui-même la visite pastorale de son diocèse : « La charité de Jésus-Christ, disait-il, dont nous souhaitons ardemment d'embraser vos cœurs, nous fait entreprendre avec joie les travaux pénibles de la visite, dans la saison la plus rigoureuse, pour hâter les trésors infinis de toutes sortes de grâces qui vont se répandre sur vous. Le ciel se déclare déjà en votre faveur ; de zélés missionnaires de Montréal dont la vertu est connue dans tout le pays, ont prévenu nos pas, avec notre approbation, pour travailler à convertir les pécheurs et leur annoncer la paix. » L'évêque se rendit jusqu'à Ville-Marie, où il retourna encore l'année suivante. Il ne se contenta pas de charger M. de Latour de la visite des communautés religieuses, mais il s'en occupa lui-même avec le plus grand zèle, pendant toute son administration, et leur adressa plusieurs lettres pastorales, remarquables par une connaissance approfondie de la vie monastique. C'est même par le soin qu'il prit des épouses du Christ, et par les sages règlements qu'il leur donna, que son épiscopat paraît avoir été le plus utile à l'église de Québec. Aussi quand M. Plessis, dans l'oraison funèbre de Mgr Briand, porte, en passant, un jugement sur tous les prédécesseurs de ce grand évêque, il dit : « Vous verrez…… en M. Dosquet un évêque vigilant, singulièrement attaché à la conduite des monastères. »

Certaines communautés trouvèrent, il est vrai, son gouvernement trop absolu, surtout s'il faut en croire les lettres que M. de Beauharnois et M. Hocquart écrivaient au ministre du roi de France. L'abbé Faillon dit que « s'il était vrai que les communautés de filles eussent porté de lui ce jugement, il semble qu'il ne faudrait pas mettre de ce nombre celle de la Congrégation. quoique pourtant M. Dosquet y eût changé quelques usages établis par la sœur Bourgeois. Du moins, ce prélat ne cessa de donner des marques de son dévouement pour les sœurs de cette communauté. » (a)

(a) Voici ce que nous trouvons sur Mgr Dosquet dans les lettres de la mère Sainte-Hélène : " Nous avons un nouveau prélat qui ne fait rien par lui-même, il a un grand-vicaire de 28 ans, à qui il renvoie tout le détail du diocèse ; quelque bien intentionnés qu'ils soient, comme ils ne font que d'arriver, qu'il n'y a qu'un an qu'ils sont en Canada, et qu'ils ne s'informent point des usages anciens, mais prétendent établir des règlements beaucoup plus sages que tout ce qui les a précédés, nous nous trouvons si désorientées que nous ne savons où nous en sommes. " Il faut avouer que ce tableau n'est guère flatteur pour l'évêque et son vicaire général. Mais cette lettre est de 1730. La bonne supérieure sut, sans doute. mieux apprécier plus tard le gouvernement de Mgr Dosquet.

MM. Beauharnois et Hocquart firent d'autres plaintes à la cour contre l'évêque de Samos. Ils lui reprochaient d'avoir nommé, sans leur participation, un supérieur à l'Hôpital-Général de Montréal, et surtout d'avoir renouvelé les ordonnances de ses prédécesseurs au sujet de la vente des boissons enivrantes aux Sauvages. Mgr Dosquet, voyant en effet que l'on avait repris ce trafic infâme, écrivit un mandement pour tâcher de l'arrêter, s'il était encore possible. « Nous ne pouvons assez déplorer, disait l'évêque, l'aveuglement des peuples qui, malgré les défenses tant de fois réitérées qui leur ont été faites de fournir aux Sauvages les liqueurs qui servent à les enivrer, continuent néanmoins toujours cet indigne commerce ; les peines spirituelles et temporelles dont les rois et les évêques les ont menacés, auraient dû leur faire sentir la grièveté de ce crime et en arrêter le cours, et nous voyons que ce torrent d'iniquité grossit de jour en jour et coule avec plus de rapidité que jamais. » Après avoir félicité les membres du clergé sur leur zèle à seconder sur ce point les efforts des évêques, le coadjuteur en vient au dispositif du mandement : « A ces causes, nous défendons à tous les confesseurs de ce diocèse d'absoudre ceux qui directement ou indirectement contribueront à enivrer les Sauvages......... Nous nous réservons à Nous seul le pouvoir d'absoudre de ce crime. » (26 novembre 1730.)

Mais bien loin de soutenir l'autorité religieuse, le gouverneur et l'intendant écrivirent à la cour contre l'évêque, et celui-ci, se voyant gêné dans l'exercice de ses fonctions épiscopales, prit le parti de passer en France, en 1732, pour aller exposer sa situation.

CHAPITRE III

Mgr Dosquet devient évêque en titre du diocèse de Québec.—Affaires avec le ministre du roi.—Lettre aux chanoines.—Retour à Québec.—Mandement pour l'instruction de la jeunesse.—État de l'instruction publique à cette époque.—La villa de Samos.—Tableaux donnés aux communautés.—Départ de l'évêque pour la France.—Sa démission.—Sa mort.

L'un des buts de Mgr Dosquet, en se rendant en France, était de décider Mgr de Mornay à passer en Canada, et à administrer lui-même le diocèse qui lui avait été confié. Le ministre avait déjà fait des remontrances à l'évêque de Québec à ce sujet ; il lui écrivit de nouveau, de la part du roi, une lettre très sévère, qui n'eut pas l'effet désiré, mais qui engagea le prélat à se démettre de son évêché. Cette résignation, donnée le 12 septembre 1733, rendait Mgr Dosquet, évêque en titre de l'église de Québec. Il envoya une procuration à M. de Lotbinière, l'archidiacre du chapitre, qui prit possession du siège en son nom, le 8 août 1734.

Dans l'intervalle, le prélat n'avait pas manqué de traiter avec le ministre, les affaires de la vente des boissons enivrantes et de la nomination à la cure de Québec. « Il promit à M. de Maurepas, dit l'abbé Ferland, qu'il écrirait une lettre circulaire aux curés et aux missionnaires de son diocèse, afin de leur expliquer que, par son mandement sur la traite de l'eau-de-vie, mandement au sujet duquel s'étaient élevées beaucoup de plaintes, il n'avait entendu se réserver que le cas de péché mortel, et non la vente ordinaire. » Quand aux affaires de la cathédrale et du séminaire, il ne put rien régler définitivement ; seulement il s'assura l'appui de la cour pour la division qu'il s'était proposé de faire. On le voit par la lettre suivante qu'il écrivit aux chanoines.

« A Paris, ce 23 avril 1733.-

« L'on s'est plaint à la cour, messieurs, de ce que vous vouliez vous séparer de la paroisse. M. le comte de Maurepas m'ayant écrit pour savoir de quoi il s'agissait, je lui ai dit ce qui s'était fait à ce sujet, et la permission que je vous en avais donnée ; sur quoi il m'a mandé que l'intention de Sa Majesté était que l'on travaillât à cette séparation, qu'il en écrit à MM. de Beauharnois et Hocquart, et qu'il leur marque que Sa Majesté veut qu'ils me secondent en tout ce qui pourra dépendre d'eux, pour lever les difficultés qui pourraient s'y rencontrer. Je ne vous mande ceci, messieurs, qu'afin que vous preniez vos mesures là-dessus ; car, je pense qu'il sera bon d'attendre mon retour à Québec, pour conclure entièrement cette affaire ; ce sera, s'il plaît à Dieu, l'année prochaine. Le temps me paraît long par le désir que j'ai de me réunir à vous, et de finir mes jours dans un pays qui m'a toujours été cher, depuis que je l'ai connu.

» Je me flatte, messieurs, que suivant les dispositions où je vous ai laissées, je vous retrouverai tous parfaitement unis pour le bien ; rien ne répand mieux la bonne odeur de Jésus-Christ, que cet esprit de paix et de charité ; je prie

Dieu qu'il vous en remplisse de plus en plus, et je suis avec un attachement très sincère,

» Messieurs,

» Votre très humble et très affectionné serviteur,

» † P. H. Évêque de Samos,
» Coad. de Québec. »

Mgr Dosquet revint au Canada, le 16 août 1734. Évêque en titre, à l'âge de quarante-trois ans, doué de talents réels, il devait, il semble, avoir un épiscopat long et prospère ; mais la faiblesse de sa santé fut un obstacle à l'exercice de son zèle, et ne lui permit pas de donner à son troupeau, pendant le peu de temps qu'il en eut encore la garde, les soins qu'un pasteur éclairé et dévoué comme lui n'aurait pas manqué de lui prodiguer. Il ne put même entreprendre la visite de son diocèse, et confia encore cette tâche à l'archidiacre de Lotbinière, le 17 février 1735. Pour lui, il s'occupa de faire de sages règlements pour la conduite du clergé et de promouvoir la grande cause de l'éducation de la jeunesse. Il suffit de lire le magnifique mandement qu'il adressa à ses prêtres, le 20 février de cette même année, pour comprendre quelle importance il donnait à cette question vitale, et quel était aussi son zèle pour former un clergé national.

« Depuis que la Providence nous a confié la charge du diocèse, disait le prélat, Nous n'avons rien eu de plus à cœur que de voir fleurir et augmenter le clergé, convaincu que c'est de cette œuvre que doit sortir tout le bien spirituel que les peuples ont droit d'attendre et que nous pouvons espérer d'établir. C'est dans cette vue, qu'attentif aux paroles de Jésus-Christ, nous avons souvent élevé les mains vers le ciel, pour prier le maître de la moisson d'envoyer des ouvriers dans le vaste champ qu'il nous donne à cultiver.

» Nous avons eu à la vérité la consolation de voir des hommes apostoliques touchés du même zèle et seconder nos intentions ; un nouveau collège s'est élevé à Québec (a) et on y a multiplié les régents, on a établi des écoles latines à Montréal ; mais cette augmentation ne répond pas à la multiplication du peuple, et nous avons la douleur de voir plusieurs paroisses manquer de prêtres, où les enfants ne sont pas instruits de ce qui est nécessaire au salut, et où il est à craindre que l'ignorance, jointe à l'éloignement des secours spirituels, ne forment dans ces lieux le désordre et l'impiété. Nous ne doutons pas, Mes Très Chers Frères, qu'éclairés des lumières de la foi, comme vous l'êtes, et animés du zèle de votre état, vous ne soyez sensiblement touchés des besoins de ces âmes abandonnées, et que vous ne fussiez charmés de pouvoir contribuer à les secourir.

» C'est dans cette confiance que nous vous ouvrons notre cœur et que nous vous faisons part de notre sollicitude. Après bien des réflexions sur cette matière, nous avons jugé qu'il ne fallait plus s'attendre que la France fournît à ce pays les prêtres qui lui sont nécessaires, ni croire que le petit nombre de jeunes gens qu'on élève aujourd'hui dans cette vue puisse suffire.

» Il faut nécessairement les multiplier, en donnant aux parents plus de facilité de faire étudier leurs enfants et

---

(a) Nous ne savons pas au juste ce que veut dire l'évêque par ce nouveau collège. Il n'y avait à cette époque que celui des Jésuites. Nous croyons qu'il s'agit simplement d'une école où on enseignait un peu de latin.

surtout à ceux de la campagne. Nous ne voyons pas de moyens plus sûrs pour réussir que de vous engager, Mes Très Chers Frères, à enseigner le latin, et à élever dans la piété les jeunes gens de vos paroisses, en qui vous remarquez des dispositions à l'état ecclésiastique et de l'ouverture pour les sciences. Lorsque vous les aurez mis en état d'entrer au séminaire, nous contribuerons, autant que nos facultés nous le permettent, à leur entretien ou à payer leurs pensions.

» Nous vous exhortons, Mes Très Chers Frères, à embrasser cette excellente œuvre avec le zèle qu'elle demande. Votre patrie a droit de l'attendre de vous, et nous nous flattons que l'amour de la gloire de Dieu et du salut des âmes sont des motifs plus que suffisants pour vous y porter. »

Dans un autre mandement, écrit quelques jours après, nous lisons ce qui suit :

« Nous voulons que les curés n'admettent dans leur paroisse aucun maître d'école qui n'ait une permission par écrit de nos grands vicaires ; qu'ils ne souffrent point qu'ils enseignent des personnes de différent sexe, et qu'ils refusent les sacrements à ceux qui, en étant avertis, ne voudraient se soumettre à cette règle. »

Ce dernier mandement prouve qu'à cette époque, il y avait des maîtres d'écoles dans les paroisses, et en assez grand nombre, puisque l'évêque se croit obligé de faire des règlements à leur sujet. On est étonné de trouver dans les registres du temps un si grand nombre de signatures aux actes de l'état civil ; l'instruction était plus répandue qu'on ne pouvait s'y attendre, vu l'absence d'un système régulièrement suivi pour les écoles de la campagne. L'abbé Casgrain, dans l'histoire d'une paroisse canadienne au XVIIe siècle, cite l'exemple des registres de la Rivière-Ouelle, où, du temps de Mgr de Saint-Vallier, sur cinquante familles qui formaient alors toute la population de cette paroisse, vingt-cinq chefs de familles pouvaient signer leurs noms d'une manière très passable. Il ajoute : « au risque de faire passer les Canadiens actuels pour un peuple arriéré, nous devons avouer qu'on ne trouverait pas, à l'heure qu'il est, dans la plupart de nos paroisses, une plus forte proportion,...... un fait digne d'attention, c'est le désir de s'instruire qu'on observe parmi la population des premier temps ; ainsi plusieurs habitants qui, à leur arrivée, déclarent ne savoir écrire, signent ensuite leur nom d'une écriture inexpérimentée, qui s'améliore peu à peu, et devient suffisamment régulière. Il n'y a pas à douter qu'il n'y ait eu dès lors des écoles ; car on constate les progrès des enfants, à mesure qu'ils grandissent. »

A l'époque où Mgr Dosquet écrivait son mandement sur l'instruction de la jeunesse, il y avait à Québec le collège des Jésuites avec une cinquantaine de pensionnaires, et le Séminaire avec environ soixante-et-quinze élèves, qui allaient en classe chez les Jésuites. Les Ursulines donnaient l'instruction à une quarantaine d'élèves et les Sœurs de la Congrégation, établies à la basse-ville, voyaient leurs classes fréquentées par un bon nombre de jeunes filles. Les Ursulines avaient un couvent à Trois-Rivières, et les Sœurs de la Congrégation enseignaient à Montréal, et dans les paroisses suivantes : Sainte-Famille de l'Ile d'Orléans, Château-Richer, Pointe-aux-Trembles de Québec, Champlain, Pointe-aux-Trembles de Montréal, La Chine, La Prairie de la Magdeleine, Lac des Deux-Montagnes, Boucherville, Louisbourg, et Saint-Laurent dans l'Ile de Montréal. Dans leur maison de la

Providence, les mêmes filles de la Sœur Bourgeois avaient formé des maîtresses d'écoles qui allaient enseigner à leur tour dans quelques paroisses de la campagne.

A Saint-Joachim, Mgr de Saint-Vallier avait trouvé, en 1685, trente-et-un enfants, que deux ecclésiastiques du Séminaire de Québec y élevaient, et dont il y en avait dix-neuf qu'on appliquait à l'étude et le reste à des métiers. » Kalm, qui visita la colonie en 1749, trouva aussi à Saint-Joachim : « deux prêtres, et avec eux un certain nombre de jeunes gens à qui ils enseignent la lecture, l'écriture et le latin ; la plupart de ces élèves sont destinés à la prêtrise. »

A Montréal, outre les écoles latines dont parle le mandement de Mgr Dosquet, il y avait quelques écoles primaires dirigées par les Récollets. Ces bons pères contribuèrent aussi à répandre l'instruction dans les campagnes. « Trois ou quatre Récollets mendiants, dit M. Sulte, allaient, de porte en porte, dans les paroisses et y laissaient des lambeaux d'instruction pour prix de l'hospitalité qu'ils recevaient. » Le même auteur ajoute : « Quelques bons curés occupaient leurs loisirs à enseigner à lire et à écrire aux enfants les plus voisins de leurs presbytères. » Cette belle tradition dure encore et l'Église et l'État lui doivent plusieurs de leurs sujets les plus distingués.

Les Frères Charron existaient encore sous l'administration de Mgr Dosquet ; ils avaient amené de France vingt-quatre maîtres d'écoles, et ils faisaient la classe à Montréal, à la Pointe-aux-Trembles, à Boucherville, à Longueuil, à Batiscan et aux Trois-Rivières.

Ces quelques renseignements font voir comment, malgré les obstacles de tout genre qui empêchaient l'établissement d'un système plus suivi pour l'instruction publique, les évêques et le clergé avaient réussi à promouvoir la grande cause de l'éducation de la jeunesse. Mgr Dosquet fut sans doute l'un de ceux qui en comprit mieux l'importance, et son mandement sur ce sujet en est un éloquent témoignage. Il put profiter lui-même des bienfaits du séminaire diocésain fondé par Mgr de Laval, car pendant les quelques années qu'il passa à Québec, il conféra l'ordre de la prêtrise à trente-huit séminaristes (a), dont la plupart avaient été formés dans cette maison.

En 1732, il avait obtenu la confirmation d'un décret de la Sacrée Congrégation de la Propagande, au sujet des prêtres ordonnés pour le diocèse de Québec à titre de mission (*titulo missionis*). « Ce décret avait rapport aux jeunes ecclésiastiques qui, après avoir été ordonnés sous ce titre, abandonnaient les troupeaux qui leur étaient confiés, pour entrer dans l'un ou l'autre des ordres religieux existant dans le Canada ou autres provinces, ce qui était toujours extrêmement préjudiciable à cette jeune église, où les sujets étaient encore si rares pour l'état ecclésiastique. Par le décret en question (16 avril 1731, 5 mai 1732), la Propagande permettait à l'administrateur de Québec d'ordonner, jusqu'au nombre de vingt, des sujets de son diocèse ou de diocèses étrangers, pourvu qu'ils fussent munis de lettres testimoniales, mais en leur faisant jurer devant l'évêque, avant la réception des saints ordres, d'exercer le saint ministère dans son diocèse, sous peine d'encourir, *ipso facto*, la suspense *a divinis*, s'ils

---

(a) Dans le deuxième volume des " Mandements des Évêques de Québec, " il y a erreur au sujet du nombre de prêtres ordonnés par Mgr Dosquet.

venaient à quitter le diocèse sans la licence de l'évêque ou de ses successeurs. » (a)

Pendant son administration comme coadjuteur, Mgr Dosquet habita le palais épiscopal. Quand il revint au Canada, avec le titre d'évêque de Québec, il demeura presque toujours dans une maison de campagne qu'il avait fait bâtir, en 1732, sur le chemin Saint-Louis, à l'endroit où se trouve aujourd'hui le cimetière de Saint-Patrice. Cette résidence porta longtemps le nom de villa de Samos, en mémoire du prélat qui en fut le premier propriétaire. Elle fut vendue. à son départ, au Séminaire de Québec, qui s'en déposséda, à son tour, en faveur du juge Mabane, peu de temps après la conquête. Cette demeure fut habitée, pendant plusieurs années, par le premier évêque protestant de Québec, M. Mountain (de 1795 à 1802). Elle fut incendiée en 1842.

L'air de la campagne, pas plus que celui de la ville, ne pouvait rétablir la santé compromise de Mgr Dosquet. Le 17 octobre 1735, il dit un éternel adieu aux bosquets enchanteurs de la villa de Samos, en même temps qu'il quittait pour toujours le diocèse de Québec. L'évêque s'embarqua pour la France, sur le vaisseau du roi le *Rubis*, accompagné de deux ecclésiastiques : MM. Boulanger et Gosselin.

Il ne manqua pas de faire de touchants adieux aux communautés religieuses, auxquelles il avait toujours porté tant d'intérêt, et, quelques jours avant son départ, on le voit à l'Hôpital-Général, où il prit le dîner en compagnie du gouverneur, de l'intendant, de plusieurs membres du clergé et d'autres personnes de distinction. Il laissa à cette com-

---

(a) L'abbé Brasseur de Bourbourg.

munauté deux tableaux à l'huile, celui de saint Jérôme et celui de sainte Magdeleine, qui furent placés au chœur. A l'Hôtel-Dieu, il donna aussi un tableau d'une grande valeur qu'il avait apporté d'Italie. Il lui avait fallu la permission d'un cardinal pour le faire sortir de Rome, parce qu'on ne laissait pas alors passer des pièces d'une telle beauté dans d'autres états. C'est une nuit de Noël du fameux Stella, qu'on peut voir encore aujourd'hui dans la sacristie de l'église conventuelle. (a) Le prélat ne pouvait oublier les Sœurs de la Congrégation dont il avait été autrefois le directeur, et il écrivit à la supérieure : « Je vous donne de tout mon cœur à vous et à toute votre communauté la bénédiction que vous désiriez recevoir de moi, avant mon départ. Je vous ai destiné un tableau d'un peintre fameux, que je ferai remettre à vos sœurs de Québec, pour vous l'envoyer. J'espère que cette petite marque de mon souvenir vous donnera lieu de penser à moi devant Notre Seigneur. »

Mgr Dosquet ne réussit pas de suite à faire agréer sa démission par la cour de France, sans doute à cause de la difficulté qu'il y avait de trouver un sujet pour le remplacer. En 1737, il écrivait ce qui suit : « Dans cette lettre, je mande au Canada, que je ne compte plus y retourner, à cause de ma mauvaise santé, et que je ferai ma démission, lorsqu'il plaira à la cour de me choisir un successeur. J'apprends, par cet ordinaire, que le roi a nommé à l'abbaye de Bénevent ; ce qui me fait croire que Sa Majesté pense aussi à assurer un autre revenu pour dédommager l'évêché de Québec, de cette abbaye. » L'évêque avait en effet remis ce bénéfice, dont

---

(a) Histoire de l'Hôtel-Dieu par l'abbé Casgrain.

l'administration était une source de procès et de difficultés, et il reçut en échange une rente de neuf mille francs, et la promesse de huit mille francs pour arrérages dus. Après avoir réglé cette affaire, d'une manière très avantageuse pour l'église de Québec, il se rendit à Rome, pour y travailler également à se démettre de son siège, et c'est pendant son séjour dans cette ville, qu'il apprit que le roi consentait enfin à lui nommer un successeur, dans la personne de M. de Lauberivière. Il quitta Rome, au printemps de 1739, signa l'acte de sa démission, le 25 juin, et assista au sacre du nouvel évêque, le 21 décembre de la même année.

Pendant les quatre années qui s'écoulèrent entre son départ de Québec et le choix de son successeur, trois séminaristes canadiens, incapables de se faire ordonner dans le diocèse de Québec, prirent le parti de passer en France, avec l'agrément de leur évêque, et furent promus au sacerdoce par l'évêque de Rennes, qui les accueillit avec la plus grande cordialité. (*a*) La cour leur alloua à chacun la somme de deux cents francs.

Mgr Dosquet avait été l'un des directeurs du Séminaire des Missions-Étrangères de Paris, et, après avoir renoncé à son évêché, il prétendit avoir le droit d'y demeurer, d'y être logé, nourri, entretenu avec ses quatre domestiques, aux frais de la communauté. Mais on refusa d'accéder à ses demandes vraiment exorbitantes. De là surgit un procès, au cours duquel l'évêque publia plusieurs mémoires ; mais

---

(*a*) Ce furent MM. de la Corne, Mercereau et Guillory. Mgr de Rennes les plaça lui-même dans son grand séminaire, et donna l'ordre au supérieur de leur procurer tout ce qui leur serait nécessaire.

le prélat finit par renoncer à ses prétentions, après avoir reconnu qu'elles ne pourraient se soutenir. Le roi lui donna l'abbaye de Breine, dans le diocèse de Soissons ; ce qui lui assura un revenu de six mille francs par année.

Après avoir pris possession de ce bénéfice, il se rendit à Rome, au commencement de l'anné 1741, avec le dessein de n'en plus sortir. Il y rendit encore des services à son ancienne église du Canada, surtout dans les premières années qui suivirent la conquête. La Propagande le consulta plus d'une fois dans ces temps difficiles. Il quita la ville éternelle, après y avoir fait un assez long séjour, et il mourut, à Paris, le 4 mars 1777, à l'âge de quatre-vingt-six ans.

Mgr DE LAUBERIVIÈRE

CHAPITRE I

Naissance et premières années de Mgr de Lauberivière.—Ses vertus.—Lettre de l'évêque de Grenoble.—Nomination à l'évêché de Québec.—Lettre du prélat à son père.—Départ pour le Canada.

Mgr François-Louis Pourroy de Lauberivière naquit à Grenoble, dans la paroisse de Saint-Hugues, le 16 juin 1711, de messire Claude-Joseph de Pourroy de Lauberivière, chevalier, président de la chambre des comptes, et de dame Marianne de Saint-Germain de Mérieux.

« Né dans le sein de la probité et de la vertu, dont il avait reçu les semences comme un bien héréditaire, élevé dans un des sanctuaires les plus épurés de la discipline et de la science ecclésiastique, (a) il devint, même dans sa jeunesse, un modèle pour les personnes avancées en âge. Le séjour qu'il fit dans cette école de sainteté, ne fut point un temps de passage donné, comme pour l'ordinaire, à la coutume et à la nécessité ; il prit un goût de prédilection pour cette retraite, la regardant comme un port assuré de salut ; il cherchait à en

---

(a) Le Séminaire de Saint-Sulpice.

faire sa demeure constante et habituelle. » Ce passage est tiré d'une lettre de Mgr l'évêque de Grenoble, adressée aux curés de son diocèse, et dans laquelle il leur apprenait la mort inattendu du saint évêque dont nous écrivons la vie. Il l'avait vu grandir sous ses yeux dans sa ville épiscopale, et il le connaissait d'autant mieux que ses parents occupaient un rang distingué, même parmi la noblesse du royaume ; il l'avait vu croître « en sagesse, en âge et en grâce devant Dieu et devant les hommes. » (a)

Le témoignage de ce prélat est donc infiniment précieux pour nous faire connaître ce que furent l'enfance et la jeunesse de Mgr de Lauberivière. A peine était-il sorti du grand séminaire, que le jeune abbé, déjà docteur en Sorbonne, fut placé à la tête d'un des chapitres les plus importants de la province de Grenoble : celui de Saint-Bernard à Romans, et il se montra admirablement doué pour remplir toutes les fonctions du saint ministère. Ses talents, ses vertus et surtout sa prudence, étaient tels, qu'en apprenant l'impossibilité où se trouvait Mgr Dosquet de retourner dans son diocèse, on songea à l'abbé de Lauberivière, qui n'avait que vingt-sept ans, pour en faire un évêque de Québec. « La Providence, dit Mgr de Grenoble, nous l'enleva presque aussitôt après nous en avoir fait connaître de plus près tout le prix. Elle l'appela, par une vocation des plus marquées, à l'épiscopat, ou plutôt à un véritable apostolat. Il reconnut la volonté de Dieu sur lui dans le choix d'un grand ministre (b) en qui le discernement des divers talents fait un des caractères de l'heureux

---

(a) S. Luc II, 52.
(b) Le cardinal de Fleury.

gouvernement auquel il préside, pour la félicité publique et à l'honneur de l'humanité.

« Le nouveau prélat se défia néanmoins de lui-même ; il eut le soin d'être soutenu par des conseils qui seuls devaient calmer ses alarmes....... Désigné évêque d'un monde entier, il aperçut les travaux immenses qui l'attendaient dans cette nouvelle carrière. Peu touché de toutes les marques de distinction que sa dignité pouvait lui procurer, inaccessible à l'impression des soins et des peines qui sont presque l'unique apanage de l'évêché de Québec, il ne fut sensible qu'à la crainte de ne pas satisfaire à tous ses devoirs ; aucun n'échappa à ses réflexions, et tous lui furent également précieux ; l'abondance de la moisson qu'il avait à recueillir ne fit qu'augmenter son zèle et son courage ; il n'eut d'impatience que pour abréger des délais que tout autre eut fait naître, à la faveur d'une foule de prétextes.

« S'il accorda des moments à une famille justement empressée à le retenir, ils furent rapides, et encore voulut-il les mettre à profit pour déraciner de son cœur tout ce que l'humanité eût pu y faire glisser de moins parfait ; ce qu'il exécuta, en se dévouant de nouveau à Dieu d'une manière d'autant plus méritoire, qu'il fit ce sacrifice au milieu de tout ce qu'une légitime tendresse peut réunir de plus attrayant et de plus capable d'en imposer à la constance la plus affermie.

« Le préparatif qui lui tenait le plus à cœur, avant le trajet des mers qu'il avait à franchir, c'était de s'assurer un nombre de coopérateurs suffisant pour l'aider avec efficacité à rappeler à la lumière cette multitude d'hommes plongés dans l'aveuglement, à qui il allait servir de premier guide et de principal conducteur.

« Que ne puis-je vous rendre tout ce que j'ai recueilli de ce respectable confrère dans les derniers moments dont il voulut bien m'honorer ! Tous ses discours, tous ses sentiments étaient ceux d'un évêque qui connait toute l'étendue du ministère, lorsque le ministre est destiné à travailler à la conversion des infidèles.

« Cet objet ne cessait d'être présent à son esprit et encore plus à son cœur. Se considérant déjà comme le père et le pasteur de ces nations sauvages, dont le nom seul effraye notre pusillanimité, il soupirait après le temps dans lequel il serait à portée de leur prêcher Jésus-Christ et Jésus-Christ crucifié ; il en fait sa gloire et y porte toute son ambition ; il ne s'occupe que de la pensée qu'il va faire triompher Jésus-Christ, en répandant la connaissance de son nom. »

Après avoir lu ces éloquentes paroles de Mgr de Grenoble, qui avait reçu les confidences de son cher diocésain, on comprend de quel trésor la Providence voulait enrichir l'église de la Nouvelle-France. Les Sulpiciens qui avaient eu tant d'occasions de connaître celui dont ils avaient été les maîtres, ne manquèrent pas de le recommander à la cour pour remplacer Mgr Dosquet, (a) et, à la demande du roi, le Saint-Père lui envoya ses bulles, en date du 20 juillet 1739. Mgr de Lauberivière fut sacré, le 16 août de la même année, dans la chapelle du Séminaire de Saint-Sulpice, à Paris, par Mgr de Mornay, ancien évêque de Québec, assisté des évêques de Tréguier et de Bethléem. (b) Après la cérémonie, on put voir

---

(a) Lettre de madame la comtesse de Chabons
(b) Voir la *Gazette de France* du 22 août 1739.

ensembre trois prélats portant le titre d'*évêque de Québec* : Mgr de Mornay, évêque résignataire, Mgr Dosquet, alors occupant le siège épiscopal, et Mgr de Lauberivière, choisi par ce dernier pour lui succéder.

Les directeurs du Séminaire des Missions-Etrangères écrivirent à leurs confrères de Québec, pour leur annoncer la nomination de ce digne évêque, dont la grande jeunesse faisait un véritable contraste avec l'âge de tous les prélats qui avaient occupé avant lui le siège de Québec. « Il n'a au plus que vingt-huit ans, disaient-ils ; aussi, si Dieu veut lui conserver la vie autant qu'à ses prédécesseurs, il gouvernera cette église de longues années. »

Le 24 février 1740, il envoya à M. Thierry Hazeur Delorme, grand pénitencier du chapitre de Québec, une procuration, en vertu de laquelle celui-ci prit possession du siège épiscopal en son nom, le 20 juin suivant.

Bien qu'appartenant à une grande famille, Mgr de Lauberivière était depuis longtemps accoutumé à vivre dans l'humilité et la simplicité : il ne crut pas que la dignité épiscopale dût lui faire changer ses habitudes. Aussi était-il décidé de demeurer en pension dans le Séminaire de Québec, n'ayant avec lui qu'un aumônier, un valet de chambre et un laquais. Le 25 février, il écrivait à M. Ransonnet. l'un des directeurs de cette maison : « Je compte aller débarquer au séminaire. Je ne sais si j'emporterai quelques meubles de France. Je vous prie de me préparer un appartement où je ne demande rien que de simple et d'apostolique. Quand je serai une fois établi, je verrai de quelle façon je m'arrangerai. Mon intention est de me renfermer dans ce qui est purement de bienséance. »

De son côté, M. Vallier écrivait aussi de France, que le prélat voulait prendre ses repas dans le réfectoire commun, « qu'il fallait le servir en évêque, et lui donner un bon bouilli, une entrée et un poulet, ou quelque autre morceau de rôti, » et qu'il faudrait le loger dans le pavillon où logeait le supérieur.

Le 22 mai 1740, le jeune évêque de Québec était en route pour son nouveau diocèse, et il attendait, à La Rochelle, que le vaisseau du roi fût prêt à partir pour le porter de l'autre côté de l'océan ; c'est de cette ville qu'il écrivit la lettre suivante à son père :

« J'ai reçu, monsieur et très cher père, avec bien de l'empressement, la lettre que vous m'avez adressée, en cette ville, où j'arrivais jeudi soir. Me voilà dans un port, mais ce n'est pas celui où je dois aborder, et j'ai encore le *ruisseau* à traverser, et trois ou quatre mois peut-être, avant de me voir solidement établi à Québec. Je ne sais point le jour du départ du vaisseau, et je me vois, pour quelque temps, obligé de faire de nécessité vertu, en prenant patience, soit pour l'embarquement, soit pour la traversée. On arme en toute diligence un vaisseau du roi qui part pour Brest, et cet armement a, je pense, retardé celui qui doit me conduire à Québec. Au reste, je suis en bonne maison avec tous mes missionnaires, (a) et j'aurai la consolation de vous donner peut-être plus d'une fois de mes nouvelles avant mon départ. Je fais toutes mes petites emplettes, et je prends les arrangements

---

(a) Ces missionnaires étaient 1o le R. P. Louis-Charles Canot, jésuite ; 2o Pierre Paris, aumônier et secrétaire de l'évêque ; 3o Antoine Faucon, prêtre sulpicien ; 4o Jacques-Joseph Masson de Montbrac, aussi prêtre sulpicien ; 5o Régent, novice chez les RR. PP. jésuites. (Mgr de Lauberivière par l'abbé Cyprien Tanguay).

d'avance pour mon établissement à Québec. Je tâche de me mesurer sur l'argent que j'ai, et surtout de me mettre à portée de ne point aller à l'emprunt.

« J'ai obtenu une modération assez considérable à la chambre des comptes, et il ne m'en coûte pas cent écus pour l'enregistrement de mon serment de fidélité. J'ai mis les fers au feu avant de partir, pour obtenir une pension sur le clergé ; M. l'abbé Cousturier m'a donné bonne espérance : quoiqu'il puisse arriver, je pars avec un entier abandon entre les mains de la Providence, j'en aurai toujours assez pour fondre les glaces du Canada et marcher, s'il le faut, sur des raquettes, à l'imitation de Mgr de Laval, un de mes prédécesseurs, avec ma chapelle sur le dos.

« Je ne suis point chargé du bien que je ne peux pas faire, je donnerai de ce que j'ai, et l'on verra ma bonne volonté pour le reste. »

» J'ai l'honneur d'être avec les sentiments les plus tendres et les plus respectueux,

» Monsieur mon très cher père,

» Votre très humble et très obéissant serviteur et fils,

» † Frs L. Évêq. de Québec. »

Mgr de Lauberivière partit de la Rochelle, le 10 juin 1740, sur le vaisseau du roi le *Rubis*, commandé par M. de La Saussaye. Il ne devait jamais revoir sa patrie, ni le père bien-aimé à qui il venait d'écrire pour la dernière fois.

CHAPITRE II

Traversée de l'océan.—Lettre de Mgr de Lauberivière à sa mère.—Ravages de la maladie parmi les passagers.—Dévouement de l'évêque.—Miracle attribué à sa prière.—Arrivée à Québec.—Sa maladie et sa mort.—Deuil universel.—Lettre de Mgr de Grenoble.—Éloge par Mgr de Pontbriand.

La traversée de l'océan fut des plus heureuses, jusqu'au grand banc de Terre-Neuve, où le *Rubis* arriva, après seulement vingt-deux jours de marche ; un bon vent continuait de souffler, les passagers jouissaient d'une santé parfaite et tout semblait annoncer une prochaine et joyeuse arrivée à Québec. Mgr de Lauberivière ne tarda pas à gagner l'affection de ceux qui avaient l'honneur de se trouver avec lui sur le même vaisseau. L'un de ses compagnons, le Père Canot, écrivait : « On peut dire, pour faire son éloge en deux mots, qu'à l'âge de vingt-huit ans seulement, c'était un prélat accompli, d'une douceur qui attirait tous les cœurs, d'une prudence consommée, d'une sainteté qui le faisait infiniment respecter ; en un mot, c'était un apôtre, un saint, qui n'était point gêné et qui ne gênait personne. A peine fus-je sur le vaisseau, qu'il voulut bien m'honorer de sa confiance, et, si j'ose franchir le terme, de son amitié. Toute ma consolation de mon côté était de pouvoir profiter de ses lumières et de ses bons exemples, et il ne se passait presque point de jour où je ne fusse enfermé dix heures avec lui ; mais je ne prévoyais pas combien de larmes devait me coûter cette union qui me paraissait si honorable et si avantageuse.

» Jeunesse, grâces extérieures, dit Mgr de Grenoble, talents naturels et acquis, prudence prématurée, c'étaient autant d'avantages qui se réunissaient à toutes les autres qualités encore plus estimables, pour assurer, par son moyen, l'exécution des desseins qu'il paraissait que Dieu avait sur lui pour la propagation de son culte. Aussi, commença-t-il, dans le vaisseau même chargé de le transporter, à mettre en usage tous les dons qu'il avait reçus. »

Arrivé le 3 juillet sur le grand banc de Terre-Neuve, Mgr de Lauberivière écrivit, le lendemain, la lettre suivante à sa mère :

« Je profite, madame ma très chère mère, de l'occasion qui se présente de vous donner de mes nouvelles. Nous sommes arrivés sur le grand banc de Terre-Neuve, où nous arrivâmes hier, en vingt-deux jours, il ne reste plus qu'environ cent lieues d'ici à Québec. (*a*) J'espère que nous les ferons aussi heureusement que nous avons fait celles que nous avons devers nous.

« Nous avons pêché et mangé de la morue fraîche ; ce matin, nous en avons pris d'une belle taille ; le Seigneur nous a favorisés jusqu'ici, je ne me suis presque pas senti de la mer. M. Paris (*b*) en a été malade ; mais il va bien actuellement. Je vous supplie de faire savoir de ses nouvelles à sa famille, aussi bien que de celles de Jourdan, qui s'est toujours bien porté. C'est à la hâte que j'ai l'honneur de vous écrire, par des bâtiments de pêcheurs que nous rencontrons.

(*a*) La distance est de quatre cents lieues. Il y a erreur du copiste.
(*b*) Secrétaire de l'évêque.

« Permettez que mon père trouve ici les assurances de mon respect ; mes frères et sœurs, celles de ma tendresse.

« J'ai l'honneur d'être, avec un tendre et profond respect,
« Madame ma très chère mère,
« Votre très humble et obéissant serviteur et fils,
« † Frs-Ls, Evêque de Québec. »

Quelques jours après avoir écrit cette lettre, l'évêque aurait pu en adresser une autre d'un tout autre caractère, et remplie des détails les plus navrants. Un jeune novice jésuite, appelé Régent, fut attaqué d'une fièvre maligne, qui exigea les soins les plus vigilants, lorsqu'on était encore à quatre cents lieues de Québec. Il entra cependant en convalescence, « mais sa maladie n'était qu'un présage imparfait de celle dont tout le vaisseau devait être infecté. Etait-ce peste, comme quelques-uns ont voulu l'assurer, je n'en crois rien, dit le Père Canot déjà cité. Quoiqu'il en soit, c'était un bien triste spectacle de voir de pauvres malheureux, les uns sans mouvement, les autres agités d'une fièvre si violente que quelques-uns se sont précipités dans la mer, d'autres poussaient des hurlements si affreux qu'on les entendait de toute part dans le vaisseau. Il n'y a point de cachot qui puisse vous donner une idée de la misère où ils étaient.

« Représentez-vous un endroit, grand comme nos galetats, où la lumière ne pénètre presque jamais, et où à peine peut-on marcher droit, tout rempli de paillasses, au-dessus desquelles sont des toiles de la longueur d'un homme et de largeur de deux pieds, attachées par les deux coins à des clous, qui servaient également de lits à ces pauvres malheureux, de sorte qu'il y en avait près de quatre cent dans un si petit espace. Dans un état si triste, nous autres prêtres, aurions-nous été oisifs ? Je vous donne à penser ce qu'on fait et ce qu'on doit faire dans ces circonstances. Cependant le mal augmentait et nous tâchions de nous approcher le plus que nous pouvions de Québec. L'équipage dépérissait de jour en jour, et à peine avions-nous qui pût faire la manœuvre. Les officiers étaient obligés de la faire eux-mêmes, et quiconque avait de la force mettait la main à l'œuvre. Nous avions beau arborer le pavillon qui est le signe de l'incommodité et qu'on a besoin de secours, qui que ce soit ne venait.

« De là aux environs, le bruit s'était répandu que le vaisseau du roi était pestiféré, et en vain tirait-on le canon. au bruit duquel on doit apporter des rafraîchissements au vaisseau.

« Voulions-nous aborder avec notre chaloupe, on ne nous voulait point recevoir, et on regardait ceux qui y étaient, comme gens frappés de contagion. »

On peut se figurer la douleur du pauvre évêque au milieu de tant de calamités ; on peut aussi se faire idée de ses actes de zèle et de dévouement. « Le prélat, dit le Père Galpin, jésuite, ne s'épargnait pas plus que le Père Canot qui deux fois a pensé mourir. Comme un nouveau Charles Borromée, il s'offrait mille fois, chaque jour, à toutes les horreurs de la mort, en se dévouant avec intrépidité au soulagement de tous ceux que le mal attaquait; secours spirituels, secours temporels, rien ne lui coûtait ; il était prêt à donner sa vie pour sauver les autres. » Quelle consolation pour les pauvres malades que d'avoir un tel pasteur pour compâtir à leurs souffrances et surtout pour leur apprendre à les donner à

Dieu ! Quelle heureuse mort l'on faisait assisté par ce saint évêque !

C'est pendant que le vaisseau était ainsi ravagé par cette cruelle maladie, qu'un prodige fut opéré par sa pieuse intercession auprès de Dieu. Une femme avait, dans un moment de trouble, laissé tomber son petit enfant dans la mer. L'enfant disparut dans l'abîme. Dans sa désolation, la mère éplorée alla se jeter aux pieds du jeune et pieux évêque de Québec, à qui elle avait déjà vu opérer tant de prodiges de charité. Elle avait foi dans l'intercession de celui qui se sacrifiait si entièrement pour les autres. Le saint jeune homme se mit aussitôt en prière, dans la simplicité de son cœur, et Dieu récompensa la foi de l'un et de l'autre. L'enfant reparut porté sur les flots, et les heureux témoins de ce prodige remarquèrent qu'il tenait sans cesse les yeux fixés sur ceux du prélat, qui lui-même tantôt regardait l'enfant et tantôt regardait le ciel. Enfin les matelots, qui avait descendu une chaloupe à la mer, prirent le pauvre enfant qui flottait sur les vagues, et le rapportèrent plein de vie et de santé à son heureuse mère. (a)

Cependant la fièvre continuait à se répandre à bord du navire ; presque tous étaient frappés : aumôniers, prêtres, officiers, médecins, pilotes, etc. (b) Une fois rendus au Bic, à cinquante lieues de Québec, les malheureux voyageurs se crurent perdus sans ressources, il semblait impossible d'aller plus loin, et aucun secours ne semblait devoir venir. Enfin quelques marins moins malades que les autres s'offrirent

---

(a) Récit de M. Ruffin de la Maraudière.
(b) Lettre du P. Canot.

d'aller en chaloupe à Québec, et, quelques jours après, deux bâtiments vinrent au secours du *Rubis*. L'un d'eux repartit de suite, emportant le plus qu'il put de malades, et l'autre demeura avec le vaisseau du roi. Un aumônier qui était aussi descendu pour secourir les malades fut de suite atteint lui-même par le terrible fléau et forcé de retourner à Québec. Un sulpicien, compagnon de l'évêque, mourut de la fièvre et fut enterré à Kamouraska.

A mesure que l'on approchait de Québec, tous ceux qui pouvaient le faire, quittaient les vaisseaux et se faisaient conduire à terre, en chaloupe ou en canot.

Mgr de Lauberivière, qui avait pendant longtemps résisté aux sollicitations et aux prières de tous les officiers, crut qu'il était de son devoir de gagner sa ville épiscopale, maintenant que sa présence n'était plus nécessaire au milieu des victimes de la maladie. Il prit un canot que l'on avait envoyé exprès pour lui, et il arriva à Québec, le 8 août 1740, à sept heures du soir. Préservé jusque-là de tout malaise, jouissant d'une parfaite santé, et surtout de la réputation d'un saint, il fut reçu avec tous les honneurs imaginables. « Tous les officiers, tout le clergé, les religieux, les différents corps de ville et tout le peuple étaient accourus sur le rivage pour y recevoir le saint Charles et le saint François de Sales de notre siècle. » (a) On peut en effet se faire une idée de la joie des fidèles à la vue de leur évêque, en songeant que la ville était privé, depuis cinq ans, de la présence du premier pasteur, et que celui qui venait occuper le siège épiscopal, se présentait avec tous les charmes de la jeunesse et de la

---

(a) Lettre du P. Canot.

sainteté. « Il fut accueilli, disent les annales des Ursulines, et complimenté du clergé de toute la ville, avec une joie qu'il n'est pas possible d'exprimer. Les grands et les petits se disputaient le plaisir de le voir. Aussi était-ce un prélat des plus distingués, joignant à une illustre naissance toutes les belles qualités du corps et de l'esprit, propres à faire un grand évêque ; mais pardessus tout, une vertu, une prudence et une sagesse qu'on aurait admirées dans un homme de soixante ans, quoiqu'il n'en eût que vingt neuf. »

Après avoir fait son entrée à la cathédrale, le même soir de son arrivée, Mgr de Lauberivière alla demeurer au séminaire, où on lui avait préparé un appartement. On voit dans les annales de l'Hôpital-Général que, deux jours après, il prit le diner chez l'intendant, et qu'il se proposait de visiter, le même jour, les religieuses de cette communauté. Mais quelqu'un lui fit remarquer que, n'étant pas les plus anciennes, d'autres qu'elles devaient avoir l'honneur de ses premières visites ; ce qui fait croire qu'il alla aux Ursulines et à l'Hôtel-Dieu.

L'hôpital de cette dernière maison était remplie des infortunés compagnons de voyage de l'évêque, et la mère Sainte-Hélène écrivait : « Je n'ai jamais vu tant de malades chez nous : les salles, greniers, parloirs extérieurs, tout en est plein, et à peine pouvons-nous passer entre leurs lits ; tous deviennent noirs comme des nègres, sitôt qu'ils sont morts. » Mgr de Lauberivière ne devait pas tarder à éprouver les conséquences des soins qu'il leur avait donnés dans le bateau. Le 13 août, cinq jours après son arrivée, il fut frappé à son tour ; « le 14 et le 15 la fièvre ne donna pas d'indications mortelles, le 16 elle redoubla ; les transports suivirent, enfin la pourpre parut, et le 20, à huit heures et demie du matin, il expira, universellement regretté.» (a)

Au commencement de sa maladie, « on voulut, dit le Père Calpin, le transporter à l'Hôtel-Dieu, où on l'aurait infiniment mieux traité que dans le Séminaire, où, malgré les attentions qu'on pouvait avoir, il lui manquait assez de choses ; tout fut inutile ; il regardait sa santé comme l'affaire de la Providence, qui la conserverait, si elle le jugeait expédient pour la gloire de Dieu………

« La maladie qui change l'homme, nous fit toujours voir le prélat ce qu'il était ; ce n'était que paroles de douceur, ses discours n'étaient que pour s'offrir au Seigneur, s'estimant heureux de quitter la vie, dans un pays où le zèle seul l'avait conduit.» Pendant la nuit qui précéda son décès, il fit plusieurs recommandations à M. Jacrau, prêtre du séminaire, et lui dit qu'il n'avait point eu le temps de faire de testament. « Si mon chapitre veut garder quelque chose de ma chapelle, ajouta-t-il, il peut retenir ce qu'il jugera à propos ; » et presqu'en même temps, il prononça ces mots : «Je meurs dans l'amour de mon Dieu et fidèle à mon roi. » (b)

Il légua aussi quatre cents francs pour les missions de l'Acadie et trois cent pour celles des Tamarois, « afin, disait-il, d'y faire connaître le nom de Dieu. »

Mgr de Lauberivière occupait, quant il mourut, la chambre destinée au supérieur du séminaire jusqu'à ces dernières

---

(a) Lettre de MM. Beauharnois et Hocquart.
(b) La chapelle de l'évêque fut envoyée à sa famille qui la conserve religieusement. Son père envoya au chapitre de Québec une lampe et un encensoir d'argent en échange de la crosse épiscopale.

années. Cette chambre fait maintenant partie du corridor qui conduit au nouveau séminaire.

Le gouverneur général et l'intendant firent prier le chapitre de procéder sur-le-champ à son inhumation, afin d'empêcher l'épidémie, dont le prélat venait de mourir, de se répandre dans la ville. Le doyen s'empresssa d'obtempérer à leur désir, quelque grande que fût son affliction, et, le même soir, le corps du jeune évêque fut transporté à la cathédrale et déposé dans la tombe, à côté de celle de Mgr de Laval. « La solennité des funérailles eut lieu seulement le 22 septembre. Deux saints dormaient donc ainsi l'un près de l'autre, bien distincts par l'âge, mais également chers à Dieu et aux hommes. » (a)

Quand on apprit cet événement lamentable, de la mort de l'évêque, ce fut un cri de douleur universelle dans toute la ville. « On le pleura, écrit le Père Canot, et on le regretta amèrement. Le jour qu'il mourut, fut et sera peut-être celui où il se versa plus de larmes à Québec. La consternation y fut si générale, qu'on n'entendit que cette parole : *notre saint évêque est mort*........ on a été obligé de déchirer plusieurs de ses collets pour les distribuer au peuple, qui lui attribue déjà des miracles.

« Tout ce qu'il possédait ressentait la pauvreté évangelique. Ses habits, sa soutane de cérémonie étaient de laine, son diamant ou plutôt son anneau était de dix écus seulement. La seule richesse qu'on ait trouvé dans une boite qui s'ouvrait par un secret, était une chemise de crin, une ceinture, trois disciplines teintes de sang, et une autre de fer. »

(a) M. l'abbé G. Côté—Travaux d'excavation faits en 1877 dans la basilique de Québec.

Un autre père jésuite écrivait : « nous avons perdu un grand ami, les autres communautés un père, et l'Église un grand évêque. » Ces éloges ne furent pas les seuls qui se firent entendre pour bénir la douce mémoire de Mgr de Lauberivière. L'évêque de Grenoble, dont nous avons déjà cité la lettre circulaire, ne pouvait se consoler de la perte de son noble et saint enfant, qu'en songeant à la gloire et au bonheur dont il le pensait en possession dans le ciel : « Mgr l'évêque de Québec meurt comme il a vécu, en saint, et en saint que les siècles les plus purs du christianisme eussent vénéré comme un martyr de la charité, n'ayant pu devenir un martyr de la foi, bonheur auquel il y a lieu de croire qu'il ne se fût pas refusé, si tels eussent été sur lui les desseins de Dieu.

« Quant à nous, nous l'avions perdu pour cette province, nous le regagnons, de même que ses diocésains, pour le ciel. »

Une année après le décès de Mgr de Lauberivière, son successeur, Mgr de Pontbriand, commençait son mandement d'entrée en rappelant la sainteté de celui dont il venait prendre la place. Il disait à ses diocésains combien il partageait leur légitime douleur pour la perte immense qu'ils venaient de faire ; et il leur demandait de répandre pour lui-même devant le Seigneur, des larmes qui étaient inutiles pour le vertueux prélat que le ciel avait déjà récompensé et couronné.

CHAPITRE III

Pèlerinages au tombeau de Mgr de Lauberivière.—Guérisons miraculeuses en France et au Canada.

Une voix plus éclatante que celle même des évêques se fit entendre, peu après la mort de Mgr de Lauberivière, pour proclamer bien haut qu'un saint était monté au ciel, et ce fut la voix des miracles. Des pèlerinages se firent à son tombeau, des guérisons extraordinaires furent obtenues en France et au Canada, et l'en en dressa des procès-verbaux authentiques, qui serviront un jour, nous osons l'espérer, pour le procès de canonisation du cinquième évêque de Québec. Ces procès-verbaux sont conservés avec soin dans les archives de l'archevêché de Québec, et ils ont été publiés, en 1885, par M. l'abbé Tanguay. Nous ne mentionnerons ici que deux des principales faveurs attribuées à la puissante intercession de Mgr de Lauberivière.

Une religieuse âgée de vingt-deux ans, nommée Marie Françoise Guilhermier, demeurant au monastère des Dames du Très-Saint-Sacrement, à Ballène, en France, était malade depuis une année, et les médecins et les chirurgiens les plus habiles qui l'avaient soignée, se déclaraient impuissants à la guérir. Une phtisie nerveuse la conduisait à grands pas à la mort, quand elle reçut une relation de la mort de Mgr de Lauberivière. Elle se rappela qu'elle avait vu, à Romans, le saint prélat, avant qu'il fut évêque, qu'elle l'avait plusieurs fois consulté, et qu'elle admirait alors la tendre piété et l'esprit de religion dont il était rempli. Elle pensa qu'elle obtiendrait sa guérison par son intercession, si elle pouvait avoir quelque chose de lui. Se prêtant à ses désirs, la supérieure lui obtint de M. de Lauberivière, père du jeune saint, une partie du cordon qui attachait sa croix pectorale.

La religieuse eut dès lors le pressentiment de sa guérison, et elle se mit à faire une neuvaine, avec toute la communauté, en l'honneur de Mgr de Québec. La neuvaine commença le 23 avril 1741 ; le lendemain, on porta la malade au chœur pour la faire communier ; elle était si faible, qu'il fallut lui avancer la tête pour qu'elle pût recevoir la sainte Hostie. De retour à sa cellule, la révérende sœur prit un bouillon dans lequel, à sa prière, on avait mis un peu du cordon précieux, et dès qu'elle l'eut pris, elle dit à la sœur qui était auprès d'elle : « Je me sens quelque chose d'extraordinaire. » Un moment après, elle éprouva des douleurs très vives dans les jambes et dans le bras gauche, qui était auparavant absolument insensible ; peu après, les os de ses membres se remuèrent et se soulevèrent avec un bruit tel, que sa compagne en fut effrayée. Puis elle commença à se mouvoir avec facilité, et, à midi précis, elle se leva, se mit à genoux, sortit de sa chambre, et descendit au chœur, où toute la communauté, témoin du miracle, chanta le cantique d'actions de grâces. La bonne religieuse était complètement guérie. (a)

(a) Voir le récit complet de ce miracle dans " Mgr de Lauberivière " par l'abbé Cyprien Tanguay.

Si la confiance était grande, en France, aux mérites et à l'intercession de Mgr de Lauberivière, elle l'était encore davantage au Canada ; le saint évêque travaillait au ciel en faveur de ses compatriotes, mais il se devait encore plus à ses diocésains. Aussi M. Faucon, curé de Sainte-Geneviève dans l'île de Montréal, écrivait-il à M. l'abbé Paris, le 17 septembre 1741 :

« J'ai appris avec bien de la joie que le Seigneur justifie par des miracles, en France comme au Canada, la haute idée qu'on avait conçue de feu Mgr de Lauberivière. On compte plusieurs miracles opérés ici en sa faveur, et l'on admire dans tout le peuple une tendre dévotion pour feu Mgr de Québec ; partout on ne voit que neuvaines faites en son honneur. De Montréal on descend jusqu'à Québec, pour prier sur son tombeau. »

L'un des miracles dont il est parlé dans cette lettre, fut sans doute la guérison d'un enfant de la paroisse de la Longue-Pointe, nommé Antoine Pepin, guérison dont Mgr de Pontbriand envoya tous les détails à M. le Président de Lauberivière.

Ce pauvre enfant, âgé de trois ans, n'avait jamais eu l'usage de ses jambes, et il n'y avait aucune apparence qu'il pût jamais l'avoir ; il ne pouvait se tenir debout, malgré tout l'exercice qu'on lui donnait. Or la mère entendit raconter que Mgr de Lauberivière avait miraculeusement sauvé la vie à un enfant, pendant la traversée de l'Océan, et elle eut confiance qu'il pourrait bien guérir le sien de son infirmité. Le 22 septembre 1740, on célébrait, dans l'église paroissiale de la Longue-Pointe, un service solennel pour le repos de l'âme du regretté prélat, et ce fut le jour que choisit cette bonne mère pour l'invoquer en faveur de son fils. Pendant toute la messe, à laquelle elle assista avec son mari, elle ne cessa de prier Mgr de Lauberivière pour obtenir la guérison tant désirée, et ce fut pendant qu'elle priait ainsi, que l'enfant, resté seul à la maison avec une petite sœur, se leva de sa chaise, et se rendit, sans le secours de personne, à la fenêtre, à la porte, et par toute la chambre. Quand le père et la mère arrivèrent de l'église, ils trouvèrent leur cher enfant qui venait au-devant d'eux dans la maison. Alors la mère, dans l'exaltation de sa joie, cria « miracle » à tous ceux qui passaient, et les invita à venir constater la vérité du prodige. Le soir, l'enfant put sortir et se divertir avec ses petits frères et sœurs. Il était guéri par la foi de sa mère et par l'intercession puissante de l'évêque qui venait de mourir.

Plusieurs autres faits extraordinaires parvinrent à la connaissance de l'autorité ecclésiastique, et, sur une lettre postulatoire de M. Falcoz, vice-promoteur de l'officialité diocésaine, Mgr de Pontbriand institua une commission pour entendre les témoins et dresser les procès-verbaux.

Les concours du peuple au tombeau du saint évêque et la foi dans la puissance de son intercession, paraissent avoir duré jusqu'à l'époque de la cession du Canada à la Grande-Bretagne. Les événements de la guerre, ceux du siège de Québec, en interrompant les pieux pèlerinages au tombeau de l'homme de Dieu, effacèrent insensiblement le souvenir de ses vertus et des bienfaits obtenus par ses prières. Les actes qui en font foi restaient eux-mêmes dans l'oubli, quand Mgr Tanguay a eu l'heureuse idée de les publier en volume : la lecture de ces pièces, aussi authentiques qu'édifiantes, a réveillé la mémoire du pieux évêque, en même temps que la dévotion des fidèles en son honneur.

Le nom de Mgr de Lauberivière est encore en bénédiction parmi les membres de sa famille en France. Le 7 décembre 1880, Mgr l'archevêque de Québec recevait de Grenoble, une lettre écrite par Madame Quinsonas de Lauberivière, comtesse de Chabons, arrière-petite-nièce du saint prélat, dans laquelle elle envoyait une « offrande de cent francs pour une bonne œuvre, en reconnaissance de grâces qu'elle avait demandées et qu'elle croit avoir obtenues, par l'intercession du vénéré parent dont la mémoire est restée en sainteté dans sa famille et dont l'image est religieusement conservée. »

Cette première lettre fut l'occasion d'une correspondance échangée entre l'archevêque de Québec et l'évêque de Grenoble, et provoqua d'autres lettres de Madame de Quinsonas, qui sont également publiées dans le précieux volume de Mgr Tanguay.

Puisse notre humble travail contribuer, à son tour, à augmenter la dévotion des fidèles envers ce pieux évêque, qui est sans doute au ciel l'un des plus puissants protecteurs de notre église de Québec ! « Plus ses vertus seront connues, plus le peuple catholique les proclamera à la gloire de Dieu et de son serviteur, et plus aussi son exemple de sainteté produira de salutaires effets dans les âmes.

« Un jour viendra, espérons-le, où cet évêque selon le cœur de Jésus recevra les honneurs que l'Église décerne à ses saints…Nous l'appelons de tous nos vœux. » (a)

(a) Lettre de Mgr d'Ottawa à M. l'abbé Tanguay.

Mgr DE PONTBRIAND

CHAPITRE I

Naissance de Mgr de Pontbriand.—Il étudie au collège de Laflèche, puis à Saint-Sulpice.—Il dessert un hôpital fondé par ses vertueux parents.—Vicaire général de l'évêque de Saint-Malo.—Réformes qu'il opère.—Il est choisi pour évêque de Québec.—Son sacre, son départ de France, son arrivée à Québec.

Mgr de Pontbriand fut le sixième évêque de Québec et le dernier des prélats qui dirigèrent l'immense diocèse de la Nouvelle-France. Lorsqu'il mourut, la Nouvelle-France allait changer de nom, un autre drapeau était déjà arboré sur les murs de Québec. Son épiscopat de vingt ans sera à jamais mémorable, parce qu'il vit les plus grands malheurs fondre sur notre église, et menacer de la détruire ; il fut aussi marqué par des actes de grande vertu et de dévouements héroïques, sanctifiés par la religion. L'évêque partagea les douleurs et soutint le courage et la foi de ses diocésains, et s'il laissa à sa mort une église en ruines, il laissait à cette église des enfants qu'il avait formés, et rendus capables de la relever et de la rendre plus belle que jamais.

C'est à Vannes, en Bretagne, que naquit, au mois de janvier 1708, le succcesseur de Mgr de Lauberivière. Ses parents se distinguaient autant par leurs vertus que par leur noblesse, et ils donnèrent à leur enfant les moyens les plus propres à développer toutes les belles qualités de son esprit et de son cœur. Placé, dès son enfance, au collège de Laflèche, où il eut pour compagnons d'études les fils des premières familles de France, le jeune de Pontbriand donna de suite des marques d'un esprit vif et pénétrant, autant que solide, propre aux hautes sciences et à l'état ecclésiastique qu'il devait embrasser. De là conduit au Séminaire de Saint-Sulpice, il s'adonna avec le plus grand succès à l'étude de la philosophie et de la théologie, sciences pour lesquelles il eut pendant toute sa vie un attrait marqué, même au milieu des travaux les plus actifs du saint ministère. Avec ses talents et son application au travail, il obtint sans peine le degré de docteur en Sorbonne, et força par son éloquence et par la puissance de ses argumentations. l'admiration de ses rivaux eux-mêmes.

L'abbé de Pontbriand était diacre, quand il perdit sa bonne mère, dont la vie sainte se lit avec édification dans les communautés de la Bretagne, (a) et ce fut lui qui exhorta à la mort celle qui lui avait donné la vie. Il commença à exercer ses premières fonctions sacerdotales dans un hôpital public, fondé par ses vertueux parents, et où ils étaient eux-mêmes les administrateurs et les serviteurs des pauvres qui y étaient entretenus depuis plus de quarante ans. Dans ce célèbre château de l'Agaraye, converti en hospice, il fit l'apprentissage de la charité. vertu qu'il devait pratiquer pendant toute

---

(a) L'Hôpital-Général de Québec possède une vie manuscrite de madame de Pontbriand.

sa carrière d'une manière héroïque ; il y donna aussi les preuves de son aptitude pour la direction des âmes.

Instruit de sa prudence et de sa piété, l'évêque de Saint-Malo en fit son vicaire général, et, malgré sa jeunesse, lui confia la réforme d'une foule d'abus qui s'étaient glissés dans le diocèse et qu'il n'osait entreprendre de corriger lui-même. Sa confiance ne fut pas trompée. L'abbé de Pontbriand fit une visite fructueuse en bons résultats : citons seulement le retranchement d'une foule de chapelles domestiques établies sans discernement et accordées à des seigneurs plus remarquables par leurs richesses que par leurs vertus, et la réforme d'une communauté de religieuses indociles à l'autorité de l'évêque.

La fermeté et la sagesse que le jeune vicaire général avait manifestées d'une manière si éclatante, pendant tout le temps qu'il passa dans le diocèse de Saint-Malo, ne manquèrent pas de faire connaître son nom à la cour ; rien de surprenant si, à la mort inopinée de Mgr de Lauberivière, l'on songea à lui pour en faire son successeur sur le siège de Québec. Le cardinal de Fleury lui écrivit de suite de la part du roi, que les intentions de Sa Majesté étaient de le nommer bientôt à un évêché de France, que celui du Canada lui paraissait plus en harmonie qu'aucun autre avec les goûts qu'il avait fait paraître pour les missions, qu'au reste il pouvait lui manifester ses sentiments avec confiance, sans crainte de rien diminuer de l'estime que la cour faisait de son mérite, ni rien perdre des grâces qu'elle lui préparait. L'abbé de Pontbriand répondit que, tout indigne qu'il se reconnaissait de l'épiscopat, si on lui laissait le choix parmi les évêchés de France, il donnerait volontiers la préférence à celui de Québec, parce qu'il pensait y avoir plus à travailler pour la gloire de Dieu. Il s'exprima dans les mêmes termes à l'un de ses frères : « quand je serais sûr, dit-il en le quittant, de trouver des millions en arrivant à Québec, rien ne serait capable de me faire embarquer, tant est grande la répugnance que j'ai pour la mer ; mais il est question de la gloire de Dieu et du salut des âmes, rien ne me retardera. » La conduite qu'il tint pendant son épiscopat, prouva combien ces paroles étaient sincères et partaient d'un cœur apostolique.

Le Souverain Pontife approuva la nomination du roi, et signa, le 6 mars 1741, les bulles du digne évêque, qui fut consacré à Paris, le 7 avril suivant, par Mgr de Vintimille. Il ne fut pas lent à faire ses préparatifs de voyage, car il savait combien son église attendait avec hâte la venue d'un pasteur, combien les communautés surtout soupiraient après l'arrivée d'un père. M. René de Lavillangevin et l'abbé Maillard l'accompagnaient en Canada, ainsi que le jeune abbé Briand destiné à devenir le second fondateur de l'église et du Séminaire de Québec.

« L'illustre prélat, disent les annales des Ursulines, arriva à Québec le 29 août 1741, sur les sept heures du soir. Sa présence causa une joie universelle, et toute la ville le manifesta par le concert des canons et des cloches. La réception de Sa Grandeur fut remise au lendemain, afin de la faire avec plus de solennité. Plaise à Dieu qu'il vive de longues années pour le bonheur de ce pays ! »

CHAPITRE II

Joie causée par l'arrivée de l'évêque. — Mandement d'entrée. — Visites de la cathédrale et du chapitre. — Reconstruction de la cathédrale. — Difficultés et procès entre l'évêque, le chapitre et le séminaire.

Le lendemain de son arrivée, Mgr de Pontbriand prit solennellement possession de son siège épiscopal, et, les jours suivants, il visita les communtés religieuses de la ville. Partout il répandit la consolation et la joie et guérit toutes les blessures. On savait qu'il appartenait à une famille de saints, (a) et, en le voyant et en l'entendant pour la première fois, on comprit que l'église du Canada avait un homme de Dieu à sa tête, et qu'elle n'avait rien à craindre sous la houlette d'un tel pasteur.

Le 21 septembre suivant, le prélat adressa un mandement au clergé et aux fidèles du diocèse ; c'est le premier mandement d'entrée d'un évêque de Québec. Mgr de Pontbriand y mit pour ainsi dire toute son âme et l'écrivit avec cette onction qui distingue toutes ses lettres pastorales.

« Vous avez, dit-il, Nos Très Chers Frères, justement regretté la perte des illustres pontifes que la divine Providence, toujours attentive aux besoins des peuples, vous avait envoyés. La présence de celui que le ciel propice donna, l'année dernière, à ce vaste diocèse, arrêta vos soupirs ; les

---

(a) Il eut deux frères prêtres et deux sœurs religieuses visitandines, et on a vu que sa mère mourut en odeur de sainteté.

fidèles témoins de sa charité et de son zèle avaient prévenu son arrivée ; déjà sa sainteté et sa vertu avaient répandu dans vos cœurs la joie et la consolation, lorsqu'une mort aussi affligeante que précipitée vous replongea dans une nouvelle tristesse. Vous en donnâtes alors les preuves les plus sensibles, et vous n'avez cessé de solliciter le ciel de lui donner un successeur qui pût, s'il était possible, vous dédommager de la perte que vous fîtes en sa personne.

» Revêtu, il est vrai, du même pouvoir, envoyé par la même autorité, nous vous portons tous écrits dans notre cœur, nous vous sommes aussi sincèrement, aussi entièrement attaché, et, nous osons le dire, aussi disposé à sacrifier notre repos, notre santé, notre vie même, pour concourir à la sanctification de vos âmes. Quelque sincères que soient ces dispositions, nous ne pouvons condamner vos larmes, nous en sentons nous-même toute l'amertume, et si elles sont inutiles pour un pasteur que le ciel, qui couronne également les mérites et les désirs, aura sans doute récompensé au centuple, répandez-les pour nous, Nos Très Chers Frères, ces précieuses larmes, répandez-les devant le Dieu des miséricordes, afin d'en obtenir les grâces et les lumières nécessaires pour remplir dignement les fonctions du redoutable ministère auquel nous sommes appelé.

» La piété que nous remarquons dans le peuple, le zèle que nous avons admiré dans plusieurs missionnaires, les témoignages qui nous viennent des autres, les grandes idées que nous nous en formons, nous assurent, Nos Très Chers Frères, du succès de vos vœux et de vos prières ; cette confiance nous anime et nous fait espérer des secours puissants capables de suppléer à nos dispositions.

« Nous ne pouvons même différer plus longtemps à vous exprimer les tendres sentiments d'un cœur qui vous est et qui vous sera toujours inviolablement attaché en Notre Seigneur. Quelle joie pour nous de trouver dans une terre étrangère et nouvellement soumise à l'empire de Jésus-Christ, des pasteurs dont les vertus retracent le zèle des ministres, que nous avons vu dans les églises les plus anciennes, et un peuple fidèle, imitateur des vertus de ceux qui sont préposés pour le conduire !

» Fasse le ciel, Nos Très Chers Frères, que les témoignages que nous nous trouvons obligés de vous rendre, en arrivant dans ce diocèse, loin de s'affaiblir, se confirment de plus en plus ! *Qui sanctus est sanctificetur adhuc, qui justus est justificetur adhuc !* »

Les protestations de dévouement que Mgr de Pontbriand faisait à son peuple dans ce mandement, n'étaient pas de vaines paroles : jamais évêque ne fut plus actif ni plus occupé de son auguste ministère. Il inaugura son œuvre par la visite de la cathédrale et du chapitre ; annoncée en décembre 1741, cette visite se fit l'année suivante et dans toutes les formes.

L'église toute délabrée tombait en ruines, et l'évêque décida de suite qu'il fallait songer à la rebâtir. Les travaux commencèrent en 1744 : l'année suivante, ils furent interrompus à cause de la crainte que l'on avait de la guerre, et, dans cette prévision, tous les maçons furent employés à réparer les fortifications. En 1748, Mgr de Québec écrivit un mandement pour faire appel à la charité de tous ses diocésains en faveur de sa cathédrale. « L'ouvrage est déjà avancé, leur dit-il, la dépense se monte à près de quarante mille livres. Nos fonds sont épuisés et nous ne voyons presque plus aucune ressource. » Le prélat avait contribué pour une bonne part dans les frais encourus jusque là, et le chapitre avait donné huit cent soixante-douze livres. Quelques mois après, une circulaire demandait aux curés de travailler à la fondation de cent cinquante messes pour aider encore à la même œuvre ; car les quêtes faites dans tout le diocèse n'étaient estimées qu'à dix mille livres. Le plan de cet édifice avait été confié à l'ingénieur de Léry qui écrit, le 28 octobre 1748 : « La cathédrale qui sert de paroisse sera finie au 15 du mois prochain. Elle est deux tiers plus grande que l'ancienne ; on a trouvé une inscription dans les fondements ; il y avait 96 ans qu'elle était faite........ elle est faite comme celles de France avec nef, bas côtés et tribunes. » Cependant elle ne fut livrée au culte qu'en 1749. Pendant sept mois, les offices s'étaient faits dans l'église des Récollets.

Tout en s'occupant des affaires matérielles de la cathédrale, Mgr de Pontbriand compléta l'organisation de son chapitre, et pourvut MM. de La villangevin, Briand et Gosselin des canonicats vacants. Il eut à réformer quelques actes et à annuller quelques nominations faites par le chapitre, *sede vacante*, et contre toutes les règles canoniques. Quelques curés se plaignirent à la cour, et mis en demeure de se prononcer, même avant son départ pour le Canada, l'évêque écrivit au ministre, M. de Maurepas, qui lui répondit par la lettre suivante :

« On ne peut que beaucoup louer votre façon de penser sur le parti que le chapitre de Québec a pris de fixer, depuis la mort de Mgr de Lauberivière, quelques curés du diocèse. L'intention du roi n'est pas que cette fixation irrégulière subsiste, et j'écris par ordre de Sa Majesté à MM. de Beauharnois et Hocquart, d'engager le chapitre a retirer les lettres des curés qu'il a fixés......... Si cependant il y avait quelques difficultés du côté du chapitre ou de la part des curés, Sa Majesté désire que vous fassiez valoir vos droits, qu'elle est toujours disposée à soutenir, sauf à pourvoir dans la suite à la fixation des cures qui vous paraîtront devoir être mises sur ce pied. » (20 avril 1741.)

Malheureusement cette difficulté ne fut pas la seule entre le chapitre et l'évêque, et surtout entre le chapitre et le séminaire ; et les procès se continuèrent, pendant tout son épiscopat, soit devant le conseil supérieur, soit devant la cour de France. Nous n'en dirons que quelques mots ; car nous avons déjà traité cette question en partie, en écrivant les notices biographiques qui précèdent.

Après la mort de M. Vallier, curé de Québec, l'évêque nomma, de sa seule autorité, et sans tenir compte des prétentions du séminaire, M. Récher, prêtre de cette maison, qui prit possession, tout en protestant contre les clauses de sa nomination qui n'étaient pas conformes aux vues du séminaire. Alors les chanoines se mirent à relire la bulle d'érection de la cathédrale en 1674, et découvrirent qu'elle leur conférait la charge du temporel et du spirituel de la paroisse, que, par conséquent, le séminaire n'avait rien à voir dans la nomination du curé, et que l'évêque lui-même n'avait pas le droit de leur imposer un étranger à leur corps, pour la desserte de la paroisse.

En cherchant encore, ils virent que les marguilliers étaient sur le point de faire des marchés pour bâtir un presbytère, sur un terrain qui appartenait nécessairement au chapitre, comme l'église elle-même ! de plus qu'ils n'avaient pas été consultés, quand il s'était agi de faire faire un plan pour leur cathédrale ! Alors dans leur indignation contre eux-mêmes et contre les autres, ils décidèrent de réclamer tous leurs droits et passèrent une résolution, à cet effet, dans une de leurs assemblées.

Mgr de Pontbriand suggéra en vain plusieurs modes d'accommodement ; les membres du chapitre trouvèrent qu'il ne prenait pas assez leurs intérêts et l'accusèrent plus tard d'injustice et de partialité. Ils aimèrent mieux porter leur cause devant le conseil supérieur, auquel ils présentèrent un mémoire de cinquante-et-une pages. Le séminaire répondit par un autre volume et le curé présenta aussi son plaidoyer.

Le 16 novembre 1750, le conseil rendit son jugement, par lequel il maintenait M. Rêcher et condamnait les appelants à soixante-quinze francs d'amende et aux frais.

Pour ce qui regardait les autres difficultés entre le séminaire et le chapitre, le roi évoqua l'affaire à son tribunal, et de nouveaux mémoires furent faits et envoyés en France. Peu après, le roi renvoya la cause devant le Bureau des affaires ecclésiastiques, ce qui nécessita une nouvelle production de pièces de la part des intéressés. En 1756, les chanoines firent imprimer un mémoire de soixante-trois pages in-folio et les messieurs du séminaire en firent autant ; la discussion se prolongeait de mois en mois, d'année en année, et les mémoires pleuvaient sur les juges, qui attendaient la fin de l'orage avant de rendre une décision quelconque.

Le canon les devança, et sa voix couvrit pour toujours celle des plaideurs. Le siège de Québec dispersa les prêtres du séminaire et du chapitre, l'incendie détruisit les stalles des chanoines, et, au milieu des malheurs si lamentables de l'église et de la patrie, ces ecclésiastiques, vertueux d'ailleurs, ne pensèrent plus à leurs querelles de normands, qui restèrent à jamais ensevelies sous les cendres. M. Rêcher demeura paisible possesseur de la cure jusqu'à sa mort, en 1768, et à cette époque, le séminaire la remit pour toujours à l'évêque.

Si Mgr de Pontbriand ne pouvait s'entendre sur toutes les questions avec les prêtres de son chapitre, il ne laissait pas de rendre justice à leur régularité et à leur piété, et, dans une séance solennelle, « il les loua de leur assiduité à l'office divin, de la manière dont ils faisaient les cérémonies, et du bon exemple qu'ils donnaient tous dans la ville. »

CHAPITRE III

Visite des communautés religieuses. — Visite des paroisses. — Vie de Mgr de Pontbriand dans son palais épiscopal.

Pour établir une plus grande unité dans la direction des maisons religieuses de son diocèse, Mgr de Pontbriand se constitua leur unique supérieur, dès les premiers jours de son arrivée, et, après avoir fait la visite de sa cathédrale, il ne tarda pas à faire celle des communautés de sa ville épiscopale.

« Sur la fin de janvier 1742, disent les annales des Ursulines, eut lieu la visite du monastère, telle que prescrite par nos règles.........

« La régularité de notre maison ne paraît avoir subi aucune altération à cette époque ; mais la diversité des directeurs, le manque d'entente même entre les différents corps du clergé, en 1727, et dans les années suivantes ; l'absence presque continuelle d'un premier pasteur : tout cela devait avoir nui quelque peu à cette union intime et parfaite des esprits et des cœurs......... mais quel bon esprit se manifeste dans la communauté à l'arrivée du digne évêque ! comme on accueille avec empressement le moyen d'éclaircir les doutes, et de s'assurer que tout va bien au monastère ! comme on entend avec bonheur cette parole écrite de la main du premier pasteur : que l'on voit fleurir encore aux Ursulines la ferveur des premières mères !

« Dès le commencement de cette visite de Mgr de Pontbriand, toutes nos sœurs furent satisfaites de sa manière d'y procéder. Il ne se lassait pas de nous donner des marques d'intérêt et de zèle. »

Pour se faire une idée du travail que lui donnait ces visites des communautés, qu'il faisait presque tous les ans, il suffit d'en lire le détail dans l'histoire de l'Hôpital-Général : « Le père Imbault, notre chapelain, lui céda son appartement et se retira dans son couvent de Québec. Le vertueux prélat passa ici huit jours, pendant lesquels, après avoir dit la messe, à la salle des femmes, il se rendait au parloir, où il entretenait en particulier un certain nombre de religieuses, et cela avec tant de bonté, de charité, de douceur, que toutes lui ouvrirent leur cœur avec confiance, de sorte qu'il acquit une connaissance parfaite de la communauté......... Le dernier jour de la visite, il tint le chapitre, selon le cérémonial de notre institut. Il nous donna tous les avis qu'il jugeait nécessaires à notre position actuelle ; il entrait avec tant d'intérêt dans tout ce qui pouvait contribuer à notre bonheur, que nous croyions voir en lui notre saint fondateur lui-même. »

Inutile de dire que l'évêque ne montra pas moins de zèle pour les communautés de Montréal et des Trois-Rivières, que pour celles de sa ville épiscopale, et l'on verra avec quelle charité il venait en aide à celles qui étaient dans le besoin. C'est sous son épiscopat que fut fondée à Montréal la communauté des sœurs grises par Madame d'Youville. L'Hôpital-Général commencé dans cette ville par les Frères Charron ne pouvait plus remplir ses œuvres de charité et d'éducation : les sujets faisaient défaut et les dettes étaient considérables ;

il fallait nécessairement songer à confier à d'autres mains le soin de cette maison, appelée à faire un si grand bien aux pauvres et aux malades. Madame d'Youville eut le saint courage d'accepter cette tâche difficile, et, par ses lettres patentes en date du 3 juin 1753, le roi ordonna qu'elle et ses compagnes fussent chargées de la direction de l'hospice, et les subrogea aux frères hospitaliers, avec tous les droits et privilèges accordés autrefois à ces derniers. Mgr de Pontbriand visita cette institution naissante, en 1755, en approuva les règles, et permit de porter le costume proposé par la pieuse fondatrice.

Disons de suite que le zélé prélat fit tout en son pouvoir pour augmenter les œuvres des Sœurs de la Congrégation ; il contribua puissamment par une lettre au ministre du roi, au rétablissement de la mission de Louisbourg, après le traité d'Aix-la-chapelle, et fit des démarches pour en établir une au Détroit.

La visite des paroisses du diocèse succéda à celle des maisons religieuses, et, d'après l'oraison funèbre du prélat par M. Ls Jolivet, ce fut là l'œuvre capitale de sa vie. « Persuadé, dit l'éloquent panégyriste, que le premier devoir d'un pasteur est de connaître son troupeau et de pourvoir à ses besoins, il entreprend, dès la première année, une visite générale dans son diocèse, dans laquelle il s'appliqua à connaître l'état des paroisses, à instruire et à édifier son peuple, avec un zèle vraiment apostolique......On le voyait le premier à la tête de ses ouvriers évangéliques, travailler lui seul plus qu'aucun autre, lasser les plus forts et les plus robustes, prêcher régulièrement quatre ou cinq fois le jour, et toujours avec force et onction, administrer le sacrement de confirmation à une foule de peuple, faire des conférences publiques, également instructives et édifiantes, écouter avec bonté tous ceux qui s'adressaient à lui, se porter lui-même pour médiateur entre les ennemis, corriger les scandales, réformer les abus, en un mot mettre tout en usage pour la conversion des pécheurs et la sanctification des âmes confiées à ses soins : tels étaient les travaux de notre illustre prélat dans les visites de son diocèse, qui ont fait sa principale occupation pendant les jours de son épiscopat. »

En mai 1752, Mgr de Pontbriand se rendit jusqu'au fort de la Présentation, aujourd'hui Ogdensburg, ville florissante et siège épiscopal. Alors c'était une pauvre mission sauvage, fondée, en 1748, par un prêtre sulpicien, l'abbé François Piquet ; mais cette pauvre mission, dit M. Gilmary Shea, fut un triomphe pour l'Église et une force pour le Canada. Le prélat éprouva, pour s'y rendre, les plus grandes difficultés, et eut à endurer toutes sortes de privations. Malgré la répugnance naturelle qu'il avait pour les voyages par eau, répugnance qu'augmentaient encore les dangers des rapides qu'il y avait à sauter ; en dépit des efforts que l'on fit pour le détourner de ce voyage, le prélat n'écouta que les conseils de son dévouement, et rappela dans cette visite les travaux des deux premiers évêques de Québec. On le vit marcher au milieu des ronces et des épines, tantôt dans des bourbiers, tantôt sur des pointes de rochers (a) et arriver enfin après des fatigues incroyables, au milieu des pauvres enfants des bois, qui le reçurent avec la joie la plus vive, et qui recon-

---

(a) Oraison funèbre par M. Jolivet. — Voir aussi L'Histoire des Ursulines de Québec.

nurent en lui un véritable successeur des apôtres. Il séjourna dix jours au milieu d'eux, et baptisa de sa main cent-trente-deux adultes. Le 16 mars 1755, on trouve l'infatigable prélat dans la mission du Détroit, faisant la bénédiction de la nouvelle église, et demeurant ensuite quelques semaines à exercer son fructueux ministère dans cette partie éloignée de son diocèse.

Nous ne pouvons nous empêcher de citer encore un passage de l'oraison funèbre de l'évêque, passage qui nous fait connaître dans toute son étendue son zèle dans les visites épiscopales.

« J'en appelle à votre témoignage, dignes coopérateurs...... qui l'avez suivi dans ses courses apostoliques. Combien de fois l'avez-vous vu dans de longs et pénibles voyages, porter, sans murmurer, le poids et la fatigue du jour, faire bien des lieues à pied dans de très mauvais chemins, dans l'eau quelquefois jusqu'aux genoux, arriver tout en sueur et hors d'haleine ; d'autres fois surpris par les mauvais temps, obligé de se retirer dans de pauvres chaumières, tout transi de froid et couvert de neige, obligé de coucher sur la dure, se contenter d'un peu de pain et d'eau qu'il trouvait chez les pauvres gens !...... En vain les plus vertueux ecclésiastiques et les plus fervents religieux de Québec mettent tout en usage pour le détourner de la dernière visite qu'il fit en bas, dans les dernières paroisses de son diocèse. En vain les médecins lui représentent-ils qu'il ne peut l'entreprendre sans altérer considérablement sa santé. Quelle réponse fait-il à toutes ces représentations et à leurs conseils ? — Point d'autres que les belles paroles de l'apôtre saint Paul, que l'on peut dire avoir été sa devise : que rien n'était capable de l'arrêter dans la carrière qu'il avait à fournir ; qu'il n'estimait pas sa vie plus que son devoir, et que quand il en devrait mourir, il ne pouvait point souhaiter une mort plus sainte ni plus glorieuse. »

Revenu de ses visites pastorales, Mgr de Pontbriand habitait le palais épiscopal bâti par Mgr de Saint-Vallier. A son arrivée, les religieuses de l'Hôpital-Général en réclamaient encore la propriété, comme faisant partie des immeubles de ce prélat, dont elles étaient les héritières. Mais un édit royal de 1743 confirma la possession du palais aux évêques de Québec. Mgr de Pontbriand y vivait dans une grande simplicité ; mais il y exerçait l'hospitalité d'une manière noble, généreuse et conforme à son rang.

Il choisissait ses domestiques parmi de jeunes enfants de la campagne, à qui il tenait lieu de père plutôt que de maître ; après leur avoir donné dans sa maison une éducation convenable à leur état, il leur procurait un honnête établissement pour récompenser leurs services. (a)

(a) Oraison funèbre par M. Jolivet.

CHAPITRE IV

Suppression de quelques fêtes.—Maladie et famine à Québec.—Conférences et retraites ecclésiastiques.—Jubilé de l'année Sainte.—Incendie du monastère des Ursulines des Trois-Rivières. — Incendie de l'Hôtel-Dieu de Québec.—Dévouement de l'évêque au milieu des malheurs publics.

M. de Maurepas avait représenté à l'évêque de Québec, que le nombre des fêtes d'obligation était trop élevé dans le diocèse,—il n'y en avait pas moins de trente-cinq dans l'année, —et que les habitants se plaignaient avec raison de n'avoir pas le temps de vaquer aux travaux indispensables pour la culture de la terre. Mgr de Pontbriand reconnut dans ses visites pastorales la justesse de cette observation, et il crut devoir se rendre au désir du ministre, qui demandait la suppression d'un certain nombre de ces fêtes. La difficulté des communications, rendue encore plus grande par les événements de la guerre l'empêcha de recourir à Rome avant de prendre une décision ; et il pensa que les besoins de la colonie étaient assez urgents pour l'autoriser à assumer un droit qui n'appartenait qu'au Saint-Siège. Il abolit donc, par son mandement du 24 novembre 1744, dix-neuf de ces fêtes, et en renvoya la solennité au dimanche. Plus tard ces changements furent approuvés par le Souverain Pontife comme favorables à un pays où le climat rigoureux ne laisse que peu de temps pour les travaux de l'agriculture. (a) Cette mesure épiscopale

---

(a) Voir " Mandements des Évêques de Québec. "

était du reste pleinement justifiée par la misère épouvantable qui régnait dans tout le pays, par suite des mauvaises récoltes de plusieurs années consécutives. A cela vinrent bientôt se joindre les maladies et les inquiétudes de la guerre. La Mère Duplessis de Sainte-Hélène écrivait, le 30 octobre de cette même année 1744 : » Nous avons ressenti en Canada les trois plus sensibles fléaux : la maladie ne nous a point quittées depuis l'an passé, elle a enlevé bien du monde, dix-neuf de nos religieuses ont été réduites à l'éxtrémité...... La famine a régné dans tout le pays, on a vu des misères que cette colonie n'avait jamais éprouvées, et, sans le bon ordre que Mgr notre évêque a mis dans la ville pour les charités, les pauvres auraient bien pâti. Mais il avait une liste de tous les indigents, et avait marqué à chaque communauté ceux qu'elle devait nourir à proportion de leurs facultés ; lui-même faisait distribuer quatre-vingts pains par semaine ; par ce moyen ils ont tous été secourus.........La guerre nous a aussi fort inquiétées, les Anglais ont menacé tout l'été de venir assiéger Québec......... »

Les années suivantes furent loin de ramener l'abondance et le bonheur dans la colonie : une maladie pestilentielle vint décimer les habitants de Québec, en 1746 ; les salles de l'Hôtel-Dieu ne suffisaient plus pour recevoir les malades, et l'Hôpital-Général fut obligé d'ouvrir ses portes à cinquante marins, atteints par le terrible fléau. Plusieurs religieuses et plusieurs prêtres furent du nombre des victimes, entre autres, M. Vallier, l'un des prêtres les plus distingués du pays. Il était alors à la cure de Québec ; son corps repose dans le chœur de la cathédrale.

L'évêque ne s'épargnait pas dans ces malheurs publics : il était le premier à se dévouer pour les malades comme pour les pauvres, et sa charité ne connaissait pas de bornes.

Son zèle n'était pas moins grand, quand il s'agissait de la formation et de la direction de son clergé. L'abbé Plessis dans l'oraison funèbre de Mgr Briand, dit que Mgr de Pontbriand se distinguait « par une connaissance profonde de la théologie et des lois de l'Église, et par une régularité de vie et de conduite qui le rendaient infiniment cher à ses diocésains. » Avec sa science et sa vertu, ce prélat était donc éminemment propre à servir de modèle à ses prêtres, et rien d'étonnant si l'on vit apparaître sous son administration l'admirable institution des retraites et des conférences ecclésiastiques. Il consulta d'abord tous les curés sur l'opportunité et les moyens de les établir, et, après avoir reçu leur avis, il se hâta de mettre à exécution le plan détaillé qu'il leur avait soumis. C'est dans les conférences ecclésiastiques, qu'il savait inspirer à ses prêtres le goût des études sérieuses, et qu'il savait les remplir d'une partie de cette science théologique qu'il possédait à fond. Les séminaristes avaient souvent la bonne fortune de recevoir eux-mêmes ses leçons ; il mettait son plaisir à disputer et à conférer avec eux, à les instruire et à les former de sa main. (a) Lui-même, au milieu de ses occupations multiples, avait soin de se ménager régulièrement quatre à cinq heures par jour pour l'étude, tant il était persuadé que les lèvres de l'évêque, plus encore que celles du prêtre, doivent être les dépositaires de la science.

(a) Pendant son épiscopat, Mgr de Pontbriand ordonna quatre-vingt-dix-sept prêtres.

Pour les retraites ecclésiastiques, le clergé se réunissait au Séminaire de Québec, et c'était le prélat lui-même qui en payait les frais. Il y travaillait efficacement à l'union de tous les prêtres entre eux et avec leur évêque ; et son panégyriste dit que « par sa douceur et sa sagesse il sut se concilier les esprits et se gagner les cœurs de ceux mêmes qui étaient les plus éloignés de ses vues et les plus intéressés à s'y opposer. » Il ajoute qu'il réussit à « maintenir la concorde et l'union non seulement entre les membres d'un même corps,......... mais aussi parmi les différents ouvriers évangéliques qu'il envoyait travailler de toutes parts à la vigne du Seigneur. » On voit par là que les difficultés et les procès dont nous avons parlé, créaient moins de malaise et de divisions qu'on serait porté à se l'imaginer, et qu'ils faisaient plus de ravages dans les cours que dans les esprits.

Tout en s'occupant de la sanctification de son clergé, Mgr de Pontbriand n'oubliait pas le peuple également confié à sa sollicitude pastorale. Ce fut surtout pendant le jubilé de l'année sainte, accordé par Benoît XIV, en 1750, et célébré en 1752 dans le diocèse de Québec, que le prélat montra jusqu'où pouvait aller son zèle et son amour pour les âmes. Après avoir donné, dans des mandements remplis de doctrine et d'onction, les avis les plus importants et les exhortations les plus éloquentes au clergé et aux fidèles, il se mit lui-même à la tête des prédicateurs et des confesseurs, et donna à tous l'exemple du plus grand dévouement. Citons ce qu'écrivait à ce sujet une sœur des Ursulines de Québec aux demoiselles de Pontbriand, sœurs du digne évêque, et religieuses visitandines en France : « Il a commencé, avant que le jubilé fût publié à la cathédrale, par donner lui seul cinq jours de retraite aux trois communautés de cette ville.

Il parlait trois fois par jours en public, dans des froids excessifs, vivant très frugalement. Le reste de la journée était employé à parler en particulier aux religieuses. Il a fait aussi plusieurs exhortations aux prêtres, aux ecclésiastiques et aux élèves du Séminaire.

« Le jubilé étant ouvert en janvier, on donna pendant huit jours trois exercices par jour à la cathédrale, et Sa Grandeur parlait tous les jours de la manière la plus forte, la plus touchante et la plus pathétique. Cela ne fut pas aussitôt achevé que, sans se reposer, il monta à Montréal, qui est à soixante lieues de Québec, où il fit la même chose, tant pour le public que pour les deux communautés de religieuses qui y sont. »

Ce fut pendant la célébration du jubilé dans sa ville épiscopale que Mgr de Pontbriand eut le bonheur de convertir le marquis de la Jonquière, gouverneur de la Nouvelle-France, et de le réconcilier avec Dieu. Ce brillant officier français avait terni sa réputation par une avarice sordide, et on l'accusait de s'être emparé injustement du commerce autour des lacs, et de faire tyranniser les marchands par son secrétaire, auquel il avait livré le trafic de l'eau-de-vie. « Quoique riche de plusieurs millions, dit Garneau, il se refusa, pour ainsi dire, le nécessaire jusqu'à sa mort. » L'évêque, qui lui administra les sacrements de l'Église, exigea qu'il demandât pardon à son entourage, des scandales qu'il avait donnés, et se fit autoriser par le malade à publier son repentir dans la chaire de la cathédrale. (a)

(a) Nous avons la preuve de ce fait dans des mémoires écrits en 1758 et en la possession de M. l'abbé H. R. Casgrain. Voici ce que nous y lisons dans une page écrite le 14 mai 1758 :

" L'abbé de la Vallinière, prêtre de Saint-Sulpice, a prêché à la paroisse, avec plus de vérité que d'éloquence, contre le crime de voler le roi et l'obligation

Mgr de Pontbriand donna aussi des retraites dans les bourgs voisins de Montréal, et alla porter la bonne nouvelle du jubilé jusqu'aux pauvres Sauvages qui demeuraient à l'extrémité de son diocèse.

En revenant de cette lointaine mission, il voulait s'arrêter aux Trois-Rivières, pour y travailler et prêcher comme il avait fait à Québec et à Montréal ; mais deux incendies venaient de détruire presque toutes les maisons de la ville, et, pour comble de malheur, le monastère des Ursulines était lui aussi devenu la proie des flammes.

L'évêque, le cœur navré de douleur, s'empressa de donner ses consolations aux malheureuses victimes du fléau et installa les religieuses dans la maison des Récollets, qui se choisirent temporairement une autre demeure. Le prélat ne put séjourner que quelques heures dans la ville affligée, car, apprenant que le marquis de la Jonquière était à l'extrémité, il se hâta de descendre à Québec pour assister à ses dernier moments. C'était le 17 mai 1752. Il y avait cinq mois que Mgr de Pontbriand était absent de sa ville épiscopale et qu'il se livrait à tous les travaux d'un véritable apôtre.

Le gouverneur mourut, ce jour-là même, à l'âge de soixante-sept ans, et fut enterré dans l'église des Récollets.

L'année suivante le prélat retourna à Trois-Rivières, pour aider aux Ursulines à rebâtir leur couvent, qui servait en

---

de la restitution. Cette opinion que de voler le roi est licite est dans la tête de tous les Canadiens, depuis que MM. de la Jonquière et Bigot sont en place, et en donnent l'exemple pour eux et leurs créatures. M. de la Jonquière, au lit de mort, en fit une espèce d'amende honorable devant l'évêque qui lui portait le Saint-Sacrement, et l'évêque monta le lendemain en chaire pour en faire part au public. "

même temps d'hôpital. Son inépuisable charité lui fit trouver le moyen de les remettre en état de remplir leurs fonctions d'institutrices et de servantes des pauvres. Il passa six mois à Trois-Rivières, surveillant lui-même les ouvriers qui travaillaient à la bâtisse du monastère, et les payant de sa propre bourse. Il ne dédaignait pas même de travailler avec les maçons et les menuisiers, et, pendant tout ce temps, il n'eut pour palais épiscopal que l'habitation des domestiques du monastère, seul bâtiment épargné par le feu. « Monseigneur, disent les annales des Ursulines de Québec, est revenu parmi nous, pauvre et épuisé de forces par l'assiduité continuelle au travail depuis trois heures du matin jusqu'à sept heures du soir...... La postérité devra regarder Mgr de Pontbriand comme le second fondateur des Ursulines des Trois-Rivières. » (a)

A peine avait-il relevé cette maison religieuse de ses ruines, qu'un nouveau désastre, arrivé cette fois dans sa ville épi-

---

(a) Voici ce qu'écrivait Mgr de Pontbriand lui-même à M. le comte de Nevet, son beau-frère : " Tout ce que je puis vous dire, c'est que, depuis six mois, je suis à Trois-Rivières, logé au plus mal, au milieu de cinquante ouvriers de toute espèce, dont je suis le conducteur, le piqueur et le payeur, pour bâtir un hopital de deux cents pieds de long sur cinquante-quatre de large, et vingt-quatre de hauteur. Vous demandez où je prends les fonds. Je fais emprunter les religieuses. Tous mes domestiques travaillent. Je sollicite la cour à payer. On a fait deux cents livres d'aumônes...... Je suis extrêmement fatigué ; je me lève le plus communément à deux heures pour faire mes prières et prévoir ce qu'il faut, faire travailler mon monde qui est à la journée ; je suis devenu d'évêque, menuisier, charpentier, manœuvre, porte-bag, porte-oiseau...... "

" Jusqu'à 1886, dit l'histoire du monastère des Ursulines des Trois-Rivières, l'on a conservé avec vénération un bluteau, où Mgr de Pontbriand prenait son sommeil, durant les six mois qu'a duré la construction du monastère. Les anciennes sœurs converses, en faisant visiter leurs départements aux nouvelles postulantes, leur montraient ce bluteau, en disant : Un évêque a couché ici bien longtemps."

scopale, sollicitait de nouveau la charité et le dévouement vraiment héroïques de l'évêque. Il était en visite pastorale à Montréal, lorsqu'une lettre lui apprit que son Hôtel-Dieu avait été détruit par un incendie, le 7 juin 1755. Pour comble de malheur, une religieuse, la sœur du Sacré-Cœur, avait péri dans les flammes. Mgr de Pontbriand adressa sans délai aux mères si cruellement éprouvées, une lettre de condoléance, et un mémoire dans lequel il leur indiquait les moyens de continuer leur œuvre. Ce moyen était d'offrir aux hospitalières et à leurs malades l'usage entier de son palais, avec son ameublement et toutes ses dépendances. Il indiquait ensuite les modifications qu'il fallait y faire pour le rendre propre à cet emploi, et il terminait son mémoire par ces admirables paroles :

« Enfin je livre toute ma maison pour cette bonne œuvre ; et, s'il est nécessaire, je me livre moi-même pour être le premier infirmier de ce nouvel hôpital. »

Mgr de Québec profita en même temps de sa présence à Montréal et du mouvement de sympathie qu'avait excité le malheur de l'Hôtel-Dieu, pour faire parmi les citoyens de la ville une collecte qui se monta à plus de mille écus. (a)

Les mères de l'Hôtel-Dieu furent profondément touchées de la charité de leur évêque et de ses offres généreuses, mais elles ne furent pas obligées de les accepter. Reçues d'abord pendant trois semaines chez les Ursulines, elles allèrent s'installer ensuite chez les PP. Jésuites, qui avaient mis à leur disposition une des ailes de leur vaste collège. Elles y eurent bientôt organisé des salles de malades, d'autant plus

---

(a) Histoire de l'Hôtel-Dieu de Québec par l'abbé Casgrain.

nécessaires que la petite vérole fit des ravages considérables dans le cours de cet été.

Cependant l'évêque se hâta de venir en aide aux hospitalières et de leur fournir les moyens de reconstruire leur maison. Il fit faire dans la ville et dans les campagnes, une quête générale, qui s'éleva à la somme de treize cents écus, montant considérable pour cette époque. L'hôpital ne fut terminé qu'au milieu de l'année 1757.

Les bonnes religieuses n'avaient pas fini de s'installer, qu'elles virent arriver une affluence plus grande que jamais de marins et de soldats mourant des fièvres prises en mer ; quatre-vingt-quatre y furent apportés dans une seule journée. Et à l'Hôpital-Général il n'en était pas autrement : au mois de mai, six cents malades remplirent en peu de temps la plus grande partie de la maison, sans excepter la salle de communauté, l'infirmerie des religieuses et les appartements destinés aux classes. On peut se figurer le ministère laborieux et pénible de l'évêque et de ses prêtres au milieu de ces calamités épouvantables. « Les membres du clergé, dit l'annaliste de cette communauté, qui exerçaient leur ministère auprès de nos malades, ne furent pas plus exempts que les religieuses de ces fièvres dévorantes ; il en mourut quatre, dont trois dans le mois de septembre. Mgr de Pontbriand les assista lui-même avec une charité et une tendresse qu'on ne pouvait assez admirer. Ce fut à cette occasion que le bon pasteur régla que les aumôniers de l'Hôpital-Général seraient relevés, de vingt-quatre heures en vingt-quatre heures, et que tous les prêtres séculiers et réguliers y viendraient à leur tour. Il commença lui-même cet exercice, le 25 septembre. Le vénérable prélat ne se contentait pas de

son tour ; il suppléait aux absents, il aidait à tous. Chaque jour, il faisait régulièrement sa visite à nos pauvres malades. »
« Il passait au milieu des souffles de la mort qu'exhalaient de toutes parts ces hommes pestiférés, pour écouter les pénitents, consoler les affligés, donner les onctions saintes ou le pain de vie aux mourants, et procurer la sépulture aux morts. » (a)

Le nombre des catholiques décédés à l'Hôpital-Général s'éleva, en 1757, à quatre cents, et, en 1758, à trois cents, dont la plupart étaient des soldats et des matelots.

La famine qui avait commencé à se faire sentir les années précédentes, devenait de plus en plus alarmante et ajoutait aux angoisses de Mgr de Pontbriand. Bientôt il fallut réduire les habitants de Québec à quatre onces de pain par jour, et l'évêque fut le premier à souffrir, comme le premier à exhorter les autres à la résignation. Ajoutons à ces malheurs celui de la guerre avec ses inquiétudes et ses alarmes, avec ses morts et ses blessés ; ajoutons encore la conduite ignoble de l'intendant Bigot et les exactions éhontées de ses compagnons de vol et de débauche ; et l'on aura une idée de ce que la colonie avait à endurer, et de ce qu'il fallait de sagesse et de vertus au chef de l'église de Québec pour pourvoir à tous les besoins, pour consoler toutes les infortunes et pour empêcher toutes les révoltes.

(a) Oraison funèbre de Mgr de Pontbriand.

CHAPITRE V

Immensité du diocèse.—L'abbé de l'Isle-Dieu.—L'Acadie et la Louisiane.—Patriotisme de Mgr de Pontbriand.—Invasion du Canada.—Siège et capitulation de Québec.—Mémoire de l'évêque à la cour de France.—Il se retire à Montréal.—Lettre aux chanoines.—Mort du prélat.

Il faudrait citer les nombreuses lettres pastorales de Mgr de Pontbriand, pour montrer quelle tâche il avait à remplir, pour administrer un diocèse aussi étendu que le sien et dans des circonstances aussi difficiles. Mais son esprit actif pourvoyait à tout, et son clergé le secondait admirablement dans toutes ses œuvres.

Il avait à Paris, dans la personne de M. l'abbé de l'Isle-Dieu, un vicaire général aussi dévoué que sage, et qui lui rendit, pendant tout son épiscopat, les services les plus importants. Il lui avait confié surtout le soin de l'Acadie et de la Louisiane, à cause de la plus grande facilité que l'on avait de communiquer de France avec ces lointaines parties de l'église de Québec. Rien de plus intéressant que la correspondance de l'abbé de l'Isle-Dieu avec son évêque : on y voit l'intérêt constant qu'il portait à toutes les œuvres de l'évêché, du séminaire et du chapitre, la sagesse avec laquelle il surveillait les missionnaires qu'il dirigeait de Paris vers Louisbourg, Port-Royal ou la Nouvelle-Orléans. On est touché surtout de la grande commisération de l'évêque et de son grand vicaire pour les malheureux Acadiens, avant et après leur dispersion, et des mesures qu'ils s'efforcèrent de prendre tous les deux pour prévenir ou réparer le désastre. (a)

Quand Mgr de Pontbriand eut appris avec quelle barbare inhumanité ce pauvre peuple avait été chassé de sa patrie, il en informa de suite ses diocésains. « Les Acadiens, leur dit-il dans un mandement, sur le sort desquels nous ne pouvons assez nous attrister, ont été tout à coup désarmés et appelés sur des prétextes spécieux dans différents forts ; ils y viennent avec confiance, et à peine y sont-ils arrivés, qu'à l'instant ils y sont arrêtés, emprisonnés et de là transportés dans des pays éloignés et étrangers. Les femmes éplorées se retirent avec leurs enfants dans les bois, exposées à l'injure des temps, et aux suites funestes d'une disette presque générale, sans secours et sans soutien, maux qu'elles préfèrent au danger de perdre leur foi. Cependant l'ennemi en enlève un certain nombre pour intimider les autres, il menace de mettre les maris en une espèce d'esclavage ; quelques-unes, effrayées de cette menace, se rendent au lieu de l'embarquement ; le plus grand nombre, dépourvu de tout, se réfugie sur nos terres ; les villages sont brûlés, les églises ont le même sort, on n'épargne que celles qui doivent servir de prison à ceux qu'on n'a pu embarquer ; les pasteurs sont saisis avec violence et renvoyés pour toujours. »

L'évêque prit occasion de cet événement lamentable, pour exhorter les Canadiens à combattre vaillamment des ennemis

---

(a) "En octobre 1756, deux bateaux chargés de deux cents Acadiens arrivèrent à Québec ; ils furent distribués dans les paroisses de l'île d'Orléans ; car il y en avait déjà quatre cents à Québec, on leur donnait des rations." Lettre de l'intendant Bigot au ministre, 27 octobre 1756.

aussi déloyaux, et dont la sauvage cruauté ne saurait jamais être assez flétrie par l'histoire.

« Telle est, disait-il, la triste situation de l'Acadie, quoique les traités les plus solennels et les conventions faites tout récemment, lors de l'évacuation du fort de Beauséjour, semblassent lui en promettre une plus heureuse ; tant il est vrai qu'il ne faut pas compter sur toutes les promesses, quelque sincères qu'elles puissent paraître. Vous vous souvenez que, lorsque nous enlevâmes si glorieusement le fort La Nécessité, on nous donna des otages, on promit de rendre les prisonniers faits dans l'action où monsieur De Jumonville fut tué contre le droit des gens et par une espèce d'assassinat. Les otages nous demeurent, la promesse n'est pas exécutée. C'est cependant à la faveur de mille promesses semblables, que le général Bradock, en cas de victoire, comptait gagner une partie d'entre vous, et envoyer l'autre dans l'Ancienne-Angleterre, suivant les ordres secrets qu'il en avait reçus.

« Nous apprenons avec joie, Nos Très Chers Enfants, les dispositions courageuses dans lesquelles vous êtes, de vous opposer avec force aux projets ambitieux de nos voisins, qui agissent d'une manière si irrégulière, et sur la parole desquels la prudence ne permet pas de se reposer. »

Depuis le commencement de son épiscopat, Mgr de Pontbriand n'avait jamais cessé de tenir le peuple au courant des succès et des revers des armées françaises, tant en Europe qu'en Amérique ; il n'avait jamais cessé non plus de tenir ses mains élevées vers le ciel, et de prier comme Moïse pour les soldats qui combattaient pour la patrie. Les églises retentissaient du chant joyeux du *Te Deum*, chaque fois que Louis XV remportait quelque succès ou lorsque les troupes Canadiennes se couvraient de gloire dans leurs combats héroïques ; mais les accents suppliants de la prière s'y faisaient entendre encore plus souvent. dans ces temps de malheurs publics, prières pour ceux qui allaient verser leur sang, prières pour ceux qui l'avaient déjà donné et qui étaient morts pour la plus sainte et la plus noble des causes. Tous ces mandements respirent le plus pur patriotisme comme la foi la plus vive en la divine Providence, qui conduit les événements à son gré, qui, par les calamités qu'elle leur envoie, sait punir les crimes des peuples pour les sauver ensuite, et qui récompense toujours leur confiance en Dieu, et les actes d'une sincère pénitence.

Cependant le danger devenait de plus en plus pressant. L'année 1758 avait été favorable aux armées anglaises : elles s'étaient emparées de Louisbourg, et s'étaient rendues maîtresses de la mer et du golfe ; d'un autre côté, après avoir rasé le fort de Frontenac, l'ennemi s'avançait sur Montréal en passant par Carillon. Mais là, le 8 juillet de la même année, les Français et les Canadiens remportèrent la célèbre victoire qui a immortalisé le nom de Montcalm. Cette merveilleuse journée sauva momentanément la colonie, et lui donna le temps de respirer encore jusqu'au printemps suivant, et de jeter un suprême cri d'appel aux sentiments d'une mère-patrie qui semblait sans entrailles. Ce fut en vain : la France était ruinée par la mauvaise administration d'un gouvernement corrompu, ses philosophes impies se moquaient de nos *quelques arpents de neige*, et son roi, pour qui les Canadiens avaient tant prié à la demande de leur évêque, donnait son temps et son argent à d'infâmes courtisanes.

La colonie n'avait pour se défendre que quinze mille hommes en état de porter les armes, et elle était attaquée par des armées puissantes trois fois supérieures en nombre, qui venaient de deux côtés : par le fleuve Saint-Laurent et par le lac Champlain. A peine les Anglais eurent-ils commencé leur marche envahissante, au printemps de 1759, que Mgr de Pontbriand adressa à ses curés les avis les plus sages et les plus détaillés, pour la conduite que devaient tenir ceux qui se trouveraient dans les quartiers exposés à tomber au pouvoir de l'ennemi.

Puis le 1er juillet, malade, épuisé de fatigues, il se retira à Charlesbourg, où il demeura durant le siège de Québec. C'est de là qu'il entendit les canons tonner sur sa ville épiscopale et en briser tous les édifices religieux. c'est là qu'il apprit les exploits, de la petite armée Canadienne, et aussi le résultat fatal de la bataille d'Abraham, la mort du général de Montcalm, et la reddition de Québec. L'évêque visita les ruines encore fumantes de son église, pourvut à l'administration religieuse de la ville, et partit pour Montréal, emportant dans son cœur brisé le germe de la mort. (a)

Le 28 octobre suivant. il adressa un mandement à tous les fidèles du diocèse, pour leur faire entendre la grande voix de la religion, qui parlait par tant de malheurs dont ils étaient frappés, et pour les inviter à en profiter pour le salut de

---

(a) On voit par le passage suivant d'une lettre du marquis de Vaudreuil, que le prélat fit le voyage en compagnie du gouverneur.

" Montréal 3 oct. 1759.

......" J'arrivai en cette ville le 1er de ce mois avec Monsieur l'évêque. Nous abrégeâmes les fatigues du voyage, en profitant d'une goëlette qui était aux Trois-Rivières, prête à mettre à la voile. " (Manuscrits de l'abbé Casgrain.)

leurs âmes. Il leur recommandait aussi instamment de prier pour le regretté général qui était mort à la tête de tant d'autres, pour la défense de la patrie. et ordonna deux services solennels dans toutes les églises des gouvernements de Montréal et des Trois-Rivières : le premier pour Montcalm et les autres officiers, l'autre pour tous les soldats qui avaient péri dans la dernière campagne.

Le prélat ne manqua pas d'écrire au ministre du roi pour faire connaître les derniers événements, et lui dire son avis sur la conduite de M. de Vaudreuil.

« On raisonne ici beaucoup sur les événements qui sont arrivés ; on condamne facilement. Je les ai suivis de près, n'ayant jamais été éloigné de M. de Vaudreuil de plus d'une lieue ; je ne puis m'empêcher de dire qu'on a un tort infini de lui attribuer nos malheurs. Quoique cette matière ne soit pas de mon ressort, je me flatte que vous ne désapprouverez pas un témoignage que la seule vérité me fait rendre. »

A sa lettre il joint un mémoire qu'il nomme description imparfaite de la misère du Canada. « Québec, dit-il, dans cette pièce, a été bombardé et canonné pendant l'espace de deux mois ; cent quatre-vingts maisons ont été incendiées par des pots-à-feu ; toutes les autres criblées par le canon et les bombes. Les murs, de six pieds d'épaisseur, n'ont pas résisté ; les voûtes, dans lesquelles les particuliers avaient mis leurs effets, ont été brûlées, écrasées et pillées, pendant et après le siège. L'église cathédrale a été entièrement consumée. Dans le séminaire, il ne reste de logeable que la cuisine, où se retire le curé de Québec avec son vicaire Cette communauté a souffert des pertes encore plus grandes hors de la ville, où l'ennemi lui a brûlé quatre fermes et trois moulins considérables, qui faisaient presque tout son revenu. L'église de la basse-ville est entièrement détruite ; celles des Récollets, des Jésuites et du séminaire sont hors d'état de servir, sans de très grosses réparations. Il n'y a que celle des Ursulines, où l'on peut faire l'office avec quelque décence, quoique les Anglais s'en servent pour quelques cérémonies extraordinaires. Cette communauté et celle des Hospitalières ont été aussi fort endommagées ; elles n'ont point de vivres, toutes leurs terres ayant été ravagées. Cependant les religieuses ont trouvé le moyen de s'y loger tant bien que mal, après avoir passé tout le temps du siège à l'Hôpital-Général. L'Hôtel-Dieu est infiniment resserré, parce que les malades anglais y sont. Il y a quatre ans que cette communauté avait brûlé entièrement Le palais épiscopal est presque détruit et ne fournit pas un seul appartement logeable ; les voûtes ont été pillées. Les maisons des Récollets et des Jésuites sont à peu près dans la même situation ; les Anglais y ont cependant fait quelques réparations pour y loger des troupes ; ils se sont emparés des maisons de la ville les moins endommagées ; ils chassent même de chez eux les bourgeois, qui, à force d'argent, ont fait raccommoder quelque appartement, ou les y mettent si à l'étroit par le nombre de soldats qui y logent, que presque tous sont obligés d'abandonner cette ville malheureuse, et ils le font d'autant plus volontiers, que les Anglais ne veulent rien vendre que pour de l'argent monnayé, et l'on sait que la monnaie du pays n'est que du papier. Les prêtres du séminaire, les chanoines, les Jésuites, sont dispersés dans le peu de pays qui n'est pas encore sous la domination anglaise ; les particuliers de la ville sont sans bois pour leur hivernement, sans pain, sans farine, sans viande, et ne vivent que du peu de biscuit et de lard que le soldat anglais leur vend de sa ration. Telle est l'extrémité où sont réduits les meilleurs bourgeois.

» Les campagnes ne fournissent point de ressources et sont peut-être aussi à plaindre que la ville même. Toute la côte de Beaupré et l'île d'Orléans ont été détruites avant la fin du siège ; les granges, les maisons des habitants, les presbytères ont été incendiés ; les bestiaux qui restaient, enlevés ; ceux qui avaient été transportés au-dessus de Québec ont presque tous été pris pour la subsistance de notre armée, de sorte que le pauvre habitant qui retourne sur sa terre avec sa femme et ses enfants, sera obligé de se cabaner à la façon des sauvages. Leur récolte, qu'ils n'ont pu faire qu'en donnant la moitié, sera exposée aux injures de l'air, ainsi que leurs animaux ; les caches qu'on avait faites dans les bois, ont été découvertes par l'ennemi, et par là l'habitant est sans hardes, sans meubles, sans charrue et sans outils pour travailler la terre et couper les bois. Les églises, au nombre de dix, ont été conservées ; mais les fenêtres, les portes, les autels, les statues, les tabernacles ont été brisés. La mission des sauvages Abénakis de Saint-François a été entièrement détruite par un parti d'Anglais et de Sauvages ; ils y ont volé tous les ornements et les vases sacrés, ont jeté par terre les hosties consacrées, ont égorgé une trentaine de personnes, dont plus de vingt femmes et enfants.

» De l'autre côté de la rivière, au sud, il y a environ trente-six lieues de pays établi, qui ont été à peu près également ravagées et qui comptent dix-neuf paroisses, dont le plus grand nombre a été détruit. Ces quartiers n'ont aucune denrée à vendre, et ne seront pas rétablis d'ici à plus de vingt ans dans leur ancien état. Un grand nombre de ces habitants, ainsi que ceux de Québec, viennent dans les gouvernements de Montréal et des Trois-Rivières ; mais ils ont bien de la peine à trouver des secours. Les loyers, dans les villes, sont à un prix exorbitant, ainsi que toutes les denrées... L'année prochaine, il sera difficile d'ensemencer, parce qu'il n'y a pas de labour de fait. J'atteste que, dans cette description de nos malheurs, il n'y a rien d'exagéré, et je supplie nos seigneurs les évêques et les personnes charitables de faire quelques efforts en notre faveur. Le 5 novembre 1759.»

Mgr de Pontbriand, tout en souffrant des fièvres qu'il avait contractées dans le service des hôpitaux, s'occupait sans cesse de l'administration de son diocèse ; il écrivait très souvent à son vicaire général, M. l'abbé Briand, qu'il aimait d'une affection de père et qui lui était entièrement dévoué. Prévoyant bien que le pays allait bientôt passer sous la domination anglaise, il lui disait dans une lettre du 16 février 1760 : « Vous ne sauriez trop engager messieurs les curés à user de toute la prudence possible. Nous ne devons point nous mêler de tout ce qui regarde le temporel. Le spirituel doit seul nous occuper, et alors, je suis persuadé que M. Murray sera content.» Lui-même écrivit au général et veilla avec un grand soin à ce que personne ne manquât au respect qui lui était dû.

Le 19 mai 1760, le digne évêque adressa aux chanoines de sa cathédrale ses derniers avis et son dernier adieu. Voici cette lettre pleine de sagesse et de beaux sentiments :

Messieurs,

Depuis plus d'un an et demi, vous me voyez attaqué d'une maladie mortelle, et moi-même je me persuadais que chaque mois serait la fin de ma carrière. Dispersés que vous êtes par notre permission et la nécessité des temps, je crois devoir, comme en qualité de père, d'évêque, j'ose dire d'ami, vous communiquer mes sentiments. J'ai toujours été, et je suis pénétré d'une amitié sincère pour vous en général et en particulier. J'ai remis toutes les petites discussions du cérémonial ou autre matière à des temps plus favorables. Si je suis entré dans les discussions que vous avez avec M. le curé et le séminaire, c'est dans un esprit de paix et dans le dessein de rapprocher les esprits ; n'ayant point sollicité ni pour l'un ni pour l'autre aucune personne, quoique j'aie été en lieu de le faire. S'il a paru quelque chose de contraire aux sentiments intérieurs, j'en suis fâché, parce que vous l'avez été.

» Quoique vous soyez tous séparés, et qu'il paraît que vous ne fassiez plus un corps, quoique j'aie donné à mes grands vicaires, suivant les privilèges du Pape, des pouvoirs qu'ils peuvent exercer même après ma mort, comme je vous ai autorisé à cette dispersion, je crois que, quand vous apprendrez ma mort, vous devrez vous réunir dans l'endroit le plus facile, et pourvoir à la vacance du siège, en nommant des grands vicaires ; sur quoi je vous prie d'avoir attention à ce que je vous demande pour le bien de ce pauvre diocèse :

» Continuez mes grands vicaires, parce qu'ils ont des connaissances essentielles, et presque toutes celles que j'ai ; par ce moyen, on ne pourra faire la moindre difficulté sur votre nomination, sauf à vous à en nommer d'autres.......... Je me recommande, messieurs, à vos prières, avec la même instance qu'un évêque moribond a coutume de le faire, et avec une confiance toute particulière.......... »

Enfin la mort vint mettre un terme aux souffrances et aux chagrins du vénérable prélat, qui rendit son âme à Dieu, le 8 juin 1760, à l'âge de cinquante-et-un ans. On a vu combien grande était sa charité et combien d'occasions il avait eues de l'exercer. Aussi il mourut pauvre, et il put dire ces belles paroles au dépositaire de ses dernières volontés : « Vous direz aux pauvres que je ne leur laisse rien en mourant, parce que je meurs moi-même plus pauvre qu'eux. »

Cette mort, jointe à la perspective de la domination britannique, plongea tout le pays dans la plus amère douleur. Des circulaires furent adressées au clergé par les grands vicaires de Montgolfier et Perreault, pour annoncer le lamentable événement, et pour recommander que des services fussent célébrés pour le repos de l'âme du vénérable prélat.

Il fut enterré, le dix juin, dans l'église paroissiale de Ville-Marie, et, le vingt-cinq, son oraison funèbre fut prononcée par M. Louis Jolivet, prêtre du Séminaire de Saint-Sulpice, devant tout le clergé du gouvernement de Montréal.

M de Montgolfier écrivit, au mois de septembre suivant, au comte de Pontbriand, frère du prélat, pour lui apprendre la mort de l'évêque de Québec.

« Cet illustre prélat, lui disait-il, est mort en saint entre mes mains, et j'ai eu l'honneur de lui fermer les yeux et de recevoir ses dernières paroles.

» De son vivant, il m'avait honoré de sa confiance et de la qualité de son grand vicaire. Obligé de fuir de Québec, après la destruction et la prise de cette ville infortunée, il nous avait fait l'honneur de choisir notre maison pour venir y terminer ses jours languissants, qui lui annonçaient une fin prochaine, mais qui étaient cependant encore bien précieux à un peuple qu'il aimait tendrement et dont il était infiniment chéri et respecté. Je suis chargé de sa part de vous envoyer un paquet cacheté dans lequel sont renfermés ses bulles et autres papiers concernant sa nomination à l'évêché de Québec......... Je dois envoyer deux croix pectorales, l'une d'or et l'autre d'argent doré, avec six anneaux à mesdames ses sœurs, les religieuses de la Visitation à Rennes. »

Mgr BRIAND

CHAPITRE I

Naissance de Mgr Briand.—Il fait ses études à Saint-Brieuc.—Après deux années de prêtrise, il quitte secrètement la maison paternelle pour venir en Canada.—Divers emplois que lui confie Mgr de Pontbriand.—Siège de Québec.—Bataille de Sainte-Foye.—Mort de l'évêque de Québec.—Mandement de M. Briand, vicaire général, après la cession du Canada à l'Angleterre.

Mgr Jean-Olivier Briand naquit à Plerin, diocèse de Saint-Brieuc, le 23 janvier 1715, de François Briand et de Jeanne Burel. Le prêtre qui l'avait baptisé, M. de Lavillangevin, curé de Plerin, s'intéressa à lui, dès ses premières années, et, de concert avec M. Jean-Joseph Briand, recteur de Plerin, oncle de l'enfant, il décida de lui faire faire toutes ses études et de le diriger vers l'état ecclésiastique, auquel il semblait être appelé par ses talents et ses vertus. Après lui avoir enseigné lui-même les premiers éléments des sciences, il le plaça au Séminaire de Saint-Brieuc, et le jeune Briand justifia par son application au travail et par le rapide développement de toutes ses qualités la bonne opinion que son curé avait toujours eue de lui. Ordonné prêtre, le 16 mars 1739, il s'attacha étroitement à son vertueux protecteur, et le servit en qualité de vicaire, pendant deux ans ; ce fut à son invitation, et en se servant de ces généreuses paroles de saint Pierre : je vous suivrai partout où vous irez, que, dédaignant plusieurs bénéfices, qu'on lui offrait dans son diocèse, il se décida de partir avec lui pour le Canada, en même temps que Mgr de Pontbriand qui allait prendre possession de son siège.

Comme il craignait, sans doute, de ne pouvoir supporter les larmes et les sollicitations de ses parents, le jeune prêtre quitta secrètement Plerin, n'emportant avec lui que son bréviaire, et il se rendit à pied jusqu'à Lamballe, d'où la poste le conduisit à La Rochelle. Ce ne fut que plusieurs jours après, que son père et sa mère apprirent le départ définitif de leur vertueux enfant.

Pendant la traversée de l'océan, l'abbé Briand sut gagner pour toujours l'affection de son évêque, qui décida de suite de le nommer chanoine de sa cathédrale, ce qu'il fit en effet, peu de temps après son arrivée à Québec. Le prélat n'eut jamais à regretter d'avoir placé en lui toute sa confiance, car aucun prêtre ne lui rendit autant de services, aucun ne lui donna autant de consolation, pendant les vingt années de son épiscopat.

« M. Briand, dit M. l'abbé Plessis, (a) trouva l'ingénieux secret de remplir en même temps des fonctions qui, jusqu'alors, avaient semblé incompatibles. Tantôt chargé de la conduite d'une troupe de jeunes séminaristes, il les porte par ses paroles et par son exemple à la pratique des plus solides vertus. Tantôt assis au milieu des chanoines, ses confrères,

---

(a) Oraison funèbre de Mgr Briand.

il les édifie également et par son assiduité aux offices divins et par sa sagesse dans leurs assemblées délibérantes. Tantôt plongé dans les ténèbres d'un ministère obscur, il amasse dans le confessionnal de deux communautés, qu'il dirige successivement, ces palmes précieuses que Dieu seul peut estimer, comme lui seul est témoin des peines par lesquelles on les gagne. Tantôt attaché au service de son évêque, aujourd'hui dans la ville épiscopale, demain à la campagne dans la visite laborieuse des paroisses, il voit, comme saint Basile encore jeune, rouler presque sur lui seul toutes les affaires de l'Église. Continuellement en haleine, il se trouve partout, il pourvoit à tout, mais avec une présence d'esprit, une aisance, une liberté, un détail, une modestie, une déférence pour les autres, dont on ne peut se former d'idée, à moins de l'avoir connu particulièrement...... c'est surtout auprès du prélat dont il possédait la confiance qu'il montra dans tout son jour cette candeur, cette politesse... cette modestie aimable qui font l'éloge complet de la docilité de son cœur, *cor docile*. Des nuages s'étaient abaissés sur la maison épiscopale ; il les dissipa en un instant, il y attira, il y forma une société de personnes choisies, dont les qualités respectables faisaient l'éloge de son tact. Il en chassa cette tristesse qui tue, pour introduire cette gaieté qui porte à Dieu et qui soutient dans son service.» C'est ainsi qu'il prolongea la vie de son illustre prédécesseur, dont la santé dépérissait visiblement, et qu'il mérita de plus en plus cette confiance publique dont Dieu se servit pour le conduire à des fonctions plus importantes.

Quand arriva la dernière guerre que le Canada eut à soutenir, avant de passer sous la domination anglaise, M. Briand était vicaire général, après avoir avoir été chanoine, théologal, et doyen du chapitre. Pendant le siège de Québec, il remplaça, dans la ville épiscopale, l'évêque malade qui avait été forcé de se rendre à Charlesbourg ; et ce fut lui qui veilla avec la plus grande sollicitude à la desserte des armées et des hôpitaux. Les annales de l'Hôpital-Général nous apprennent que, renvoyant un grand nombre d'aumôniers qui ne pouvaient qu'être à charge à cette maison, l'abbé Briand se chargea avec M. de Rigauville, le chapelain, d'administrer les sacrements aux malades et de veiller jour et nuit auprès des moribonds. Ils avaient encore tous les habitants des environs à confesser et à assister dans le besoin.

A la bataille de Sainte-Foye, on le voit se transporter sur le champ de bataille, pour assister les mourants, et, après la victoire, retourner à l'hôpital, où cinq cents lits avaient été dressés pour recevoir les blessés malheureusement plus nombreux que les lits. Le zélé vicaire général se multipliait pour remplir toutes les fonctions qui lui incombaient dans ces circonstances désastreuses, et il entretenait avec Mgr de Pontbriand, alors à Montréal, une correspondance aussi importante qu'affectueuse et dévouée. C'est là, à l'Hôpital-Général, qu'il apprit la mort de l'illustre prélat. Enchaîné par le devoir, il ne put pas même assister aux funérailles de son évêque, comme il n'avait pu non plus lui donner la consolation de sa présence à ses derniers moments. Du moins, il s'appliqua à exécuter ses dernières volontés, et à consoler et à fortifier cette pauvre église de Québec, qui avait perdu son pasteur et était menacée de périr elle-même sur les ruines de la Nouvelle-France.

Après en avoir obtenu la permission du général Murray, M. Briand se transporta dans la ville, le 2 juillet 1760, et il tint une assemblée à laquelle assistèrent les chanoines de Rigauville, Poulin et Resche, et, pour se conformer aux intentions du prélat défunt, ils nommèrent pour administrer le diocèse : M. Briand chargé de toute la partie dépendante du gouvernement anglais, M. Perreault spécialement chargé du gouvernement des Trois-Rivières et de la partie du gouvernement de Québec encore soumise aux Français, et M. de Montgolfier, pour le gouvernement de Montréal et la partie supérieure de la colonie. M. Maillard fut nommé administrateur de l'Acadie, le R. P. Beaudoin, de la Louisiane, et M. Forget, du pays des Illinois.

Dans une autre assemblée tenue trois mois après, le chapitre nomma aussi vicaire général, M. de La Rue, abbé de l'Isle-Dieu, résidant à Paris, et le chargea de s'occuper des affaires de la Louisiane et du Mississipi.

Qu'elle était pénible à remplir, en ces temps malheureux, la charge de vicaire général du gouvernement de Québec ! quelle responsabilité pesait sur les épaules de l'abbé Briand ! Quelle douleur pour son cœur de français, de voir agoniser une colonie à laquelle il était attaché par vingt ans de services ! de la voir désertée par tant de ses compatriotes, prêtres et laïques, qui abandonnaient un pays et une église en ruine pour retourner dans leur patrie ! Mais lui, se confiant en la divine Providence, resta fidèle au devoir, et il ne voulut pas partir au moment où l'Église avait le plus besoin de lui : il resta pour partager les malheurs des fidèles et pour travailler avec eux à relever les temples et à assurer la continuation du règne de Jésus-Christ.

Bien éloigné de croire que c'en était fait de la religion catholique en Canada, « il vit à peine, dit l'abbé Plessis, les armes britanniques placées sur nos portes de villes, qu'il comprit en un instant que Dieu avait transféré à l'Angleterre le domaine de ce pays ; qu'avec le changement de possesseurs, nos devoirs avaient changé d'objets, que les liens qui nous avaient jusqu'alors unis à la France étaient rompus, que nos capitulations étaient autant de nœuds qui nous attachaient à la Grande-Bretagne, en nous soumettant à son souverain Il aperçut (ce que personne ne soupçonnait) que la religion elle-même pouvait gagner à ce changement de domination. » Aussi se mit-il à l'œuvre avec un courage indomptable, pour pourvoir aux premiers besoins et faire face aux affaires qui le pressaient ; grâce à ses talents, à son activité, à son dévouement, et à son affabilité, il réussit à contenter tout le monde : les Anglais comme les Français, rendant à César ce qui appartient à César, mais se gardant bien de ravir à Dieu ce qui appartient à Dieu.

A l'occasion du mariage du roi Georges III, avec la princesse Charlotte de Mecklembourg-Streliz, M. Briand ordonna de faire chanter un *Te Deum*, en actions de grâces et pour demander à Dieu de répandre sur cette illustre alliance ses plus abondantes bénédictions. « Le Dieu des armées, dit-il, qui dispose à son gré des couronnes et qui étend ou restreint selon son bon plaisir les limites des empires, nous ayant fait passer selon ses décrets éternels sous la domination de Sa Majesté Britannique, il est de notre devoir, fondé dans la loi naturelle même, de nous intéresser à tout ce qui peut la regarder. Nous venons d'apprendre son mariage, et il est juste qu'en sujets fidèles, nous prenions part à la joie des peuples qui le reconnaissent déjà pour leur souverain, et que nous unissions nos vœux à ceux qu'ils adressent au ciel pour le bonheur de leurs Majestés »

Un an après, le 10 février 1763, la paix était signée à Paris, et le Canada passait définitivement entre les mains de la Grande-Bretagne. A la nouvelle de cet événement décisif, M. Briand n'hésita pas à se rendre à l'ordre du général Murray qui lui demandait de faire chanter un *Te Deum*, et il écrivit un mandement remarquable que nous citerons en partie :

« Rendons, Nos Très Chers Frères, de solennelles actions de grâces au Dieu tout-puissant que nous adorons et servons suivant l'Évangile de Jésus-Christ son Fils unique, et bénissons son saint nom avec les sentiments d'une parfaite soumission.

» La paix, signée à Paris, le 10e de février dernier, et ratifiée le 10e du mois suivant, vient enfin de terminer une cruelle guerre qui ayant divisé entre elles presque toutes les puissances de l'Europe, avait allumé un feu qui s'est communiqué aux quatre parties du monde et y a fait les plus affreux ravages ; vous en avez éprouvé vous-mêmes de funestes suites, que je ne vous rappellerai pas dans ce jour consacré à la reconnaissance, et où il ne s'agit que de rendre à Dieu de sincères actions de grâces de nous avoir accordé la paix, bienfait inestimable que nous désirions avec tant d'ardeur et que nous ne cessions, depuis tant d'années, de lui demander par des prières publiques et des vœux continuels. Ils n'ont peut-être pas été exaucés ces vœux dans leur étendue : le Canada avec toutes ses dépendances ayant été irrévocablement cédé à la couronne de la Grande-Bretagne ; mais rapportez-vous-en, Nos Très Chers Frères, aux soins de l'adorable

Providence dont la conduite est très souvent d'autant plus miséricordieuse qu'elle est moins conforme à nos désirs et flatte moins nos inclinations. N'en avons-nous pas une preuve manifeste dans la conduite que nos vainqueurs ont tenue à notre égard depuis la conquête de la colonie ?

» La reddition de Québec vous laissait à la disposition d'une armée victorieuse ; vous fûtes sans doute d'abord alarmés, effrayés, consternés. Vos alarmes étaient fondées ; vous saviez ce qui se passait en Allemagne, et vous crûtes voir déjà fondre sur vous les mêmes malheurs. Vous ignoriez que l'aimable et toujours attentive Providence vous avait préparé un gouverneur qui, par sa modération, son exacte justice, ses généreux sentiments d'humanité, sa tendre compassion pour le pauvre et le malheureux, et une rigide discipline à l'égard de ses troupes, devait faire disparaître toutes les horreurs de la guerre. Où sont en effet les vexations, les concussions, les pillages, les onéreuses contributions qui marchent ordinairement à la suite de la victoire ? Ces nobles vainqueurs ne vous parurent-ils pas, dès qu'ils furent nos maîtres, oublier qu'ils avaient été nos ennemis, pour ne s'occuper que de nos besoins et des moyens d'y subvenir ? Vous n'avez sûrement pas perdu le souvenir des mouvements que s'est donnés Son Excellence, l'illustre et charitable général Murray, et des aumônes considérables qu'il a procurées pour la subsistance des pauvres. Vous n'avez pas oublié ses sages et efficaces précautions pour empêcher la disette dans son gouvernement.

» Après de pareils traits, ne devons-nous pas être convaincus que Dieu n'a point cessé de nous aimer et qu'il ne tiendra qu'à nous de goûter sous ce nouveau gouvernement les douceurs d'une paix heureuse et durable ? Soyez exacts à remplir les devoirs de sujets fidèles et attachés à leur prince ; et vous aurez la consolation de trouver un roi débonnaire, bienfaisant, appliqué à vous rendre heureux, et favorable à votre religion, à laquelle nous vous voyons avec une joie inexprimable si fortement attachés.

» Au reste, Nos Très Chers Frères, ce ne sont pas vos seuls intérêts temporels qui exigent de vous cette entière et parfaite fidélité, c'est un devoir que la foi vous prescrit.

» L'Apôtre saint Paul répète en plusieurs endroits cette obligation indispensable, et, en devenant prévaricateurs, non seulement vous encourreriez l'indignation de notre légitime souverain, vous perdriez sa protection, vous seriez dépouillés de tous les privilèges qu'il a eu la bonté de vous accorder, mais encore vous vous rendriez très coupables aux yeux de Dieu ; et d'autant plus criminels que vous vous exposeriez à être privés du titre et plein exercice de notre très sainte et seule véritable religion, qui nous est promis et accordé par le traité de paix. Considérez donc attentivement, Nos Très Chers Frères, combien il vous importe d'être soumis et fidèles, et que rien ne peut vous dispenser d'une parfaite obéissance, d'une scrupuleuse et exacte fidélité, et d'un inviolable et sincère attachement à notre nouveau monarque et aux intérêts de la nation à laquelle nous venons d'être agrégés. »

CHAPITRE II

Instructions données par la cour aux gouverneurs pour l'extinction de la religion catholique.—Députation à Londres pour demander le libre exercice de la religion promis par le traité de paix.—M. de Montgolfier est choisi pour le futur évêque.—Son voyage inutile à Londres.—M. Briand réussit à se faire accepter.—Son sacre.—Ses adieux à sa famille.—Retour à Québec.—Lettre du général Murray.

Comme l'exprime le mandement cité plus haut, le traité de paix signé à Paris garantissait aux Canadiens le libre exercice de la religion catholique, « selon les rites de l'Église romaine, » mais « *autant que les lois de la Grande Bretagne le permettent.* » Si les catholiques n'avaient eu affaire qu'au général Murray, qui était un homme honnête et dont M. Briand avait su gagner la parfaite estime, il n'y aurait eu aucune difficulté à obtenir une interprétation favorable de cette clause. En particulier, il aurait été facile de procurer de suite un évêque à une église qui en était privée depuis déjà trois ans. D'après le simple bon sens en effet, « la liberté du culte catholique comportait le droit d'avoir un évêque pour gouverner et recruter le clergé ; sans cela la liberté promise n'eût été que le droit de mourir catholique, avec la triste perspective de voir bientôt s'éteindre la foi en Canada. » (a) Mais la cour de Londres ne l'entendait pas ainsi ; on le voit bien par les instructions qu'elle donna à M. Murray et aux

---

(a) Histoire manuscrite du Séminaire de Québec.

autres gouverneurs qui vinrent après lui ; citons-en quelques articles :

« Art. 32. Vous n'admettrez aucune juridiction ecclésiastique du Siège de Rome, ni aucune autre juridiction ecclésiastique étrangère, dans la province soumise à votre gouvernement.

» Art. 33. Et afin que l'Église d'Angleterre puisse être établie en principe et en pratique, et que les dits habitants puissent être amenés par degrés à embrasser la religion protestante, et que leurs enfants soient élevés d'après les principes de cette religion, nous déclarons par les présentes que notre intention est que, lorsque la dite province aura été partagée avec soin en townships..........on devra donner tout l'encouragement possible à l'érection d'écoles protestantes.............. (7 déc. 1763.)

» Qu'aucun individu professant la religion de l'Église de Rome ne sera nommé desservant d'une paroisse dans laquelle la majorité des habitants demandera la nomination d'un ministre protestant. (3 juin 1775.)

» Que tous les ecclésiastiques qui jugeront à propos d'entrer dans le saint état du mariage, seront affranchis de toutes peines auxquelles pourrait les assujettir l'autorité du siège de Rome pour cet acte. » (3 janvier 1775.)

Ces derniers articles sont suivis d'une longue série d'instructions dirigées contre l'Église catholique, et toujours mises en avant comme ne gênant aucunement le libre exercice de la religion de l'Église romaine.

Justement inquiets de tout ce qu'ils entendaient dire à ce sujet, les Canadiens s'assemblèrent et envoyèrent des agents à Londres, pour présenter leurs hommages à Georges III, et pour défendre leurs intérêts. L'un des agents, M. Étienne Charest, chargé de négocier au sujet de l'article du traité de paix qui concernait la religion, réclama le maintien de l'organisation ecclésiastique et se plaignit de l'interprétation que l'on semblait vouloir donner au traité.

De son côté, M. Briand et les autres membres du chapitre rédigèrent une requête à Sa Majesté pour lui demander de permettre que le siège épiscopal fût rempli.

« On propose, disaient-ils, un évêque avec une pleine, libre et entière juridiction purement ecclésiastique sur le clergé et sur les peuples catholiques du diocèse, suivant les canons et les usages ci-devant observés, vivant simplement parmi les prêtres de ses séminaires, où il trouverait son entretien et sa subsistance, comme l'un d'entre eux, lorsqu'il lui plairait d'y demeurer. »

M. Briand favorisa de tout son pouvoir la démarche des délégués canadiens, MM. Charest et Amiot, et, de concert avec ses collègues, il autorisa les fabriques des églises à payer les frais de cette députation à Londres.

Le 15 septembre 1763, sur la proposition de l'abbé Briand, M. de Montgolfier fut unanimement choisi par les chanoines pour être présenté au Souverain Pontife, comme digne d'occuper le siège de Québec. Ce vénérable vicaire général partit, en conséquence, au commencement d'octobre, pour aller négocier lui-même, en Angleterre, la grande affaire de l'épiscopat ; mais il avait eu le grand tort de ne pas plaire au général Murray, à qui il n'avait rien révélé de son dessein. Aussi, le gouverneur, irrité, écrivit au comte de Shelburne, un des ministres de la couronne :

« Le vicaire général de Montréal, M. de Montgolfier, part sous peu pour l'Angleterre. Il est très probable qu'il vise à la mître. Votre Seigneurie jugera facilement combien il est peu propre à remplir ce poste, par la copie que je vous envoie d'une lettre qu'il a eu l'assurance d'écrire à un M. Houdin, alors chapelain du 48e régiment de Sa Majesté et auparavant récollet dans le pays. Il a poussé les choses au point de faire déterrer les cadavres de plusieurs soldats, parce que, étant hérétiques, ils ne devaient pas être enterrés dans une terre bénite. Une telle conduite n'a pas manqué d'indisposer les sujets de Sa Majesté dans cette partie. Si un prêtre aussi hautain et impérieux, bien connu en France, est placé à la tête de cette église, il peut causer plus tard beaucoup de désagrément, s'il trouve une occasion favorable d'exercer sa malice et sa rancune. »

« Cette lettre, dit l'abbé Ferland, suffit pour exciter la susceptibilité des ministres anglais. Malgré toute sa fermeté, M. de Montgolfier dut plier devant l'orage, et revenir en Canada, sans avoir pu réussir à se rendre en France, pour s'y faire sacrer ; comme évêque, il n'aurait pu obtenir du gouvernement la permission de rentrer dans la colonie ; » on exigea même qu'il renonçât à son titre de grand-vicaire. (a) Ce vertueux prêtre renonça encore plus volontiers à l'évêché pour lequel il avait été élu, et, aussitôt après son arrivée à Québec, en septembre 1764, il se hâta de signer une déclaration à cet effet. « Je renonce, disait-il, librement, purement et parfaitement, autant que de besoin, à la dite élection, et certifie en même temps que je ne connais personne dans cette

---

(a) M. Étienne Marchand fut élu vicaire général à sa place, par le chapitre, en novembre 1764, en même temps que M. Perreault était nommé pour remplacer à Québec M. Briand, qui partait pour l'Europe. M. St-Onge était chargé du gouvernement des Trois-Rivières.

colonie plus en état de remplir cette place que' M. Olivier Briand, prêtre, chanoine et grand vicaire du diocèse, qui, à la pureté de foi, au zèle, à la science, à la prudence et à la piété la plus distinguée que je connaisse dans cette colonie, joint en sa faveur le suffrage du clergé et des peuples et la protection la plus marquée du gouvernement politique. »

L'abbé Briand, élu à son tour par le chapitre, se vit obligé de partir pour Londres et d'aller plaider une cause qui avait déjà été perdue une fois ; mais il avait une lettre de recommandation du général Murray qui, déjà un an auparavant, écrivait au Lord Shelburne : « Je dois prendre ici la liberté de répéter ce dont j'ai eu l'honneur d'informer votre seigneurie, dans ma lettre du 22 juillet, que M. Briand, vicaire général de ce gouvernement, a constamment agi avec une candeur, une modération, un désintéressement qui le proclament un digne et honnête homme, et que je ne connais personne de sa robe qui mérite aussi justement les faveurs royales. »

De son côté, le chapitre écrivait à M. de la Corne (a) son doyen et son agent à Paris et à Londres : « M. Briand est aujourd'hui notre unique ressource pour avoir un évêque en Canada, puisqu'il se trouve avoir l'agrément du gouvernement ; ce qui n'a pas peu contribué à le déterminer à se rendre à nos pressantes sollicitations et à celles de tout le clergé et du peuple............... Quoique M. Briand soit très recommandable par lui-même et que vous ayez pour lui toute l'estime et toute l'amitié qu'il mérite, nous lui devons cette marque de notre attachement et de notre attention, de vous prier de lui rendre commune la protection que vous

---

(a) M. de la Corne résidait à Paris depuis quatorze ans.

avez su vous ménager, tant en Angleterre qu'en France, afin qu'il réussisse dans son entreprise d'où dépendra la perpétuité du sacerdoce en Canada. »

Parti de Québec en novembre, M. Briand ne trouva pas, à son arrivée à Londres, l'accueil bienveillant qu'on lui avait promis. On le voit par la lettre suivante, en date du 11 janvier 1765 :

« Je ne sais encore quand je partirai, ni dans quel pays j'irai, supposé qu'on accorde un évêque ; on ne me permettra pas, je pense, d'aller à Paris. J'ai trouvé la cour dans des dispositions bien différentes de celles que messieurs de La Corne, de Montgolfier et Charest nous marquaient. C'est sans doute l'effet d'un mémoire présenté à la cour par un homme que vous connaissez ; vous ne sauriez vous faire une idée de l'impudence et du libertinage effréné de ce malheureux...... Heureusement, M. Cramahé détruira les faussetés qu'il a avancées : qu'il y avait déjà grand nombre de protestants canadiens, que quatre à six curés voulaient se marier, que le roi de France aurait nommé aux cures, si le pays était revenu à la France, qu'il n'y avait pas d'autre moyen d'attacher les Canadiens au gouvernement qu'en les rendant protestants, non pas par violence, mais doucement en les laissant manquer de prêtres. Voilà ce que j'ai pu découvrir ; et quand je lui ai reproché sa mauvaise foi et son crime, quelle réponse croyez-vous qu'il m'a faite.—*Il ne fallait pas me laisser venir à Londres ; on devait me retenir au Canada.* Le pauvre garçon ne se porte pas bien ; il a été vite attrapé.»

Ce traître, qui suscitait ainsi des difficultés à M. Briand, était un ex-jésuite français, apostat, nommé Pierre-Antoine Roubaud. Ce misérable, arrivé en Canada, en 1742, fut employé comme missionnaire des Abénaquis, à Saint-François du Lac, et se distingua plus par ses extravagances de cerveau brûlé que par les vertus d'un bon religieux. Après avoir créé mille difficultés au général Haldimand et à ses supérieurs ecclésiastiques, il se fit protestant et alla demeurer à Londres, où il travailla contre les intérêts religieux des Canadiens, et où il mena la vie la plus honteuse et la plus désordonnée. Sir Guy Carleton disait de lui : « Homme de génie, belle imagination, et écrivain d'une grande habileté, mais étranger à la vérité, sans une parcelle d'honneur ni d'honnêteté. » (a) Voilà l'ennemi que M. Briand eut à combattre à Londres. Aidé de M. Cramahé, il réussit à réfuter ses calomnies et à déjouer ses infâmes intrigues. Mais les changements qui s'opérèrent dans le ministère, retardèrent beaucoup la décision tant désirée. Le 6 juillet 1765, l'évêque élu écrivait que ses affaires n'étaient pas plus avancées qu'auparavant, et il faisait connaître à son ami, M. Marchand, ce qu'il lui en coûtait de solliciter ainsi un épiscopat qu'il n'avait jamais désiré.

« Vous comprendrez, disait-il, ma situation et mes sentiments. Je vous avoue que c'est tout ce que je puis faire que de continuer des démarches pour un fardeau pour lequel j'ai toujours une répugnance extrême, et que je redoute en vérité plus que la mort. J'en ai toutes les raisons possibles ; je n'y consentirais jamais, si je ne prévoyais pas ce qui en arriverait de fâcheux......... Je vous prie d'assurer tous messieurs les curés, de mon sincère et parfait attachement et

---

(a) Le savant archiviste, M. Douglas Brymner, est le premier qui ait bien fait connaître l'apostat Roubaud. Voir Rapport sur les archives du Canada pour 1884.

de me recommander à leurs prières et saints sacrifices. J'en ai grand besoin, et je crois les mériter, parce que ce n'est que par amour pour leur patrie, que j'ai entrepris un voyage si pénible......... et si contraire à mon caractère et à mes inclinations. »

« Quelle chute horrible après Mgr de Pontbriand, écrivait-il encore aux demoiselles de Pontbriand. Me voici à Londres, occupé à poursuivre sa dignité; j'ai fui, j'ai résisté tant qu'il m'a été possible sans exposer la religion. »

Il n'y avait en effet que ce motif qui eût pu décider cet humble prêtre à consentir à devenir évêque, et, pour le faire partir de Québec, son confesseur avait été obligé de lui dire que, s'il n'acceptait pas la dignité épiscopale, il répondrait au tribunal de Dieu de la perte de la religion en Canada.

Enfin le gouvernement fit savoir indirectement à M. Briand que, s'il se faisait consacrer, on n'en dirait rien, et que l'on fermerait les yeux sur cette démarche. MM. Louis Cramahé et Thomas Mills furent les amis les plus dévoués qui l'aidèrent à obtenir cet heureux résultat. Le premier était un suisse français qui était secrétaire du gouverneur et le second était l'un des membres de son conseil. Tous deux se trouvaient à Londres, en même temps que M. Briand, et c'est d'après leur conseil qu'il se décida à partir pour la France et à solliciter des bulles du Saint-Siège, afin de pouvoir s'y faire consacrer. Ses amis de Londres lui mandaient qu'il fallait se hâter, afin de profiter des bonnes dispositions des ministres. Le 18 décembre 1765, M. Mills lui écrit en français : « Notre gouvernement est trop bon et trop juste pour refuser le Canadian leur religion et une prêtre avec le pouvoir pour consacrer. » Le 18 février suivant, il écrit encore : « Mon avis sincère à vous est de vous fair sacrer le pluto que vous pouviez, tant mieux, le pluto que vous returnez à Londres, encore mieux. »

Pendant son séjour en France, M. Briand réussit à obtenir des bulles du Saint-Père, aux conditions exigées par le gouvernement anglais : 1º que l'évêque ne dépendrait d'aucune puissance étrangère et n'aurait aucun rapport ni avec Rome ni avec la France ; 2º qu'une fois ses bulles reçues, puisque cela lui était absolument nécessaire, il serait censé tirer son autorité de sa place et de son siège. »

Les bulles furent expédiées le 21 janvier 1766 ; elles portaient la suscription suivante : *Dilecto filio Ji Olivario Briand, presbytero seculari. Electo Quebecensi.* Elles avaient été accordées *capitulo clero ac populo civitatis predictæ maxime desiderantibus et a nobis humiliter enixis precibus supplicantibus.* M. Briand se fit consacrer, le 16 mars 1766, dans la chapelle de Sainte-Marie-de-Merry, paroisse de Surenne, à Paris, par l'évêque de Blois, avec l'autorisation de l'archevêque de Paris.

Sa respectable mère était encore vivante quand il reçut la consécration épiscopale, et elle eut le bonheur indicible de revoir, après vingt ans d'absence, cet enfant de prédilection qui avait déserté un jour le toit paternel, pour se consacrer plus librement au service de son Dieu. La famille Briand pouvait être fière d'avoir donné au Canada le second fondateur de son église, mais la douleur d'une nouvelle séparation était d'autant plus grande qu'on la savait sans retour.

« Je ne vois rien de plus cruel que les adieux éternels, écrivait M. de La Corne aux chanoines de Québec ; jugez, messieurs, des assauts que le pauvre malheureux a eu à essuyer en laissant sa famille, où il a été passer environ un mois. Sa respectable mère, qui est une vraie sainte, en a été malade, et ses frères et sœurs, qui sont les plus recommandables par leur probité et leurs belles qualités, sont inconsolables. Il faut, en vérité, autant de vertu qu'il en a et de fermeté, pour avoir résisté et n'y avoir pas succombé. Vous avez un saint, messieurs, prions le Tout-Puissant de le conserver en Canada. »

Le vertueux prélat ne tarda pas à retourner en Angleterre, et, après en avoir obtenu l'agrément de la cour, il partit enfin pour Québec, où il arriva le 28 juin 1766.

« Entreprendrai-je, s'écrie son panégyriste, d'exprimer l'allégresse publique occasionnée par son retour ? Non, elle ne peut être estimée que par l'inquiétude qu'avait causée son absence. En peu de jours, le bruit de son arrivée se répand aux extrémités de la Province. La joie, les applaudissements, les transports sont universels, on ne parle que du nouvel évêque, de ses grandes qualités, de la gloire que la religion va retirer de son ministère. C'est à qui le verra le premier. Les fidèles pleurent de consolation, lèvent les mains au ciel, remercient Dieu d'avoir jeté des regards de miséricorde sur son peuple et de s'être servi d'un aussi digne sujet pour le rétablissement de l'épiscopat. » (a)

Les catholiques ne furent pas les seuls à se réjouir de cet heureux événement. Le général Murray écrivit à Mgr Briand, une lettre dans laquelle il fait connaître combien il partage le bonheur de tous, lettre qui fait autant d'honneur à celui qui l'a écrite qu'au prélat auquel elle était adressée. Nous

---

(a) La *Gazette de Québec*, du 3 juillet 1766, donne un compte-rendu de l'arrivée de Mgr Briand.

la citons pour montrer combien le général Murray aimait les Canadiens et à quel point Mgr Briand avait su mériter son estime et sa confiance.

« Québec, 20 juin 1766.

» Cher Monsieur,

» Je désirais ardemment vous serrer la main et vous féliciter sincèrement sur votre promotion, événement dont je suis d'autant plus heureux que j'ai tout fait pour y contribuer, tant par mes lettres officielles au roi et à ses ministres, que par mes sollicitations à mes amis, et, en particulier, à l'archevêque de York et à mon frère, le doyen de Durham. Je recommande mes Canadiens à vos soins ; ils se sont conduits de manière à gagner pour toujours ma sincère affection. C'est avec regret que je les quitte ; mais ma présence à Londres devient nécessaire pour détruire les fausses accusations de leurs ennemis et des miens. Vous pouvez compter que je ferai à Londres les plus grands efforts pour promouvoir leurs intérêts.. ....

JA. MURRAY.

Le Saint-Père attendait avec impatience le résultat final de toutes les démarches de Mgr Briand pour assurer la conservation de la foi catholique en Canada ; aussi la joie fut grande à Rome, quand on apprit avec quel succès il avait terminé cette grande affaire, et avec quelles démonstrations de joie il avait été accueilli à son arrivée à Québec. Le Cardinal Castelli écrivit de suite à l'abbé de l'Isle-Dieu, agent de Mgr Briand à Paris, pour lui dire le contentement du Souverain-Pontife à cette heureuse nouvelle. Cette lettre est la plus complète approbation de toute la conduite tenue par Mgr Briand depuis que la colonie était passée sous la domination anglaise, et elle le venge bien de toutes les accusations de faiblesse et de pusillanimité portées contre lui par M. Brasseur de Bourbourg. (a) Avant même de savoir les intentions du Saint-Siège, il les avait remplies à la lettre, avec une sagesse qui seule pouvait, avec la grâce de Dieu, obtenir d'une cour protestante et remplie de préjugés, des marques non équivoques de son bon vouloir, et l'espérance de faveurs encore plus importantes pour l'avenir.

« Les nouvelles que vous nous avez données, écrit le cardinal, du gracieux et favorable accueil qui a été fait au nouvel évêque de Québec, non seulement par les catholiques de son diocèse, mais encore par les Anglais, et en particulier par le commandant, ont été bien consolantes pour le Saint-Père et pour nous tous. Ces heureux commencements nous donnent tout lieu d'espérer que les choses iront bien à l'avenir ; et il faut rendre justice à cette nation qui a le cœur généreux et qui suit les impressions de la raison et de l'honnêteté. Nous en avons un exemple à l'Ile Minorque, où les affaires de la religion sont dans l'état le plus tranquille, et où l'Église jouit d'une pleine liberté, même beaucoup plus grande que dans plusieurs autres pays

---

(a) M. l'abbé Faillon dit aussi, dans la vie de madame Youville, que " M. Briand était d'une extrême timidité. " S'il était timide, il n'en fut pas moins l'un des hommes les plus énergiques qu'il soit possible de rencontrer. En tout cas, cette prétendue timidité ne l'empêcha pas de dire, un jour, au général Murray : " Ma tête tombera avant que je vous accorde la permission de nommer à une seule cure. "—Sa timidité lui permettait aussi d'écrire à lord Dorchester : " De ma vie je n'ai craint homme ; je me reproche, même à présent que je suis aux portes de la mort, de ne pas assez craindre Dieu, mon redoutable juge ; je sais aimer, mais non craindre ; les bontés me rendent faible et mou ; les grossièretés et les duretés me trouvent homme et ferme. "

catholiques. De leur côté, il faudra que les ecclésiastiques et l'évêque se comportent avec toute la prudence et la discrétion possible pour ne point causer de jalousie à l'État, ... et *qu'ils oublient sincèrement à cet égard qu'ils sont français.* Du reste, je vous rends les plus vives et les plus tendres actions de grâces de m'avoir fait entrer en participation de vos consolations, comme aussi de m'avoir donné un aussi beau détail des dispositions que fait paraître le nouvel évêque. Je vous prie de ne point laisser ralentir votre zèle pour le bien de cette église et de seconder la sollicitation pastorale de ce prélat, en lui procurant le nombre de bons missionnaires qu'il demande, particulièrement pour prendre soin des pauvres Acadiens ; et si l'on a besoin de notre assistance, soyez persuadé que je ne saurais avoir de plus grande consolation que d'employer tous mes travaux pour subvenir aux besoins spirituels de ces fidèles, autant qu'il dépendra de nous. Souvenez-vous toujours amicalement de moi, surtout au saint autel, car je le mérite bien en considération de la haute estime que je fais d'une aussi digne personne que vous.

Votre très affectionné confrère,

Joseph Marie Cardinal Castelli,

Préfet.

Rome, 17 Xbre 1766.

CHAPITRE III

Pauvreté de l'évêque de Québec.—Il demeure au séminaire.—Reconstruction du palais épiscopal et de la cathédrale.—Difficultés avec le curé et les marguilliers.—Entrée de Mgr Briand dans son église.—Extinction du chapitre.—Ordinations.—Charité du prélat pour les maisons religieuses de Québec et de Montréal.

L'évêque de Québec prit sa résidence au séminaire, où il demeura toute sa vie. Sans fortune personnelle, ses revenus consistaient uniquement en une pension de trois mille livres, accordée par l'assemblée du clergé de France, en 1765, et en une autre pension de six cent soixante-six livres qu'il recevait comme chanoine, sur une gratification de quatre mille livres, accordée par le roi de France au chapitre de Québec. L'évêché possédait encore à cette époque neuf mille sept cents livres sur l'hôtel-de-ville de Paris. Mgr Briand, avec de si faibles ressources, n'en refusa pas moins le présent que voulaient lui faire les prêtres de son diocèse à son heureux retour au milieu d'eux. Il les trouvait eux-mêmes si pauvres, qu'il aima mieux vivre plus simplement que de leur enlever une partie de leurs minces revenus. C'est en vain que MM. Perreault, Marchand et Saint-Onge avaient proposé un plan pour faire contribuer le clergé, les séminaires et les communautés, à la subsistance du prélat. Le mandement qui fut publié à cet effet par M. Perreault, de même que les collectes qui en furent la conséquence, ne servirent qu'à prouver la générosité des prêtres et l'amour qu'ils avaient pour leur premier pasteur. Mgr Briand ne voulut accepter que l'hospitalité que les messieurs de son séminaire eurent l'honneur de lui offrir, en vertu d'une résolution passée en 1764 et conçue à peu près dans ces termes : « Considérant 1° que le séminaire est fondé pour y élever un clergé, et que, s'il n'y a pas d'évêque pour ordonner les clercs, il devient inutile d'en former ; 2° que le futur évêque de Québec est sans ressources ; les directeurs offriront un appartement convenable au bout de la salle d'étude du petit séminaire, consistant en antichambre, salle, chambre et cabinet, avec la jouissance du terrain situé au-devant ; ils lui offriront la table du réfectoire avec un extraordinaire pour lui-même, et cela seulement tant qu'il demeurera au séminaire. Enfin l'évêque n'aura rien à payer tant que ses moyens ne lui permettront pas de le faire facilement. » Telle fut l'origine de cette pension gratuite que le séminaire accorda aux évêques de Québec pendant soixante-dix ans. Mgr Briand sut reconnaître royalement l'hospitalité que lui donnèrent pendant toute sa vie les prêtres de cette maison, qui le regardent à bon droit comme un second fondateur. Ce fut lui qui, malgré sa pauvreté, paya le coût de la chapelle de Saint-Jean-Baptiste et la boiserie du chœur dans la chapelle du séminaire. Il se chargea aussi de la main-d'œuvre pour la construction de la chapelle de Saint-Joachim, qu'il pourvut de tous les ornements nécessaires au culte. Au témoignage de l'abbé Plessis, « il rétablit et encouragea… les études interrompues par le malheur des temps, ne dédaignait pas de visiter fréquemment les plus basses classes et prélevait même sur ses épargnes pour donner des prix aux élèves les plus méritants. »

Jusqu'à la conquête, tous les élèves du séminaire allaient en classe chez les RR. PP. Jésuites.

En 1759, MM. les directeurs Gravé et Pressard emmenèrent avec eux, à Montréal, les ecclésiastiques et les autres élèves qui voulaient continuer leurs études et qui avaient les moyens de s'y rendre et d'y payer pension. Ces zélés éducateurs continuèrent à Montréal leur œuvre de l'enseignement jusqu'à la cession du Canada à l'Angleterre en 1763. Ils retournèrent, cette année-là, à Québec, et les classes furent rouvertes. après que le séminaire eut subi les réparations nécessaires. On ne put toutefois y admettre des pensionnaires qu'en 1765. Et depuis cette époque, les élèves restèrent au séminaire pour toutes leurs classes et n'eurent plus à s'adresser aux membres de la compagnie de Jésus.

Le palais épiscopal avait été presque entièrement détruit pendant le siège de la ville ; le prélat entreprit de le reconstruire, et y consacra d'abord une somme de onze mille livres, puis une autre de quinze mille, qu'il fut obligé d'emprunter et qui lui permit de faire terminer l'ouvrage. Mais il n'habita jamais cette maison, que le gouvernement prit à loyer, en 1778, en accordant à l'évêque une rente de cent-cinquante livres sterling. Déjà en 1775, pour reconnaître en quelque façon les services inappréciables qu'il rendit alors, on lui accorda une pension annuelle de deux cent-cinquante livres sterling.

Il y avait bien d'autres ruines à réparer, et en premier lieu celles de la cathédrale, où, depuis le siège de la ville, l'on n'avait pas encore pu dire la messe. Les offices publics de la paroisse s'étaient faits d'abord à l'église des Ursulines, pendant cinq ans et trois mois, mais depuis la veille de Noël, 1764, on les avait transférés à la chapelle du séminaire.

Ce ne fut qu'en 1767 que les marguilliers commencèrent à rebâtir la cathédrale incendiée ; mais, encouragés par M. le curé Rêcher, ils signifièrent à Mgr Briand qu'elle ne serait plus désormais qu'une église paroissiale et non point une cathédrale. Ils lui accordaient bien le droit d'y officier, mais ils ne voulaient pas lui permettre de s'y installer comme un évêque dans sa cathédrale, avec son chapitre. C'était certainement de leur part le fait de la plus noire ingratitude envers un évêque qui s'était sacrifié par amour pour eux, et à qui ils devaient en grande partie la liberté dont ils commençaient à jouir dans l'exercice de leurs droits religieux. Ils firent preuve dans toute cette affaire d'un esprit d'entêtement et de chicane que l'on ne saurait trop condamner. Le curé Rêcher était encore plus inexcusable que ses paroissiens. Profitant de la vacance du siège, et croyant à tort que l'abbé Briand ne reviendrait de Londres qu'avec le titre précaire de vicaire apostolique, il s'était accoutumé à tout gouverner par lui-même dans l'église, et maintenant qu'un évêque était donné au siège de Québec, au lieu de s'en réjouir et d'en louer le Seigneur, il s'employait à susciter des difficultés au prélat, et refusait même de signer l'acte de prise de possession de son trône épiscopal. (a) Mgr Briand, remarquable par une patience aussi grande que sa fermeté, ne voulut pas prendre des mesures de rigueur ni en appeler aux tribunaux pour entrer en possession de ses droits ; il se contenta d'attendre en silence que la fabrique fût revenue à de meilleurs sentiments. Quand l'église fut prête à être

---

(a) M. Rêcher mourut le 16 mars 1767. Le séminaire céda alors à l'évêque tous les droits qu'il prétendait avoir sur la cure. Mgr Briand nomma d'abord un desservant, puis, en 1769, M. Dosque fut nommé curé en titre.

livrée au culte, il adressa aux habitants de la ville de Québec, une lettre pastorale, dans laquelle il raconta toute l'histoire de cette difficulté, et annonça en même temps qu'il continuerait de faire les offices dans la chapelle du séminaire. Nous en donnons les passages les plus importants ; on y voit le cœur d'un évêque et le langage d'un saint :

« Vous touchez, Nos Très Chers Frères, au moment d'entrer dans le temple que votre piété vient de rétablir. Nous avons été également édifié de votre générosité et de votre zèle pour la religion, de l'esprit d'économie, de l'attention, de l'activité avec lesquels messieurs les marguilliers ont conduit ce grand ouvrage à sa fin. Accoutumés que vous aviez été à voir mes prédécesseurs évêques de Québec présider dans cette église aux divins offices et y faire leurs fonctions épiscopales, peut-être serez-vous surpris et malédifiés de ne pas m'y voir. Je suis décidé à continuer de faire dans cette église (a) mon office avec mon clergé. Je puis vous protester à la face des saints autels qu'aucun motif humain n'est entré dans cette résolution, et que je ne porte pas dans mon cœur la plus légère indisposition ni pour vous, pour qui je donnerais jusqu'à la dernière goutte de mon sang, ni pour messieurs vos marguilliers, que je crois pleins de droiture, de bonne foi et de zèle pour vos intérêts, ni même pour les premiers auteurs de cette division, auxquels j'ai fait tout le bien et rendu tout l'honneur qui a dépendu de moi.

» Nous vous conjurons donc, Nos Très Chers Enfants en Notre Seigneur, par les entrailles de la miséricorde de Jésus-Christ notre Sauveur, de nous imiter, comme nous nous

---

(a) La chapelle du Séminaire.

efforçons de l'imiter nous-même ; et que cette séparation se fasse sans la plus petite division de cœur. Notre prière, quoique faite dans des lieux différents, n'en sera pas moins agréable au Seigneur, si les liens de la charité nous unissent, si nous n'avons tous qu'un cœur. Dieu qui a permis cette division dans les esprits et les sentiments, saura bien en tirer sa gloire.

» Je vous le répète, Nos Très Chers Frères, si je choisis pour y faire mes fonctions l'église que je trouve la plus propre à former nos jeunes ecclésiastiques à la piété et aux saintes cérémonies (ce que je regarde comme un des principaux devoirs de mon état), c'est sans aucune passion ; Dieu m'est témoin que je n'ai jamais demandé la propriété de votre église, que je n'ai jamais eu la pensée de toucher à ses revenus, ni d'en ôter l'administration aux fabriciens. J'ai cru, il est vrai, et je crois encore que cette église, qui est aussi la vôtre, dans laquelle votre curé a son titre, où vous avez droit de recevoir les sacrements, d'assister aux divins offices, et dont il n'est pas possible à personne de vous chasser avec justice, comme on vous le fait entendre, je crois que cette église est en même temps ma cathédrale et celle de mon chapitre, non par choix, comme l'est actuellement l'église du séminaire, mais par l'attribution que le Souverain Pontife en a faite, à la demande du roi et du consentement de vos pères. C'est sur ce pied que mes prédécesseurs et leurs chapitres en ont pris possession, à la vue et du consentement du peuple, par des actes solennels et souvent réitérés ; c'est sur ce pied qu'ils y ont assisté depuis 1684, et c'est sur ce pied que j'y serais allé, que j'aurais concouru à son rétablissement et contribué même d'une somme de 15 à 18,000 francs, si l'on n'eût pas rejeté mes offres, en me disant que l'intention des citoyens était de rétablir l'église, uniquement comme paroisse et non pas comme cathédrale. C'est la réponse que fit, en pleine compagnie, M. Rêcher, alors votre curé, et que MM. les marguilliers ont depuis constamment soutenue par toute leur conduite et même par leurs écrits. Je ne puis donc aujourd'hui entrer dans cette même église, sans trahir les droits de mon siège et de mon clergé, sans manquer à ma dignité et sans m'exposer moi et mes chanoines à des troubles et des divisions, qui pourraient renaître dans des conjonctures plus fâcheuses encore que celles-ci, et qui se sont souvent renouvelées depuis l'établissement de l'église du Canada. Quel est donc le parti que je puis prendre ? Porter mes plaintes et faire valoir mes droits aux pieds des tribunaux ? Mais ne dois-je pas craindre d'allumer le flambeau de la division et du schisme parmi mes chères et très aimées ouailles ? D'ailleurs j'aurais trop de violence à faire à mon caractère et à mon amour pour la paix. Il ne me reste donc qu'un seul parti convenable et conforme en même temps à l'esprit de Notre Seigneur, qui vous dit dans son évangile que si l'on ôte votre manteau, il faut aussi donner la tunique, qui est de renoncer au droit qu'on ne veut pas reconnaître, puisqu'on refuse de désavouer le langage, la conduite et les écrits précédents.

» Je ne crois pas avoir, par ma conduite, à me taxer d'ambition, ni d'aucune vue d'intérêt personnel. Si l'amour et la tendre affection que j'ai pour vous, si le zèle de votre salut, si le bien de l'église du Canada m'ont fait consentir à me charger du pesant fardeau qu'on m'a imposé et que vous appesantissez encore, au lieu de m'aider à le soutenir, Dieu m'est témoin de la violence que je me suis faite et des combats que j'ai eu à rendre contre moi-même. Je crois que c'est mon église et celle de mon clergé et en même temps la vôtre, si essentiellement que l'un ne peut être l'un sans l'autre, aux termes de la bulle et de l'acte d'érection de l'évêché et du chapitre. Vos marguilliers pensent différemment, parlent, écrivent et agissent.

» Cela ne diminuera rien des sentiments que j'ai pour eux et pour ceux qui peuvent être de leur opinion. Mais au moins qu'on ne trouve pas mauvais si je ne vais pas dans cette église ; qu'on ne s'exhale pas en plaintes, murmures, paroles de blâme, de médisance et de calomnie. Car je vous en avertis, moins pour moi que pour vous : vous vous rendriez certainement coupables envers Dieu. Si je n'ai point de cathédrale, laissez-moi la liberté de me choisir à ma commodité une autre église, et qu'il me soit permis d'y célébrer les saints offices avec mon clergé, du mieux que je pourrai et en paix.

» Voilà, Nos Très Chers Enfants en Notre Seigneur, ce que je me suis cru obligé de vous annoncer, pour vous exhorter à persévérer, malgré la différence des sentiments, dans l'union et la charité entre vous et avec un pasteur qui vous porte tous dans son cœur, qui n'a d'autre intérêt, d'autre désir que votre salut, votre sanctification, et qui préfèrerait d'être lui-même anathème, plutôt que de se voir une pierre de scandale pour un seul d'entre vous. »   (5 avril 1771) [1]

Les marguilliers ne se contentèrent pas de lutter à Québec contre leur évêque, ils voulurent lui faire la guerre jusqu'à Rome et adressèrent un mémoire au Saint-Siège contre lui. En même temps qu'eux, se plaignait aussi un moine défroqué, (a) proche parent d'un des marguilliers, et, qui après avoir été traité avec la plus grande miséricorde par son évêque, osait écrire contre lui les calomnies les plus noires et les plus absurdes. Ces attaques réunies n'eurent aucun succès auprès du Souverain Pontife. Le cardinal Castelli, mis au fait de tout ce qui s'était passé, écrivit bientôt à l'abbé de l'Isle-Dieu (b) : « Quant à M. l'évêque de Québec, je vous ai déjà écrit que je demeure pleinement persuadé de sa sage et vigilante conduite. » Mgr Briand ne manqua pas de donner lui-même au préfet de la Propagande, tous les renseignements possibles au sujet de ces difficultés, et de profiter de la circonstance pour témoigner de son entière soumission à la volonté du successeur de saint Pierre. « Voilà, disait-il en terminant, tout ce qui regarde l'affaire de la cathédrale ;

(a) Ce moine était le frère Frs-Louis Chartier de Lotbinière, fils de l'archidiacre de Lotbinière qui avait été marié avant d'entrer dans les ordres. Mgr Briand dit de lui dans une lettre à l'abbé de l'Isle-Dieu :
" Sorti du Canada, en 1753, et alors récollet interdit et suspens de tous ordres, ensuite cordelier, devenu, après une maladie dangereuse, récollet encore, après cela apostat en Europe, pendant deux ans ; devenu ensuite de l'ordre de Malte, sans devenir meilleur, chassé de la Martinique, à cause de ses désordres, par les capucins et le gouverneur, il n'a pas eu honte de venir en Canada, où il était connu pour un franc libertin, où il savait que j'étais évêque et devait aussi savoir que je connaissais toutes ses infâmes histoires......... " C'était là un triste avocat pour faire valoir la cause des marguilliers contre Mgr Briand. A son retour à Québec, il fut interdit de nouveau par son cousin germain, Mgr d'Esglis entre les mains de qui l'avait remis Mgr Briand. Il avait osé écrire même à Londres contre son évêque. Sa lettre n'eut d'autre effet que de lui faire perdre une pension de cent écus que lui donnait le gouverneur depuis son interdit. Cependant elle lui fut remise, après les plus vives instances de Mgr Briand, qui rendait le bien pour le mal. L'abbé de Lotbinière mourut aux États-Unis, en 1784.

(b) L'abbé de l'Isle-Dieu, nommé vicaire général par Mgr Dosquet, n'avait cessé de rendre aux évêques de Québec les services les plus signalés. Il fut l'ami dévoué de Mgr Briand, pour qui il avait la plus grande vénération. Ce digne prêtre mourut en 1779, à l'âge de quatre-vingt-onze ans.

voilà ma conduite. Si notre Saint-Père la trouve blâmable, je suis prêt à me soumettre à tout ce qu'il décidera. »

Quand les fidèles furent entrés dans leur église, ils ne tardèrent pas à regretter l'absence de l'évêque, et à comprendre combien la conduite de leurs marguilliers était ingrate. Des murmures se firent entendre et parvinrent bientôt aux oreilles de M. Cramahé, qui se fit un devoir d'intervenir et d'amener la fabrique à des concessions nécessaires. Il écrivit ensuite ce qui suit à Mgr Briand :

« Le papier que j'ai eu l'honneur de vous montrer, mardi dernier, ayant été communiqué par le marguillier en charge à ceux de ses confrères qui étaient en ville, au nombre de douze, et approuvé d'eux tous, je vous prie très instamment, Monseigneur, de donner aux habitants le contentement qu'ils désirent, de voir leur évêque entrer dans l'église cathédrale et paroissiale de cette ville. »

Mgr Briand ne demandait pas mieux que de donner cette joie à son peuple, et, le 10 mars 1774, il annonça par un mandement, qu'il ferait son entrée solennelle dans sa cathédrale, le seize du même mois, jour anniversaire de son sacre.

« Depuis huit ans, (dit-il dans ce mandement) que j'ai été consacré votre évêque et votre pasteur, l'esprit de trouble et de division a tenu élevé contre nous un mur de séparation qui empêchait cette union et ces rapports intimes qui devraient toujours subsister entre le père et ses enfants, le pasteur et ses ouailles ; mais par la miséricorde de notre Dieu, ce mur de division vient d'être renversé ; la paix, la concorde, la confiance vont régner dans tous les cœurs. C'est de ce jour, que je dois me regarder comme votre évêque et l'époux de votre église. Il me sera désormais permis de dire avec confiance : mes brebis me connaissent, elles distinguent ma voix et la suivent. Jésus-Christ, le Pasteur des pasteurs, m'est témoin qu'aucun motif humain n'a agi sur moi, que je vous ai toujours porté dans mon cœur, que votre salut, la conservation de notre sainte religion, les intérêts et la gloire de votre église, ont toujours été les motifs et les seuls motifs de ma conduite, que je n'ai cessé un seul jour, depuis que je suis votre évêque, de supplier l'Esprit de lumière de dissiper les préjugés et de vous faire connaître vos véritables intérêts.

« Enfin, Nos Très Chers Frères, j'ai été exaucé, et le moment où tout paraissait désespéré, où l'aigreur et la discorde paraissaient à leur comble, la miséricorde de Dieu et sa divine Providence, qui ont été mon unique refuge dans ces temps nébuleux, l'ont choisi pour rétablir le calme, la paix et la réunion la plus solide et la plus durable. La dignité de votre église, et son éminente autorité au-dessus des autres de ce diocèse, les droits de l'épiscopat et les vôtres ont été reconnus et sont en sûreté. Plus de divisions de sentiments entre nous. Qu'il n'y ait donc plus qu'un même cœur, une âme, un même langage, comme il n'y aura plus qu'une même église. Que notre conduite et nos discours concourent à marquer que nous sommes les vrais enfants du Dieu de la paix, et les disciples de celui qui est descendu du ciel pour l'apporter sur la terre, et qui, en mourant, l'a laissée aux siens par testament, comme la marque propre et caractéristique de ses fidèles adorateurs................. »

L'entrée de l'évêque dans son église se fit avec une pompe et une solennité extraordinaires ; elle répandit la joie dans tous les cœurs et fut l'occasion des conversions les plus éclatantes.

Mgr Briand aurait désiré assurer l'existence du chapitre, et, dès 1767, il avait demandé au gouverneur la permission de remplir les canonicats vacants. Malgré ses excellentes dispositions, Carleton ne crut pas devoir y consentir. « On m'a demandé de compléter le chapitre, écrit-il à Lord Shelburne, et j'ai fait des difficultés à le permettre. »

En 1774, l'évêque songeait encore à faire revivre cette institution ; on le voit par sa correspondance avec M. Porlier, curé de Sainte-Anne de la Pocatière. L'exécution de ce projet fut remise à des jours meilleurs, à cause de l'impossibilité de remplacer les prêtres qui auraient été appelés à Québec pour composer le chapitre ; les troubles de l'invasion américaine vinrent ensuite ajouter aux difficultés et aux sollicitudes du prélat et plusieurs années se passèrent avant que l'on songeât de nouveau à remplir les canonicats vacants. Plusieurs chanoines étaient retournés en France, et, en 1783, il n'y avait plus, pour les représenter au Canada, que Mgr Briand et M. St-Onge qui mourut en 1795. Le chapitre était éteint, et les quelques tentatives qui ont été faites depuis pour le ressusciter ont été sans résultats.

Bien d'autres vides s'étaient faits dans le clergé, depuis la conquête : plusieurs prêtres étaient morts, d'autres étaient repassés en Europe ; des cent quatre-vingt-un prêtres que l'on comptait dans le diocèse de Québec, en septembre 1758, il n'en restait plus que cent trente-huit, en juillet 1766. Mgr Briand travailla sans relâche à favoriser les vocations ecclésiastiques et à former dans son séminaire des prêtres instruits et zélés, qu'il envoyait ensuite dans les paroisses pour rebâtir les églises et propager le règne de Jésus-Christ.

Il en ordonna lui-même quatre-vingt-dix pendant son épiscopat, et ne négligea aucun moyen d'en faire venir de France. Mais ce ne fut qu'en 1793, que le gouvernement britannique permit aux prêtres français de venir travailler en Canada.

C'est ainsi que ce vénérable évêque se dépensait pour réparer tous les désastres et pour relever de ses ruines l'église qui avait été confiée à sa sollicitude pastorale.

Les communautés de Québec avaient toutes été cruellement éprouvées pendant la guerre; aussi ne furent-elles pas oubliées par Mgr Briand, qui fut toujours pour elles un bienfaiteur et un père. Pour s'en convaincre, il suffit de lire les annales de ces diverses maisons religieuses, et l'on est émerveillé des ressources que savait trouver le charitable prélat pour leur venir en aide. « C'est surtout en entrant dans le détail des réparations faites alors à notre maison, dit l'Histoire des Ursulines de Québec, que nous avons lieu d'admirer la sollicitude du saint évêque ; il voulut défrayer lui-même, en tout ou en partie, ces dépenses. auxquelles la communauté était impuissante à satisfaire. Ainsi le rétablissement de la maison des externes, inhabitable depuis le siège ; les réparations aux murs de clôture, aux bâtiments de la basse-cour en 1767 et 68 ; le renouvellement du plancher et des marches du sanctuaire en 1772 : tout cela ne fut effectué que moyennant les encouragements et les largesses du digne prélat. Lui-même pourvut au rétablissement du confessionnal et à la construction de la chambre des portiers, ce qui lui coûta treize cent quatre-vingt livres. »

A l'Hôtel-Dieu, les sœurs se trouvaient dans une détresse presque incroyable, et sans ressources pour y remédier ; elles en vinrent jusqu'à être obligées de vendre le peu d'argenterie qu'elles possédaient et même une grande horloge, pour pouvoir subsister. Mais au retour de Mgr Briand, de Londres, elles purent compter sur le pain quotidien, que leur procura ce bon père des familles religieuses. « Non content de mettre à l'œuvre toute son influence auprès de ses diocésains, il retrancha même de son revenu particulier des sommes considérables pour les assister, et il savait relever le prix de ses dons par une délicatesse de procédés charmante. » (a)

Et si nous ouvrons les annales de l'Hôpital-Général, nous trouverons encore le prélat occupé à consoler des afflictions et à soulager des misères.

« Le dénûment où la maison se trouvait réduite, ne pouvait manquer d'inspirer à ses amis les plus vives appréhensions. Mgr Briand en éprouvait une peine profonde ; la ruine complète de notre établissement lui paraissait imminente, et dans sa douleur et son embarras, il élevait sans cesse les yeux et les mains au ciel, d'où il attendait son secours. Un jour, il communiqua ses tristes réflexions au chanoine de Rigauville, et, le voyant touché du triste état où se trouvait l'hôpital : « Eh bien ! mon cher ami, voulez-vous vous charger du soin de ces pauvres filles, faire leurs affaires, veiller sur leurs biens... en devenir le père : vous en êtes bien capable, si vous le voulez ; vous voyez qu'il ne m'est pas possible de faire cela à la place où je suis, chargé d'un diocèse. » Pressé par son évêque, en même temps son ami, le vertueux

---

(a) Histoire de l'Hôtel-Dieu de Québec par l'abbé Casgrain.

chanoine accepta, et il fut la providence de l'Hôpital-Général, qu'il sauva de la ruine et qu'il rendit prospère.

L'annaliste nous apprend encore que Mgr Briand faisait lui-même de généreuses aumônes à la communauté ; c'est ainsi qu'il donna douze cents livres pour aider à reconstruire la ménagerie ; en 1778. ses largesses s'élevaient à près de deux cents louis et en 1779, nous lisons : « Mgr Briand a surpassé notre attente par ses libéralités ; il s'est chargé d'acquitter tous les comptes de la maison de nos domestiques, ce qui est monté à la somme de trois mille deux cent vingt-deux livres.»

Si les communautés de Montréal avaient été épargnées pendant la guerre, elles ne furent pas exemptes des malheurs qui semblaient ne vouloir épargner aucune institution ni aucune ville de la colonie. Le 18 mai 1765, un incendie désastreux éclata à Montréal, et, en moins de deux heures, dévora plus de cent maisons, parmi lesquelles l'Hôpital fondé par Madame Youville. Mgr Briand était à Londres, à cette époque, et impuissant à venir en aide à cette communauté ; il écrivait à son ami, M Marchand, pour lui dire toute sa douleur, et pour le conjurer de faire en leur faveur tout ce que lui inspirerait sa charité. Le vicaire général avait prévenu ses désirs, et, par un mandement adressé au clergé et aux fidèles de son gouvernement, il fit à leur générosité, un appel qui fut entendu.

Trois ans après, le 11 avril 1769, c'était le tour des Sœurs de la Congrégation, qui virent, elles aussi, consumer par le feu tous leurs bâtiments, leur église, leurs meubles, et furent obligées d'aller demander asile aux Sœurs de l'Hôtel-Dieu.

Les messieurs de Saint-Sulpice ne manquèrent pas de leur venir généreusement en aide.

Mgr Briand, toujours prêt à secourir les infortunes, se hâta de publier un mandement adressé aux fidèles de sa ville épiscopale, pour les inviter à secourir les familles affligées de Montréal, et, en particulier, la famille religieuse de la sœur Bourgeois. Et afin que la collecte fût plus abondante, il poussa le dévouement jusqu'à se transporter lui-même, de maison en maison, pour recueillir les fruits de la compassion et de la libéralité des citoyens.

Au mois de juillet suivant, l'évêque se rendit à Montréal pour consoler, par sa présence, les infortunées victimes du fléau, et contribuer, suivant ses faibles moyens, au rétablissement d'une maison religieuse qui produisait un si grand bien dans son immense diocèse.

CHAPITRE IV

Affaire de la coadjutorerie. — Mgr D'Esglis. — Prudence et fermeté de Mgr Briand dans ses rapports avec l'autorité civile. — Murray. — Carleton. — Haldimand. — Loi de l'*habeas corpus*.

« Mgr Briand disait familièrement qu'il ne voulait être que le charretier de l'épiscopat en ce pays. » (*a*) Il n'en fut pas moins l'un des évêques les plus remarquables de l'église de Québec, et ce langage fait connaître sa sage prévoyance, et, disons-le, son génie. Ce fut en effet un acte de génie de pouvoir assurer la permanence de l'épiscopat, au milieu de difficultés sans nombre, et de songer à réaliser ce plan, avant même d'avoir été reconnu lui-même comme évêque. Car, pendant qu'il était encore à Londres, et qu'il conjurait les ministres du roi de donner un évêque à l'église de Québec, il n'était pas sans se demander ce qu'il adviendrait du siège épiscopal, à la mort de cet évêque ; et il imagina d'obtenir deux évêques pour le Canada, l'un titulaire, l'autre coadjuteur *cum futura successione*, afin qu'à la mort de l'un, l'autre en pût consacrer un second, et qu'ainsi il n'y eût pas de vacance qui pût mettre de nouveau en question l'existence même de l'épiscopat. Le Saint-Père fut touché de cette prévoyance admirable, et, par un bref du 9 avril 1766, il donna à Mgr Briand la permission de se choisir un coadjuteur,

---

(*a*) Oraison funèbre par M. Plessis.

« pourvu que les Anglais n'y missent aucun empêchement, » (*a*) et aussi celle de le consacrer sans qu'il y eût deux évêques assistants, outre le consécrateur.

Après bien des lenteurs, la cour de Londres permit à Mgr Briand de mettre son dessein à exécution, et, aussitôt que le nouveau gouverneur, le général Carleton, fut arrivé à Québec, le prélat lui fit part du grand désir qu'il avait d'avoir un coadjuteur et de la permission qu'il avait obtenue de la cour, à cet effet. M. Carleton, dont les instructions ne cadraient pas beaucoup avec cette permission donnée seulement de vive voix, craignit d'encourir le blâme des ministres qui l'avaient envoyé, et, malgré les excellentes dispositions dont il était animé, il fit attendre l'évêque quatre longues années, avant de se rendre à ses supplications. Enfin, sur le point de retourner en Angleterre, il proposa de lui-même M. Mariauchau d'Esglis pour le futur coadjuteur, et voulut que Mgr Briand procédât sans plus tarder à sa consécration. Un grand nombre de prêtres étaient du même avis, et disaient que l'on n'avait pas besoin d'attendre pour cela que les bulles fussent arrivées de Rome ; on le voit par la correspondance échangée entre l'évêque et le cardinal Castelli, préfet de la Propagande.

« J'avais demandé, écrit Mgr Briand, qu'en cas de maladie je pusse consacrer avant de recevoir les bulles, c'était la seule raison que je donnais alors ; notre gouverneur prétendait que je pouvais consacrer aussitôt qu'il a eu donné son consentement ; presque tous les catholiques le pensaient. J'ai eu une petite tempête à essuyer, mais j'ai tenu ferme, et

---

(*a*) Lettre du cardinal Castelli, 16 mars 1768.

donné des preuves si évidentes de la justice de mon refus, que tout est calme à présent. Je suis sûr au moins d'avoir persuadé le gouverneur, qui ne me pressait d'ailleurs de consacrer, que par la crainte qu'un autre gouverneur n'eût pas la même bonté pour nous. »

La difficulté des communications était alors si grande, que la réponse à cette lettre mit deux ans à arriver de Rome. Le cardinal Castelli approuvait en tout la conduite de l'évêque, et il lui disait, en lui adressant les bulles de Mgr D'Esglis : « Quels remercîments n'ai-je pas à vous faire, de ce que vous avez empêché qu'on empiétât sur les droits et l'autorité du siège apostolique ! »

Dans l'intervalle, des murmures contre l'évêque avaient continué de se faire entendre, sa santé laissait à désirer et l'on craignait que sa mort ne laissât encore une fois sans pasteur une église déjà assez éprouvée. La réponse du cardinal Castelli fit voir de quel côté étaient la sagesse et la science ecclésiastique. Mgr Briand écrivit du suite au préfet de la Propagande : « L'approbation que Votre Éminence a donnée à ma conduite, dans l'affaire du coadjuteur qu'on voulait me faire consacrer sans les bulles du Souverain Pontife, a produit des effets excellents et a fermé la bouche à un nombre d'ignorants, qui, huit jours auparavant la réception de votre gracieuse lettre, continuaient encore de me blâmer et de publier que j'étais cause qu'on n'aurait pas un second évêque en Canada. Votre Éminence doit être étonnée d'une pareille accusation, vu qu'ils n'ignoraient pas que c'est moi seul qui en ai fait les poursuites auprès du Saint-Siège et de la cour de Londres. Comment pouvaient-ils penser que je m'y opposasse actuellement ? Mais ils méritent le pardon. Ni prêtres, ni laïques n'étaient instruits ici de ces sortes d'affaires ecclésiastiques, parce que jamais elles n'y avaient été traitées. On saura dans la suite comment s'y prendre, et je ne suis pas fâché de les avoir instruits, quoiqu'un peu à mes frais. »

Le coadjuteur, M. Louis - Philippe Mariauchau D'Esglis, était un prêtre âgé de soixante-et-deux ans, et curé, depuis trente-sept ans, à Saint-Pierre de l'Ile d'Orléans. Comme il était allié aux premières familles du pays et que plusieurs de ses parents avaient une grande influence auprès du gouverneur, on ne manqua pas de songer à lui quand il fut question de choisir un coadjuteur. Mgr Briand se garda bien de proposer un autre sujet, et accepta de suite celui qui semblait avoir le plus de chance d'être accepté par le gouvernement anglais, d'autant plus qu'un des proches parents du candidat partait pour Londres, en même temps que le général Carleton. (a) L'abbé D'Esglis était d'ailleurs un très digne prêtre ; et Mgr Briand faisait de lui cet éloge en écrivant au cardinal Castelli : « Je puis répondre et je réponds en effet de l'intégrité de sa foi, d'une bonne réputation parmi le peuple, qu'il est considéré du clergé et en estime auprès des Anglais, à cause de sa modération, de sa sincérité et de sa franchise. »

Mgr D'Esglis fut consacré dans la chapelle du séminaire, le 12 juillet 1772, mais il ne fut proclamé solennellement que le 16 mars 1774, le même jour où Mgr Briand fit son entrée dans sa cathédrale. L'évêque de Québec fit lire à cette

---

(a) M. D'Esglis avait quatre ans de plus que Mgr Briand, et on pouvait croire qu'il mourrait avant lui, ce qui arriva en effet.

occasion un mandement remarquable, dans lequel il raconte tout ce qu'il a fait pour assurer la permanence de l'épiscopat en Canada. Et après avoir parlé des difficultés qu'il avait éprouvées pour se faire accepter lui-même comme évêque par la cour de Londres, il en vient à parler de la grande affaire de la coadjutorerie :

« Je conçus alors que je n'en avais pas fait assez pour perpétuer l'épiscopat en Canada, qu'il tomberait infailliblement, si, à chaque vacance, il fallait que le nouvel élu fît le voyage d'Europe, voyage extrêmement dispendieux, et qu'il essuyât toutes les difficultés et lenteurs que j'avais éprouvées. Je savais que l'évêché n'était plus doté et n'aurait plus aucun fonds, je connaissais la pauvreté de cette colonie et ne prévoyais pas qu'elle dût s'en relever aussi promptement qu'elle l'a fait par les avantages que lui a procurés notre sage et heureux gouvernement, que ces vacances et ces voyages en Europe pourraient arriver fréquemment, et, par conséquent, devenir fort onéreux pour un pauvre peuple dont j'étais devenu le père, peut-être ralentir son zèle et enfin le détacher de sa religion.

« Pour parer à ces inconvénients, dont vous devez ressentir tout le poids, j'imaginai le projet dont vous voyez l'exécution sous vos yeux : c'est-à-dire qu'il y eût toujours en Canada deux évêques, dont l'un serait titulaire et l'autre coadjuteur avec droit de succéder. De cette façon, si l'un des deux vient à mourir, l'autre aussitôt, avec le consentement du gouvernement, se choisira un coadjuteur, postulera, et obtiendra ses bulles de Rome, et le consacrera, et ainsi successivement sans aucuns frais et sans aucune obligation au voyage d'Europe

« Mon projet fut agréé des cours de Londres et de Rome. Il doit vous tranquilliser, Nos Très Chers Frères, sur la perpétuité de l'épiscopat dans votre église ; il n'est point onéreux au peuple et ne peut être que très conforme à l'esprit du gouvernement ; il ne reste à craindre que le cas où les deux évêques mourraient dans la même année, malheur qui, je l'espère de la divine Providence sur l'église du Canada, n'arrivera jamais ou presque jamais.

« Si vous aimez sincèrement votre religion, vous devez être extrêmement attentifs, et vous intéresser vivement à ce qu'on ne s'écarte jamais de ce plan, que tous voient si heureusement exécuté dans la personne de monseigneur d'Esglis, évêque de Dorylée, que vous voyez ici présent, revêtu de toutes les marques de l'épiscopat. Il est né parmi vous et d'une famille distinguée. C'est le digne coadjuteur que nous nous sommes donné. Vous n'avez pas ignoré sa consécration, quoique pour des raisons, dont quelques-unes ne vous sont pas inconnues, nous ne vous l'ayons pas jusqu'à ce moment canoniquement annoncée. (a)

« Ce récit simple et fidèle, dont je rougirais si mon cœur vous aimait moins, doit vous faire concevoir que, dans tout ce que j'ai fait, je n'ai eu d'autre but que votre bien et celui de vos enfants, que je n'ai jamais considéré mes intérêts personnels, que la conservation de notre religion et l'établissement solide de votre église a été l'unique objet de toutes mes démarches, et même dans l'affaire qui vient de se terminer si heureusement et qui nous rassemble aujourd'hui.

(a) L'évêque de Dorylée comptait des proches parents parmi les marguilliers obstinés qui refusaient à Mgr Briand ses droits sur la cathédrale. Ce fut aussi l'une des raisons qui retardèrent la proclamation du coadjuteur.

« Peut-être quelques-uns d'entre vous ont-ils été surpris et m'ont-ils blâmé de ce que je différais, depuis près de deux ans, à associer aux pénibles fonctions de l'épiscopat un aussi digne coadjuteur que celui que la divine Providence m'avait préparé, dans l'illustre personne de Mgr de Dorylée ?— Certainement, Mes Très Chers Frères, mon attachement, mon estime, ma parfaite confiance, et mon profond respect pour Sa Grandeur, sont aussi anciens que notre connaissance, et durent depuis plus de trente-deux ans, sans la plus légère altération ; mais de concert avec ce sage prélat, j'ai cru devoir vous instruire par cet exemple des règles de l'Église trop peu connues, partout en général, touchant les coadjuteurs, à cause de la rareté du cas.

« La nomination de M. D'Esglis pour coadjuteur, les bulles du Souverain Pontife, sa consécration elle-même, ne lui donnaient aucune autorité dans le diocèse, pas plus qu'il n'en avait étant simple curé ; il ne pouvait y exercer aucune fonction épiscopale, et voilà ce que j'ai cru important que vous apprissiez. D'ailleurs, n'étant pas moi-même universellement reconnu selon tous mes droits et en possession de mon siège, j'attendais avec confiance, de la part de notre Dieu, des jours plus calmes et plus sereins. Ils sont enfin arrivés ces jours heureux, je suis entré en Sion, j'ai chanté les louanges du Seigneur dans l'église qu'il m'avait destinée, j'y ai offert à sa gloire le sacrifice de son Fils pour mes chères ouailles. J'en ai une joie si grande que je n'ai plus rien à désirer sur la terre. Oui, c'est en toute vérité, Seigneur, que je puis vous dire avec le saint vieillard Siméon : *nunc dimittis servum tuum in pace.* Mes Chers Frères, dont le salut m'a été confié par le Tout-Puissant, Nos Très Chers

Enfants, que j'aime en Jésus-Christ plus que moi-même, plus que tout ce que j'ai au monde, voilà un nouveau pasteur que je vous donne, un autre moi-même. Je vois votre religion assurée, rien ne me retient ici ; plein de confiance en la miséricorde de mon Jésus, sans être arrêté par la multitude de mes péchés, je me présenterai devant son redoutable tribunal, en lui disant que je ne vous ai pas laissés orphelins, que je vous ai donné un zélé pasteur, un prudent et vigilant évêque, qui réparera mes fautes et vous conduira plus sûrement au port du salut. »

Dans cette affaire de la coadjutorerie, Mgr Briand sut, avec un tact et une fermeté admirables, remplir ses devoirs envers l'Église et l'État, et faire respecter les droits du Souverain Pontife, sans mécontenter le représentant du roi. C'est par cette courtoisie et cette franchise dans ses rapports avec les gouverneurs, que le digne évêque réussit à obtenir pour notre pays une liberté religieuse qui s'est accrue sans doute, mais dont il avait posé les bases inébranlables.

On sait à quels dangers notre sainte religion était exposée et quels étaient les sinistres projets des fanatiques protestants de Londres et de Québec. Une université d'Angleterre proposa le système suivant : « Ne parler jamais contre le papisme en public, mais le miner sourdement ; engager les personnes du sexe à épouser des protestants ; ne point disputer avec les gens d'Église et se défier des Jésuites et des Sulpiciens ; ne pas presser le serment d'allégeance ; réduire l'évêque à l'indigence ; fomenter les divisions entre lui et les prêtres ; exclure les Européens de l'épiscopat, ainsi que les habitants du pays qui ont du mérite et peuvent maintenir les anciennes idées ; si l'on conserve un collège, en exclure les Jésuites et les Sulpiciens, les Européens et ceux qui ont étudié sous eux, afin que, sans secours étranger, le papisme s'ensevelisse sous ses propres ruines ; rendre ridicules les cérémonies religieuses qui frappent ce peuple ; empêcher les catéchismes ; faire grand cas de ceux qui ne feront aucune instruction au peuple, les entraîner au plaisir et les dégoûter d'entendre les confessions ; louer les curés luxueux, leur table, leurs équipages, leurs divertissements ; excuser leur intempérance, les porter à violer le célibat qui en impose au peuple ; tourner les prédications en ridicule. »

Ce plan de l'enfer fut déjoué. Le général Murray, en dépit des fanatiques qui l'entouraient, aima mieux suivre les lois de la justice et de la conscience que les instructions infâmes que lui envoyait le bureau colonial. Son successeur, M. Carleton, fut encore plus favorable aux catholiques, et demeura toute sa vie l'ami et le protecteur des Canadiens. Voici comment Mgr Briand rend compte au Cardinal Castelli de l'état de son diocèse, en 1772 :

« La religion s'exerce librement, la piété tient le dessus, l'iniquité est blâmée : si elle se montre, elle est en horreur au plus grand nombre. Les Anglais m'aiment, m'estiment, me considèrent et me respectent plus que les catholiques eux-mêmes ne le font, et, depuis six ans, je n'ai reçu d'eux que des marques de confiance. Le gouverneur m'a présenté un serment différent de celui du *Test* ; je l'ai rejeté, parce qu'il s'y trouvait quelques mots équivoques ; il a eu la complaisance de le réformer et je l'ai accepté. »

L'évêque envoya plus tard au Saint-Siège la formule de ce serment d'allégeance qui fut approuvée.

Elle était conçue en ces termes :

« Moi, N. promets et affirme par serment que je serai fidèle et porterai vraie foi et fidélité à Sa Majesté le roi George, que je le défendrai de tout mon pouvoir et en tout ce qui dépendra de moi contre toutes perfides conspirations et tous attentats quelconques qui seront entrepris contre sa personne, sa couronne et sa dignité, et que je ferai tous mes efforts pour découvrir, et donner connaissance à Sa Majesté, ses héritiers et successeurs, de toutes trahisons, perfides conspirations et tous attentats que je saurai être entrepris contre lui ou aucun d'eux, et je fais serment de toutes ces choses sans aucune équivoque, subterfuge mental et restriction secrète, renonçant pour m'en relever à tout pardon et dispense d'aucuns pouvoirs ou personnes quelconques. Dieu me soit en aide.»

« La prestation du serment d'allégeance par le coadjuteur et l'évêque, entre les mains du gouverneur en conseil, dit M. S. Pagnuelo, (*a*) et l'agrément que celui-ci faisait de la personne présentée à la charge de coadjuteur *cum futura successione*, n'avait rien de directement attentatoire à l'indépendance de l'épiscopat ; le gouvernement n'exerçait par là aucun acte de suprématie, puisqu'il ne nommait pas, et surtout puisque l'évêque ne recevait pas ses pouvoirs de l'État, mais de Rome ; il fallait alors beaucoup de ménagement et de prudence de la part du clergé, pour ne pas donner prise à la persécution et pour parvenir à se faire reconnaître, sans faire de concession incompatible avec sa dignité ; cette formalité que le gouvernement exigeait pour s'assurer de la loyauté de ce haut fonctionnaire de l'Église, eut pour résultat l'abandon

---

(*a*) Études historiques et légales sur la liberté religieuse en Canada.

de la plus redoutable prérogative que la couronne réclamait, celle de nommer l'évêque et de lui donner les pouvoirs de sa charge ; peu à peu l'usage établissait un droit public en faveur de l'indépendance de l'Église que les hommes d'État et les légistes anglais reconnurent plus tard comme l'un des plus grands obstacles à l'exercice des prétendus droits de la Couronne. »

Mgr Briand exerçait toutes ses fonctions épiscopales avec la plus entière liberté, et, dans son premier mandement, il prit de suite le titre d'*évêque de Québec par la miséricorde de Dieu et la grâce du Saint-Siège Apostolique*. Il nommait aux cures, en dépit des prétentions des ennemis de l'Église, qui voulaient que toutes les nominations relevassent du gouvernement. L'évêque ne l'entendait pas ainsi, et, un jour, il sut dire au général Murray : « Ma tête tombera avant que je vous accorde la permission de nommer à une seule cure. »

Si l'*acte de Québec* fut l'heureuse conséquence de la révolution américaine, le Canada le dut aussi en grande partie à l'ascendant extraordinaire que Mgr Briand exerçait sur le gouverneur et à la sage direction qu'il donna aux membres influents de la colonie. Par cet acte, passé en 1774, l'Angleterre accordait aux catholiques le droit d'occuper les charges publiques et de faire partie du Conseil Législatif ; elle abolissait aussi le serment odieux de l'abjuration, qui cependant n'avait jamais été prêté, et confirmait le libre exercice de la religion catholique.

Voici ce que Mgr Briand disait au sujet de cet acte, en écrivant à un de ses amis de France, le 10 mars 1775 : « Dans le bill qui autorise la religion, on a pourtant mis le mot de *suprématie*, (a) mais nous ne jurons pas par le bill. J'en ai parlé à Son Excellence, notre gouverneur, qui m'a répondu : qu'avez-vous à faire au bill ? le roi n'usera point de ce pouvoir ; et il consent bien et il prétend même que le pape soit votre supérieur dans la foi. Mais le bill n'aurait pas passé sans le mot. On n'a point dessein de gêner votre religion, et notre roi ne s'en mêlera pas autant que fait le roi de France. On ne demande pas, comme vous le voyez, par le serment, que vous reconnaissiez cette suprématie. Laissez-le dire et croyez ce que vous voudrez. »

Le général Haldimand, qui gouverna la colonie, depuis 1778 à 1785, crut que le seul moyen de conserver le Canada à l'Angleterre, était de régner par la terreur ; il ne réussit qu'à se faire souverainement détester par tous les citoyens et par faire désirer son rappel. Cependant cet homme dur et tyrannique ne laissait pas d'avoir de grands égards pour Mgr Briand, et de reconnaître son autorité pour tout ce qui regardait le gouvernement de l'Église La lettre suivante, qui n'a pas besoin de commentaire, en est une preuve éclatante :

« Monsieur,

« Je vous renvoie la requête que les habitants de la Rivière-Ouelle vous ont adressée, et dont je désapprouve entièrement le style ; mais comme elle regarde le spirituel, c'est à vous,

---

(a) Le bill disait " il est déclaré...... que les sujets de Sa Majesté professant la religion de l'Église de Rome, dans la Province de Québec, peuvent avoir, conserver et jouir du libre exercice de la religion de l'Église de Rome, *soumis à la suprématie du Roi......* "

Monseigneur, à décider sur la validité des plaintes que les habitants forment contre leur curé. (*a*)

« J'ai ordonné au Capitaine des Milices de venir incessamment à Québec, pour me rendre compte d'une conduite aussi irrégulière et indécente que celle d'avoir signifié au curé, à la requête des habitants, de sortir du presbytère.

« Je suis trop bien informé de la bonne conduite que le clergé du Canada a tenue envers le Gouvernement, lors de l'invasion des rebelles, pour ne pas réprimer la moindre insolence qui pourrait leur être offerte de la part des habitants ; et j'ai trop de confiance dans votre zèle pour le service du roi et dans votre justice envers son peuple, pour permettre à qui que ce soit, d'empiéter sur vos droits, et désobéir à vos ordres.

« J'ai l'honneur d'être,

Avec considération et une parfaite estime,

Monsieur,

Votre très humble et très obéissant serviteur,

FRED. HALDIMAND.

« Québec 13e juin 1780.

A Mgr l'Évêque de Québec. »

Cependant les Canadiens étaient loin d'être satisfaits de *l'acte de Québec*, et surtout de l'interprétation que lui donnaient le gouverneur et ses fanatiques conseillers. Des pétitions furent portées à Londres par trois députés, pour deman-

---

(*a*) Ce curé était M. J. L. L. Parent. L'Évêque lui laissa sa cure, malgré la requête des habitants. Mais, l'année suivante, M. Parent tomba malade en se rendant à Québec, et mourut à Saint-Vallier, le 13 mars 1781.

der l'introduction de l'acte d'*habeas corpus* ; on voulait aussi que tous les habitants du Canada fussent admis, sans distinction de race ni de religion, à la participation des droits et des privilèges qui appartenaient aux Anglais dans toutes les parties du globe ; mais cette députation n'eut pas le succès désiré, car les Canadiens eux-mêmes étaient divisés sur l'opportunité d'un changement de gouvernement, et plusieurs, entre autres M. de Saint-Luc, proposèrent une adresse au roi pour le prier de maintenir l'acte de 1774.

Mgr Briand ne pouvait rester indifférent à l'état de gêne dans lequel se trouvaient ses diocésains. Il gémissait sur le régime de terreur qu'avait inauguré le général Haldimand, et il désirait ardemment en voir la fin. La lettre suivante qu'il adressait à M. Carleton, alors à Londres, nous fait connaître ce qu'il pensait du gouverneur et des démarches que l'on faisait pour en délivrer la colonie :

« Les députés m'ont dit que Votre Excellence avait été surprise que je n'eusse pas paru dans le mémoire, et que c'est pour cela que le gouvernement n'avait pas octroyé leur demande. On a pensé que c'était par crainte du gouverneur ; oh ! non. De ma vie je n'ai craint homme, je me reproche même, à présent que je suis aux portes de la mort, de ne pas assez craindre Dieu, mon redoutable juge. J'ai l'honneur d'être connu de Votre Excellence ; je sais aimer, mais non craindre. Les bontés me rendent faible et mou, les grossièretés et les duretés me trouvent homme et ferme. La conduite du gouverneur, dont on trouve des exemples à la Chine et au Japon, et point à Constantinople, avait causé de la fermentation dans les laïques et dans le clergé. J'écrivis pour en détruire ou au moins pour en affaiblir l'odieux. On n'y eut pas assez d'égard. On alla en avant, et je ne crus pas qu'il me convînt d'approuver une démarche que je croyais trop précipitée et avoir un air d'humeur. L'objet était bon, je l'approuvais, je l'approuve encore, et je vous supplie de le favoriser, de le soutenir de toute votre influence, et de faire sentir à la cour que c'est le seul moyen de maintenir la paix et la tranquillité dans la colonie. » (30 juin 1784.)

L'*habeas corpus* fut accordé, mais comme on privait de ce privilège les communautés religieuses du diocèse, elles présentèrent un mémoire au Conseil Législatif pour réclamer contre cette exclusion injuste. (a) Le conseil fit droit à leur demande, et bientôt l'évêque fut informé officiellement de l'heureux résultat de l'affaire. Il écrivit de suite au président, Lord Hamilton, pour lui témoigner sa reconnaissance et il ajoutait : « Si je désire quelque relâche à mes maux, c'est pour continuer à m'user au bien de la province, à retenir toutes les communautés et les peuples que Dieu m'a confiés, dans l'obéissance au roi, et à son auguste parlement.

» J'ose vous prier de consigner dans vos registres ce présent témoignage de mon dévouement à Sa Très Gracieuse Majesté, de mon éternelle reconnaissance pour vos faveurs, et du profond respect avec lequel je suis, etc. »

Haldimand fut rappelé en 1784 ; il demandait lui-même son retour depuis deux ans. L'administration de la province fut confiée temporairement au lieutenant-gouverneur Hamilton, puis au colonel Hope, et, en 1786, Sir Guy Carleton

---

(a) Ce mémoire fut signé par MM. Bédard, Gravé et Lahaille du Séminaire de Québec, par le Père Félix Berey, supérieur commissaire des Récollets et par les supérieures, assistantes et discrètes des Ursulines, de l'Hôtel-Dieu et de l'Hôpital-Général de Québec.

revint comme gouverneur avec le titre de Lord Dorchester. « Ce fut, dit l'abbé Casgrain, (a) le plus habile homme d'État que la Grande-Bretagne ait eu dans la colonie. Par sa prudence et son esprit conciliant à l'égard des Canadiens, il valut à l'Angleterre plus qu'une armée, et l'on peut dire que, si Wolfe a conquis le Canada, c'est Carleton qui l'a conservé. Nommé gouverneur du pays à quatre époques différentes, il y a laissé une réputation que le temps n'a pas fait oublier. »

On verra dans les chapitres suivants quelle fut la conduite de cet homme illustre dans la question des Jésuites et pendant l'insurrection américaine, en même temps que nous parlerons du rôle qu'eut à jouer Mgr Briand au milieu de ces événements remarquables. Ce qui précède suffit, croyons-nous, pour montrer quels furent les rapports du prélat avec les différents gouverneurs du pays, et quel fut son zèle et sa fermeté pour assurer à l'église de Québec les avantages de l'épiscopat et de la liberté religieuse.

(a) Histoire de l'Hôtel-Dieu de Québec.

CHAPITRE V

Le collège des Jésuites rouvre ses classes à Québec, en 1761.—Bref de suppression de la Compagnie de Jésus.—Le gouvernement s'empare des biens des Jésuites et des Récollets.—Les derniers Pères de ces deux ordres religieux.

Les Jésuites, qui avaient été obligés d'abandonner leur vaste collège de Québec, pendant le siège, y revinrent, en 1761, avec la permission du général Murray, et, après avoir fait à l'édifice les réparations indispensables, ils rouvrirent leurs classes et reçurent des élèves ; mais le nombre de ceux-ci avait considérablement diminué ; car un grand nombre de familles aisées, qui leur avaient confié leurs enfants, avaient quitté le pays ; et, en 1765, les messieurs du séminaire commencèrent à enseigner eux-mêmes et n'envoyèrent plus leurs pensionnaires chez les Pères, comme ils l'avaient fait avant la conquête. Cependant les cours ne cessèrent entièrement qu'en 1768, alors que les quelques enfants qui restaient chez les Jésuites, allèrent terminer leurs études au séminaire. « Les Pères continuèrent jusqu'en 1776, à tenir ou à faire tenir une école très bien réglée où l'on enseignait aux jeunes gens la lecture, l'écriture et l'arithmétique. » (a)

Ces religieux étaient restés en possession de leurs biens et le traité de paix semblait leur en garantir la jouissance ;

(a) Mémoire de Mgr Hubert.

mais il leur avait été défendu, ainsi qu'aux Récollets, de recruter des novices.

Cette mesure vexatoire indiquait que l'intention du gouvernement était, dès lors, de laisser l'ordre s'éteindre peu à peu, puis de s'emparer de ses biens. Mgr Briand fit les plus grands efforts pour empêcher ces projets d'être mis à exécution, et la lettre suivante qu'il écrivit, en 1771, à M. Carleton, le prouve surabondamment :

« Les bontés dont Votre Excellence m'a honoré, la grande liberté que vous m'avez toujours donnée de vous faire des représentations sur tout ce que je croirais pouvoir intéresser le bien de la province, ne me permettent pas de vous dissimuler la peine que j'ai ressentie, en apprenant la destination des biens des Jésuites de cette colonie, que notre très gracieux souverain se proposait de substituer à M. Amherst. Persuadé des avantages considérables que ces religieux pouvaient nous procurer en travaillant à l'éducation de la jeunesse et en formant aux sciences les jeunes gens destinés soit pour l'état ecclésiastique, soit pour les autres emplois de la société, je fis mon possible, étant à Londres, pour obtenir de la cour leur conservation. L'année dernière, par les mêmes motifs (que j'eus l'honneur d'expliquer fort au long à Votre Excellence), j'osai présenter à Sa Très Gracieuse Majesté George IIIème, notre souverain, une adresse tendante à la même fin. Je m'étais flatté que le gouvernement, sans blesser ses intérêts ni ses constitutions, pouvait accorder cette satisfaction à un peuple dont vous connaissez la docilité et la soumission. Jugez de ma surprise et de ma douleur, quand j'ai appris que non seulement on détruisait les Jésuites, mais même qu'on enlevait à l'Église des biens consacrés et donnés pour l'éducation de la jeunesse et pour l'entretien d'un collège absolument nécessaire dans cette capitale, et dont les religieux ne doivent être regardés que comme les économes.

« Le gouvernement nous a accordé le libre exercice de notre religion ; d'un autre côté, il ne nous permet pas de faire venir des prêtres étrangers. Son intention est donc que nous en formions ici. Mais comment les former sans un collège ? et, dans un pays aussi pauvre, est-il possible qu'un collège subsiste sans revenus ? et ces revenus, où les prendre plus naturellement que sur les biens des Jésuites, qui dans le principe ont été donnés à cette fin ?

« Votre Excellence pourra m'objecter que le Séminaire de Québec est en état de soutenir le collège, qu'il est bien fondé, qu'il a des rentes considérables. Il est vrai, mon cher général, que, depuis quelques années, les ecclésiastiques du séminaire, à ma prière, et excités même par Son Excellence M. Murray, votre illustre prédécesseur, ont fait leur possible pour suppléer au collège, et qu'ils forment actuellement aux sciences un certain nombre de jeunes gens, que vous avez encouragés plus d'une fois et dont vos libéralités ont augmenté l'émulation ; mais les revenus de cette maison, qui ne se montent pas à sept cents louis, et sur lesquels, suivant leur fondation, il faut prendre la subsistance et l'entretien des sujets que l'on forme à l'état ecclésiastique, ne sont pas, à beaucoup près, suffisants pour fournir aux dépenses d'un collège, d'autant plus que cette maison se trouve encore chargée de nourrir et d'entretenir l'évêque qui, comme vous le savez, ne possède aucuns revenus. N'eût-il donc pas été naturel d'attribuer, au moins pour la plus grande partie, des biens qui appartenaient au collège tenu par les pères Jésuites, dès que l'on ne veut plus qu'ils subsistent, au séminaire maintenant chargé de remplir cette œuvre ?

« Je dis *pour la plus grande partie*, parce qu'il serait à souhaiter, je pense, qu'on en pût distraire quelque chose pour soutenir certains établissements utiles à l'État et à la religion, et que le changement de domination a privés des fonds qui y étaient destinés : 1º le roi de France donnait tous les ans une somme de près de quatre cents louis pour être employée à mettre des curés dans les nouveaux établissements, à y bâtir de nouvelles églises ; ce qui facilitait beaucoup le défrichement des terres, et aussi à entretenir les prêtres usés et hors d'état de desservir. 2º Il accordait une pareille somme à l'Hôtel-Dieu et à l'Hôpital-Général de Québec, établissements que la dureté du climat de la colonie et la pauvreté rendent très utiles. 3º Le chapitre de la cathédrale tirait de France ou recevait du roi environ six cents louis. La pension de l'évêque était de plus de quatre cents louis. Point de communauté qui n'eût quelque pension ou gratification. Tout cela a été supprimé dès le moment de la conquête du Canada, et ces établissements se trouvent par là même détruits, ou ne se soutiennent qu'avec peine. Ces objets me paraîtraient mériter de la considération de la part du gouvernement, qu'ils intéressent autant que la religion, et c'est à quoi j'aurais souhaite qu'on eût consacré le restant des biens des Jésuites, après en avoir attribué la principale partie à l'établissement du nouveau collège.

» Je supplie Votre Excellence de faire attention que les biens des Jésuites, les frais de régie déduits, ne rapporteraient pas à Son Excellence, M. Amherst, plus de quatre cents pièces (a) de revenu annuel. Le gouvernement n'a-t-il pas mille autres manières de gratifier M. Amherst, qui lui seraient et plus honorables et plus lucratives ? Considérez, mon Général, qu'il est question d'un bien consacré à Dieu et à la religion et destiné pour l'éducation de la jeunesse, que le peuple du Canada ne le verrait qu'avec beaucoup de douleur changer de destination, que ce bien, quoique peu considérable en lui-même, produirait un grand effet dans le pauvre Canada, s'il plaisait à Sa Majesté en attribuer la principale partie au Séminaire de Québec, en considération du collège dont il restera chargé, ainsi que de l'entretien et de la nourriture de l'évêque, et le reste aux deux hôpitaux de Québec, que les suites de la guerre ont presque ruinés et mis hors d'état de soulager les misérables qui sont en grand nombre dans une province pauvre et sous un climat rigoureux. »

Malgré les excellentes dispositions du gouverneur envers les Canadiens et son amitié pour l'évêque de Québec, il ne put rien faire pour empêcher la couronne d'Angleterre de jeter des regards de convoitise sur des biens qui, pourtant, ne pouvaient être détournés de leur but primitif, sans l'injustice la plus manifeste.

Le 15 novembre 1772, Mgr Briand n'avait encore reçu aucune nouvelle de ses réclamations, et il informait le cardinal Castelli, du peu de confiance qu'il avait dans une cause pourtant si juste et si raisonnable :

« Les Jésuites de France sont, m'a-t-on dit, déjà rappelés d'exil (b). J'espère que cette œuvre s'achèvera et qu'ils obtien-

---

(a) Le mot *pièces* veut dire ici *louis*.
(b) L'évêque était mal informé.

dront bientôt de reprendre leurs anciens exercices, qui ont été si utiles à l'Église et au monde entier. Les Anglais ne les ont point molestés en Canada, et ils y servent l'Église avec beaucoup d'édification, aussi bien que les Récollets ; mais ni les uns ni les autres n'ont permission de recevoir des sujets. Je l'ai demandé au roi de la Grande-Bretagne, par une adresse signée du clergé et du peuple ; je crains fort de ne pas l'obtenir. Voilà deux ans écoulés et je n'ai point de réponse. »

Les choses en étaient là, quand arriva, comme un coup de foudre, le bref *Dominus ac Redemptor noster* de Clément XIV, en date du 21 juillet 1773, qui supprimait la Compagnie de Jésus dans tous les pays du monde, et chargeait les évêques d'administrer les œuvres et les biens de cette société. Tout chagrin qu'il fût de cet acte du Souverain Pontife, Mgr Briand se soumit aux ordres de son supérieur, et, après avoir pris l'avis de son ami, M. Carleton, il signifia aux Révérends Pères, comme c'était son devoir, le bref qui anéantissait leur compagnie.

Puis il écrivit au cardinal préfet de la Propagande pour informer le Saint-Siège des mesures qu'il avait cru devoir prendre pour exécuter la bulle et, en même temps, pour sauvegarder les intérêts de son église :

« Les ci-devant Jésuites se sont soumis avec toute la docilité qu'on peut désirer au bref de Sa Sainteté, qui détruit leur institut. Ils ont reconnu leurs privilèges éteints et se sont remis entièrement à ma disposition. Le gouverneur a voulu que je ne changeasse rien à l'extérieur dans les circonstances présentes : 1º à cause de l'embarras où le jettent les tracasseries des Anglais établis en Canada, qui paraissent vouloir se pourvoir contre le bill que le parlement a fait en faveur des Canadiens catholiques ; 2º parce que l'officier qui a conquis le Canada demande les biens des Jésuites, qu'il (le gouverneur) s'efforce de conserver pour l'utilité de l'église du Canada ; 3º parce que le gouvernement, ayant pris sur lui de les laisser s'éteindre sans les molester, il suffit, dit-il, d'en demeurer là pour le présent. C'est pourquoi j'ai pris le parti de nommer les mêmes supérieur et procureur, qui gèrent les biens sous mes ordres ; ils ne sont que quatre dans la ville et huit autres dans les missions, soit de Français soit de Sauvages, places qu'il me serait impossible de remplir, si j'étais obligé de les retirer. C'est le moyen qui m'a paru le mieux accorder les ordres de Sa Sainteté avec les vues du gouverneur. » (a) L'évêque demande ensuite que les indulgences accordées pour l'église des Jésuites continuent de pouvoir être gagnées comme auparavant, et il ajoute : « Je prie Votre Excellence de faire agréer ma demande à Sa Sainteté. Au reste, je suis soumis, je n'ai d'autre vue que de conserver la même piété dans mes ouailles. »

Le Pape accorda à Mgr Briand toutes les faveurs qu'il avait demandées et approuva en tout la sage conduite de l'évêque. Pendant quelque temps le bref de suppression ne fut connu que du prélat, de son secrétaire, du gouverneur et des Jésuites eux-mêmes (b) ; « le peuple ne s'aperçut

---

(a) Le " Mémoire sur les biens des Jésuites en Canada par un Jésuite " affirme que Mgr Briand n'intima pas le bref pontifical aux Jésuites et que " pour éviter de plus grands maux, il souffrait, sans opposer aux Anglais l'énergie et les réclamations qu'il prévoyait devoir être inutiles. " On peut juger par tout ce qui précède de la fausseté et de l'injustice de ces avancés. L'auteur, il semble, aurait pu se montrer plus reconnaissant envers un évêque qui avait montré tant d'affection et tant de dévouement pour les membres de la Compagnie de Jésus.

(b) Lettre de Mgr Briand aux demoiselles de Pontbriand.

point du changement de leur manière d'être et continua de les appeler *jésuites.* » (a) Cependant, comme le disait M. Carleton à Mgr Briand, le général Amherst convoitait les biens des Révérends Pères, et dès 1770, il les avait demandés au roi, qui renvoya l'affaire à son conseil privé. Mais l'injustice de cette demande était si manifeste que, malgré toutes les instances d'Amherst et de ses héritiers après lui, les officiers en loi ne voulurent jamais en autoriser l'exécution, et la cour finit, pour avoir la paix, par assurer une pension viagère à la famille de ce général.

En 1774, le Roi d'Angleterre, encouragé peut-être par la bulle de Clément XIV, rendit le décret suivant : « La société des Jésuites devra être supprimée et dissoute et cesser d'être une corporation civile ; tous leurs droits, privilèges et biens devront être réunis à la Couronne pour telles fins qu'il lui plaira de régler et déterminer......... et les membres actuels de la dite société, établie à Québec, devront être pourvus de revenus suffisants pour le reste de leur vie. »

On commença bientôt par mettre cette résolution à effet, et, en 1776, le gouvernement fit fermer l'école qui se tenait encore dans le collège, et renvoya les élèves, pour convertir les salles des classes en salles d'audience, en dépôt d'archives, en magasin de vivres et en prison. Bientôt l'on prit la plus grande partie de l'édifice pour le logement des troupes, ne laissant que la chapelle et quelques chambres aux derniers Jésuites. Cependant, par un reste d'humanité dont il faut leur tenir compte, les Anglais laissèrent les représentants de la compagnie jouir en paix des revenus de leurs propriétés, et Mgr Hubert écrivait, en 1794, que le Père Cazot, alors seul

---

(a) Mémoire de Mgr Hubert.

survivant, percevait encore les revenus de tous les biens et en faisait d'abondantes aumônes. (*a*)

Les Récollets ne furent pas mieux traités que les Jésuites : leurs maisons de Québec, de Montréal et des Trois-Rivières devinrent la propriété du gouvernement, qui les convertit également en prison ou en magasins militaires, et c'est dans le couvent de Québec que fut emprisonné le célèbre Huguenot, Pierre du Calvet, pendant deux ans et huit mois. Comme aux Jésuites, on laissa aux Récollets la jouissance de quelques appartements et le père Berey, (*b*) le dernier supérieur de l'ordre en Canada, reçut jusqu'à sa mort, une pension de cinq cents louis sterling.

Ces bons religieux, à part les missions qu'ils avaient à desservir, avaient rendu de grands services, comme aumôniers militaires, pendant les dernières guerres. Jusqu'à leur extinction, les pères furent pourvus de cures et les frères s'adonnèrent à l'instruction des enfants pauvres, et etablirent des écoles dans plusieurs campagnes. Saint-Thomas, Verchères, Montréal et Québec sont les endroits où les Récollets ont tenu leurs dernières écoles.

Les Jésuites les plus remarquables qui travaillaient, soit à Québec, soit dans les missions, pendant l'administration de Mgr Briand, furent le Père De Glapion, qui fut le dernier supérieur, le Père Meurin, vicaire général pour le pays des Illinois et pour la Louisiane, le Père Coquart, décédé à Chicoutimi, en 1765, et le célèbre père De Labrosse, décédé et enterré à Tadoussac, en 1782. Le R. P. Lefranc était

---

(*a*) Le Père Cazot mourut à Québec, le 20 mars 1800.

(*b*) Le Père Berey mourut en 1800. Le dernier Père Récollet fut le Père Louis, né Demers, qui mourut à Montréal, en 1843.

aussi un prêtre distingué qui donnait des missions dans les campagnes. Il accompagna plusieurs fois Mgr Briand dans ses visites pastorales et faisait alors trois sermons par jour. Les missions de l'Acadie furent confiées d'abord à l'abbé Maillard, prêtre séculier, le seul missionnaire dont la présence avait été tolérée dans la Nouvelle-Écosse, depuis 1759. Il mourut à Halifax, et sans sacrements, n'y ayant aucun prêtre pour l'assister, mais il était rempli de mérites devant Dieu et devant les hommes, et les protestants eux-mêmes assistèrent en foule à ses funérailles. Mgr Briand nomma pour son successeur, M. Bailly de Messein, plus tard coadjuteur, et après lui le Père De Labrosse et l'abbé Bourg.

La sollicitude de l'évêque s'étendait encore aux malheureux Acadiens déportés dans les colonies anglaises et exposés à toutes les séductions de l'erreur, comme à toutes les souffrances de l'exil. Pour leur venir en aide de la manière la plus efficace, il leur envoya l'un des leurs, M. Jean Bro, jeune acadien exilé comme eux, qu'il avait protégé et ordonné prêtre, tout exprès pour cette œuvre de charité. L'abbé Bro partit en effet pour visiter ses frères, et, suivant les instructions qu'il avait reçues de l'évêque, il ramena un bon nombre de familles, qui reçurent des terres à Saint-Jacques de l'Achigan, et il devint lui-même leur premier curé.

Les Révérends Pères Jésuites avaient déjà été expulsés, dès 1763, du pays des Illinois et de la Louisiane. A cette époque, sept missions étaient sous leur charge aux Illinois, et quatre appartenaient aux messieurs du Séminaire de Québec. Les religieux desservaient aussi les cinq villages des Kaskaskias, des Metchigameas, des Cahokias et des Peorias A l'imitation des parlements de France, le conseil supérieur de la

Louisiane condamna l'ordre des Jésuites, le 9 juin 1763, et le déclara dangereux pour la paix de l'État et de l'Église. En conséquence, il décida que la chapelle que les pères possédaient à la Nouvelle-Orléans serait donnée aux Capucins, mais que toutes leurs autres chapelles, en Louisiane et aux Illinois, seraient rasées, et que tous leurs biens seraient mis à l'encan, à l'exception seulement de leurs livres et de leurs vêtements. Les barbares persécuteurs mirent bientôt leur dessein à exécution, et presque tous les pères furent chassés du pays et conduits en France, sur le même vaisseau qui portait aussi M. Forget Duverger. Ce dernier, prêtre du Séminaire des Missions-Étrangères, croyant que la religion était bannie pour toujours des Tamarois, vendit à vil prix toutes les propriétés qu'y possédaient ses confrères de Québec. Le Père Meurin obtint, à force de supplications, de rester aux Illinois, et Mgr Briand le nomma son vicaire général pour ces missions et pour celles de la Louisiane. Le départ de ces zélés missionnaires causa un profond chagrin à l'évêque de Québec et lui rendit encore plus difficile la desserte de ces parties lointaines de son diocèse.

M. Plessis dit que Mgr Briand faisait preuve d'un grand tact et d'un heureux discernement dans le choix des prêtres ou des missionnaires à qui il confiait quelque poste important. Aussi réussit-il, malgré le petit nombre de sujets à sa disposition, à répondre aux besoins les plus pressants, tout en organisant de nouvelles paroisses. C'est ce qu'il dit lui-même dans une lettre adressée à l'abbé de l'Isle-Dieu, en 1774 : « Quoiqu'il se soit formé plus de vingt-cinq paroisses depuis la conquête, les prêtres sont si fervents que mon diocèse ne souffre pas encore. »

CHAPITRE VI

Révolte des colonies de la Nouvelle-Angleterre.—Adresse du Congrès aux Canadiens, en 1774.—Mandement de l'évêque pour engager les Canadiens à repousser les Bostonnais.—Prise de Montréal et des Trois-Rivières.—Siège de Québec.—Tentatives des Américains pour entraîner le clergé et le peuple.—L'ex-jésuite Carroll.—État de la colonie.—Troubles dans les paroisses.—Mandement contre les rebelles.—Sage conduite de Mgr Briand.—*Te Deum* à la fin de la guerre.

En 1774, les colonies de la Nouvelle-Angleterre résolurent de secouer définitivement le joug de la métropole, qui les oppressait de plus en plus, depuis 1690, par ses diverses lois sur le commerce, et décidèrent d'entraîner le Canada dans leur insurrection. « Le Congrès, dit Garneau, se réunit à Philadelphie, en septembre, et siégea jusqu'au 26 octobre Douze provinces, contenant près de trois millions d'hommes, y furent représentées par leurs députés ; il ne manquait à cette grande assemblée que ceux du Canada et de la Georgie pour comprendre toutes les colonies anglaises du continent. »

Le Congrès commença par faire une déclaration des droits de l'homme, préface obligée de toutes les révolutions. Ensuite il passa diverses résolutions, dans lesquelles il exposa en détail les griefs des colonies. Au nombre de ces griefs, il plaça l'Acte de Québec, que venait de rendre le parlement britannique, acte, disait-il, qui reconnaît la religion catholique, abolit l'équitable système des lois anglaises, et établit une tyrannie civile et spirituelle dans le Canada, au grand danger des provinces voisines, ces provinces qui ont contribué de leur sang et de leur argent à sa conquête. « Nous ne pouvons, ajoutait-il, nous empêcher d'être étonnés qu'un parlement britannique ait consenti à donner une existence légale à une religion qui a inondé l'Angleterre de sang, et répandu l'hypocrisie, la persécution, le meurtre et la révolte dans toutes les parties du monde. »

Le Congrès rédigea ensuite trois adresses : une au roi, une autre au peuple de la Grande-Bretagne et la troisième aux Canadiens. Dans cette dernière, on se garda bien de parler contre la religion catholique et contre l'Acte de Québec ; l'on appuya surtout sur les avantages de la liberté que l'on promettait à tous. « Saisissez, disait l'adresse, l'occasion que la Providence elle-même vous présente. Osez être libres. Nous connaissons trop bien les sentiments généreux qui distinguent votre nation, pour croire que la différence de religion vous détourne de faire alliance et amitié avec nous. Vous n'ignorez pas qu'il est de la nature de la liberté, d'élever au-dessus de toute faiblesse ceux que son amour unit pour la même cause. Les cantons suisses fournissent une preuve mémorable de cette vérité ; ils sont composés de catholiques et de protestants, et cependant ils jouissent d'une paix parfaite ; grâce à cette concorde, qui constitue et maintient leur liberté, il sont en état de défier et même de détruire tout tyran qui voudrait la leur ravir. »

Cette adresse magnifique qui avait l'inconvénient d'être signée par les mêmes hommes qui venaient d'en faire une autre absolument contradictoire, fut envoyée à un riche négociant de Montréal et elle fut bientôt répandue par tout le pays.

La plupart des Canadiens restèrent d'abord indifférents aux belles promesses du Congrès, et les Américains, voyant leur peu de zèle et d'amour pour la liberté, prirent le parti d'envahir le Canada pour leur en faire goûter toutes les douceurs.

A peine les troupes ennemies avaient-elles traversé les frontières, que Mgr Briand écrivit un mandement pour dire à ses diocésains quelle conduite leur imposaient, dans ces circonstances, et leurs intérêts temporels et surtout les lois imprescriptibles de la conscience et de la religion.

« A tous les Peuples de cette Colonie, Salut et Bénédiction.

» Une troupe de sujets révoltés contre leur légitime souverain, qui est en même temps le nôtre, vient de faire une irruption dans cette Province, moins dans l'espérance de s'y pouvoir soutenir, que dans la vue de vous entraîner dans leur révolte, ou au moins de vous engager à ne pas vous opposer à leur pernicieux dessein. La bonté singulière et la douceur avec laquelle nous avons été gouvernés de la part de Sa Très Gracieuse Majesté le roi George III, depuis que, par le sort des armes, nous avons été soumis à son empire ; les faveurs récentes dont il vient de nous combler, en nous rendant l'usage de nos lois, le libre exercice de notre religion, et en nous faisant participer à tous les privilèges et avantages des sujets britanniques, suffiraient sans doute pour exciter votre reconnaissance et votre zèle à soutenir les intérêts de la couronne de la Grande-Bretagne. Mais des motifs encore plus pressants doivent parler à votre cœur dans le moment présent. Vos serments, votre religion, vous imposent une obligation indispensable de défendre de tout votre pouvoir votre patrie et votre roi. Fermez donc, chers Canadiens, les oreilles, et n'écoutez pas les séditieux qui cherchent à vous rendre malheureux, et à étouffer dans vos cœurs les sentiments de soumission à vos légitimes supérieurs, que l'éducation et la religion y avaient gravés. Portez-vous avec joie à tout ce qui vous sera commandé de la part d'un gouverneur bienfaisant, qui n'a d'autres vues que vos intérêts et votre bonheur. Il ne s'agit pas de porter la guerre dans les provinces éloignées : on vous demande seulement un coup de main pour repousser l'ennemi, et empêcher l'invasion dont cette province est menacée. La voix de la religion et celle de vos intérêts se trouvent ici réunies, et nous assurent de votre zèle à défendre nos frontières et nos possessions. » (22 mai 1775.)

Ce mandement eut un excellent effet, en assurant au gouvernement anglais toute l'influence dont pouvait disposer le clergé. La noblesse canadienne suivit l'exemple de ses chefs religieux et se montra d'un dévouement à toute épreuve, pour conserver à l'Angleterre un pays que la France ne méritait plus de posséder et à qui les colonies révoltées n'offraient aucune garantie de paix et de liberté véritable. Quant aux Anglais des villes, voyant qu'il ne leur serait plus possible de dominer comme auparavant, ils se montrèrent assez disposés à embrasser la cause américaine. Bon nombre aussi, tant d'un côté que de l'autre, se tinrent à l'écart, prêts à crier selon l'occurrence : vive le roi, ou vive la république ! (a)

(a) Voir Garneau.

Le gouverneur Carleton n'avait à sa disposition pour repousser l'ennemi que deux régiments, composés d'environ huit cents hommes. Les habitants du bas de la province étaient tranquilles ; ceux du haut, plus rapprochés du théâtre des événements, commençaient à pencher du côté de la révolution, mais ils préféraient, pour le moment du moins, garder encore la neutralité.

Tel était l'état des esprits, lorsque le gouverneur proclama la loi martiale, le 9 juin 1775, et appela la milice pour repousser l'invasion et maintenir la paix intérieure. L'évêque adressa en même temps une circulaire aux curés, pour qu'ils exhortassent les fidèles à se soumettre aux ordres de l'autorité civile ; mais cette mesure du gouverneur eut l'effet le plus désastreux, en alarmant les indifférents et en forçant ceux qui s'étaient compromis, à se déclarer. Les émissaires des Bostonnais pénétrèrent aussi bientôt dans les campagnes et y firent un mal incalculable, même dans celles qui étaient éloignées, comme Sainte-Anne de la Pocatière et la Rivière-Ouelle. C'est en vain que les jeunes seigneurs essayèrent de former des corps de volontaires, et que le gouverneur offrit des conditions avantageuses à ceux qui s'enrôleraient pour la défense de la patrie. Tout ce que le clergé et la noblesse purent obtenir, ce fut de maintenir la majorité des Canadiens dans la neutralité.

Cependant les troupes américaines s'avançaient en deux corps d'armées : l'un était dirigé sur Montréal par le lac Champlain, l'autre sur Québec par la rivière Chaudière. Après s'être frayé, avec des peines inouïes, un chemin à travers les forêts de Kennebec, le général Arnold traversa le fleuve Saint-Laurent, un peu au-dessus de Québec, et opéra sa jonction avec le général Montgomery, qui arrivait de Montréal avec les troupes venues par le lac Champlain. Ils mirent le siège devant Québec, au commencement de décembre 1775.

Montgomery, après avoir gagné à la rébellion les habitants de Chambly et d'autres paroisses, s'était emparé du fort Saint-Jean, en dépit de tous les efforts de Carleton pour l'en empêcher, et s'était ensuite avancé sur Montréal et Trois-Rivières.

Ces deux villes ouvrirent leurs portes au vainqueur et les habitants y sympathisèrent pour la plupart avec les rebelles américains.

Le général Carleton, obligé de fuir devant les ennemis, après avoir failli deux ou trois fois tomber entre leurs mains, réussit enfin à gagner la capitale et il ne perdit pas de temps à la mettre en état de soutenir un siège. Mgr Briand faisait les vœux les plus ardents pour le succès des armes britanniques ; il connaissait la perfidie et la duplicité des Bostonnais ; il n'avait pas perdu le souvenir des cruautés commises envers les pauvres Acadiens, et il ne désirait aucunement voir le pays changer de maîtres, au moment où la Grande-Bretagne venait d'accroître la somme de ses libertés religieuses et civiles. Aussi se fit-il un devoir d'exhorter toute la population canadienne de la ville à rester fidèle au roi et à se montrer plus loyale que les marchands anglais qui se retiraient en grand nombre à Charlesbourg et à l'Ile d'Orléans. La voix du premier pasteur fut écoutée ; sa présence ranima le courage et la confiance des citoyens, et quand le gouverneur parcourut les rangs de la milice bourgeoise qu'il avait assemblée, en commençant par les Canadiens.

tous l'acclamèrent et lui promirent de combattre comme de loyaux sujets pour sauver la patrie en danger.

La cause anglaise semblait en effet presque désespérée, et Québec était le seul endroit qui reconnût alors la suprématie de la métropole. La ville ne contenait que cinq mille âmes ; la garnison se composait de dix-huit cents hommes dont cinq cent cinquante Canadiens ; c'était plus que suffisant pour repousser les Américains fatigués et affaiblis par un froid auquel ils n'étaient pas accoutumés. Aussi toutes leurs tentatives pour s'emparer de la ville furent-elles infructueuses, et quand ils voulurent tenter un dernier effort, dans la nuit du 31 décembre, ils essuyèrent une défaite sanglante, qui rendit leur position plus difficile et les força de se tenir à distance. Les pertes des rebelles furent considérables et un grand nombre d'entre eux furent faits prisonniers (a). Montgomery avait péri dans la mêlée et Arnold avait reçu une blessure sérieuse. Cette victoire éclatante parut décisive, et l'évêque ordonna aux prêtres de la ville de réciter le *Te Deum*, le 1er janvier 1776, pour remercier Dieu d'avoir récompensé la loyauté des soldats et des citoyens Les offices publics ne furent cependant célébrés que le 12 mai suivant, alors que le siège fut définitivement levé.

(a) Une trentaine d'officiers furent enfermés dans le séminaire ; de là sans doute le nom de *salle des Américains* donné à l'appartement où ils logèrent. Ils pleurèrent en voyant l'épée de leur général, dont ils ignoraient la mort. Le corps de Montgomery, retrouvé à moitié enseveli sous la neige, fut inhumé dans la ville avec tous les honneurs dûs à son grade militaire. Il s'était partout montré très humain à l'égard des Canadiens dans cette dernière et malheureuse campagne.

Au milieu des ravages exercés dans les campagnes voisines de Québec, les écoliers, qui s'étaient enrôlés pour combattre les agresseurs en 1775, eurent le désagrément de voir brûler leur asile champêtre de la Canardière. Cette maison fut rebâtie en 1777. (Histoire manuscrite du Séminaire de Québec.)

Dans l'intervalle, l'ennemi s'établit à Lévis et à la Canardière et dans d'autres endroits près de Québec. Quand le général Thomas vint, au mois de mai, prendre le commandement de l'armée américaine, il la trouva dans la plus triste condition et composée de soldats épuisés par le froid, la petite vérole et des misères de tout genre. Ayant appris qu'il arrivait des secours d'Angleterre, le général crut prudent de plier bagage et de prendre la direction des frontières.

A cette occasion, Mgr Briand adressa aux citoyens le mandement qui suit :

« Aux fidèles citoyens de la ville de Québec, Salut et Bénédiction en Notre-Seigneur Jésus-Christ.

« La juste crainte d'exposer des vies qui nous sont si chères, nous a porté à interrompre depuis longtemps les offices solennels ; nous les reprenons aujourd'hui avec la plus grande allégresse. Les ennemis ne sont plus à nos portes, un instant les en a éloignés, le fracas de leur artillerie ne peut plus troubler votre dévotion. Ce bienfait signalé n'exige-t-il pas de notre part les actions de grâces les plus sincères et les plus solennelles envers notre Dieu, que vous avez si souvent reconnu pour être le premier auteur de nos succès ?

« Loin de vouloir par là affaiblir en vous les sentiments de reconnaissance et d'attachement que vous devez à notre très gracieux souverain, et à la mère-patrie, dont les prompts et puissants secours vous ont mis en état de vous faire craindre à vos ennemis, je souhaiterais les pouvoir redoubler. Ne devons-nous pas également conserver un attachement éternel pour Son Excellence M. Carleton, notre illustre gouverneur, dont la sagesse, la prudence, l'activité et l'intrépidité a enfin confondu l'opiniâtreté des ennemis du roi et des nôtres ?

Personne de ceux qui ont soutenu notre long siège dans cette ville, n'ignore le zèle et le courage des officiers, la constance et la fermeté des soldats et de nos braves citoyens. Mais, Mes Chers Frères, ce ne sont pourtant là que des causes secondes qu'une Providence particulière avait préparées en notre faveur, qu'elle a soutenues, dirigées, animées, moins par la considération de nos mérites que par l'intercession des saints patrons et protecteurs de cette colonie ; nous ne croyons pas qu'il soit encore temps d'entrer là-dessus dans un plus grand détail. Fasse le ciel que ce bienfait signalé de la divine Providence, pour une ville que nous devons tous regarder comme le dernier boulevard qui restait à la province et à la religion de nos pères, puisse dessiller les yeux à tous ceux de nos frères que l'esprit d'erreur et de mensonge avait aveuglés ! Que le succès dont Dieu a couronné votre zèle et votre religion puisse les faire rentrer dans les sentiers de la vérité, les rendre dociles à la voix de leurs pasteurs, et plus soumis aux puissances que Dieu a établies pour les gouverner ! »

Le prélat termine son mandement en ordonnant le chant solennel du *Te Deum*.

Au mois d'avril précédent, les provinces insurgées avaient envoyé des délégués à Montréal pour ranimer le zèle de leurs partisans, et, parmi ces délégués, se trouvait M. John Carroll, ex-jésuite, qui devint le premier évêque de Baltimore. Il était chargé de convertir les membres du clergé à la cause américaine, et de leur représenter que la religion catholique n'avait rien à craindre du congrès. Les prêtres canadiens lui répondirent qu'ils se croyaient obligés d'observer leur serment de fidélité, et d'obéir aux instructions qu'ils avaient reçues de leur supérieur ecclésiastique, l'évêque de Québec ; que d'ailleurs c'était mal choisir son temps que de venir exciter à la révolte un peuple à qui l'Angleterre venait d'accorder des avantages réels pour la religion et pour l'administration des affaires civiles. « Le gouvernement britannique, lui dirent-ils, protège et respecte les ministres de l'Église, il va jusqu'à rendre les honneurs militaires à nos cérémonies religieuses. Suivant le principe que la fidélité est due à la protection, le clergé ne peut enseigner la doctrine que la neutralité est compatible avec les devoirs envers le gouvernement établi. »

On rappela à M. Carroll que la religion catholique n'avait encore jamais été tolérée dans telles et telles des provinces insurgées ; que les prêtres en étaient exclus sous des peines très sévères et que les missionnaires envoyés chez les Sauvages étaient traités avec rigueur et cruauté. On lui demanda aussi pourquoi le congrès, qu'il disait si bien disposé envers les catholiques, avait fortement protesté à Londres contre la religion romaine et contre les avantages qu'on lui accordait en Canada. Enfin on l'assura, que si le peuple l'avait mis en oubli, les gens instruits se rappelaient encore des cruautés inouïes et des perfidies sans nom exercées par les Américains envers la nation Acadienne, tache indélébile que vingt ans n'avaient pu laver et que les siècles eux-mêmes ne pourraient effacer de leur mémoire. (a)

Si les prêtres et les nobles comprenaient la folie et l'iniquité d'une révolte, il n'en était pas ainsi du peuple, et plu-

---

(a) Dans le " Pèlerinage au pays d'Évangéline " M. l'abbé Casgrain raconte comment les infortunés Acadiens furent reçus par les barbares de la Pensylvanie et du Massachusets.

sieurs paroisses furent le théâtre des désordres les plus regrettables. Les prêtres furent insultés même dans l'église ; on méprisait leurs avis, on les accusait d'être anglais et de trahir la cause de leurs compatriotes. A Saint-Pierre de la Rivière-du-Sud, un combat sanglant s'engagea entre les troupes de M. de Beaujeu et les rebelles. Ceux-ci cernèrent la maison où se trouvaient les royalistes, en tuèrent trois, et en blessèrent un plus grand nombre parmi lesquels se trouvait le chapelain, l'abbé Bailly de Messein, prêtre du séminaire et aumônier du bataillon. (a)

Mgr Briand, à qui les curés écrivaient de tous les côtés, pour se plaindre de l'impiété et de la rébellion de leurs paroissiens, ne put s'empêcher de faire entendre la grande voix de l'autorité religieuse, et de publier dans le courant de l'année 1776, un mandement contre les rebelles pour condamner leur conduite, et pour les exhorter à une prompte et sincère pénitence. Nous citerons quelques passages de cette lettre écrite avec une vigueur extraordinaire de pensées et d'expressions, et qui fait connaître ce que pensait Mgr Briand des promesses des insurgés et de l'aveuglement de ses diocésains.

« Aux Habitants de ce Diocèse, Salut et Bénédiction en Notre Seigneur.

(a) "Messire Bailly, a priest, was shot through the body and also taken ; he, however has soon be released, and recovered of his wounds. The priests, in general, behaved well and refused to confess the Canadians in the rebel interest, for which they suffered persecution, Messire de Lotbinière, alone excepted, him they proposed to make bishop." (Lettre du colonel Caldwell au général James Murray.) D'après cette lettre, les prêtres suivirent fidèlement les instructions de Mgr Briand, excepté le malheureux de Lotbinière dont le nouveau scandale ne surprit personne.

« Dieu voulant engager le peuple juif, qui s'était séparé de lui et avait abandonné sa loi, à se repentir de ses infidélités monstrueuses et de son apostasie, parla à Jérémie, et lui ordonna d'annoncer à ces prévaricateurs opiniâtres et entêtés les paroles suivantes, qui montrent également et la bonté de Dieu et l'endurcissement des coupables : quand vous avez fait une chûte, dit Dieu, ne tâchez-vous pas de vous relever au plus tôt ? Qnand vous vous êtes écartés de votre route, que vous avez perdu le bon chemin, ne vous arrêtez-vous pas pour chercher le vrai sentier, et ne le prenez-vous pas aussitôt que vous l'avez trouvé ? Pourquoi donc le peuple de Jérusalem s'obstine-t-il à s'éloigner de moi? Pourquoi reste-t-il avec tant d'opiniâtreté dans le malheureux et fatal éloignement ? *Quare aversus est populus iste aversione contentiosa ? Apprehenderunt mendacium et noluerunt reverti :* il s'est laissé séduire par le mensonge, et il continue d'en suivre la séduction sans vouloir retourner à la vérité. (Jérémie VIII, 4.) N'est-ce pas là, Mes Frères, une peinture très vive et bien naturelle de ce qui se passe dans un grand nombre des habitants de cette colonie ? Vous avez trop d'esprit pour ne pas apercevoir les fourberies grossières et les plus iniques mensonges dont on s'est servi, pour vous faire tomber dans le piège qu'on vous tendait et dans lequel vous avez eu le malheur de donner avec le plus déplorable aveuglement et une sorte de frénésie et de fanatisme. Pourquoi donc, maintenant que vous connaissez l'imposture, ne la détestez-vous pas ? Pourquoi en suivre encore les impressions ? N'est-ce pas là une étrange folie ? Qui peut vous arrêter, Mes Chers Frères ? Est-ce le désespoir, et la crainte de ne point obtenir le pardon ? Ce serait une nouvelle erreur, pire que la première. Ne dit-on pas : la plus courte folie est la meilleure, il vaut mieux se repentir tard que jamais ? Vous avez irrité votre souverain, à la vérité ; mais il est bon ; et sans contredit et de l'aveu de tout le monde, le gouvernement sous lequel nous vivons est le plus doux et le moins sanguinaire : la clémence et l'indulgence sont ses caractères distinctifs ; il prise la vie des hommes. Vous avez dû vous en convaincre, depuis dix-sept ans que vous vivez sous sa conduite. Il ne suffit pas d'être accusé pour être censé criminel, ni d'être trouvé coupable pour être condamné : on aime à trouver des excuses, et la plus légère suffit souvent pour exempter de la rigueur des lois. Or, Nos Très Chers Frères, ni Sa très gracieuse Majesté, ni le Parlement, ni Son Excellence M. Carleton, n'ignorent qu'on vous a séduits, qu'on vous a trompés, qu'on vous a menti, en vous effrayant par des malheurs qui n'ont aucun fondement ni aucune apparence, et en vous promettant des faveurs et des avantages qui blessent et la religion, et la justice, et la raison. Et cette considération, n'en doutez pas, a fait déjà son effet sur les esprits et les cœurs de ceux dont vous redoutez la puissance, et vous mériterait votre grâce, au moins en ce qu'il y a de plus considérable, si vous vous empressiez de témoigner votre repentir et votre fidélité. Mais si vous persistez dans votre révolte, vous forcerez aux plus rigoureux châtiments. Et qui est-ce qui pourra vous y soustraire ? Vous imaginez-vous qu'un aussi puissant empire que le Britannique, dont les forces maritimes sont capables de résister, pour ne rien dire de plus, à toutes celles de l'Europe réunies, en aura le démenti, et qu'il ne consommera pas son entreprise ? Il n'y a qu'un sot entêtement et une grande ignorance qui puisse se le persuader.

« Il est donc de votre intérêt de revenir au plus tôt au devoir. Nous vous y exhortons, Nos Très Chers Frères, et nous vous en prions par les entrailles de Jésus-Christ. Et en cela, nous ne vous proposons d'autre objet que votre propre bien, et le temporel et le spirituel. Et d'abord, le temporel : car enfin, Nos Très Chers Frères, pouvez-vous ignorer les tristes suites d'une résistance opiniâtre ? Votre rébellion, aussi contraire à la religion qu'au bon sens et à la raison, méritait déjà des châtiments exemplaires et rigoureux, du côté du prince dont vous n'avez reçu jusqu'ici que des marques signalées d'une bonté extraordinairement rare dans un vainqueur puissant, et à laquelle aucun de nous ne s'attendait, bonté qui ne vous a fait connaître le changement de domination que par un mieux-être. Personne, au temps de votre révolte, ne se sentait des malheurs de la guerre passée : quelque dérangement qu'elle ait mis d'abord dans vos affaires, il était non seulement réparé, mais encore aviez-vous de beaucoup augmenté vos fortunes, et vos possessions étaient devenues considérablement plus lucratives et plus riches. Vous n'aviez donc qu'à louer et remercier la Providence sur votre sort : votre devoir et votre reconnaissance devaient vous attacher inviolablement à votre souverain, à son autorité et à sa gloire ; il avait droit d'y prétendre, il s'en flattait même avec une sorte d'assurance ; et il n'eût pas été trompé, si vous aviez suivi les règles de la gratitude et les maximes de votre religion............ ....

« Non, Nos Très Chers Frères, les colonistes ne voulaient point votre bien ; ce n'est point une affection fraternelle qui les a amenés dans cette colonie ; ce n'est point pour vous procurer une liberté dont vous jouissiez déjà avec tant d'avantage, et qui allait devenir encore plus brillante, qu'une poignée de gens. ni guerriers ni instruits de l'art militaire, sont venus s'emparer de vos campagnes et des villes de Montréal et des Trois-Rivières sans défenses. C'est par un principe bien différent, qui vous couvrirait de honte et d'ignominie, si vous le conceviez bien, qui vous porterait même à la rage et à la fureur contre les perfides ennemis que vous avez eu la sottise d'appeler du nom de frères, d'amis et de nos gens, si vous en pénétriez tout le sens, toute la malice et toute la trahison.

« Souffrez que votre père en Dieu, que vous détestez sans qu'il vous ait fait de mal, quoiqu'il n'ait voulu que votre bien et qu'il se soit toujours sans cesse, au dépens même de sa santé, de ses petites facultés et minces pouvoirs, efforcé de le procurer ; souffrez, dis-je, qu'il vous apprenne ce que vous ignorez, parce que vous l'avez voulu. Fermant les oreilles aux conseils de ceux qui vous aiment par des devoirs de la religion et du patriotisme, et les ouvrant trop aux discours malins, empoisonnés, intéressés, et pleins de fourberies de vos plus cruels ennemis, souffrez, encore une fois, que je vous dessille les yeux et que je vous découvre les ressorts criminels et bien confusibles pour vous, qu'on a employés pour vous perdre et vous rendre indignes des faveurs de notre souverain. Je n'y puis penser sans verser les larmes les plus amères, parce que je vous aime ; sans rougir de confusion, parce que je vous suis vraiment attaché et que votre honte est la mienne ; sans être indigné, parce que je hais la tromperie et que le Seigneur lui-même a en horreur celui qui a le cœur double, et maudit celui qui place un piège devant un aveugle : *Maledictus qui ponit offendiculum ante pedes cæci.* Or, N. T. C. F., ce sont là les crimes et les trahisons que les colonistes méridionaux ont commis à votre égard. Jaloux, disons plus vrai, enragés des faveurs que le gouvernement vous accordait et que vous n'avez point assez connues, ils ont fait leurs efforts du côté de Londres pour les empêcher ; et ils ne se sont point encore désistés ; mais voyant toutes leurs menées inutiles, ils se sont tournés de votre côté : ils vous connaissent pour peu instruits, et sans aucune connaissance de la politique et de vos vrais intérêts, c'est-à-dire, qu'ils vous ont jugés sots et ignorants, et de là ont conclu qu'ils ne pouvaient empêcher les bonnes dispositions de la Cour trop persuadée de votre fidélité, de votre bravoure et de votre attachement sincère à votre religion, dont ils connaissent mieux les maximes et l'esprit que vous ne les connaissez, et ils ont entrepris et sont malheureusement venus à bout de vous rendre indignes des grâces qu'on vous accordait, en vous portant à la révolte, à la lâcheté et à une espèce d'apostasie de la religion de vos pères, ainsi que nous vous le montrerons dans la suite. Ils vous ont en conséquence représenté le Bill comme un attentat à votre liberté, comme tendant à vous remettre dans l'esclavage, à la merci de vos seigneurs et de la noblesse ; ils vous ont promis l'exemption des rentes seigneuriales, et vous avez aimé cette injustice ; et que vous ne paieriez plus de dîmes, et vous n'avez pas eu horreur de cette impie et sacrilège ingratitude envers le Dieu, sans la bénédiction duquel ni vos champs ne seraient fertiles ni vos travaux ne réussiraient..................................

« A quels dangers n'avez-vous pas exposé votre Religion Quels obstacles n'avez-vous pas mis à votre salut !

« Et 1º Nos Très Chers Frères, vous vous êtes rendus parjures, crime des plus grands ; vous vous êtes impliqués dans tous les incendies ; vous vous êtes rendus criminels de toutes les morts qui sont de vrais assassinats, responsables de tous les torts faits au prochain, de toutes les pertes qu'il a essuyées, de toutes les dépenses que votre indocilité, et dans plusieurs la rébellion, a occasionnées au Gouvernement. Considérez donc après cela dans quel abîme de péchés vous vous êtes plongés...... Comment en sortir? Comment réparer le mal ? qui ne se pardonne pourtant point sans réparation, suivant l'axiome de saint Augustin : *Non dimittitur peccatum, nisi restituatur ablatum.* Je vous avoue, Mes Frères, que cette considération me nâvre le cœur depuis plus de dix mois. Je n'ai pas craint la conquête de la colonie pour deux raisons : parce que j'avais confiance en Dieu et en notre sainte Protectrice, et parce que j'étais instruit des forces ennemies et de l'état de nos forces. Mais ce qui m'occupait, c'était votre salut, et de quelle manière je pourrais vous mettre en conscience, surtout pour la restitution. Et c'est surtout cet article qui me force à suspendre l'administration des sacrements jusqu'à ce que les affaires soient finies et que Sa Majesté ait accordé le pardon, la rémission et l'amnistie. Voyez maintenant, Mes Frères, et jugez vous-mêmes de la qualité des obstacles que vous avez mis à votre salut, par la difficulté qu'il y a à vous mettre dans les dispositions nécessaires absolument pour obtenir devant Dieu le pardon de vos péchés.

« 2º A quels dangers n'avez-vous pas exposé votre religion ! Vous ne les avez pas aperçus, ni compris, sans doute, Mes

Frères : je vous crois pour la plupart trop attachés à la religion de vos pères pour en vouloir changer, pour vouloir apostasier. Et cependant, il n'est que trop vrai que vous y courriez évidemment, et que si Dieu n'avait pas usé de miséricorde, vous deveniez en peu de temps après la prise de Québec, des apostats, des schismatiques et de purs hérétiques, protestants du protestantisme le plus éloigné de la religion romaine et son plus cruel ennemi. Car nulle autre secte n'a persécuté les romains comme celle des Bostonnais ; nulle autre n'a outragé les prêtres, profané les églises, les reliques des saints comme elle ; nulle autre n'a attaqué avec de plus horribles blasphèmes la confiance des catholiques en la protection des saints et de la sainte Mère de Dieu comme elle. Eussiez-vous tenu longtemps contre la séduction, vous que l'on peut dire, sans vous faire injure, savoir très peu votre religion et être dans une ignorance crasse de presque tous les points de votre foi et de toutes les preuves qui la rendent certaine, et qui d'ailleurs, comme des fanatiques et des misérables insensés et déplorables aveugles, vous étiez fait un principe de ne plus écouter la voix de ceux qui vous sont donnés de Dieu pour être vos conducteurs, vos guides, votre lumière, et les défenseurs de votre foi. Non, sans doute, Mes Frères, ils vous eussent bientôt, par leurs mensonges, leurs calomnieuses fourberies contre votre religion, par leurs séduisants sophismes, non seulement détachés de cette foi, mais je ne doute pas qu'ils ne fussent même venus à bout de vous faire déplorer le sort de vos pères et celui de vos premières années. On vous aurait bientôt entendu entonner des cantiques d'actions de grâces pour avoir été délivrés de la prétendue superstition du papisme, et pour avoir enfin découvert la belle vérité................... ....

« Mais vous direz peut être, et en effet vous l'avez dit, qu'il n'appartenait point aux prêtres de faire la guerre ni de s'en mêler. Non, sans doute, il ne convient point à leur ministère de porter le mousquet ni de répandre le sang ; mais ne leur appartient-il pas de juger si la guerre est juste ou injuste, de juger sur l'obéissance que les sujets doivent à leur souverain, et les services qu'ils lui doivent rendre ; le serment étant un acte de religion, pouvez-vous ignorer qu'il soit du ressort de l'Église ; et quand vous en avez fait d'indiscrets ou que vous ne pouvez remplir ceux que vous avez faits, ne venez-vous pas nous demander dispense, aussi bien que des vœux ? Vous êtes tombés dans une grossière erreur, en disant que ce n'était pas aux prêtres de se mêler des affaires de la guerre ; ou bien, si vous jugiez que vous étiez obligés de les consulter, vous avez péché par malice et contre le Saint-Esprit, et contre votre propre conscience...................... ....

.........« Et je ne vous mets pas vos crimes devant les yeux par un esprit de simple reproche, ni pour vous injurier, mais pour vous les faire envisager du côté de la religion, vous en faire comprendre toute l'énormité, afin que vous les pleuriez amèrement, et en fassiez une digne et convenable pénitence, qui vous en mérite du Seigneur un pardon entier et une totale rémission. C'est là le seul but de mes prières et de mes sacrifices. J'espère que le Seigneur les exaucera, et que vous m'en donnerez des preuves consolantes avant que mon Créateur et mon Juge m'appelle à lui. Le charme tombera, vos yeux se dessilleront, vous rougirez de vos écarts, et tournant les yeux vers Jésus crucifié qui pria sur la Croix pour ses bourreaux, persuadés de son infinie miséricorde, vous ne désespèrerez pas de le fléchir, vous vous prosternerez avec un cœur contrit et humilié aux pieds de ses ministres mêmes persécutés, méprisés et outragés, vous leur confesserez avec larmes vos désordres ; revenus de vos préventions contre eux, vous les remercierez de leur fermeté qui vous a épargné des absolutions et communions sacrilèges qui auraient augmenté le nombre de vos péchés, et vous auraient entretenus dans l'aveuglement, et conduits peut-être à l'endurcissement et à l'impénitence finale. Et je vous promets que vous les trouverez encore pleins de cette charité et de cette compassion dont vous avez si souvent éprouvé les effets. »

Le refus des sacrements ordonné par l'évêque ne dura pas longtemps. du moins dans la plupart des paroisses, car les habitants ne tardèrent pas à écouter la voix de leur premier pasteur et à se repentir de leur rébellion. Le 19 octobre 1776, le prélat écrit à M. Porlier, curé de Sainte-Anne de la Pocatière, qu'il a manifesté au gouverneur son intention de tout remettre entre les mains des curés et de s'en rapporter à leur sagesse, à leur prudence et à leur attachement à la royauté. « Réflexion faite, j'ai jugé que le meilleur moyen de rappeler les réfractaires n'était plus de les éloigner des sacrements, mais au contraire de les en rapprocher...... J'avais promis une décision générale, mais la conversion n'étant pas encore assez certaine, je n'ai pas cru devoir suivre mes premières idées. »

Quelques rebelles cependant ne voulurent jamais se soumettre et recourir au tribunal de la miséricorde et du pardon.

On en connaît cinq qui furent enterrés dans un champ, au quatrième rang des concessions de la paroisse de Saint-Michel de Bellechasse. Leurs corps furent exhumés, en 1880, et confiés à la partie du cimetière réservée aux enfants morts sans baptême. Il est bien permis de s'apitoyer sur l'obstination et l'aveuglement de ces malheureux qui moururent ainsi dans l'impénitence finale, mais l'on ne saurait blâmer le grand évêque, qui, en les condamnant, ne fit que suivre les lois ordinaires de l'Église. Il ne pouvait pardonner à ceux qui ne voulaient pas écouter le représentant de Jésus-Christ. « Celui qui vous écoute, m'écoute, et celui qui vous méprise, me méprise. » (Luc, x. 16.) « S'il n'écoute pas l'Église, qu'il soit à votre égard comme un païen et un publicain. » (Matth., xviii, 17.)

Les mesures de rigueur prises par Mgr Briand étaient non seulement conformes aux règles ecclésiastiques, mais elles étaient opportunes et produisirent un excellent effet dans tout le pays. Elles amenèrent la conversion presque immédiate des coupables et inspirèrent aux catholiques et aux protestants une plus haute idée et un plus profond respect pour l'autorité de l'évêque.

La loyauté du prélat, son courage et son dévouement le grandirent aux yeux des Anglais, et attirèrent sur toute son église leur bienveillance et leur protection.

Mgr Briand écrivait à une de ses sœurs au sujet des tristes événements qui venaient de se passer : « Ces pauvres peuples avaient été séduits ; ils le voient bien à présent. (a) On s'était

---

(a) Cette lettre étant datée du 26 septembre 1776, on voit que, si la rébellion fut répandue dans le pays, elle ne fut pas de longue durée et que la conversion suivit de près la faute.

surtout attaché à les prévenir contre leurs curés, leur disant qu'il ne fallait pas les écouter, qu'ils n'avaient point à se mêler de la guerre, que ce n'était point leur métier. Par ces discours, nos instructions sont devenues inutiles ; d'où est venu le malheur des habitants. On peut dire que la conservation de la colonie au roi d'Angleterre est le fruit de la fermeté du clergé et de sa fidélité : car, quoique les peuples ne se soient pas opposés aux Bostonnais, ils ne se sont pas joints à eux, et on n'en compte pas cinq cents qui aient suivi l'armée ; et encore le plus grand nombre n'étaient que des malheureux, des gueux et des voyageurs.

« Mais on peut dire que toute la colonie désirait que Québec fût pris ; Marie a conservé cette ville qui seule restait fidèle, puisque les faubourgs eux-mêmes étaient nos ennemis. Aussi ont-ils été brûlés, soit par la ville, soit par les Bostonnais ; ce qui a fait bien des misérables. Ils portent la peine de leur désobéissance. »

Le 31 décembre 1776, l'évêque fit encore un mandement pour ordonner le chant du *Te Deum* en actions de grâces pour la délivrance de Québec et de toute la colonie. La cérémonie à la cathédrale fut des plus solennelles. Après la messe célébrée pontificalement, le prélat entonna l'hymne de la reconnaissance, le canon tonna sur les remparts et la milice catholique présente sous les armes fit de nombreuses décharges de mousqueterie à la porte de l'église. « Douze prisonniers Canadiens qui avaient pris les armes contre le roi, eurent leur grâce, après avoir fait amende honorable, la veille, dans la prison, et avoir été conduits, le jour, à la porte de la cathédrale, au sortir de la cérémonie, pour demander pardon du scandale qu'ils avaient donné ; après quoi ils furent renvoyés chez eux, avec ordre d'en faire autant chacun dans leur église paroissiale. » (*a*)

Tel fut, en Canada, le dernier acte de cette campagne de 1775-76. Les colonies américaines continuèrent la guerre contre leur métropole, mais en restant sur leur propre territoire. Le sort des armes leur fut favorable, et l'Angleterre se vit forcée de leur accorder leur indépendance, le 3 septembre 1783.

(*a*) Lettre de la Mère Marie-Catherine Duchesnay de Saint-Ignace, de l'Hôpital-Général de Québec.

CHAPITRE VII

Visites épiscopales.—Publication d'un nouveau catéchisme.—Démission de Mgr Briand.—Lettre à Lord Hamilton.—Sacre de Mgr Hubert.—Mort de Mgr D'Esglis et de Mgr Bailly.—Dernière maladie de Mgr Briand.—Sa mort.

Fidèle à remplir tous les devoirs de sa charge épiscopale, Mgr Briand ne pouvait manquer d'attacher une grande importance à la visite de son diocèse, et moins d'un an après sa prise de possession, il alla donner la confirmation dans un grand nombre de paroisses du gouvernement de Québec. D'après une lettre de M. Bailly de Messein, on est porté à croire qu'il se rendit jusqu'à Sainte-Anne, sur la Rivière Saint-Jean, où il confirma plusieurs familles acadiennes. Les fidèles avaient été préparés à cette visite du premier pasteur, par les exercices du jubilé que l'évêque avait obtenu de célébrer dans son diocèse, en 1767, bien qu'il eût été accordé en 1758, à l'occasion de l'exaltation de Clément XIII sur le trône pontifical. Touché des malheurs qui avaient alors fondu sur la colonie et empêché les Canadiens de gagner l'indulgence plénière accordée à l'univers entier, le Saint-Père avait permis à Mgr Briand d'apporter avec lui les grâces extraordinaires de ce jubilé, afin que l'on célébrât dans la joie du Seigneur la bienheureuse arrivée de l'évêque, si longtemps et si ardemment attendu.

Mgr Briand, au témoignage de l'abbé Plessis, jeûnait tous les jours de la visite, faisait trois instructions par jour et donnait lui-même la communion à tous les confirmands. Malheureusement sa santé déjà faible ne pouvait supporter que difficilement les fatigues attachées à des voyages longs et quelquefois bien pénibles. Le prélat revenait épuisé de ses visites épiscopales, mais heureux de s'être dépensé pour l'amour de Dieu et pour le salut des âmes. D'après les itinéraires qui ont été publiés, (a) le courageux évêque visita trois fois les paroisses de son immense diocèse.

En 1771, le Cardinal Castelli lui demanda de vouloir bien aller, avec l'autorisation du gouverneur, donner la confirmation aux catholiques abandonnés du Maryland, de la Pensylvanie et de la Virginie ; mais M. Carleton était à Londres quand l'évêque aurait pu entreprendre de le faire, et les troubles de l'invasion américaine l'empêchèrent ensuite de remplir cette mission.

La dernière tournée pastorale de Mgr Briand se fit en 1775, et l'on voit par une lettre qu'il écrivait, à cette époque, aux habitants de Saint-Michel, qu'il ne l'avait pas terminée sans de grandes fatigues. Les infirmités le retinrent ensuite dans sa ville épiscopale et l'empêchèrent jusqu'à la fin de son administration de recommencer la visite de son troupeau.

Il apportait un grand soin à l'instruction religieuse des enfants : ses mandements pour la publication d'un nouveau catéchisme et les règlements qu'il fit pour le faire enseigner. nous montrent clairement quelle importance il attachait à cette question ; question importante en effet, à cette époque où les fanatiques de Londres et de Québec voulaient pervertir les populations en les laissant dans l'ignorance, pour les pousser ensuite vers l'apostasie !

(a) Mandements des évêques de Québec, volume deuxième.

Comme Mgr Briand se sentait affaiblir par la maladie qui le minait depuis longtemps, (a) il songea bientôt à donner sa démission, afin que Mgr D'Esglis pût à son tour se choisir un coadjuteur, et que l'église canadienne ne fût pas exposée à n'avoir plus d'évêque pour la diriger. « Parvenu, dit l'abbé Plessis, à l'âge de soixante-et-dix ans, sentant croître ses infirmités, ayant pour coadjuteur un homme encore plus âgé que lui, et craignant que la mort de l'un et de l'autre ne privât encore une fois le diocèse de la succession épiscopale, il renonce à son titre, s'éloigne des affaires publiques, et se retire dans l'intérieur du séminaire pour ne plus songer qu'à Dieu et à son salut. »

Mais écoutons plutôt Mgr Briand lui-même nous dire ses sages intentions et nous donner la mesure de sa vertu, dans une lettre qu'il écrivit au lieutenant-gouverneur, Lord Hamilton, pour lui annoncer son dessein et le prier d'en favoriser l'exécution :

« Je me ferais un reproche, si je ne vous donnais avis d'une détermination fixe que j'ai prise et que je ne puis plus tarder d'exécuter. Une maladie de deux ans à laquelle les médecins ne voient aucun remède, m'oblige de me démettre sans délai de mon titre de l'évêché de Québec entre les

---

(a) Les annales des Ursulines disent que Mgr Briand souffrait de la goutte et que, lorsqu'il en subissait les accès, il en était saisi dans la poitrine et les bras, sans pouvoir agir.

Dans une lettre de 1783, on lit ce qui suit : " Mgr notre très cher et vénéré prélat a été attaqué d'une violente maladie que les médecins nomment spasmes. Les accès qui sont fréquents et douloureux donnent de grandes inquiétudes. " (Histoire des Ursulines de Québec.) Le 2 janvier 1785 Mgr D'Esglis écrit au nonce du Pape à Paris que " le prélat souffre depuis deux ans de violentes douleurs spasmodiques. Il a de plus un catharre opiniâtre avec tous les symptômes de la tympanite. "

mains du digne coadjuteur que Sa très gracieuse Majesté a bien voulu me donner et que j'ai consacré moi-même, il y a douze ans, avec la permission de M. Cramahé, lors lieutenant-gouverneur. J'ai conservé depuis vingt-cinq ans les peuples de mon diocèse dans la fidélité au roi, en des temps bien critiques ; et de ce côté-là, j'ose ne rien craindre des jugements de mon Dieu entre les mains duquel je sais qu'il est terrible de tomber. J'ai insinué partout, et par écrit et de parole, qu'on ne peut être chrétien et, à plus forte raison, vrai catholique, sans être fidèle à ses serments, et sans être soumis aux Puissances que la Providence de Dieu détermine par ses décrets. Mais il est un autre compte que je dois rendre à Dieu : ce sont les fonctions épiscopales que je n'exerce pas depuis deux ans ; c'est le torrent du vice dans mes diocésains auquel je ne m'oppose pas ; c'est, en un mot, le bien que je ne fais pas. Jusqu'ici je me suis rassuré sur l'espérance de ma guérison, mais enfin je sens que je n'ai plus droit de m'appuyer de ce prétexte. Il ne me reste donc plus qu'à me décharger de mon fardeau sur mon coadjuteur. Autre motif non moins urgent qui doit intéresser la bonté attentive du gouvernement : c'est de tranquilliser l'esprit de cent mille catholiques de cette province. Car ils voient d'un côté leur évêque dont ils savent qu'ils sont tendrement aimés, réduit à sa dernière maladie ; et de l'autre un coadjuteur qui doit lui succéder et qu'ils estiment, parvenu à sa soixante-quinzième année. Ce double péril de la perte simultanée de l'un et de l'autre les effraie. Le seul moyen d'apaiser leur crainte, c'est de me démettre entre les mains de mon coadjuteur, qui aura le droit que je n'ai pas, de se pourvoir lui-même promptement d'un successeur. J'ose vous recommander cette affaire comme la dernière et la plus importante dont le succès puisse m'intéresser. » (24 nov. 1784.)

Lord Hamilton répondit à l'évêque qu'il transmettrait au plus tôt sa lettre au ministre d'État et qu'il l'appuierait de toute son influence. Il termine ainsi : « souhaitant que vous puissiez jouir dans la retraite de cette tranquillité à laquelle vous avez tant contribué, j'ai l'honneur d'être, Monseigneur, avec la vénération la plus sincère et le plus profond respect, etc. »

Monseigneur Briand signa son acte de démission, le 29 novembre suivant, et son successeur, Mgr D'Esglis, choisit, le lendemain, pour son coadjuteur, M. Jean-François Hubert, qui ne fut sacré que deux ans après, le 19 novembre 1786, à cause des lenteurs apportées par la cour de Londres pour reconnaître sa nomination et des difficultés des communications avec le Saint-Siège. Ce fut Mgr Briand qui eut le bonheur indicible de consacrer le nouvel élu. Sa joie était si grande qu'elle lui rendit assez de forces pour lui permettre de donner la plénitude du sacerdoce au premier lévite qu'il avait élevé à la prêtrise, vingt ans auparavant, le lendemain de sa prise de possession du siège épiscopal de Québec. C'était maintenant surtout qu'il pouvait chanter son *Nunc dimittis*, car son œuvre était de plus en plus assurée : il avait vu et consacré celui qui devait perpétuer l'épiscopat dans l'église de Québec ; il pouvait partir sans inquiétude, car il laisserait après lui un jeune évêque de quarante-cinq ans, aimé des fidèles, respecté par le clergé et rempli de talents et de vertus Et qui sait ? En jetant ses regards paternels sur un jeune secrétaire qui agissait comme maître des cérémonies et dont il connaissait si bien les talents et la sagesse précoce, le vénérable évêque entrevit-il la gloire que le jeune Plessis devait un jour faire rejaillir sur cette église de Québec, que l'auguste vieillard aimait tant et pour laquelle il avait tant souffert. Mais son humilité l'empêcha certainement de prévoir que le nom de Briand grandirait à travers les âges en même temps que le nom de Plessis, et que l'histoire bénirait un jour ces deux noms, en les unissant, comme ceux de deux grands évêques également chers à la patrie et à l'Église.

Mgr Briand vécut encore dix ans, qu'il passa dans la retraite, dans la prière et dans la souffrance. Bien qu'il ne prît, pour l'ordinaire, aucune part à l'administration, il ne refusait jamais de donner à Mgr d'Esglis et à Mgr Hubert, qui lui succéda bientôt, les secours précieux de sa sagesse et de sa longue expérience. « Du moment qu'il y était provoqué par une consultation, dit l'abbé Plessis (a), dès lors il développait, il étalait, il faisait toucher du doigt ses excellents principes, avec une présence d'esprit, une netteté, une fermeté, qu'on n'aurait pas dû attendre d'un homme de son âge. Combien de fois, Monseigneur, (l'orateur s'adressait à Mgr Hubert) dans les temps nébuleux, a-t-il essuyé vos larmes, raffermi votre cœur abattu sous le poids de la tribulation, suggéré au zèle et à la piété de Votre Grandeur les moyens de se soutenir et de se satisfaire. J'aime, disait-il, l'église du Canada. Je me suis, depuis longtemps, sacrifié pour elle. Jusqu'à ma mort, elle aura droit à mes services, autant de fois qu'elle les exigera. »

Le vénérable malade, comme on l'avait prévu, survécut à son successeur, Mgr d'Esglis, qui mourut, le 4 juin 1788, à

(a) Oraison funèbre de Mgr Briand.

l'âge avancé de soixante-dix-huit ans. Il vit aussi mourir, le 20 mai 1794, le coadjuteur de Mgr Hubert, Mgr Bailly de Messein, dont la conduite ambitieuse lui causa tant de déboires. Il eut du moins la consolation d'être l'heureux témoin de son repentir et de ses larmes, avant de le voir partir pour rendre compte au souverain juge des difficultés qu'il avait suscitées à son supérieur ecclésiastique. Dans l'affaire de l'université mixte, que les protestants voulaient établir, aidés qu'ils étaient par le coadjuteur, on vit une fois de plus apparaître sur la scène celui qui était considéré comme l'âme de l'église de Québec. Mgr Briand retrouva des forces pour aider son successeur à combattre les projets des ennemis de la foi catholique, et pour effacer par le prestige de son nom toute l'influence que pouvait apporter à cette cause malheureuse celui d'un prélat plus aveugle sans doute que coupable.

« Cependant le temps arrive, s'écrie l'éminent panégyriste, où Dieu avait résolu d'appeler à lui son serviteur. Le mal redouble et avec lui la patience, avec lui la ferveur, avec lui l'amour de Dieu, avec lui la piété la plus affectueuse. (a) Je le vois étendu sur le lit qu'il ne doit plus quitter, attendant comme Moïse sur la montagne, ou comme Jacob au milieu de ses enfants et de ses petits enfants, le coup salutaire qui doit délivrer son âme de la prison où elle était enfermée………Enfin, muni de tous les secours de la religion,

---

(a) Mgr Briand se confessait deux fois par semaine. Il fit preuve, pendant toute sa vie, d'une patience extraordinaire, et malgré bien des petites persécutions de la part de quelques-uns de ses prêtres, il souffrit tout sans se plaindre. Il eut pendant longtemps pour confesseur, M. Jacrau, prêtre du séminaire, qui encourageait les marguilliers à lutter contre lui.

comblé d'années, de travaux, de vertus et de mérites, après onze ans de maladie, vingt-huit ans d'épiscopat et cinquante-cinq ans de prêtrise, après avoir vu mourir le coadjuteur du coadjuteur de son coadjuteur, ce vénérable patriarche, digne de vivre encore des siècles, rend doucement sa belle âme à Dieu, à l'âge de quatre-vingts ans, et s'en va dans l'autre monde recevoir la seule couronne qui soit réellement desirable, celle de l'immortalité. » L'orateur ajoute que l'Église a perdu un époux fidèle, l'État un citoyen zélé pour sa défense, le clergé un chef inestimable, les vierges consacrées à Dieu un père infiniment respectable, les pauvres un appui, les affligés un consolateur, l'évêque de Québec un modèle, un confrère, un ami constant, le peuple un intercesseur puissant, dont les mains souvent élevées au ciel calmaient sa colère prête à fondre sur lui et à punir ses désordres.

Mgr Briand mourut le 25 juin 1794 ; ses funérailles se firent avec une grande pompe, dans la cathédrale, où il fut enterré en avant et à droite de Mgr de Laval et de Mgr de Lauberivière.

M. J. O. Plessis, alors curé de Québec, prononça l'oraison funèbre du vénérable défunt.

Cette tâche lui appartenait à plus d'un titre. Pendant longtemps secrétaire de Mgr Briand, il était resté son confident et son meilleur ami. Il comprenait mieux que tout autre peut-être, la grandeur de l'œuvre accomplie par le prélat qui venait de mourir ; nul autre ne pouvait mieux que lui, rendre justice aux travaux immenses accomplis par Mgr Briand, et faire connaître les vertus aimables qu'il avait pratiquées pendant toute sa vie. Voici le jugement qu'il porte sur ce grand évêque, jugement qu'il fait précéder d'une appréciation de chacun de ses prédécesseurs :

« Vous verrez dans M. de Pontbriand un prélat recommandable par une connaissance profonde de la théologie et des lois de l'Église, par une régularité de vie et de conduite qui le rendaient infiniment cher à ses diocésains ; dans M. de Lauberivière une jeune et tendre fleur que le même jour vit presque naître et s'épanouir, et dont on eut à peine le temps de respirer la bonne odeur ; dans M. Dosquet, un évêque vigilant, singulièrement attaché à la conduite des monastères et à la visite du diocèse ; dans M. de Saint-Vallier, un homme ami de l'ordre, exact à tenir des synodes et à faire des règlements pour la conservation de la discipline. Mais comme dans le temps critique dont nous parlons, il ne s'agissait plus seulement d'entretenir, mais de régénérer, vous ne trouverez à vous arrêter qu'au fondateur de cette église, au premier de ses pontifes. Dans M. de Laval seul, vous rencontrerez ce courage infatigable, cette étendue de desseins, cette prévoyance habile, ce génie créateur que tout le monde a admiré dans M. Briand. »

Mgr D'ESGLIS

CHAPITRE I

Naissance du premier évêque canadien. — Quelques détails sur son illustre famille. — Son ordination. — Il est nommé curé de Saint-Pierre, I. O. — Le gouverneur Carleton le choisit pour le coadjuteur de l'évêque de Québec. — Sa consécration. — Il continue d'être curé. — Il visite les paroisses de l'Ile d'Orléans en 1778.

Le premier évêque canadien naquit à Québec, le 24 avril 1710. Son père était le chevalier François Mariaucheau d'Esglis, capitaine d'une compagnie d'infanterie, plus tard gouverneur des Trois-Rivières, et sa mère, madame Louise-Philippe Chartier de Lotbinière, sœur de l'archidiacre de Lotbinière. (a) L'Histoire des Ursulines de Québec dit que cette noble femme semblait avoir reçu dès ce monde la couronne des bonnes mères, celle qui fleurit sans se flétrir, par la sainteté des enfants. La famille de Lotbinière était l'une des plus illustres de la Nouvelle-France, et elle s'allia avec les familles Duchesnay et Chaussegros de Léry. Louis-Philippe

---

(a) L'archidiacre de Lotbinière avait d'abord vécu longtemps dans le monde, ou il avait épousé madame Françoise des Meloises. Après la mort de sa femme, il entra dans les ordres et fut ordonné prêtre par Mgr de Saint-Vallier, en 1726. Il mourut à l'Hôpital-Général, en 1749. Deux de ses fils devinrent prêtres comme lui, et la plus jeune de ses filles se fit hospitalière.

D'Esglis, qui venait d'apparaître au monde, appartenait donc à la plus haute aristocratie. Il fut baptisé, le lendemain de sa naissance, par le chanoine Pocquet, et eut pour parrain le marquis de Vaudreuil, gouverneur général, pour marraine, dame Louise Chartier, femme de Louis Denis, écuyer, sieur de la Ronde. L'une de ses sœurs se maria à M. de Brouage, l'autre devint religieuse Ursuline. Comme ses parents étaient moins favorisés du côté de la fortune que de celui de la naissance, cette vertueuse enfant s'en alla de porte en porte solliciter des aumônes pour payer une dot qu'elle n'aurait pas voulu demander à son père, et, après avoir fait l'admiration du monde, elle fit l'édification du cloître jusqu'à la fin de sa carrière.

Le jeune D'Esglis entra, le 15 octobre 1721, au Séminaire de Québec, où il fit toutes ses études classiques et théologiques. Le 18 septembre 1734, Mgr Dosquet lui conféra l'ordre de la prêtrise et le nomma de suite curé de Saint-Pierre dans l'Ile d'Orléans. Dans cette modeste cure, où il demeura toute sa vie, il pratiqua les vertus d'un bon ecclésiastique, et se dévoua avec zèle au service du petit troupeau qui lui avait été confié. « Entre les vertus vraiment sacerdotales qui ont brillé en lui, disent les Annales des Ursulines, on doit distinguer son désintéressement apostolique. Il a gouverné sa paroisse, sans jamais se plaindre de la médiocrité de son revenu, ayant même refusé la paroisse la plus lucrative du Canada. Son attrait le portait à soulager les pauvres, à consoler les malades, et à entretenir la paix et les bonnes mœurs parmi ses paroissiens. »

L'abbé D'Esglis remplissait ainsi, depuis trente-cinq ans, les humbles mais sublimes fonctions d'un curé de campagne, quand, en 1770, on vint lui apprendre que le gouverneur le proposait à l'évêque pour en faire son coadjuteur. Grande dut être la surprise de cet humble prêtre, qui n'avait jamais eu d'autre ambition que de vivre et de mourir dans sa petite paroisse. Mais quelques-uns de ses parents avaient d'autres vues que les siennes, et, profitant de la grande influence qu'ils exerçaient sur le gouvernement anglais, ils réussirent à le faire accepter par M. Carleton. Ce dernier faisait attendre, depuis quatre ans déjà, la permission que Mgr Briand lui demandait de se choisir un coadjuteur, quand, au moment de partir pour Londres, il vint de lui-même trouver l'évêque et lui offrir M. l'abbé D'Esglis. Le sage prélat se garda bien de faire des objections, d'autant plus que le candidat était un des membres les plus dignes du clergé de Québec.

Il était, il est vrai, plus âgé que l'évêque, et se distinguait plus par ses vertus modestes que par des talents brillants, mais il ne devait être, pour ainsi dire, que le dépositaire de l'épiscopat, et on prévoyait bien qu'il ne serait guère longtemps à la tête du diocèse de Québec. Quoiqu'il en soit, Mgr Briand écrivit de suite à MM. de Villars et de La Corne, ses vicaires généraux, qui résidaient à Paris, pour les mettre en rapport avec le nonce du Pape, et obtenir au plus tôt par leur moyen les bulles tant désirées. D'un autre côté, il faisait solliciter à Londres la reconnaissance de M. D'Esglis pour son coadjuteur. Toutes ces démarches prenaient bien du temps, et l'on demandait que Mgr Briand consacrât l'abbé D'Esglis avant la réception des bulles. Les parents surtout faisaient grand bruit (a) et voulaient hâter la conclusion de cette heureuse affaire. Mieux instruit des règles

---

(a) Lettre de Mgr Briand à M. de Villars.

de l'Église, le sage prélat attendit le document pontifical, qui arriva enfin et qui nommait M. D'Esglis, évêque de Dorylée *in partibus infidelium*. La cérémonie du sacre eut lieu, le 12 juillet 1772, dans la chapelle du séminaire, à la grande joie de tout le peuple canadien, qui était assuré maintenant de la permanence de l'épiscopat dans la colonie.

Comme Mgr Briand n'était pas encore en possession de sa cathédrale, grâce à l'entêtement des marguilliers, parmi lesquels se trouvaient malheureusement des parents du coadjuteur, il ne voulut pas annoncer officiellement la consécration du nouvel évêque, ni lui donner des pouvoirs extraordinaires. Ses vues étaient du reste en cela parfaitement conformes à celles de Mgr D'Esglis, lui qui n'avait accepté la mitre que par obéissance et pour le bien de l'Église, et qui fut bien heureux de s'en retourner dans sa petite cure de Saint-Pierre, d'où il n'aurait jamais voulu sortir.

Mais le 14 mars 1774, Mgr Briand fit enfin son entrée solennelle dans l'église cathédrale, et par un magnifique mandement, il proclama solennellement son coadjuteur, qui était présent, et lui conféra tous les pouvoirs de sa charge. Il faisait de plus son éloge et rappelaient à ses diocésains tous les titres qu'avait le prélat à leur obéissance et à leur vénération. Quelques mois plus tard, l'évêque de Québec écrivait à l'abbé de l'Isle-Dieu : « Mon coadjuteur est un homme de soixante-cinq ans, aimé et estimé de mon prédécesseur et de tout le Canada, sur le compte duquel on n'a jamais rien dit... Il ne m'est pas à la vérité d'un grand secours, étant un peu sourd. *Mais c'était beaucoup de tirer la planche* (a). J'en

---

(a) On dit *faire planche*, en parlant d'une chose qui est faite pour la première fois et qui pourra se répéter dans la suite.

aurais bien voulu un plus jeune pour me décharger et vivre dans la retraite, qui a toujours été mon attrait : je ne crois pas pouvoir laisser l'œuvre de Dieu encore, quelque tenté que j'en aie été. »

Deux jours après la proclamation solennelle de son coadjuteur, Mgr Briand lui donna des lettres de grand vicaire ; et pour l'aider à subvenir aux dépenses inhérentes à la dignité épiscopale, il lui avait déjà assuré, l'année précédente, une pension de trois cents minots de blé froment sur la cure de Varennes. Cependant le coadjuteur n'eut rien à faire dans l'administration du diocèse jusqu'au 6 juin 1778, où il fit un mandement pour la visite des paroisses de l'Ile d'Orléans ; son âge avancé et ses infirmités l'empêchèrent de secourir davantage l'illustre évêque de Québec et de parcourir les autres paroisses du diocèse, que le premier pasteur était devenu lui-même incapable de visiter.

CHAPITRE II

Démission de Mgr Briand.—Mgr D'Esglis prend possession du siège de Québec.—M. Hubert est choisi pour coadjuteur.—Lettre de Mgr D'Esglis au nonce du Pape.—La cour de Londres offre la coadjutorerie à M. de Montgolfier qui refuse.—Sacre de Mgr Hubert.—Mgr D'Esglis conserve l'administration de son diocèse.

Mgr Briand songeait, depuis quelques années déjà, à donner sa démission. En 1784, la maladie dont il souffrait s'aggrava et le vénérable évêque crut qu'il ne pouvait tarder davantage à s'effacer, pour donner sa place à Mgr D'Esglis, afin que celui-ci pût se choisir un coadjuteur, et assurer de nouveau la permanence de l'épiscopat canadien. Il craignait en effet de mourir, avant d'avoir accompli cette œuvre, et Mgr D'Esglis, âgé de soixante-quatorze ans, pouvait lui-même partir pour un monde meilleur ou devenir incapable de donner la consécration épiscopale. D'un autre côté, l'expérience avait prouvé quelles difficultés et quels retards on apportait, à Londres, à la reconnaissance d'un coadjuteur. Pour toutes ces raisons, et aussi pour pourvoir à l'administration du diocèse, que ni l'un ni l'autre des deux évêques ne pouvait visiter, Mgr Briand résigna son évêché, le 24 novembre 1784, en faveur de Mgr D'Esglis, qui prit possession du siège épiscopal de Québec, le 2 décembre suivant ; et, deux jours après, le mandement d'entrée du nouveau titulaire annonçait son avènement à tous les fidèles. Le vieil évêque ne se faisait pas alors illusion sur sa capacité. « Dieu est témoin, dit-il dans ce mandement, que nous n'avons jamais recherché le siège que nous occupons. C'est un fardeau redoutable aux anges mêmes ; les dangers qui l'accompagnent sont sans nombre ; nous les connaissons ; mais la maladie opiniâtre de l'illustrissime et révérendissime Jean-Olivier Briand, notre prédécesseur, ses instances réitérées, le désir de le soulager, la nécessité de tranquilliser au plus tôt le diocèse sur le danger qu'il courait d'une vacance subite et absolue de l'épiscopat, ont enfin vaincu notre résistance, et nous ont fait consentir à accepter son abdication, quelque convaincu que nous fussions de notre indignité.

« Nous ne pouvons assez louer, Nos Très Chers Frères, le regret que vous devez avoir de la retraite de ce bon Pasteur ; notre douleur n'est pas moins vive que la vôtre. Ce prélat recommandable par tant d'endroits, mérite nos regrets les plus sincères : dix-huit ans d'épiscopat dans les circonstances les plus fâcheuses ; quarante-quatre années passées au service du diocèse, une santé épuisée dans les travaux du saint ministère, une prudence, une charité, une fermeté incomparable, sont des objets bien dignes de notre admiration ; et pourrions-nous trop regretter un père dans qui nous les remarquons ? Sa retraite est donc un vrai malheur pour le diocèse ; mais Dieu, en le retirant, ne vous oublie pas : il lui prépare un successeur, qui, élevé sous ses yeux et formé par ses préceptes, pourra remplir dignement une place que nous n'occupons qu'en passant....................................

« C'est à Mgr l'ancien évêque que vous vous adresserez pour vos affaires. Si ses infirmités ne lui permettent pas de s'en occuper, notre grand vicaire à Québec les terminera ou nous les renverra. »

Le successeur dont parlait Mgr D'Esglis dans son mandement d'entrée, était M. Jean-François Hubert, alors missionnaire des Canadiens et des Hurons établis à l'Assomption du Détroit. Ce digne prêtre, âgé seulement de quarante-cinq ans, fut nommé de suite coadjuteur par Mgr D'Esglis, le 30 novembre 1784, et ce choix fut recommandé et approuvé par Mgr Briand, par une assemblée des citoyens de Québec et par les membres du Conseil Législatif. Il ne s'agissait plus maintenant que d'obtenir des bulles du Saint-Siège et l'approbation de la Cour de Londres.

On aimera à lire l'intéressante lettre adressée par Mgr D'Esglis au nonce du Pape à Paris :

« C'est par votre médiation que, conformément aux dispositions de la cour de Rome, (*a*) les affaires du diocèse de Québec doivent se solliciter auprès du Saint-Siège. C'est pour cela que j'ai l'honneur d'écrire à Sa Sainteté, dans la lettre de ce jour, que c'est vous, Monseigneur, à qui je m'adresse pour obtenir les grâces dont j'ai besoin, en qualité de nouvel évêque de Québec.

« La première sans doute, c'est d'obtenir une bulle, en vertu de laquelle le coadjuteur que je viens d'élire, M. Jean-François Hubert, puisse se faire consacrer par un seul évêque, ainsi que le Saint-Siège a permis que je le fusse moi-même en 1772. (*b*) Car il est très douteux que mon illustre prédécesseur, M. Briand, puisse prêter son ministère à cette

---

(*a*) Lettre du cardinal Castelli, du 9 avril 1766.
(*b*) Bulle de l'évêque de Dorylée, du 22 janvier 1772.

consécration. (*a*) Il souffre depuis deux ans de violentes douleurs spasmodiques. Il a de plus un catharre opiniâtre avec tous les symptômes de la tympanite.

« L'ensemble de tous ces maux et la considération de mon âge avancé lui faisant craindre une vacance absolue, il a cru devoir abdiquer, pour me donner le droit de procurer au diocèse un nouveau coadjuteur.

« J'ai proposé à M. Hamilton, lieutenant-gouverneur de Sa Majesté Britannique, de le nommer, ainsi que j'avais été nommé moi-même par M. Carleton, ancien gouverneur. Mais vu que son autorité n'est que précaire, en l'absence du gouverneur actuel, il n'a osé faire autre chose que d'acheminer en cour et d'y appuyer la nomination que les évêques feraient ici.

« De concert avec mon prédécesseur, je me suis autorisé à nommer, sur ce qu'en 1766, il proposa au Souverain Pontife que l'évêque fût dans la suite choisi par le chapitre. (J'observe à Votre Grandeur que le chapitre n'est pas encore rétabli.) Ce projet ne plut pas, du moins il fut répondu qu'on recevrait à Rome celui qu'il nommerait lui-même.

« Oserai-je demander que ce règlement soit confirmé ? On en a ici reconnu depuis toute la sagesse.

« Cette clause exigée : *si le sujet nommé est agréé du gouvernement*, suffit pour ne pas indisposer la cour d'Angleterre. Elle a autrefois beaucoup plu à l'ancien gouverneur. C'est parce que je l'ai employée, dans l'acte de nomination, qu'il a reçu l'approbation juridique des conseillers de la province (presque tous protestants) assemblés pour en délibérer……..

(*a*) Ce fut Mgr Briand qui donna lui-même la consécration épiscopale à Mgr Hubert.

« Quoiqu'il en soit, pour éviter tout retardement, j'ai cru devoir, à tout hasard, envoyer, en faveur de l'élu, à peu près les mêmes pièces sur lesquelles ont été obtenues à Rome mes bulles pour l'évêché de Dorylée, avec cette injonction expresse à M. Hussey, (a) homme de considération et mon grand vicaire à Londres, de ne rien acheminer sans l'approbation expresse ou tacite du ministère............

« Je ne serai pas longtemps, monseigneur, sans tenir la promesse que je fais...... au Souverain Pontife, de lui rendre compte de l'état de mon diocèse. Le très Saint-Père apprendra, j'espère, plusieurs choses qui consoleront son cœur paternel. J'ose l'assurer d'avance que le respect pour Sa Sainteté et l'attachement au Saint-Siège sont vivement imprimés dans le cœur de tous mes compatriotes diocésains.

« Enfin j'ose vous conjurer de recommander à Dieu et aux prières du Saint-Père la santé de mon illustre prédécesseur. Sa vie quoique languissante est encore infiniment utile à son diocèse désolé, qu'il édifie par sa patience dans les plus cruelles douleurs, et à moi qui n'agis que par ses conseils et sur les principes que lui a acquis son expérience consommée depuis plus de vingt-cinq ans qu'il gouverne, soit en qualité de premier grand-vicaire *sede vacante*, soit en qualité d'évêque.

« N'oubliez pas aussi, monseigneur, ce vieil et tout ensemble nouvel évêque qui prend la liberté de se dire, etc. »

(a) M. Hussey était Irlandais de naissance. Il rendit de grands services au diocèse de Québec. Mgr D'Esglis le nomma son grand vicaire, immédiatement après la prise de possession de son siège. Son grand vicaire à Paris était M. de **Villars**.

Les difficultés pour la nomination de Mgr Hubert ne pouvaient venir de Rome ; mais la cour de Londres en suscita de très graves, en proposant un autre candidat que celui recommandé par l'évêque, le clergé et les citoyens de Québec. Et ce qui parut étrange à bon droit, c'est que le bureau colonial avait jeté les yeux sur M. de Montgolfier, vicaire général à Montréal, âgé de soixante-treize ans, le même qui avait été formellement repoussé par le gouvernement anglais, en 1763.

Ce vénérable prêtre était trop sage et trop vertueux pour se laisser séduire par les offres d'un bureau colonial hostile, qui voulait mettre à la tête de l'église du Canada un vieillard sur le bord de la tombe.

Voici la lettre qu'écrivait Lord Sydney au lieutenant-gouverneur du Canada, pour lui signifier les intentions de la cour d'Angleterre :

« Le roi approuve la démission de M. Briand, disait-il ; mais en ce qui regarde la nomination de M. Hubert pour remplir la place de coadjuteur, Sa Majesté, quelque persuadée qu'elle soit de son grand mérite, ne saurait permettre qu'on laissât paraître la plus légère marque d'inattention à l'égard d'une personne d'un caractère et d'un mérite aussi distingué que l'est M. de Montgolfier. C'est pourquoi Sa Majesté a jugé à propos de signifier que son bon plaisir était que la coadjutorerie lui fût offerte en première instance, et que si, pour quelque raison que ce fût, il trouvait bon de se refuser à cette faveur du roi, Sa Majesté prendrait alors en sa considération royale ce qui regarde la nomination de M. Hubert.»

M. de Montgolfier se hâta de refuser un honneur dont il était bien digne, mais que son âge avancé lui interdisait d'accepter. Il écrivit à M. Hamilton pour lui faire part de la résolution qu'il avait prise et il ajoutait : « Toutes les raisons qui ont engagé le très révérend Mgr Briand, ancien évêque de Québec, à donner sa démission de cette dignité, et que Sa très gracieuse Majesté n'a pas fait de difficulté d'approuver, se trouvent réunies contre une acceptation de ma part, en y joignant de mon côté une moindre expérience, et un âge plus avancé que le sien. » « Les sollicitations réitérées que j'ai déjà reçues pour accepter le fardeau, écrivait-il encore à M. Gravé, me prouvent évidemment l'unique source de la politique ; mais j'ai déjà répondu à l'un et l'autre auteur, soit en Europe, soit en Canada, par une négation absolue. »

C'est ainsi que ce généreux ecclésiastique sut renoncer, pour le bien de l'Église, aux honneurs qui lui étaient offerts. Il ne manqua pas de recommander M. Hubert, « le sujet, dit-il, le plus avantageux à l'Église et à l'État, » comme il avait déjà fait, en 1765, en faveur de M. Briand. Il prévoyait bien que son acceptation aurait été fatale aux intérêts d'un diocèse qu'il n'aurait pu gouverner que pendant quelques années. Deux ans après, en 1788, il était tellement affaibli, qu'il ne pouvait plus écrire une lettre ni même la dicter. « Il tomba peu après, dit l'abbé Faillon, dans un état voisin de celui de l'enfance, et mourut le 27 août 1791, âgé de soixante-dix-huit ans et huit mois, après avoir consacré près de quarante ans de travaux au bien de la colonie. » La correspondance de M. de Montgolfier avec Mgr Briand montre combien il était dévoué à son évêque et avec quelle prudence et quel tact il savait l'aider de ses conseils, et surtout avec quelle fidélité il suivait la direction qu'il en recevait.

Le Saint-Siège fut de suite informé des desseins du bureau colonial ; aussi envoyant les bulles de M. Hubert à M. de Villars, le cardinal Antonelli lui disait : « il sera bien nécessaire que ce bref ne soit pas envoyé en Amérique, avant qu'on ait reçu de Québec la réponse qui sera faite par M. de Montgolfier......et cela pour la satisfaction de lord Sydney, secrétaire d'état de Sa Majesté Britannique. »

Enfin la cour de Londres se décida à accepter M. Hubert, et le bref arriva à Québec, dans le courant de juin 1786. Mais on n'en avait pas encore fini avec les retards et les difficultés. La lettre suivante de Mgr D'Esglis à M. Hussey nous les fait connaître, en même temps que les inquiétudes de l'évêque et des fidèles :

« L'affaire de la coadjutorerie de Québec qui est finie à Londres, ne l'est pas encore ici, et voici comment. M. Adhémar, ayant été retenu longtemps à Lisbonne, n'a pu me remettre le bref apostolique de M. Hubert, qu'au commencement de juin dernier. Dès que ce bref fut arrivé, avec votre témoignage du consentement de S. M. B., j'en donnai avis au lieutenant-gouverneur de Québec, M. Hope ; car le clergé de Québec porte jusqu'au scrupule le respect et la déférence pour le gouvernement. Mais le lieutenant-gouverneur répondit publiquement que pour procéder à la consécration de M. Hubert, il fallait attendre l'arrivée prochaine du général Carleton. Voilà ce qui nous arrête. Nous touchons au mois d'octobre, et M. Carleton n'est pas encore arrivé. Il n'y a pas même d'apparence qu'il arrive bientôt. Cependant je vieillis toujours, la maladie de Mgr l'ancien persévère et ne peut qu'augmenter, et, nonobstant les précautions que j'ai prises, mon diocèse craint, à chaque instant, de se voir dépourvu d'évêque. S'il vous avait été possible de me faire passer la lettre officielle du secrétaire d'état, par laquelle Sa Majesté consent à la consécration de M. Hubert, ou si le ministère avait intimé là-dessus ses ordres au lieutenant-gouverneur de Québec, mon coadjuteur serait déjà consacré, et je jouirais moi-même d'une sécurité que je ne puis me permettre, tant que cette affaire sera pendante. » (19 sept. 1786.)

L'arrivée de Sir Guy Carleton ramena la joie dans tous les cœurs, et permit de procéder sans plus de délai au sacre de M. Hubert. Ce fut Mgr Briand, assisté de M. Gravé et de M Bailly, qui présida cette cérémonie imposante, dans la cathédrale de Québec, le 19 novembre 1786 ; et Mgr D'Esglis annonça par un mandement à ses diocésains, la consécration de son coadjuteur.

« Le contentement extrême, dit-il. qu'a témoigné le peuple de Québec, à l'occasion du sacre de Mgr l'évêque d'Almire, est pour nous un garant de l'heureuse impression que la nouvelle de cet événement fera sur les cœurs de tous nos diocésains. Ne craignez donc plus, Nos Très Chers Frères, que la succession de l'épiscopat soit interrompue dans votre province ; elle y paraît établie de la manière la plus solide ; seulement, rendez-en grâce à Dieu, et tirez-en un nouveau motif d'amour et de ferveur dans son service. Pour nous dont les yeux ont vu les miséricordes du Seigneur, nous attendons en paix le jour auquel il lui plaira nous retirer du monde et nous appeler à lui.

« Au reste, afin que vous goûtiez mieux par la suite les douceurs du gouvernement pastoral de notre coadjuteur, lorsque la divine Providence l'aura établi votre pasteur en chef, nous vous donnons avis, par les présentes, qu'outre le titre de grand vicaire qu'il avait déjà et qui lui est continué, nous l'avons spécialement revêtu de nos pouvoirs les plus amples, à l'effet de visiter en notre nom le diocèse de Québec d'y porter des ordonnances, de donner les sacrements de Confirmation et de l'Ordre ; en un mot, de faire, quand et comme il lui plaira, tout ce qu'il jugera plus convenable au bien de notre sainte religion et à l'édification de vos âmes. »

S'il laissait à son coadjuteur le soin de faire la visite pastorale du diocèse, (*a*) Mgr D'Esglis n'en conserva pas moins toute son autorité jusqu'à la fin, et il continua d'administrer, avec l'aide de son vicaire général, M. Gravé, supérieur du Séminaire de Québec. Plût au ciel qu'il s'en fût remis entièrement à lui pour l'expédition des affaires ! Mais « l'âge avait affaibli ses facultés intellectuelles » (*b*) ; et, comme il arrive souvent en pareil cas, le vénérable évêque était le dernier à s'en apercevoir. Aussi exigeait-il que tout lui fût soumis, et que l'on ne fît rien sans son autorisation. La chose était d'autant plus difficile, qu'après 1786, le pauvre vieillard ne reparut plus à Québec mais demeura toujours dans sa chère paroisse de Saint-Pierre. C'est là que M. Gravé allait souvent le consulter et lui faire signer les documents qui requéraient la signature épiscopale. Le grand vicaire entretenait une correspondance suivie avec Mgr Hubert, presque toujours absent pour visiter les paroisses ou les communautés, et il profitait aussi des conseils éclairés que ne refusait jamais l'illustre pensionnaire du séminaire, Mgr Briand.

(*a*) Il lui laissa aussi la charge de faire les ordinations. Mgr D'Esglis n'ordonna lui-même que onze prêtres.

(*b*) L'abbé Ferland.

CHAPITRE III

L'église de Québec n'a pas assez de prêtres.—Le gouvernement refuse des prêtres français.—Arrivée de missionnaires parlant la langue anglaise.—Triste état des Acadiens.—Lettre pastorale de Mgr D'Esglis.

A cette époque de son histoire, l'église de Québec était en souffrance, par suite du manque de prêtres, surtout depuis 1780. Un grand nombre, comme l'on sait, étaient retournés en France après la conquête, mais un plus grand nombre étaient morts. C'est la remarque que faisaient les annales des Ursulines : « Mgr en a ordonné un bon nombre, mais les décès l'ont toujours emporté. » En 1782, on lit encore : « Quarante prêtres ne suffiraient pas pour remplir les cures des campagnes vacantes, par suite de la mortalité qu'il y a eu sur les ministres du Seigneur, depuis que nous avons changé de maîtres. On a remarqué, depuis ce temps, que pour trois prêtres ordonnés, il en meurt quatre. » Cependant la population augmentait, et il fallait trouver des pasteurs pour diriger le troupeau.

En 1784, MM. Adhémar et Delisle, citoyens de Montréal, se rendirent à Londres, pour demander à la cour de permettre à l'évêque de faire venir d'Europe des prêtres parlant la langue française. Ils représentaient dans leur mémoire, que le diocèse contenait cent trente mille fidèles catholiques romains, et que soixante-quinze paroisses étaient dénuées de curés ; mais cette demande ne fut pas agréée.

L'évêque fut plus heureux, quand il s'agit d'avoir des ecclésiastiques pour la desserte des missions anglaises.

C'est ainsi que l'on vit arriver successivement MM. Jones, McDonnell, Burke et Phelan, qui rendirent de très grands services dans les différents postes qui leur furent confiés. Immédiatement après sa prise de possession, Mgr D'Esglis se mit en rapport à ce sujet avec M. Hussey, et, répondant à plusieurs questions que lui avait posées son grand vicaire à Londres, il lui disait : « 1º L'évêque de Québec jouissant d'un revenu très modique, n'est pas en état de défrayer les missionnaires qui pourraient venir au Canada. 2º L'institut du Séminaire de Montréal n'est pas d'élever de jeunes ecclésiastiques, ni de les disposer aux ordres sacrés ; les prêtres de cette maison sont occupés uniquement à la desserte des âmes d'une paroisse de huit à neuf mille communiants. Seulement il y a dans leur ville un collège où l'on enseigne les humanités et la rhétorique, mais cet établissement n'est encore ni renté ni bien affermi. 3° Le Séminaire de Québec, dans les circonstances présentes, ne peut se charger d'une éducation gratuite pour les sujets Européens qui viendraient s'y présenter. 4º Je vous supplie de vouloir bien remercier de ma part Mgr l'évêque d'Edimbourg de l'intérêt qu'il prend au bien de mon diocèse ; quoique je ne puisse recevoir les sujets qu'il me propose, je n'en suis pas moins reconnaissant. 5º Les religieux ne sont pas admissibles dans le centre du diocèse. 6º Quelques prêtres que vous enverriez avec les précautions nécessaires, dans la partie orientale de mon diocèse, comme à l'Ile Saint-Jean, au Cap-Breton, ou dans la Nouvelle-Écosse, pourraient y être fort utiles. Par les dernières lettres reçues de M. Jones, missionnaire à Halifax, j'apprends qu'il y a dans la Nouvelle-Écosse beaucoup de catholiques, la plupart Irlandais fort pauvres et fort molestés par les protestants. Ils espèrent que la sagesse du général Carleton les délivrera de ces vexations, mais en attendant, ils souffrent. Autre inconvénient : répandus pour la plupart parmi les protestants, ils ont pris beaucoup de leurs préjugés. Ils n'estiment les missionnaires que quand ils sont prédicateurs insignes et versés dans toutes les sciences. Suivant M. Jones, il faudrait pour ces contrées des ecclésiastiques versés dans la langue irlandaise, remarquables par leur science et leur éloquence, et qui fussent assez riches pour se passer du secours temporel des peuples. Je sens qu'il est difficile de trouver des missionnaires de cette trempe. Si cependant vous pouviez leur en procurer quelqu'un, soit par vous-même ou par le moyen de Mgr l'évêque de Cork, je vous en aurais la plus vive obligation...... J'ai reçu avec reconnaissance MM. les abbés Burke et McDonnell, que vous avez eu la bonté de m'envoyer ; j'ai payé le passage du premier, suivant vos désirs. Il reste au Séminaire de Québec, pour enseigner la philosophie. L'autre rejoindra probablement, en qualité de missionnaire, la troupe écossaise qui va s'établir à Cataracoui...... »

Les Acadiens étaient les plus à plaindre pour la desserte de leur pauvres missions. Après avoir subi une persécution sans parallèle dans les annales de l'Amérique, cette petite nation commençait à se réorganiser, et, grâce à la tranquillité relative qui suivit la guerre de 1775, des paroisses se formèrent à la Baie Sainte-Marie, à Memramcook et ensuite à Madawaska. Des groupes s'établissaient aussi à l'Ile du Prince-Édouard, aux Iles de la Magdeleine et au Cap-Breton.

Mais il fallait des prêtres pour consoler et encourager ces victimes de la cruauté anglo-américaine, et l'évêque n'en avait encore que quelques-uns à leur envoyer. Du moins fit-il tout ce qu'il put, pour qu'ils ne fussent pas abandonnés, en attendant des jours plus heureux, qui ne devaient pas tarder à paraître. En 1785, l'on voit même qu'un monsieur Jean Doucette, laïque, fut autorisé par M. Gravé, au nom et de la part de Mgr D'Esglis, à baptiser, par toute l'Ile Saint-Jean, les enfants ou adultes, et à recevoir le consentement de mariage des personnes qui voulaient contracter, pourvu qu'il n'y eût entre elles aucun empêchement de parenté ou d'affinité. Ces pouvoirs devaient durer jusqu'à l'arrivée d'un missionnaire, ou jusqu'à la visite de M. Bourg, vicaire général, qui pouvait les lui continuer, s'il le jugeait à propos.

Pour prouver aux Acadiens et à tous les catholiques de la Nouvelle-Écosse, qu'ils n'étaient pas oubliés par leur premier pasteur, Mgr D'Esglis leur écrivit, en 1787, une lettre pastorale, qui fait connaître l'embarras où se trouvait l'évêque et son grand désir de venir en aide à cette partie si intéressante et si malheureuse de son troupeau.

Cette lettre est adressée aux « catholiques Anglais, Irlandais, Écossais, Acadiens et autres établis à Halifax, au Cap-Breton, à l'Ile Saint-Jean, à Shelburn, Antigonish, à Digby, à Memramkoukq, au Cap-Sable, à la Baie Sainte-Marie, à Miramichi, à Annaréchaque, etc. »

Après avoir donné à tous l'assurance de son affection paternelle et du regret qu'il éprouve de ne pouvoir les secourir plus efficacement, le prélat donne en particulier à chacun des groupes catholiques, les plus sages conseils pour la conduite qu'ils doivent tenir envers leurs missionnaires.

Les Acadiens surent profiter des conseils de leur évêque ; se confiant en la divine Providence, qui ne les avait pas abandonnés, même au milieu de leur plus grande détresse, puisqu'elle leur avait conservé la foi, ils continuèrent à pratiquer ces vertus modestes qui ont toujours distingué ce petit peuple, et assurèrent à leurs enfants ce développement et ces progrès admirables dont nous sommes aujourd'hui les témoins. Les quelques débris échappés au naufrage épouvantable de 1755 se sont réunis et ont formé une population compacte et homogène de plus de cent mille âmes. « Ce phénomène, dit l'abbé Casgrain, ne peut être attribué qu'à une seule cause : la puissance du sentiment religieux et national. » Ajoutons qu'il est dû aussi à la sollicitude pastorale des évêques de Québec et au zèle des ouvriers apostoliques qu'ils envoyèrent pour réparer les ruines de l'église acadienne.

CHAPITRE IV

Affaire de place d'église à Sainte-Anne d'Yamachiche. — Décisions contradictoires de Mgr D'Esglis. — Il casse son grand vicaire. — Sa mort. — Ses obsèques.

Les cours de justice et le Conseil Législatif furent à cette époque saisis d'une affaire purement locale, mais qui eut un grand retentissement dans la colonie et qui fut la cause de discordes regrettables. Un incendie avait détruit, en 1781, l'église de Sainte-Anne d'Yamachiche, et la place d'un nouveau temple avait été marquée, trois ans après; mais l'endroit choisi était situé près de la petite rivière, tandis que l'ancienne église était bâtie près de la grande rivière. Comme il arrive presque toujours en pareil cas, les gens qui avaient autrefois profité du voisinage de l'église, se plaignirent à grands cris de la prétendue injustice qu'on leur faisait, et ne furent pas longtemps sans se présenter devant les tribunaux. Au milieu de ces difficultés, le vieil évêque de Québec ne savait trop que faire, et malheureusement il ne voulait écouter aucun conseil de son vicaire général. Aussi, ayant perdu la mémoire de ce qui s'était passé et des décisions qu'il avait données lui-même en 1785, il fit, en 1786 et 1787, deux ordonnances absolument contradictoires au sujet du site de la fameuse église d'Yamachiche. Les habitants de la petite rivière qui étaient les derniers lésés, se plaignirent de nouveau et allèrent en vain se présenter devant l'évêque, qui leur dit de se tenir tranquilles. Une requête injurieuse au prélat fut présentée au Conseil Législatif et communiquée à celui qui en était l'objet. Enfin deux sentences furent rendues en appel par le Conseil et décidèrent que la seule église paroissiale serait celle dont la place avait été marquée, en 1784, sur la petite rivière, par l'autorité compétente.

Dans le mois de novembre 1788, Mgr Hubert fit un mandement pour appuyer ces décisions finales et obliger les habitants à s'y soumettre.

Cette malheureuse affaire rendit de plus en plus difficiles les rapports entre M. Gravé et Mgr D'Esglis, qui accusait son grand vicaire d'être la cause de tout le mal et d'être mal vu du gouvernement anglais. Enfin la crise éclata, et le 17 avril 1788, l'évêque lui retira ses pouvoirs. Cette destitution causa un grand étonnement dans la ville, et un profond chagrin dans les communautés religieuses dont M. Gravé était le confesseur et le supérieur.

Mgr D'Esglis ne vécut pas longtemps après cet acte d'autorité. Le 2 juin de la même année, le médecin annonça que la faiblesse croissante du vieillard faisait pressentir une fin prochaine. Le père De Glapion, son confesseur, se hâta de se rendre auprès de son illustre pénitent, qui mourut, le 4 juin 1788, à l'âge de 78 ans, après avoir reçu le saint-viatique et l'extrême-onction, en pleine connaissance et dans des sentiments de piété et de parfaite soumission à la volonté de Dieu. (a)

Le jour de ses obsèques, vingt prêtres célébrèrent la messe pour le repos de son âme, dans l'église de Saint-Pierre, où

(a) Lettre de l'abbé Hamel, secrétaire de Mgr D'Esglis.

son corps fut inhumé, conformément au désir que Sa Grandeur avait manifesté longtemps avant son décès. Il avait voulu demeurer même après sa mort, dans la paroisse qu'il avait desservie avec tant de zèle et de charité pendant les cinquante-quatre années de son sacerdoce. Parmi ceux qui figurent dans l'acte de sépulture on remarque les noms suivants : L'Honorable G. J. Chaussegros de Lery et le comte Dupré, membres du Conseil Législatif et neveux du défunt; Ant. Juchereau Duchesnay, écuier, seigneur de Beauport, Chs-Étienne et Alex.-André-Victor Chaussegros de Lery, ses petits neveux ; M. Gravé, supérieur du Séminaire ; tous les élèves du Grand Séminaire ; les RR. PP. Giroux et Casot, Jésuites, et le R. P. Félix Berey, provincial des Récollets.

Mgr HUBERT

CHAPITRE I

Naissance de Mgr Hubert.—Ses succès au séminaire.—Le premier prêtre ordonné par Mgr Briand en 1766.—Procureur et supérieur du séminaire.—Son dévouement et sa fidélité pendant le siège de Québec.—Le premier secrétaire de l'évêque pendant douze ans.—Missionnaire des Hurons au Détroit.—Recommandation du général Haldimand.

M. le grand vicaire Desjardins, qui prononça l'oraison funèbre de Mgr Hubert, commence par faire une description de l'état où se trouvait l'église canadienne, lorsqu'il fut appelé à en devenir le pasteur, et il prouve ensuite que l'élu était bien l'homme qu'il fallait dans les circonstances, pour guider sûrement le troupeau de Jésus-Christ.

« Jésus-Christ, dit-il, qui veille en père au besoin de son Église, a soin de lui susciter à propos des hommes convenables, pour opérer l'espèce de bien relatif à la diversité des temps. C'est là, si j'ose m'exprimer ainsi, une de ces attentions que la Providence aime à témoigner aux peuples qui lui sont les plus chers.

« L'église du Canada a éprouvé ce genre de faveur : les hommes de génie ne lui ont pas manqué parmi ses conducteurs ; les nobles, les savants, les riches, Dieu vous en a donnés pour évêques. Il a également placé sur le siège épiscopal, des âmes d'une trempe vigoureuse, pour résister, comme un mur d'airain, aux abus de discipline qui, plus d'une fois, ont menacé de s'introduire par le moyen des abus d'autorité. C'est, messieurs, par un trait de cette providence tutélaire, que Mgr Hubert fut élevé à l'épiscopat. Oui, ce pontife fut un présent de la miséricorde divine, et, pour le prouver, il suffira d'exposer quelles étaient les circonstances tant à l'intérieur qu'au dehors de l'église, et quel était l'homme qui fut mis en place.

« Au dehors, l'église du Canada était en paix ; la protection royale lui était acquise ; les bornes des pouvoirs étaient à peu près fixées ; l'indépendance de la juridiction spirituelle, sinon expressément reconnue, était favorisée, respectée ; il ne s'agissait plus que de cimenter la concorde qui existait entre le sacerdoce et l'empire ; de conserver à l'église et au clergé catholique l'estime des citoyens et la confiance des administrateurs ; en un mot, les relations extérieures n'exigeaient de l'évêque qu'un grand esprit de conduite et de sagesse chrétienne.

« Au dedans, la religion florissait dans les villes et dans les campagnes ; le peuple était avide d'instruction ; le clergé formé par une éducation saine, édifiait et instruisait...... En un mot, le régime intérieur exigeait du chef de l'église un esprit de modération et de régularité.

» Tel était l'état des choses ; or M. Hubert était un des hommes les plus appropriés à de semblables circonstances. »

L'orateur fit ensuite connaître le prélat dont il faisait l'éloge, mais il ne se contenta pas de louer ses qualités et d'exalter ses mérites, il traça de toute sa personne un portrait d'une ressemblance parfaite, de telle sorte que l'annaliste des Ursulines de Québec écrivait, après avoir entendu ce discours : « le plus habile peintre n'eût pas mieux réussi à tirer le linéament du visage du prélat défunt, que l'éloquent prédicateur à faire le portrait de son caractère et de ses vertus. » Nous nous efforcerons d'imiter M. Desjardins en racontant la vie de Mgr Hubert, et nous lui emprunterons au besoin ses pinceaux et ses couleurs.

Jean-François Hubert naquit à Québec, le 23 février 1739, de Jacques-François Hubert, boulanger, et de Marie-Louise Maranda. Dieu lui avait donné des talents précoces et remarquables. Dans le cours de ses études profanes et ecclésiastiques, qu'il fit au séminaire de sa ville natale, il obtint constamment les plus brillants succès, et les dut moins aux efforts de l'application qu'à une singulière facilité. Il avait également reçu un penchant irrésistible et toujours invariable pour l'état ecclésiastique, et se présenta pour recevoir la tonsure avec une joie qui n'était égalée que par son innocence et sa vertu.

Mais sa vocation fut mise à de rudes épreuves. A part les sollicitations séduisantes qu'on lui fit pour le décider à entrer dans le monde, il eut à subir des délais fatigants et de nature à décourager une âme moins fortement trempée que la sienne. Il avait reçu seulement les ordres mineurs, quand la mort vint frapper Mgr de Pontbriand, et créer une vacance qui ne devait être remplie que six ans après. Le jeune Hubert sut attendre avec patience, et, le 20 juillet 1766, le lendemain de la prise de possession du siège épiscopal, Mgr Briand l'ordonna, avec une solennité d'autant plus grande que c'était le premier prêtre auquel il donnait l'onction sacerdotale. M. Hubert était digne d'être, pour ainsi dire, le premier-né de la nouvelle génération du sacerdoce canadien, il était digne d'être la première victime offerte en sacrifice aux pieds des autels du Seigneur.

Déjà affilié au séminaire, il continua de rendre à cette maison les services les plus importants dans les différentes charges qui lui furent confiées. Sa grande aptitude pour les affaires le fit demeurer neuf ans à la procure, où l'on avait besoin, à cette époque critique, d'un habile financier. Pendant cinq autres années, il fut supérieur, et il enseignait, en même temps, soit la philosophie, soit la théologie.

L'abbé Hubert était à la tête du séminaire, quand les Bostonnais vinrent mettre le siège devant Québec. Il ne pouvait rester inactif au milieu d'une crise d'où dépendait le bonheur de son pays, et crut que les gens de sa maison devaient donner l'exemple du courage et de la fidélité. Aussi pressa-t-il les jeunes étudiants de s'enrôler pour défendre la capitale, tandis qu'il livrait les appartements du séminaire pour servir d'asile aux soldats, ou de fort pour les prisonniers de guerre. En même temps, paraissant oublier qu'il avait été procureur, il distribuait libéralement et sans réserve les provisions de toute espèce, pour aider au gouvernement à nourrir les défenseurs de la patrie.

Enfin Québec fut sauvé par la bravoure de ses habitants ; le séminaire relâcha les officiers américains qui y avaient été détenus prisonniers et rappela ses élèves dont plusieurs s'étaient faits soldats.

Tout en travaillant à la direction de cette maison, M Hubert n'en remplissait pas moins la charge de premier secrétaire auprès de Mgr Briand. Il servit son évêque, en cette qualité, pendant douze années et il l'accompagnait presque toujours dans ses visites pastorales. C'est probablement au milieu des labeurs de ce ministère apostolique. qu'il conçut le projet de se consacrer aux missions ; et, en 1781, il sollicita comme une faveur et obtint d'aller missionnaire des Hurons à l'Assomption du Détroit. Le général Haldimand le munit d'un passe-port et d'une lettre de recommandation conçue en ces termes :

« Aux officiers commandant les différents Postes sur les Lacs et les Pays d'en haut. Ayant accordé un passe-port à M. de St-Hubert, grand vicaire (a) et premier missionnaire pour le Détroit et les Pays d'en haut, je recommande aussi très expressément à tous les officiers commandant les Postes par où le dit M. St-Hubert passera en cette occasion, et en toute autre à l'avenir pendant sa mission, de lui donner toute l'assistance et protection qu'il sera en leur pouvoir de lui accorder, tant pour sa marche que pour l'exercice de ses fonctions ecclésiastiques parmi les Sauvages et les sujets catholiques de Sa Majesté, partout où il se trouvera.

« Fait et signé au Château Saint-Louis de Québec le 3e septembre 1781.

FRED. HALDIMAND. » (b)

L'abbé Hubert passa quatre ans au Détroit, et se dévoua également au service des Canadiens et des Sauvages Hurons qui y étaient établis. Il y construisit une église et un presbytère, et les connaissances qu'il avait dans l'administration des affaires temporelles, aussi bien que son zèle et son talent pour la prédication, faisaient de lui un missionnaire accompli. C'est au milieu de ces travaux apostoliques que lui arriva, comme un coup de foudre, en 1784, la nouvelle de sa nomination à la coadjutorerie de Québec.

(a) M. Hubert était déjà grand vicaire depuis trois ans.

(b) Cette recommandation est écrite de la main même du général, et dans les deux langues.

CHAPITRE II

M. Hubert nommé coadjuteur par Mgr D'Esglis.—Témoignages des citoyens, du Conseil Législatif et de Mgr Briand.—M. de Montgolfier refuse la coadjutorerie que lui offre le gouvernement anglais.—Sacre de Mgr Hubert par Mgr Briand.—Mort de Mgr D'Esglis.—Mgr Hubert prend possession.—Visites épiscopales.—Portrait de l'évêque : son éloquence, son humilité, son aversion pour le monde.

Quoique M. Hubert fût absent de Québec depuis plusieurs années, et dans une mission située à l'extrémité du Haut-Canada, ses concitoyens ne l'avaient pas oublié, ses supérieurs ecclésiastiques encore moins. Aussi, quand il fut question de donner un coadjuteur à Mgr D'Esglis, il n'y eut qu'une voix pour demander le grand vicaire Hubert. Mgr D'Esglis signa l'acte de sa nomination le 30 novembre 1784 ; « à condition toutefois (et non autrement) que le dit sieur Hubert agréé du gouvernement, ne recevra de sa part aucune opposition, ce qui sera attesté à la cour de Rome par notre grand vicaire à Londres.»

Le lendemain, à une assemblée composée des prêtres et des laïques les plus marquants de la ville, on passa une résolution pour recommander le choix de M. Hubert.

« Cette élection, disent les signataires, nous a causé la plus sensible joie, connaissant comme nous faisons et comme nous l'attestons par ces présentes, les qualités du dit sieur Jean-François Hubert; sa foi parfaitement conforme à celle de l'Église Romaine nous est connue pour l'avoir souvent entendu développer en chaire de la manière la plus touchante. Élevé dès sa jeunesse dans le Séminaire de cette ville......il n'a pu qu'y puiser les principes des bonnes mœurs qui ont toujours depuis brillé en lui sans aucun nuage. La science de la philosophie et de la théologie qu'il a enseignée et les bons sujets qu'il a formés prouvent sa capacité. Peu de personnes ont autant d'expérience que lui dans les affaires du diocèse, ayant été secrétaire de Mgr l'ancien évêque pendant maintes années et l'ayant presque toujours accompagné dans ses visites pastorales. Son zèle pour la propagation de la foi a paru avec éclat, il y a trois ans, en s'éloignant de son lieu natal de plus de deux cents lieues, pour travailler en apôtre à la conversion et sanctification des Sauvages, chez qui il demeure encore à présent.

« Enfin nous connaissons assez le peuple de ce diocèse, pour pouvoir assurer que la joie publique sera complète, lorsqu'il aura plu au gouvernement britannique d'agréer la dite nomination et à notre Saint-Père le Pape d'expédier ses bulles pour la consommation de cette heureuse affaire. » Ce document est signé par huit prêtres et vingt-trois laïques.

A ce magnifique témoignage, qui fait si bien connaître en quelle estime était tenu l'abbé Hubert, vint se joindre celui du Conseil Législatif : « nous avons, disent les membres de cet auguste corps, la plus ferme confiance en son attachement et son zèle pour le service de Sa Majesté, dont il a donné plusieurs marques dans les années 1775 et 1776. Nous rendons pareillement témoignage à son caractère et à sa conduite morale.—» Signé : Hugues Finlay, Thomas Dunn, Édouard Harrison, Jean Collins, Adam Mabane, Thom

Caldwell, Franc. l'Évesque, J. G. C. Delery, Samuel Holland, Franc. Baby.

Mgr Briand ne pouvait manquer de joindre sa voix à ce concert unanime, et il écrivit une recommandation très énergique en faveur de son ancien secrétaire.

Un choix si judicieux et si populaire aurait dû, il semble, être ratifié de suite par le gouvernement anglais, mais chose assez singulière, lord Sydney, secrétaire d'État pour les colonies, voulut faire nommer M. le grand vicaire de Montgolfier, le même que l'on avait formellement repoussé en 1763. Le vénérable supérieur de Saint-Sulpice, âgé de soixante-treize ans, ne se prêta en aucune sorte aux désirs de la politique anglaise et refusa péremptoirement la dignité épiscopale. (a)

Cette opposition inattendue du bureau colonial apporta de longs retards à la conclusion de cette affaire, et donna de mortelles inquiétudes à tous ceux qui s'intéressaient à l'église de Québec, particulièrement aux deux évêques septuagénaires, qui craignaient de mourir avant le sacre de leur successeur. Enfin les négociations entre Québec, Londres et Rome eurent une issue favorable, et les bulles nommant M. Hubert évêque d'Almire et datées du 14 juin 1785 arrivèrent à Québec, le 31 mai 1786. En l'absence du gouverneur, son remplaçant M. Hope, ne crut pas pouvoir permettre de procéder à la cérémonie du sacre, et il fallut attendre jusqu'au 29 novembre, à l'arrivée de Sir Guy Carleton.

(a) Voir le détail de l'offre du gouvernement anglais, et du refus de M. de Montgolfier, page 367.

M. Hubert, qui n'avait accepté l'épiscopat que pour ne pas s'opposer à la volonté de Dieu, eut l'indicible consolation de recevoir l'onction épiscopale des mains vénérables de Mgr Briand. L'auguste vieillard était assisté de MM. Gravé et Bailly.

Le coadjuteur n'avait que quarante-cinq ans ; mais les quatre ans qu'il avait passés dans les missions avaient affaibli ses forces, et il y avait contracté les fièvres tremblantes, maladie dont les accès intermittents le firent souffrir le reste de sa vie ; c'était toute la richesse qu'il avait rapportée de ses deux missions de Sainte-Anne et de l'Assomption du Détroit. Il y était allé n'ayant pour tout bien que son bréviaire, il s'en revint aussi pauvre qu'à son départ de Québec.

Chargé par Mgr D'Esglis de faire la visite pastorale, Mgr Hubert se mit de suite à l'œuvre, et, après avoir fait la visite canonique des communautés religieuses de Québec, il partit, le 7 mai 1787, pour donner la confirmation dans les paroisses du district de Montréal. L'année suivante, il était près de Saint-Hyacinthe, quand il apprit la mort de Mgr D'Esglis. Revenu à Québec, il prit possession de son siège, le 12 juin 1788, et en informa de suite le Saint-Père, par une lettre adressée au cardinal Antonelli, préfet de la Propagande.

« La joie, dit-il, les transports et le concours prodigieux du peuple à cette cérémonie ont répandu l'allégresse dans mon âme et m'ont consolé d'avance des travaux pénibles auxquels les évêques de ce pays sont assujettis...... Le diocèse de Québec est d'une si vaste étendue...... que quatre étés ne suffisent qu'à peine pour le visiter. Depuis deux ans que j'ai reçu la consécration épiscopale, j'en ai commencé la visite, qui n'avait pas été faite depuis quatorze ans, à raison de la guerre et des infirmités de mes prédécesseurs, et quoique je n'aie pas encore visité la moitié des paroisses du diocèse, néanmoins plus de quatorze mille personnes ont déjà reçu de mes mains le sacrement de confirmation. »

Sans prendre le temps de faire un mandement d'entrée, le zélé prélat se contenta de se recommander aux prières des prêtres et des fidèles, et il repartit de suite, le 15 juin, pour continuer la visite qu'il avait été forcé d'interrompre. Chaque année, il remplissait ce devoir aussi pénible qu'important, et y consacrait quelquefois trois mois entiers : c'était véritablement des jours de retraite et de salut, des jours de bénédictions pour ces pauvres habitants des campagnes, qui avaient été si longtemps sans voir un évêque et sans entendre ses exhortations paternelles.

Mgr Hubert devait laisser dans les âmes de pieux et profonds souvenirs ; car, à part sa qualité d'évêque missionnaire (on l'appelait ainsi), il parlait avec une force et un talent extraordinaires. « Sans parler, dit M. l'abbé Desjardins (*a*), de sa prédilection et de son vrai talent pour les catéchismes, il fut dans son temps l'un des plus infatigables comme l'un des plus excellents prédicateurs qu'on ait entendus dans ce pays. Lui qui portait dans sa personne la simplicité jusqu'à la négligence, dès qu'il paraissait en chaire, ce n'était plus un homme ordinaire, c'était un orateur plein d'éloquence et de grâce, de sentiment et d'onction. »

Mgr Hubert avait une aversion marquée pour les hommages et les cérémonies ; à la visite épiscopale même, il n'en voulait que dans l'église et avait peine à cacher son

---

(*a*) Oraison funèbre de Mgr Hubert.

mécontentement quand on lui rendait des honneurs auxquels il ne s'attendait pas. C'était un homme humble, se communiquant fort peu au dehors et dédaignant tout ce qui aurait pu le faire valoir avec avantage. « Son extérieur était sans apprêt, ses civilités sans démonstrations. Il fallait comme user de violence pour le tirer de sa retraite, il ne paraissait en société que comme en pays étranger......il portait dans ses visites chez les laïques, une retenue, tranchons le mot, une timidité, une sorte d'embarras, ou l'on pouvait lire qu'il se trouvait déplacé dans le séjour des politesses factices.

« Et cependant, malgré cet extérieur peu soigné, malgré ces manières, ce semble un peu farouches, la présence de l'évêque imprimait partout le respect et recommandait l'estime. Son air apostolique forçait de le traiter en apôtre. Son équipage était pauvre, mais on savait qu'il économisait pour les pauvres. Il fréquentait peu les grands, mais on savait qu'il recommandait aux petits la déférence aux conditions supérieures. La droiture était regardée comme le fond du caractère de Mgr Hubert, et pas un, que je sache, n'a mis en problème l'intégrité, la rectitude, la délicatesse de sa conscience. » (a)

Ajoutons, pour finir ce portrait, que cet évêque était fervent et recueilli, jaloux observateur des cérémonies de l'Église, modéré dans ses jugements et soumis entièrement et de cœur à toutes les volontés et à tous les désirs du Souverain Pontife. On comprend qu'avec ces qualités et ce caractère apostolique, Mgr Hubert fut aimé et vénéré de ses prêtres ; il se regardait comme leur frère aîné, il aimait à se confondre avec eux, il était leur ami.

(a) Oraison funèbre par M. Desjardins.

CHAPITRE III

M. Bailly est nommé coadjuteur.—Affaire de l'université mixte.—Mémoire de Mgr Hubert.—Réponse du coadjuteur.—Suppression des fêtes.—Conduite indigne du coadjuteur.—Le Saint-Siège demande quelques changements dans deux mandements de l'évêque.—Mort de Mgr Briand.—M. Denaut est nommé coadjuteur.—Arrivée de l'évêque protestant.

Immédiatement après la prise de possession de son siège, Mgr Hubert dut songer à se choisir un coadjuteur, pour suivre le plan si sagement imaginé par Mgr Briand. L'abbé Bailly de Messein, qui travaillait depuis longtemps à se faire nommer, réussit cette fois, grâce à la puissante protection de Lord Dorchester, qui le proposa à l'évêque de Québec. Comme il aurait été dangereux de mécontenter le gouvernement, et que M. Bailly, bien qu'ambitieux, était un prêtre zélé et instruit, Mgr Hubert et Mgr Briand ne crurent pas prudent de refuser leur adhésion, et le candidat fut recommandé de suite à la cour de Rome, qui expédia les bulles. La consécration eut lieu dans la cathédrale, le 12 juillet 1789 ; Mgr Bailly, qui était curé de la Pointe-aux-Trembles, retourna dans sa paroisse, d'où il aurait bien voulu sortir pour aller résider à Montréal ou à Québec, et prendre part à l'administration du diocèse. Mgr Hubert ne crut pas devoir partager avec lui la responsabilité épiscopale ; et il pensa qu'il valait mieux pour tout le monde et surtout pour l'église du Canada, que le coadjuteur demeurât curé le plus longtemps possible.

Cependant Mgr Bailly était vicaire général, et, comme il avait de l'instruction, l'évêque le consultait souvent et tâchait de lui rendre tous les honneurs qui étaient compatibles avec le bien de son diocèse.

Le coadjuteur ne sut pas reconnaître la bonté et les droites intentions de son supérieur. Il lui fit une opposition, sourde d'abord, éclatante et publique ensuite, opposition scandaleuse qu'il avait été impossible de prévoir, comme il fut impossible de l'empêcher.

En 1789, quelques émigrés loyalistes de la Nouvelle-Angleterre conçurent la pensée de fonder dans la province de Québec une université mixte, c'est-à-dire à la fois protestante et catholique, et d'appliquer les revenus des biens des Jésuites à décatholiciser les Canadiens. Lord Dorchester et l'évêque de Capse tombèrent dans le piège et favorisèrent de leur mieux l'institution projetée.

Le comité chargé de s'occuper de cette affaire écrivit à l'évêque de Québec, pour connaître ce qu'il en pensait, et le pria de répondre à un certain nombre de questions qu'il lui adressait.

Mgr Hubert répondit par un mémoire remarquable pour le fond et pour la forme, (*a*) et exprima nettement l'opinion qu'il ne croyait pas que le temps fût venu de fonder une université à Québec, la population du pays n'étant pas assez considérable. De plus, il ne voyait pas assez clairement quelles seraient la tête et la direction de cette institution que l'on voulait établir.

(*a*) Ce mémoire avec les lettres de Mgr Bailly est publié dans le volume deuxième des " Mandements des Évêques de Québec. "

Puis, arrivant aux questions qu'on lui avait posées au sujet de l'état de l'éducation dans la province : « les Révérends Pères Jésuites de Québec, dit-il, ont toujours tenu ou fait tenir, jusqu'en 1776, une école très bien réglée, où l'on enseignait aux jeunes gens la lecture, l'écriture et l'arithmétique......mais le gouvernement ayant trouvé bon de placer les archives dans le seul appartement de leur maison qui pût recevoir des écoliers, les dits RR. PP. n'ont pu continuer la bonne œuvre. Il y a dans la ville quelques Canadiens qui montrent à lire et à écrire en payant.........

« A Montréal, le séminaire entretient, depuis son établissement, une école où les enfants de toute condition apprennent gratuitement à lire et à écrire. On a compté plus de trois cents enfants en même temps dans cette école, renommée par sa régularité extrême. »

Le prélat parle ensuite des maisons tenues dans les villes et dans les campagnes par les Ursulines et par les Sœurs de la Congrégation et de l'Hôpital-Général, par le Séminaire de Québec « qui a fourni des sujets habiles pour toutes les sciences dont ils ont la clef, et capables de faire honneur à leur éducation et à leur patrie, » et du Collège de Montréal où « les humanités et la rhétorique s'enseignent publiquement depuis 1773. »

A la question suivante : « Que peut-on faire pour l'établissement d'une université en cette province ? pour préparer des écoles pour une université, » Mgr Hubert fit une réponse que nous citons en entier, à cause de son importance.

« A cela je réponds : 1º que suivant ma première observation mise à la tête de cet écrit, il paraît que le temps n'est pas encore venu de fonder une université à Québec ; 2º Que pour mettre la Province en état de jouir par la suite des temps d'un aussi précieux avantage que l'est une université, on doit employer tous les moyens possibles de soutenir et d'encourager les études déjà établies dans le Collège de Montréal et dans le Séminaire de Québec. C'est sur quoi je veille avec une grande attention. Généralement parlant, les écoliers, au sortir de ces études, seront toujours en état d'embrasser avec succès tel genre de science que leur présenterait une université, soit jurisprudence, soit médecine, chirurgie, navigation, génie, etc.; 3º Un objet non moins essentiel pour le présent serait de procurer à notre jeunesse un troisième lieu d'instruction publique. On demandera, sans doute, par quel moyen ? En voici un qui n'est peut-être pas impraticable. Nous avons au milieu de Québec un beau et vaste collège, dont la plus grande partie est occupée par les troupes de la garnison. Ne pourrait-on pas rapprocher cette maison de son institution primitive, en substituant à ces troupes, sous le bon plaisir de Son Excellence, quelques classes utiles, comme seraient celles de droit civil et de navigation, auxquelles on pourrait ajouter, si l'on veut, la classe de mathématiques qui se fait présentement dans le séminaire ? Ce même collège ne pourrait-il pas, par la suite des temps, être érigé lui-même en université, et se soutenir en partie par le revenu des fonds actuellement appartenant aux Jésuites ? Cette manière de procéder graduellement à l'établissement d'une université me paraîtrait beaucoup plus prudente et plus sûre. Je rends donc aux PP. Jésuites toute la justice qu'ils méritent, pour le zèle avec lequel ils ont travaillé dans cette colonie à l'instruction et au salut des âmes. Néanmoins je ne serais pas éloigné de prendre dès maintenant des mesures pour assurer le collège, ainsi que leurs autres biens, au peuple canadien, sous l'autorité de l'évêque de Québec. Mais à qui appartiendrait le gouvernement du Collège des Jésuites, s'il était remis sur pied ? —D'abord au Père Glapion jusqu'à sa mort, (a) et ensuite à ceux qui lui seraient substitués par l'évêque. Est-on surpris d'un tel projet ? Voici l'analyse des principes sur lesquels je l'établis : 1º Le fonds de ce collège ne consistera que dans les biens des Jésuites. 2º La Province n'a droit de se les approprier qu'à raison de leur destination primordiale. 3º La propagation de la foi catholique est le principal motif de tous les titres. 4º Les circonstances des donations et la qualité des donateurs prouveraient seules que c'était là leur intention. Les Canadiens considérés comme catholiques ont donc à ces biens un droit qui paraît incontestable. 5° L'instruction des Sauvages et la subsistance de leurs missionnaires paraissant entrer pour beaucoup dans les motifs qui ont dirigé les donateurs des biens des Jésuites, n'est-il pas à propos que l'évêque de Québec, qui députe ces missionnaires, puisse déterminer en leur faveur l'application de la partie des dits biens qui sera jugée avoir été donnée pour eux plutôt que de les voir à charge au gouvernement, comme plusieurs l'ont été depuis un certain nombre d'années ? Or, en conservant les biens des Jésuites aux Canadiens, sous l'autorité de l'évêque, celui-ci serait en lieu de faire exécuter cette partie essentielle de l'intention des donateurs, et il est d'ailleurs très probable que le collège et le public gagneraient à cet arrangement. »

(o) Le Père Glapion mourut le 24 février 1790, à l'âge de soixante-onze ans. Il ne restait plus après lui que trois membres de l'ancienne compagnie de Jésus.

Le coadjuteur écrivit aussi au comité d'éducation, mais au lieu de soutenir son évêque, il l'attaqua de la manière la plus indigne, dans un long mémoire, que, pour comble de malheur, il fit imprimer et mettre en vente chez les libraires (a). Il conjurait le comité, au nom de ce qu'il y a de plus sacré, de constituer immédiatement la nouvelle université, et traitait avec le plus insultant mépris la lettre si grave et si digne de Mgr Hubert. On comprend le scandale produit par cette malheureuse division. Mais le bon droit et la justice triomphèrent. « L'évêque Hubert, dit l'abbé Ferland, fit preuve en cette occasion d'une sagesse et d'une fermeté remarquables. Il écrivit fortement contre la mesure mise en avant par le gouvernement et réussit à l'étouffer dès sa naissance. »

Un autre scandale fut donné par le coadjuteur au sujet de la suppression d'un certain nombre de fêtes chômées sur semaine. Plusieurs membres du clergé et un grand nombre de laïques demandaient cette abolition. « Les fêtes étaient très nombreuses : il arrivait quelquefois que sur huit jours, cinq étaient fériés, et cela dans un pays où la longueur des hivers abrège le temps qui peut être consacré aux travaux de la campagne. Le mélange des protestants avec les catholiques engageait souvent ceux-ci à négliger l'observation des fêtes ; les abus à ce sujet devenaient de plus en plus fréquents ; les maîtres protestants renvoyaient les employés catholiques qui refusaient de travailler en ces jours ; on citait aussi l'exemple de Mgr de Pontbriand qui avait déjà aboli certaines fêtes ». (b)

(a) Octobre 1790.
(b) L'abbé Ferland.

Mgr Hubert était à consulter et à réfléchir sur ce qu'il avait à décider à ce sujet, quand son coadjuteur publia dans la *Gazette de Québec*, du 4 mars 1790, un manifeste, dans lequel il se plaignait *au nom du clergé* d'un mandement du 10 décembre 1788, pour restreindre la juridiction des prêtres du diocèse, et protestait *au nom des citoyens*, parce que l'évêque n'avait pas encore supprimé les fêtes chômées sur semaine. La presque totalité du clergé et la plus saine partie des citoyens de Québec et de Montréal trouvèrent mauvais que Mgr de Capse se fût servi de leurs noms pour appuyer ses plaintes particulières, et n'hésitèrent pas à le désavouer publiquement. A la suite de la première protestation communiquée à la *Gazette de Québec*, on trouva la signature de l'évêque Briand avec ces mots : « Nous approuvons vos sentiments, Nos Très Chers Frères, et vous nous consolez dans l'excès de nos douleurs. »

Mgr Hubert eut assez d'humilité pour ne pas répondre publiquement aux deux mémoires de Mgr Bailly ; il se contenta d'en écrire au gouverneur, pour donner des explications nécessaires, et il soumit toute sa conduite au jugement du Saint-Siège, qui ne manqua pas de louer sa prudence, et de condamner en même temps l'inconcevable opposition du coadjuteur.

L'évêque cependant crut qu'il devait céder aux justes demandes qui lui étaient faites, et considérant la difficulté des communications avec la cour pontificale à cette époque, par suite des troubles de la révolution française, il se crut autorisé par les circonstances à agir avant d'avoir obtenu le consentement du Souverain Pontife. Il fit donc un mandement, en date du 15 avril 1791, pour remettre au dimanche un certain nombre de fêtes dont la solennité se faisait sur semaine ; mais il soumit de suite ce mandement au Saint-Siège, ainsi que celui qu'il avait écrit sur la juridiction des prêtres du diocèse.

Le 28 octobre 1793, après avoir reçu la réponse de la Propagande, Mgr Hubert écrivit à son clergé pour lui faire connaître les amendements ordonnés par le Saint-Père. Voici comment il s'exprime :

« Il a plu au Souverain Pontife d'approuver les motifs qui nous avaient porté à publier ces mandements et même d'applaudir en général à notre manière d'administrer le diocèse... Néanmoins, il y a dans ces deux mandements quelques dispositions que le Saint-Siège n'a pas jugé convenable d'approuver, et sur lesquelles nous n'hésitons pas à revenir ; flatté de faire voir, Nos Très Chers Frères, que cette obéissance canonique que vous avez solennellement promise dans votre ordination, et que nous exigeons de vous, nous la rendons nous-même au successeur de saint Pierre, vicaire de Jésus-Christ. »

Comme nous l'avons dit, Mgr Hubert écrivit une lettre au gouverneur, pour lui dénoncer la conduite indigne de son coadjuteur au sujet de l'université. Après avoir réfuté tout son mémoire, et fait connaître toutes ses intrigues pour monter sur le siège épiscopal, le prélat termine comme suit :

« Dieu est témoin, Milord, que je n'ai jamais recherché l'épiscopat ; lorsqu'on m'a désigné pour occuper cette place, j'étais à plus de trois cents lieues de Québec, entièrement absorbé dans la double desserte d'une mission sauvage et d'une paroisse canadienne. Je versai des larmes, en m'éloignant d'un rivage délicieux où je venais de couler de si belles années de ma vie. Je le quittai pour suivre la voix de Dieu qui m'appelait......J'ai prêté un nouveau serment de fidélité au roi, que je réitère souvent dans mon cœur. Tant que j'observerai ce serment, Milord, et que je ne ferai rien d'indigne de ma qualité d'évêque, personne ne peut espérer de me supplanter. Plus j'ai surmonté de répugnance pour accepter le gouvernement d'une église aussi laborieuse que celle du Canada, plus je me crois redevable à cette église de tous mes soins et de tous mes talents. »

L'ancien évêque Briand vint lui-même témoigner en faveur de l'évêque de Québec : « M. Hubert, écrit-il à lord Dorchester, est prudent, juste, modeste, fidèle et affectionné au gouvernement. Je l'ai nourri de mes maximes pendant douze ans qu'il a été mon premier secrétaire, et la plus belle grâce que vous puissiez m'accorder, Milord, dans ces dernières années d'une vie que j'ai consacrée tout entière au service du Canada, c'est de continuer votre protection à ce cher évêque, dont le peuple et le clergé ne cessent d'admirer la sagesse et la vertu. Si j'ai quelques reproches à lui faire dans les troubles présents, c'est d'avoir eu trop de ménagements pour son coadjuteur et différé trop longtemps de vous le démasquer. »

Mgr Bailly mourut en 1794, après avoir donné à son évêque la joie de l'entendre désavouer en sa présence, la conduite regrettable qu'il avait tenue.

Un autre coadjuteur fut donné à Mgr Hubert, dans la personne de M. Denaut, curé de Longueuil, et, cette fois, il le proposa lui-même au gouverneur qui voulut bien l'accepter. Il le consacra dans l'église de Notre-Dame de Montréal, le 29 juin 1795, et il reçut de lui autant d'aide et de consolation qu'il avait eu de déboires avec Mgr Bailly. Mgr Denaut demeura curé de Longueuil, et il visitait tous les ans un certain nombre de paroisses du diocèse.

A la fin de l'année 1793, le docteur Jacob Mountain arriva à Québec, pour prendre possession de l'évêché protestant, que l'Angleterre venait d'établir, et la cérémonie de son installation se fit dans l'église des Récollets, où les protestants avaient déjà l'habitude de se réunir, après la messe du dimanche, pour y faire leurs offices. Ce ne fut qu'en 1796, après l'incendie de l'église des Pères, que le gouvernement s'empara définitivement de tout le terrain et que, peu après, on y construisit une cathédrale protestante, avec une habitation pour les *lords évêques de Québec*.

Il y avait déjà un évêque protestant à Halifax depuis 1788.

CHAPITRE IV

Arrivée des prêtres français chassés par la révolution française. — Mémoire de Mgr Hubert au Saint-Siège. — Jésuites. — Récollets. — Lettre aux communautés religieuses. — Visite pastorale à la Baie des Chaleurs. — Maladie et démission de Mgr Hubert. — Sa mort.

Pendant que le Canada jouissait d'une paix profonde, sous le gouvernement de la Grande-Bretagne, l'ancienne mère-patrie était en proie aux horreurs de la révolution. Une masse d'émigrés échappés à la guillotine allaient aborder sur les rivages d'Angleterre, et, parmi eux, se trouvaient plusieurs prêtres, qui ne tardèrent pas à conquérir les sympathies des Anglais. Ceux-ci se montrèrent bientôt à leur égard d'une générosité qui leur acquit à juste titre l'admiration du monde entier et qui attira de suite l'attention de l'évêque de Québec.

Mgr Hubert comprit qu'il fallait profiter des bonnes dispositions que manifestaient envers les prêtres français les habitants de la métropole, et il se hâta d'écrire à Londres pour demander l'autorisation, que l'on sollicitait en vain depuis trente ans, de faire venir quelques-uns de ces vertueux ecclésiastiques. Il présenta aussi à ce sujet un important mémoire au gouverneur, et paya généreusement de ses propres deniers, pour secourir ces malheureux si dignes de la pitié des Canadiens, et pour enrichir en même temps son église des précieuses dépouilles de celle de France. Ses vœux furent exaucés.

Trente-quatre prêtres français vinrent ainsi en Canada, pendant son administration, et rendirent au diocèse les services inappréciables de leur zèle et de leur science ecclésiastique. Quelle bonne fortune pour le Séminaire de Saint-Sulpice de Montréal, qui ne pouvait plus se recruter, pour quelques communautés de religieuses que l'évêque pouvait difficilement pourvoir de chapelain, et surtout pour les pauvres Acadiens qui demandaient en vain des missionnaires, et à qui l'évêque put envoyer des apôtres comme les abbés Allain, Lejantel, Lefaibre, Orfroy, Castanet, Sigogne, Desjardins, Ciquart et de Calonne !

« On peut imaginer, dit l'abbé Casgrain, (a) quel essor donnèrent à ces missions ces hommes instruits, la plupart même savants, accomplis de toute manière, éprouvés par les persécutions, et exerçant leur zèle ardent sur un peuple simple, avide de leur parole et ouvert au sentiment religieux. C'est à ces confesseurs de la foi que la race acadienne doit son organisation : ce sont eux qui ont été les vrais fondateurs de sa nationalité. »

Mgr Hubert qui adressa au Saint-Père, en 1794, un long et intéressant rapport sur son diocèse, ne manqua pas de lui faire part de sa joie et de lui dire quels services immenses allaient rendre à l'église du Canada les victimes infortunées de la révolution française. « Au moyen de ce renfort, dit-il, le clergé du Canada est maintenant composé de cent soixante prêtres, dont neuf dans la Nouvelle-Écosse et lieux d'alentour, sous la conduite d'un supérieur établi en 1787, quatre dans le Haut-Canada, dont l'un est grand-vicaire de l'évêque.......

(a) Un pèlerinage au pays d'Évangéline.

Depuis 1793, tout prêtre français muni d'un passeport d'un secrétaire d'État du roi, est reçu à Québec, sans la moindre difficulté......... le Canada a le double avantage de donner asile à des malheureux et de se procurer des sujets éprouvés par la persécution.......... Le diocèse comprend environ cent soixante mille catholiques, tant Européens que Canadiens et Sauvages. Il n'y a pas *cinq* catholiques qui soient devenus protestants depuis la conquête......... dans le même espace de temps, deux à trois cents protestants ont abjuré leurs erreurs et sont entrés dans le sein de l'Église. On estime le nombre des protestants établis en Canada à environ vingt mille âmes, dont dix mille dans le Haut-Canada. »

Les prêtres français arrivaient en Canda au moment où les deux ordres religieux qui existaient dans le pays, allaient complètement disparaître. Le père Cazot, frère lai que l'évêque avait ordonné afin de perpétuer son ordre aussi longtemps que possible, était, en 1794, le seul représentant de la Compagnie de Jésus. Après la mort du Père Well, arrivée à Montréal en 1791, le gouvernement s'empara définitivement de la maison que les Révérends Pères possédaient dans cette ville, et il ne resta plus à la communauté que l'appartement réservé au Père Cazot dans l'ancien collège de Québec. Les Récollets étaient divisés en deux petites bandes composées de quatre prêtres et de quelques frères lais ; l'une occupait le couvent de Québec, l'autre celui de Montréal. Mais l'incendie de leur église et de leur hospice, en 1796, à Québec, mit fin à l'existence de cet ordre religieux. Autorisé à cette fin par un indult du Souverain Pontife, Mgr Hubert permit aux derniers survivants de demeurer dans le siècle, et les dispensa des observances conventuelles, excepté pour ceux qui désireraient rester dans la maison de Montréal.

« Ainsi se trouva dispersée cette ancienne famille monastique après un séjour de cent quarante ans à Québec.

« Quelques frères Récollets usèrent de la permission qui leur était accordée de vivre en dedans de leur communauté, et fournirent encore une très longue carrière. Ainsi nous voyons que le Frère Paul ne mourut qu'en novembre 1848, à l'Hôpital-Général de Montréal... Le Frère Marc, qui résidait à Saint-Thomas de Montmagny, le suivit dans la tombe, en mars 1849 ; il fut le dernier représentant de son ordre au Canada. » (a)

Le Frère Louis mourut à Québec, le 9 août 1848, à l'âge de quatre-vingt-trois ans, au grand regret de tous les citoyens qui vénéraient ce digne religieux, connu et aimé de tous, et il fut inhumé avec honneur et solennité dans le sanctuaire de l'église de Saint-Roch.

Mgr Hubert, entoura de sa sollicitude pastorale les débris sacrés des ordres religieux qui avaient rendu de si importants services à son église ; son dévouement se manifesta également pour toutes les communautés de religieuses de son diocèse ; il les regardait comme une des principales portions de son troupeau ; et, le 27 février 1789, il leur adressa une lettre vraiment remarquable, dont on fait encore chaque année lecture publique et solennelle dans plusieurs monastères. (b)

L'une de ces communautés eut souvent l'honneur de posséder le pieux prélat, qui revenait presque toujours malade

---

(a) Les Récollets à Québec. *L'abeille* du 24 février 1881.
(b) Ursulines, Hôpital-Général, etc.

de ses visites pastorales, et qui allait chercher du repos et des soins à l'Hôpital-Général En 1795, il se rendit jusque dans la Baie des Chaleurs pour y donner la Confirmation, et fit au retour cent cinquante lieues par terre, le plus souvent à pied. Il était accompagné de M. Philippe-J.-L. Desjardins, son vicaire général, et de deux autres prêtres français émigrés, tous deux destinés à rester dans cette mission lointaine ; l'un était M. Castanet, l'autre, M. Louis-Joseph Desjardins, frère du premier. Revenu seulement à la fin d'octobre, le prélat était brisé de fatigue et de fièvre, et il ne put, l'année suivante, se rendre à Halifax, comme il avait décidé de le faire. Bien convaincu qu'il ne pouvait continuer d'administrer son diocèse, il résigna son siège en faveur de son digne coadjuteur, Mgr Denaut, le 1er de septembre 1797. Après la prise de possession de ce dernier, le 4 du même mois, Mgr Hubert demanda et obtint la cure du Château-Richer, où il se rendit, le 20 de septembre, avec M. Raimbault, chapelain des Ursulines, qui devait lui servir de vicaire. Il espérait que l'air de la campagne lui rendrait assez de forces pour lui permettre de travailler encore à la vigne du Seigneur ; mais à peine y eut-il passé quinze jours, que le pauvre évêque se sentant plus mal, se fit transporter pour la dernière fois à l'Hôpital-Général. C'est là qu'il mourut, le 17 octobre suivant, à l'âge de cinquante-huit ans et huit mois, après trente-et-un ans de prêtrise et douze d'épiscopat. Il fut inhumé dans la cathédrale avec toute la solennité possible. Ce fut, comme nous l'avons déjà dit, M. le grand vicaire Desjardins qui fit l'oraison funèbre du prélat. Il termina en parlant des vertus qu'avait pratiquées celui dont il faisait l'éloge : « Il fut humble, si l'on peut dire, jusqu'à l'excès... s'il lui manqua les traits hardis qui désignent le grand homme il eut toutes les vertus modestes qui font les grands saints. » (a)

Mgr Hubert avait consacré trois évêques (b), ordonné cinquante-trois prêtres et confirmé plus de quarante-cinq mille personnes.

(a) Cet éloge ne ressemble pas beaucoup au jugement que porte sur Mgr Hubert, l'abbé Brasseur de Bourbourg dans son Histoire du Canada. Ce calomniateur de presque tous les évêques de Québec s'acharne particulièrement contre ce prélat : il en fait un homme incapable, faible, réduit dans les derniers temps de son épiscopat à une espèce d'enfance morale ; enfin il dit que, pour échapper à la conscience de ses fautes et de son chagrin, le malheureux évêque avait contracté insensiblement l'habitude abrutissante des liqueurs spiritueuses. En portant une accusation si grave, M. l'abbé Brasseur cherche-t-il au moins à l'étayer de preuves authentiques et indiscutables ?— Il n'offre pour toute garantie de vérité que l'affirmation d'un officier sans nom, anglais, contempteur de notre nationalité et de notre foi. (Hist. du Canada, 2e vol. page 97.) L'historien qui se respecte ne souille pas ainsi le nom d'un dignitaire de l'Église avec les ordures du corps de garde.

Mgr Hubert était un homme de talents remarquables, un orateur distingué et un vertueux ecclésiastique. Il ne commit aucune faute qui pût le porter à noyer son chagrin dans l'ivrognerie. M. Jérôme Demers, supérieur du Séminaire de Québec, entrait dans une indignation extraordinaire quand on parlait devant lui de l'accusation portée contre un prélat qu'il avait si bien connu, demeurant dans la même maison que lui. L'abbé Brasseur est aussi véridique en cela que lorsqu'il affirme que Mgr Hubert fut imposé au clergé de Québec par le gouvernement anglais. Nous avons établi précisément le contraire et d'une manière irréfutable.

Un autre *brasseur* d'histoire (M. Ferland appelait ainsi Brasseur de Bourbourg), est actuellement à l'œuvre pour calomnier à son tour les évêques qui sont à la tête de notre province ecclésiastique de Québec. Mgr Fèvre, continuateur du plus en plus regretté Darras, a écrit dans l'Histoire de l'Église des pages qui ne seraient pas indignes de Brasseur de Bourbourg et demanderaient une rétractation que nous osons attendre et qui ne serait pas la première !

(b) Mgr Bailly, Mgr Denaut et Mgr O'Donnell, vicaire-apostolique de Terre-Neuve.

Mgr BAILLY

CHAPITRE I

Naissance de Mgr Bailly.—Il étudie à Paris.—Il fait son grand séminaire à Québec.—Ordination.—Missionnaire en Acadie.—Lettres de l'abbé Bailly. —Il revient au séminaire.—Aumônier d'un bataillon, il est blessé par les rebelles à Saint-Pierre.—Professeur de théologie au séminaire.—Curé à la Pointe-aux-Trembles.

Charles-François Bailly de Messein naquit à Varennes, le 11 novembre 1740, de François-Auguste Bailly de Messein et de Marie-Anne Degoutin. Après lui avoir donné le bienfait d'une bonne éducation, ses parents, bien que peu fortunés, l'envoyèrent passer quelques années en France, où il eut l'inappréciable avantage d'étudier au Collège Louis-le-Grand. De retour en Canada, le jeune Bailly se distingua par ses belles manières, par son esprit et par ses connaissances variées. Une carrière brillante semblait s'ouvrir devant lui, les succès l'attendaient dans le monde où il aurait rendu peut-être plus de services que dans l'Église. Esprit ardent, naturellement ambitieux, appartenant à une famille distinguée, il avait tout ce qu'il fallait pour réussir et pour parvenir aux premières places.

Il se crut cependant appelé à l'état ecclésiastique—nous ne sommes pas assez téméraire pour dire qu'il se trompait—et il prit l'habit ecclésiastique au Séminaire de Québec. Mgr Briand le fit prêtre, le 10 mars 1767, et, dès le mois d'août suivant, il le chargea d'aller remplacer, à Halifax, l'abbé Maillard qui venait de mourir. (*a*)

Ce zélé missionnaire était le seul dont la présence avait été tolérée dans la Nouvelle-Écosse, depuis 1759.

L'évêque de Québec, en choisissant l'abbé Bailly pour ce poste difficile, espérait que ses qualités sociales le feraient accepter plus facilement des autorités ombrageuses d'Halifax. Du reste, s'il n'avait pas l'expérience que donnent les années, il avait celle que l'on acquiert dans les voyages, et dans des études faites à l'étranger.

Mgr Briand lui avait obtenu du gouverneur du Canada, Sir Guy Carleton, des lettres de recommandation pour le gouverneur de la Nouvelle-Écosse, Franklin. Ce dernier le reçut, en effet, dès son arrivée, avec bienveillance et favorisa sa mission auprès des Acadiens. (*b*)

« Ceux-ci, dit l'abbé Casgrain, commençaient à se grouper principalement le long de la baie Sainte-Marie jusqu'au Cap de Sable, et du côté de l'isthme : à Memramcook, et à Peticoudiac. D'autres groupes s'étaient déjà formés au Cap-Breton et le long des rivages du golfe.

(*a*) Ce fut malgré la chère et illustre famille et surtout malgré la tendre mère de l'abbé Bailly, que cette mission lui fut donnée.—Lettre de Mgr Briand, 5 juin 1771.

(*b*) M. Bailly avait fait la meilleure impression sur Franklin, qui écrivait au gouverneur Carleton : " His conduct has been hitherto irreproachable, and, to all appearance, bids fair to be of great benefit to this Province, by quieting the mind of the Indians who began to be very uneasy ; and his mission has this further good tendency of reconciling the consciences of the Acadians, who have lately taken the oath of allegiance to His Majesty's Government." *Nova Scotia Archives. Franklin to Carleton, August 17th 1768.*

« La juridiction de l'abbé Bailly s'étendait sur tout cet immense territoire qu'il lui fallait parcourir d'étape en étape. Il avait en outre à visiter la rive occidentale de la baie de Fundy, où se trouvaient des familles sauvages, et la mission de Sainte-Anne, formée des débris de la population de la rivière Saint-Jean, laquelle s'agrandissait rapidement par de nouvelles arrivées de proscrits………

« L'abbé Bailly fut accueilli comme un sauveur par les Acadiens de la Nouvelle-Écosse. Ce jeune prêtre, dont les mains étaient pour ainsi dire encore humides de l'onction du sacerdoce, leur paraissait comme la colombe de l'arche apportant la branche d'olivier, après le déluge de maux qui les avait submergés. Avec quelle joie, avec quel empressement, ils tiraient de leurs cachettes, les objets du culte, les ornements d'église, les calices, les ciboires, etc., etc. ! On dressait un autel rustique dans une des chaumières les moins pauvres. Les femmes et les enfants y apportaient quelques fleurs des bois, ou cueillies dans les parterres. Puis on se réunissait pour assister à la sainte messe et recevoir les sacrements. On faisait baptiser les enfants, dont un grand nombre, nés depuis plus de douze ans, n'avaient jamais vu de prêtre. Que de douces paroles étaient échangées ! Que de larmes versées ! Mais celles-là n'étaient pas amères ; elles ressemblaient à ces gouttes de pluie qui tombent à travers les rayons de l'arc-en-ciel. » (a)

M. Bailly rendit compte à Mgr Briand des travaux, des misères et aussi des consolations de son ministère apostolique. Nous allons citer quelques extraits de ses lettres qui rappellent les admirables et édifiantes relations des Jésuites.

(a) Un pèlerinage au pays d'Évangéline.

« Ekouipahan, (a) 20 juin 1768.
« Monseigneur,

«... Si je n'ai point informé Votre Grandeur plus tôt de l'état de la mission confiée à mes soins, l'impossibilité en a été la cause. J'attends de la miséricordieuse bonté de N.-S. Jésus-Christ, et j'espère que cette vigne devenue stérile, portera bientôt des fruits abondants. La mission d'Ekouipahan où je réside ordinairement et où il paraît que le gouvernement veut me fixer, est presque toute composée de Sauvages Malécites, au nombre d'environ quarante et quelques familles assez bonnes.

« Les femmes et les filles ne boivent point, ni les garçons, et il y a aussi quelques hommes tempérants. J'ai obtenu d'eux qu'ils n'apportent plus d'eau-de-vie dans le village. Il y a, aux environs du village, onze familles acadiennes, celles-là même que Votre Grandeur a eu la bonté de confirmer à Sainte-Anne. (b) Les Acadiens qui sont restés parmi les Anglais, sont encore très fervents ; leur seul défaut est un grand entêtement, soit pour rester chacun dans son canton et ne vouloir point se réunir, soit pour avoir des terres aux mêmes conditions qu'ils les avaient autrefois, ne relevant que du roi. C'est ce que les Anglais, qui les détestent, leur ont reproché. Le gouvernement ne veut point les concéder à cette condition, cependant on a exigé un serment de fidélité ; ils sont très difficiles à desservir, car ils restent chacun

---

(a) *Ekouipahan*, appelé aussi *Ekoupag*, était un village indien situé à quarante lieues du fort Menagouech " qui commande l'embouchure de la rivière Saint-Jean." *Mémoire sur le Canada, Archives de la Marine, Paris.*

(b) Mission acadienne de la rivière Saint-Jean.

dans des cantons séparés ; l'été, sur les bords de la mer à la pêche, l'hiver, dans les bois à la chasse.

« La mission des Micmacs est de toutes la plus nombreuse ; il y a trois villages principaux, le plus proche est Richibouctou, à soixante lieues ; jamais il n'y a eu de missionnaires en ce lieu : les Sauvages ont toujours été desservis par Miramichi où ils sont plus nombreux, et à cent vingt lieues d'ici. Le dernier missionnaire de cet endroit est, je crois, le P. Maurice de la Corne. Les murs de la chapelle subsistent encore, et les Sauvages tiennent les ornements cachés ; jamais je n'ai pu les leur faire rapporter. Une grande partie de ces Sauvages est venue ici ; l'autre est allée à Ristigouche, sur ce qu'ils avaient entendu dire que le P. Ambroise y était. Le village de Ristigouche, étant de la province de Québec, s'il y avait un missionnaire en cet endroit, il pourrait, avec moins de difficultés que moi, desservir les îles Saint-Jean, la Magdeleine, et le Cap-Breton, où il y a encore quelques Acadiens. Pour desservir ces îles, il me faut faire un voyage long et coûteux ; je ne pourrai aller en ces endroits que le printemps prochain, encore il me faudra commencer dès l'hiver.

« Grâce à la Providence du Seigneur, j'ai subsisté jusqu'à présent. Les présents des Sauvages et mon casuel peuvent monter à cent piastres et plus ; c'est assez pour vivre sous quatre écorces ; les voyages m'embarassent un peu. Pour les Acadiens, il m'a fallu les faire vivre.

« Voilà à peu près, Monseigneur, l'état de la mission de la Nouvelle-Écosse. Santé, travaux, fatigues, inquiétudes, je puis assurer Votre Grandeur que je n'ai rien épargné pour cultiver cette partie du champ du Père de famille, que vous avez confiée à mes soins. Si Votre Grandeur ne considère que la bonne volonté et l'envie de travailler, et non les talents et la vertu nécessaires à un si auguste ministère, je m'offre, je suis entre les mains de Votre Grandeur. Le moindre signe de sa volonté sera toujours pour moi la parole du Seigneur.

« J'espère que Votre Grandeur voudra bien obtenir pour moi du Père des miséricordes une petite étincelle de ce feu céleste qui embrase les cœurs ; mes travaux seront toujours inutiles sans cela. » (*a*)

Halifax, 23 mai 1769.

« Je suis à Halifax, depuis le mois de mai, où milord Campbell (*b*) a mille bontés pour moi qui ne les mérite guère, mais qui fais tout mon possible pour contenter et remplir les intentions de Votre Grandeur. Mais la mission est bien abondante et bien difficile ; les Acadiens sont épars çà et là, et la voix du pasteur n'est point assez forte pour les réunir. Les Sauvages sont assez bons ; je n'ai qu'un ennemi principal à combattre pour eux, c'est l'ivrognerie.

« Tout l'hiver j'ai été en voyage, et je me suis assez bien trouvé de la raquette, qui n'est pas à beaucoup près aussi difficile qu'on se l'imagine ; ce qui m'a le plus fait souffrir, c'est la pluie continuelle des mois de janvier et février. Dans le bois, couché sur une neige fondante, et à l'abri de quelques méchantes écorces, jugez de ma situation ; mille fois heureux, si, tandis que je ne pouvais avoir de feu pour réchauffer mon corps tout mouillé, j'eusse ressenti que mon cœur brûlait du feu de l'amour divin. Je crains et je tremble

---

(*a*) Mgr Briand nomma M. Bailly son vicaire-général le 17 octobre 1768.
(*b*) Successeur de Franklin.

de ne pas correspondre à toutes les grâces que le Seigneur me fait.

« Ma mission est de plus de cinq cents lieues de tour. J'ai été extrêmement malade, un mois après mon retour de Québec ; ce mal me prit le jour de la Présentation de la très sainte Vierge, après avoir chanté la messe ; et, le soir, j'étais sans connaissance ; maintenant je suis assez bien ; cependant, je ressens une respiration difficile ; quoi qu'il en soit, le Seigneur est mon soutien.

« Je me recommande aux prières de Votre Grandeur et de tout le diocèse ; seul ici, sans soutien, sans conseil, hélas ! quel terrible compte pour ma tiédeur ! »

« Halifax, 24 avril 1771.

« ...... Pour la Baie des Chaleurs, je n'ai pu absolument m'y transporter, et je ne sais pas si je le pourrai cet été. De tous les endroits de la Province, c'est le plus mal aisé par terre ; il y a plus de cent quatre-vingts lieues de distance, et il n'y a point de chemins ; par mer, il me faut faire le tour du Cap Nord ; mais rien de cela ne m'aurait empêché, si Son Excellence, Mylord William Campbell, n'avait point paru désapprouver mes entreprises. Deux Acadiens sont venus ici, le mois de mars passé, pour avoir licence de chercher un missionnaire ; ils ont été absolument refusés. Tout paraît jusqu'à présent opposé dans le gouvernement, à la pluralité des missionnaires catholiques ; et cette opposition vient toute des Presbytériens et des gens de la Nouvelle Angleterre. J'ai dit la messe, en cette ville, l'espace de trois mois, l'hiver dernier, et subitement il m'a fallu chercher un trou à six milles de la ville, dans les bois, pour célébrer les dimanches. Je n'aurais pas eu ce trouble, si j'avais voulu fermer la porte du grenier, où je la disais avant, à tous les catholiques, non Acadiens et Sauvages. C'est tout ce que je puis faire que de me maintenir ici. Même à l'égard des Acadiens, je ne suis que faiblement toléré ; les mariages m'ont été permis, mais non comme conformes aux lois. Tant qu'il n'y aura que des catholiques dans les familles, tout ira bien. Pour des terres, les Acadiens peuvent en avoir, mais à un si haut prix qu'il n'y a rien de pareil au Canada ; point de seigneur ici, les plus riches sont ceux qui ont le plus de fermes. Cent arpents de terre, bons à cultiver, reviennent en bois debout, sans avance, à vingt-deux dollars, quatre shellings et six sols. Il faut qu'une famille catholique soit placée entre deux familles protestantes. Ainsi vous voyez que les Acadiens ne peuvent être que très pauvres : la pêche, la chasse, couper du bois, voilà leur vie.

« Jusqu'à ce jour, j'ai, en général, de la consolation ; leur religion n'est point perdue, et mes sueurs, souvent mes larmes, sont suivies d'un contentement que Dieu seul connaît. Il n'y a qu'une peine qui quelquefois me fait regarder derrière moi, c'est d'être seul ; et je pense que véritablement, sans la consolation et le soutien qui me viennent des missionnaires de Philadelphie, je serais de retour au Canada. Votre Grandeur jugera elle-même, en voyant les gazettes de Boston, ce qui s'écrit contre moi. Tous les honnêtes gens m'ont dit de mépriser et laisser dire. J'ai écrit à M. de Villars, et il me semble que je pourrais attendre du secours de lui. S'il se trouvait quelque missionnaire qui voulût faire comme on fait à la Chine, (a) il ferait à merveille au Cap de

---

(a) C'est-à-dire, se cacher sous un déguisement.

Sable ; et les magistrats d'ici sont disposés à prendre cause d'ignorance.

« Que ne suis-je à Québec et un autre à ma place ici ! Si je le pouvais, j'endosserais un habit de jardinier, et je ferais fleurir un jardin spirituel au Cap de Sable ; c'est l'endroit où il y a le plus de catholiques et les plus fervents, d'ailleurs. Cela est si loin de la ville, et si à *désamain*, qu'un larron pourrait y vivre quarante ans sans être pris. Que serait-ce donc d'un honnête homme qui se comporterait en bon sujet, et qui sous main exercerait ses fonctions ? Les Acadiens ont ici des biens à eux. Je ne me risquerais dans aucun autre endroit.

« Je suis à la veille de quitter la soutane pour m'habiller à la bourgeoise ; je suis trop gêné et ne puis même m'acquitter de mes fonctions. Le gouverneur le désire ; dès qu'ici un homme a la réputation d'être catholique, sa maison m'est interdite, ou il faut qu'il soit disposé à la laisser saisir. Dans une petite ville chacun s'examine et s'épie.

« Si un missionnaire venait à la baie des Chaleurs, il pourrait s'établir sur la partie du gouvernement de Québec ; et je pense que, prudemment et en habit séculier, il pourrait faire un tour sur la partie de la Nouvelle-Écosse.

« Pour moi, Monseigneur, je me désespère d'être si longtemps sans compagnon ; je puis aller tous les ans à Philadelphie, n'être que trois ou quatre semaines au plus dans le voyage. Je n'ai pas voulu l'entreprendre, sans avoir eu l'honneur de consulter Votre Grandeur. Les missionnaires me promettent l'hospitalité et toute l'assistance possible. Le principal commerce de cette place est avec Philadelphie. D'ailleurs, tous les bâtiments qui font la traite sont commandés par des catholiques. Quand je suis à la rivière Saint-Jean, il m'est aussi facile d'aller à Québec qu'il est difficile d'ici de m'y rendre. La contrainte et les mesures qu'il me faut prendre me fatiguent presque plus que tout le reste de la mission.

« Le gouverneur continue de m'honorer de sa protection, ainsi que les principaux ; mais dans un gouvernement d'Amérique, les membres, et non la tête, commandent. Tous sont bien intentionnés pour la religion catholique, mais la populace est fanatique. Deux ministres presbytériens ont prêché publiquement contre moi ; j'ai été nommé dans les gazettes ; si l'on souffre, dit-on, que le roi mette un prêtre dans la Nouvelle-Écosse, il faudra souffrir qu'il en mette un dans Boston. L'établissement d'un prêtre en Nova-Scotia est la honte du présent règne : voilà le précis des objections. C'est un orage, Dieu le calmera. J'espère qu'il aura pitié d'un pauvre peuple qui ne demande autre chose que d'apprendre à le servir et à l'aimer.

« Je me recommande instamment aux prières et saints sacrifices de Votre Grandeur. Qu'il me faut des grâces bien précieuses et bien multipliées, pour conduire cette partie du troupeau confié à mes soins par Votre Grandeur ! »

Mgr Briand répondit à cette dernière lettre de l'abbé Bailly, pour l'assurer de son affection paternelle, compatir à ses chagrins et lui offrir un retour qu'il semblait solliciter. « Si vous êtes gêné, lui disait-il, revenez, au reste ; je vous recevrai dans mon sein avec toute l'effusion de mon cœur. » Fatigué par un pénible ministère de trois ans, le jeune missionnaire accepta de suite l'offre que lui faisait son charitable évêque ; il quitta ses Acadiens et ses Sauvages et devint professeur de rhétorique au Séminaire de Québec, charge qu'il remplit pendant quatre ans. On l'admit au nombre des directeurs de la maison, le 17 décembre 1774.

Au printemps de 1776, on trouve l'abbé Bailly parcourant les campagnes de la rive du sud du fleuve Saint-Laurent et prêchant à ses compatriotes la fidélité à l'Angleterre. Le 25 mars de cette année, il se forma un parti de Canadiens royalistes dans les paroisses en bas de Québec, au nombre d'environ trois cent cinquante hommes commandés par M. de Beaujeu, frère du héros de la Monongahéla. L'abbé Bailly était le chapelain de ce bataillon, dont le but était de chasser les Bostonnais de Lévis et des autres endroits où ils continuaient à prêcher la liberté et surtout la révolte. « La conduite des Américains, dit l'abbé Bois, était parfois oppressive ; et l'on craignait plutôt la maraude, le pillage et les torches incendiaires qu'on ne se laissait séduire par les promesses. Le désordre et l'anarchie désolaient ainsi plusieurs de nos faibles campagnes. Les royalistes en général résistaient avec vigueur à ces bandes hardies et rapaces, et ne négligeaient aucun moyen de se protéger ; mais les rebelles étaient actifs, turbulents et parfois fort audacieux. » (a) On le vit bien à Sainte-Anne de la Pocatière et à la Rivière-Ouelle, où les curés furent menacés par leurs propres paroissiens. (b) M. Bailly se rendit jusqu'à Sainte-Anne et il en repartit avec M. de Beaujeu, après avoir recruté cinquante miliciens de Kamouraska, quatre de la Rivière-Ouelle, vingt-sept de Sainte-Anne et vingt-cinq de Saint-Roch, pour remonter à

(a) Étude biographique sur M. Leprohon.
(b) M. Bois raconte même que le curé de la Rivière-Ouelle, M. Parent, fut fait prisonnier par les mutins et conduit jusqu'à Saint-Jean Port-Joly où on le remit en liberté.

la Pointe-à-la-Caille, où était le quartier général des royalistes. Mais plusieurs des volontaires arrêtèrent en chemin et se laissèrent décourager par l'apathie qu'ils rencontrèrent dans les paroisses voisines. Quoiqu'il en soit, M. de Beaujeu, l'abbé Bailly et une cinquantaine de royalistes se rendirent à Saint-Pierre, et, pendant qu'ils étaient réunis dans la maison du sieur Michel Blais, ils furent cernés tout-à coup par les habitants rebelles ayant avec eux cent cinquante Bostonnais. Trop faibles pour pouvoir résister longtemps à des ennemis supérieurs en nombre, ils furent presque tous faits prisonniers après avoir eu trois hommes tués et dix blessés. (a) Parmi ces derniers, se trouvait le vaillant aumônier qui reçut une blessure assez sérieuse. Une fois guéri, on le remit en liberté et il revint demeurer au Séminaire, y enseignant la théologie jusqu'en septembre 1777, où il fut nommé curé de la Pointe-aux-Trembles.

Ce combat de Saint-Pierre eut un grand retentissement dans les paroisses qui avaient fourni des volontaires, et répandit la consternation dans les familles. On fit des reproches sanglants aux curés et on les accusa d'avance d'avoir causé la mort de ceux qui étaient partis. Comme le massacre n'avait pas été aussi considérable que les rumeurs l'avaient annoncé d'abord, la tranquillité revint peu à peu dans les esprits, et, comme l'on sait, les troubles cessèrent avec le départ définitif des Bostonnais.

(a) " Il fut envoyé dix-huit prisonniers à Montréal, et le reste renvoyé chez eux avec promesse de ne plus prendre les armes. M. de Beaujeu fut obligé de congédier sa petite armée et de se cacher, de crainte d'être fait prisonnier. L'on vit dans cette affaire des pères se battre contre leurs enfants. et les enfants contre leurs pères, ce qui paraîtra sans doute bien étrange. " Relation de Simon Sanguinet.

CHAPITRE II

M. Bailly va à Londres en qualité de précepteur des enfants de Lord Dorchester.—A son retour il est choisi pour coadjuteur de Mgr Hubert.—Sa consécration.—Ses attaques publiques contre l'évêque.—Il meurt à l'Hôpital-Général, après avoir désavoué sa conduite.

La bonne éducation de M. Bailly, sa fidélité à l'Angleterre et la preuve qu'il venait d'en donner, l'avaient rendu très populaire au château Saint-Louis. Aussi, quand Lord Dorchester partit pour Londres, en 1778, il l'emmena avec lui, en qualité de précepteur de ses trois enfants, et ce ne fut qu'après avoir exercé cette charge pendant quatre ans, que l'abbé revint au pays, et reprit la direction de sa paroisse.

Après le retour de Lord Dorchester, en 1784, l'ancien précepteur ne manqua pas de recommencer ses visites assidues au château, qui, si on en croit la *Gazette de Québec*, le voyait plus souvent que le séminaire. Rien d'étonnant si le gouverneur fit tant et de si vives instances pour le faire accepter comme coadjuteur de Mgr Hubert. Ce choix, disons-le de suite, était loin de sourire à ce dernier, pas plus qu'au vénérable évêque Briand ; mais il n'osèrent refuser le gouverneur, qui s'était montré si favorable aux intérêts catholiques ; d'ailleurs ils ne pouvaient soupçonner, de la part de l'abbé Bailly, une conduite aussi regrettable que celle qu'ils eurent plus tard à condamner.

Le coadjuteur reçut la consécration épiscopale des mains de Mgr Hubert, dans la cathédrale, le 12 juillet 1789. Ses bulles, en date du 26 septembre 1788, le nommaient évêque de Capse, *in partibus infidelium*.

A peine fut-il retourné dans sa paroisse de la Pointe-aux-Trembles, que Mgr Bailly commença contre son évêque une opposition aussi injuste que scandaleuse. Tourmenté par l'ambition, il aurait voulu demeurer soit à Montréal, soit à Québec, et avoir une large part dans l'administration du diocèse. Ses espérances ne purent se réaliser, et il fit voir son mécontentement en essayant de soulever les prêtres et les laïques contre Mgr Hubert.

Le 29 avril 1790, la *Gazette de Québec* publia une lettre qui jeta une véritable consternation dans le diocèse, en même temps qu'elle révélait le profond dépit du prélat qui en était le malheureux auteur. C'était pour se plaindre d'un mandement que l'évêque de Québec avait publié sur la juridiction des prêtres, et aussi du retard apporté à la suppression des fêtes chômées sur semaine.

« Votre Grandeur, dit Mgr Bailly, voudra bien me permettre les réflexions suivantes ; elles ne sont pas les miennes seules, mais celles du clergé et des citoyens. J'ai déjà eu l'honneur de vous les communiquer de vive voix ; la voie du papier public paraît être plus selon vos désirs.

« Au reste, ce n'est ni comme évêque, ni comme coadjuteur de Québec, que je prends l'honneur de vous parler ; je sais, qu'en qualité d'évêque titulaire, vous ne me devez rien ; et vous avez eu la complaisance de me le dire et de me l'écrire, que je n'étais *coadjuteur que pour assurer l'épiscopat, non pour vous aider ; que Dieu vous avait donné assez de santé et de force pour conduire par vous-même votre diocèse, etc., etc.* Mais c'est comme un missionnaire de votre diocèse, qui a blanchi dans les missions sauvages, les voyages, les paroisses de campagne, comme un canadien ; ce double titre me donne droit de dire que le clergé est dans la peine et qu'il y a bien des murmures parmi les citoyens. » ………(*a*)

Ces quelques lignes suffisent pour faire connaître le ton et le caractère de cette lettre, qui ressemble si peu à celles de l'ancien missionnaire des Acadiens.

Les numéros suivants de la *Gazette de Québec* furent couverts de protestations contre cet écrit malsain, et, de toutes les parties du diocèse, les prêtres écrivirent pour témoigner de leur indignation envers le coadjuteur et de leur entière confiance en Mgr Hubert.

Mais le malheureux évêque ne s'arrêta pas encore dans la voie dangereuse où il s'était engagé, et, au mois d'octobre de la même année, il rendit public et mit en vente chez les libraires le mémoire qu'il avait écrit, quelques mois auparavant, en faveur de l'université mixte. Ce mémoire était adressé aux membres du comité chargé d'examiner l'état de l'éducation dans la province, et il était censé réfuter le factum présenté au même comité par l'évêque de Québec L'écrit de Mgr Bailly est un véritable persifflage, indigne d'un évêque, et même d'un homme sérieux. Mais aveuglé par les adulations intéressées des protestants, qui mettaient sa mauvaise humeur à profit, il ne put prévoir, sans doute, le scandale que devait donner une pareille publication.

(*a*) Voir " Mandements des Évêques de Québec," volume deuxième.

Il commence ainsi :

« Dans un rapport du comité au sujet de l'éducation, qui m'a dernièrement été remis, j'ai vu une lettre signé Jean-François Hubert, évêque de Québec. Après l'avoir lue avec la plus sérieuse attention, ne reconnaissant ni la façon de penser ni les expressions de l'illustre prélat que les Canadiens se félicitent d'avoir à leur tête, j'ai, malgré le profond respect dont je suis pénétré pour l'honorable président et les membres du comité, conclu invinciblement que c'était une imposition faite au nom de notre cher évêque, et une rapsodie mal cousue que l'on avait eu la hardiesse de présenter sous un nom si vénérable.

« Qui se persuadera en effet, qu'au moment qu'on nous permet d'approcher du pied du trône, avec une humble et douce confiance d'obtenir des faveurs royales, sous la protection et l'aide de notre illustre et bienfaisant gouverneur, l'évêque de Québec, seul en opposition, sans avoir consulté son clergé, la noblesse et les notables citoyens de nos villes et de nos campagnes, aurait pris sur lui de répondre dans la négative, et il dit (Lettre du rapport, page 8) : *cependant avant de faire aucune démarche vis-à-vis de mon clergé, vis-à-vis les Canadiens en général concernant*, etc. Supposant même que cette lettre fût réellement de lui, elle ne contiendrait qu'un sentiment particulier et non celui de toute la Province, qu'on demande."......................

A la question suivante : Quelles sont les écoles publiques et collégiales ? le coadjuteur répond comme suit :

« Je n'en connais aucune établie par autorité publique en Canada, c'est à la bonne volonté des MM. du Séminaire de

Québec et des citoyens de Montréal, que nous devons celles que nous avons pour le présent ; il y a plusieurs curés de campagne qui ont des écoles d'écriture, de lecture et d'a rithmétique, dans leurs paroisses ; on ne peut pour le présent en établir d'autres qu'ad instar. Je ne vois pas pourquoi l'évêque n'a pas été visiter les écoles anglaises ; au moins comme citoyen, il peut et doit de l'encouragement à quiconque travaille pour le bien public. »

Puis il termine ainsi :

« Craignant n'avoir déjà été que trop diffus, je laisse une tâche au dessus de mes forces, vous conjure, monsieur et messieurs, par tout ce qu'il y a de plus sacré, comme un des plus fidèles sujets de Sa Majesté, comme occupant une place distinguée dans l'église de Québec, comme canadien attaché à sa patrie par les liens les plus étroits, de poursuivre avec diligence la grande et honorable entreprise qui vous a été confiée. Amenez à une heureuse conclusion ce qui doit faire la joie, le désir de tous les citoyens de cette Province... »

Mgr Hubert ne répondit pas publiquement aux injures et aux attaques de son coadjuteur. Il se contenta d'écrire au gouverneur pour lui démasquer les vues ambitieuses de celui qui lui faisait une guerre aussi déloyale. Nous allons citer un passage de sa lettre, parce qu'il fait connaître certains faits dont nous n'avons pas parlé et qui appartiennent de droit à cette étude biographique :

« Monsieur Bailly souffre de n'être point évêque de Québec, et me voit avec peine remplir un siège qu'il se croit plus digne d'occuper que moi. Hélas ! s'il connaissait les amertumes qui accompagnent l'épiscopat, il ne serait pas si ardent dans ses recherches. Mais combien d'hommes se sont laissés séduire par le désir de commander ! Celui-ci s'était flatté de succéder à M. Briand ; il ne put se contenir en 1784, lors de mon élection et la prise de possession de M. D'Esglis. Peu de portes auxquelles il n'ait été frapper. Peu de catholiques dans Québec qui n'aient eu connaissance des écrits qu'il voulait faire imprimer à Montréal, et qu'il avait confiés à un courrier du roi. Ses conversations d'alors manifestèrent assez l'esprit qui le dirigeait.

« Quand il a plu à Votre Excellence de nommer M. Bailly pour mon coadjuteur, je le regardai comme satisfait ou devant l'être par l'assurance de me succéder. Mais le contraire arrive. Plus il est voisin du sommet, plus il s'efforce d'y atteindre. La seconde place dans mon diocèse ne lui suffit pas. Il prétend à la première. M. Briand et moi vivons trop longtemps à son avis. De là cette aversion étrange pour cet illustre, ancien et vénérable prélat, dont il trouve mauvais que je prenne les conseils préférablement aux siens. De là cette guerre déclarée contre ceux qui m'approchent et paraissent jouir de ma confiance. De là ces plaintes amères et publiques de mon administration. De là ce mépris affecté pour les règlements que je propose au diocèse. Aujourd'hui il entreprend de me rendre suspect au gouvernement. Pour cela, il envenime un écrit que Votre Excellence n'a pas jugé indigne de la presse. Il m'accable d'invectives dans la personne du rédacteur sur lequel semblent porter ses coups. Il entremêle ses sarcasmes d'un fatras de compliments entassés sur les différentes personnes qui sont à la tête du gouvernement. Ainsi cherche-t-on à se faire des protecteurs ; la flatterie, Milord, n'entra jamais pour rien dans mon caractère ; sans m'étendre en compliments, je sais aimer, respecter, me soumettre, obéir, et de ce côté-là on ne me trouvera jamais en défaut .... »

Informé de la conduite du coadjuteur, le cardinal préfet de la Propagande lui écrivit une lettre sévère, pour le réprimander et l'exhorter à remplir d'une manière plus édifiante les devoirs de sa charge. Mais cette lettre ne lui fut jamais communiquée. Mgr Hubert ne crut pas devoir la lui transmettre. Voici au reste ce qu'il en écrivait au cardinal, le 25 octobre 1791 : « Je vous annonce, Monseigneur, avec bien de la consolation, que mon coadjuteur, voyant le peu de succès des démarches scandaleuses qu'il avait faites, dans le printemps de 1790, a été forcé de se tenir tranquille, n'ayant fait autre chose depuis ce temps que de signer, avec deux ecclésiastiques du diocèse et une foule de protestants, la pétition adressée au roi pour obtenir l'érection de l'université de Québec. Il continue d'éviter ma présence, mais sans que cela m'empêche de lui écrire, ni même de le consulter par décence, lorsque les affaires le demandent. Mon mandement du 15 avril en fournit la preuve. Il continue de critiquer mon administration, mais plus sourdement, de sorte que je suis sensé l'ignorer. Après avoir longtemps délibéré seul et conféré avec mon ancien évêque le vénérable M. Briand, nous avons conclu à ne pas lui remettre la lettre qui lui était adressée par la sacrée congrégation, de peur d'exciter de nouveaux troubles ou de réveiller les anciens. Ainsi cette lettre est demeurée en sûreté, et il sera toujours temps d'en faire usage, si les circonstances paraissent l'exiger. »

Mgr Bailly n'eut pas besoin de lire cette réprimande du Saint-Siège et il ne fit rien pour la mériter davantage.

Comme il arrive souvent aux ambitieux, ses efforts n'avaient abouti à rien : il n'eut ni l'érection de l'université, ni l'estime du clergé, ni l'administration du diocèse de Québec.

L'évêque de Capse demeura toujours curé de la Pointe-aux-Trembles, percevant en même temps, avec la permission du Souverain Pontife, la moitié des revenus de la cure de Saint-Ours. Il n'exerça jamais ses pouvoirs d'évêque, si ce n'est que, le 28 juillet 1789, il administra la confirmation à quelques personnes de sa paroisse. Ce fut lui qui prononça l'oraison funèbre du père De Glapion, autrefois supérieur général des Jésuites en Canada, décédé le 24 février 1790.

La santé de Mgr Bailly était loin d'être bonne, et l'on voit son nom figurer souvent sur la liste des prêtres malades à l'Hôpital-Général, et, disons-le à sa louange, plus souvent encore sur celle des amis et des bienfaiteurs de cette institution. (a) Il s'y rendit pour la dernière fois le 3 mai 1794, et c'est là qu'il mourut, le 20 du même mois, à cinq heures du soir, à l'âge de 53 ans et 6 mois ; « après s'être préparé à la mort par tous les actes de religion et de piété, surtout par les sentiments de la plus sincère humilité avec laquelle il a reconnu avoir manqué de respect et de charité envers notre digne prélat, son consécrateur et supérieur, lui demandant pardon en présence de plusieurs témoins ecclésiastiques et séculiers, de ce qu'il avait écrit et fait imprimer de défavorable à son caractère sacré, et tout ensemble scandaleux et nuisible à notre sainte religion. (b) Ce *communiqué* de la *Gazette de Québec* est confirmé par le passage suivant d'une

---

(a) " Mgr de Saint-Vallier et l'Hôpital-Général."

(b) *Gazette de Québec*, 5 juin 1794.

lettre que Mgr Hubert adressa au Cardinal Antonelli : « Dieu a retiré du monde M. l'évêque de Capse, mon premier coadjuteur, après l'avoir éprouvé par une maladie de plusieurs mois, dans laquelle j'ai eu la consolation de l'entendre désavouer plusieurs fois les démarches irrégulières auxquelles il s'était porté en 1790, et qu'il n'avait pas bien clairement rétractées jusqu'à cette dernière maladie. »

Mgr Bailly légua une forte somme pour le soutien de ses anciennes missions de l'Acadie. Ses restes mortels furent transportés à la Pointe-aux-Trembles et inhumés dans l'église de cette paroisse, le 22 mai 1794.

Mgr DENAUT

CHAPITRE I

Naissance de Mgr Denaut. — Ses études à Québec et à Montréal. — Prêtrise à Saint-Pierre de l'Ile d'Orléans. — Curé à Soulanges et à Longueuil. — Coadjuteur de Mgr Hubert. — Rapports aimables et édifiants entre les deux prélats. — Démission et décès de Mgr Hubert.

Pierre Denaut, né à Montréal, le 20 juillet 1743, était fils de André Denaut, maçon, et de Françoise Boyer. Ses parents jouissaient d'une certaine aisance et possédaient plusieurs terrains dans la ville. Le jeune Denaut fréquenta, pendant quelques années, l'école latine que les MM. de Saint-Sulpice avaient commencée à Montréal, avant l'ouverture de leur collège à la Longue-Pointe, et en 1758 il entrait au Séminaire de Québec. Il n'y put rester longtemps, car cette maison devint inhabitable pendant le siège de la ville ; les directeurs se virent obligés de se disperser et de renvoyer leurs élèves. Cependant Mgr de Pontbriand était à Montréal avec M. Pressart et M. Gravé, et les étudiants se trouvant pour la plupart rassemblés dans cette ville, on y continua les études interrompues par les malheurs de la guerre. M. Pressart donnait un cours de théologie et M. Gravé enseignait la philosophie. On voit par les archives du Séminaire de Québec que, le 13 août 1761, Pierre Denaut était au nombre des élèves qui suivaient le cours de théologie à Montréal, et que la somme de cent francs lui fut allouée sur la fondation de Mgr de Saint-Vallier. M. Denaut n'avait alors que 18 ans. Il continua ses études à Montréal et remplit les fonctions de secrétaire de M. de Montgolfier, puis ensuite de M. Marchand, comme on le voit par des mandements contre-signés par lui.

L'abbé Denaut ne revint à Québec que pour ses ordinations ; il reçut la tonsure dans la chapelle du séminaire, le 17 décembre 1766, deux jours après les ordres mineurs et le sous-diaconat, et le lendemain le diaconat. Le 25 janvier 1767, Mgr Briand le fit prêtre dans l'église de Saint-Pierre de l'Ile d'Orléans, et dès le 2 mars suivant, on le trouve curé de Soulanges. Le nombre de prêtres était si restreint à cette époque critique, que les lévites passaient de suite du grand séminaire à la direction des paroisses les plus importantes. D'ailleurs la piété, la prudence et le zèle de M. Denaut faisaient déjà prévoir tout le bien qu'il devait opérer dans l'exercice du saint ministère, et l'évêque n'avait rien à craindre en confiant une partie de son cher troupeau à ce jeune prêtre de 23 ans. Pendant la guerre de l'invasion américaine, il montra dans le poste dangereux qu'il occupait, le zèle le plus ardent pour retenir les Canadiens dans le devoir et les empêcher de manquer à leur serment de fidélité envers leur souverain. Curé de Soulanges jusqu'au 25 octobre 1789, date de sa nomination à la cure de Longueuil, l'abbé Denaut desservit en même temps Vaudreuil, du 5 septembre 1773 au 30 octobre 1775, et l'Ile-Perrot, du 16 janvier 1786 au 14 octobre 1787. Mgr Hubert le nomma archi-prêtre en 1788, et deux ans après il le faisait son grand vicaire.

Après la mort de Mgr Bailly, l'évêque de Québec dut se chercher un autre coadjuteur, et il n'hésita pas à choisir M. Denaut. Voici ce qu'il écrivit à cette occasion au cardinal préfet de la Propagande : « Milord Dorchester ayant bien voulu me laisser la liberté du choix, je crois avoir rencontré dans la personne de messire Pierre Denaut, prêtre canadien, âgé de 51 ans, le sujet de tout ce diocèse le plus propre à m'assister comme coadjuteur dans le gouvernement pénible de ce vaste diocèse. La connaissance et l'amitié que j'ai entretenues avec lui, ses qualités personnelles, son amour pour la discipline ecclésiastique, son respect pour le Saint-Siège, les services qu'il rend à l'église du Canada, depuis vingt-sept ans en qualité de missionnaire, et depuis quatre ans en qualité de mon grand vicaire, forment en sa faveur le préjugé le plus heureux. »

Cependant M. Denaut n'était pas empressé d'accepter une charge aussi pesante que celle de l'épiscopat ; surtout il ne voulait pas la recevoir par l'entremise de l'autorité civile. Mgr Hubert lui avait écrit pour lui annoncer sa nomination et il n'avait pas expliqué assez clairement comment les choses s'étaient passées entre lui et Lord Dorchester. Aussi fut-il obligé de lui écrire de nouveau pour dissiper toutes ses craintes et lui prouver qu'il ne pouvait refuser une nomination si bien accueillie de toute l'église de Québec. Voici sa lettre.

« Votre nomination à la coadjutorerie de Québec n'est pas l'affaire de Milord Dorchester seul ; c'est également et même davantage la mienne ; car je vais vous écrire ce que je voulais me contenter de vous dire de vive voix, lorsque nous nous verrions : c'est qu'il m'a laissé dans ce choix une liberté entière sur ceux qu'il m'avait nommés. J'ai pris depuis le 21 du mois jusqu'au 26, pour réfléchir sur la chose, et consulter, et c'est après ces quatre ou cinq jours de réflexions, d'examen, de prière et de consultation, que, le 26, j'ai eu l'honneur de déclarer à Sa Seigneurie que je me déterminais pour vous. C'est donc une affaire faite et publiée, et reçue avec applaudissement dans le public. Ainsi tenez-la pour certaine, et comme je vous en ai fait prier, jeudi dernier, par M. Plessis, croyez-moi, descendez au plus tôt. Je vous attends avant la Pentecôte. Vous avez le temps de faire ici vos affaires en quatre ou cinq jours, et nous remonterons ensemble. » (31 mai 1794.)

Le Pape Pie VI confirma l'élection du nouveau coadjuteur et le nomma évêque de Canathe, en Palestine, par une bulle datée du 30 septembre 1794. La consécration eut lieu dans l'église de Notre-Dame de Montréal, le 29 juin 1795.

Mgr Denaut resta curé de Longueuil, mais il eut une large part dans l'administration du diocèse. C'est ainsi qu'en 1796, il fit un mandement pour continuer la visite commencée par Mgr Hubert, l'année précédente ; l'évêque de Québec se proposait de se rendre jusque dans la Nouvelle-Écosse et il laissait à son digne coadjuteur le soin des brebis les moins éloignées. Rien de plus intéressant que la correspondance échangée entre les deux évêques, rien aussi de plus édifiant. Mgr Denaut était non seulement un saint évêque, il était aussi un parfait gentilhomme ; ses lettres témoignent de son profond respect pour son supérieur, en même temps que de son exquise politesse. Quand Mgr

Hubert voulut fonder une caisse ecclésiastique, l'un des buts proposés était de donner une pension au coadjuteur. Mgr Denaut ne voulut pas de cette clause et il écrivit à l'évêque de Québec :

« Je vous prie donc de m'oublier tout-à-fait ; j'ai la plus grande répugnance à accepter un supplément que je ne tiendrais que de la libéralité sollicitée du clergé. En économisant, je puis vivre sans secours, et s'il m'en faut un, je ne le veux que de votre main. Eh bien ! arrangeons-nous sans que personne ne s'en mêle. Vous avez, Mgr, trois cent cinquante louis pour tout revenu, et vous êtes assez généreux pour m'en offrir une partie ; tout ce qui vient de vous est trop honorable et on ne doit pas refuser. J'accepte donc cent louis, à condition que vous ne les livriez que quand je les demanderai. »

Bien loin de demander ces cent louis, il envoyait bientôt à son illustre évêque, huit cents livres, pour l'aider à payer les dépenses énormes qu'il avait à encourir pour les prêtres français qui venaient se réfugier en Canada.

Mgr Denaut fut bientôt obligé de décharger son vénérable ami du fardeau de l administration. Mgr Hubert donna sa démission le 1er septembre 1797 ; usé par les fièvres et les fatigues d'un ministère laborieux, il ne put jouir longtemps d'un repos auquel il avait bien droit, mais que sa santé délabrée ne lui permit pas de goûter. C'est à l'Hôpital-Général, le 17 octobre suivant, qu'il termina une vie consacrée toute entière au service de l'Église et de la patrie.

CHAPITRE II

Mgr Denaut devient évêque de Québec.—Mgr Plessis coadjuteur.—Rapports entre les deux prélats.—Visites épiscopales de Mgr Denaut.—Son zèle pour l'éducation.—Il commence le Collège de Nicolet.—Collectes pour le petit séminaire de Montréal.—Mort du Père Cazot.

Mgr Denaut prit possession du siège épiscopal de Québec, le 4 septembre 1797, au milieu d'un grand concours de prêtres et de fidèles ; puis, à l'exemple de ses prédécesseurs, il se choisit de suite un coadjuteur et il eut la gloire de donner à l'église du Canada le grand évêque qui s'appela Mgr Plessis. Ce dernier fut consacré dans la cathédrale, le 25 janvier 1801, et il demeura à Québec, où Mgr Denaut ne vint jamais qu'en passant, faisant toujours de Longueuil son séjour ordinaire.

Les rapports entre ces deux prélats furent toujours marqués au coin de la plus grande cordialité et du plus profond respect. Mgr Plessis, qui avait surtout à s'occuper des affaires avec le gouvernement civil, ne faisait rien sans en écrire à l'évêque de Québec, qui, à son tour, ne prenait aucune décision sans consulter son éminent collègue. Mais ce serait une erreur de croire que Mgr Denaut ne gouvernait pas lui-même et laissait à son coadjuteur le soin de régler tout. Rien ne se faisait sans son assentiment ; toutes les affaires du diocèse lui étaient soumises ; toutes les nominations passaient par ses mains ; et quand il avait une fois pris une décision, personne ne pouvait la faire changer. Voici ce qu'il écrivait un jour à Mgr Plessis :

« Quand j'ai terminé une affaire, après un mûr examen, et par des motifs déterminants, qui tendent également à procurer la gloire de Dieu et le bien public, je m'arrête là; je ne change point. »

Chaque année, Mgr Denaut visitait une partie du troupeau confié à ses soins, et il n'y manqua jamais jusqu'à sa mort.

Dans l'été de 1801, il se rendit jusqu'à Kingston et à Détroit, et en février 1802, il retournait visiter les deux paroisses éloignées de Saint-André et de Saint-Raphaël, dans le Haut-Canada. Dans ces deux visites, il confirma au delà de deux mille personnes. Le 3 mai 1803, accompagné de de son secrétaire, l'abbé Lartigue, qui devint plus tard évêque, l'infatigable pasteur alla bénir et consoler les ouailles les plus abandonnées : celles qui demeuraient à l'autre extrémité de son diocèse ; et il parcourut toutes les missions de la Nouvelle-Écosse, de l'Ile Saint-Jean, du Cap-Breton et du Nouveau-Brunswick. On peut se figurer la joie des Acadiens et de tant de pauvres Sauvages chrétiens, qui voyaient un évêque pour la première fois ! L'abbé Sigogne, cet homme de Dieu qui se mettait à genoux pour écrire à son supérieur ecclésiastique, conserva toute sa vie un touchant souvenir de cette visite pastorale. « Permettez-moi, lui mandait-il quelque temps après, d'admirer votre zèle et de m'en féliciter moi-même. Le voyage difficile et long que vous avez entrepris, l'été dernier, pour le salut des âmes, m'a agréablement surpris et édifié. J'ai reconnu un homme apostolique. Que le Seigneur soit à jamais béni de vous avoir inspiré le dessein......... de visiter notre pays nouveau et écarté......... On a déterré, il y a quelque temps, ici, une très belle pierre bien polie sur une face ; elle sera apportée au plus tôt auprès de l'église (de Sainte-Marie), pour servir de monument et perpétuer le souvenir de la première visite d'un homme apostolique en ce pays, en gravant dessus avec le ciseau (ce que je puis bien faire) la date de l'année et du jour de l'arrivée de Votre Grandeur. » Il faut lire tout le registre tenu pendant cette visite, pour se faire une idée du bien immense que Mgr Denaut procura par son zèle et par la sagesse de ses nominations et de ses ordonnances. Il confirma plus de huit mille huit cents personnes, et termina cette mission laborieuse par Madawaska, où il n'arriva que le 19 octobre. Cinq mois et demi s'étaient écoulés depuis son départ de Longueuil. Voici les noms des principaux endroits qui font connaître l'itinéraire de cette longue course apostolique : Longueuil, Saint-Jean, Burlington, Charlotte-Bay, Boston, Tousquet, Sainte-Anne, Sainte-Marie, Cap-de-Sable, Halifax, Charlottetown, Arichat, Cheticamp, Pictou, Tracadie, Miramichi, Richibouctou, Memramkook, Sainte-Anne sur la rivière Saint-Jean et Madawaska.

Mgr Denaut s'occupa, pendant tout son épiscopat, de l'œuvre si importante de l'éducation de la jeunesse. L'école élémentaire fondée par M. Brassard, à Nicolet, étant devenue sa propriété, il eut le premier la pensée de la transformer en maison de haute éducation, et, de fait, il y fit commencer, en 1803, un cours de latin par M. l'abbé Roupe, du Séminaire de Montréal. Deux ans après, il y envoya de nouveaux professeurs, nomma M. Durocher, directeur, et eut la consolation de voir cinquante élèves fréquenter les classes du nouveau petit séminaire. Mgr Denaut aida aussi à la construction du petit séminaire de Montréal en 1804-1805. « Je me suis mis en tête, écrivait-il à son coadjuteur, de leur (aux Sulpiciens) procurer autant de milliers de louis que je pourrai ; je passe déjà quinze cents tirés de quelques mains. » Plus tard il écrit encore : « Je sors du matin au soir, j'amasse autant de louis que je puis pour la bâtisse du petit séminaire. J'ai l'espérance d'avoir sous peu trois mille louis. »

Le 16 mars 1800, mourut à Québec le dernier Jésuite du Canada, le père Cazot, à l'âge de 71 ans. « Ses immenses aumônes, dit la *Gazette de Québec*, lui assuraient pour longtemps les bénédictions du pauvre. Il fut un de ces hommes dont la vie est un trésor caché, et la mort une calamité publique. » Par son testament, le bon religieux avait légué les vases sacrés et les ornements de sa chapelle à la cathédrale et à un certain nombre d'églises. Le gouverneur respecta ses intentions et demanda à l'évêque de Québec de vouloir bien les remplir ; mais ce fut en vain que la Chambre d'Assemblée profita de la circonstance pour demander de nouveau que les biens des Jésuites fussent consacrés à l'éducation. Le gouvernement s'empara de tout, et les revenus servirent souvent à stipendier les services particuliers des bureaucrates, qui, comme des vampires, se gorgeaient des richesses de la Province, tout en se donnant le luxe d'en mépriser les habitants. Il y eut même un ministre de l'église d'Angleterre qui toucha sur les biens séquestrés, une somme considérable, en qualité de *chapelain des Jésuites* ! Ce ne fut qu'en 1832, que la couronne abandonna ces biens à la Province, et depuis ils furent destinés exclusivement à l'instruction.

CHAPITRE III

Hostilités des protestants contre la religion catholique en Canada.—Le général Prescot.—Sir Robert Milnes.—Le *bishop* Mountain.—Le gouverneur Milnes offre [d'obtenir la reconnaissance civile pour l'évêque.—Lettres de Mgr Denaut et de Mgr Plessis.—Requêtes présentées au gouverneur et au roi.—Éloge de Mgr Denaut.—Sa mort.

« Lorsque Mgr Denaut prit possession de l'évêché en 1797, le général Robert Prescot, gouverneur en chef, le pria de lui remettre, chaque année, une liste des nominations qui auraient été faites dans les douze derniers mois, afin qu'il pût lui-même en rendre compte au ministère, si on l'interrogeait ; il ajoutait que, pour le reste, l'évêque serait parfaitement libre dans ses opérations. Prescot fut rappelé dans l'année 1799, et remplacé par le lieutenant-gouverneur Sir Robert Milnes, qui se montra tout dévoué au chef de son église.

« Alors commencèrent des tracasseries, qui grandirent de jour en jour, et finirent par menacer la liberté du culte catholique. Le dessein des chefs de la coterie était d'anéantir l'autorité de l'évêque de Québec, de nommer aux cures et de s'emparer de l'instruction publique.

« En 1801, ils réussirent à obtenir du parlement provincial une loi dont ils espéraient se servir pour accaparer l'éducation. Cette loi établissait une corporation désignée sous le nom d'*Institution royale pour l'encouragement de l'instruction publique*, et semblait contenir des dispositions libérales en faveur de toutes les classes de la société. Mais on ne fut pas longtemps sans découvrir qu'un piège avait été habilement tendu. Les membres du bureau de direction, nommés par le gouvernement, se trouvèrent être presque tous des protestants ; le président de l'institution n'était autre que le *Lord Bishop* lui-même ; de sorte que l'instruction publique, dans une province presque toute catholique, était entre les mains des protestants. Aussi le clergé du pays s'éleva en masse contre cette corporation, et réussit à l'empêcher de fonctionner au gré des auteurs du projet. » (a)

D'un autre côté, l'évêque Mountain se plaignait amèrement à Londres, parce qu'on lui refusait le droit de nommer aux cures.

« Tandis que le surintendant de l'église romaine, écrivait-il, prend publiquement le titre d'évêque de Québec, il a lui-même, aussi bien que son clergé, un soin tout particulier de me refuser ce titre ; il dispose, comme il l'entend, de toutes les cures du diocèse, érige des paroisses, accorde des dispenses de mariages selon son plaisir, et exerce librement toutes ces fonctions que lui refusent les instructions royales, et que l'évêque protestant n'a jamais remplies. »

Les choses en étaient là, quand le gouverneur, sir Robert Milnes, fit des ouvertures à Mgr Plessis, avant de retourner en Angleterre, et offrit de procurer à l'évêque de Québec une existence civile, qui lui était contestée devant les tribunaux, où l'on prétendait qu'il n'était pas reconnu par le gouvernement. Le coadjuteur écrivit de suite à Mgr Denaut,

---

(a) L'abbé Ferland. " Mgr. J. O. Plessis. "

pour lui faire connaître ces offres si importantes et en même temps si dangereuses. Voici cette lettre :

« Québec, lundi-saint 1805.

« Monseigneur,

« Le gouverneur Milnes, en m'annonçant, l'autre jour, qu'il avait obtenu un congé d'absence pour faire le voyage d'Angleterre, me fit l'honneur de me dire et m'a répété depuis, que, souffrant de voir l'église catholique de cette Province dans un état précaire, sans existence légale pour son évêque, sans appointements, sans prérogatives déterminées, exposée à des contestations sur tous les points, en proie aux criailleries des avocats et enfin dans une espèce de cahos où tout était obscur, il désirait obtenir des ministres de Sa Majesté une commission pour l'évêque catholique, qui serait ensuite expédiée ici par le gouverneur au nom du roi, laquelle, laissant de côté tout ce qui concerne le spirituel auquel il conçoit qu'il n'appartient à personne de toucher, donnerait à l'évêque un état convenable à sa dignité, semblable à celui dont jouit l'évêque anglican et sans qu'il y eût rien de commun entre l'un et l'autre, déterminerait les *temporalités* de l'évêque, fixerait ses prétentions sur le palais épiscopal, sur les fabriques, sur les curés, sur l'érection des nouvelles paroisses, etc., etc. ; que cette Province n'ayant aucune plainte à faire contre son administration depuis six ans qu'il la gouverne, il était sûr d'obtenir tout ce qu'il demanderait de raisonnable, soit sur cet article, soit sur tout autre, mais que, pour aller avec plus de sûreté, il fallait bien s'entendre, qu'il fallait combiner les choses de manière à ne heurter ni les prérogatives du gouvernement ni les principes de la religion catholique, que tous les articles qui devaient trouver place dans cette commission avaient besoin avant toutes choses d'être examinés et discutés ici à l'amiable, afin que les parties intéressées n'eussent ni à se plaindre ni à se tenir en défiance désormais les unes contre les autres, comme il semblait que l'on avait fait jusqu'à présent ; qu'il n'était pas homme de loi, mais qu'il avait donné pleine liberté à l'avocat général de raisonner avec moi sur tous les points qui pouvaient être mis en question, afin de prendre sur le tout des conclusions convenables ; que se considérant ici comme le père commun des protestants et des catholiques, il se croirait heureux d'avoir pu procurer au clergé romain une existence certaine et indépendante, au lieu de la situation précaire où il le voyait avec peine. Telle est, à peu près, l'ouverture que m'a faite Son Excellence, dans des termes qui ne me permettent pas de douter qu'il n'y aille très sincèrement. Je lui ai immédiatement observé et il a compris que tout ce qui pourrait être agité ici, devait être rapporté à mesure à Votre Grandeur, et qu'on ne pourrait prendre de conclusions que celles que vous trouveriez bon d'admettre, comme étant le premier intéressé dans les points à discuter. J'ai répété la même chose à l'avocat général, dont M. Wil. Grant, qui prend un vif intérêt à la chose, m'a procuré hier la visite. Cette première conférence a duré une heure et demie ; l'avocat général a montré une bonne volonté qui ne parait le céder en rien à celle du lieutenant-gouverneur, et s'est offert de converser avec moi sur le tout, autant de fois que je le désirerais, soit chez lui, soit chez moi, à tels jours et telles heures que je voudrais lui fixer.

« Le principal objet qui ait été agité dans cette conversation, a été la fixation des curés. J'ai allégué contre : 1o une possession contraire en faveur de l'évêque, fondée apparemment sur l'impossibilité de mettre à exécution l'édit de 1679 ; possession reconnue par les intendants comme on peut le voir dans les archives de la Province ; 2o la presque impossibilité de faire administrer les missions distantes, si chaque curé s'en tenait à son titre et refusait d'étendre ses soins au delà ; 3o l'avantage même qui résulterait au gouvernement de n'avoir affaire qu'à l'évêque, au lieu qu'il aurait affaire avec tous les individus, s'ils n'étaient pas tous à la disposition de celui-ci ; 4o la facilité qu'aurait le gouvernement d'attribuer aux prêtres révocables *ad nutum* les prérogatives de curés, autant de temps que l'évêque, de concert avec le gouverneur, trouverait bon de les laisser en place ; 5o l'indépendance effective où se trouveraient des curés titrés au préjudice d'un évêque auquel le gouvernement ne voudrait probablement pas acccorder une officialité.—L'avocat général répond à cela, qu'en opinant pour la fixation des curés, comme étant une existence plus canonique, il opine aussi pour l'établissement d'un tribunal ecclésiastique où ils seraient justiciables de l'évêque ; qu'il ne voit pas que le gouvernement, dans cette supposition, pût refuser à l'évêque un tel tribunal dont les appels comme d'abus ressortiraient à la cour du banc du roi, ou plutôt dont les affaires seraient d'abord soumises à la dite cour par un officier de l'évêque, qui devrait constamment s'y trouver, afin qu'elle prononçât sur la compétence du juge d'église, pour prendre connaissance de telle affaire, après quoi le jugement de celui-ci serait final et souverain.

« J'ai insisté à prétendre que des curés révocables et reconnus comme tels par le gouvernement, seraient, à mon avis, toujours préférables à des curés fixes, même en supposant une officialité pour les réduire, parce que le nombre des missions pauvres et pénibles auxquelles on ne pouvait raisonnablement donner un titre, demandait souvent des déplacements que la fixation des curés rendait impraticables. Nous en sommes restés là, avec promesse de nous revoir bientôt, mais sans avoir pu l'exécuter jusqu'à ce moment, les affaires de cour l'occupant de son côté et les confessions me captivant du mien.

« L'idée de ce monsieur serait que le gouverneur présentât les sujets aux cures et que l'évêque leur donnât l'institution. C'est, en effet, la marche que l'on suit dans l'église anglicane. Mais il est aisé de sentir du premier coup les inconvénients multipliés qu'aurait par rapport à nous un tel système, qui donnerait lieu aux protections, recommandations, etc., etc., et conduirait immanquablement de mauvais sujets aux bonnes places.

« Quoiqu'il en soit, je me persuade que Votre Grandeur saura bon gré au lieutenant-gouverneur de sa bonne volonté et de la franchise avec laquelle il a l'air de procéder. Dieu peut se servir de tout cela pour sa gloire et l'accroissement de son royaume dans cette partie du monde chrétien.

« Je suis avec le plus grand respect,

    Monseigneur,
      De Votre Grandeur
    Le très humble et très obéissant serviteur,

        † J. O. Év. de Canathe.

« Québec, 8 avril 1805. »

Mgr Denaut manifesta de suite une grande répugnance à signer des requêtes pour demander la reconnaissance civile, que le gouverneur offrait d'obtenir de la cour d'Angleterre, et il y eut bien des pourparlers entre lui et son coadjuteur, avant qu'il se décidât à admettre le projet qu'on lui avait soumis. La lettre suivante fait connaître ses craintes et ses alarmes :

« Longueuil, 4 juin 1805.

« Monseigneur,

« .... Je suis sensible, comme je dois, à l'offre généreuse de Son Excellence, de vouloir bien se charger de présenter à Sa Majesté ou à ses ministres, l'exposé de l'état actuel de la religion romaine en ce pays. Je crois, comme vous, que M. le chevalier Milnes désire sérieusement *l'établissement solide de l'évêque de Québec*, et ce désir, que je crois bien sincère, invite ma reconnaissance. Mais, à votre avis, d'après nos principes, les moyens d'y parvenir peuvent-ils être adoptés ? Peut-être ne contestera-t-on plus à l'évêque de Québec son titre. Son état sera assuré. Mais si le projet a lieu, il ne sera pas moins dépouillé, il n'aura plus de pouvoir, il n'aura plus d'autorité. Otez en effet à cet évêque la nomination aux cures et fixez les curés ; que lui reste-t-il à faire ? Quel bien pourra-t-il procurer dans son diocèse ? Quel mal pourra-t-il arrêter ?

« Les inconvénients qui résulteront nécessairement de ce nouvel ordre de choses, les conséquences qui s'aperçoivent, quoique dans le lointain, doivent effrayer. Son Excellence ne nous gouvernera pas toujours. Son successeur n'aura peut-être pas la même bonté, les mêmes égards. Voilà ma crainte ; elle est fondée.

« J'aimerais donc mieux mon *état précaire*, tel qu'il est, que cet *établissement solide* tel qu'il est offert.

« Son Excellence, qui se connaît en politique, doit voir l'impression qu'un tel changement dans le gouvernement ecclésiastique du pays fera indubitablement sur le clergé et sur le peuple ; et quelle sensation dans tous les esprits et dans tous les cœurs ! Il ne faut pas se le cacher : les uns et les autres croient apercevoir la ruine prochaine de leur religion, à laquelle ils sont fortement attachés ; en la voyant saper par les fondements, on doit aisément en prévoir la chûte totale.

« Mais M. Swell qui se connaît en loi, croit-il vraiment que le roi d'Angleterre voudrait donner un *établissement solide* à la religion romaine, et en conséquence nommer à des cures catholiques des prêtres catholiques ? Le serment qu'il prête, en montant sur le trône, lui permet-il de faire l'un et l'autre ? Je ne suis point homme de loi, je ne déciderai pas la question.

« Toutes ces objections, tous ces doutes, tous ces aperçus présentent un vaste champ aux plus sérieuses réflexions. Ne soyez donc point étonné de ma lenteur à répondre : dans des affaires de cette importance, on doit prendre tout le temps du plus mûr examen ; la précipitation dans les moindres choses ne valut jamais rien.

« Je n'attends de la bonté de notre gracieux souverain qu'une continuation de tolérance, de soutien, de protection pour l'exercice de la religion romaine, telle que nous l'avons éprouvée pendant quarante-cinq ans, depuis la conquête. Le peuple canadien et le clergé surtout a tâché de s'en rendre digne par leur attachement à la constitution, et la conduite de ce dernier dans toutes les circonstances, et particulièrement en 1775 et 1776, si elle ne mérite pas des éloges, a prouvé du moins qu'il aime à s'acquitter d'un devoir que lui impose la religion qu'il professe.

« Votre Grandeur me demande-t-elle ce que je ferai, si on me signifie l'ordre de me conformer à une décision que nous craignons ? Je n'ai point encore pris de parti ;. dans l'événement, je prendrai celui qui me paraîtra le plus prudent, et que ma conscience et mon devoir me dicteront. Alors j'irai aux pieds du trône du roi, accompagné de mon clergé et de mon peuple, lui témoigner notre dévouement, réclamer sa bonté. Et si telle démarche était sans effet, je donnerai ma démission et vivrai tranquille et en repos. (a)

« Je suis, etc.

† P. Denaut, Évêque de Québec. »

Cette lettre n'a pas besoin de commentaires. Elle témoigne hautement de la fermeté et de la prudence de l'évêque de Québec.

Mgr Plessis fut d'avis qu'il fallait accepter les offres bienveillantes du gouverneur et solliciter du roi un changement réclamé par les circonstances. « Il faut avouer, écrivait-il, que nous sommes dans un moment de crise pour la religion. Votre Grandeur préfèrerait, dit-elle, l'état précaire où elle se trouve à l'établissement tel qu'il lui est offert. Oui, si cet état précaire pouvait se soutenir. Mais il est évident que tous les jours l'église du pays perd de cette autorité exté-

---

(a) Cette lettre est mentionnée par Mgr Plessis dans la conversation qu'il eut avec le gouverneur Craig, le 27 mai 1811.—" Mandements des Évêques de Québec ", volume troisième, page 64.

rieure dont elle a besoin, pour soutenir le spirituel et pour faire l'œuvre de Dieu. »

Enfin les requêtes furent rédigées par Mgr Plessis et par M. W. Grant et soumises à Mgr Denaut, pour qu'il voulût bien les signer. Le 17 juillet 1805, le coadjuteur écrit encore pour faire connaître le dessein de M. Grant au sujet des requêtes : « Il croit, dit-il, qu'il est de la modestie de signer simplement votre nom précédé d'une croix dans l'une et dans l'autre requête, sans y ajouter aucune qualité.

« Tout au plus, il admettrait que vous ajoutassiez *évêque* mais sans dire d'où. La raison est qu'il lui semblerait peu convenable que vous vous qualifiassiez dans des écrits où vous demandez à être qualifié. Par la même raison, il voudrait que vous vous contentassiez de votre nom *sine addito*, à la tête de la requête au roi, et je l'ai fait écrire de même. Dans le cas néanmoins où Votre Grandeur persisterait à y vouloir faire l'addition d'évêque de l'église etc., il reste de la place et M. Maguire l'ajouterait après coup. »

Mgr Denaut répondit ce qui suit :

« On mettra *en tête* et j'ai souscrit *en queue Évêque de l'église catholique romaine*, et je n'ai pas cru blesser la modestie : il n'y a pas d'orgueil, il me semble, à dire ce que l'on est. J'omets *de Québec*, cette qualité est douteuse.

« Les choses présentées, comme elles sont, dans la requête, ne me répugnent pas ; mais je n'entends pas (quoiqu'il pourrait bien arriver) que les mots *ni les curés des paroisses etc.* soient une demande ou un consentement à leur nomination aux cures. »

Nous croyons devoir citer les deux requêtes, afin de mieux faire comprendre les répugnances légitimes qu'éprouvait

Mgr Denaut à les signer. Cependant il serait difficile de dire qu'il eut tort en le faisant. S'il eût refusé les offres de Sir Robert Milnes, il était sûr de ne pas obtenir la reconnaissance civile pour lui-même ni pour son évêché. De plus, il risquait de changer en adversaire déclaré un gouverneur bienveillant, qui partait pour Londres et qui aurait été tout puissant pour se venger auprès d'une cour plus ou moins hostile. D'un autre côté, que la requête fût signée ou non, le bureau colonial était toujours libre d'imposer ses volontés et de dire à l'évêque : vous ne nommerez plus aux cures. Quoiqu'il en soit, au témoignage de Mgr Plessis, Mgr Denaut signa comme malgré lui, pressé par le lieutenant-gouverneur, et sollicité par son ami M. Grant. Il exprima à son coadjuteur son repentir de l'avoir fait, et craignit que cette démarche ne fût plus nuisible qu'utile aux intérêts de son église. (a)

« *A Son Excellence Sir Robert Shore Milnes, Baronet, Lieutenant Gouverneur de la Province du Bas-Canada, etc., etc., etc.*

« Qu'il plaise à Votre Excellence ! L'épreuve que le soussigné a déjà faite des intentions bienveillantes de Votre Excellence à l'égard des sujets catholiques de Sa Majesté en cette province, et particulièrement en faveur de leurs Évêques, lui inspire la confiance qu'elle voudra bien porter au pied du trône de Sa Majesté la pétition ci-jointe ; et le désir que Votre Excellence a eu la bonté de témoigner à votre suppliant pour une autorisation plus spéciale et authentique de la religion catholique romaine en cette province, ainsi que

---

(a) " Mandements des Évêques de Québec ", volume troisième, page 64.

pour l'établissement temporel des Évêques de cette Église, lui font espérer que Votre Excellence appuiera de tous les motifs de justice et de politique qu'elle connaît, la dite pétition auprès de Sa Majesté.

« Votre suppliant ne demande autre chose à Sa Majesté qu'à être civilement autorisé, lui et ses successeurs, en qualité d'Évêques de l'Église catholique romaine de cette province, à exercer librement tous les droits temporels, et percevoir les émoluments qu'il a plu, ou qu'il plaira à Sa Majesté d'attacher à cette dignité, et à faire participer les curés des paroisses catholiques de la province aux mêmes faveurs, dans le degré qui peut leur convenir.

« Le soussigné supplie en même temps Votre Excellence, de faire entrer dans la concession des droits temporels qu'il sollicite humblement pour lui et ses sucesseurs, la confirmation de la propriété du Palais Épiscopal de Québec, dont les Évêques catholiques ont joui sans interruption jusqu'à ce jour, et que l'un d'eux, Monseigneur Briand, a rebâti à ses propres frais, depuis la conquête du Canada par les armes Britanniques.

« Votre suppliant, persuadé qu'il trouvera dans la personne de Votre Excellence un protecteur sincère et zélé de ses plus chers intérêts auprès du trône, s'en rapporte pleinement à votre libéralité et à votre sagesse, pour le détail des raisons puissantes qui viennent à l'appui de ses demandes à Sa Majesté ; et par reconnaissance aussi bien que par devoir et par inclination, il ne cessera de prier pour la prospérité de Votre Excellence.

† Pierre Denaut, Évêque de Québec.»

« Québec, 8 juillet 1805. »

« REQUÊTE

« A LA TRÈS EXCELLENTE MAJESTÉ DU ROI

« L'humble Requête de Pierre Denaut, Évêque de l'Église Catholique Romaine, lequel prend la liberté de s'approcher du Trône de Votre Majesté, pour lui remontrer très respectueusement :

« Que la religion catholique romaine ayant été introduite en Canada avec ses premiers colons, sous l'ancien gouvernement de France, l'Évêché de Québec fut érigé en mil six cent soixante-quatorze, et a été successivement rempli par des Évêques, dont le sixième est mort en mil sept cent soixante, époque de la conquête de ce pays par les armes de Votre Majesté ;

« Que depuis cette date, les catholiques qui forment plus des dix-neuf vingtièmes de la population de votre Province du Bas-Canada, ont continué, par la bonté de Votre Majesté, d'avoir des Évêques, lesquels, après le serment d'allégeance prêté entre les mains des représentants de Votre Majesté en conseil, ont toujours exercé leurs fonctions avec la permission de Votre Majesté, et sous la protection des différents gouverneurs qu'il a plu à Votre Majesté d'établir pour l'administration de cette Province ; et que votre Suppliant est le quatrième Évêque qui conduit cette Église, depuis que le Canada est heureusement passé à la couronne de la Grande-Bretagne ;

« Que l'extension prodigieuse de cette Province et l'accroissement rapide de sa population exigent plus que jamais que l'Évêque catholique soit revêtu de tels droits et dignités que Votre Majesté trouvera convenables, pour conduire et contenir le clergé et le peuple, et pour imprimer plus fortement dans les esprits ces principes d'attachement et de loyauté envers leur Souverain, et d'obéissance aux lois, dont les Évêques de ce pays ont constamment et hautement fait profession.

« Que cependant, ni votre Suppliant, qui conduit depuis huit ans cette Église, ni ses prédécesseurs depuis la conquête, ni les Curés des Paroisses, n'ont eu de la part de Votre Majesté cette autorisation spéciale dont ils ont souvent senti le besoin, pour prévenir les doutes qui pourraient s'élever dans les cours de justice touchant l'exercice de leurs fonctions civiles.

« Ce considéré, qu'il plaise à Votre Majesté de permettre que votre Suppliant approche de Votre Majesté, et la prie très humblement de donner tels ordres et instructions que, dans sa sagesse royale, elle estimera nécessaires, pour que votre Suppliant et ses successeurs soient civilement reconnus comme Évêques de l'Église catholique romaine de Québec, et jouissent de tels prérogatives, droits et émoluments temporels que Votre Majesté voudra gracieusement attacher à cette dignité.

« Pour plus amples détails, votre Suppliant prie Votre Majesté de s'en rapporter aux informations que Son Excellence Sir Robert Shore Milnes, Baronet, le Lieutenant-Gouverneur de Votre Majesté en cette Province, veut bien se charger de donner à Votre Majesté.

« Et votre Suppliant continuera d'adresser au Ciel les vœux les plus ardents pour la prospérité de Votre Très Gracieuse Majesté, de son auguste Famille et de son Empire.

« Pierre Denaut, Évêque de l'église catholique
         romaine, en Canada. »

« Québec, 18 juillet 1805. »

Aucune réponse ne fut faite à cette requête présentée à Sa Majesté. Les choses en restèrent là jusqu'en 1811, où les mêmes questions furent de nouveau mises sur le tapis ; enfin, en 1813, la cour de Londres reconnut pour la première fois que l'évêque de Québec était réellement *l'évêque catholique de Québec* et qu'il devait être traité comme tel. Mgr Denaut ne vit pas cet heureux événement, car il était depuis longtemps parti pour un monde meilleur ; mais il serait injuste d'omettre que, si l'église du Canada dut surtout à son illustre successeur la liberté civile qui lui fut accordée, Mgr Denaut peut réclamer sa part dans cet acte de réparation tardive de la part de la métropole. Par sa fidélité à l'Angleterre, par sa courtoisie envers le représentant de l'autorité civile, par sa fermeté à ne pas céder les droits de l'évêque, il contribua pour beaucoup à faire respecter l'autorité ecclésiastique dans la colonie, et prépara les voies à une liberté plus complète et à des jours plus heureux pour l'église de Québec.

Mgr Denaut visita pour la dernière fois sa ville épiscopale, dans l'été de 1805, et il officia à la cathédrale le jour de l'Assomption de la sainte Vierge. Il y venait presque toujours au commencement de chaque année et ne manquait pas d'aller dans les communautés religieuses. « On l'accueillait partout, dit l'annaliste des Ursulines de Québec, avec toute la joie que produit la présence d'un prélat qui est universellement aimé de tous ses diocésains … … …… »

Sa générosité, son affabilité et sa douceur était connues dans toutes les paroisses qui avaient été honorées et consolées par sa présence. Mais c'est surtout à Longueuil que sa mémoire sera en éternelle bénédiction. Quelques vieillards de cette paroisse vivent encore, pour témoigner de leur vénération et de leur amour envers ce bon évêque qui fut leur curé, et quand ils parlent de lui, et rappellent toutes les bontés qu'il avait pour eux dans leur enfance, ils pleurent encore de joie. Chaque dimanche, après les vêpres, lorsque le temps le permettait, l'abbé Denaut montait à cheval et allait visiter tour à tour un rang de sa paroisse, arrêtant à la porte de chaque maison, et disant un bon mot à chaque membre de la famille. Après son élévation à l'épiscopat, on croyait que Sa Grandeur abandonnerait cette pratique touchante et paternelle. Mais l'évêque se rappela qu'il était encore curé, et qu'il devait visiter ses enfants comme par le passé ; c'est ce qu'il fit jusqu'à la fin.

Ce digne pontife mourut dans sa chère paroisse de Longueuil, après quelques heures de maladie seulement, le 17 janvier 1806, à l'âge de 62 ans. Mgr Denaut avait consacré un évêque et ordonné trente-sept prêtres. Mgr Plessis chanta son service, et M. le grand vicaire Roux, du Séminaire de Montréal, prononça l'oraison funèbre. Le corps de l'illustre défunt fut trouvé en 1885, lorsque l'on creusa les fondations de l'église actuelle. Les traits de la figure étaient effacés, mais le corps était pétrifié. Ce dépôt précieux fut replacé dans la magnifique église de Longueuil, dans l'automne de 1886.

Mgr PLESSIS

CHAPITRE I

Naissance de Mgr Plessis.—Études à Montréal et au Séminaire de Québec.—Entrée dans l'état ecclésiastique.—M. Plessis nommé secrétaire du diocèse. Sa prêtrise.—Il devient curé de Québec.—Mort et oraison funèbre de Mgr Briand.

Joseph-Octave Plessis naquit à Montréal, le 3 mars 1763, de Joseph-Amable Plessis-Bélair et de Marie-Louise Ménard. Son père était forgeron et jouissait d'une certaine aisance. Le jeune Plessis reçut ses premières leçons de lecture et de catéchisme dans la maison de ses religieux parents, et bientôt il fut placé à l'école primaire fondée et soutenue par les messieurs du Séminaire de Saint-Sulpice ; de là il passa au Château Vaudreuil, où se tenait alors l'école latine de M. Curateau. Dans l'automne de 1778, il partait avec son frère et quelques-uns de ses condisciples, pour aller terminer ses études au petit séminaire de Québec. A dix-sept ans, le précoce étudiant avait terminé son cours de philosophie, et, le quatorze août 1780, il recevait la tonsure des mains de Mgr Briand. Comme six ans devaient s'écouler avant qu'il pût être admis à la prêtrise, l'évêque jugea à propos de l'employer dans l'enseignement, et le jeune ecclésiastique fut chargé des classes de Belles-Lettres et de Rhétorique au Collège de Montréal. Une mémoire prodigieuse, un goût sûr, des connaissances étendues et variées le rendaient éminemment propre aux fonctions qu'il était appelé à remplir, et il s'en acquitta avec tout le succès qu'on attendait de lui.

Au mois d'octobre 1783, l'abbé Plessis fut appelé à Québec par Mgr Briand, pour y exercer la charge de secrétaire du diocèse. C'est sous la direction de ce prélat aussi remarquable par sa sagesse que par sa vertu, qu'il apprit l'art si difficile de commander, en même temps que le secret de savoir remplir tous ses devoirs de prêtre au milieu des occupations les plus multiples et les plus variées. Mgr Briand fut le maître de Mgr Plessis ; ils étaient dignes l'un de l'autre : c'étaient deux grandes intelligences faites pour se comprendre, deux cœurs faits pour s'aimer.

« Dans ses conversations avec le viel évêque, l'intelligent secrétaire recueillait de précieux renseignements, et sur les causes qui avaient amené la chute de la domination française au Canada, et sur les hommes qui dirigèrent les affaires de la colonie avant qu'elle eût été cédée à l'Angleterre. Ces entretiens influèrent sans doute sur les opinions que M. Plessis se forma touchant le mérite des deux gouvernements. En considérant le système de tracasseries, organisé contre l'église et le peuple du pays, par quelques-uns des chefs et des employés subalternes qu'y envoyait la cour de Louis XV, lorsqu'elle fut tombée sous le sceptre de la Pompadour, il ne pouvait s'empêcher de reconnaître que, sous le gouvernement anglais, le clergé catholique et les populations rurales jouissaient de plus de liberté qu'on ne leur en avait accordé avant la conquête. » (a)

L'abbé Plessis fut ordonné prêtre par Mgr D'Esglis, dans la chapelle du Séminaire, le 11 mars 1786. Il s'initia de plus en plus aux affaires sous l'épiscopat de Mgr Hubert. Ce dernier fut heureux de profiter de son expérience et de ses lumières : car, bien qu'il n'eût que vingt-trois ans, telle était l'opinion qu'on avait de sa capacité, que son concours paraissait nécessaire dans l'administration diocésaine.

C'est ainsi que, lorsque quelques-uns des officiers du gouvernement proposèrent de fonder à Québec une université mixte, pour mettre l'instruction supérieure entre les mains des ennemis de la race française et du catholicisme, M. Plessis prit une part active au conseil qui fut tenu à ce sujet au séminaire, et c'est à lui que Mgr Hubert confia la rédaction du mémoire qu'il présenta au gouvernement.

Le 21 mai 1792, M. David-Augustin Hubert, proche parent de l'évêque et curé de Québec, se noya en allant porter secours à un de ses confrères de l'Ile d'Orléans. Par son zèle, sa charité, sa grande douceur, il s'était rendu cher à toutes les classes de la société ; aussi, à la nouvelle de sa mort tragique, les regrets furent-ils universels.

Remplacer un curé si généralement aimé, était une affaire fort embarrassante. Heureusement, l'évêque avait auprès de lui un prêtre modèle, qui s'était montré jusqu'alors digne des charges auxquelles il avait été élevé ; l'esprit d'ordre,

---

(a) L'abbé Ferland.—" Mgr Joseph-Octave Plessis, évêque de Québec." Nous déclarons de suite que la présente notice n'est qu'une pâle imitation—quand elle n'est pas une copie—de la magnifique étude biographique écrite par l'abbé Ferland.

l'assiduité au travail, les talents supérieurs et les éminentes qualités qui distinguaient son secrétaire, étaient des garanties qu'il s'acquitterait de ses devoirs comme curé de Québec.

M. Plessis n'avait encore, il est vrai, que six ans de prêtrise ; mais sa gravité le faisait respecter autant que s'il eût été un vétéran du sacerdoce. Sa jeunesse ne pouvait donc être un obstacle à sa promotion, et Mgr Hubert n'hésita pas à lui confier la première cure de son diocèse, tout en le forçant à garder la charge de secrétaire. Le 2 juin 1792, M. Plessis prit solennellement possession de son bénéfice et se livra énergiquement aux pénibles fonctions du ministère paroissial.

Voici le témoignage que lui rendit un homme qui vivait dans son intimité :

« Quel esprit d'ordre dans l'administration de cette grande paroisse ! Quelle mémoire pour ne rien oublier des diverses affaires auxquelles il avait à pourvoir ! Il prévoyait tout, non seulement pour lui, mais encore pour tracer à ses collaborateurs leur tâche journalière. Malgré les déplacements presque continuels, malgré un concours varié de personnes et d'événements, il connaissait tous ses paroissiens par leur nom ; il savait leurs besoins, leurs affaires ; rien n'échappait à sa sagacité, à sa prévoyance. Assidu au ministère le plus pénible, le tribunal de la pénitence, il était toujours prêt, soit à distribuer le pain de la parole de Dieu dans des prônes méthodiques, pleins de la plus solide instruction, soit à visiter les malades dans les hôpitaux, dans les prisons, soit à concerter avec son évêque les affaires les plus épineuses, à discuter les matières les plus abstraites ; et tout cela sans cesser un seul jour de vaquer quelque temps à l'étude. »

Ses occupations étaient devenues si nombreuses, qu'il y consacrait les journées entières et une partie des nuits. Debout à quatre heures du matin, rarement pouvait-il se mettre au lit avant minuit; et encore, au milieu de son court repos, était-il souvent appelé pour visiter quelque malade. C'était pendant ses longues veilles, qu'il pouvait trouver quelques moments de loisirs pour se livrer à l'étude des sciences ecclésiastiques ; et tel était son désir d'accroître la somme de ses connaissances, qu'il s'avisa d'y consacrer une nuit entière par chaque semaine. Son robuste tempérament et sa forte volonté le soutinrent d'abord dans cette entreprise ; mais il dut y renoncer au bout de deux ou trois mois, quand il s'aperçut qu'après une nuit d'insomnie, il perdait à lutter contre le sommeil, pendant le jour suivant, autant de temps qu'il avait espérer d'en gagner.

Tout en s'occupant de l'instruction religieuse de ses paroissiens en général, M. Plessis veillait particulièrement sur celle de la jeunesse, qu'il regardait comme la portion la plus intéressante de son troupeau. Lorsqu'il rencontrait des caractères heureux ou des intelligences supérieures, il engageait les parents à placer ces enfants au collège ; si la famille n'était pas en état de fournir aux dépenses nécessaires, alors la bourse du généreux prêtre s'ouvrait plus ou moins largement, suivant que les circonstances le requéraient. L'Église, le barreau, et la médecine ont dû plusieurs de leurs membres distingués au sage discernement et à libéralité du curé de Québec. C'est dans son presbytère, que Rémi Vallière, plus tard juge en chef du Bas-Canada, apprit sa grammaire latine et termina son cours de Belles-Lettres.

Pour encourager une saine éducation parmi les classes ouvrières, l'abbé Plessis fonda des écoles dans les faubourgs

Saint-Jean et Saint-Roch, et choisit lui-même les maîtres qui devaient y instruire les enfants.

M. Plessis n'était pas un orateur brillant ; il n'avait pas, comme son prédécesseur, l'onction qui touche et qui émeut l'auditoire ; mais sa prédication était toujours solide, son geste noble, sa parole grave, convaincante. Quelquefois il s'élevait jusqu'à la véritable éloquence ; pour s'en convaincre, il suffit de lire la remarquable oraison funèbre qu'il prononça dans la cathédrale, le jour des obsèques de Mgr Briand.

C'est au mois de juin 1794 qu'il eut la douleur de perdre son ancien ami et son dévoué protecteur. Mieux que tout autre, il connaissait son mérite, et il sut s'acquitter dignement de la tâche de faire son éloge. L'orateur s'appliqua à montrer la grande sagesse du vénérable prélat dans ses rapports avec le gouvernement anglais, sa fermeté pour faire respecter les droits de l'Église, et en même temps sa soumission entière et son dévouement envers les puissances établies. Il en prit occasion pour faire une instruction pratique à ses paroissiens, et pour leur apprendre que la politique de Mgr Briand, c'était la politique de l'Église et que ce devait être la politique de tous les Canadiens.

« Mgr Briand, dit-il, avait pour maxime qu'il n'y a de vrais chrétiens, de catholiques sincères, que les sujets soumis à leur souverain légitime. Il avait appris de Jésus-Christ, qu'il faut rendre à César ce qui appartient à César ; de saint Paul, que toute âme doit être soumise aux autorités établies ; que celui qui résiste à la puissance résiste à Dieu même, et que, par cette résistance, il mérite la damnation ; du chef des apôtres, que le roi ne porte pas le glaive sans raison, qu'il faut l'honorer par obéissance, pour Dieu, *propter Deum*, tant en sa personne qu'en celle des officiers et magistrats qu'il députe, *sive ducibus tanquam ab eo missis*. Tels sont, chrétiens, sur cette matière, les principes de notre sainte religion ; principes que nous ne saurions trop vous inculquer, ni vous remettre trop souvent devant les yeux, puisqu'ils font partie de cette morale évangélique à l'observance de laquelle est attaché votre salut. Néanmoins, lorsque nous vous exposons quelquefois vos obligations sur cet article, vous murmurez contre nous, vous nous accusez de vues intéressées et politiques, et croyez que nous passons les bornes de notre ministère ! Ah ! mes frères, quelle injustice ! Avez-vous jamais lu que les premiers fidèles fissent de tels reproches aux apôtres, ou ceux-ci au Sauveur du monde, lorsqu'il leur développait la même doctrine ? Cessez donc de vouloir nous imposer silence ; car nonobstant vos reproches, nous ne cesserons de vous le redire : soyez sujets fidèles, ou renoncez au titre de chrétiens. »

Pendant toute sa carrière, Mgr Plessis fit voir que les principes de Mgr Briand étaient aussi les siens. Comme lui, il sut rendre à César ce qui appartenait à César ; mais, quand les circonstances le demandèrent, il n'oublia jamais les paroles de saint Pierre : qu'il vaut mieux obéir à Dieu qu'aux hommes.

CHAPITRE II

Mgr Denaut choisit M. Plessis pour son coadjuteur.—Opposition du duc de Kent. —Établissement de la caisse ecclésiastique Saint-Michel.—Retards à l'expédition des bulles.—Sacre du coadjuteur.—La mort de Mgr Denaut le fait monter sur le siège épiscopal de Québec.—Il choisit M. Panet pour coadjuteur.

Après la démission de Mgr Hubert, Mgr Denaut prit possession du siège épiscopal de Québec, le 4 septembre 1797 ; deux jours après, il donnait des lettres de grand vicaire au curé de Québec, et annonçait qu'il avait choisi ce digne ecclésiastique pour son coadjuteur. Cette nomination était attendue par le clergé et par le peuple, qui regardaient avec raison l'abbé Plessis comme l'homme préparé par la Providence pour soutenir les intérêts de la religion et pour servir le pays tout entier en dirigeant son église.

Les ennemis de notre foi n'avaient pas manqué de flairer un adversaire redoutable dans la personne du jeune curé de Québec. Aussi le duc de Kent qui, pendant son séjour au Canada, avait appris à le connaître, crut devoir donner des avis à sir Robert Prescott, gouverneur de la province. Dans une lettre écrite d'Halifax, le 16 octobre 1797, le prince exprime ses inquiétudes à ce sujet : « Quant au coadjuteur, M. Plessis, je crois de mon devoir de vous informer que c'est un homme en qui vous trouverez peut-être qu'il n'est pas prudent de reposer trop de confiance. Je l'ai connu pendant qu'il était secrétaire de l'évêque Hubert ; et l'on savait parfaitement...........qu'il gouvernait entièrement l'évêque et le séminaire, et les portait à adopter des opinions incompatibles avec nos idées sur la suprématie du roi dans les affaires ecclésiastiques. »

« Je sais, écrivait-il un peu plus tard, que, pendant que je résidais au Canada, feu l'évêque Hubert se refusa fortement à remettre au gouvernement une liste des nominations à faire aux cures, et comme on croyait ce prélat entièrement guidé par le coadjuteur actuel, ce refus était regardé par les plus zélés sujets de Sa Majesté dans le pays, comme une des nombreuses raisons pour lesquelles M. Plessis était dans une position douteuse, sous le rapport de la loyauté envers la Grande Bretagne. »

Le duc de Kent souhaitait faire tomber le choix sur un vieux curé, incapable de remplir les devoirs d'un évêque. En apprenant l'intention du prince, M. Plessis, qui avait d'abord refusé la mitre, comprit que, pour le bien de l'église du Canada, il devait accepter les offres de Mgr Denaut. Le secrétaire du gouverneur, M. Ryland, alors ami du curé de Québec, aplanit les voies, et le général Prescott agréa l'homme que l'opinion publique désignait comme le plus digne de l'épiscopat. Le 20 septembre 1797, Mgr Denaut informa le cardinal Gerdil de son heureux succès : « La Providence a eu soin de l'église du Canada ; j'ai obtenu pour coadjuteur, un sujet versé dans les affaires ecclésiastiques, connaissant bien le diocèse, et possédant la confiance de la plus saine partie du clergé et l'estime des peuples. »

Quoiqu'il n'occupât encore que le second rang dans le diocèse, le coadjuteur élu ne tarda pas à donner des preuves de son esprit d'organisation et de sa sollicitude pour le clergé diocésain. Ce fut à cette époque qu'il réalisa le projet formé, par Mgr Hubert, de fonder une caisse ecclésiastique, dont le principal but était de secourir les prêtres malades ou infirmes. Dans une réunion au presbytère de Saint-Michel, à laquelle assistaient huit de ses confrères, il développa les avantages du projet qu'il avait préparé, eut le bonheur de le voir adopté par tous, et devint ainsi le fondateur de la caisse ecclésiastique Saint-Michel, institution admirable qui a continué d'exister jusqu'en 1876, pour se partager ensuite en plusieurs autres de même nature. (a)

Cependant la supplique de Mgr Denaut resta longtemps sans réponse, à cause des événements déplorables arrivés dans l'Église. Pie VI forcé de quitter le Vatican, le 20 février 1798, était traîné de prison en prison et allait mourir à Vienne, sur le Rhône, au mois d'août de l'année suivante. Pie VII, élu pour lui succéder, le 14 mars 1800, s'empressa de régler les affaires qui s'étaient accumulées depuis deux ans, et le 26 avril, il signa les bulles par lesquelles M. Plessis était nommé évêque de Canathe et coadjuteur de Québec.

Le nouveau coadjuteur fut sacré dans la cathédrale, le 25 janvier 1801, par Mgr Denaut assisté de MM. Pouget, curé de Berthier, et Bertrand, curé de la Rivière-du-Loup. Les évêques étaient bien rares, à cette époque, dans l'Amérique

---

(a) Dans les soixante-dix-huit années de son existence, la caisse Saint-Michel a dépensé $128,752 pour le soutien de ses membres infirmes, et $22,295 pour d'autres œuvres de charité. (Quelques notes sur les Caisses Ecclésiastiques par l'abbé H. Têtu.)

du Nord ; les plus voisins du Canada étaient Mgr O'Donnell, vicaire apostolique de Terre-Neuve et Mgr Caroll, évêque de Baltimore ; ni l'un ni l'autre n'avait pu se rendre à Québec, à cause de la rigueur de la saison.

Après son sacre, Mgr Plessis continua de remplir les fonctions de curé ; toutefois, pour alléger le fardeau de l'évêque titulaire qui était retourné à sa paroisse de Longueuil, il partageait avec lui les détails de l'administration diocésaine, et dirigeait spécialement les affaires du district de Québec.

La mort inopinée de Mgr Denaut, arrivée le 17 janvier 1806, fit monter l'évêque de Canathe sur le siège épiscopal de Québec, plus tôt qu'il ne l'aurait désiré. Cependant il prit les rênes du gouvernement ecclésiastique d'une main ferme et assurée. et en homme accoutumé depuis longtemps à exercer l'autorité. A la suite de sa prise de possession, le 27 janvier, il présenta comme son futur coadjuteur, le curé de la Rivière-Ouelle, M. Bernard-Claude Panet, et annonça qu'il espérait obtenir du Saint-Père, la confirmation de ce choix. Homme extrêmement respectable sous tous les rapports, M. Panet parut à beaucoup de personnes, un peu trop avancé en âge pour la coadjutorerie ; il avait en effet dix ans de plus que son évêque, à qui il avait enseigné la philosophie au petit séminaire de Québec. Mgr Plessis, dont les vues s'étendaient fort loin, raisonnait différemment. Dans le cours ordinaire des choses, il était probable que sa force et sa santé se soutiendraient encore bien des années, et qu'il vivrait au moins aussi longtemps que M. Panet. Il pourrait ainsi de longue main former pour l'épiscopat quelque membre du jeune clergé, lequel, à la mort des deux anciens évêques, serait prêt à les remplacer, et en état de maintenir les traditions établies.

La Providence en disposa autrement ; car l'élève qu'il prépara pour son successeur, M. Pierre-Flavien Turgeon, ne monta sur le siège épiscopal de Québec, que vingt-cinq ans après la mort de son vénérable ami. (*a*)

(*a*) Il n'en est pas moins vrai que, pendant plusieurs années et avant d'avoir jeté les yeux sur M. Turgeon, Mgr Plessis pensait que l'abbé André Doucet serait son successeur sur le siège épiscopal. Le prélat se trompa cette fois : M. Doucet était un homme de talents, mais la mitre de Mgr Plessis aurait pesé trop lourdement sur sa tête.

CHAPITRE III

État critique de l'église de Québec. — Plan des ennemis de la religion. — Sir Robert Milnes. — Le *lord bishop* Mountain. — M. Ryland. — M. Swell. — Sir James Craig. — Mgr Plessis est accusé à Londres d'avoir pris le titre d'évêque catholique de Québec. — Conversations avec Craig. — Sir George Prevost. — Guerre de 1812. — Mgr Plessis est reconnu comme évêque catholique de Québec. — Sa nomination au Conseil législatif.

Mgr Plessis fut placé à la tête de l'église du Canada, au moment où elle avait le plus besoin d'un homme de son génie. La position était critique, les dangers nombreux et les ennemis puissants. « Supprimer les biens des Jésuites et du Séminaire de Montréal ; organiser par tout le pays un système exclusif d'éducation protestante ; soumettre la domination des prêtres, l'érection des paroisses et l'exercice de la religion catholique à la suprématie royale et au bon plaisir des gouverneurs : » (*a*) tel était le programme de l'oligarchie fanatique qui inspirait alors le gouvernement du Canada.

La lutte avait déjà commencé sous l'administration de Mgr Denaut, et Mgr Plessis avait eu, au sujet de la nomination aux cures par le gouvernement, une longue conversation avec le procureur général Swell. (*b*) C'est à la suite de cette entrevue et des offres de Sir Robert Milnes, que le coadjuteur avait cru devoir conseiller à l'évêque de Québec,

---

(*a*) Mgr J. O. Plessis par L. O. David.
(*b*) Cette conversation est publiée dans " History of Canada by Robert Christie ", vol. VI, page 4.

de présenter au roi une requête pour se faire reconnaître civilement.

Le gouverneur était parti pour Londres avec cette requête ; aucune réponse n'avait été faite et il était à craindre que la cour ne profitât de cette demande pour s'emparer de l'administration ecclésiastique des paroisses et de la nomination des curés. Mgr Plessis redoutait beaucoup cette conséquence déplorable, car il écrivait à M. Bourret, son agent à Londres : « J'appréhende avec raison que le gouverneur ne prenne de là occasion de se faire autoriser à nommer aux cures, système que les règles de notre religion ne saurait admettre............ Voyez combien il est essentiel d'aller à la source du mal et de prévenir un état de choses qui plongerait la religion catholique de ce pays dans une dépendance dont elle ne pourrait jamais se relever. On offre à l'évêque un état et des revenus : *hæc omnia tibi dabo si cadens adoraveris me*..... Le secret serait d'obtenir que l'évêque catholique de Québec fût reconnu et autorisé, à des conditions compatibles avec les principes de la religion qu'il professe ; car, si l'on veut faire sortir cette religion de ses principes, on en fait un monstre, et la protection qu'on a l'air de lui donner n'est plus qu'une chimère. J'attends de votre zèle pour l'Église de Jésus-Christ que, s'il a été projeté quelque chose à cet égard, ...vous travaillerez à en détourner l'effet. » (4 juillet 1806.)

Cette lettre fait connaître de suite le programme de Mgr Plessis : obtenir pour son église et pour l'épiscopat la protection efficace et garantie du gouvernement anglais par la reconnaissance civile de l'évêque et des curés, mais sans céder aucun des droits et des privilèges de cette église. Mais les ennemis de la religion fourbissaient leurs armes et se préparaient depuis longtemps à un combat décisif. Les évêques Briand, D'Esglis, Hubert et Denaut avaient toujours pris dans leurs mandements, aussi bien que dans leurs lettres particulières, le titre d'évêques de Québec ; le mandement d'entrée de Mgr Plessis montra à tous qu'il était bien résolu de marcher sur les traces de ses prédécesseurs. Ce fut une cause de mauvaise humeur pour l'avocat général Swell, pour M. Ryland, secrétaire du gouverneur, mais surtout pour l'évêque anglican, qui se croyait titulaire et n'en reconnaissait point d'autre. Le *lord Bishop* demanda même la permission de résigner sa charge, parce qu'on lui refusait le droit de nommer aux cures.

Pour se faire une idée du fanatisme de Ryland, il suffit de lire le passage suivant d'une de ses lettres :

« J'en viens maintenant, dit-il, au clergé papiste de cette province ; je l'appelle papiste, pour le distinguer du clergé de l'église établie, et afin d'exprimer combien je méprise et je hais une religion qui ravale l'esprit humain, et qui entraîne une espèce de malédiction sur les pays où elle prévaut. Voilà mon opinion ; aussi j'ai depuis longtemps posé en principe qu'il faut miner graduellement l'autorité et l'influence des prêtres catholiques romains, par tous les moyens que la prudence peut suggérer. C'est là le grand, le principal objet qu'un gouverneur doit toujours avoir en vue..... Conduisons habilement les choses, et nous aurons réussi avant que dix ans se soient écoulés.

« Les instructions de Sa Majesté défendent à tout individu de prendre la charge des âmes sans avoir obtenu un permis signé de la main du gouverneur ; et si l'on faisait observer ces instructions, la suprématie du roi serait établie, l'autorité du pape serait abolie, et le pays deviendrait bientôt protestant. »

Quoique plus modéré que M. Ryland, l'avocat général Swell n'était pas plus favorable à la religion catholique, et, en pleine cour de justice, il avait soutenu que le gouvernement avait seul le droit d'ériger des paroisses et qu'il n'existait point d'évêque catholique de Québec.

Les choses en étaient là, quand sir James-Henry Craig arriva à Québec, en qualité de gouverneur général. Le vaisseau qu'il montait n'avait pas encore jeté l'ancre que déjà M. Ryland était à bord et recevait la charge de secrétaire civil.

Ces deux hommes s'étaient compris de suite, et, quelques jours après, M. Ryland déclarait que sir James était précisément le personnage dont le pays avait besoin En tout cas, il plut beaucoup à l'intrigant secrétaire, qui lui souffla sa haine contre la religion catholique, et il se conduisit de manière à mériter la réputation d'un despote accompli.

Abandonné à lui-même et dirigé par ses propres lumières, il aurait pu être cependant un bon gouverneur; malheureusement, il tomba entre les mains de conseillers fanatiques qui détestaient tout ce qui était canadien et qui se servirent de lui comme d'un instrument pour arriver à leurs fins. Il serait trop long de parler des circonstances qui accompagnèrent la dissolution de la chambre d'assemblée, en 1809 et en 1810, et la saisie du journal le « Canadien » ainsi que l'emprisonnement de ses principaux rédacteurs. Tous les actes du gouverneur étaient parfaitement bien calculés, pour soulever contre lui les justes mécontentements du peuple.

Cependant il s'exagérait le danger, il voyait des complots partout, il s'imaginait marcher sur un volcan.

Dans une séance du conseil exécutif, à laquelle Mgr Plessis fut prié d'assister, le général lui déclara « que la désaffection occasionnée dans le peuple par le « Canadien » était rendue au point de faire craindre un soulèvement général, si l'on différait de prendre les mesures les plus énergiques pour arrêter l'effet des insinuations malignes répandues par ce papier ».... Il ajouta qu'un grand nombre de curés encourageaient publiquement la publication du « Canadien » par leurs abonnements, et que c'était dans les presbytères qu'on en exaltait les principes.

Si le journal incriminé avait parfois été trop vif dans quelques articles, il n'en était pas moins le défenseur des droits constitutionnels accordés par l'Angleterre, et il n'était pas surprenant que les curés se fussent prononcés en sa faveur. Le gouverneur lança une proclamation, le 20 août 1810, et l'adressa à tous les curés. Il y énumerait longuement et condamnait les prétendus projets de rébellion, et il exhortait les magistrats et les ecclésiastiques à éclairer le peuple. Pour lui ôter tout sujet de soupçonner sa propre loyauté et celle des membres de son clergé, Mgr Plessis écrivit une circulaire pour donner à ceux-ci des avis propres à calmer les esprits et à rappeler aux patriotes trop zélés les règles de la modération

Aucun des membres du conseil exécutif ne s'avisa de lui reprocher d'avoir pris le titre d'évêque de Québec dans cette circulaire ; mais, peu de mois après, lorsque les chefs du parti reconnurent que les curés ne les avaient pas soutenus dans les élections, ils essayèrent de soulever une tempête nouvelle contre l'évêque, à l'occasion de ce même titre. Le Souverain Pontife Pie VII était en prison ; Mgr Plessis publia un mandement, au mois d'octobre 1810, pour inviter les fidèles à prier pour le chef de l'Église, et comme il l'avait toujours fait, il prit dans cette pièce le titre d'évêque de Québec. De suite, le gouverneur, le docteur Mountain et leurs amis se trouvèrent gravement offensés ; ils oubliaient une coutume de plus de cent cinquante ans et assuraient hardiment que c'était de la part de l'évêque une innovation dangereuse. Le général Craig ne put contenir son indignation : « Nous avons ici prié pour le pape, écrivait-il à M. Ryland, qui était à Londres ; je vous envoie copie du mandement de l'évêque, que vous pouvez montrer au bureau, comme une preuve de l'indépendance complète dans laquelle on aime à se placer. Personne ne m'a parlé du mandement, ni avant, ni après sa publication. »

L'évêque anglican s'était rendu en Angleterre en 1808, pour se plaindre des agissements de Mgr Plessis et pour obtenir la jouissance de ses prétendus droits sur les paroisses catholiques ; mais toutes ses démarches étaient restées infructueuses. Lord Castlereagh lui avait répondu que « ce serait une entreprise fort délicate que d'intervenir dans les affaires de la religion catholique à Québec, ou de forcer l'évêque titulaire à abandonner ses titres et à agir, non comme évêque, mais seulement comme surintendant...... »

En 1810, M. Ryland partit à son tour, pour Londres, muni des instructions de Sir James Craig. Il devait demander au ministère de changer la constitution du Bas-Canada, d'accorder au gouverneur la nomination aux cures du diocèse de Québec, et de remettre les biens des Jésuites et des Sulpiciens à la disposition du gouvernement provincial. Le zèle du secrétaire fut encore stimulé par la réception des lettres du lord bishop, qui lui envoyait le dernier mandement de Mgr Plessis. Il écrivit de suite à M. Peel, sous-secrétaire d'état : « J'ai dernièrement reçu, du lord évêque de Québec, deux copies d'un mandement du révérend J. O. Plessis............ Ce mandement renferme une violation si flagrante des droits et des prérogatives de la couronne dans la province du Bas-Canada, que je me crois autorisé à vous en envoyer une copie, afin que vous la puissiez soumettre à l'attention du comte de Liverpool.

« Le lord évêque croit que cette pièce sera adressée aux ministres de Sa Majesté par le gouverneur général ; mais il craint que la maladie de Sir James Craig ne l'empêche d'écrire bientôt à ce sujet .... Dans un mémoire séparé, je suggère l'idée qu'il serait avantageux pour le gouverneur d'obtenir l'opinion des officiers en loi de la couronne sur cette affaire...... » Dans ce mémoire, M. Ryland, après avoir rappelé les instructions royales et les articles des traités touchant l'exercice de la religion catholique, exposait aux officiers de la couronne, que M. Plessis avait publié, sans le consentement du gouverneur général, un mandement dans lequel il s'arrogeait le titre d'*évêque de Québec* par la grâce du Saint-Siège apostolique. A la suite de cette grave accusation, il posait ces trois questions : 1º M. Plessis ne s'est-il pas rendu passible d'une poursuite au criminel ? 2º sur quel statut doit-on s'appuyer pour intenter une action contre lui ? 3º à quelles peines pourrait être condamné le dit M. Plessis ?

On peut juger par tout ce qui précède, que M. Ryland et ses amis s'engageaient dans cette affaire avec beaucoup de bonne volonté. Par bonheur, les ministres avaient des idées plus larges et plus libérales que celles du général Craig et de ses conseillers, qui se croyaient encore au temps de Cromwell.

Lord Liverpool refusa de changer ou de suspendre la constitution du Canada, et le lord chancelier arrêta toutes les autres mesures projetées pour les biens des Jésuites et des Sulpiciens et pour la nomination aux cures.

Quant aux poursuites qu'on voulait intenter contre l'évêque de Québec, aucun des officiers du gouvernement impérial ne jugea à propos de s'en occuper. Ryland eut beau écrire deux nouvelles lettres à M. Peel, celui-ci ne se laissa pas convaincre, et il finissait toujours par répondre à cet importun qui lui répétait sans cesse que tous les Anglais du Canada suivaient le parti du gouverneur :

« Fort bien, mais les Canadiens sont plus nombreux que les Anglais. »

Pendant que M. Ryland voyait tous ses projets s'évanouir les uns après les autres, son protecteur, le général Craig se préparait à laisser un pays où son administration despotique l'avait rendu odieux à la masse du peuple de la province. Mais avant de partir, il aurait été fort aise d'arracher à Mgr Plessis quelque réponse tant soit peu favorable à la suprématie royale ; il ignorait que ce prélat, toujours disposé à rendre à l'autorité ce qu'il croyait lui devoir, ne céderait rien de ce qu'il savait appartenir à Dieu.

« J'ai dernièrement conversé avec Plessis, écrivait Craig ; je lui ai parlé de sa position et de celle de son clergé..........Il m'exprima le désir que cette affaire se terminât......mais...sa conscience ne lui permettait pas de consentir à ce que la couronne nommât aux cures. Je lui dis aussitôt qu'il était inutile de continuer la conversation ; que cela ne dépendait ni de son refus ni de son consentement ; que ce droit appartenait à la couronne, et serait certainement repris tôt ou tard par le roi. Notre conversation dura deux heures et demie, mais sans aucun résultat, ni d'un côté ni de l'autre…..Nous nous séparâmes bons amis,.….c'est probablement pour la dernière fois que je l'ai vu, car il a fait voile pour le golfe Saint-Laurent. » (Lettre du 4 juin 1811.)

Mgr Plessis écrivit de son côté à M. Roux, son grand vicaire à Montréal, pour lui donner un compte-rendu du même entretien.

« Hier, dit-il, j'eus avec Son Excellence le gouverneur une conversation de sept quarts d'heure, dans laquelle il s'épuisa à parler, et moi aussi, sans que nous pussions tomber d'accord sur le seul point qui fut agité, savoir la nomination aux cures……….

« Je lui ai dit que personne n'était plus soumis que moi, ni plus affectionné au gouvernement ; que j'avais pour principe général de seconder ses vues dans tout ce qui ne blessait pas ma conscience, mais qu'il m'était défendu d'aller au-delà ; que je sentais plus que personne le danger d'occuper une place qui n'était pas avouée, et d'y vivre dans la pauvreté, mais que je consentirais volontiers à de plus grandes privations, plutôt que de faire des démarches qui me discréditeraient auprès de mon clergé et de mon peuple, engageraient ma conscience et seraient considérées comme une trahison envers l'Église, comme une vente de mon épiscopat, surtout s'il en résultait pour moi quelque addition de revenu ; qu'ayant fait autant que mes prédécesseurs pour le service du gouvernement,...... j'espérais que ce gouvernement ne voudrait pas me maltraiter plus que mes prédécesseurs ne l'avaient été.........que la divine Providence, qui dirigeait les cœurs et les esprits, amènerait, sans doute, des circonstances plus favorables etc., etc. Nous disputâmes beaucoup ; mais le gouverneur ne se fâcha point, et nous nous quittâmes, du reste, assez peu satisfaits l'un de l'autre. » (a)

Pendant toute l'administration de Sir James Craig, Mgr Plessis s'était efforcé de ne point rompre avec lui, afin de ne pas avoir pour ennemi acharné de son église, cet homme inquiet et irritable. Il souhaitait maintenir la paix et préserver son troupeau des agitations politiques et des horreurs d'une guerre civile. Par sa prudence et sa modération, il espérait conserver une position qui lui permettrait d'agir comme médiateur, si quelque malheur imprévu causait une collision entre l'exécutif et le peuple. On lui reprocha même d'avoir cédé trop facilement à quelques exigences du gouvernement, durant ses démêlés avec la Chambre d'Assemblée. Mais s'il reculait devant les luttes politiques, du moment qu'il s'agissait de soutenir les droits de la religion et de l'Église, il devenait inébranlable, et aurait mieux aimé perdre la vie que de consentir à admettre quelqu'une des injustes prétentions des adversaires du catholicisme.

Sir George Prevost, qui arriva bientôt au pays en qualité de gouverneur, entretenait les vues de son prédécesseur touchant l'existence et l'autorité d'un évêque catholique en Canada ; de fait, il parut suivre, sur cette matière, pendant

---

(a) La conversation de Mgr Plessis avec Craig a été rédigée par Mgr Plessis lui-même et elle est publiée *in extenso* dans le volume troisième des "Mandements des Évêques de Québec."

quelque temps, les conseils des anciens aviseurs de Craig. Cependant, au printemps de 1812, il fit de nouvelles propositions à Mgr Plessis et il lui fit remettre la communication suivante :

« J'ai reçu des dépêches d'Angleterre ; on veut vous mettre sur un pied plus respectable ; mais on attend que vous posiez vous-même les conditions. Je désirerais avoir là-dessus vos idées avant votre départ pour le golfe, car il faut pourvoir à tout et bien nous entendre.»

« Avant mon départ, répondit l'évêque, j'aurai l'honneur de mettre entre les mains de Votre Excellence, un mémoire contenant mes idées et mes principes. Je suis obligé de déclarer d'avance qu'aucune offre temporelle ne me ferait renoncer à aucune partie de ma juridiction spirituelle. Elle n'est pas à moi ; je la tiens de l'Église comme un dépôt, qu'il ne m'est nullement permis de dissiper et dont il faut que je rende compte. »

Mgr Plessis prépara à la hâte un mémoire, qu'il présenta, le 15 mai, peu de jours avant de se mettre en route pour sa visite pastorale. « Le mémoire qui suit, dit l'auteur, a pour but d'exposer : 1º ce qu'étaient les évêques du Canada avant la conquête de la colonie ; 2º ce qu'ils ont été depuis cette conquête ; 3º l'état où il serait à propos qu'ils fussent à l'avenir...... » Nous ne citerons que la troisième partie de cet important document :

« A l'avenir.—Les pouvoirs spirituels que l'évêque de Québec exerce, lui viennent de l'Église par la voie du Souverain Pontife. Il ne lui est permis ni de s'en dépouiller en tout ou en partie, ni de les tirer d'une autre source. Mais les fonctions spirituelles ont certains effets extérieurs et civils, et c'est seulement par rapport à ces effets civils et extérieurs, qu'il sent le besoin d'être autorisé à continuer les fonctions de ses prédécesseurs, dans les mêmes principes et avec la même déférence pour les autorités établies, de manière à ne pas rencontrer d'entraves, qui troubleraient la liberté dont lui et ses prédécesseurs ont joui jusqu'à ce jour, sans procurer aucun avantage au gouvernement.

« Il désire donc que lui et ses successeurs soient civilement reconnus pour évêques catholiques romains de Québec, ayant sous leur juridiction épiscopale tous les sujets catholiques de Sa Majesté établis dans les provinces du Haut et du Bas-Canada, de la Nouvelle-Écosse et du Nouveau-Brunswick, et dans les iles du Cap-Breton, du Prince-Édouard et de la Magdeleine......... ; de plus que la propriété du palais épiscopal soit confirmée aux évêques catholiques romains de Québec, et qu'ils puissent transmettre à leurs successeurs évêques les acquisitions qu'ils feront en cette qualité.

« Tout occupé du soin de son église, le soussigné croit devoir borner ici ses vœux. Quant à l'influence que pourrait donner à sa place une assignation de revenus, qui lui permettrait de servir plus efficacement le gouvernement de Sa Majesté.........ainsi qu'à l'utilité qu'il pourrait y avoir, dans un pays dont au moins les trente-neuf quarantièmes sont catholiques, que le clergé de cette communion fût représenté par son chef dans les conseils exécutif et législatif, ce sont des objets dont il sent le prix, qu'il recevrait avec reconnaissance s'ils lui étaient offerts, et sur lesquels néanmoins il s'abstiendra de faire aucune demande particulière, s'en rapportant pleinement à la bienveillance et à la sagesse reconnue de Votre Excellence. »

Ce mémoire dut laisser une impression favorable dans l'esprit de sir Geo. Prevost ; mais la Providence se servit des événements qui survinrent bientôt, pour amener une amélioration sensible dans la position de l'Église catholique au Canada.

Le 18 juin 1812, le congrès américain déclara la guerre à la Grande Bretagne et les troupes de l'Union essayèrent de pénétrer dans la province. En présence de ce danger, le gouverneur fit un appel à la loyauté des Canadiens et ses espérances ne furent pas déçues ; car de toutes parts, le peuple se leva pour résister aux envahisseurs du sol de la patrie.

Revenu de sa tournée pastorale, Mgr Plessis s'empressa de nommer des aumôniers pour le service des troupes, et, au mois d'octobre, il adressa une circulaire aux curés pour les remercier, au nom du gouvernement, de l'assistance qu'ils lui avaient prêtée, tant pour la levée des milices que pour maintenir la subordination dans les rangs des nouvelles recrues. « Nul spectacle, disait-il dans cette lettre, nul spectacle plus consolant que celui du patriotisme et de la piété se donnant la main l'un à l'autre, de manière que les fidèles les plus empressés de se purifier par la réception des sacrements, sont aussi les premiers rendus où les ordres de leurs officiers les appellent, et les plus prêts à voler au combat. »

Quelques jours après, il adressait des avis et des exhortations à tous ses diocésains, et plus particulièrement à ceux qui surveillaient les mouvements de l'ennemi près de la frontière.

Les lettres circulaires et les mandements de l'évêque produisirent de merveilleux effets sur les Canadiens ; ceux-ci montrèrent par leur conduite, qu'ils avaient été calomniés, quand on avait essayé de mettre en doute leur loyauté ; partout où on les employa, ils prouvèrent que la religion catholique leur avait appris à rester fidèles à leur drapeau et à défendre bravement leurs propriétés et celles du roi.

Une tentative des troupes américaines pour pénétrer dans le district de Montréal, dans l'automne de 1813, fournit aux Canadiens l'occasion de déployer un courage digne de la renommée de leurs pères. Trois cents miliciens, accompagnés d'une petite troupe de Sauvages, et conduits par le brave de Salaberry, arrêtèrent, sur les bords de la rivière Chateauguay, plus de quatre mille Américains, commandés par le général Hampton, et les forcèrent à une retraite précipitée. Ce glorieux combat servit à déconcerter les plans de l'ennemi et arracha la colonie à un danger imminent. Mais dans le même temps, une armée nombreuse menaçait Montréal, d'un autre côté ; dix mille hommes, commandés par le général Wilkilson, descendaient le Saint-Laurent, dans l'espérance de s'unir avec l'armée de Hampton.

Au bruit de ce nouveau danger, l'évêque fit un appel au courage de ceux de ses enfants qui étaient sur les frontières. Par une remarquable coïncidence, le jour même où ce mandement était publié à Québec, les troupes anglaises remportèrent une victoire signalée sur l'armée commandée par Wilkinson.

Repoussés à plusieurs reprises et lassés d'une lutte où ils n'avaient rien à gagner, nos voisins des États-Unis songèrent à s'accommoder avec l'Angleterre. La paix se signa à Gand, au mois de décembre 1814, et fut ratifiée, au mois de février 1815, par le président des colonies américaines.

Sir George Prevost ne manqua pas de reconnaître, dans l'occasion, les services de la milice du pays ; il informa particulièrement le secrétaire des colonies, du zèle qu'avait montré Mgr Plessis et tout son clergé pour la défense du Canada ; il lui représenta aussi la salutaire influence que le chef de l'Église catholique dans la province exerçait sur ses diocésains. Aussi une lettre de Lord Bathurst au général Prevost, en 1815, témoignait qu'on n'était plus au temps où l'on menaçait de traîner l'évêque de Québec devant les tribunaux pour avoir pris le titre qui lui appartenait.

« Je crois devoir vous informer, écrivait lord Bathurst, que son altesse royale le prince régent, au nom de Sa Majesté, veut que désormais les appointements de l'*évêque catholique* de Québec soient de mille louis par année ; c'est un témoignage rendu à la loyauté et à la bonne conduite du *gentilhomme* qui occupe maintenant cette place et des autres membres catholiques de la province. »

Deux mois après, M. Ryland, alors greffier du Conseil exécutif, était forcé de donner à Mgr Plessis le titre d'évêque catholique de Québec, dans un document qu'il lui adressait, et ce, sur la demande expresse du prélat. Ryland fit des résistances, mais le général Prevost lui fit écrire que, puisque lord Bathurst lui-même reconnaissait M. Plessis comme évêque catholique romain de Québec, il n'existait aucune raison qui empêchât M. Ryland d'en faire autant ! Le lord Bishop, qui s'était plaint à Londres de ce que le gouvernement reconnaissait deux titulaires du même diocèse, reçut du secrétaire des colonies une réponse qui le guérit pour toujours de ses inquiétudes de conscience à ce sujet.

La ligue des fonctionnaires n'était cependant ni détruite ni dispersée, et ce fut en partie sur ses représentations, que sir Georges Prevost fut rappelé en Angleterre. Il en résulta un certain mécontentement politique dans le Canada, et une vague inquiétude touchant les projets des chefs de la bureaucratie s'empara de l'esprit du peuple et même d'une partie du clergé. Sir John Coape Sherbrooke, qui venait d'être nommé gouverneur, reçut de Lord Bathurst l'instruction de travailler à concilier les catholiques. « L'on est disposé, écrivait le ministre, à favoriser les désirs et les intérêts de ces derniers.... si vous pouvez arriver à une bonne entente avec leur église. »

Pour obtenir ce résultat, le nouveau gouverneur proposa d'appeler l'évêque catholique au Conseil législatif et de favoriser l'institution de vicaires apostoliques dans le Haut-Canada, la Nouvelle-Écosse et l'Ile du Prince-Édouard. Ces deux propositions furent approuvées à la cour, et, par un *mandamus* du 30 avril 1817, Mgr Plessis fut nommé conseiller législatif. Dans cet instrument, il était officiellement reconnu, par le prince régent, comme évêque catholique romain de Québec.

Pendant le reste de sa vie, l'évêque de Québec siégea régulièrement à la Chambre où il venait d'être appelé, afin d'y prendre les intérêts de la religion. Quoique placé avec la minorité, dont les principaux membres se laissaient guider sur les matières ecclésiastiques par le docteur Mountain, Mgr Plessis ne manquait jamais de revendiquer avec fermeté les droits des Canadiens catholiques, lorsque quelque voix ennemie s'élevait pour attaquer leurs institutions ou leurs droits.

En 1821, il se prononça fortement contre une décision de ses collègues, en vertu de laquelle la branche populaire de la législature se trouvait privée d'une partie de ses privilèges, dans le vote de la liste civile. Il résista avec tant de courage, en 1824, à quelques empiètements proposés par le parti ultra-anglican, qu'il fit rejeter des propositions offensantes pour les catholiques ; sa victoire fut complète, et l'évêque anglican laissa la salle, en protestant contre le peu de dévouement des conseillers à la religion de leur auguste souverain.

CHAPITRE IV

Zèle de Mgr Plessis pour l'éducation de la jeunesse. — *L'institution royale.* — L'instruction primaire. — Le Collège de Nicolet. — Le Collège de Saint-Hyacinthe. — Le Collège de Saint-Roch. — Cours donnés par l'évêque aux élèves du grand séminaire de Québec. — Son règlement de vie au séminaire. — Sa correspondance.

Depuis longtemps, les chefs de la coterie protestante cherchaient à s'emparer de l'instruction publique ; et, en 1801, ils avaient réussi à obtenir du parlement provincial, une loi qui mettait entre les mains des protestants l'éducation de la jeunesse catholique. Mgr Plessis fut l'un des premiers à prévoir les conséquences désastreuses que pouvait amener l'*Institution royale pour l'encouragement de l'instruction publique*, et, soutenu par tous les membres du clergé, il réussit à empêcher le fonctionnement de cette loi infâme, en vertu de laquelle les familles catholiques auraient payé pour permettre aux protestants de pervertir leurs enfants. On comprend que l'évêque ne pouvait songer alors à obtenir du gouvernement, des écoles catholiques pour l'enseignement primaire dans les paroisses de la campagne. Ce ne fut qu'en 1820, qu'un projet plus équitable fut admis dans les deux chambres de la législature du Bas-Canada et réservé à la sanction royale. Mgr Plessis, qui était alors en Angleterre, fit des démarches pour engager les ministres à recommander cette mesure à Sa Majesté ; mais ses efforts demeurèrent inutiles ; car on s'imagina, au bureau des colonies, que les dispositions du bill enlevaient à l'institution royale, des droits acquis. Amendé de manière à ne blesser aucune susceptibilité, le projet fut encore admis dans les deux chambres en 1821, et lord Dalhousie le recommanda à la bienveillance du souverain. Mgr Plessis écrivit à Mgr Poynter, à Londres, pour qu'il usât de toute son influence en faveur de la mesure, mais, cette fois encore, les vœux des chambres canadiennes ne furent pas exaucés. Lord Bathurst donna la raison de ce refus dans une lettre adressée à l'évêque de Québec : « Sa Majesté, dit-il, croit nécessaire aux intérêts généraux de la colonie, de différer la considération de ce bill, jusqu'à ce que la législature *aurait* décidé sur *des* autres mesures qui ont été depuis longtemps en discussion.........» Ces mesures se rapportaient à la liste civile que la Chambre d'Assemblée refusait de voter pour la durée de la vie du roi, selon ce qui se pratiquait en Angleterre. Ce ne fut qu'en 1824, qu'on obtint pour les fabriques de la campagne, le droit de posséder des terrains et des maisons pour l'établissement d'écoles paroissiales. Plus tard enfin, les droits de la justice triomphèrent, des écoles communes furent fondées, et l'*institution royale* disparut, sans avoir produit les résultats qu'en avaient attendus ses partisans.

Mgr Plessis lutta pendant tout son épiscopat pour la grande cause de l'instruction publique. Il favorisa de tout son pouvoir les démarches de son grand vicaire, M. Burke, pour établir un collège à Halifax; mais là encore le fanatisme protestant empêcha la réalisation de ce projet, qui aurait été si utile à la religion : le gouvernement refusa d'admettre des Jésuites, et même quelques prêtres français qui avaient appris l'anglais à Londres et à qui l'on voulait confier le soin de la nouvelle institution. Il fallut attendre des jours meilleurs ; M. Burke envoya au Séminaire de Québec plusieurs des jeunes gens qui devaient faire leurs études à la maison d'Halifax.

Mgr Plessis fut plus heureux à Nicolet où il devint le fondateur du collège. A son avènement au siège de Québec, cet établissement n'existait plus, car la mort inattendue de Mgr Denaut l'avait fait passer en des mains étrangères, qui l'offraient alors au plus haut enchérisseur. Non content de l'acquérir de ses propres deniers, Mgr Plessis fit ajouter une aile à l'ancienne maison de M. Brassard, la dota de biens-fonds, et durant le reste de sa vie, continua à faire des dépenses considérables pour le soutien de cette institution, qui, sans le concours de son généreux bienfaiteur, aurait probablement été condamnée à périr.

Le Collège de Nicolet devint un objet de prédilection pour Mgr Plessis, qui semblait en être le premier directeur. Ce fut lui qui rédigea les premiers règlements. Deux fois par mois, il écrivait au supérieur, M. Raimbault, et au directeur, pour leur donner des avis, leur suggérer des améliorations et les encourager dans leur pénible travail. Des notes sur le compte des élèves lui étaient fréquemment transmises, de sorte qu'il connaissait les talents et les qualités de chacun des professeurs et des écoliers qui avaient passé quelques années dans le collège, et pouvait d'avance juger s'ils étaient propres ou non, à l'état ecclésiastique.

Dans la suite, il eut la consolation d'admettre dans son clergé beaucoup d'élèves de cette maison, parmi lesquels cinq ont été honorés de la dignité épiscopale.

Peu après la fondation de Nicolet, le prélat fut heureux de trouver un coopérateur à l'œuvre de l'instruction, dans l'un de ses plus anciens et de ses meilleurs amis, M. Antoine Girouard, curé de Saint-Hyacinthe, homme doué d'un noble cœur et remarquable par la solidité de son jugement. Dans le but de combler le vide qui se faisait peu à peu dans le clergé, ce digne curé conçut le projet de fonder une maison destinée à former des prêtres pour l'Église, et des laïques instruits, capables de défendre les intérêts de leurs concitoyens. L'évêque de Québec lui écrivit : « Vos projets sont si conformes à ma manière de voir, que j'y souscris d'avance, persuadé que Dieu en tirera sa gloire. Je voudrais que tous les curés du diocèse pensassent comme vous et sussent faire un pareil usage de leurs revenus. »

L'œuvre du curé de Saint-Hyacinthe fut puissamment favorisée par l'évêque de Québec, qui fournit à la nouvelle institution, des professeurs et des directeurs, tirés en partie de sa maison de Nicolet et en partie du Collège de Montréal. Il traça lui-même les règlements des élèves, et, en 1817, il ajouta pour l'avantage des ecclésiastiques employés comme régents, une série d'instructions propres à les diriger dans leurs études, et à les rendre dignes de servir un jour l'Église dans l'exercice du ministère sacerdotal.

Pendant que Mgr Plessis était curé de Québec, son attention s'était portée sur les besoins spirituels du faubourg Saint-Roch, qui semblait dès lors destiné à prendre de grands accroissements. Il devenait important de pourvoir aux besoins futurs de ce quartier. En 1811, M. John Mure lui donna un emplacement situé alors au milieu d'un champ et bien au delà des dernières habitations. La même année, les fondations d'une église y furent commencées, et au moyen de quelques quêtes, mais surtout avec des sommes prélevées sur la bourse de l'évêque, elle était presque terminée et allait être livrée au culte, lorsque, vers la fin de l'année 1816, un violent incendie la réduisit en cendres et ne laissa debout que des murailles noircies et lézardées.

Le prélat reçut la nouvelle de cet accident avec son sang-froid ordinaire ; et pendant que le feu continuait ses ravages, il prenait des mesures pour le rétablissement de l'édifice. En effet, l'ouvrage fut repris, dès que la saison le permit, et poussé avec tant d'activité, qu'au mois d'octobre 1818, l'évêque eut la consolation de consacrer la nouvelle église. Cependant, s'il avait réussi, c'était aux dépens d'énormes sacrifices de sa part : car ses ressources étaient épuisées, et il restait chargé d'une dette de deux mille louis.

Ses vues bienfaisantes se portaient encore plus loin : il prévoyait que la maison de Dieu serait bientôt environnée d'une nombreuse population catholique, à laquelle il avait préparé les moyens d'obtenir l'instruction religieuse; il voulut aussi que la jeunesse trouvât sur les lieux, des instituteurs capables de la former et de l'éclairer. Dans l'année 1795, il avait fondé une école dans le faubourg Saint-Roch ; à cette première marque de sa bienveillance, il crut devoir ajouter un second bienfait, en établissant un collège, où des jeunes gens doués de talents et appelés à l'état ecclésiastique, pourraient à peu de frais, commencer un cours d'études, qu'ils iraient terminer soit au Séminaire de Québec, soit au Collège de Nicolet.

En conséquence de cette résolution, au mois d'octobre 1818, des classes furent ouvertes dans la vaste maison qui servait de presbytère ; quelques ecclésiastiques, placés sous la conduite des chapelains qui desservaient l'église, furent employés comme régents, et bientôt l'institution entra en pleine opération.

L'évêque avait tracé lui-même le plan d'études, qui tendait à abréger la longueur du cours ordinaire. Au bout de trois ans, les élèves devaient savoir le latin, l'anglais, les mathématiques et avoir des connaissances fort étendues dans la géographie et l'histoire.

Ce plan avait l'avantage de faire terminer le cours d'études en six années ; il réussit pour les élèves studieux et doués de bons talents ; mais pour les jeunes gens d'une capacité ordinaire, il n'eut pas le succès qu'en attendait son auteur. Possédant une merveilleuse facilité, il oubliait que la plupart des hommes n'arrivent à la science que par un travail long et pénible. Néanmoins, pendant les dix ou onze ans que ce collège fut en opération, il fournit un bon nombre d'élèves, qui terminèrent ailleurs leurs études, et firent honneur à leurs premiers professeurs.

Convaincu qu'il importe plus d'avoir de bons prêtres que d'en avoir beaucoup, Mgr Plessis apportait un soin extrême à bien choisir les jeunes gens qu'il admettait à l'état ecclésiastique ; il surveillait les élèves de son grand séminaire ; il les interrogeait lui-même pour découvrir leurs talents, il s'enquérait fréquemment de leur caractère et de leur conduite. Les dimanches, il leur donnait une conférence soit sur l'écriture sainte, soit sur le rituel ou sur l'administration des paroisses. Il rendait cette instruction si intéressante, que tous y assistaient avec plaisir, à l'exception toutefois de ceux dont la conscience était chargée de quelques fautes commises dans les cérémonies ou dans le chant, ou contre la fidélité au règlement de la maison.

Mgr Plessis se montrait sévère, mais il en avait le droit, car il était pour tous les élèves du sanctuaire une leçon vivante et il pouvait être regardé à bon droit comme la forme et le modèle de son clergé. Sa solide piété, ses mœurs irréprochables, son attachement à observer la discipline de l'Église, sa régularité extrême, en faisaient un ecclésiastique accompli sous tous les rapports. Aussi les exemples et les maximes du grand évêque ont laissé sur le caractère du clergé canadien une empreinte qui demeurera ineffaçable et qui s'est étendue sur le peuple tout entier. L'église du Canada se sentit grandir avec un pareil homme à sa tête, elle reçut de lui une impulsion qui mit en mouvement toutes ses forces, et comme emportée par le souffle puissant de ce génie, elle fit un pas immense dans la voie de ses destinées divines.

La plupart des prêtres aimaient Mgr Plessis comme des enfants aiment un père et ils avaient une confiance illimitée dans ses grandes lumières.

« Si j'avais offensé cet homme-là, disait un jour M. Painchaud, fondateur du Collège de Sainte-Anne, je consentirais à me traîner sur les genoux, depuis mon presbytère jusqu'à Québec, pour lui demander pardon de ma faute. ».

Mgr Plessis demeura toute sa vie au Séminaire de Québec ; il y observait, autant qu'il le pouvait le règlement qu'il avait suivi pendant qu'il était curé. Sa journée se prolongeait depuis quatre heures et demie du matin jusqu'à onze heures et demie du soir ; son temps était réglé soigneusement et ménagé avec la plus stricte économie. Ses occupations journalières, variées dans leur objet immédiat, aboutissaient toujours au même but principal : la gloire de Dieu d'abord, puis l'avantage du prochain.

Comme saint Paul, il pouvait dire qu'il avait la sollicitude de toutes les églises ; car, de son cabinet, il dirigeait toutes les affaires religieuses de son vaste diocèse. Seul, il faisait tout mouvoir : communautés, séminaires, collèges, missions, paroisses. Aussi sa correspondance était immense et embrassait toutes sortes d'affaires, depuis celles qu'il traitait avec la cour de Rome et le ministre des colonies, jusqu'aux directions qu'il adressait à l'économe du Collège de Nicolet ou aux avis paternels qu'il donnait au plus jeune de ses prêtres. Tous ceux qui lui écrivaient étaient assurés de recevoir, dans le plus court délai, une réponse de la main même de leur évêque. Il entretenait des rapports suivis avec le cardinal préfet de la Propagande, avec les gouverneurs du Canada, et avec les évêques d'Angleterre, d'Irlande et des États-Unis.

Ce serait une erreur de croire que Mgr Plessis fût tellement absorbé par les affaires qu'il ne prît aucune part aux récréations du séminaire. Tous les soirs après le souper, il causait familièrement avec les directeurs et les prêtres attachés au service de la cathédrale. Il savait rendre la conversation utile et agréable par le sel attique de son esprit, par le charme de ses narrations et par l'étendue de ses connaissances. Au fond de son âme, il y avait une forte dose de gaieté ; elle était comprimée ordinairement par les exigences de sa position, mais souvent elle débordait malgré tous ses efforts pour l'étouffer.

L'abbé Ferland raconte à ce sujet des anecdotes infiniment amusantes et qui nous montrent le grand Plessis, dans des circonstances même solennelles, aux prises avec des envies de rire à faire mourir un homme moins énergique que lui.

CHAPITRE V

Visites pastorales de Mgr Plessis. — Visites dans la Baie des Chaleurs, dans l'ancienne Acadie et dans le Haut-Canada. — Établissement de la mission de la Rivière-Rouge. — Projet de diviser le diocèse de Québec en cinq diocèses. — Le prélat se décide d'aller à Londres et à Rome. — Mgr Panet nommé administrateur en son absence.

Comme secrétaire des évêques Briand et Hubert, Mgr Plessis avait déjà parcouru le diocèse; trois fois encore, pendant son épiscopat, il visita toutes les paroisses du Bas-Canada. Aussi il avait étudié en détail toute la topographie du pays ; et grâce à sa prodigieuse mémoire, il connaissait presque toutes les familles canadiennes. A la première vue, il pouvait désigner par leurs noms, non seulement la plupart des citoyens de Québec, mais encore les principaux habitants de chaque paroisse de la campagne. Pour tous il était la grandeur et l'autorité personnifiées. Un seul mot de sa part avait plus de poids sur les masses que les plus éloquents discours des orateurs populaires : elles avaient en lui une pleine confiance, parce qu'il était le serviteur de Dieu et le père du peuple.

Les visites se renouvelaient tous les ans et duraient ordinairement deux à trois mois. En 1811, l'évêque parcourut les îles de la Magdeleine et la Baie des Chaleurs ; l'année suivante, il continua son voyage autour du golfe Saint-Laurent, répandit ses bénédictions sur les villages acadiens et les établissements écossais de l'Ile Saint-Jean, visita une partie du Cap-Breton, de la Nouvelle-Écosse et du Nouveau-Brunswick, et revint au Canada par l'intérieur des terres, en suivant avec de grandes fatigues une voie qui aujourd'hui n'est guère praticable que pour des sauvages. Mgr Plessis écrivit, pendant ces deux missions, un journal de voyage qui a été publié en partie dans le *Foyer Canadien* de 1863.

Parti à la fin de mai 1815, l'infatigable prélat retourna sur le littoral du Cap-Breton, où il visita les ruines de Louisbourg, occupées par quelques pauvres familles de pêcheurs. Sur la côte de la Nouvelle-Écosse, il s'arrêta à plusieurs villages qu'avaient établis, depuis peu d'années, des Acadiens revenus de l'exil pour habiter un coin de leur ancienne patrie. A Halifax, il fut reçu avec honneur par les autorités anglaises et par toute la population catholique, qui, sous la conduite du grand vicaire Burke, marchait à grands pas dans la voie du progrès matériel et religieux. Après avoir parcouru les missions les plus importantes de l'ancienne Acadie et remonté la rivière Saint-Jean jusqu'au village sauvage de Sainte-Anne, l'évêque revint en Canada, en passant par Boston, New-York et Albany.

En 1816, il entreprit de visiter les postes du Haut-Canada; c'était un voyage alors fort difficile. Les villages, encore peu nombreux, étaient séparés les uns des autres par d'interminables forêts. On trouvait çà et là quelques groupes de catholiques, dont les plus considérables s'étaient formés à Saint-Raphaël de Glengarry, à Kingston et à Sandwich. Le prélat s'arrêta plusieurs jours à Kingston, d'où il partit pour Sandwich et Saint-Pierre de la Rivière-à-la-Tranche, deux établissements jetés, à cette époque, sur les confins de la civilisation. Au delà, commençaient les grandes solitudes de l'ouest, connues sous le nom de pays d'*en haut*, et où un grand nombre de Canadiens faisaient la traite pour la compagnie de la Baie-d'Hudson et celle du Nord-Ouest.

L'évêque de Québec n'avait pas eu besoin de parcourir les cinq cents lieues de territoire que renfermait son diocèse, pour comprendre la nécessité urgente de le diviser en plusieurs parties. Il y songeait depuis le commencement de son administration, et, plusieurs fois déjà, il en avait écrit au cardinal préfet de la Propagande. Mais l'on a vu qu'il lui fallait d'abord se faire reconnaître lui-même par la cour de Londres, avant de pouvoir établir d'autres évêques à la tête de nouveaux diocèses ou de vicariats apostoliques. Mais aussitôt que cette grande affaire fut terminée et que les hommes d'État d'Angleterre eurent reconnu la nécessité, comme la justice, de favoriser davantage les intérêts religieux de la population catholique, Mgr Plessis ne tarda pas à s'occuper de nouveau de ses projets de division, et il ne négligea aucune démarche pour aplanir les difficultés. En 1816, il chargea M. Alexandre MacDonell, son vicaire général dans le Haut-Canada, de se rendre en Angleterre, pour engager les ministres à favoriser les mesures qu'il leur avait soumises. Cet estimable ecclésiastique réussit dans sa mission, grâce au grand crédit dont il jouissait auprès du gouvernement britannique. Au mois de juillet 1817, avec l'agrément de la cour d'Angleterre, le Saint-Père séparait la Nouvelle-Écosse du diocèse de Québec, érigeait cette province en vicariat apostolique, et préposait à la nouvelle division M. Edmond Burke, qui fut sacré à Québec, en 1818, sous le titre d'évêque de Sion. Vers la même époque, lord Castlereagh engageait la cour de Rome à ériger deux autres vicariats apostoliques, formés l'un du Haut-Canada, l'autre du Nouveau-Brunswick, de l'île du Prince-Édouard et de celle de la Magdeleine. Ce n'était encore là qu'une partie des divisions ecclésiastiques jugées nécessaires par Mgr Plessis : il désirait placer un évêque dans le district de Montréal et un autre dans le territoire du Nord-Ouest.

Pour préparer les voies à l'accomplissement de ce dernier projet, le prélat chargea M. Tabeau, en 1816, de se rendre au fort William, sur le lac Supérieur, et de continuer sa route jusqu'au lac Winnipeg, si les circonstances le permettaient.

Deux ans après, MM. Joseph-Norbert Provancher et Sévère-Nicolas Dumoulin étaient nommés pour fonder la mission de la Rivière-Rouge. Dieu bénit les travaux de ces hommes apostoliques : leur petite chrétienté s'accrut rapidement, et, en 1819, Mgr Plessis songea à donner à cette église naissante un chef revêtu de pouvoirs suffisants pour l'organiser, la diriger et pourvoir à tous ses besoins spirituels.

Cette opération devait se coordonner avec la division générale du diocèse de Québec, que Mgr Plessis n'espérait obtenir qu'après de longues négociations dans les cours de Rome et de Londres; car il n'avait pas encore été informé du succès qu'avait déjà obtenu le grand vicaire MacDonell.

Dans des circonstances si embarrassantes, les membres les plus considérables du clergé canadien jugèrent que, pour éviter des délais, l'évêque devait passer lui-même en Angleterre, afin de s'entendre avec les ministres, sur la demande qu'il se proposait de faire au Souverain Pontife ; tous étaient persuadés qu'il obtiendrait d'heureux résultats, s'il se présentait aux bureaux de Downing-Street, où son nom était connu et respecté. Sir John Sherbrooke lui-même, avant de quitter Québec, au mois d'août 1818, avait fortement conseillé au prélat de faire ce voyage, qu'il pressentait comme devant être avantageux au Canada, à l'évêque de Québec et au clergé catholique. Tant de sollicitations jointes aux puissants motifs suggérés par l'intérêt de la religion, décidèrent Mgr Plessis à franchir les mers, pour attirer plus efficacement sur son église les bénédictions du Pape et les faveurs du souverain.

Il voulait, comme il le dit lui-même, « une division en cinq diocèses, dont le premier aurait été composé des trois districts de Gaspé, de Québec et des Trois-Rivières, le second des îles et provinces du golfe Saint-Laurent, le troisième du seul district de Montréal, le quatrième du Haut-Canada, et le cinquième de tout le territoire arrosé par les rivières qui portent leurs eaux dans la baie James ou dans la baie d'Hudson. »

Ce plan avait été agréé et même en partie suggéré par la cour de Rome ; il s'agissait de le faire approuver à Londres pour toutes les fins civiles ; car on comprend que si les évêques n'étaient pas reconnus par la loi, le temporel de leurs églises tomberait peu à peu, mais inévitablement, dans une confusion inextricable. A ce but principal du voyage de l'évêque de Québec, se joignaient d'autres motifs d'un ordre secondaire : ainsi il souhaitait obtenir des lettres patentes pour le petit séminaire de Nicolet et il voulait joindre ses sollicitations à celles des Sulpiciens, afin d'empêcher le gouvernement de s'emparer de la seigneurie de Montréal. M. Lartigue fut député par ses confrères, pour aller soutenir leur cause à Londres, et dès qu'il apprit le dessein de Mgr Plessis, il se hâta de descendre à Québec, afin de traverser la mer sur le navire qui devait porter l'évêque et ses compagnons.

C'était alors une entreprise fort sérieuse qu'un voyage en Europe ; on s'y préparait de longue main, et un homme prudent ne se mettait en route qu'après avoir réglé ses affaires temporelles et spirituelles. Pour peu que l'on eût à séjourner dans le vieux monde, l'on ne pouvait s'attendre à être de retour en Amérique avant une année. Aussi Mgr Plessis prit des précautions afin que rien ne souffrît pendant son absence ; il consacra trois semaines à ses préparatifs et appela à Québec son vénérable coadjuteur, auquel fut remis le soin de son diocèse. De ce côté, il était sans inquiétude, car la prudence et la sagesse de l'évêque de Saldes lui étaient connues.

CHAPITRE VI

Départ de Mgr Plessis pour l'Europe.—A Londres il apprend l'érection de son siège en métropole.—Visite à Lord Bathurst.—Il présente trois mémoires : division du diocèse, lettres patentes pour Nicolet, plaidoyer en faveur du Séminaire de Montréal.—Permission obtenue de demander des bulles pour MM. Lartigue et Provancher.—Voyage en France et en Italie.—Trois mois à Rome.—Audience du Saint-Père.—Retour par Lyon, Orléans, Paris.—Audiences des rois Louis XVIII et George IV.

Accompagné de MM. Lartigue et Turgeon, Mgr Plessis s'embarqua, le 3 juillet 1819, sur le *George Symes*, commandé par le capitaine Bushby. Les dames de l'Hôpital-Général lui avaient prêté un de leurs serviteurs affidés, connu sous le nom de John, autrefois esclave aux Antilles et attaché depuis plusieurs années au service de leur maison. Soigneux, intelligent et bon chrétien, ce noir fut un trésor pour les voyageurs et un objet de curiosité pour quelques badauds Européens, qui le regardaient comme un type remarquable de la race canadienne.

La traversée fut heureuse et considérée comme fort courte pour cette époque, puisqu'elle ne dura qu'un mois : le deux août les voyageurs débarquaient à Liverpool.

Obligé d'attendre certaines informations dont il avait besoin, Mgr Plessis fut condamné à passer dix jours dans cette ville ; il les employa à visiter les institutions catholiques et à recueillir sur l'état de la religion des renseignements qui sont consignés dans son intéressant journal de voyage.

Après avoir appris où se trouvait la résidence de Sir John Sherbrooke, l'évêque se fit un devoir d'aller visiter cet ancien gouverneur du Canada, qui s'intéressait toujours au pays, et qui répondit avec la meilleure grâce du monde aux nombreuses questions que le prélat lui adressa sur les différents objets de son voyage.

Arrivé à Londres, le 14 août, Mgr Plessis se mit de suite en rapport avec le docteur Poynter, vicaire apostolique, homme qui, par sa prudence et sa modération, avait su s'attirer le respect des secrétaires d'État anglais en même temps que la confiance du Saint-Siège. Ses conseils ne pouvaient manquer d'être fort utiles à l'évêque de Québec, pour ses négociations avec la cour d'Angleterre.

Quelques jours après, Mgr Plessis fut bien surpris d'apprendre, par une lettre du Canada, que, peu d'heures après son départ, l'on avait reçu des bulles du Saint-Siège le nommant archevêque de Québec, érigeant son église en métropole, et lui donnant pour suffragants et auxiliaires, deux évêques, dont l'un était chargé du Haut-Canada et l'autre du Nouveau-Brunswick et de l'île du Prince-Édouard : le premier était M. Alexandre MacDonell et le second M. Bernard McEachern.

L'érection du diocèse de Québec en métropole déconcertait tous ses plans : car comme le gouvernement britannique n'en avait pas été informé, on pouvait craindre que les ministres ne cherchassent à mettre des obstacles aux divisions nouvelles qu'il s'agissait de créer.

Aussi l'évêque ne s'adressa qu'avec appréhension et inquiétude à Lord Bathurst, secrétaire pour les colonies, auquel il avoua franchement l'état des choses. Cette information excita en effet la mauvaise humeur du ministre, qui, dès le lendemain, appela le docteur Poynter, pour se plaindre à lui de la cour de Rome et le prier d'en témoigner son mécontentement.

Cependant Mgr Plessis présenta à lord Bathurst trois courts mémoires. Dans le premier, il demandait l'agrément du cabinet britannique pour solliciter auprès du Saint-Siège deux nouvelles divisions de son diocèse : celles du district de Montréal et du territoire du Nord-Ouest; dans le deuxième, il sollicitait des lettres patentes pour assurer l'existence du Séminaire de Nicolet; et dans le troisième, il défendait les droits des Sulpiciens et prouvait qu'il était de l'honneur du gouvernement de les laisser en possession de leurs biens.

L'appel chaleureux qu'il fit à la justice et aux intérêts de l'Angleterre produisit le plus heureux effet ; car plus tard, M. Lartigue déclarait que, si les ministres avaient alors cessé de poursuivre cette affaire, il fallait l'attribuer principalement à l'influence de Mgr Plessis.

Peu de jours après avoir remis ces mémoires, l'évêque de Québec reçut une lettre de lord Bathurst, qui l'invitait à l'aller voir à sa maison de campagne, située à Cirencester. Le prélat n'hésita pas à entreprendre un voyage qui pouvait avancer ses affaires. Il fut comblé d'honnêtetés par lord Bathurst et sa famille, et forcé d'accepter l'hospitalité qu'on lui offrait dans le château. Le prélat ne tarda pas à traiter des importantes questions soulevées dans ses trois mémoires : lord Bathurst admit de suite qu'il faudrait donner des lettres patentes à Nicolet, il consentit à entendre M. Lartigue sur les prétentions des messieurs de Montréal, et, après bien des explications de la part de l'évêque, il promit d'envoyer une lettre au bureau colonial, pour recommander la reconnaissance civile des nouveaux évêques.

De retour dans la capitale, où il arriva le neuf septembre, Mgr Plessis apprit bientôt que la lettre promise avait été expédiée et qu'elle était conçue de manière à permettre de postuler à Rome des bulles pour MM. Lartigue et Provancher. Le prince régent approuvait le choix qui avait été fait par le prélat ; mais le bureau colonial ne consentit au sacre des nouveaux évêques qu'à la condition expresse qu'ils ne seraient pas titulaires et qu'ils seraient dépendants de l'évêque de Québec.

En comparant les concessions qu'il venait d'obtenir avec les difficultés qu'avait rencontrées Mgr Briand, cinquante ans auparavant, Mgr Plessis ne pouvait s'empêcher d'apprécier les changements survenus en faveur du catholicisme : « Après dit-huit ou vingt mois de postulations, dit-il dans son journal, M. Briand n'obtint rien du tout ; seulement on lui fit savoir indirectement que, s'il se faisait consacrer, le gouvernement n'en dirait rien et fermerait les yeux sur cette démarche. Ah ! quel changement en mieux depuis cette époque, et combien l'église du Canada ne doit-elle pas à la divine Providence pour avoir amené doucement et fortement les choses au point où nous les voyons ! »

Muni du document officiel dont il avait besoin, Mgr Plessis traversa de suite en France, avec M. Turgeon, laissant à Londres M. Lartigue qui avait à plaider la cause du Séminaire de Montréal. Arrivé à Paris, le 19 septembre, il fut reçu à bras ouverts par son ami le vénérable abbé Desjardins, qui avait quitté le Canada depuis dix-sept ans, après y avoir rendu les plus grands services. Pressé d'arriver à Rome, le prélat ne s'arrêta que peu de jours dans la capitale de la France, de même à Lyon qu'il quitta le onze octobre pour traverser à la hâte la Savoie et le Piémont.

Dans la sacristie de l'église métropolitaine de Turin, Mgr Plessis eut à soutenir un rude assaut, de la curiosité des chanoines. Tous se pressaient autour de l'évêque étranger : les anciens le questionnaient en italien ; les autres écoutaient ses réponses données en latin à une foule de demandes qui supposaient dans ces ecclésiastiques une bien faible connaissance du nouveau monde. Y a-t-il des chrétiens en ce pays ? lui demandait-on.—Les habitants sont-ils noirs ou blancs ?—Ce nègre qui vous suit est-il l'un d'eux ?—Y a-t-il longtemps que vous avez laissé l'Europe pour aller demeurer si loin ?—Croyez-vous y retourner ? Turin ne fut pas le seul endroit où il lui fallut subir un semblable interrogatoire, qui prêtait successivement à rire et à s'impatienter.

Milan, Parme, Bologne, Ancône et Lorette passèrent tour à tour sous les yeux des voyageurs. A Bologne, le cardinal légat procura à l'évêque de Québec le plaisir de connaître l'abbé Mezzofante, si célèbre dans tout l'univers comme le linguiste le plus extraordinaire qui ait jamais existé. A Lorette, en parcourant le trésor de la *Santa Casa*, où sont déposées les offrandes envoyées de toutes les parties du monde, le prélat fut bien surpris d'y trouver, affiché dans un trumeau, une prière en français et en latin et qui commençait ainsi : « Vœu de la nation huronne, envoyé à Laurette pour supplier la bienheureuse Vierge de procurer la conversion des Sauvages de toute la Nouvelle-France l'an 1673. »

« O Marie, servante de Dieu par excellence, etc. »

Un collier de porcelaine avait été envoyé en même temps que la prière par le P. Chaumonot, fondateur de la mission huronne de N. D. de Lorette, mais l'évêque le chercha inutilement et n'en put trouver de vestige.

Sincèrement attaché à la foi et aux traditions de l'Église catholique, Mgr Plessis éprouva un véritable bonheur de se trouver dans la capitale du monde chrétien, où il arriva le 12 novembre. « Rome, écrivait-il, n'est pas la plus belle ville du monde, mais elle est assurément la plus curieuse, la plus célèbre, la plus digne de fixer les regards d'un étranger et d'exalter son imagination, par des souvenirs de toute espèce, par les monuments profanes et religieux, anciens et modernes, dont elle est remplie. On se sent élever l'âme en réfléchissant que l'on marche sur les mêmes places et dans les mêmes rues que foulèrent autrefois les pieds du sage Numa, du sobre Quintus Fabius, des Camille, des Scipion, des Pompée, des Cicéron, des César, des Constantin. Mais ce sentiment acquiert bien une autre énergie, lorsqu'un chrétien y reconnaît les lieux arrosés des sueurs des apôtres et du sang des martyrs ; lorsqu'il voit le chef de l'Église catholique régner en souverain et faire régner la vraie religion et toutes les vertus. sur le même trône où tant de scélérats et d'impies s'assirent autrefois en maîtres, et dans la même ville qui fut tant de fois livrée au culte sacrilège de toutes les fausses divinités. »

Le 17 novembre, l'évêque de Québec soumit à la congrégation de la Propagande les affaires qui l'avaient conduit à Rome. A la suite de plusieurs conférences avec le cardinal Fontana, préfet, et quelques autres membres de la même congrégation, il présenta un mémoire pour la division de son diocèse. Peu de temps après, il fut présenté au Souverain Pontife qui le reçut avec bonté. Pie VII lui accorda une deuxième audience au mois de janvier 1820, et une troisième le 4 février suivant. Dans cette dernière, le prélat demanda la permission de ne point prendre le titre de métropolitain, tant que le gouvernement anglais s'y montrerait opposé. Le mérite bien connu de Mgr Plessis et le crédit dont il jouissait auprès du ministère britannique, engagèrent le Saint-Père à approuver cette mesure, et à lui laisser la faculté de décider du moment où la prudence lui permettrait de s'intituler publiquement archevêque de Québec.

Plusieurs privilèges furent accordés au prélat en faveur des églises, des communautés religieuses et de quelques institutions pieuses. Lui-même fut fait comte romain et assistant au trône pontifical. Pendant son séjour à Rome, ses belles qualités lui acquirent l'amitié du cardinal Pacca, camerlingue, et celle du cardinal Gonzalvi, secrétaire d'État, qui tous deux lui donnèrent, plusieurs fois dans la suite, des marques de leur estime.

Ce fut pour le digne évêque une grande satisfaction, lorsqu'il apprit que le Pape approuvait le projet de diviser le diocèse de Québec. Le premier février, furent signées les bulles de M. Provancher, nommé évêque de Juliopolis et chargé du gouvernement spirituel du territoire du Nord-Ouest, et celles de M. Jean-Jacques Lartigue, nommé évêque de Telmesse et administrateur du district de Montréal.

Le dix février, après avoir reçu une dernière bénédiction de Pie VII, Mgr Plessis quitta la ville éternelle, et se mit en route pour retourner dans sa patrie. En passant, il visita Sienne et Florence ; dans cette dernière ville, il apprit la mort de George III ; celle du duc de Kent lui était déjà connue. Le prélat et l'abbé Turgeon étaient à Turin le 27 février, et ils eurent le plaisir d'y être présentés au comte Joseph de Maistre qui venait de publier son livre *Du Pape*, et qui en donna à l'évêque un exemplaire revêtu de sa signature. Après avoir traversé les Alpes par le Mont Cenis et visité Chambéry, Mgr Plessis retourna à Lyon, où, à la demande du cardinal Fesch, il ordonna plusieurs prêtres, parmi lesquels se trouvait l'abbé Deguerry, l'un des orateurs les plus célèbres de Paris et l'une des victimes de la Commune.

M. Jacques Desjardins, frère des deux abbés Desjardins qui émigrèrent en Canada en 1794, avait conseillé aux voyageurs de passer par Orléans pour regagner Paris, afin de les recevoir à sa maison de Messas. L'évêque de Québec y fut reçu avec la joie la plus franche, non seulement par son hôte, mais encore par la population entière du village. Citons quelques lignes du journal de voyage : « L'arrivée d'un évêque, dans ce lieu, où il n'en a pas paru de temps immémorial, fait une sensation inconcevable. Les fuseaux tombent des mains des femmes ; les vignerons qui ont de l'ouvrage au champ, même en cette saison, en reviennent avant l'heure ordinaire et bordent les rues, revêtus de leurs blouses ; les enfants courent en bande après la voiture ; tout le monde est dans la joie. M. Desjardins, père et ami de tous ces villageois....leur fait voir avec jubilation, l'évêque étranger qu'il leur a amené et son secrétaire, et, aussitôt que ceux-ci ont mis pied à terre, il se hâte de leur présenter sa sœur, sa bonne sœur, l'ange de sa maison. Raguel n'était pas plus transporté de joie que lui, à l'arrivée du jeune Tobie et de son compagnon de voyage. »

Les voyageurs quittèrent cette hospitalière demeure pour se rendre à Paris, où ils arrivèrent le premier avril. Ils reprirent leur logis au Séminaire des Missions-Étrangères, et y trouvèrent l'abbé Desjardins qui y résidait encore occasionnellement, quoiqu'il eût transféré sa demeure principale à l'archevêché.

Cette fois, l'évêque de Québec put s'arrêter un peu plus longtemps dans la capitale de la France ; il visita avec beaucoup d'intérêt les établissements publics, les institutions de charité et surtout les églises. Par l'entremise de l'évêque de Chartres, grand aumônier du comte d'Artois, devenu depuis roi de France sous le nom de Charles X, Mgr Plessis fut présenté à ce prince, qui était alors considéré comme l'ancre de salut des Bourbons. Quant à voir le roi, il n'y songeait point, lorsqu'il apprit que la marquise de Villeray lui avait obtenu une entrevue avec le monarque français, par l'entremise du duc de la Chastre, premier gentilhomme de Louis XVIII. L'affaire était si avancée, lorsqu'il le sut, qu'il n'était pas honnêtement possible de reculer. Ce fut le dimanche 30 avril, entre le déjeuner du roi et la messe, que la présentation eut lieu dans une audience privée. Le roi parla à l'évêque avec bonté, lui fit des questions sur l'état de la religion au Canada, se recommanda à ses prières, et le chargea de dire à ses diocésains que leur ancien souverain ne les avait pas oubliés, et que si les conditions stipulées en leur faveur par les traités n'étaient pas observées par l'Angleterre, la France ne manquerait pas de réclamer.

Les circonstances empêchèrent Mgr Plessis d'aller passer encore quelques jours à Messas, comme il l'avait projeté ; mais il eut le plaisir de revoir M. Jacques Desjardins, qui vint à Paris se mettre à ses ordres, et qui ne le quitta que lorsqu'il fut dans la diligence, en route pour l'Angleterre. Le même M. Desjardins écrivait quelque temps après : « Mgr Plessis a laissé un tel souvenir parmi nous qu'on en parle comme aux premiers jours...j'irais, je vous assure, jusqu'aux extrémités du monde avec lui. Je n'ai jamais vu d'homme (passez-moi le terme) qui attachât davantage le respect et la confiance. Nos Français l'ont tous jugé supérieur et éminemment supérieur. On se trouve petit en présence de ce beau caractère, de cet aplomb...... et, disons-le encore, de cette extrême bonté. » Ce jugement d'un étranger donne une idée exacte de l'impression extraordinaire que produisait le grand évêque sur tous ceux qui avaient le bonheur de s'approcher de lui.

Après son retour de Londres, Mgr Plessis obtint plusieurs audiences du secrétaire d'État pour les colonies, qui lui remit une lettre officielle pour lord Dalhousie, nommé gouverneur du Canada. Le comte Bathurst informait ce dernier des arrangements qui avaient été faits avec la cour de Rome, pour l'avantage des catholiques du Canada, et de l'approbation que Sa Majesté avait donnée à la division du diocèse de Québec. De plus des ordres allaient être envoyés pour l'expédition des lettres patentes en faveur du Collège de Nicolet ; enfin le gouvernement semblait oublier le projet de s'emparer des biens du Séminaire de Montréal.

Le roi lui-même témoigna de sa bonne volonté envers ses sujets canadiens : lorsque l'évêque de Québec lui fut présenté, Georges IV le reçut avec une bienveillance marquée ; il lui parla des services rendus durant la guerre américaine par les catholiques du Canada, et il témoigna la confiance qu'il avait dans la loyauté du peuple et du clergé de la province.

Un succès aussi ample qu'il se pouvait, vu les circonstances, avait couronné les négociations de l'évêque ; il avait hâte de rentrer dans son diocèse avec ces bonnes nouvelles. Aussitôt que possible, il s'embarqua pour l'Amérique, avec son compagnon de voyage, M. Turgeon ; aussi avec M. Lartigue qui n'avait pu se rendre à Rome à cause de sa mauvaise santé, et des affaires qui l'avaient retenu à Londres et à Paris. Quand il apprit sa nomination à l'épiscopat, dans les conditions exigées par le gouvernement et sanctionnées par le Saint-Siège, ce digne ecclésiastique, qui avait consenti auparavant à accepter cette lourde charge, ne crut plus devoir s'y soumettre, à cause des grandes difficultés qu'il apercevait pour l'avenir.

Au mois d'avril précédent, il écrivait à Mgr Plessis : « Les choses ne sont plus dans l'état où elles devraient être pour valider mon acceptation conditionnelle, dépendante de la volonté de mes supérieurs, qui n'ont consenti à mon épiscopat que comme indépendant du siège de Québec, sauf vos droits de métropolitain ; et si je suis frustré des ressources que je prétendais trouver dans la maison de Montréal, je ne puis, d'après la persuasion où j'étais *bona fide* de mon droit de domicile en ce séminaire, être obligé d'accepter, en quittant une société à laquelle je suis véritablement attaché et que je n'aurais abandonnée qu'en vue d'un plus grand bien. »

Convaincu que personne ne pouvait mieux que M. Lartigue porter la dignité épiscopale, Mgr Plessis ne voulut pas intervenir auprès du Saint-Siège, comme le lui demandait l'évêque élu. Il le laissa écrire lui-même, et, plus tard, un ordre du Saint-Père l'obligea à accepter un honneur que son humilité lui faisait redouter et à se résigner à des sacrifices et à des difficultés dont ses sages prévisions n'avaient pas exagéré la grandeur.

Arrivé à New-York, le 21 juillet 1820, Mgr Plessis dut visiter quelques villes des États-Unis : sur la demande que lui en avait faite le préfet de la Propagande, il se rendit à Philadelphie et à Baltimore, pour s'enquérir des difficultés suscitées dans plusieurs diocèses par des prêtres schismatiques qui rejetaient l'autorité des évêques.

Le 7 août suivant, les voyageurs arrivèrent à Montréal, où l'évêque de Québec présenta aux prêtres du séminaire leur ancien confrère, à qui allait être remise la direction spirituelle de ce district ; Mgr Plessis espérait que ce serait pour eux une nouvelle preuve de la confiance et de l'estime qu'il avait toujours accordées aux membres de leur maison. (a)

Avant de se rendre à la capitale, où il était impatiemment attendu, le prélat s'arrêta à son Séminaire de Nicolet qu'il revoyait toujours avec un sensible plaisir.

Au milieu d'un nombreux concours de prêtres, venus de toutes les parties de la province pour lui souhaiter la bienvenue, l'évêque de Québec présida aux examens des élèves avec toute la joie d'un père rendu à ses enfants après une longue séparation.

La nouvelle de l'heureux retour du premier pasteur du diocèse s'était répandue en peu de temps ; partout sur la route qu'il devait suivre, s'organisaient des démonstrations

---

(a) *Mélanges Religieux* : " Notice Biographique de Mgr Lartigue."

en son honneur. Aussi son voyage de Nicolet à sa ville épiscopale fut-il un véritable triomphe. La joie de la population de Québec était à son comble : les citoyens allaient revoir celui qui demeurait parmi eux depuis quarante ans, celui qui avait été leur curé, qui depuis vingt ans était leur évêque et qui était considéré par tous comme l'homme le plus distingué du pays.

Pour aller au-devant de lui, les principaux citoyens nolisèrent un bateau à vapeur, *le Car of commerce*, qui était alors regardé comme le roi du Saint-Laurent. Ce bâtiment chargé de plusieurs centaines de voyageurs, parmi lesquels étaient des membres distingués de la législature, du clergé et du barreau, s'arrêta aux Trois-Rivières, au moment même où l'évêque et ses compagnons y arrivaient de Nicolet ; de vives acclamations accueillirent le prélat, surpris de se trouver tout à coup entouré de ses amis de Québec.

Le lendemain, 16 août, de grand matin, le bateau commençait sa marche triomphale vers Québec ; le canon répondait aux vives fusillades qui se renouvelaient à chaque village ; sur les deux rives du fleuve un mouvement inaccoutumé témoignait de la part que prenaient les habitants à la joie commune. Entre les deux villes, le bateau à vapeur fut rejoint par un autre qui était tout pavoisé et qui apportait une seconde députation de la capitale.

L'empressement des habitants de Québec à revoir leur premier pasteur et à l'accueillir avec honneur, surpassa toutes les manifestations de ce genre qu'on avait vues jusqu'alors.

Aussi lorsque le canon annonça l'approche des steamboats, l'enthousiasme fut indescriptible ; d'immenses cris de joie retentirent de toutes parts ; aux clameurs de la multitude et aux grondements du canon se joignirent les fanfares de la musique militaire du soixantième régiment et le son joyeux de toutes les cloches de la ville. Une foule immense se pressait sur le débarcadère, avide de recevoir la bénédiction de l'évêque; les annales des Ursulines disent qu'il fut porté plutôt que conduit à la cathédrale, où le *Te Deum* fut chanté pour remercier Dieu d'avoir réuni le père à sa famille, le pasteur à son troupeau. Il était huit heures du soir quand se termina cette cérémonie solennelle qui récompensait bien Mgr Plessis de toutes les fatigues de son long et dangereux voyage.

CHAPITRE VII

Allocution de Mgr Plessis aux membres de son clergé.—Abolition de la fête du sacerdoce.—Difficultés suscitées à Mgr Lartigue dans le district de Montréal.—Consécration d'évêques.—Projet d'union du Haut et du Bas-Canada.—Démarches et lettres de Mgr Plessis contre cette inique mesure.—Lettre à M. Papineau.—Succès des protestations des Canadiens.—Maladie et mort de Mgr Plessis.—Ses funérailles.—Lettre de Lord Dalhousie.

Mgr Plessis profita d'une réunion de son clergé venu à la fête du sacerdoce, pour lui faire connaître les décisions qu'avait prises le Souverain Pontife pour l'avantage de l'église du Canada. Après avoir annoncé à ses prêtres la division du diocèse de Québec, il les informa que la fête du sacerdoce ne serait plus célébrée, attendu qu'elle était contraire aux règles de la liturgie romaine. On croyait que la consécration des quatre nouveaux évêques ne tarderait pas à avoir lieu, mais plusieurs raisons forcèrent à la remettre. M. Lartigue attendait un ordre formel du Saint-Siège, d'autant plus que ses confrères sulpiciens lui avaient signifié qu'il ne pouvait pas demeurer au séminaire, après avoir reçu le caractère épiscopal. Enfin Rome parla et l'abbé Lartigue n'hésita plus à se soumettre. Mgr Plessis le consacra, le 21 janvier 1821, dans l'église paroissiale de Montréal, où tous les deux ils avaient reçu le baptême, fait leur première communion et préludé aux augustes fonctions du sacerdoce en remplissant l'office de simples enfants de chœur.

Après son retour à Québec, Mgr Plessis informa officiellement les fidèles du district de Montréal, que Mgr Lartigue allait exercer parmi eux la charge d'évêque suffragant et auxiliaire.

« Le vingt-un du mois dernier, annonçait-il dans son mandement du 20 février 1821, nous donnâmes la consécration épiscopale à Mgr Jean-Jacques Lartigue, titulaire de Telmesse. Il aurait été plus flatteur pour nous de le consacrer sous un titre qui exprimât directement les rapports que vous aurez désormais avec lui. La chose n'a dépendu ni de nous ni du Saint-Siège, qui a été aussi loin que les circonstances le permettaient, en le proposant ..... au gouvernement spirituel de la cité et du district de Montréal, en qualité de notre auxiliaire, suffragant et vicaire général. Nous nous conformons donc aux intentions du Souverain Pontife, en vous signifiant par le présent mandement, que vous devez à l'avenir rendre à Mgr l'évêque de Telmesse, dans toutes les églises du district de Montréal, les mêmes honneurs que vous nous rendriez à nous-même si nous étions sur les lieux, et l'y considérer comme spécialement et généralement chargé des fonctions épiscopales. Ainsi c'est notre intention positive que vous recourriez désormais à lui, dans tous les cas où vous recouriez ci-devant à nous, sauf à lui de nous référer les affaires qu'il estimerait ne pouvoir terminer par lui-même. »

Cependant les difficultés annoncées comme devant naître de la position douteuse dans laquelle se trouvait l'évêque de Telmesse, ne tardèrent pas à apparaître dans toute leur étendue. Après s'être vu refuser l'hospitalité du séminaire sur laquelle il avait compté, il se vit persécuté jusque dans l'église, où on voulait régler les honneurs qui lui étaient dûs et lui refuser le trône épiscopal. On en vint à attaquer le mandement de Mgr Plessis, qui, suivant certains écrivains, ne pouvait transmettre à un autre les honneurs appartenant à l'ordinaire. Pendant deux ou trois ans, les journaux de Montréal furent remplis de correspondances dans lesquelles les autorités ecclésiastiques n'étaient pas toujours ménagées. M. Chaboillez, curé de Longueuil, fut le champion le plus hardi de tous les mécontents. Il publia des brochures pour protester de toutes ses forces contre l'exercice des pouvoirs épiscopaux de Mgr Lartigue dans le district de Montréal. « Nous concluons, dit-il, (a) que la prétendue érection du district de Montréal en district épiscopal, dans la première acception du mot, *est contraire aux lois canoniques*, à l'ordre établi *légalement* dans le diocèse, et que les parties intéressées *ont droit de ne pas la reconnaître ; qu'il est même de leur intérêt de s'y opposer par tous moyens que de droit.* »

« Le district de Montréal, ajoute-t-il, étant compris dans le diocèse de Québec, ne peut être démembré de l'évêché de Québec dont il dépend, pour être érigé en nouvel évêché, sans que les formalités prescrites par les canons et les lois ecclésiastiques de France aient été observées. Car nous posons en principe, et nous espérons qu'on nous ne le contestera pas, que le diocèse doit être régi par le droit canonique, tel qu'il était reçu dans le pays, avant la conquête. Or, il s'agit d'examiner si ces formalités ont été observées ; nous nous contenterons d'indiquer les principales.

(a) Questions sur le gouvernement ecclésiastique du district de Montréal, 1823, chez Turner, p. 17.

« La première est que cette érection soit faite par une bulle du Pape, et que le consentement du souverain y soit exprimé. »

« Tel était, dit M S. Pagnuelo, (a) suivant M. Chaboillez, le droit de la France, dont le souverain se déclarait protecteur de l'Église catholique, et il devait en être ainsi sous la couronne anglaise, qui non seulement n'entretenait aucune relation avec la cour de Rome, mais considérait le Pape comme l'Antéchrist ..... M. Chaboillez exigeait 1º le consentement de la couronne anglaise ; 2º celui du peuple et de toutes les personnes intéressées, donné dans une enquête *de commodo et incommodo.* »

D'après ce grand théologien, le Saint-Père n'avait pas le droit de déroger aux lois de l'Eglise pour ce qui regardait les affaires du Canada ; le juge suprême n'était plus le Pape, mais M. Chaboillez lui-même, ou tout intéressé dans la cause. Parmi ces intéressés, dont le Souverain Pontife aurait dû solliciter humblement la permission, figuraient d'après lui, les prêtres de Saint-Sulpice, les marguilliers de la paroisse de Montréal, les curés des paroisses établies légalement et enfin les fidèles des mêmes paroisses. Les formalités n'ayant pas été observées « le clergé et les fidèles ont droit, de se prévaloir de cette omission pour protester de nullité contre tout ce qui pourrait avoir été fait à cet égard. » (b)

« M. Cadieux, curé des Trois-Rivières, et M. P. H. Bédard, avocat de Montréal, répondirent victorieusement aux *Questions du curé de Longueuil.* Le premier fit surtout ressortir les tendances et les dangers des doctrines qu'il combattait : il

---

(a) Études historiques et légales sur la liberté religieuse en Canada.
(b) Brochure de M. Chaboillez.

signala les flatteries à l'adresse du gouvernement et les insinuations perfides contre le Pape et l'évêque. » (b)

M. Chaboillez revint à la charge en 1824 et fut secondé par M. Pigeon, curé de Saint-Philippe, qui écrivit aussi dans les journaux et dans des brochures pour dire qu'il ne reconnaissait pas l'autorité de Mgr Lartigue et ne lui rendrait pas les honneurs épiscopaux dans la visite pastorale. Jamais l'on n'avait vu au Canada un pareil mépris de l'autorité du Pape et des évêques. « Servi et défendu par un homme de talent et de connaissances variées, dit M. Pagnuelo, polémiste redoutable et d'un style entraînant (M. Chaboillez), le gallicanisme comptait sur un succès assuré en faisant appel à toutes les petites faiblesses humaines dans le clergé et dans le peuple, et en invoquant l'autorité du gouvernement politique qui ne pouvait manquer, disait-on, de le soutenir puissamment ! Aussi jamais l'église n'a couru, en ce pays, un aussi grand danger, et sans la mansuétude des deux grands prélats qui la gouvernaient alors, sans l'attachement du clergé rural et des populations à leurs évêques et à Rome, elle était menacée d'un schisme dans le district de Montréal.»

Mgr Plessis était profondément attristé des misères suscitées à Mgr Lartigue ; il lui adressait souvent des lettres d'encouragement et prenait part à son sacrifice. « Je ferai, lui disait-il, passer en cour de Rome mon mandement et me soumettrai au jugement du Saint-Siège. En attendant, ne contestez pas ; mettez les procédés de votre côté. Si on vous pousse, reculez-vous. A défaut du trône, contentez-vous d'un prie-Dieu ; à défaut d'un prie-Dieu, mettez-vous sur le

---

(b) De la liberté religieuse en Canada.

bout d'un banc, ou ce qui serait encore mieux, cessez d'assister à la paroisse qui n'est pas plus cathédrale que toute autre église de la ville ; et adoptez l'église de l'Hôtel-Dieu (a) ou toute autre. »

Dans un important mandement du 5 décembre 1822, Mgr Plessis rendit un compte détaillé des motifs et des résultats de son voyage en Europe, et faisant allusion aux troubles qui régnaient encore dans la ville de Montréal, il ajoutait :

« Nous n'avons pas appris sans une grande affliction que, dans un certain district, l'on avait contesté la juridiction d'un de ces dignes évêques ; mais nous osons nous flatter, d'après l'exposé naïf de nos procédés et des dispositions du Saint-Siège, que des réflexions plus judicieuses rapprocheront les esprits, réuniront les cœurs et combleront nos vœux, pour l'édification de l'Église, l'union de ses membres et leur soumission parfaite aux vues du Souverain Pontife...... »

Ce mandement n'arrêta pas l'agitation qui était fort grande, mais il eut l'effet d'éclairer les esprits qui n'étaient pas préjugés et qui attendaient des explications pour décider sur le parti à suivre.

Au reste, il n'y avait aucun remède à apporter, aucun moyen de faire revenir le gouvernement anglais sur la décision qu'il avait prise de ne pas permettre l'érection du diocèse de Montréal.

« Je trouve, écrivait Mgr Poynter à Mgr Plessis, que Mgr Lartigue s'inquiète beaucoup à propos de son titre *in partibus infidelium* et croit que les choses iraient mieux s'il portait le titre d'évêque de Montréal. Lord Bathurst y est tellement

---

(a) Mgr Lartigue logeait à l'Hôtel-Dieu.

opposé, que si je lui parlais maintenant de cette affaire, je causerais plus de mal que de bien. »

Cette opposition regrettable, favorisée par la mauvaise humeur du Séminaire de Saint-Sulpice et continuée par quelques curés, dura encore bien longtemps, mais ne fut jamais secondée par la masse du clergé, même du district de Montréal. Elle ne réussit qu'à faire du bruit et qu'à produire du scandale, au grand contentement des protestants, et au grand chagrin des véritables amis de la religion.

Mgr Plessis n'eut pas à gémir sur de semblables désordres dans les autres districts soumis à la juridiction des évêques qui avaient été nommés. Mgr MacDonell et Mgr MacEachern furent consacrés à Québec, le premier dans la chapelle des Ursulines, le 31 décembre 1820, et le second dans l'église de Saint-Roch, le 17 juin 1821.

Le sacre de Mgr Provencher n'eut lieu que le 12 mai 1822, dans l'église des Trois-Rivières ; Mgr Plessis était assisté des évêques de Salde et de Telmesse.

Vers la fin de l'été 1822, on fut étonné d'apprendre que, dans la chambre des communes, en Angleterre, l'on avait proposé l'union législative du Haut et du Bas-Canada, basée sur l'extinction graduelle des institutions françaises. De toutes les parties du Bas-Canada, s'éleva un concert unanime de réprobation contre une mesure clairement élaborée pour soumettre les catholiques à la tyrannie du fanatisme protestant. MM. Papineau et Neilson furent chargés de présenter au roi et aux deux chambres du parlement impérial, les requêtes qui avaient été dressées contre l'union et qui portaient près de soixante mille signatures. Mgr Plessis déploya toute son énergie auprès du clergé et du peuple pour favoriser les démarches qui furent faites à cette occasion, et il écrivit lui-même de nombreuses lettres à tous ses amis de Londres pour les prier de conjurer le grave danger dont le pays était menacé. Malade, et retenu à l'Hôpital-Général, il dut désobéir à son médecin pour adresser à M. Papineau une lettre dans laquelle il lui transmit de précieux renseignements.

« On ne saurait, écrit l'évêque à l'éminent patriote, donner trop d'éloges à votre dévouement pour votre patrie. Il est d'autant plus méritoire que vous avez en tête des ennemis obstinés et puissants qui cherchent à vous fermer toutes les avenues et qui ont le secret d'amalgamer leurs intérêts avec ceux du gouvernement. Aussi n'osé-je me flatter que vous ayez accès auprès des ministres. J'ai dernièrement écrit à Sir John Sherbrooke, à M. Adam Lymburner et au docteur Poynter, l'évêque catholique de Londres, auquel j'ai transmis une copie du *Bill d'union*, tel que projeté l'été dernier par le gouvernement impérial...... M. Adam Lymburner, qui demeure à Londres...... peut vous être d'un très bon conseil. C'est un ami de ce pays, où il a passé une partie de sa vie, et vous savez qu'il fut député de la province pour l'obtention du statut de 1791......... »

Pour l'honneur et l'avantage de l'Angleterre, les ministres se décidèrent à repousser les projets tyranniques des amis de l'union, du moment qu'ils eurent été éclairés sur les sentiments du peuple canadien, et on informa MM. Papineau et Neilson que si la question revenait sur le tapis, on en avertirait de suite les intéressés, afin qu'ils pussent défendre leur cause devant le parlement britannique.

Les inquiétudes causées à Mgr Plessis par cette dernière difficulté, ainsi que par les affaires du district de Montréal, contribuèrent pour beaucoup à aggraver les infirmités dont il souffrait depuis son retour d'Europe. Le travail, les veilles, les longs voyages, une dernière visite faite à Gaspé en 1821, avaient miné ce tempérament naturellement fort et robuste, mais qui n'avait jamais été ménagé. Aussi semblait-il se préparer plus prochainement à la mort dont il s'était toujours occupé, même dans le temps où elle semblait pour lui bien éloignée. Vers cette époque, il en parlait souvent, et il se plaisait à rappeler aux autres qu'elle ne pouvait tarder longtemps. Le prélat était attaqué d'un rhumatisme enflammatoire qui lui donnait peu de repos. De plus, une plaie qu'il s'était faite à la jambe s'était agrandie considérablement et devenait un sujet d'inquiétude pour ses amis. A la fin de 1825, un accès plus grave de sa maladie l'obligea de cesser son travail ordinaire et de retourner à l'Hôpital-Général ; ce fut de là qu'il écrivit à l'évêque de Telmesse, le 29 novembre ; « Voilà la première lettre que j'écris depuis six jours, et il a fallu m'y reprendre à plusieurs fois. »

Malgré l'avis de son médecin, il s'occupait des affaires de l'Église. Une de ses dernières pensées fut pour Rome, où la magnifique basilique de Saint-Paul avait été détruite par le feu. Le Souverain Pontife en appela au zèle de tous les fidèles de l'univers pour contribuer à son rétablissement. L'évêque de Québec qui avait une dévotion particulière à saint Paul et qui avait visité avec vénération l'église où l'on honorait l'apôtre des nations, accueillit la demande du Saint-Père avec empressement, et publia une magnifique lettre recommandant une quête en faveur de l'œuvre.

En informant l'évêque de Telmesse de l'appel qu'il venait de faire à la charité de ses diocésains, il lui disait un mot de lui-même : « Il n'est pas nécessaire de vous dire que j'ai été assez malade pour donner l'alarme à nos messieurs d'ici, qui ont fait venir Mgr le coadjuteur. Me voilà un peu mieux, sans être bien. »

Le lendemain, dimanche, quatre décembre, il avait entendu la messe dans une des salles et y avait reçu la sainte communion. Vers deux heures de l'après-midi, il conversait avec son médecin et venait de prononcer avec éloge le nom de M. Lefrançois, curé de Saint-Augustin, lorsque la parole lui manqua subitement. Il s'affaissa sur lui-même ; le médecin donna l'alarme ; on s'empressa d'accourir ; déjà il n'était plus.

Dans un clin d'œil, la nouvelle de sa mort fut portée dans toutes les parties de la ville de Québec et accueillie avec la plus profonde douleur.

La première stupeur passée, l'on songea à rendre à l'illustre défunt les honneurs qui lui étaient dûs à si juste titre. Le six, son corps fut transporté à l'église de l'Hôtel-Dieu ; il était accompagné d'une garde d'honneur, du clergé de la ville et des paroisses voisines, et d'une foule immense de fidèles.

Le lendemain, il fut transféré de l'église de l'Hôtel-Dieu à la cathédrale, au milieu d'un concours empressé de citoyens de toutes les classes et de toutes les dénominations. A la suite du cercueil, marchaient le gouverneur général, lord Dalhousie, les officiers supérieurs de la garnison, les membres du conseil exécutif et du conseil législatif, et les juges de la cour du banc du roi. En vertu d'un ordre général, toutes les troupes de la garnison, composée des soixante-onze et soixante-dix-neuvième régiments et d'un détachement de l'artillerie royale, assistaient sous les armes ; le canon tirait de minute en minute ; les magasins et les boutiques étaient fermés : rien ne manquait pour prouver que c'était un deuil général. Le service fut chanté par Mgr Panet, accablé encore plus par la douleur que par les années, et M. le grand vicaire Demers prononça l'oraison funèbre.

Le même jour, vers deux heures, le cœur de Mgr Plessis, renfermé dans un vase de cristal de forme cylindrique, fut transporté solennellement de l'Hôpital-Général à l'église de Saint-Roch. Le 14 décembre, un service solennel fut chanté dans la même église par Mgr Panet, et M. Ranvoyzé, curé de Sainte-Anne du Nord, prononça un éloge funèbre de l'illustre défunt.

Mgr Poynter, le cardinal Somalia, préfet de la Propagande et un très grand nombre d'autres distingués personnages écrivirent à Mgr Panet pour témoigner de leur profonde douleur à la nouvelle de la perte irréparable que venait de faire l'église du Canada. Les autorités civiles s'associaient à ces témoignages de regrets universels, et lord Dalhousie voulut les consigner dans une dépêche officielle adressée au successeur du prélat qui venait de mourir.

« Prenant, dit-il, une part sincère dans le deuil général, je me permettrai de vous offrir mes condoléances sur la perte affligeante que nous avons éprouvée par la mort de Mgr Plessis, évêque catholique romain du diocèse de Québec. Le peuple de cette province, de toutes les classes de la société, a rendu justice à ses vertus et à son caractère ; l'Eglise a perdu un prélat vénérable ; le peuple, un gardien ferme-

et infatigable de ses intérêts spirituels ; le roi a perdu un sujet loyal et fidèle. Comme le représentant de Sa Majesté en ce lieu, je suis particulièrement heureux de reconnaître son attention continuelle et ses bons procédés à mon égard : ils ont produit cette harmonie qui a existé dans tous nos rapports ; et vous pouvez juger que j'éprouve une sincère douleur avec tout le pays, dans cette triste circonstance. »

« C'est ainsi que l'ont jugé tous ceux qui ont eu l'avantage de le connaître. Parmi les pontifes qui ont gouverné l'église du Canada, il tient avec Mgr de Laval le premier rang, par le zèle, l'esprit d'ordre, la fermeté à maintenir la discipline, le courage à soutenir les intérêts de l'Église contre les grands et les puissants, et le désintéressement le plus complet. » (a)

Mgr Plessis avait consacré six évêques et ordonné cent quatorze prêtres, sans compter ceux à qui il avait conféré le sacerdoce dans la cathédrale de Lyon.

(a) L'abbé Ferland.

+ Bern. Cl. Evêque de Québec

Mgr PANET

CHAPITRE I

Naissance de Mgr Panet.—Ses parents.—Il étudie à Québec.—Professeur de philosophie au séminaire.—Desservant à Batiscan.—Curé à la Rivière-Ouelle.—Élu coadjuteur.—Sacré évêque de Saldes.—Son zèle pour l'éducation de la jeunesse et pour l'avancement de l'agriculture.—Nommé administrateur du diocèse en l'absence de Mgr Plessis.

Bernard-Claude Panet naquit à la basse-ville de Québec, le 9 janvier 1753, de Jean-Claude Panet et de Louise Barolet. Son père, d'une famille honorable de France, était venu dans ce pays sous la protection et en la compagnie de Mgr de Lauberivière. Il exerça pendant plusieurs années les fonctions d'avocat et de notaire, et fut ensuite nommé juge par le gouvernement français; cet emploi lui fut continué sous la domination anglaise. Parmi ses douze enfants, l'un fut évêque de Québec, un autre curé de l'Islet pendant cinquante ans, un troisième, juge provincial, puis premier orateur de la Chambre d'Assemblée ; deux filles entrèrent aux Ursulines où elles vécurent assez longtemps pour célébrer le 50e anniversaire de leur profession.

Bernard-Claude était destiné par son père au barreau, mais lui avait des vues plus élevées, et après avoir terminé ses études au Séminaire de Québec, il y prit l'habit ecclésiastique, et, le 25 octobre 1778, Mgr Briand lui donna l'onction sacerdotale. L'abbé Panet fit le cours de rhétorique en 1777-78 ; pendant les deux années suivantes, on lui confia la classe de philosophie, et parmi ses élèves se trouvait le jeune Joseph-Octave Plessis. En 1780, il fut chargé de desservir les paroisses de Batiscan, de Champlain et de Sainte-Geneviève, et, en 1781, nommé curé de la Rivière-Ouelle, où il demeura quarante-quatre ans et neuf mois.

Avant son arrivée, cette paroisse était loin d'avoir la paix et la tranquillité qui sont nécessaires à la bonne administration des affaires spirituelles et temporelles. Depuis les troubles de 1775-76, il était resté un esprit de mécontentement et même de révolte, dont M. Parent, son prédécesseur, eut plusieurs fois à souffrir. En 1780, les choses en vinrent à ce point que les plus avancés, le capitaine des milices en tête, signifièrent au curé d'avoir à quitter le presbytère et la paroisse. Ils adressèrent ensuite une requête à Mgr Briand pour l'informer de leurs dispositions martiales et le prier de vouloir bien les seconder dans leurs combats. L'évêque ne crut pas devoir exaucer leurs désirs, et le troupeau dut se résigner à marcher encore un an sous la houlette du même pasteur, qui n'avait peut-être pas toute la patience désirable pour endurer les défauts de ses brebis. Sa mort seule mit fin à un malaise qui menaçait d'avoir des conséquences regrettables.

M. Panet était bien l'homme qu'il fallait pour pacifier les esprits et ramener la paix dans tous les cœurs.

Naturellement bon et affable, pieux, zélé et charitable, il se fit de suite aimer et vénérer de ses paroissiens, qui eurent pour sa personne autant de respect, que de déférence pour ses avis. Sa réputation de sagesse s'étendit bientôt au delà des limites de sa paroisse ; de loin on venait le consulter, le prendre pour arbitre dans les différends, plus souvent encore peut-être, lui demander des aumônes qu'il ne savait jamais refuser. Il fut vraiment le père et l'ami de ses ouailles. Un vénérable vieillard de la Rivière-Ouelle nous parlait, il y a quelques jours, avec attendrissement, de ce charitable curé qui lui avait fait faire sa première communion. « Pendant la retraite préparatoire, nous disait-il, M. Panet nourrissait à ses frais et dépens, tous les enfants pauvres qui étaient trop éloignés de l'église pour retourner chaque jour chez leurs parents. Une table abondamment servie était dressée dans la maison d'école, et le bon père veillait lui-même à ce que pas un de ses petits enfants n'eût à souffrir de la faim. *Parvuli petierunt panem et............... erat qui frangeret eis.* Tous les dimanches, pour favoriser la dévotion des paroissiens qui désiraient assister aux vêpres, M. Panet gardait aussi à dîner, dans son presbytère, un certain nombre de ceux qui demeuraient aux extrémités de cette grande paroisse et qui n'avaient pas le temps d'aller chez eux et de revenir pour l'office de l'après-midi. »

Esprit pratique et méthodique, M. Panet était un administrateur modèle. En 1792, quand une nouvelle église fut construite à la Rivière-Ouelle, il fut l'âme de cette entreprise : il remplit lui-même la fonction de trésorier et de premier surveillant des travaux, et par sa connaissance des affaires, il rendit d'inappréciables services et épargna de fortes sommes à sa paroisse.

S'il avait l'estime de ses paroissiens, l'abbé Panet avait su mériter également celle de ses supérieurs ecclésiastiques. Tant qu'il fut à la Rivière-Ouelle, ce fut lui qui eut à s'occuper de toutes les affaires concernant l'administration des paroisses, de Québec à Rimouski, telles que constructions d'églises, de presbytères, etc. On ne faisait rien d'important sans le consulter, et il était chargé par l'évêque des missions les plus délicates et les plus difficiles, s'en acquittant toujours avec sagesse et discrétion, et méritant la reconnaissance et les éloges de tous. « On ne pouvait mieux juger et décider, lui écrivait Mgr Hubert, le 4 janvier 1795 ; je vois dans cet arrangement toute la sagesse et la prudence que je remarque en vous en toute occasion. » Mgr Denaut et Mgr Plessis trouvèrent en lui un coopérateur habile et dévoué ; aussi lui témoignaient-ils souvent leur confiance entière et leur affection. Le dernier disait en lui annonçant un vicaire, en 1798 : « A tout prix nous voulons vous conserver pour l'honneur et l'édification du diocèse. »

Quand Mgr Plessis prit possession du siège épiscopal de Québec, il n'hésita pas à choisir M. Panet pour son coadjuteur. Voici ce qu'il écrivait lui-même à cette occasion au cardinal préfet de la Propagande : « A l'exemple de mes prédécesseurs, aussitôt après ma prise de possession, je me suis empressé de me procurer un coadjuteur............ Je dois informer Votre Éminence que, quoiqu'il ne se soit écoulé qu'environ douze jours entre la mort de mon prédécesseur et la nomination de mon coadjuteur, les esprits du peuple étaient déjà échauffés et très occupés du choix qui serait fait, sur lequel chacun raisonnait d'après ses préjugés, ses affections ou ses espérances. Pour arrêter d'un seul coup toute cette fermentation, j'ai considéré entre tous les ecclésiastiques canadiens (le gouvernement ayant pour principe de n'admettre aucun étranger à cette dignité), celui qui m'a semblé devant Dieu le plus qualifié du côté de la piété, des talents et de la réputation, et sans qu'il en eût connaissance, ni même qu'il le soupçonnât en aucune manière, je l'ai fait agréer pour mon coadjuteur par l'administrateur de cette province, au nom de Sa Majesté britannique. Il a aussi prêté, en cette nouvelle qualité, le même serment que celui ci-dessus, et je l'ai annoncé à mon diocèse par mon mandement d'entrée. Sa nomination a dissipé tous les propos et toutes les conjectures, et réuni les suffrages du clergé et du peuple, avec une unanimité dont je ne cesse de bénir Dieu tous les jours. Ce n'est pas sans répugnance qu'il s'est soumis à ce choix ; mais il a vu que le bien de la religion catholique exigeait de lui qu'il ne résistât pas à la volonté du ciel. Il se nomme Bernard-Claude Panet, est âgé de 53 ans, prêtre depuis 1778, et gouverne depuis vingt-cinq ans une paroisse de ce diocèse.............. où il est en très bonne odeur auprès de ses ouailles, qu'il a constamment édifiées par la régularité de sa vie et par son exactitude à la prédication et aux fonctions du saint ministère. »

Le pape Pie VII nomma M. Panet évêque de Saldes, en Mauritanie, par une bulle datée du 12 août 1806, et le nouveau coadjuteur fut consacré dans la cathédrale de Québec, le 19 avril de l'année suivante. Il devait, conformément au désir de Mgr Plessis, aller résider dans la ville de Montréal ; mais les conditions qu'on lui fit ne furent pas trouvées acceptables, et les heureux paroissiens de la Rivière-Ouelle virent bientôt revenir leur pasteur, qui ne les quitta définitivement qu'en 1825.

Les occupations du coadjuteur ne furent pas changées, sinon qu'il eut à faire presque tous les ans la visite pastorale d'une partie du diocèse. Il continua d'ailleurs de s'occuper de toutes les affaires importantes, entretenant avec Mgr Plessis une correspondance suivie et l'assistant en toutes choses des conseils de sa prudence. Les lettres qu'il écrivit à cette époque formeraient un volume considérable, et si elles témoignent de la bonté inépuisable de son cœur, elles ne sont pas une preuve moins éloquente de la fermeté et de la droiture de son esprit. Mgr Plessis avait en lui une confiance absolue ; il écrivait à l'un de ses curés : « J'aimerais que les prêtres qui sont plus voisins de la résidence de Mgr de Saldes que de la mienne, lui proposassent leurs difficultés plutôt qu'à moi. »

Toujours occupé des intérêts de sa paroisse, Mgr Panet entreprit, en 1807, la construction d'un couvent pour l'instruction des jeunes filles et il en confia le soin aux Sœurs de la Congrégation de Notre-Dame, qui arrivèrent à la Rivière-Ouelle au mois d'août 1809. Quelques mois plus tard, quarante-deux pensionnaires fréquentaient la nouvelle maison, qui fut d'un immense avantage pour les familles de tout le district environnant, étant la seule de ce genre en bas de Saint-François de la Rivière-du-Sud.

Quelques années après, de concert avec ses principaux paroissiens, il fit l'achat d'une grande maison qu'il donna à la fabrique pour une école de garçons. Ces deux institutions existent encore, monuments de la générosité, et de l'esprit d'initiative et de progrès du vénérable curé.

Mgr Panet s'occupa aussi d'améliorer le système de culture dans sa paroisse, et depuis la fondation d'une société générale d'agriculture à Québec, il n'avait cessé de correspondre activement avec le secrétaire de cette association et d'exhorter ses habitants à suivre les méthodes nouvelles que l'on proposait. Voici ce qu'il écrivait en 1791 : « En entrant dans l'honorable société d'agriculture, j'ai eu un vrai dessein de répondre, autant qu'il dépendrait de moi, aux sages vues des directeurs. D'ailleurs je suis trop convaincu de son utilité pour me refuser à rien de ce qui peut en favoriser les bonnes intentions. Aussi n'ai-je pas manqué de communiquer à mes paroissiens les instructions que j'ai reçues de sa part, sur les différentes manières de préparer les bleds de semence et les expériences qui ont été faites à ce sujet. J'espère en faire de même à l'avenir pour celles qui me seront adressées, tant qu'elles ne seront pas plus incompatibles avec les fonctions de mon ministère. Je ne m'oblige pas cependant de gagner sur les habitants qu'ils suivront en tout point ces instructions. Ce ne peut être qu'avec le temps qu'on les fera renoncer à leurs anciennes méthodes ….. »

Plus tard, il se forma sous le patronage de l'évêque de Saldes une « Société auxiliaire d'agriculture de Sainte-Anne de la Grande-Anse. » Nous avons sous les yeux les noms des directeurs de cette association et la liste des prix donnés aux cultivateurs les plus méritants, à une assemblée tenue auprès de l'église de la Rivière-Ouelle. On voit au nombre des personnes présentes : M. l'abbé Painchaud, président, M. Letellier de Saint-Just, vice-président, MM. Chapais, Casgrain, Garon, etc., etc., etc.

Quand Mgr Plessis partit pour l'Europe en 1819, il confia l'administration de son diocèse au coadjuteur, qui alla demeurer dans la ville épiscopale. Grande fut la joie de l'évêque de Saldes, quand, après un an d'attente et d'inquiétude, il apprit le prochain retour de l'illustre voyageur. « J'ai reçu aujourd'hui, lui écrivait-il le 20 août 1820, l'honneur de la vôtre, du 23 juillet dernier, de New-York. Celle-ci pourra peut-être devancer votre arrivée à Montréal, qui, suivant votre calcul, doit avoir lieu le 4 ou 5 du présent mois. J'aurais souhaité de vous y devancer moi-même, si je n'étais pas si lâche pour entreprendre le voyage dans cette saison. En considération de votre heureux retour en bonne santé, je ne vous gronderai nullement pour les cinq semaines de plus qu'il a fallu y mettre.

« Je hazarderai même de calculer votre marche pour arriver au milieu de nous. Je pense donc que vous partirez lundi ou mardi prochain de Montréal, pour traverser à Varennes, et y prendre votre voiture. De là vous descendrez à Sorel, où vous trouverez le Comte Dalhousie, à qui j'ai présenté, lundi dernier, suivant votre désir, vos hommages et les miens. Ensuite vous irez à Nicolet, où vous vous trouverez, le dimanche 13, et y resterez le lendemain pour l'examen, et la distribution des trente-cinq volumes de prix que j'envoie pour cet effet à M. Leprohon. Enfin vous en partirez le même jour ou le suivant pour les Trois-Rivières, de sorte que nous espérons que vous serez avec nous le 17 ou 18 du présent.

« Tout le monde vous attend avec grand empressement, et je ne doute pas que plusieurs du clergé et de vos diocésains n'aillent au-devant de Votre Grandeur, s'ils peuvent savoir le temps de votre approche de la capitale. »

Après avoir assisté aux grandes réjouissances qui suivirent l'arrivée de Mgr Plessis, et lui avoir rendu compte de sa sage administration, Mgr Panet retourna dans sa chère paroisse de la Rivière-Ouelle, et continua d'aider l'évêque de Québec, qui avait de plus en plus besoin de son concours. De nombreuses lettres furent échangées entre les deux prélats au sujet des difficultés faites à Mgr de Telmesse dans le district de Montréal. Dans son humilité et son dévouement, l'évêque de Saldes proposait, si cela pouvait remédier au mal, de résigner sa charge de coadjuteur en faveur de Mgr Lartigue.

Les maladies fréquentes de Mgr Plessis lui donnaient aussi de sérieuses inquiétudes. Quoique plus âgé que lui de dix ans, il craignait cependant, avec raison, de voir mourir le grand évêque qui gouvernait avec tant de génie l'immense église confiée à ses soins, et il redoutait d'avoir à porter à son tour un fardeau aussi pesant. En 1824, ses craintes redoublèrent ; une lettre, en date du 27 décembre de cette année, nous les fait connaître, et montre en même temps quel beau caractère était celui de Mgr Panet :

« Le rapport que me fait Votre Grandeur, écrit-il à Mgr Plessis, de cette affection spasmodique qui s'est jointe à la fièvre, me cause de l'inquiétude. J'espère qu'elle ne me laissera pas ignorer sa situation et qu'elle m'en donnera elle même fréquemment des nouvelles. S'il y avait quelque danger, je me transporterais aussitôt auprès d'elle. Je serais des plus affligés, si elle était dans le cas de nous laisser, sans avoir reçu ses avis, dans l'embarras où je me trouverais. J'espère du moins, qu'en cas d'accident, elle les mettra par écrit, si elle ne l'a déjà fait. Où nous en sommes tous les deux, il serait temps de songer à faire nommer un autre coadjuteur. Votre Grandeur réussira toujours mieux que moi à faire faire un bon choix..

Dieu puisse-t-il écouter mes prières et celles de tous vos diocésains ! Nous jouirons encore plusieurs années de votre présence ; ce sont les vœux que j'adresse au Seigneur au renouvellement de cette année. »

Dieu, cependant, en avait ordonné autrement. Contrairement au calcul des hommes, Mgr Plessis mourut avant son coadjuteur, qui eut la consolation de recevoir ses derniers avis et de lui rendre les derniers devoirs. Ce fut l'évêque de Saldes qui chanta les deux services solennels célébrés l'un dans la cathédrale et l'autre dans l'église de Saint-Roch.

On peut se faire une idée de sa douleur et de l'accablement de son esprit, à la perspective de recueillir la succession du grand évêque. « Vous ne sauriez croire dans quel embarras nous nous trouvons ici, écrivait-il à Mgr Poynter ; et que puis-je faire, moi, à mon âge de soixante-treize ans, pour l'expédition des affaires, qui se multiplient toujours de plus en plus ? » La divine Providence donna cependant à l'auguste vieillard le courage et les forces nécessaires pour subir cette épreuve, et pour tenir fermement, pendant plusieurs années, la houlette pastorale que la mort de Mgr Plessis venait de faire passer dans ses mains.

CHAPITRE II

Mgr Panet évêque de Québec.—Sa correspondance.—Séminaire de Nicolet.—Collège de Sainte-Anne.—Écoles élémentaires.—Affaire des biens du Séminaire de Montréal.—Instructions à MM. Maguire et Tabeau, délégués auprès du Saint-Siège.

Mgr Panet prit possession du siège épiscopal le 12 décembre 1825. M. Demers et M. Turgeon ayant refusé la coadjutorerie, il choisit M. Signay et le consacra le 20 mai 1827. On aurait tort de croire que le vénérable prélat fût incapable d'administrer par lui-même les affaires de son diocèse, et qu'il en confiât entièrement le soin à son coadjuteur. Pour établir le contraire, il suffit de dire que, pendant cinq ans encore, il fit lui-même la visite pastorale des paroisses, et que sa volumineuse correspondance. soit avec Mgr de Telmesse qui n'était pas encore évêque en titre de Montréal. soit avec le gouverneur général, soit avec ses grands vicaires ou avec ses curés. était souvent écrite de sa main. A l'âge de 80 ans, il avait encore cette écriture nette, régulière et soignée qui était comme l'image de sa vie ecclésiastique. A l'exemple de son prédécesseur, Mgr Panet demeura au Séminaire de Québec, et, en 1831, il vendit le palais épiscopal au gouvernement, moyennant une rente perpétuelle, non rachetable, de mille louis sterling par année, payable à lui et à ses successeurs. Le vénérable prélat ne prévoyait pas qu'un jour viendrait où, au mépris des principes du droit naturel, le gouvernement violerait ce contrat solennel, revêtu de tout ce qui pouvait en garantir la durée, et *forcerait* l'archevêque de Québec d'accepter un remboursement préjudiciable à ses intérêts et contraire à toutes les lois de l'équité. Il ne prévoyait pas non plus que les ministres choisiraient, pour se rendre coupables de cette injustice, le moment où le siège épiscopal serait occupé par son arrière-neveu, devenu le premier cardinal canadien. (a)

Mgr Panet s'était toujours intéressé à l'éducation de la jeunesse. En mourant, Mgr Plessis lui avait légué son cher séminaire de Nicolet, et il l'avait mis entre bonnes mains : car son successeur en fut la providence. Après avoir payé les dettes contractées pour la construction de l'église de Saint-Roch, il n'hésita pas à faire construire le nouveau séminaire, et, le 31 mai 1827. il eut le bonheur d'en bénir la première pierre, en présence de lord Dalhousie, du coadjuteur, et d'une foule immense accourue de toutes parts pour l'imposante cérémonie. Dès lors, ses sollicitudes les plus tendres furent pour Nicolet : il allait même jusqu'à se priver quelquefois de faire certaines dépenses regardées comme nécessaires, afin de pouvoir contribuer davantage à la construction de l'édifice. A ceux qui voulaient lui faire quelque observation sur sa trop grande économie, il répondait aussitôt : « Mais alors qui bâtira Nicolet ? » Il fit tant et si bien, que la somme énorme de trente-deux mille dollars fut donnée par lui à l'heureux séminaire. L'illustre Plessis pouvait être content de son successeur !

———

(a) C'est au mois de juillet 1888 que ce remboursement a été fait par le gouvernement fédéral du *Dominion*, qui a payé $74,074 au cardinal Taschereau. On voit de suite que ce capital ne peut produire une rente de 1000 louis sterling.

La même année 1827 voyait commencer à Sainte-Anne de la Pocatière le collège fondé par M. Painchaud. Ce fut Mgr Panet qui décida la question du site, débattue entre cette paroisse et Kamouraska ; ce fut lui qui approuva le plan de la nouvelle maison et encouragea l'abbé Painchaud dans son entreprise presque héroïque. « Le désir que j'ai, lui écrivait-il, de voir un collège dans cette partie éloignée et peuplée de la province du Bas-Canada, m'a fait approuver le plan de bâtisse que vous m'avez présenté.........Il était juste qu'étant venu le premier en avant, qu'ayant contracté pour faire cette bâtisse et procuré un terrain convenable .....je ne vous refusasse point mon approbation.........je souhaite donc que vous puissiez réussir dans tout ce que vous m'avez avancé. Je ne doute pas qu'alors cette maison ne devienne par la suite un collège, où les jeunes gens du comté et des comtés voisins pourront recevoir toutes les instructions qu'on donne dans les autres collèges de la province »

L'on a vu précédemment quel avait été le zèle de Mgr Panet pour procurer aux enfants de la Rivière-Ouelle une bonne éducation élémentaire. Devenu évêque de Québec, il travailla à amener toutes les paroisses de son diocèse à se pourvoir d'écoles, et à profiter des avantages que le gouvernement mieux disposé mettait à la disposition des contribuables.

La fameuse *Institution royale* qui avait été créée en 1801, pour enseigner l'anglais et la religion protestante à tous les enfants du pays, avait complètement échoué dans son entreprise, grâce à la vigilance des pasteurs de l'église du Canada. En 1821, une loi plus équitable avait été présentée, mais l'Angleterre avait refusé de la sanctionner, et chaque paroisse était obligée de pourvoir à ses propres frais au soutien des écoles catholiques. Ce ne fut qu'en 1824, qu'on obtint pour les fabriques de la campagne le droit de posséder des terrains et des maisons pour l'établissement d'écoles paroissiales. Chaque fabrique pouvait consacrer pour l'éducation le quart de ses revenus annuels. (a) En 1826, 27 et 28, le gouverneur Dalhousie échangea avec Mgr Panet, un très grand nombre de lettres, dans lesquelles on voit que des efforts sérieux furent faits pour favoriser davantage la grande cause de l'éducation.

D'après le plan que l'on proposait alors, l'Institution Royale aurait été composée d'un comité catholique et d'un comité protestant, comme le conseil de l'instruction publique que nous avons ajourd'hui. Voici ce qu'écrivait à ce sujet l'évêque de Québec, le 4 novembre 1826 :

« Maintenant, selon moi, un article de grande importance n'a pas été prévu, c'est la formation du bureau ou comité catholique de l'Institution Royale. Il me semble que parmi les ecclésiestiques qui pourraient être de cette Institution, il serait désirable que l'évêque de Québec, son coadjuteur, le premier grand vicaire de chaque district, les supérieurs des séminaires existants et à venir, et le curé de Québec fussent membres nés de ce comité. »

Plus tard, Mgr Panet soumit une liste de tous les membres qui, suivant lui, devaient composer le comité catholique : il y avait six ecclésiastiques et six laïques. Chaque comité devait être présidé par l'évêque de son église respective, et l'Institution Royale elle-même devait avoir un laïque pour

---

(a) Quarante-neuf paroisses établirent ainsi des écoles en vertu de l'acte des écoles de fabrique.

président ou principal. Il est intéressant de constater que Mgr Panet mit tout en œuvre pour doter son pays du même système d'instruction publique que celui dont nous jouissons aujourd'hui.

S'il ne réussit pas au gré de ses désirs, il contribua du moins, pour une bonne part, à amener la loi de 1829, qui fut un grand pas de fait dans la voie du progrès et un acheminement vers la loi de 1841. Ce fut en 1829 que des allocations furent accordées pour la construction de maisons d'écoles et pour le soutien des divers collèges, accadémies, couvents, etc., qui étaient alors en opération dans la province du Bas-Canada.

« Depuis longtemps, dit l'abbé Ferland, les biens considérables du Séminaire de Montréal excitaient la convoitise de quelques-uns de leurs censitaires protestants, qui auraient aimé à partager les dépouilles de cette institution catholique. Ces projets de spoliation avaient été déconcertés par un mémoire que l'évêque Plessis présenta à la cour de Saint-James, en 1819, et qui avait produit le meilleur effet. L'agitation de cette mesure s'était renouvelée après la mort de l'illustre prélat. A la vue de l'opposition qui se manifestait contre eux et qui les accusait de posséder trop de richesses, les messieurs de Saint-Sulpice envoyèrent à Londres deux des membres les plus distingués de leur communauté, chargés de proposer au ministère un arrangement pour la cession de leur seigneurie, en retour desquelles le gouvernement britannique consentirait à leur payer une rente annuelle. Toutefois, avant de conclure définitivement ce compromis avec le ministère, les deux mandataires du séminaire voulurent avoir le consentement du Saint-Siège, pour un acte qui était regardé comme une aliénation de biens ecclésiastiques. Pendant qu'ils étaient à Rome, la nouvelle des négociations alors pendantes à Londres, et entamées à l'insu des évêques du Canada, transpira dans la province, où elle causa beaucoup d'alarmes aux catholiques. C'était, en effet, reconnaître tacitement que les droits du Séminaire de Montréal à la jouissance de ses propriétés n'étaient point clairement établis, puisqu'on recourait à un compromis. L'une après l'autre, les institutions religieuses pouvaient être attaquées dans la possession de leurs biens, si un précédent aussi déplorable avait lieu. Des rentes fournies par l'État auraient assujetti les communautés aux caprices du gouvernent civil, qui, dans l'occasion, aurait trouvé le moyen de satisfaire sa mauvaise humeur, en différant les payements, ou même en en retranchant une partie. On citait plusieurs pays où le clergé, après avoir été forcé d'échanger ses possessions territoriales contre des rentes sur l'État, avait été réduit à la misère par le mauvais vouloir des gouvernants, ou par suite d'embarras dans les finances publiques. D'ailleurs, le Séminaire de Montréal avait rendu trop de services à la province pour qu'on lui permît de se sacrifier ainsi, dans la vue d'obtenir de ses ennemis une paix qui ne lui aurait pas été accordée ; car une fois la spoliation commencée, on ne se serait pas arrêté en si beau chemin.

« Tout le clergé catholique du Canada, ayant à sa tête les évêques de la province, adressa donc une requête au gouvernement impérial, pour réclamer contre cette transaction forcée et injuste. En 1829, deux délégués, MM. Maguire et Tabeau, se rendirent à Rome et à Londres, pour soutenir les représentations du clergé. Éclairée sur le caractère de cette cession, la cour pontificale refusa de la sanctionner. Le ministère anglais ne se rendit pas aussi facilement, quoiqu'une requête, remarquable par la largeur des vues et la noblesse des sentiments, lui eût été présentée en 1830, par la Chambre d'Assemblée du Bas-Canada, à l'appui des protestations du clergé. L'affaire traîna encore pendant quelque temps. L'évêque Panet, dont la fermeté était inébranlable lorsqu'il avait une fois pris son parti, adressa en 1832, à lord Aylmer, un mémoire dans lequel il soutenait la justice de laisser le Séminaire de Montréal dans la jouissance de toutes ses seigneuries.

« Intéressé comme je le suis, disait le prélat, à la conservation des biens ecclésiastiques de mon diocèse, je croirais manquer aux devoirs de ma charge, si je ne faisais mes efforts pour les conserver à ceux que je ne puis m'empêcher de regarder comme leurs légitimes possesseurs.........

« Votre Excellence me permettra de lui faire passer une copie d'un mémoire que mon digne prédécesseur, M. J.-O. Plessis, présenta en 1819, à lord Bathurst, sur l'affaire qui fait l'objet de ma présente lettre. Ce prélat, dont la mémoire sera toujours chère aux Canadiens, prévoyait, dès cette époque, les maux qui résulteraient pour la province, de la mesure qu'on désire amener aujourd'hui à conclusion. A son exemple, je prie Dieu qu'il termine ma carrière, avant d'avoir à déplorer les suites d'une transaction qui, si elle a lieu, ne pourra qu'être funeste à la religion, et désavantageuse à la province, et à laquelle ma conscience ne peut me permettre de prêter jamais les mains. »

« Devant cette formidable opposition de toute la province, le projet fut enfin abandonné, et le Séminaire de Montréal demeura en possession de ses biens. »

Mgr Panet avait donné à MM. Maguire et Tabeau des instructions détaillées sur les sujets importants qu'ils avaient à traiter à Rome et à Londres. Ils étaient chargés non seulement d'empêcher la transaction demandée par les Sulpiciens, mais encore d'obtenir l'érection de l'évêché de Montréal.

« Depuis 1783, dit l'évêque de Québec dans ses instructions, on demande un évêque à Montréal. Il y en a un depuis le 21 Janvier 1821, mais le mode de gouvernement qui a été établi alors ne plaît point. On voudrait un évêque titulaire. Pour obtenir cette faveur, il s'agit de faire valoir par des mémoires, si c'est nécessaire, les raisons que les députés savent eux-mêmes et qu'il serait inutile de répéter ici. La nomination de l'évêque catholique de Montréal devra être sur le même pied que celle de l'évêque de Québec. Si le ministre convient de la nécessité du nouveau diocèse, il faut que l'évêque de Montréal ait les mêmes pouvoirs au civil que celui de Québec, qu'à cet effet le ministre écrive au gouverneur de faire passer un bill par la législature provinciale, par lequel l'évêque catholique de Montréal soit reconnu au civil, partout où l'est l'évêque de Québec.

« Quant à un vicariat apostolique, il n'y faut pas songer. L'évêque de Québec et son coadjuteur y sont formellement opposés, parce que cet ordre de choses ne produirait pas le bien qu'on devrait attendre d'un évêché en titre. »

Cette seconde requête n'eut pas le même succès que la première, puisque le diocèse de Montréal ne fut érigée qu'en 1836 ; elle montre toutefois les droites intentions de Mgr Panet, et son grand désir de délivrer l'évêque de Telmesse de tous les soucis que lui créait la position douteuse qu'il occupait à Montréal.

CHAPITRE III

Le choléra de 1832.—Mgr Panet confie l'administration de son diocèse à Mgr Signay.—Il se retire à l'Hôtel-Dieu.—Sa dernière maladie.—Sa mort.

Dans la dernière année de son administration, Mgr Panet vit fondre sur son diocèse le plus terrible fléau dont l'histoire du Canada ait gardé le souvenir : le choléra de 1832 ! A Québec et à Montréal, près de quatre mille personnes périrent dans l'espace de cinq semaines ! L'évêque, partageant les douleurs de son peuple, lui fit entendre la voix consolante de la religion, l'invita à la prière, et distribua, suivant sa coutume, d'abondantes aumônes pour le soulagement des plus délaissés. Ce qui consola son cœur paternel, ce fut la foi des fidèles et le dévouement héroïque de ses prêtres. Pas un ne recula devant le danger, et par une permission admirable de la divine Providence, pas un ne devint victime de l'épidémie, ce qui fut regardé comme un véritable miracle.

« On les voyait jour et nuit en surplis et la boîte aux saintes huiles à la main, écrivait une religieuse de l'Hôpital-Général. La consternation du peuple a opéré un bien immense pour le salut des âmes ; un grand nombre de protestants ont abjuré leurs erreurs et embrassé notre sainte religion ; et un grand nombre de catholiques, qui s'étaient malheureusement négligés, se sont réformés. »

Le froid du mois d'octobre vint heureusement chasser le fléau dévastateur et rendre la tranquillité aux habitants des villes, qui vivaient dans de continuelles alarmes.

Le 13 du même mois, Mgr Panet parvenu à l'âge de 79 ans, abandonna l'administration de son diocèse, pour ne plus songer qu'à se préparer à la mort. « Notre âge avancé, dit-il dans le mandement qu'il adressa aux fidèles, et les infirmités que nous ressentons depuis quelque temps, ne nous permettant plus de porter aux affaires de notre diocèse toute l'attention que requiert leur importance, nous vous informons, Nos Très Chers Frères, que nous en avons confié l'administration à Mgr Joseph Signay, évêque de Fussala, que la divine Providence nous a donné pour coadjuteur.

....

« Près d'aller rendre compte à Dieu du ministère redoutable que nous avons exercé, nous attendons de vous, Nos Très Chers Frères, que vous adresserez vos prières au ciel en notre faveur. De notre côté, toujours rempli de la plus sincère affection pour vous, et de la plus vive sollicitude pour votre bonheur, nous ne cesserons de prier le Seigneur qu'il fasse régner parmi vous la paix, l'union, la charité, et toutes les autres vertus qui caractérisent les vrais disciples de Jésus-Christ.»

C'est ainsi que, jusqu'à la fin de sa vie, se manifestait cet esprit de sagesse et de prudence que l'on admirait dans toutes les œuvres de ce digne ministre de Jésus-Christ. Retiré à l'Hôtel-Dieu, le 14 novembre 1832, il continua d'y pratiquer toutes les vertus ecclésiastiques qui avaient fait l'ornement de sa carrière, célébrant la sainte messe avec un redoublement de ferveur, et se préparant tous les jours à paraître devant le juge des pasteurs et des brebis. Il fut le premier à voir l'approche de la mort et demanda avec empressement les secours de l'Église : « Qu'on m'administre sans délai le sacrement des malades, dit-il ; que je ne sois point privé d'une grâce que j'ai dispensée à tant de milliers d'autres ! »

L'auguste vieillard mourut plein de résignation et d'espérance, le 14 février 1833, à l'âge de 80 ans, après cinquante-cinq années de prêtrise et vingt-six d'épiscopat.

Un évêque avait été sacré par lui et soixante-trois prêtres lui devaient l'ordination sacerdotale.

Mgr Signay chanta le service de l'illustre défunt dans la cathédrale, le 18 du même mois de février, en présence de lord Aylmer, gouverneur général de la province, accompagné de ses officiers et d'un concours immense de citoyens de toute classe et de toute croyance. M. Holmes prononça l'oraison funèbre.

Mgr Panet avait la réputation d'un saint. Avec ses talents modestes, son rare bon sens, sa piété et son zèle ecclésiastique, il est demeuré l'une des plus belles et des plus douces figures de notre clergé canadien.

Mgr SIGNAY

CHAPITRE I

Naissance de Mgr Signay.—Ses études au Séminaire de Québec.—Fait prêtre à Longueuil.—Premier curé résident de Sainte-Marie de Monnoir.—Curé de Québec.—Son talent pour enseigner le catéchisme.—Il est nommé coadjuteur, puis administrateur du diocèse et devient évêque de Québec.

Joseph Signay naquit à Québec, le 8 novembre 1778, de François Signay et de Marguerite Vallée. Son père, autrefois de Bordeaux, était capitaine d'une goélette et passait la plus grande partie de sa vie dans des voyages de long cours, de sorte que l'éducation de l'enfant fut d'abord entièrement confiée à sa pieuse et respectable mère. Elle le fit entrer au Séminaire de Québec, où il se distingua pendant toutes ses études, par sa facilité et par son application au travail. Le 24 août 1798, il prit l'habit ecclésiastique et fut successivement chargé des classes de quatrième, de troisième et de seconde. Mgr Denaut l'ordonna prêtre à Longueuil, le 28 mars 1802, le nomma vicaire à Chambly, ensuite à Longueuil, puis, le 1er octobre 1804, curé à Saint-Constant. L'abbé Signay quitta cette paroisse, l'année suivante, pour celle de Sainte-Marie de Monnoir, avec mission de desservir les catholiques établis près de la Baie de Missisquoi. Il exerça avec zèle les fonctions de missionnaire, visitant fréquemment, non seulement les canadiens répandus sur les frontières, mais encore ceux que les troubles de 1775 avaient forcés de s'expatrier et de s'établir sur les bords du lac Champlain. La paroisse de Sainte-Marie avait été récemment formée ; elle n'avait pas encore eu de curé résident ; elle ne possédait qu'une modeste et insuffisante chapelle : tout était à faire. Le jeune pasteur se mit courageusement à l'œuvre, et, en peu d'années, Sainte-Marie devint une paroisse parfaitement organisée, ayant une belle église fréquentée par une population pieuse et bien instruite de ses devoirs. La mémoire de l'abbé Signay y sera en éternelle vénération. Longtemps après qu'il les eut quittés, ses anciens paroissiens vinrent, en maintes occasions, lui témoigner leur reconnaissance et chercher auprès de lui des conseils et des consolations.

Dans l'automne de 1814, M. André Doucet, curé de Québec, résignait son bénéfice et quittait le diocèse. « Homme aimable, brillant, excellent orateur, chéri de tous ceux qui le connaissaient, il manquait d'une qualité bien nécessaire à un curé.........il ne savait point mettre d'ordre dans ses affaires » (a) : aussi celles de la cathédrale étaient loin d'être prospères, et il fallait un homme pratique pour rétablir les finances et faire des améliorations indispensables. L'on songea de suite à l'abbé Signay ; l'évêque lui écrivit : « Je vous informe que M. Doucet a consommé la résignation de la cure de Québec. Vous entendez ce que cela veut dire. Tout le monde vous désigne pour son successeur. » Le choix était excellent. S'il n'avait pas les talents aimables de son

---

(a) L'abbé Ferland.

prédécesseur. M. Signay était un administrateur habile, et, grâce à son esprit d'ordre et d'économie, il trouva les moyens de faire réparer son église, qu'il avait trouvée dans l'état le plus misérable, la pourvut de vastes et commodes sacristies, d'un vestiaire abondamment fourni, et la mit, malgré des dépenses considérables, dans un état financier tout à fait prospère.

Rigide observateur de la résidence, « c'était une chose extrêmement rare que M. Signay sortît des limites de sa paroisse, et seulement pour des occasions extraordinaires. Une raison suffisante, même aux yeux de l'Église, ne lui paraissait pas toujours assez forte ; il lui fallait presque être *forcé*. » (*a*) Doué d'une mémoire singulièrement heureuse, le curé de Québec connaissait non seulement toutes les familles de sa paroisse, mais encore les individus. Il s'appliquait surtout à connaître les enfants, il aimait à les interroger, et il ne négligeait aucun moyen de leur procurer une éducation convenable. M. Signay avait un véritable don pour faire le catéchisme. « Il se plaisait à enseigner à ses jeunes auditeurs les premières vérités de la religion ; alors surtout se montrait dans toute son étendue cette charité toute paternelle dont son cœur était embrasée. Comme il savait captiver leur mobile attention et exciter en eux une sainte émulation pour apprendre !

« Il se faisait petit comme eux pour s'accommoder à leur faible intelligence……Il semblait avoir reçu une grâce toute spéciale pour rendre la vertu aimable, surtout aux petits enfants. » (*b*)

(*a*) Oraison funèbre par M. Taschereau (aujourd'hui cardinal).
(*b*) *Ibid.*

Après la mort de l'illustre Plessis, qui arriva le 4 décembre 1825, Mgr Panet appela M. Signay pour en faire son coadjuteur, et ce choix fut porté à la connaissance du public, le 17 décembre de la même année, par le mandement d'entrée de l'évêque de Québec.

« Son Excellence le comte Dalhousie, disait le document épiscopal, si bien disposé à favoriser l'exercice de notre sainte religion dans cette partie des domaines de Sa Majesté, a bien voulu se rendre à nos désirs, en agréant pour notre coadjuteur, messire Joseph Signay, curé de cette ville. Ce choix doit vous être d'autant plus agréable qu'il tombe sur un ecclésiastique rempli de piété, de régularité, de zèle, de talents et de toutes les qualités que l'on pouvait espérer dans un pasteur. »

Le prélat fut consacré dans la cathédrale de Québec, le 20 mai 1827, sous le titre d'évêque de Fussala *in partibus infidelium*. Malgré sa nouvelle dignité, il continua d'agir comme curé de Québec jusqu'au 1er octobre 1831, et, le 13 octobre 1832, M. Panet le nomma administrateur de son diocèse. La mort de ce dernier, arrivée l'année suivante, le fit monter sur le siège de Québec, dont il prit possession le 16 février 1833.

CHAPITRE II

Mgr Signay choisit M. Turgeon pour coadjuteur. — Le choléra de 1832 et 1834. — Les deux incendies de 1845 à Québec. — Le typhus de 1847. — Dévouement du clergé.—L'abbé Taschereau missionnaire à la Grosse-Ile.—Charité héroïque de l'abbé Cazeau pour les orphelins. — Choléra de 1849.

Dans son mandement d'entrée, l'évêque de Québec annonça qu'il avait choisi M. Turgeon pour son coadjuteur, et que ce choix avait été confirmé par lord Aylmer, gouverneur en chef de la Province. Mais des obstacles imprévus retardèrent l'expédition des bulles. L'abbé Saint-Germain, curé de Saint-Laurent de Montréal, était patronné par un petit nombre d'amis, qui désiraient le voir arriver au siège de Québec, et qui avaient à Rome un puissant avocat, dans la personne de l'abbé Thavenet. Ce monsieur passait à tort ou à raison pour être l'agent du séminaire de Montréal, et travaillait de toutes ses forces pour faire manquer la nomination de M. Turgeon. Mgr Signay députa de son côté le grand vicaire Maguire, pour soutenir sa cause auprès du Saint-Siège, et après plusieurs mois d'attente, on apprit que la question avait été réglée conformément aux vœux de l'évêque et du clergé de Québec. M. Turgeon fut sacré dans la cathédrale le 11 juin 1834. (a)

(a) Toute l'histoire de la nomination de M. Turgeon est racontée au long dans la notice suivante.

Peu d'évêques virent autant de calamités fondre sur leur diocèse, que Mgr Signay. Il assista au choléra de 1832, et, à peine monté sur le siège épiscopal, la première circulaire qu'il adressa au clergé fut un appel à sa charité, en faveur des nombreux orphelins qu'avait faits le terrible fléau. L'épidémie reparut dans l'été de 1834, avec son cortège de terreurs et de larmes. Le 14 octobre, le prélat écrivit un mandement pour annoncer la cessation du fléau et pour ordonner des actions de grâces au Seigneur, qui avait eu pitié de l'affliction de son peuple.

« Pour la seconde fois, dit-il, la main de Dieu nous a frappés, son bras puissant s'est appesanti sur nos têtes. Irrité du peu de fruit que nous avions retiré du premier châtiment qu'il nous avait infligé, le Seigneur a fait éclater de nouveau sa colère ; l'Ange exterminateur a reçu l'ordre d'exécuter ses vengeances ; partout dans nos campagnes, comme dans nos villes, il a promené son glaive destructeur ; et, dans un moment, une foule de nos frères sont tombés sous ses coups. Qui pourrait exprimer la triste situation de tant de familles que la mort a plongées dans l'affliction la plus profonde, en leur enlevant ce qu'elles avaient de plus cher ? Le vieillard infirme privé du seul appui de sa faiblesse et de sa caducité ; le tendre enfant séparé de l'unique soutien de sa jeunesse ; l'épouse laissée en proie à la douleur la plus amère : tel est le tableau déchirant qui se présente à nos regards dans tous les lieux que l'impitoyable fléau a ravagés : *Et facta est plaga magna nimis.* (I. Reg. IV. 10.)

« Combien avons-nous dû être affligé, Nos Très Chers Frères, à la vue de tant de maux, dont les fidèles de ce diocèse ont été comme accablés ! De quels sentiments de tristesse n'avons-nous pas été pénétré, en pensant à la consternation qui régnait parmi eux, pendant que la mort planait sur leurs têtes ! Notre douleur s'est encore accrue, lorsqu'à la perte d'un si grand nombre de nos diocésains, s'est jointe celle de plusieurs de nos dignes collaborateurs dans le saint ministère, devenus eux-mêmes les victimes de l'épidémie répandue au milieu de leur troupeau..........

« Délivrés des funestes effets d'une maladie dont aucun de nous ne pouvait se flatter d'être exempt ; jouissant de la vie, tandis que la mort a fait, autour de nous, tant de victimes, notre devoir est de nous tourner vers celui à la miséricorde duquel nous devons notre conservation, et de lui exprimer les sentiments de notre vive reconnaissance, non seulement pour ce bienfait, mais encore pour nombre d'autres, dont il nous a fait part, dans le temps même où nous étions menacés de toute la rigueur de sa justice. N'hésitons pas, Nos Très Chers Frères, à mettre au rang de ces faveurs signalées, la libéralité par laquelle il a semblé vouloir ranimer notre courage abattu, en répandant une bénédiction toute particulière sur les fruits de la terre. »

En 1845, l'incendie vint à son tour éprouver les fidèles de la ville épiscopale. A trente jours d'intervalle seulement, le 28 mai et le 28 juin, le feu réduisit en cendres les faubourgs Saint-Roch et Saint-Jean, laissant sans asile près de dix-huit mille personnes. Trois mille maisons furent détruites, et l'église de Saint-Roch, pour la seconde fois, était devenue elle-même la proie des flammes.

Mgr Signay était en visite pastorale quand il apprit le désastre qui venait de fondre sur Québec. A son retour, il se hâta d'écrire aux curés pour leur faire part de sa douleur, et, en même temps, pour témoigner sa reconnaissance envers tous ceux qui, à l'appel du coadjuteur, étaient venus si généreusement en aide aux familles éprouvées par le feu. « Au milieu de la douleur dont j'ai été comme accablé, à la nouvelle des désastres dont il a plu à la divine Providence d'affliger la ville de Québec, je n'ai pu me dispenser d'éprouver un vif sentiment de consolation, en apprenant avec quel zèle mes bien-aimés diocésains en général se sont empressés de venir au secours de leurs frères désolés. Je profite du premier moment libre que j'ai à ma disposition, au retour de ma visite pastorale, pour vous inviter à faire connaître à vos paroissiens en particulier, combien j'ai été satisfait et édifié de leur charité. Je prie Dieu de vouloir bien les en récompenser, même dès ce monde, en multipliant entre leurs mains des biens dont ils savent faire un si noble usage, et de perpétuer chez tous les habitants du pays cette touchante sympathie pour le malheur, dont ils viennent de donner un si bel exemple, et qui fait autant d'honneur à leur religion, qu'elle témoigne de la bonté de leur cœur. »

L'année suivante, en 1846, l'illustre Pie IX succédait au pape Grégoire XVI sur la chaire de saint Pierre, et l'une de ses premières paroles était pour solliciter les prières et les secours des fidèles du monde catholique, en faveur de l'Irlande affligée par la famine et la peste. Mgr Signay ordonna un *triduum* dans toutes les églises de son diocèse, et, grâce à l'inépuisable libéralité de ses diocésains, il put faire parvenir d'abondantes aumônes pour le secours des pauvres familles irlandaises.

Mais bientôt la charité n'eut pas besoin de traverser les mers ; car des milliers de malheureux Irlandais, fuyant le sol natal, vinrent chercher en Canada une terre plus hospitalière. Hélas ! la disette et les maladies pestilentielles s'attachèrent à leurs pas : un grand nombre de ces infortunés eurent l'océan pour tombeau, d'autres moururent à la Grosse-Ile, désignée pour station aux vaisseaux infectés du typhus. Cette île devint de suite le théâtre du sublime dévouement du clergé canadien. Tous les prêtres qui avaient tant soit peu l'usage de la langue anglaise, volaient, les uns après les autres, au secours des malades et des mourants. Les uns après les autres aussi revenaient presque tous atteints de la terrible maladie, et allaient à l'Hôpital-Général recevoir les soins intelligents des bonnes religieuses. Cinq prêtres du diocèse de Québec moururent victimes de leur zèle et de leur héroïque charité. « Le clergé canadien, dit l'abbé Brasseur de Bourbourg, montra alors véritablement tout ce qu'il valait : prêtres et évêques rivalisèrent de soins et de charité auprès des tristes victimes du fléau, et ces pauvres étrangers furent secourus et consolés, comme s'ils n'avaient été environnés que de leurs frères. » Les noms des généreux missionnaires de la Grosse-Ile seront éternellement bénis par la population irlandaise ; elle se souviendra toujours que l'un de ceux qui se dévouèrent ainsi, était le jeune Elzéar-Alexandre Taschereau, aujourd'hui archevêque et premier cardinal canadien. Les Irlandais n'oublieront pas non plus le nom du secrétaire de Mgr Signay, qui, aidé de quelques confrères, réussit à placer dans les familles canadiennes quatre cent cinquante-trois enfants devenus orphelins pendant la désastreuse épidémie. L'histoire ne saurait assez louer et bénir le dévouement de l'abbé C. F. Cazeau (a) qui jusqu'à la fin

---

(a) Plus tard vicaire général du diocèse et prélat domestique de Sa Sainteté.

de sa vie si édifiante, s'occupait encore de ses chers orphelins de 1847, dont il demeura toujours le père, l'ami, et le bienfaiteur généreux.

A peine le typhus avait-il disparu, que le choléra, après avoir ravagé plusieurs villes des États-Unis, revenait en Canada et faisait une nouvelle apparition à Québec, le 6 juillet 1849. Cette fois encore, le fléau fit, en quelques jours, de nombreuses victimes, et la terreur était d'autant plus grande que l'on connaissait ce qu'il fallait attendre d'un pareil ennemi. Ce ne fut que le 25 septembre, que Mgr Signay put écrire à ses diocésains effrayés qu'il n'y avait plus rien à craindre, et qu'il fallait rendre des actions de grâces à Dieu, pour avoir manifesté tant de miséricorde et d'amour au milieu même de sa colère, et pour avoir préservé tant de familles de la maladie et de la mort.

CHAPITRE III

Établissement de la Propagation de la Foi et des Sociétés de Tempérance.—Retraites paroissiales et ecclésiastiques.—Les Oblats et les Jésuites.—Zèle de Mgr Signay pour l'éducation de la jeunesse.—Les écoles primaires.—Les Frères des Écoles Chrétiennes.—Le Collège de Nicolet.—Revenus de l'évêque de Québec.

Si l'on s'en tenait au chapitre précédent, l'on pourrait croire que l'épiscopat de Mgr Signay ne fut signalé que par des malheurs publics ; hâtons-nous d'ajouter qu'ils furent bien compensés par des événements heureux pour l'église du Canada.

Mentionnons l'établissement d'un grand nombre de nouvelles paroisses, le parachèvement du collège de Sainte-Anne et de celui de Nicolet, la construction de plusieurs couvents pour l'éducation des filles, la fondation des admirables sociétés de la Tempérance et de la Propagation de la Foi, et le bienfait inestimable des retraites ecclésiastiques et paroissiales.

Ce fut le 28 décembre 1836, que Mgr Signay établit par un mandement la société de la Propagation de la Foi dans le diocèse de Québec. Le passage suivant d'une circulaire, adressée en même temps au clergé, indique clairement le but que le prélat se proposait par la fondation de cette œuvre admirable.

« Les ressources que la charité des catholiques de cette province procura, il y a quelques années, aux missions formées dans le territoire du Nord-Ouest, et régies par Mgr l'évêque de Juliopolis, ces ressources, disons-nous, vont bientôt s'épuiser. Nous désirons en outre mettre à exécution le projet d'envoyer des missionnaires dans le pays situé entre les Montagnes de Roches et la Mer Pacifique ; pays qui appartient encore, au moins en partie, au diocèse de Québec. De plus, nous nous sentons pressé de faire annoncer les vérités de la foi aux peuples sauvages qui habitent les terres arrosées par la rivière Saint-Maurice, et les profondeurs de la côte de Labrador jusqu'à la Baie-d'Hudson. Nous devons encore ajouter à cela que les pauvres colons de nos nouveaux établissements, des townships, par exemple, sont tellement privés des moyens de pourvoir à la subsistance des prêtres qui les desservent, qu'il est de toute urgence que l'on procure à ceux-ci des suppléments, qui leur assurent au moins le nécessaire. Toutes ces missions, tant établies qu'à établir, demandent des secours que l'Association que l'on veut former aujourd'hui peut seule leur procurer. »

Bénie par le pape Grégoire XVI et enrichie des mêmes privilèges et indulgences que la société du même genre établie en France en 1822, l'association commencée à Québec ne pouvait manquer de produire les plus heureux résultats.

L'évêque nomma pour la diriger un conseil composé des messieurs suivants : le grand vicaire Demers, l'honorable juge Panet, R. E. Caron, Charles M. Defoy, Jean Langevin, Errol Boyd Lindsay, Louis Massue, Antoine A. Parent et Pierre Pelletier. Le premier rapport du comité de régie signé par le président, l'honorable juge Panet, parut en 1838 et annonça une recette totale de trois mille sept cent quinze piastres. L'année suivante parut le premier numéro des « Rapports sur les Missions du Canada, » publication qui dura jusqu'en 1874 inclusivement. Les vingt-et-un numéros qui la composent forment un ouvrage de grande valeur, qui est aujourd'hui d'autant plus apprécié qu'il commence à se faire rare. En mettant à six mille piastres la moyenne des contributions annuelles fournies par le diocèse de Québec, ce qui n'est pas exagéré, on arrive à la somme de trois cent douze mille piastres que la société de la Propagation de la Foi a collectée et distribuée jusqu'aujourd'hui, pour le soutien des missions les plus pauvres du Canada.

C'était une des œuvres de prédilection de Mgr Signay, et, tous les ans, par une circulaire, il ranimait le zèle des curés et des amis de l'association. En 1843, cette société fut affiliée à celle de Lyon, et l'union dura jusqu'en 1876, époque où la Propagation de la Foi au Canada recouvra son indépendance, pour continuer de fonctionner avec le même but et les mêmes privilèges que dans les premières années de son existence.

L'attention de tous les hommes sérieux se portait à cette époque sur une autre œuvre bien importante aussi pour l'avenir de la race française et pour la conservation du catholicisme au Canada.

Déjà un grand nombre de jeunes gens, ne trouvant pas dans leur paroisse des terres fertiles à cultiver, quittaient le pays, pour aller demander aux États voisins une aisance que le Canada ne semblait pas pouvoir leur procurer. Les vieilles paroisses avaient un surplus de population qui venait se réfugier dans les villes pour y augmenter la pauvreté et la misère. Il fallait un remède. Des sociétés de colonisation s'établirent, en 1848, à Montréal et à Québec et s'occupèrent avec zèle de retenir les jeunes canadiens et de les diriger vers la colonisation des townships. Mgr Signay nomma son coadjuteur président de l'association de ce genre qui fut fondée à Québec, et s'intéressa jusqu'à la fin de sa vie à ses travaux et à ses succès.

Alors comme aujourd'hui, l'intempérance était l'une des causes de l'appauvrissement d'un grand nombre de paroisses. Nos pères étaient de grands buveurs ; les boissons enivrantes encombraient les tables à chaque noce qu'il y avait dans une paroisse, et pendant des huit jours, l'on fêtait à qui mieux mieux et l'on buvait des quantités énormes de rhum ou de whiskey. Le jour de l'an, les carafes restaient en permanence sur les tables, pendant tout le temps des visites ; et jusqu'au carême, c'étaient des repas, des veillées, et des fêtes continuelles. « Des habitants que j'ai bien connus, dit M. le grand vicaire Mailloux, s'associaient par deux ou trois pour faire venir une tonne de rhum. Plusieurs habitants faisaient venir une tonne pour leur usage personnel et celui des habitués de la maison. »

Il était temps que les pasteurs de l'église fissent entendre leur voix pour arrêter un vice qui devenait de plus en plus général. M. P. Beaumont, curé de Saint-Jean-Chrysostôme, et M. C. Chiniquy, curé de Beauport, furent les premiers qui établirent des sociétés de tempérance dans leurs paroisses ; mais ce fut M. Quertier qui, par la fondation de la Société de la Croix à Saint-Denis, le 1er décembre 1843, introduisit la tempérance totale et lui donna un symbole qui allait la faire accepter par tous les Canadiens, pour qui la croix est en si grande vénération. Ajoutons qu'il fut un prédicateur d'une éloquence remarquable. Lui et M. Mailloux prêchèrent la tempérance avec un zèle vraiment apostolique, et, secondés par tous les curés, ils obtinrent des effets merveilleux. « Pas un seul curé, dit M. le grand vicaire Mailloux, qui n'ait fait des prodiges pour soutenir la société de tempérance dans sa paroisse. » Partout l'on demandait la croix, qui allait prendre une place d'honneur dans presque toutes les maisons et qui, pendant de longues années, conserva la tempérance, et le bonheur qui en est la suite, dans les familles canadiennes.

On comprend que l'évêque de Québec ne pouvait rester étranger à cet heureux mouvement qui s'opérait dans son diocèse. Dès le 12 février 1842, il fit un mandement pour exhorter tous les fidèles à faire partie des sociétés de tempérance et pour les inviter à remercier Dieu des fruits de salut qu'elles avaient déjà produits.

« Nous vous avons signalé, dit le prélat, comme un motif d'actions de grâces, l'établissement des sociétés de tempérance dans un grand nombre de paroisses. Quand nous entreprendrions de faire l'éloge de ces sociétés, nous ne dirions rien qui ne soit connu de tous nos diocésains. Tous ne savent-ils pas, en effet, de quelle manière ces sociétés délivrent l'humanité ; à combien de désordres elles mettent un terme ?.........

« Contemplons ces demeures où régnait ci-devant la détresse, et qu'aujourd'hui l'on voit non seulement pourvues des choses nécessaires, mais annoncer de plus un degré d'aisance que savent apprécier les âmes qui ont eu le courage de rompre avec de vieilles habitudes, pour s'enrôler sous l'étendard de la tempérance. A la vue d'un changement si propre à réjouir des cœurs chrétiens, adorons la main toute-puissante qui l'a produit ; car n'en doutons point, Nos Très

Chers Frères, c'est la main de Dieu, c'est cette main seule qui l'a opéré : *Hæc mutatio dexteræ excelsi.*» (Ps. 76. 11.)

Le passage suivant du même mandement indique que, dès cette époque, certains esprits exagérés poussaient un peu loin leur zèle contre l'usage des boissons enivrantes, jusqu'à laisser croire qu'il y avait péché à prendre un peu de boisson. L'évêque s'efforça de mettre les fidèles en garde contre les exagérations et leur donna la véritable doctrine de l'Église.

« Ce n'est point encore assez, dit-il, que nous vous ayons fait l'éloge des associations de tempérance, nous devons vous exhorter à y prendre part. Nous ne prétendons pas vous faire entendre que ce soit pour vous une obligation de conscience que de vous y agréger : ce serait vous faire la morale chrétienne plus sévère qu'elle ne l'est ; nous ne voulons pas non plus que vous compreniez que l'usage quelconque des boissons enivrantes soit un crime ; car si cet usage est renfermé dans de justes bornes, l'évangile ne le condamne pas. Mais nous devons vous prémunir (et il est de notre devoir que nous le fassions) contre cette erreur dans laquelle tombent un grand nombre de personnes qui, pour satisfaire sans remords leurs appétits sensuels, vont jusqu'à se persuader qu'elles peuvent, en toute sûreté de conscience, se permettre l'usage immodéré des liqueurs enivrantes, pourvu qu'elles ne perdent pas tout-à-fait celui de la raison. »

L'établissement de la tempérance coïncida avec celui des retraites paroissiales, qui furent inaugurées avec un immense succès par l'illustre évêque de Nancy, Mgr de Forbin-Janson. Obligé de quitter son diocèse après la révolution de 1830, ce prélat s'éloigna de la France, et, en 1840, il vint en Canada où il prêcha de nombreuses missions dans les diocèses de

Québec et de Montréal, laissant partout un souvenir ineffaçable de son éloquence apostolique. D'autres orateurs sacrés marchèrent bientôt sur ses traces, et l'œuvre des retraites amena les plus heureux changements dans les mœurs de la population canadienne La foi, qui avait toujours été vivace, devint plus pratique, les églises furent plus fréquentées, les sacrements reçus avec plus de ferveur et moins de crainte. Mgr Signay invita tous ses diocésains à remercier Dieu par de solennelles actions de grâces pour le bienfait inestimable des retraites qui avaient été prêchées et il donna de sages règlements pour qu'à l'avenir elles pussent continuer à attirer sur le diocèse les mêmes bénédictions de la part de Dieu.

Après avoir prêché des retraites dans un grand nombre de paroisses, Mgr de Nancy se rendit à New-York, pour revenir encore visiter et prêcher le peuple canadien, si docile et si empressé à écouter la parole de Dieu. C'est de cette ville, qu'il écrivait à Mgr Signay, le 10 mai 1841 :

« Non certes, je n'ai point oublié nos chers Canadiens *aux cœurs d'or et aux clochers d'argent !*......... mes *pauvres riches* compatriotes de ce pays me font des reproches tout contraires......... je suis trop canadien pour eux ! n'importe ! que la vérité les offense, si malheureusement la comparaison sait les humilier, la vérité n'en sortira pas moins de ma bouche, et je le répèterai à New-York, comme à Paris, comme à Rome : je ne pense pas qu'il y ait *sur la terre* une autre population catholique aussi nombreuse où la foi soit aussi vive et pure que dans notre Canada, et où l'on mette en pratique des vertus aussi *vraiment chrétiennes ! Dixi.* Et j'ajoute qu'interrogé, il y a deux jours encore, lequel, de tous les pays du monde que j'avais parcourus, je trouvais *préférable*, et où j'aimerais mieux vivre, et où j'avais été le *plus heureux*, j'ai répondu sur-le-champ : le Canada ; parce que je crois que c'est là que Jésus-Christ, mon maître, est le mieux aimé et le mieux servi.

« Je vous laisse à juger maintenant, cher Seigneur, le grand mérite que j'aurai à revenir *visiter* ces frères bien-aimés, au salut desquels vous avez voulu me faire participer en quelque chose, et dont la prière reconnaissante viendra me *visiter* et me soulager à son tour, lorsqu'enfin jeté, par grande grâce et miséricorde, dans les flammes du purgatoire, j'y commencerai les terribles expiations du chrétien, du prêtre et de l'évêque ! »

Le 8 septembre de la même année, Mgr de Forbin-Janson prêcha à Québec la première grande retraite ecclésiastique qui eût été faite depuis la conquête. Bien des causes avaient retardé le rétablissement de ces pieux exercices désirés depuis longtemps, par les évêques et le clergé ; ce fut la gloire comme le bonheur de Mgr Signay d'en procurer le retour et de les confier à un prédicateur aussi distingué que l'évêque de Nancy. En tête des noms des retraitants, que nous avons sous les yeux, figurent ceux de l'évêque de Québec et de son coadjuteur ; viennent ensuite les quatre vicaires généraux MM. Maguire, Cooke, Chauvin et Mailloux et quatre-vingt-seize prêtres. (a) Depuis cette époque mémorable, à moins de circonstances extraordinaires et très rares, le clergé de Québec se recueille tous les ans dans la solitude, pour mé-

---

(a) Des cent-deux retraîtants qui suivirent les exercices de cette 1ère retraite, tous sont morts à l'exception de cinq ; ce sont : Mgr Poiré, M. le chanoine L. E. Bois, MM. Aug. Beaudry, Jean Naud et Chs Chiniquy.

diter sur les obligations de son état et pour rallumer en lui le feu sacré qu'il doit communiquer ensuite aux âmes commises à sa charge.

Au Canada, comme du reste dans tous les pays catholiques, on savait que les ordres religieux sont des auxiliaires infiniment utiles, sinon nécessaires, au clergé séculier, et Mgr Signay n'avait rien plus à cœur que de s'assurer les services des Oblats et des Jésuites déjà arrivés dans le diocèse de Montréal. Les premiers vinrent à Québec en 1854, et l'évêque confia à leur zèle la vaste mission du Saguenay ; ils étaient chargés des Canadiens établis le long de ce fleuve, et de plus des missions montagnaises du lac Saint-Jean, de Chicoutimi et de Tadoussac jusqu'à la côte du Labrador, ainsi que des missions des Têtes-de-Boule sur le Saint-Maurice. « Les Jésuites, dit l'abbé Ferland, rentraient dans leur patrie ; leurs pieds foulaient partout le sol qui avait été si fructueusement arrosé des sueurs et du sang de leurs prédécesseurs ; partout ils rencontraient des monuments et des lieux qui leur rappelaient l'héroïsme chrétien des Jogues, des Brebeuf, des Lallemant, des Bressani ; dans la mémoire du peuple ils retrouvaient tout vivant le souvenir des vertus d'un Glapion, d'un Casot, d'un Labrosse. » Les Jésuites vinrent à Québec en 1849, et furent chargés spécialement de desservir la chapelle de la Congrégation de la sainte Vierge.

Deux ans auparavant, le clergé catholique des diocèses de Québec et de Montréal avait présenté une requête au gouverneur lord Elgin, pour réclamer en faveur de l'église catholique du Bas-Canada, les biens qui avaient appartenu aux Révérends Pères Jésuites. Mais Son Excellence fit répondre que la législature avait formellement approprié les revenus de ces biens aux fins de l'éducation, et qu'elle ne croyait pas expédient qu'ils fussent remis entre les mains du clergé de l'Église de Rome. *(a)*

Mgr Signay, on l'a déjà vu, s'intéressait à l'instruction de la jeunesse, et il excellait lui-même à instruire les enfants, de leurs devoirs religieux. Aussi s'occupa-t-il, pendant toute son administration, de l'importante question des écoles et encouragea-t-il par tous les moyens les maisons de haute éducation. En 1836, comme la législature avait décidé de ne point appliquer les fonds publics au soutien des nombreuses écoles établies dans les paroisses du diocèse, le prélat se hâta d'écrire aux curés, pour autoriser les fabriques à appliquer à cette fin le quart de leur revenu annuel, comme la loi le permettait encore ; et il ajoutait : « Je me flatte que vous ne manquerez pas de faire sentir à ceux qui ont des enfants à envoyer aux écoles, l'espèce d'obligation où ils sont, de faire tous les sacrifices que leurs moyens pécuniaires pourront permettre pour seconder les efforts de votre fabrique...J'ai aussi la persuasion intime que, dans la circonstance actuelle, vous montrerez ces dispositions si dignes d'éloges, qui ont toujours distingué le clergé du pays, lorsqu'il s'est agi d'encourager l'éducation dans toutes les classes de la société. »

En 1841, le prélat invita tous les curés à favoriser l'opération de la loi récemment passée pour les écoles primaires, et à accepter la charge de commissaires d'écoles, si comme il n'en doutait pas, elle leur était offerte pas les paroissiens. Ce

---

(a) Cette question des biens des Jésuites est enfin réglée aujourd'hui. Le gouvernement donnera la somme de $400,000, qui sera partagée entre les évêques, les Jésuites et l'Université Laval. Le Saint-Siège a approuvé ce mode de compensation.

fut avec une grande joie, qu'il vit arriver dans son diocèse les Frères des Écoles Chrétiennes, qui s'établirent à Québec en 1843, l'année suivante à Trois-Rivières, et en 1849 à Saint-Thomas. Mgr Signay était l'ami de tous les enfants. « Avec quel intérêt, dit M. Taschereau, (a) ne s'informait-il pas des progrès et des espérances que donnaient les élèves des maisons d'éducation ! Quand il en rencontrait quelqu'un, il lui demandait son nom, son âge, sa classe, le nom de ses parents et de sa paroisse, et après cela, il lui donnait avec effusion de cœur un avis admirablement proportionné à ce qu'il venait d'apprendre......Visiter la plus modeste école, était pour lui non-seulement une consolation, mais un devoir. » Il aimait à distribuer de sa main des récompenses aux plus méritants, et, chaque année, il dépensait des sommes considérables pour payer la pension d'élèves peu favorisés de la fortune. Le plus beau monument de son zèle pour l'éducation est le Séminaire de Nicolet : il travailla de concert avec Mgr Panet à sa construction, et, jusqu'au dernier moment de sa vie, Nicolet fut l'objet de ses attentions bienveillantes et de ses libéralités.

« Au seul nom chéri de Nicolet, dit l'orateur déjà cité, il me semble le voir tressaillir de joie au fond de son cercueil ; son cœur s'anime, sa main s'élève pour bénir encore cette maison qu'il appelait si justement la sienne. »

Mgr Signay reçut du gouvernement britannique, comme ses deux prédécesseurs, la gratification annuelle de mille louis sterling, accordée d'abord à Mgr Plessis, et il jouissait, de plus, de la même rente payée par la province pour le loyer du palais épiscopal.

(a) " Oraison funèbre de Mgr Signay. "

CHAPITRE IV

Érection du diocèse de Montréal.—Troubles de 1837 et 1838.—Union du Haut et du Bas-Canada.—Érection de la province ecclésiastique de Québec.—Construction du palais épiscopal.

Ce fut pendant l'administration de Mgr Signay, que le Saint-Siège érigea le diocèse de Montréal. Depuis longtemps déjà, les catholiques de ce district désiraient avoir un évêque en titre, et il n'avait pas dépendu des évêques de Québec que leurs vœux ne fussent exaucés. Enfin, sur de nouvelles et pressantes supplications, le pape Grégoire XVI décréta l'érection du nouveau siège par une bulle du 13 mai 1836, et en nomma Mgr Lartigue le premier titulaire. Comme on devait s'y attendre, cet heureux événement fut l'occasion d'une réconciliation générale entre le prélat et tous les membres du clergé qui faisaient difficulté de reconnaître l'autorité contestée du suffragant auxiliaire.

Malheureusement Mgr Lartigue ne put jouir longtemps de cette paix religieuse, car les troubles de 1837 et de 1838 lui causèrent des chagrins plus cuisants que tous ceux qu'il avait éprouvés auparavant et remplirent son cœur des plus mortelles alarmes. Bien que l'insurrection eût le district de Montréal pour théâtre, elle avait de nombreux partisans dans celui de Québec. Aussi Mgr Signay marcha-t-il sur les traces de son collègue et rappela-t-il, comme lui, à ses diocésains, les véritables principes sur la soumission qui est due par les sujets à l'autorité légitime du souverain.

« Que par des voies légales et constitutionnelles, dit le prélat, on cherche à remédier aux abus dont on croit avoir raison de se plaindre, c'est un droit que nous ne prétendons contester à personne ; mais que, pour y parvenir, l'on ait recours à l'insurrection, c'est employer un moyen, nous ne disons pas seulement inefficace, imprudent, funeste à ceux mêmes qui en font usage, mais encore criminel aux yeux de Dieu et de notre sainte religion ; c'est, sous prétexte d'éviter un mal, se jeter dans un abîme de maux irréparables : et l'expérience de tous les siècles démontre que nous n'avançons rien ici qui ne soit conforme à la plus exacte vérité. »

Dieu exauça les prières publiques qui montèrent vers lui de toutes les églises des diocèses de Québec et de Montréal, et cette rébellion qui vit tant d'héroïsme et tant d'expiations cruelles, fit bientôt place à une paix profonde et à un accroissement de liberté auquel elle n'était pas complètement étrangère. La divine Providence, qui avait su tirer profit pour son église du Canada des guerres de 1775 et de 1812, se servit aussi des troubles de 1837 pour inspirer au gouvernement anglais un plus grand respect pour ce petit peuple qui savait souffrir, mais aussi qui savait combattre et verser son sang pour son pays.

Il est vrai qu'en accordant le gouvernement responsable, l'Angleterre décrétait en même temps l'acte d'Union du Haut et du Bas-Canada pour abaisser la race française et la placer dans une infériorité politique vis-à-vis de l'autre population. Mais si les Canadiens furent unis forcément aux Anglais du Haut-Canada, ils s'unirent surtout entre eux et contraignirent bientôt leurs adversaires à leur rendre justice et à les regarder comme des frères. La métropole, de son côté, reconnut leur mérite et leur loyauté et rappela les clauses vexatoires de l'acte d'union.

On conçoit les craintes légitimes que ce projet avait inspirées aux autorités religieuses du pays. L'évêque de Québec avec tout son clergé signa une requête à la reine, pour détourner le coup dont on menaçait de frapper les catholiques, et il invita tous ses diocésains à seconder les représentations que faisaient les hommes publics auprès du gouvernement impérial. S'il ne réussit pas à conjurer ce danger, qui au reste n'eut pas les conséquences funestes que l'on redoutait, Mgr Signay fut bien compensé de cet échec par l'érection de son siège en métropole. Et l'on peut dire que ce fut là l'événement le plus important de son épiscopat. Mgr Plessis avait été nommé archevêque par le Saint-Siège, mais il ne put jamais prendre publiquement ce titre, à cause des difficultés qu'y mettait la cour de Londres.

Mieux disposée en faveur du clergé catholique qui venait de donner de nouvelles preuves de sa loyauté, l'Angleterre leva enfin les obstacles, et le Saint-Père, par une bulle du 12 juillet 1844, divisa le diocèse en quatre parties et donna les évêques de Montréal de Kingston et de Toronto pour suffragants à Mgr Signay, qui devint ainsi le premier archevêque de Québec. Le *pallium* lui fut remis solennellement dans la cathédrale, le 24 novembre de la même année, par Mgr Bourget, devenu évêque de Montréal par la mort de Mgr Lartigue, arrivée le 19 avril 1840.

Il convenait que l'archevêque eût désormais une demeure à lui pour recevoir ses suffragants et les membres de son clergé. Ce fut pour lui procurer cet avantage, que Mgr Turgeon fit un éloquent appel à la générosité des prêtres et des fidèles du diocèse ; toutes les paroisses se firent un devoir de contribuer à cette œuvre, qui intéressait à un si haut point l'église de Québec, et les souscriptions permirent d'acheter un terrain et de construire une maison convenable et spacieuse, dont Mgr Signay prit possession le 31 novembre 1847. Il y avait soixante-dix ans que les évêques de Québec recevaient l'hospitalité des messieurs du séminaire.

CHAPITRE V

Rapport adressé par l'évêque au Saint-Siège.—Visites épiscopales.—Mgr Signay donne sa démission. — Ses derniers actes. — Sa mort. — Importance de son épiscopat.

A l'exemple de ses prédécesseurs, Mgr Signay était fidèle à informer le Saint-Siège de tous les événements qui intéressaient la religion dans son diocèse.

Les mémoires qu'il adressait à la Propagande sont remplis de renseignements importants sur l'immense étendue du territoire confié à ses soins, sur les maisons religieuses, sur les paroisses, sur l'éducation et sur le clergé. Nous allons citer quelques passages du rapport qu'il envoya à Rome en 1843.

« Le diocèse de Québec, depuis l'érection de celui de Montréal, se compose : 1º des districts de Québec, des Trois-Rivières, de Gaspé et de Saint-François, dans la ci-devant Province du Bas-Canada, qui, depuis 1841, ne forme, plus qu'une même province avec celle du Haut-Canada, sous le nom de Province du Canada ; 2º du district du Nord-Ouest (appelé Mission de la Rivière-Rouge) qui comprend l'immense territoire, borné à l'est, au vicariat apostolique de Terre-Neuve, au sud, aux États-Unis, à l'ouest, aux Montagnes-Rocheuses, au nord, au Pôle Arctique ; 3º de tout le territoire (appelé Mission de la Colombie) compris entre les Montagnes Rocheuses, à l'est, les possessions des États-Unis, au sud, l'Océan Pacifique, à l'ouest, et le Pôle Arctique au nord ; lequel appartient en partie à la Grande-Bretagne et en partie à la Russie.

« Ce diocèse, le plus considérable peut-être en étendue de l'univers, comprend plus de 3,000,000 de milles carrés (superficie plus grande que celle de l'Europe), et renferme une population catholique d'un peu plus de 200,000 âmes, presque toute établie dans la partie du diocèse qui se trouve dans le Canada.

« L'évêque de Québec est assisté d'un coadjuteur (Mgr Pierre-Flavien Turgeon, évêque de Sidyme) dans le gouvernement de ce vaste diocèse.

« Il y a dans la partie du diocèse comprise dans le Canada, cent soixante-onze prêtres et cent cinquante-cinq églises ou chapelles.

« Il y a dans le diocèse (partie du Canada) quatre monastères de religieuses, et dans tous on observe la clôture. Deux sont employés au soin des malades, et les autres à l'éducation des petites filles. Ces bonnes religieuses remplissent leurs fonctions avec un zèle et une régularité qui édifient beaucoup nos catholiques, et qui excitent l'admiration des protestants ; aussi un grand nombre de ces derniers ne font-ils aucune difficulté de confier à nos religieuses l'instruction de leurs filles.

« On compte trois séminaires solidement et régulièrement établis dans le diocèse : ceux de Québec, de Nicolet et de Sainte-Anne. Le Séminaire de Québec est doté suffisamment pour subvenir à ses dépenses. Les séminaires de Nicolet et de Sainte-Anne n'ont pas encore le même avantage, et ils ne peuvent se soutenir, le premier qu'avec l'aide de l'évêque de Québec, et le second, que par les secours du clergé et autres amis de l'éducation, et les libéralités de la législature provinciale. Mais comme l'un et l'autre sont autorisés à se créer des rentes, il est à espérer que dans un temps plus ou moins éloigné, ils seront en état de se soutenir par eux-mêmes. Ces trois établissements sont gouvernés par des ecclésiastiques, et ils sont les seuls avec d'autres établissements du même genre dans le diocèse de Montréal, où la jeunesse canadienne puisse acquérir une éducation distinguée.

....

« L'évêque de Québec étant reconnu par le gouvernement comme *Évêque Catholique de Québec*, n'éprouve aucune difficulté dans celles des opérations de son ministère qui ont quelque rapport avec l'autorité civile. Quant à ses autres fonctions et à celles de son clergé, elles peuvent être exercées avec toute la liberté désirable...

« Le nombre des prêtres, eu égard à la population catholique du diocèse, n'est pas encore assez considérable, et il est à craindre qu'il ne se passe encore bien des années avant qu'il ne soit suffisant ; parce que de tous les jeunes gens qu'on instruit dans nos séminaires, un petit nombre seulement montrent de l'inclination pour l'état ecclésiastique. La disette de prêtres sachant parler la langue anglaise se fait sentir d'une manière plus particulière, à cause du grand nombre de catholiques qui émigrent, tous les ans de l'Irlande, pour venir s'établir dans le diocèse, et y chercher un sort plus heureux que dans leur pays.

....

« Les prêtres du diocèse étant presque continuellement

occupés aux fonctions du ministère, à raison de leur petit nombre, n'ont que peu ou presque point de temps à donner à l'étude. Cependant, quoique pour cette raison le plus grand nombre ne puissent pas acquérir autant de science qu'il serait à souhaiter, il s'en trouve plusieurs qui, par leurs lumières, font honneur à l'Église, et servent la cause de la religion dans cette partie de la catholicité. Au reste, si le clergé canadien n'est pas aussi instruit qu'on pourait le désirer, il se fait du moins remarquer par l'esprit de régularité et de charité qui l'anime, et par sa fidélité à remplir les devoirs de son ministère. Il est juste d'observer que si l'éducation a fait quelques progrès dans le pays, c'est principalement aux efforts et aux sacrifices constants du clergé qu'on en est redevable. »

L'évêque parle ensuite des missions de la Rivière-Rouge fondées en 1818, à sept cent-cinquante lieues de Québec, et confiées aux soins de Mgr Provencher son suffragant, et de celles de la Colombie, éloignées de dix-huit cents lieues, établies en 1838, et dirigées par quatre prêtres dont l'un était son grand-vicaire.

Mgr Signay pouvait écrire avec connaissance de cause sur l'état de la religion dans son diocèse, car il le connaissait parfaitement. S'il ne put se rendre dans les missions lointaines dont nous venons de parler, il visita trois fois toutes les paroisses du district dont il avait la charge, et rien n'échappait à son regard investigateur.

« La visite de l'évêque, dit le prélat dans le mémoire déjà cité, se fait tous les cinq ans dans chacune des paroisses du diocèse. Cette visite ne se réduit pas seulement à donner la confirmation, à inspecter les églises et à régler les affaires de fabrique, mais elle est accompagnée d'une mission de plusieurs jours dans chaque paroisse, afin de donner aux pécheurs l'occasion de se reconnaître. »

Il faut lire les cahiers des visites épiscopales de Mgr Signay, pour se faire une idée du soin avec lequel il s'acquittait de cette laborieuse et importante fonction. Extrêmement zélé pour la dignité du culte extérieur et pour tout ce qui touchait aux rubriques et aux cérémonies, il laissait presque partout des ordonnances détaillées pour l'embellissement des églises et l'achat d'ornements convenables. Aussi pouvait-il écrire à Rome que presque toutes les églises du diocèse étaient propres, élégantes et bien fournies des choses nécessaires au culte. Ses visites, sous ce rapport en particulier, produisirent d'excellents effets qui se font sentir encore aujourd'hui.

En 1847 et 1848, le prélat entreprit pour la quatrième fois la visite de son diocèse, et se félicita de ce que son âge avancé et les infirmités qui en sont inséparables lui eussent laissé la force d'aller bénir encore une fois son cher troupeau ; mais, l'année suivante, il lui fallut abandonner cette tâche à son coadjuteur à qui il remit aussi, le 10 novembre 1849, l'administration du diocèse. « Maintenant, disait-il à ses diocésains en leur annonçant sa démission, nous sentons que la main de Dieu réclame les dons qu'elle nous a confiés. Nous touchons au terme de notre carrière, et nos forces épuisées nous avertissent que nous quitterons bientôt ce séjour de travail et de fatigue pour aller nous présenter au tribunal du souverain juge. »

Mgr Signay employa ce qui lui restait de jours, à se préparer pour ce jugement final que les évêques doivent subir comme les prêtres, comme les simples laïques, et il travailla à purifier de plus en plus sa conscience qui avait toujours été d'une grande délicatesse. Pendant la retraite ecclésiastique de 1850, sa piété et son exactitude à suivre les exercices, malgré ses infirmités, firent l'édification de tous ses prêtres. Le 1er octobre, à 10 heures du matin, il était à écrire une lettre au directeur de son cher séminaire de Nicolet, quand un prêtre, nommé à une paroisse nouvelle dépourvue de tout, entra dans sa chambre et lui demanda quelque secours pour sa pauvre chapelle. Le charitable prélat lui donna un missel, disant avec tristesse : « c'est le dernier que je donne ; je n'en ai plus et je n'ai pas le moyen d'en acheter d'autres. » Quelques instants après avoir ainsi donné son dernier écrit à Nicolet et sa dernière aumône à une mission, le vénérable archevêque fut frappé de paralysie, et languit pendant deux jours encore, dans un état presque complet d'insensibilité. Puis il rendit doucement son âme à Dieu, le 3 octobre 1850, à l'âge de 71 ans et 11 mois. Les funérailles eurent lieu le 7, à la cathédrale, et furent les plus solennelles et les plus imposantes dont Québec eût été témoin. M. l'abbé Taschereau prononça l'éloge funèbre.

L'épiscopat de Mgr Signay est l'un des plus importants dans l'histoire ecclésiastique de Québec. La liberté religieuse fut à jamais assurée, des réformes importantes furent opérées dans l'administration des paroisses, des sociétés infiniment utiles furent établies sur des bases solides, de nouveaux ouvriers apostoliques vinrent travailler à l'œuvre des missions, la colonisation prit un nouvel essor, l'éducation de la jeunesse fut placée pour toujours sous le contrôle du clergé, et la piété reçut un accroissement vraiment prodigieux. Si ces progrès ne doivent pas être entièrement attribués à l'initiative de l'archevêque de Québec, ils n'en font pas moins l'honneur de son administration épiscopale. Les souverains les plus remarquables ne gagnèrent pas eux-mêmes toutes les batailles ni ne firent tous les chefs-d'œuvre qui ont immortalisé leurs règnes. Mgr Signay avaient à ses côtés des généraux habiles pour conduire la milice de son clergé, des architectes de talent pour élever à la gloire de l'Église des monuments impérissables. Il avait pour coadjuteur, Mgr Turgeon, destiné et préparé à l'épiscopat par Mgr Plessis lui-même. Son secrétaire était l'abbé C. F. Cazeau, dont l'habileté pour l'expédition des affaires ne peut être comparée qu'à son inépuisable charité. Il avait des conseillers comme un Jérôme Demers, un Joseph Aubry et un Antoine Bédard ; des éducateurs de la jeunesse comme les Casault, les Taschereau, les Painchaud, les Leprohon, les Raimbault ; des prédicateurs comme les Mailloux et les Quertier ; des missionnaires comme les Provencher, les Taché, les Blanchet, les Demers, les Laflèche, les Dumoulin, les Bolduc, les Poiré, les Durocher, les Honorat et d'autres encore dont les noms feront toujours l'honneur de l'Église et du Canada.

« Cette petite église de Québec, dit l'abbé Ferland, qui, en 1763, ne renfermait que 70,000 fidèles, qui ne possédait qu'un petit nombre de prêtres, qui se trouvait privée de son premier pasteur, alors qu'elle passait sous la domination d'une puissance protestante, a jeté de profondes racines dans le sol ; elle a étendu ses rameaux, et produit des fruits abondants de sanctification.

« A la mort de Mgr Signay, le Canada catholique possédait 1 archevêché, 4 évêchés, 572 prêtres ; plus de 100 étudiants en théologie ; 900,000 membres de l'Église ; 1,800 élèves recevant une éducation collégiale dans onze institutions ecclésiastiques ; 3 ordres religieux s'occupant de l'instruction primaire des garçons ; 4 maisons de jésuites et 3 d'oblats ; 50 communautés de filles chargées de l'instruction des enfants de leur sexe, du soin des malades et des orphelins ; 400,000 membres de la société de tempérance. »

Mgr Signay avait promu au sacerdoce soixante-douze prêtres, et consacré deux évêques, Mgr Turgeon et Mgr McDonald.

Mgr TURGEON

CHAPITRE I

Naissance de Mgr Turgeon.—Il fait ses études au Séminaire de Québec.—Secrétaire de Mgr Plessis.—Destiné à l'épiscopat.—Voyage à Rome.—Il refuse la coadjutorerie en 1825 et l'accepte en 1831.—Nommé par l'évêque, reconnu par le gouvernement, mis de côté à Rome.—Lutte de Saint-Sulpice contre l'Archevêque de Québec.—Lettre du Dr Wiseman.—M. Maguire se rend à Rome.—Mémoire de Mgr Lartigue.—L'abbé Thavenet.—Ses intrigues.—Requête du clergé.—Bulles accordées à Mgr Turgeon.—Son sacre.

Pierre-Flavien Turgeon naquit à Québec, le 12 novembre 1787, de Louis Turgeon, respectable négociant, et de Louise Dumont. Il avait l'honneur de compter parmi ses ancêtres un compagnon du P. Jogues, le généreux Guillaume Couture, qui lui-même fut torturé par les Sauvages. A l'âge de 13 ans, le jeune Turgeon entra au séminaire de sa ville natale, et se distingua, durant tout le cours de ses études, par des talents remarquables unis à la plus aimable piété. Sa dévotion à l'église, et la modestie de toutes ses démarches étaient telles, que ses confrères aimaient à le comparer à saint Louis de Gonzague. Rendu en Troisième, il méritait qu'on écrivît de lui dans son bulletin annuel : *quo sapientior in schola nullus existit*.

« Mgr Plessis, avec ce coup d'œil qui lui faisait si bien connaître les hommes, avait remarqué cet élève au milieu de ses condisciples. Il l'appela auprès de sa personne, après sa Rhétorique, pour l'employer au secrétariat, et lui donna en même temps la soutane. Le jeune abbé suivit son cours de philosophie et de théologie, tout en s'initiant déjà, sous un si grand maître, aux détails de l'administration. Mgr Plessis caressait secrètement l'idée de laisser à sa mort le trône épiscopal à Mgr Turgeon lui-même. Il voulait, de longue main, le préparer à ce poste important, et multipliant ses rapports avec lui, lui faire connaître ses vues et le mettre en état de maintenir les traditions établies. C'est M. l'abbé Ferland qui, dans sa biographie de Mgr Plessis, nous fait connaître ces détails.

« Cependant la Providence eut d'autres vues : ce ne fut que vingt-cinq ans après la mort de son vénérable ami qu'elle lui permit de monter sur le siège épiscopal. Elle voulait qu'il rendît auparavant au Séminaire de Québec d'éminents services.

« Ordonné prêtre, le 29 août 1810, il fut agrégé au séminaire, le 19 octobre 1811, et demeura attaché à cette maison l'espace de vingt-deux ans. Il y occupa tour à tour la charge de directeur du grand et du petit séminaire, de premier assistant-supérieur et de procureur. Il remplit cette dernière charge l'espace de neuf ans, depuis 1824 jusqu'en 1833 », (a) et s'acquit à jamais la reconnaissance de ses collègues, par son habileté, sa fermeté, son infatigable dévouement, et par les réformes importantes qu'il fit dans l'administration des affaires temporelles de la maison.

Secrétaire de l'évêque de Québec depuis 1807, l'abbé Turgeon l'accompagna à Rome en 1819, et mit à son service

---

(a) " Notice Biographique par M. l'abbé Cyrille Legaré. "

tous ses talents et toute son amitié. Pendant le cours de ce voyage, dit l'abbé B. Pâquet, le digne prêtre partagea les travaux du prélat, et, par sa modestie, son affabilité et ses autres belles qualités, il se créa de nombreux amis, prêts à rendre service à l'église du Canada ». (*b*) Aussi de plus en plus convaincu de son mérite, et connaissant d'ailleurs en quelle estime le tenait tout le clergé, Mgr Plessis se fortifia dans la résolution qu'il avait déjà prise de l'élever à l'épiscopat. Ses vues étaient partagées par le vénérable coadjuteur, Mgr Panet. Voici comment l'abbé Ferland raconte ce qui se passa à ce sujet entre les deux prélats, et comment M. Turgeon refusa l'honneur qu'on voulait lui imposer : « Au moment où M. Plessis mourut, l'évêque de Saldes était à Québec depuis plusieurs jours, travaillant à déposer sa charge de coadjuteur sur des épaules plus jeunes. Les deux prélats avaient déjà proposé deux noms, ceux de M. Jérôme Demers et de M. Turgeon, qui avaient été agréés par le gouverneur, lorsque le décès inattendu de Mgr Plessis força l'évêque de Saldes à monter sur le siège de Québec. Un troisième nom fut alors ajouté, par Mgr Panet, aux deux premiers déjà désignés pour la coadjutorerie : ce fut celui de M. Signay. M. Demers refusa péremptoirement. M. Turgeon fut ensuite vivement pressé d'accepter la mître, et par l'évêque et par le gouverneur, qui lui adressa à ce sujet une lettre extrêmement flatteuse. Un second refus aussi formel que le premier vint encore briser les espérances du clergé. » L'histoire ne saurait blâmer l'humilité de l'abbé Turgeon, mais elle ne peut s'empêcher de regretter qu'il n'eût pas de suite accepté la charge de l'épiscopat, qu'il était si digne et si capable de porter.

(*b*) " Oraison funèbre de Mgr Turgeon. "

Cependant, les évêques Panet et Signay réussirent, en 1831, à vaincre les répugnances de ce digne prêtre, et il fut convenu qu'il serait le futur coadjuteur de l'évêque de Québec. Aussi, après la mort du premier de ces prélats, Mgr Signay s'empressa-t-il de demander sa nomination à Rome, et, dès le mois de février 1833, il était regardé, dans tout le pays, comme le coadjuteur élu, d'autant plus que le gouvernement anglais l'avait reconnu en janvier de la même année.

« Vous apprendrez, sans doute, avec une extrême satisfaction, disait l'évêque de Québec dans son mandement d'entrée, le choix que nous avons fait de messire Pierre-Flavien Turgeon, prêtre du Séminaire de Québec, pour être notre coadjuteur : choix que Son Excellence Lord Aylmer, gouverneur en chef de cette province, a bien voulu confirmer. Le mérite et les talents de ce vertueux ecclésiastique, joints à l'avantage qu'il a eu de se former aux devoirs de l'épiscopat sous un pontife dont la mémoire nous est chère à tous égards, sont des motifs bien propres à lui attacher votre confiance, et à nous persuader que le ciel réserve encore des jours de paix et de bonheur à l'église du Canada. »

On comprend facilement après cela, quel fut l'étonnement de l'évêque et de tout le clergé, quand on apprit que les bulles ne seraient peut-être pas accordées par le Saint-Siège, en faveur de M. Turgeon, et que des démarches actives étaient faites pour obtenir la nomination de M. l'abbé Saint-Germain, curé de Saint-Laurent de Montréal.

Depuis la nomination de Mgr Lartigue, en 1821, les messieurs du Séminaire de Montréal étaient en froid avec les évêques de Québec, et leur mécontentement avait augmenté, à cause de l'opposition du clergé à la vente de leurs biens au gouvernement britannique. Depuis treize ans, cette institution gouvernée par une majorité de prêtres français s'était aliéné tous les esprits au Canada et passait pour être opposée à l'autorité des évêques et du clergé national.

Aussi les Sulpiciens furent-ils de suite accusés d'être les auteurs de la cabale montée contre la nomination de M. Turgeon.

Mgr Signay avait pour agent auprès du Saint-Siège le docteur N. Wiseman (plus tard cardinal), recteur du collège anglais à Rome, et cet homme distingué remplissait cette charge depuis le 4 mai 1829. Voici ce qu'il écrivit à l'évêque de Québec :

« Collège Anglais, Rome, 24 avril 1833.

« Monseigneur,

« Vous saviez sans doute que les papiers à moi adressés, touchant le siège de Québec, avaient fait fausse route et ne m'étaient parvenus qu'il y a quelques semaines, ayant été retenus à Naples, d'où le docteur Gradwell me les a envoyés par des étudiants allant au collège chinois. Pendant ce temps, et bientôt après mon retour d'Angleterre, au commencement de cette année, je reçus les copies de ces documents. Je les mis, sans perdre de temps, devant la congrégation de la Propagande, avec les réflexions que je crus les plus propres à promouvoir les vues prudentes de Votre Grandeur. Dans la dernière congrégation, l'affaire du Canada fut l'une des trois mises à l'étude et l'on prit certaines décisions qui, j'ai lieu de le croire, n'ont pas été et ne seront pas communiquées à Votre Grandeur. Le fait est que le Pape a suspendu l'exécution de tous les décrets de cette assemblée, qui semblent avoir été faits avec une précipitation et une inconsidération extraordinaires......... Mais il est bon que Votre Grandeur sache, pour sa gouverne, quelles furent les décisions de la congrégation en question, et comme je suppose qu'elles ne vous ont pas été communiquées officiellement, je vais les mentionner ; 1º Il fut décidé d'accepter la démission si souvent offerte, de Mgr l'évêque de Telmesse ; 2º D'accepter aussi celle de Mgr Panet, Votre Grandeur, comme de juste, lui succédant ; 3º L'abbé Turgeon ne fut pas accepté pour coadjuteur, *parce qu'on le suppose hostile aux Sulpiciens ;* mais un autre a été nommé, dont le nom m'était auparavant inconnu, je crois que c'est celui de *l'abbé Saint-Germain*, ou quelque nom semblable. Cette décision allait tellement au delà de ce que les amis des Sulpiciens croyaient prudent de faire, que l'abbé Thavenet fut le premier, je crois, à demander qu'elle ne fût pas de suite communiquée à Votre Grandeur ... ... De fait, le Pape, au lieu de ratifier, comme à l'ordinaire, les décrets de cette congrégation, a ordonné de les tenir en suspens..........

« L'abbé Thavenet est infatigable à visiter tous ceux qui peuvent servir les intérêts de sa communauté ; il joue son rôle avec une admirable adresse, et il a les manières les plus insinuantes et les plus engageantes. Il passe à peine un jour sans aller à la Propagande pour pousser son affaire de l'avant, et de fait il n'a pas d'autre occupation que celle-là. » (a)

(a) English College Rome april 24, 1833.
My Lord,

Your Lordship was no doubt aware that the papers forwarded to me relating to the see of Quebec miscarried, or rather never reached me, till a few weeks ago, having been delayed at Naples whither Dr Gradwell had forwarded them by some students going to the Chinese College. In the mean time, soon after my return from England, at the beginning of this year, I received the duplicates of those documents. I lost no time in laying them before the Congregation of

Cette lettre fit comprendre à Mgr Signay qu'il n'y avait pas de temps à perdre, si l'on voulait conjurer le danger dont le diocèse était menacé, et il fut décidé que M. l'abbé Maguire, qui s'était déjà rendu à Rome, en 1829, pour représenter l'évêque devant le Saint-Siège, y retournerait encore pour

---

Propaganda, together with such reflections as I thought might be useful in promoting your Lordship's prudent wishes. In the last Congregation, the business of the Church of Canada was one of the three points taken into consideration, and certain decisions were made, which I have reason to think have not been and will not be communicated to your Lordship. The fact is that the Pope has suspended the execution of all the decrees of that Congregation which seem to have been made with extraordinary haste and inconsiderateness.......... But it is proper that your Lordship should know, for your guidance what were the decisions of the Congregation in question, and as I suppose they of course have not been officially communicated to you, I will mention them : 1º It was agreed to accept the resignation so often offerred of Mgr Bishop of Telmesse ; 2º To accept that also of Mgr Panet, your Lordship of course succeeding ; 3º Abbé Turgeon was not accepted as Coadjutor *because supposed to be hostile to the Sulpicians*, but another appointed, whose name was previously unknown to me, *I think the Abbé S. Germain, or some name like it*. This decision went so far beyond what the friends of the Sulpicians deemed prudent, that the Abbé Thavenet was I believe the first to request that it might not be at once communicated to your Lordship... *In fact, the Pope, instead of ratifiing as usual, the decrees of this Congregation, has ordered them all to be kept in suspense*.........

" The abbé Thavenet is indefatigable in his visits to every one who can be of service to his body ; he plays his part with admirable skill, and has a most insinuating address and manners. He hardly passes a day without going to Propaganda, to push forward his business, and has in fact no other occupation but this. "

Dans son ouvrage intitulé " The last four Popes, " le Cardinal Wiseman rappelle cet épisode de l'histoire de l'église du Canada, pour prouver que Grégoire XVI mettait quelquefois de côté les décisions des congrégations romaines. Voici ce passage intéressant : " Cardinal Acton used to say that he had known as many as eight or ten cases in which the Pope had refused to ratify the judgment of a congregation, and had at length reversed it, upon canonical grounds which had been overlooked by the many learned persons previously engaged in its discussion. And this instinctive perception occurred in cases affecting distant countries. One instance related to Canada. A distinguished bishop of that country found that the Pope demurred to a resolution passed by the Propaganda about it ; and in a few days, as he declared, fresh information arrived which fully justified the correctness of the sovereign judgment. "

faire nommer le coadjuteur élu et empêcher une nomination dont les conséquences auraient été désastreuses. L'abbé Maguire partit au mois de septembre, muni des instructions de Mgr Signay et de Mgr Lartigue, et emportant avec lui les vœux du clergé et du peuple.

Mgr de Telmesse disait dans son mémoire : « 1°........ Comment revenir sur cette affaire avec un gouvernement protestant, qui considère comme appartenant à la prérogative royale le droit d'intervenir dans la nomination de l'évêque ? ...... Cette démarche aurait les plus graves inconvénients pour la religion ; et pourrait même engendrer un schisme, dans un pays où nous avons besoin de ménager le gouvernement, si l'on veut qu'il reconnaisse au civil l'évêque catholique de Québec, et où il y a de faux principes répandus parmi certains prêtres, amis du Séminaire de Montréal, que les ecclésiastiques ne doivent reconnaître comme évêques que ceux qui sont regardés comme tels par notre gouvernement civil. Surtout qu'on ne nous impose pas des évêques nommés par les intrigues, du moins indirectes, du Séminaire de Montréal ou de quelques autres, comme paraît l'avoir été M. Saint-Germain, curé de Saint-Laurent. Car comment la Propagande aurait elle deviné son nom à Rome ou auraitelle imaginé que M. Turgeon était *hostile au Séminaire de Saint-Sulpice ?* M. Saint-Germain n'a certainement pas les qualités principales que doit avoir un évêque pour être utile en ce pays : il aurait contre lui l'opposition de l'immense majorité du clergé et du peuple ; il ne s'est recommandé jusqu'à présent à nos yeux que par ses liaisons intimes avec les vues des Sulpiciens, et en désobéissant comme eux aux ordres des évêques, ainsi qu'à ceux du Saint-Siège, quoiqu'il n'y ait rien à dire contre ses mœurs privées (a) ; et si le Séminaire de Montréal commençait une fois à recommander à Rome les évêques de ce pays, il ne cesserait pas jusqu'à ce que c'en fût fait de l'épiscopat parmi nous.

« 2° Les Sulpiciens ont obtenu à Rome, à ce qu'il paraît, que le nombre des étrangers surpassât toujours le nombre des Canadiens dans le Séminaire de Montréal. M. Maguire fera aisément sentir l'absurdité d'une telle prétention : que ce serait ôter le pain des enfants du pays pour le donner aux étrangers ; qu'au contraire pour l'utilité de Saint-Sulpice, et le faire aimer des Canadiens, il faudrait que ceux-ci dominassent par les places et par le nombre dans la maison ; que nous avons ici assez de sujets pour suffire à tous les besoins du séminaire ; et que tous les étrangers de cette maison pourraient se retirer dans leur pays sans danger pour notre église ……. que c'était évidemment le désir et l'intention du gouvernement britannique, comme il appert par l'extrait de la dépêche de Milord Goderich du 13 septembre 1831 (b), et que le gouvernement a demandé la cession des biens des Sulpiciens en Canada, autant de fois que ceux-ci ont demandé à faire venir des prêtres de France pour leur maison, savoir à l'époque du duc de Richmond, de Lord Dalhousie et de Lord Aylmer.

(a) " M. Saint-Germain, dit l'abbé Tanguay, qui prit une si grande part dans la fondation des deux communautés religieuses aujourd'hui si florissantes à Saint Laurent, reçut en 1863, par Mgr de Montréal, une magnifique médaille, présent du Saint-Père. Il mourut le 3 décembre de cette même année, à l'âge de 75 ans. "

(b) " Je concours de plus en plus avec mes prédécesseurs pour blâmer la continuation d'une institution qui, au lieu de remplir par ses propres élèves (sujets anglais) les vacances qui ont lieu dans son corps, a été obligée de recruter ses forces parmi un clergé appartenant à un pays étranger………" (Dépêche de Lord Goderich.)

« 3º Il faudrait insister pour qu'on ne permît pas à Rome l'aliénation des biens de Saint-Sulpice en Canada............... l'évêque de Québec ne pourra jamais le permettre en conscience ; et le gouvernement britannique n'osera consommer la transaction sans l'assentiment de ce prélat... le 16 février 1827, M. Roux écrivait de Rome *que ce plan de cession serait la ruine de son institut en Canada*.........

« 4º Que M. Maguire s'élève contre l'abus inouï dans l'Église universelle... que, sans le consentement de l'évêque de Québec, et même contre sa volonté expresse et celle du gouvernement civil, le supérieur du Séminaire de Saint-Sulpice à Paris envoie, quand il lui plaira, tel nombre de prêtres étrangers......ignorants ou habiles .....pour exercer le ministère dans la paroisse de Montréal et dans tout le district......sans que personne ait droit d'y mettre le nez ni d'examiner ces sujets......... »

L'archevêque cependant écrivit aux messieurs de Saint-Sulpice, pour les inviter à dégager leur responsabilité dans l'affaire de la coadjutorerie et à protester qu'ils n'étaient pour rien dans la substitution du nom de M. Saint-Germain à celui de M. Turgeon. Ces messieurs, après bien des délais et des refus, finirent par déclarer qu'ils n'étaient intervenus en aucune manière, soit à Rome, soit au Canada, et affirmèrent de la manière la plus positive qu'ils n'avaient plus d'agent à Rome depuis 1831.

M. Maguire n'en trouva pas moins, à son arrivée dans la ville éternelle, l'abbé Thavenet, sulpicien français, parti de Montréal depuis dix-huit ans, qui prétendait gérer toutes les affaires de Saint-Sulpice, tout comme s'il était agent du séminaire. Et de fait, il passait pour tel aux yeux de tous les cardinaux, et, comme le disait le docteur Wiseman, il déployait, à plaider ses causes, un zèle et une habileté extraordinaires. Avec un pareil avocat à Rome, on comprend que Saint-Sulpice pouvait facilement se passer d'un agent. *(a)* C'était lui qui avait fait nommer M. Saint-Germain par la congrégation de la Propagande.

Il déclara à M. Maguire que Saint-Sulpice de Montréal était informé par Saint-Sulpice de Paris de tout ce qui se faisait à Rome, et que lui recevait de Saint-Sulpice de Montréal, par le même canal, tous les détails des affaires ecclésiastiques du Canada. Il ajoutait : « Moi Thavenet dois porter seul toutes les conséquences de mes démarches à Rome ; aucun blâme ne doit tomber sur Saint-Sulpice de Montréal. » D'après lui encore, il avait agi sans l'autorisation de ses confrères de Montréal et même contre la défense de son supérieur de Paris !

L'abbé Maguire ne tarda pas à faire valoir ses réclamations et, le 16 décembre 1833, quelques jours seulement après son arrivée, il écrivit au Saint-Père la lettre suivante :

A Sa Sainteté Grégoire XVI.

Thomas Maguire, vicaire général de l'illustrissime et révérendissime Joseph Signay, archevêque de Québec, et son

---

(a) L'abbé Thavenet était arrivé en Canada en 1794 ; il en repartit en 1815, et fut chargé de régler les affaires d'argent que les communautés avaient encore en Europe. Pendant dix ans qu'il eut à s'en occuper, il ne rendit aucun compte satisfaisant, et les communautés subirent des pertes énormes grâce à la manière dont il avait géré leurs biens. La dernière reddition de comptes, qui fut acceptée comme règlement final, eut lieu en juin 1836. Mgr Signay le remercia du zèle et du désintéressement dont il avait fait preuve dans l'administration de ces affaires. L'abbé Thavenet mourut à Rome, le 16 déc. 1844, à l'âge de 81 ans.

député auprès du Saint-Siège, prend la liberté de se prosterner aux pieds de Votre Sainteté et de lui exposer humblement :— Que les longs délais du Saint-Siège à accorder l'institution canonique à M. l'abbé P. F. Turgeon, l'un des directeurs du Séminaire des Missions-Étrangères de Québec, et destiné à être coadjuteur de Québec, avaient rempli depuis quelque temps le cœur du dit seigneur archevêque de deuil, et sensiblement affligé le clergé de son diocèse ; mais que les bruits récents d'un projet à Rome de substituer le nom d'un certain individu inconnu au diocèse, à celui de M. l'abbé Turgeon, étaient venus augmenter les inquiétudes déjà accablantes du dit seigneur archevêque et de son clergé, et avaient répandu la consternation parmi les fidèles à un degré difficile à décrire ;— Que dans ces circonstances douloureuses, le dit seigneur archevêque, appuyé des dignitaires de son église et encouragé tant par son clergé que par les laïques les plus recommandables de son diocèse, s'est décidé, malgré les énormes dépenses qui doivent en résulter, à députer le dit Thomas Maguire vers le Saint-Siège, pour représenter très respectueusement à Votre Sainteté :— Que le dit seigneur archevêque connaissait parfaitement et respectait profondément l'ordre du Saint Siège, exprimé dans la lettre de Votre Sainteté du 8 août 1829, lorsque Votre Sainteté était Préfet de la sacrée congrégation de la Propagande, *lequel portait qu'il fallait présenter au Saint-Siège plus de trois noms pour le choix des coadjuteurs de Québec ;* mais que c'était l'intime persuasion du dit seigneur archevêque, aussi bien que de son illustre prédécesseur, le seigneur archevêque Panet, de pieuse mémoire, *que cet ordre devait affecter seulement les élections futures des coadjuteurs de Québec, mais non celle de* M. *l'abbé Turgeon :*— Que c'est sous cette impression *et dans la meilleure foi*, que le dit abbé Turgeon a été proclamé coadjuteur, par le dit seigneur archevêque, dans un mandement solennel adressé à son diocèse ; —Qu'il a été reconnu et complimenté comme tel par le clergé et les autorités civiles du Bas-Canada ;— Qu'il a reçu...... l'approbation gracieuse de Sa Majesté Britannique, notifiée dans une dépêche de l'un de ses ministres d'État, et qu'il a prêté le serment usité, au représentant de sa dite Majesté, le gouverneur général des Canadas ; — Qu'il a été nommé membre de la corporation du Séminaire de Nicolet, établissement précieux pour la religion en Canada, et a été reconnu en cette qualité *au civil ;* — Enfin que le dit abbé a été créé vicaire général du dit seigneur archevêque et a dès lors et depuis partagé avec lui l'administration de son immense diocèse. Votre pétitionnaire prend respectueusement la liberté d'appeler toute l'attention de Votre Sainteté sur cet état de choses et de la supplier humblement de prendre en sa considération la plus sérieuse les scandales déjà occasionnés au Canada par la présente question et les inconvénients encore plus graves qui pourraient résulter d'un plus long délai de la confirmation de l'élection de M. l'abbé Turgeon.

« Parmi ces inconvénients, il convient de signaler à Votre Sainteté, comme l'un des plus considérables, la *quasi-impossibilité* de revenir sur l'élection de M. l'abbé Turgeon, avec un gouvernement protestant, qui, loin de reconnaître la suprématie du Pape, s'arroge, comme prérogative de sa couronne, le droit d'intervenir dans la nomination des évêques de Québec......... Et cette opinion, appuyée sur de nombreux faits, n'est pas particulière au dit seigneur archevêque et à son clergé : elle est partagée par tous les hommes éclairés qui connaissent les rapports qui existent entre le clergé catholique et le gouvernement de Sa Majesté Britannique. Parmi les personnages très versés dans la politique des Canadas, et bien instruits en particulier des difficultés en question, et dont l'opinion est d'un poids immense dans la présente circonstance, votre pétitionnaire se félicite de pouvoir offrir à Votre Sainteté le nom du seigneur évêque de Telmesse, qui a manifesté son sentiment sur ce sujet dans une lettre à l'adresse de Son Éminence le cardinal préfet de la Propagande, et encore ceux des seigneurs évêques de New-York et de Kingston, l'un et l'autre vicaire général du dit seigneur archevêque de Québec. Ces derniers se sont fortement prononcés sur le mérite transcendant de M. l'abbé Turgeon, ainsi que sur les graves inconvénients qui pourraient naître du délai en question, comme Votre Sainteté en verra la preuve dans les lettres ci-jointes que Son Éminence le cardinal Weld a eu la condescendance de fournir pour la présente occasion importante. Enfin votre pétitionnaire, pour rendre justice à la cause sacrée qu'il plaide auprès de Votre Sainteté, doit mentionner que M. l'abbé Turgeon a réuni les suffrages de tout le clergé et du peuple canadien, sans qu'une seule voix se soit élevée contre sa nomination ; et que loin de briguer l'épiscopat, ce prêtre refusa de la manière la plus positive, en 1825, l'offre de cette dignité, à la mort de feu le seigneur Joseph-Octave Plessis, archevêque de Québec, et que, dans la présente circonstance, il n'a cédé qu'avec peine aux pressantes sollicitations d'amis de la religion, d'hommes les plus respectables du clergé canadien.—Quant à l'opposition au choix de M. l'abbé Turgeon, que la rumeur attribue à la congrégation de Saint-Sulpice de Montréal, votre pétitionnaire ose croire que Votre Sainteté sera pleinement convaincue que cette assertion est dénuée de fondement, lorsqu'Elle aura lu, dans les pièces ci-jointes, le désaveu formel de cette congrégation, de toute agence ou intervention, soit à Rome, soit au Canada, relativement à l'élection du coadjuteur de Québec. — Dire que M. l'abbé Turgeon est hostile à la congrégation de Saint-Sulpice, sans produire aucun fait positif, serait une accusation vague et indigne d'être accueillie et placée dans la balance de la justice. Au contraire, j'ose affirmer de la manière la plus solennelle qu'aucun membre du clergé canadien, à l'exception peut-être de trois ou quatre, n'a vécu, ces années dernières, dans une plus grande intimité avec les messieurs de Saint-Sulpice que M. l'abbé Turgeon. — Mais peut-être regarde-t-on comme une hostilité l'opposition que ce monsieur a toujours manifestée à la cession des biens de Saint-Sulpice. Si cela est un crime, M. l'abbé Turgeon le partage avec les évêques, le clergé et la masse entière du peuple, et de plus avec l'une des branches de la législature, la Chambre d'Assemblée, autorité suprême dans le Bas-Canada. Ce considéré, votre pétitionnaire, pour et au nom du dit seigneur archevêque de Québec, supplie humblement Votre Sainteté de fermer les yeux sur les défauts de forme qui pourraient s'être glissés, mais par une erreur de faits seulement, dans l'élection de M. l'abbé Turgeon ; et de vouloir bien, dans sa bonté paternelle, se rendre aux vœux de l'église du Bas-Canada, en confirmant cette élection dans le plus court délai. Et votre pétitionnaire ne cessera de prier. »

« Tho. Maguire, Ptre. »

« J'attendais, raconte M. Maguire, le résultat de ma pétition, aves le calme de l'innocence et la conviction du succès, lorsqu'on me notifia officiellement, le 1er février, que la Sacrée Congrégation avait admis à la vérité la réclamation en faveur de M. l'abbé Turgeon, mais qu'elle avait recommandé en même temps de n'expédier ses bulles, qu'*autant que je déclarerais formellement que ce monsieur ne s'opposerait jamais à l'admission de Sulpiciens français au Séminaire de Montréal*...... Je répondis que je ne pouvais charger ma conscience d'une telle responsabilité ; que mes instructions ne m'autorisaient point à cela ; et que, d'ailleurs, d'après la déclaration écrite de Saint-Sulpice qu'*il ne s'était mêlé ni à Rome, ni au Canada de l'élection de M. l'abbé Turgeon*, on ne pouvait avec toute la sagacité humaine, soupçonner au Canada une difficulté de cette nature, ni par conséquent me fournir des instructions, à ce sujet............... »

« L'information que je reçois, écrivait M. Maguire au secrétaire de la Propagande, déchire mon âme de douleur, parce que la condition dont il s'agit sera très probablement rejetée par M. l'abbé Turgeon, qui cherche à éviter le fardeau de l'épiscopat, et que, dans cette circonstance, l'église du Canada, déjà en proie à tant de malheurs, sera exposée à un surcroît de scandales. Une lutte d'une douzaine d'individus étrangers au Canada, soutenue avec succès pendant treize ans contre les évêques et un clergé indigène de près de trois cents prêtres, l'honneur du sacerdoce, et dont la régularité est passée en proverbe, et en même temps contre un demi-million de catholiques que compte le Bas-Canada, est un phénomène dont les annales de la religion ne fournissent point d'exemple....................

« *Mais*, dit-on, *les évêques du Canada veulent envahir les biens de Saint-Sulpice, comme ils ont envahi ceux des Missions-Étrangères de Québec.* Mon âme a frémi d'horreur en entendant l'autre jour, pour la première fois, cette accusation contre des hommes d'un mérite transcendant et qui ont honoré leur état par toutes les vertus épiscopales. Je repousse avec indignation, avec horreur cette inculpation. »

On voit que quelques personnages ne se gênaient pas pour ruiner la réputation des évêques de Québec. Mais M. Maguire n'eut pas de peine à réfuter ces calomnies absurdes, et un témoignage signé des messieurs du Séminaire de Québec, et qu'il reçut quelque temps après, acheva de détruire à jamais l'effet qu'avait pu produire cette infâme accusation.

Pendant que tout cela se passait à Rome, les esprits continuaient d'être très excités et très inquiets à Québec. Une lettre de Mgr Signay à M. Maguire nous met parfaitement au fait de la situation.

« J'étais d'opinion, dit le prélat, que le clergé devait attendre de vos nouvelles avant de faire aucune démarche pour appuyer les recommandations déjà envoyées à Rome, en faveur de M. Turgeon. Mais les bruits qui couraient au moment de votre départ, ayant pris un caractère plus sérieux, le clergé de Québec et des environs a cru qu'il était pressant d'adopter quelque mesure propre à détourner l'effet des manœuvres que, suivant les apparences, l'on fait jouer à Rome, pour empêcher la nomination du coadjuteur que j'ai demandé. Il s'est en conséquence assemblé et a passé les résolutions que vous trouverez sur la feuille marquée A, lesquelles ont été suivies d'une requête à moi adressée et d'une supplique au Pape, qu'on m'a prié de vous transmettre sans délai, afin que vous la déposiez aux pieds de Sa Sainteté...

« Il est à props que vous sachiez que, sur deux cent soixante-quatorze prêtres qui composent le clergé du diocèse, non compris les membres du Séminaire de Montréal, et les missionnaires du district de Gaspé, huit seulement ont refusé de signer la supplique......... Il est digne de remarque que tous les prêtres français, non sulpiciens, du diocèse, ont signé la supplique avec grand plaisir. »

Enfin, le 28 février 1834, le Saint-Père signa les bulles qui nommaient M. Turgeon évêque de Sidyme, et coadjuteur de Mgr Signay. Elles furent données sans conditions, et le nouveau prélat n'eut aucune promesse à faire au sujet de l'admission des Sulpiciens français au Séminaire de Montréal. Le cardinal préfet de la Propagande, en lui transmettant le document pontifical, se contenta de l'exhorter à prêcher la paix et la concorde entre le clergé séculier et les membres du Séminaire de Montréal. Les amis de cette maison avaient poussé le zèle jusqu'à faire croire aux cardinaux que les Sulpiciens avaient été les premiers missionnaires du Canada ! c'est pourquoi le cardinal Pedicini ajoutait dans sa lettre à M. Turgeon : « Vous devez vous rappeler, vous et le clergé séculier, que cette congrégation *par qui la religion chrétienne a été fondée au Canada*, bien qu'affligée et diminuée par les malheurs des temps, est digne d'une bienveillance et d'une mémoire éternelle. » (*a*)

(*a*) " Præterea te clerumque sæcularem memores esse oportet, quod is hominum ordo, a quo fides christiana in Canada fundata est, quantumvis nunc afflictus et calamitate temporum imminutus, tamen æterna memoria benevolentiaque dignus videtur."

La nouvelle de l'arrivée des bulles causa une joie universelle parmi le clergé du Bas-Canada, qui assista en foule à la consécration du coadjuteur, le 11 juin 1834. Cette imposante cérémonie eut lieu dans la cathédrale, et fut présidée par Mgr Signay, assisté de Mgr Lartigue et de Mgr Gaulin. M. le grand vicaire Cadieux, qui fit le sermon, adressa, en terminant, ces paroles au nouveau dignitaire : « Je dirai que votre qualité d'élève, de disciple, de compagnon et d'ami d'un prélat illustre, dont la mémoire sera toujours chère à ce diocèse, Mgr J. O. Plessis, votre voyage avec lui jusqu'au siège de l'Église catholique, votre approche près du tombeau des martyrs, nous sont une garantie de votre zèle apostolique, et qu'avant que nous vous eussions choisi, vous l'aviez été dans le ciel. »

CHAPITRE II

Mgr Turgeon prend part à toutes les œuvres de Mgr Signay. — Construction du palais épiscopal. — Association pour la colonisation des townships. — Le prélat est nommé administrateur du diocèse. — Mandement après le choléra de 1849. — Assemblée des évêques à Montréal. — Mandement et circulaire. — Mort de Mgr Signay. — Mgr Turgeon archevêque de Québec.

Pendant les seize années qu'il fut coadjuteur, Mgr Turgeon seconda avec énergie tous les desseins de son vénérable archevêque, et on doit lui attribuer une large part dans toutes les œuvres qui ont signalé le règne de Mgr Signay. Notons en particulier la construction du palais épiscopal et l'établissement des sociétés de colonisation.

Il travailla pendant cinq ans à mener à bonne fin la première de ces entreprises qui fut son œuvre personnelle, et à laquelle il consacra toutes les ressources de son zèle et de son influence. C'est le 18 décembre 1843, qu'il publia une « adresse au clergé et aux fidèles du diocèse de Québec » pour faire appel à leur générosité et leur demander des souscriptions destinées à payer la construction de la maison épiscopale. Citons quelques passages de cet important document :

« Nous vous annonçons, dit le prélat, et vous apprendrez sans doute avec plaisir, que Mgr l'évêque de Québec vient de compléter l'acquisition d'un terrain, qui doit remplacer celui qu'un de ses prédécesseurs, pressé par les circonstances où se trouvait alors l'épiscopat, consentit à aliéner, en le cédant au gouvernement provincial. Quoique cette cession ait été inévitable, parce qu'elle était le seul moyen d'assurer une subsistance honnête à l'évêque diocésain, il était néanmoins à regretter de voir sans demeure à lui propre, le chef de la plus ancienne église de l'Amérique du nord, de celle dont il sera question de faire la métropole d'une province ecclésiastique, en quelque temps qu'elle soit formée. D'un autre côté, il n'était pas moins à regretter que l'évêque se trouvât obligé d'occuper dans le séminaire des appartements qui, quoique les plus commodes, les seuls mêmes qu'on pût mettre à sa disposition, sont loin cependant de lui offrir, ainsi qu'à ses prêtres, un logement convenable. On sait d'ailleurs que le séminaire, pour laisser à l'évêque l'usage de ce logement, se trouve réduit à un état de gêne dont il est à souhaiter qu'il soit délivré.

« C'est pour obvier à ces inconvénients, qui sont connus d'un bon nombre d'entre vous, que Mgr de Québec a voulu faire l'acquisition dont nous venons de parler ; et il l'a faite d'autant plus volontiers qu'elle lui permet de placer sa demeure épiscopale dans le voisinage de la cathédrale, et aussi près que possible du séminaire diocésain, avec lequel l'évêque doit nécessairement avoir des rapports journaliers.

« Il est maintenant de mon devoir de vous expliquer le vrai but de la présente adresse, et de vous faire comprendre pourquoi vous entendez aujourd'hui une autre voix que celle de votre premier pasteur.

« C'est au prix de très grands sacrifices que Mgr l'évêque de Québec a acquis le terrain dont il est question. (*a*) Ces

---

(*a*) Ce terrain a coûté la somme de $23,600.00.

sacrifices, il les a faits, vous le savez, à la suite de bien d'autres qu'il s'est imposés pour la construction du Séminaire de Nicolet, qui réclame encore son assistance ; pour élever à ses propres frais, dans une partie peu fortunée de cette ville, une maison spacieuse où se trouvent quatre écoles florissantes ; pour aider puissamment (par une somme de pas moins de £1250 courant) à l'érection d'un vaste édifice dans le faubourg Saint-Roch, où les jeunes personnes du sexe recevront une éducation solide et chrétienne ; enfin pour encourager d'autres institutions du même genre, et d'autres œuvres d'utilité publique, tant dans la ville épiscopale que dans d'autres endroits du diocèse. Aussi, n'est-ce qu'au moyen d'emprunts dont les remboursements ne pourront ni justement ni convenablement se différer, que Sa Grandeur sera en état de payer le prix de son acquisition. Les choses en étant ainsi, nous avons compris que le digne prélat doit inévitablement se borner à acquitter les dettes qu'il se trouve obligé de contracter ; et nous n'avons pas hésité à nous charger du soin de pourvoir à la construction de la maison épiscopale, que le terrain acquis doit recevoir.

« Incapable cependant, à raison de la modicité de nos ressources, d'atteindre par nous-même le but que nous nous proposons, nous nous voyons dans la nécessité de recourir à la générosité du clergé et des fidèles du diocèse, sur laquelle l'expérience du passé nous a appris à compter avec assurance. Mais, comme nous voulons que leur participation à cette œuvre leur soit aussi peu onéreuse que possible, nous ne demandons à chacun que la modique contribution de cinq shellings. Nous nous flattons que si tous ceux à qui leurs moyens permettent de sacrifier cette légère somme, veulent bien se rendre à notre appel, nous pourrons, sans recourir à de nouvelles contributions, construire un édifice qui sera un monument impérissable de l'attachement qui unit les catholiques du Canada à leurs évêques..........................

« Nous nous engageons... à pourvoir à ce que, dès que les fondements de l'édifice seront jetés, le saint sacrifice de la messe soit célébré une fois chaque mois, à perpétuité, pour les bienfaiteurs de l'évêché, au rang desquels seront toujours comptés ceux qui auront contribué à l'érection de la maison épiscopale. (a)

Mgr Turgeon était estimé et aimé par tout le clergé, d'autant plus aimé que l'opposition qu'on avait faite à sa nomination avait causé jadis plus d'alarmes et d'angoisses. Son éloquent appel ne manqua pas de toucher les cœurs de tous les curés du diocèse qui, à leur tour, stimulèrent le zèle de leurs paroissiens et firent eux-mêmes les plus grands sacrifices, pour donner à leur évêque et à son digne coadjuteur une nouvelle preuve de leur désintéressement et de leur amour filial.

Le 25 novembre de l'année suivante, Mgr de Sidyme écrivit une nouvelle circulaire pour faire connaître l'emploi qui avait été fait des souscriptions déjà reçues et pour réclamer de nouveau les sympathies de tous les fidèles. L'érection qui venait d'être faite du siège de Québec en métropole, rendait encore plus urgente la nécessité de procurer au premier dignitaire ecclésiastique des possessions britanniques de l'Amérique du Nord, une demeure qui fût en rapport avec son rang élevé.

(a) Cette promesse de Mgr Turgeon a été jusqu'ici fidèlement remplie. La messe est dite tous les mois par l'aumônier de l'archevêché.

Cependant, malgré la générosité des paroisses, le terrain acheté pour le palais avait coûté si cher, que les sommes obtenues furent bien vite épuisées, et, en 1846, Mgr Turgeon crut qu'il lui faudrait retarder pour quelque temps l'achèvement de l'édifice. Son chagrin en fut si grand, qu'il en devint malade et que ses amis alarmés présentèrent une requête à l'archevêque Signay pour qu'il empruntât la somme nécessaire à la continuation des travaux. On assurait l'archevêque qu'il pouvait compter sur la coopération cordiale du clergé pour le remboursement de cet emprunt. (a).

On put voir, à la retraite ecclésiastique de cette même année, que ces promesses n'étaient pas illusoires. Les prêtres présents souscrivirent de suite la somme de $5,480.00 et les absents y ajoutèrent bientôt ce qui manquait pour former la somme de $6,320.00. Les paroisses donnèrent en tout $25,500. Mgr Turgeon avait réussi au delà de ce qu'on pouvait espérer ; les travaux furent poussés avec vigueur et, le 31 novembre 1847, l'archevêque prit possession de sa maison épiscopale.

Depuis quelques années, tous les esprits sérieux s'inquiétaient avec raison des progrès alarmants de l'émigration

---

(a) Cette requête était signée par MM. Chs Bédard, P. MacMahon, Chs F. Baillargeon, C. F. Cazeau, Z. Charest, F. G. Loranger et Ant. Parent. " Nous sommes convaincus, disaient-ils, que la maladie dont Mgr Turgeon est affligé, résulte, en grande partie, du chagrin que lui cause l'impossibilité où il est de pouvoir achever la bâtisse du palais archiépiscopal, où il espérait voir, à une époque rapprochée, le premier pasteur du diocèse, dans des circonstances plus favorables pour faire face aux nombreuses difficultés qui semblent devoir se multiplier de jour en jour. Nous craignons beaucoup que, s'il n'est pas donné à ce prélat quelque espérance de réaliser promptement son projet, les inquiétudes qui le fatiguent et le minent, n'aient une influence funeste sur son tempérament déjà si faible, et ne le conduisent peu à peu au tombeau ; ce qui serait un grand malheur pour la religion, dans les temps difficiles où nous vivons."

canadienne aux États-Unis, et les plus zélés entreprirent la tâche de démontrer les avantages qu'il y avait à rester sur le sol natal, et d'indiquer les obstacles qui empêchaient les colons de se diriger vers la forêt. Des prêtres remplis de zèle et de charité furent les premiers à entreprendre une croisade en faveur de l'œuvre, et Mgr Turgeon fut appelé à en prendre la direction. Le 11 août 1848, il adressa au clergé une circulaire sur cet important sujet, en sa qualité de président de « l'Association du district de Québec pour l'établissement des Canadiens-Français dans les townships du Bas-Canada. »

« Vous connaissez sans doute, dit-il, l'objet patriotique que se propose l'association qui vient d'être formée dans les districts de Montréal et de Québec, c'est-à-dire l'établissement du surplus de notre population dans les terres incultes du Bas-Canada. Vous n'ignorez pas non plus combien est profonde la plaie nationale à laquelle cette association se propose d'apporter un remède efficace ; à savoir : le départ annuel de milliers de jeunes gens et d'un grand nombre de familles qui abandonnent les bords du Saint-Laurent pour aller chercher fortune et bonheur sous un ciel qu'ils croient plus beau, et sur un sol qu'on leur dit plus fertile. Ces jeunes gens (vous ne le savez que trop) ne reviennent point parmi nous, on ne reviennent que plus pauvres, souvent moins vertueux, et avec les débris d'une santé que la fatigue ou le vice a pour toujours altérée. Ces familles, au lieu de trouver le bien-être qu'elles espèrent, ne rencontrent chez l'étranger que durs travaux et superbes dédains ; et loin des autels de leur jeunesse et du sol de la patrie, elles pleurent l'absence des joies religieuses de leurs premiers ans et des jouissances du toit paternel. L'abondance même qu'un bien petit nombre peut atteindre, n'est qu'une faible consolation, quand on la compare à la paix, au contentement, à la franche et naïve piété, à la suave politesse, qui caractérisent notre Canada.

« C'est un mal que nous déplorons tous, que cette émigration continuelle avec ses tristes et inséparables suites. Le temps est venu d'y mettre fin.

« Le représentant de notre souveraine et ses ministres, éclairés sur les intérêts du pays, et sur les besoins et les droits de nos compatriotes, placent dès maintenant à notre disposition les meilleures terres du Bas-Canada. C'est à nous de faire en sorte que nos frères profitent de ce grand acte de justice...

..........« C'est un malheur que l'on n'ait pas connu plus tôt toutes les belles terres qui nous restent encore à défricher. A-t-on jamais su dans nos paroisses, qu'aux bords du Saguenay il y a des *milliers* d'arpents d'un sol dont la fertilité est à peine croyable ? Que notre jeunesse apprenne enfin que les nouveaux colons qui se sont établis, depuis quelques années seulement, sur ce territoire trop peu connu, se trouvent déjà à l'abri du besoin. C'est donc le moment de proclamer à nos compatriotes, que le territoire du Saguenay doit être bientôt une des plus opulentes régions du Canada.

« Quand on voit, des murs de Québec, la forêt primitive s'étendre depuis nos portes jusqu'au Pôle, et que l'on pense au grand nombre de nos compatriotes qui pourraient y conquérir, en quelques mois, une indépendance assurée, en échange des gains précaires qui les préservent à peine de la faim, on doit, ce me semble, faire un noble effort de patrio tisme et de zèle, pour procurer à nos pauvres frères une part des immenses avantages que la Providence leur offre à l'heure qu'il est..

« Nous n'hésitons pas à le déclarer, si le clergé canadien nous prête tout l'appui de son influence, de ses lumières, et d'une coopération prompte et active, l'Association des Townships se trouvera sous peu en état de faire un bien incalculable... »

La voix éloquente de l'évêque fut entendue. L'œuvre de la colonisation se poursuivit avec vigueur ; des associations se formèrent dans les diverses paroisses du diocèse et engagèrent un grand nombre de familles canadiennes à se porter dans la forêt pour la féconder de leurs travaux. Une petite colonie se forma sur les bords du lac Alymer ; M. le grand vicaire Mailloux cammença le défrichement des cantons de Buckland et de Mailloux ; MM. Boucher et Hébert dirigèrent leurs efforts vers la vallée du lac Saint-Jean ; d'autres enfin travaillaient dans les cantons de l'Est sous la conduite de MM. Clovis Gagnon, Chs-Ed. Bélanger, Chs Trudelle, Ant. Racine etc.

Une année après avoir signé le remarquable document que nous venons de citer (10 novembre 1840), Mgr Turgeon était nommé administrateur du diocèse. Le premier mandement qu'il signa en cette qualité fut pour rendre des actions de grâces au ciel qui venait d'arrêter les ravages épouvantables du choléra.

Après avoir fait la visite pastorale, Mgr Turgeon décida de concert avec les autres évêques du Canada, de tenir une assemblée qui devait préluder aux conciles provinciaux, et dans laquelle plusieurs mesures importantes devaient être discutées. L'assemblée eut lieu, en effet, à Montréal, dans le courant de mai 1850, et produisit les plus heureux résultats. Les évêques de la province firent part de leurs travaux au clergé et au peuple, par une circulaire et un mandement aussi remarquables par la gravité des sujets traités que par l'élégance et la pureté de la diction. L'établissement des bibliothèques paroissiales au moyen de l'*Œuvre des bons livres*, la fondation d'un journal catholique anglais, l'organisation de la colonisation des townships, des missions pour les ouvriers des chantiers, pour les Sauvages, et pour les Canadiens établis sur les frontières, la création d'une agence à Rome et à Toronto pour y surveiller les intérêts de la province ecclésiastique de Québec : telles furent les principales mesures traitées dans cette auguste assemblée, présidée par Mgr Turgeon et à laquelle assistaient aussi l'évêque et le coadjuteur de Montréal, le coadjuteur de Kingston et l'évêque de Bytown. Mgr Signay était alors trop malade pour prendre part aux délibérations de ses collègues. Sa mort, arrivée le 3 octobre 1850, fit monter Mgr Turgeon sur le siège archiépiscopal de Québec, dont il prit prit solennellement possession le 8 du même mois.

CHAPITRE III

Mgr Turgeon sur le siège épiscopal de Québec.—Le premier concile de Québec.—L'érection de l'Université Laval.—Zèle de l'évêque pour l'éducation.—Rétablissement des conférences ecclésiastiques.—Mandement sur les tables tournantes.—Deuxième concile de Québec.—Le choléra de 1854.—L'archevêque est frappé de paralysie en 1855 et meurt en 1867.

Mgr Turgeon était âgé de 63 ans quand il devint archevêque de Québec. Sa santé déjà affaiblie ne lui permettait pas de gouverner seul le diocèse confié à ses soins. Aussi s'empressa-t-il de solliciter la nomination d'un coadjuteur. A sa demande, l'abbé C. F. Baillargeon fut sacré à Rome, et revint à Québec le 1er juin 1857 ; le 11 du même mois, il conférait le *pallium* à son vénérable archevêque.

Celui-ci inaugura son pontificat par l'un de ces actes solennels que l'Église aime à commémorer dans ses fastes : le premier concile de la province de Québec. C'est le 15 août 1851 que s'ouvrirent les séances conciliaires, auxquelles prirent part les évêques Turgeon, Baillargeon, Gaulin, Phelan, Bourget, Guigues, De Charbonnel, Prince, McDonald et Mullock. Ces deux derniers, évêques l'un de Charlottetown et l'autre de Saint-Jean de Terre-Neuve, n'étaient pas suffragants de l'archevêque de Québec. C'est dans cette auguste assemblée que l'on décida l'établissement de l'Université Laval.

« Saluer avec bonheur l'idée de cette création, d'abord émise par Mgr de Montréal ; appuyer et par ses paroles et par ses lettres la demande qui était adressée, à ce sujet, au gouvernement de la Province ; soutenir avec énergie le projet une fois conçu, et ne plus permettre qu'on l'abandonnât ; donner de puissants encouragements à M. L. J. Casault, qui parfois ressentait quelque défaillance à la vue des difficultés sans nombre qui attendaient le Séminaire de Québec ; se réjouir infiniment quand il voit le projet sur le point de se réaliser, grâce à la libéralité du gouvernement impérial ; enfin recommander, par son mandement du 8 décembre 1853, l'Université Laval aux fidèles de son diocèse ; la louer en face du pays dans des termes qui font honneur et à la largeur de ses vues et à la justesse de ses idées : voilà, si nous ne nous trompons, voilà le beau rôle que Mgr Pierre-Flavien Turgeon a joué vis-à-vis cet établissement, qui s'honorera à jamais de l'avoir eu pour premier visiteur et premier protecteur. » (a)

Dans le magnifique mandement qu'il publia pour annoncer l'érection de cette institution nationale, le prélat rappela le zèle déployé par les évêques depuis Mgr de Laval, pour promouvoir la grande cause de l'éducation dans le pays. Il fait l'éloge des cours classiques, réfute les objections faites contre les hautes études, déplore l'encombrement des professions libérales, et indique les moyens à prendre pour que chacun occupe la place que lui a destinée la divine Providence, et fasse valoir les talents qui lui ont été confiés.

Mgr Turgeon s'occupa toute sa vie de l'éducation dans toutes ses branches, et depuis les enfants des écoles primaires jusqu'aux élèves de son grand séminaire et de son université,

---

(a) " Notice biographique par M. l'abbé C. Legaré."

tous avaient une large part dans ses encouragements paternels et dans sa sollicitude pastorale. Dans une lettre du 5 sep'embre 1853, adressée à M. le supérieur du Séminaire de Québec, il lui exprime la résolution de n'admettre, en général, à l'ordination, que des jeunes gens qui auraient eu le temps de se préparer par des études suivies, à l'exercice du saint ministère. « En effet, ajoutait-il, les besoins de l'époque demandent plus que jamais que le prêtre soit la lumière du peuple par sa science et ses vertus. »

Le Collège de Sainte-Anne que n'avaient pu favoriser, autant qu'ils l'auraient voulu, les évêques Panet et Signay, occupés qu'ils étaient à la construction de Nicolet, trouva aussi en Mgr Turgeon un protecteur dévoué et un ami fidèle. Son nom figure parmi ceux des bienfaiteurs insignes de la maison.

Il faut lire les nombreuses lettres qu'il écrivait au supérieur, M. le grand vicaire Gauvreau, pour se faire une idée exacte de l'intérêt qu'il prenait aux heureux développements du collège, et avec quel soin il désirait que l'on formât les eccésiastiques qui y étaient employés dans l'enseignement.

Enfin, pour que les prêtres pussent conserver et accroître la science qu'ils avaient puisée dans les séminaires, Mgr Turgeon rétablit les conférences ecclésiastiques, abandonnées depuis la conquête, et traça lui-même les sages règlements que l'on devait suivre pour en assurer les fruits.

L'un des résultats les plus importants du premier concile, fut l'érection du diocèse des Trois-Rivières. A la demande de Mgr Turgeon, les évêques adressèrent une pétition au Souverain Pontife, et, le 2 octobre 1852, l'archevêque annonça par un mandement, que leurs vœux unanimes avaient été exaucés et que l'église de Québec allait s'enrichir d'un nouveau rameau. Rien de plus touchant que les adieux qu'il fit à ses anciens diocésains et surtout aux membres de son clergé qui allaient passer sous une autre houlette que la sienne.

Parmi les autres œuvres qui ont signalé la courte administration de ce prélat, il faut mentionner l'établissement du Bon-Pasteur et celui des Sœurs de la Charité à Québec. Il encouragea de ses libéralités les fondatrices de ces pieuses et si utiles institutions et les recommanda fortement, à plusieurs reprises, à la charité de ses diocésains.

Ses mandements sont écrits avec soin et quelques-uns resteront comme des pages glorieuses pour l'épiscopat canadien. Parmi ces derniers figurent celui sur l'université, un autre sur la tempérance et un troisième sur les tables tournantes. « Le vertige, dit M. l'abbé Legaré, s'était emparé de bien des têtes, les amenant à des écarts étranges à la suite des tables elles-mêmes qu'elles interrogeaient de mille manières. Mgr Turgeon parla, et telle fut la force de sa parole que, de ce moment, la sagesse revint au peuple, et l'obéissance la plus absolue suivit cet acte de l'autorité suprême...... ce document fut publié en France ; un auteur célèbre de théologie, le P. Gury, l'a inséré dans les dernières éditions de son ouvrage, et Mgr Lavigerie disait que rien de mieux n'était paru nulle part sur cette question. »

L'année 1854 fut la dernière de l'administration de Mgr Turgeon et l'on peut dire qu'elle fut bien remplie. Signalons un mandement de l'archevêque en faveur de l'hospice des Sœurs de la Charité, qu'un incendie venait de réduire en cendres, la convocation et l'assemblée du 2e concile provincial, et la publication du jubilé précédent la proclamation du dogme de l'Immaculée Conception.

Le 19 juin, le choléra éclata de nouveau à Québec, et vint ajouter aux sollicitudes de Mgr Turgeon. Confiant à son coadjuteur le soin de faire la visite pastorale, il s'occupa de porter secours aux malades qui remplissaient l'Hôpital de Marine, et d'arrêter par des mesures efficaces la marche du terrible fléau. Rien ne saurait peindre sa charité et son dévouement pour ceux qui en furent les infortunées victimes. Tous les deux jours, il se rendait à l'Hôpital de Marine, en compagnie de M. l'abbé Cazeau, et leur prodiguait les plus aimables et les plus douces consolations. Sa présence dans ce lieu de souffrance et de danger était un sujet de joie pour les catholiques et d'édification pour les protestants, dont un bon nombre se convertirent (*a*). Enfin les froids de novembre firent disparaître la cruelle maladie et ramenèrent la sécurité dans la ville.

C'est au milieu de ces divers travaux apostoliques, et au moment il semblait être le plus utile à son église, que la Providence mit fin tout à coup à la carrière épiscopale de Mgr Turgeon. Le 19 février 1855, pendant qu'il assistait aux funérailles d'une Sœur de Charité, dans l'église du faubourg Saint-Jean, le vénérable archevêque fut frappé de paralysie, et ne put jamais recouvrer assez de forces pour continuer à administrer son diocèse. Le 11 avril suivant, il confia ce soin à son illustre coadjuteur, et passa les douze

---

(*a*) Nous tenons ces détails de Mgr Bolduc, qui était alors chapelain de l'Hôpital de Marine, et qui fut l'heureux témoin de la charité de son évêque.

Douze cents malades avaient passé par l'Hôpital depuis l'arrivée du choléra.

années qui lui restaient à vivre, dans une inaction à peu près complète, s'occupant seulement de ses exercices de piété. Quelquefois encore cependant, il put reparaître au chœur de sa cathédrale et y bénir son peuple fidèle ; mais pendant les sept dernières années, son infirmité fit de tels progrès, qu'elle le força de garder la chambre, jusqu'à ce que Dieu l'eût retiré à lui, le 25 août 1867, à l'âge de 79 ans et neuf mois. Pendant les douze années de sa maladie, le prélat avait reçu les soins intelligents de ses filles de prédilection, les Sœurs de la Charité : deux d'entre elles venaient passer la journée avec l'auguste malade. Le service fut célébré dans la cathédrale, le 28 août, en présence de quatre évêques et d'une foule immense de prêtres et de fidèles. M. l'abbé Benjamin Pâquet prononça l'oraison funèbre.

Mgr Turgeon avait cinquante-sept ans de prêtrise et trente-trois ans d'épiscopat. Il avait ordonné cent quinze prêtres et consacré deux évêques : Mgr Cooke et Mgr Dollard.

Mgr BAILLARGEON

CHAPITRE I

Remarques préliminaires.—Naissance de Mgr Baillargeon.—Ses études à Saint-Pierre du Sud et à Nicolet —Professeur au Collège de Saint-Roch et au Séminaire de Québec.—Desservant de l'église de Saint-Roch.—Curé à Saint-François, Ile d'Orléans, et au Château-Richer.—Curé de Québec.—Ses œuvres. — Agent des évêques à Rome. — Nommé coadjuteur de l'archevêque de Québec.—Lettre à son frère.

En commençant une notice biographique sur Mgr Baillargeon, nous déclarons de suite que, d'après nous, le temps n'est pas encore venu de juger son administration épiscopale. Bien des événements se sont passés qui ne sont pas assez loin, et dont plusieurs de nos lecteurs ont été comme nous, et plus que nous, les témoins ; bien des questions brûlantes ont été soulevées sur lesquelles il serait imprudent de jeter des regards trop scrutateurs. Nous nous exposerions à donner le blâme ou à prodiguer l'éloge à des personnages encore vivants ; ce qui serait de nature à blesser la susceptibilité des uns et l'humilité des autres, et à provoquer des écrits dont le besoin ne se fait pas sentir. L'histoire jugera un jour les hommes et les événements de notre époque ; ce sera son droit et son devoir. Elle dira quel a été le rôle de Mgr Baillargeon et de son illustre et éminent successeur, dans la fameuse question des *classiques*, dans celles de l'Université Laval, des élections politiques, des écoles normales, du gallicanisme, du libéralisme, de la franc-maçonnerie, et de toutes les autres erreurs dont les noms sont venus tour à tour alarmer, à tort ou à raison, la population si religieuse de notre pays. Quant à nous, nous résistons facilement à la tentation de traiter ces sujets, et nous raconterons en peu de mots la vie d'un évêque dont la mémoire sera toujours chère à ceux qui l'ont connu, et la vie d'un cardinal dont le nom fera l'éternel honneur de l'église de Québec. (*a*)

Mgr Charles-François Baillargeon naquit à l'Ile-aux-Grues, le 26 avril 1798, de François Baillargeon et de Marie-Louise Langlois. A l'âge de six ans, pris en affection par une de ses tantes, qui demeurait à Saint-Laurent de l'Ile d'Orléans, il alla passer quelques mois chez elle, et c'est cette excellente femme qui lui montra à lire. Revenu dans sa paroisse natale, le jeune enfant eut pour premier emploi, comme un grand nombre de saints personnages avant lui, celui de garder les troupeaux. Il avait onze ans quand il s'approcha pour la première fois de la sainte table ; c'était dans l'église du Cap Saint-Ignace, car l'Ile-aux-Grues n'avait pas encore, à cette époque, un curé résident. M. Viau, qui desservait les deux paroisses, ne fut pas longtemps sans remarquer la

---

(*a*) M. l'abbé Cyrille Legaré (aujourd'hui vicaire général et prot. apost.) a publié, dans l'annuaire de l'Université Laval pour l'année 1871-72, une notice biographique sur Mgr Baillargeon, qui est aussi remarquable par le fond que par la forme et qui fait parfaitement connaître le caractère, les qualités et les vertus du vénérable prélat. Nous regrettons de ne pouvoir exploiter davantage cette mine précieuse, mais nous sommes forcé de nous limiter à cause du grand nombre de pages que renferme déjà ce volume.

précoce intelligence du jeune Baillargeon ; il l'amena dans son presbytère et le plaça, en 1813, à l'école latine qui venait de s'ouvrir à Saint-Pierre de la Rivière-du-Sud. Un an plus tard, il l'envoya au Collège de Nicolet. L'élève sut admirablement profiter de ses talents et des leçons de ses dévoués professeurs, et, au bout de quatre ans, il avait terminé ses études classiques, pendant lesquelles il avait remporté des succès brillants, et appris à pratiquer les aimables vertus qui le distinguèrent pendant toute sa vie.

Mgr Plessis, qui l'affectionnait beaucoup, le tonsura dans l'automne de 1818, et le nomma professeur au collège qu'il venait d'établir dans la paroisse de Saint-Roch de Québec. Après avoir exercé ces humbles fonctions pendant trois ans, tout en suivant son cours de théologie, l'abbé Baillargeon fut appelé à enseigner sur un théâtre plus élevé, et le Séminaire de Québec lui confia la classe de Rhétorique, charge dont il s'acquitta avec un remarquable succès.

Ordonné prêtre par Mgr Plessis, le 1er de juin 1822, il fut nommé aussitôt chapelain de l'église de Saint-Roch, qui, à cette époque, n'était qu'une succursale de la paroisse de Notre-Dame. Il était en même temps directeur du collège. « Sa vie y fut tellement humble, écrit un vieillard qui le connut à cette époque, sa vie fut tellement retirée, qu'on eût dit qu'il voulait réaliser cette belle sentence de l'Imitation : *ama nesciri et pro nihilo reputari.* » Ce qui n'empêcha pas le jeune desservant de remplir ses devoirs avec zèle et fermeté, et de mettre fin à des mascarades et à des charivaris scandaleux, dont le territoire de cette desserte était trop souvent le théâtre. Pour lui donner un repos dont sa santé affaiblie avait grandement besoin, Mgr Panet le nomma, le 26 septembre 1826, curé de Saint-François de l'Ile d'Orléans, et l'année suivante, il le chargeait des deux paroisses du Château-Richer et de l'Ange-Gardien. Il établit dans la première la dévotion des Quarante-Heures et décida les paroissiens à construire une école, bienfait inestimable à cette époque qui comptait encore peu de personnes instruites dans nos campagnes.

M. Baillargeon avait une aversion naturelle pour les hauts emplois ; il se serait plu toute sa vie dans la plus humble des cures du diocèse ; aussi « on ne se fera jamais idée, écrivait un de ses amis, de la désolation que lui causa sa nomination à la cure de Québec. Il ne l'accepta que par un acte héroïque d'obéissance. Après même qu'il fut devenu curé de Québec, il ne se rappelait cette nomination que les larmes aux yeux. » C'est le 1er octobre 1831, que l'abbé Baillargeon prit possession de son bénéfice, pour succéder à Mgr Signay, qui en était resté pourvu jusque-là, bien qu'il fût évêque depuis quatre ans. Le nouveau curé sut bientôt gagner la confiance et le respect de ses paroissiens, par son zèle, par son infatigable dévouement, et, disons-le, par son grand bon sens. « Le bon sens, écrivait-il lui-même, un jour, n'est pas seulement une bien belle chose, c'est encore une grande et puissante chose qui finit toujours par l'emporter dans le monde. » Ce fut cette puissante chose qui donna à M. Baillargeon une si grande autorité dans la paroisse de Québec, et qui assura le succès de sa prédication généralement simple et apostolique. Son ministère fut pénible, laborieux et fécond. De 1831 à 1850 le choléra vint trois fois décimer son troupeau ; puis en 1847 le typhus ravagea les émigrants, et le clergé de la ville et des campagnes. Dans ces malheurs publics, on vit le curé de Québec se dévouer, pour secourir les malades, soit à domicile, soit dans les hôpitaux, et consacrer ses jours et souvent ses nuits entières à l'exercice de la charité et du ministère pastoral. Il écrivait à un ami le 5 juillet 1847 : « Tu m'invites à aller me reposer avec toi. J'aurais du bonheur à le faire ! Mais dans quelle désolation nous sommes ici à Québec ! Nous avons neuf prêtres atteints du typhus ; et trois autres qui vont arriver après demain avec la même maladie. Ils reviennent de la Grosse-Ile. Aucun de ceux qui y ont été, jusqu'à ce jour, n'y a échappé. Deux de mes vicaires sont de ce nombre. Le premier entre à peine en convalescence et le second est tombé gravement malade hier soir...... Il ne faut pas songer un instant à s'éloigner de son poste dans ce temps de crise et d'alarme. Adieu, faisons le bien pendant que Dieu nous en donne le temps et les moyens. »

Quand deux ans auparavant, deux incendies étaient venues amonceler dans la ville des ruines qui paraissaient irréparables, M. Baillargeon fut l'âme du comité chargé de distribuer les secours. Malgré une santé délabrée, il ne se donna aucun repos, et sut communiquer à tous sa résignation et son courage. Ses idées pratiques produisirent de merveilleux résultats.

La charité de ce bon pasteur s'étendait à tous les besoins : c'est ainsi qu'avec l'aide de la société d'éducation du district de Québec, il fit venir les Frères des Écoles Chrétiennes, et s'imposa pour leur établissement des sacrifices dont Dieu seul a connu la grandeur. C'est aussi pendant qu'il était curé de Québec, que fut fondée la première conférence de l'admirable Société de Saint-Vincent de Paul. En 1850, lors de son voyage en Europe, il présida une assemblée générale des Conférences de Paris, à laquelle assistait le P. Lacordaire, et il raconta ainsi aux nombreux associés qui l'écoutaient, quels furent les commencements de la société au Canada : « Un jeune homme, un jeune canadien, (a) qui avait étudié à Paris, revint au Canada avec vos règlements ; il vint trouver l'un des curés de Québec. Ce curé, c'est moi qui vous parle en ce moment. Il l'entretint de son projet de fonder la société ; le curé le seconda. Il dit un mot, convoqua une assemblée ; et cela suffit, dans un pays si catholique, pour qu'il se formât aussitôt plusieurs conférences. Quelle providence ! C'était en 1846, à la suite de deux incendies qui venaient de détruire les deux tiers de la ville. Vous connaissez la rigueur de nos hivers. Les aumônes des conférences, qui, en un an, montèrent à cinq mille piastres (25,000 francs), suffirent à toutes les nécessités, et toutes les misères véritables trouvèrent des consolateurs. » M. Baillargeon demeura toute sa vie le protecteur efficace et généreux de la Société de Saint-Vincent de Paul, qui prit bientôt de si grands développements à Québec et dans tout le Canada. Ajoutons à cela l'érection de la société de tempérance, la construction de l'église du faubourg Saint Jean, et des réparations considérables faites à la cathédrale, et l'on se fera une idée des œuvres que produisit le zèle du curé de Québec, pour le bien-être religieux de ses paroissiens. Malgré ses occupations multiples et la faiblesse d'une santé presque toujours chancelante, monsieur Baillargeon trouvait le temps et la force de se livrer à des études très sérieuses, et

---

(a) C'était le docteur Joseph-Louis Painchaud.

c'est à cette époque qu'il fit la traduction du Nouveau Testament, ouvrage qui lui coûta, comme il le dit lui-même, « un quart d'heure par verset......... c'est-à-dire quatre heures et demie de travail par jour durant quatre cent quarante jours. »

Le 16 mai 1850, il abandonna le ministère pastoral pour se rendre à Rome en qualité d'agent, de procureur, et de vicaire général de l'archevêque et des évêques de la province ecclésiastique de Québec. On l'avait chargé de traiter auprès du Saint-Siège un grand nombre d'affaires importantes, parmi lesquelles figuraient : des pouvoirs et des indulgences à obtenir, l'annexion proposée des diocèses de Terre-Neuve, d'Arichat, de Charlottetown et du Nouveau-Brunswick, la nomination d'un coadjuteur pour Mgr Provencher, les règlements de la société de la Croix, le rétablissement du chapitre de la cathédrale, etc. Le choix que les évêques avaient fait de l'abbé Baillargeon montrait assez en quelle estime on le tenait.

Il remplit sa mission à la parfaite satisfaction des prélats qui l'avaient envoyé ; mais il était d'avis que sa présence à Rome causait au clergé des dépenses inutiles, et que les évêques feraient mieux de se nommer un agent parmi les ecclésiastiques qui demeuraient dans la ville éternelle. Il écrivait dans ce sens à M. l'abbé Cazeau, en même temps qu'il lui manifestait le grand désir et le grand besoin qu'il éprouvait de vivre dans la solitude :

« Ce que j'ai écrit à Mgr de Sidyme, touchant la possibilité de trouver ici un excellent agent pour me remplacer, le mettra à même d'en conférer avec les autres évêques. S'ils jugent à propos d'agréer et de nommer à ma place celui que j'ai suggéré, je pourrai m'en retourner triomphant comme un homme qui a fidèlement et utilement rempli son mandat. Et dans ce cas, soit dit entre nous, j'aurai bien mérité d'avoir enfin la belle, la charmante petite cure de Saint-Ferréol que j'ai convoitée tant de fois, et d'y manger en paix mes patates jusqu'à la fin de mes jours. »

Le digne prêtre ne savait pas qu'on lui destinait un poste bien plus élevé que celui de Saint-Ferréol, et qu'il allait faire un sacrifice encore plus grand que celui d'accepter la cure de Québec. Bien convaincu depuis longtemps des hautes capacités de cet homme de Dieu, Mgr Turgeon n'eut pas plus tôt rendu les derniers devoirs à son prédécesseur, qu'il le demanda instamment au Saint-Père pour son coadjuteur, et sa requête fut signée par tous les évêques du Canada

« Cet ecclésiastique, disait ce document, qui redoute d'autant plus le fardeau de l'épiscopat qu'il est plus digne de le porter, fera sans doute tous ses efforts pour obtenir de n'en être point chargé ; mais j'espère que ses résistances seront inutiles, et que l'autorité du Souverain Pontife interviendra, s'il est nécessaire, pour l'obliger, en vertu de la sainte obéissance, à répondre à nos vœux. Les motifs qui nous portent à demander à Sa Sainteté, avec tant d'instances, qu'elle veuille bien me donner M. Baillargeon pour coadjuteur, sont : que ce digne prêtre joint à une vertu consommée une science profonde dans les matières ecclésiastiques, un grand zèle pour la discipline, une fermeté de caractère qui ne se dément jamais, au milieu même des plus grandes difficultés, une grande connaissance des hommes, une prudence et une habileté remarquables dans les affaires. Il jouit en outre de la confiance, non seulement de tout le clergé de l'archi-

diocèse de Québec et de celui des autres diocèses de la province ecclésiastique, mais encore de tous les laïques, parmi lesquels se trouvent beaucoup de protestants, qui ont su apprécier en bien des circonstances sa capacité et son mérite.»
Cependant le Saint-Père hésitait à faire la nomination demandée, vu la maladie de l'abbé Baillargeon, qui se trouva tellement affaibli à Rome qu'il croyait ne jamais revoir le Canada. Mais touché par les prières de Mgr Turgeon, le Pape passa outre et obligea le pauvre malade à accepter le fardeau.

Victime de son obéissance, M. Baillargeon écrivit, le 30 décembre 1850, à son archevêque la nouvelle de sa nomination :

« Le secrétaire de la Propagande, dit-il, m'a fait dire hier que votre coadjuteur était nommé ; et qu'il ne pouvait reculer, parce que le Pape lui faisait mander qu'il y allait de l'obéissance............ Pauvre église de Québec !............ Pauvre archevêque de Québec, qui a tant besoin d'être soulagé, et à qui on donne pour coadjuteur un tel homme....... un infirme......... un malade......... un bon à rien ! »

Voici comment il annonce lui-même à son frère, le curé de Saint-Nicolas, la cérémonie de sa consécration épiscopale. Cette lettre est vraiment ravissante et fait connaître le cœur de ce digne évêque :

« Frère, en face de l'Ile-aux-Grues, est une petite île appelée Ile-au-Canot. Là habitait seul, il y a maintenant quarante-trois ans, un jeune et pauvre ménage. (*a*) Une nuit que le

---

(*a*) C'est après la naissance de Mgr Baillargeon à l'Ile-aux-Grues, que sa famille alla demeurer à l'Ile-au-Canot.

mari était absent, la femme fut réveillée par les cris d'un jeune enfant. Elle se lève, le prend dans ses bras, l'apaise en lui donnant son sein, et s'assit sur son lit en attendant qu'il s'endorme. La nuit était sombre ; la tempête grondait. Ses six jeunes enfants dormaient d'un paisible sommeil ; elle seule veillait au milieu des ténèbres. S'étant remise à considérer son isolement, l'abandon où elle se trouvait, le triste avenir de sa nombreuse famille, elle se sentit le cœur pénétré de douleur ; et, après s'être recommandée à la sainte Vierge, à laquelle elle avait une grande confiance, elle donna un libre cours à ses larmes. Tout à coup une voix se fait entendre, et lui dit : « Console-toi ; deux de tes enfants seront prêtres, et l'un de ces deux prêtres sera évêque. » Aujourd'hui le premier de ces prêtres est évêque de Tloa, *in partibus infidelium*, siège suffragant de Mire, illustré par le grand saint Nicolas, et coadjuteur de l'archevêque de Québec ; et le second est curé de la paroisse de Saint-Nicolas, près de Québec.

« Quelle était cette voix ?

« Oui, c'est aujourd'hui que cette prédiction s'est accomplie. Je n'y croyais point avant cette année ; maintenant j'y crois. L'événement a confirmé l'oracle. C'est ce matin que j'ai été sacré par les mains du vénérable et saint cardinal Franzoni, préfet de la Propagande, assisté de l'archevêque de New-York et de l'évêque de Marseilles (*a*) dans l'église des PP. Lazaristes. Que la sainte volonté de Dieu soit faite ; car tout me dit, tout me prouve que c'est la volonté de Dieu. Il faut obéir à Dieu. Seulement, je crains de ne pas corres-

---

(*a*) Mgr Hughes et Mgr Mazenod.

pondre à ses grâces. Prions, frère, prions beaucoup, afin que, dans sa miséricorde, il les multiplie tellement, qu'il me préserve du malheur d'en abuser

« Je compte partir de Rome vers le 15 mars. Je m'embarquerai, vers le 15 mai, pour l'Amérique, afin de me rendre à Québec vers le commencement de juin, moins joyeux que si je n'étais pas évêque, mais toujours fort heureux de t'embrasser ainsi que ce cher papa et toute la famille. Adieu, frère. "

Mgr Baillargeon fut le premier évêque, depuis la conquête, dans l'élection duquel le gouvernement anglais ne crut pas devoir intervenir. A partir de cette époque, les évêques, dans tout le Canada, sont choisis et consacrés, sans que les gouverneurs aient à s'occuper en aucune façon de cette affaire. Bien plus, aujourd'hui, non seulement les évêchés existants, mais chaque nouvel évêché se trouve, dans la Province de Québec, incorporé *ipso facto* et jouissant de tous les privilèges d'une personne civile.

CHAPITRE II

Arrivée de l'évêque de Tloa à Québec.—Visites pastorales.—Administrateur du diocèse. — Mandements sur l'Immaculée Conception et Notre-Dame des Victoires.—Amour et dévouement pour Pie IX.—Quête de 20,000 piastres pour le Pape.—Denier de Saint-Pierre.—Voyage à Rome.—Deuxième édition du Nouveau Testament.

Mgr Baillargeon fut de retour à Québec le 1er de juin 1851 ; il fut accueilli avec la joie la plus vive par son archevêque, qui soupirait avec impatience après sa venue, par les membres du clergé de Québec qui étaient tous ses amis, et par ses anciens paroissiens qui lui firent une démonstration triomphale et enthousiaste. Le prélat se mit immédiatement à l'entière disposition de Mgr Turgeon qui pouvait d'autant plus compter sur lui, qu'il connaissait mieux son inaltérable dévouement. Nommé supérieur des Ursulines, des Sœurs de l'Hôtel-Dieu et de l'Hôpital-Général, il donna à ces fidèles épouses du Christ les témoignages les plus éloquents de son zèle et de son grand jugement pour la direction des âmes consacrées à Dieu.

« Ce fut surtout, dit M. l'abbé B. Pâquet, dans la visite si pénible des paroisses, qu'il rendit service à l'archevêque. On sait combien laborieuses, fatigantes et souvent périlleuses étaient à cette époque les visites lointaines de la Gaspésie, de la Baie des Chaleurs et du Labrador. Quel travail il s'imposait pendant ces visites ! Il faut l'avoir vu à l'œuvre, pour pouvoir se former une idée des fatigues auxquelles il se condamnait : les journées entières étaient employées à prêcher, catéchiser, confesser, confirmer, à consoler, encourager, relever les âmes abattues. Où il était admirable surtout, c'était en instruisant les petits enfants. Quelle suave simplicité ! Comme il savait se mettre à la portée de leur jeune et faible intelligence ! Quelle manière frappante, originale, claire, dans l'exposition des sublimes vérités de la religion ! Quelles gracieuses et saisissantes comparaisons ! Comme il remuait profondément les âmes, et y laissait une impression durable, lorsque, l'office terminé, ayant la mitre sur la tête, la crosse à la main, prêt à laisser son trône, il se tournait tout à coup vers la foule recueillie, et d'une voix empreinte d'une émotion divine, faisait entendre ces mots : « Tout pour Dieu ! Tout pour Dieu ! mes chers frères ; » c'était son adieu. »

Mgr Baillargeon se plaisait à converser avec les habitants de la campagne ; à l'exemple de saint Vincent de Paul, il aimait à leur parler de l'état de gêne où vécurent ses bons parents, et des fonctions de berger qu'il avait exercées dans son enfance. Comme il n'était pas fier ! suivant l'expression familière aux gens de la campagne. Il se laissait aborder par tous, et donnait toutes ses préférences aux pauvres et aux petits. Pendant qu'il était en tournée pastorale, dans le comté de Rimouski, il écrivait à M. l'abbé Plante : « Je m'imagine que vous passez assez agréablement le temps à Québec. C'est un enchaînement non interrompu de concerts, de fêtes, etc. Allez-vous faire quelque figure dans celles que l'on prépare à la *Capricieuse ?* Oh ! si l'argent que l'on gaspille à toutes ces fêtes était employé à apaiser la faim de nos pauvres, surtout des pauvres de ces quartiers, où la misère est si grande cette année à la suite de la gelée de l'automne dernier ! Oh ! combien de braves gens, de petits enfants qui demandent du pain, *qui petunt panem, et non est qui frangat eis,* qui se nourriraient volontiers des miettes qui tombent de la table de nos citadins en fêtes, *et nemo dat eis !* mais il n'en mourra aucun de faim, je l'espère. Le bon Dieu prendra soin de ces petits. *Tibi derelictus est pauper !*

« On fait aussi des fêtes, et des fêtes bien cordiales en ces paroisses ; mais ce sont fêtes toutes religieuses, fêtes et triomphes *à celui qui vient au nom du Seigneur.* Et le Seigneur bénit lui-même ceux qui honorent son envoyé. Oh ! le bon peuple que celui de nos campagnes ! Oh ! que je les bénis avec effusion de cœur ! Et je bénis aussi, de toute l'affection de mon âme, votre bonne communauté, avec son chapelain, que j'aime toujours de tout mon cœur, quoiqu'il ne m'ait pas écrit. »

Bien qu'il ne fût nommé administrateur du diocèse que le 11 avril 1855, Mgr Baillargeon le devint de fait le 19 février précédent, par suite de la terrible maladie dont Mgr Turgeon venait d'être soudainement frappé. Il inaugura son règne épiscopal par la publication du décret dogmatique de la Conception Immaculée de la sainte Vierge, et il écrivit à cette occasion un mandement tout rempli de la tendre dévotion qu'il avait toujours témoignée envers la reine du ciel. « Quelle sainte joie, disait-il, et quelle douce confiance ne doit pas vous inspirer, à vous surtout, enfants de l'église de Québec, cette définition de l'Immaculée Conception de Marie ! Car c'est bien Marie, comme conçue sans péché, qui est la patronne de la cathédrale de Québec, et par conséquent de tous les fidèles du diocèse. C'est bien sous la protection de Marie, comme conçue sans péché, que vous avez grandi, que vous avez conservé votre foi, au milieu d'épreuves et de dangers sans nombre. C'est bien Marie, comme conçue sans péché, que vous avez toujours honorée et invoquée, en célébrant la fête solennelle de la Conception. Oh ! quel triomphe et quelle douce consolation pour vous, que d'entendre aujourd'hui l'oracle venu du ciel, qui lui assure à jamais ce beau titre ! »

L'évêque ordonna qu'un *triduum* fut célébré dans les églises du diocèse avec toute la solennité possible. Ce fut l'une des plus grandes et des plus belles fêtes qu'eût jamais vues l'église catholique de Québec.

Le prélat profita de cette manifestation de la piété des fidèles envers la sainte Vierge, pour encourager son culte dans l'église de Notre-Dame des Victoires de la basse-ville de Québec, et le premier de mai de cette même année, il publia un mandement à cet effet. « C'est, dit M. l'abbé B. Pâquet, un des plus beaux, des plus touchants, des plus pieux écrits qu'il soit donné de lire sur la sainte Vierge on le croirait sorti de la plume de saint Bernard. »

Mgr Baillargeon aimait Marie Immaculée, il aimait aussi le grand pontife qui l'avait proclamée conçue sans péché et qui venait d'autoriser et de rendre obligatoire par sa parole infaillible, une croyance si chère à tout le peuple fidèle du diocèse de Québec. Plusieurs fois, pendant son séjour à Rome en 1850-51, il avait eu le bonheur de voir Pie IX et de lui témoigner son respect et son amour. Voici ce qu'il écrivait après une audience : «.................... Je l'ai donc bien vu, bien examiné, bien regardé. Maintenant voici : taille moyenne, corpulence moyenne ; cheveux blanchis, avant le temps, dans la persécution ; noble figure dont tous les traits respirent la simplicité, la douceur, la bonté ; front auguste et rayonnant, où la douleur a laissé une profonde empreinte ; regard d'une âme affligée, mais pleine de résignation, d'espérance et d'amour dans ses souffrances. C'est le plus doux, le plus humble, le plus patient, le plus généreux, le plus bienfaisant des hommes ; un ange de bonté ; la plus parfaite image de celui dont il tient la place sur la terre, et comme lui aussi, en butte à la contradiction et homme de douleurs......... »

Devenu évêque, Mgr Baillargeon ne perdit pas une seule occasion de communiquer à son peuple son admiration et son dévouement pour le vicaire de Jésus-Christ. Afin d'éloigner la persécution qui s'annonçait plus terrible contre le chef de l'Église en 1859, le prélat ordonna des prières publiques dans son diocèse, et, en particulier, la récitation des litanies de la sainte Vierge après toutes les messes. L'année suivante, il publia un autre mandement pour venir en aide au Pape d'une autre manière. « Aujourd'hui, nous venons, disait-il à ses diocésains, vous proposer de faire quelque chose de plus pour le vénéré Pontife, et de lui donner ainsi une nouvelle preuve de votre piété filiale. Continuez de prier...... mais ne bornez pas là les œuvres de votre zèle pour lui.

« Ce secours dont le Saint-Père a un si grand besoin, Nos Très Chers Frères, ce secours qu'il n'a pas osé vous demander, nous le demandons aujourd'hui pour lui. Dieu lui-même vous le demande, puisque, dans ses impénétrables jugements, il a voulu qu'il eût besoin de votre assistance. Empressez-vous donc de donner à l'auguste Pontife ce nouveau gage de votre religion et de votre piété filiale. Déjà vos frères de la pauvre, mais noble et généreuse Irlande, et de tant d'autres contrées, lui ont envoyé leurs dons. Hâtez-vous de lui envoyer le vôtre. »

« La demande de Mgr Baillargeon dépassa toute espérance, dit M. l'abbé C. Legaré. La somme de vingt mille piastres fut l'offrande d'un diocèse qui ne comptait pas plus de deux cent cinquante mille âmes et où les grandes fortunes sont, pour ainsi dire, inconnues. Elle fut formée par les contributions des fidèles même les plus pauvres dans chaque paroisse ou mission. A l'appel de leur premier pasteur, paroissiens, curés et communautés, tous avaient été remplis d'une sainte émulation. Ce zèle causa une douce joie à Mgr Baillargeon et lui inspira d'établir une organisation annuelle de secours pour le Pape. »

Il ne tarda pas à mettre son dessein à exécution, et, par son mandement du 19 mars 1862, il établit dans l'archidiocèse de Québec, l'œuvre du Denier de Saint-Pierre, œuvre admirable qui envoie au Pape chaque année une aumône de trois à quatre mille piastres et qui assure à notre église le trésor des bénédictions célestes.

Quelques jours auparavant, le 4 mars, avait eu lieu une grande assemblée dans la salle des promotions de l'Université Laval, pour protester contre les attentats dont le Souverain Pontife était l'objet. Plusieurs beaux discours y furent prononcés, mais le plus éloquent fut celui de l'évêque de Tloa, qui présidait à cette solennelle manifestation de foi catholique et d'attachement au Saint-Siège. Avec de pareils sentiments pour Pie IX, Mgr Baillargeon ne pouvait refuser l'invitation qu'il reçut, en 1862, de se rendre à Rome pour la canonisation des martyrs du Japon ; c'est alors qu'il reçut le titre de comte romain et d'assistant au trône pontifical. Revenu à Québec au commencement de juillet de la même année, il entreprit de suite la visite de son diocèse, devoir auquel il ne manquait jamais, bien qu'il fût encore plus faible et plus malade qu'à l'ordinaire. En 1863, il présida le troisième concile provincial. En 1865, il publia la deuxième édition du Nouveau Testament et il en fit hommage au Souverain Pontife, qui lui adressa un bref tout à fait élogieux. L'évêque avait consacré une demi-heure de son temps à la traduction de chaque verset, ce qui faisait, comme il le dit lui-même, deux ans, huit mois, et vingt-et-un jours, à quatre heures de travail par jour.

Rien de plus curieux que la circulaire écrite par Mgr Baillargeon pour recommander la diffusion du Nouveau Testament dans les paroisses de son diocèse. Jamais auteur ne s'est effacé davantage.

« Mgr Signay, dit-il, d'heureuse mémoire, a publié, en 1846, une traduction du Nouveau Testament, dans l'intention principale de l'opposer à cette foule de Testaments falsifiés... que les sectaires de nos jours s'efforcent sans cesse de répandre parmi les catholiques.

« Cette traduction déclarée suffisamment approuvée, et recommandée par tous les évêques de la Province, ... est accompagnée d'un petit commentaire et d'excellentes notes, où la plupart des textes dont les protestants abusent, pour attaquer la foi de l'Église, sont clairement expliqués..... .... » Pas un mot dans cette circulaire de celui qui a fait la traduction, et l'on dirait bien que c'était un autre que l'évêque de Tloa ! Ce fut aussi en 1865 que le prélat publia la deuxième édition du « Recueil d'ordonnances...... du diocèse de Québec ». Cet ouvrage, fait avec un grand soin, rendit un immense service au clergé.

Pour rendre justice à l'administration de Mgr Baillargeon jusqu'à la mort de son archevêque, en 1867, il faut signaler les mandements ou circulaires qu'il publia sur l'érection du diocèse de Rimouski et sur la Confédération des provinces, et ses nombreux appels à l'inépuisable charité de ses diocésains. Mentionnons des collectes pour les églises incendiées de Douglastown, de Saint-Modeste et de Portland, pour Mgr Taché, les RR. PP. Jésuites de Québec, les Sœurs de la Charité et celles du Bon-Pasteur, et les incendiés de Saint-Roch et de Saint-Sauveur. Quelle épreuve ce fut pour le cœur charitable du prélat de voir encore une fois le feu détruire une partie de la ville de Québec ! citons quelques lignes de la circulaire qu'il adressa à son clergé, à cette occasion :

« Lorsque la présente vous parviendra, déjà vous aurez appris par les journaux les détails navrants de l'affreuse calamité qui vient de frapper de nouveau la malheureuse ville de Québec. Dimanche dernier, le feu a détruit complètement la partie du faubourg Saint-Roch, épargnée lors de l'incendie de 1845, et tout le faubourg Saint-Sauveur, avec son église, son couvent et son école des Frères. Je ne crois pas exagérer en disant que, par suite de ce désastre, pas moins de 15,000 personnes se trouvent sans asile et réduites à la plus affreuse misère. Ce qui rend encore leur condition plus pénible, c'est que le travail est à peu près arrêté ; que la plupart d'entr'eux sont sans vêtements et sans couvertures pour se protéger contre le froid, et que l'hiver va bientôt venir avec son accompagnement de souffrances et de privations. Le cœur se brise à la vue de tant de maux qui accablent en ce moment un si grand nombre de nos frères, et qui menacent de s'aggraver davantage dans la saison rigoureuse. »

Les consolations ne manquèrent pas aux victimes, et grâce aux abondants secours qui furent distribués, personne n'eut à souffrir de la faim ; les deux faubourgs incendiés se relevèrent en peu de temps de leurs ruines, et la bonne ville de Québec se reposa, en attendant un autre incendie.

Pour compléter ce trop court exposé des travaux accomplis pendant l'administration de Mgr Baillargeon, il faudrait dire ici ce qu'il a fait, pour promouvoir la grande cause de l'éducation, son dévouement pour l'Université Laval, la sage direction qu'il donna aux écoles normales qui venaient de se former, l'intérêt bienveillant qu'il porta toute sa vie au petit séminaire de Québec, aux collèges de Sainte-Anne, de Rimouski et de Lévis ; il faudrait rappeler les faits les plus saillants qui lui ont mérité l'éternelle reconnaissance des Jésuites, des Oblats, des Frères des Écoles Chrétiennes, de toutes les communautés religieuses, et en particulier des Sœurs de Jésus-Marie qu'il appela de France pour leur procurer des établissements dans son diocèse. Les nombreuses lettres qu'il écrivait aux supérieurs de ces différentes institutions prouvent quel était son zèle pour l'éducation de la jeunesse, quelle estime il avait pour les ordres religieux et pour les épouses de Jésus-Christ.

CHAPITRE III

Prise de possession du siège de Québec.—Les Zouaves pontificaux.—Le IVe Concile Provincial. — Le Concile du Vatican. — Incendie du Saguenay. — Les Féniens.—Dernière visite épiscopale.—Maladie et Mort de Mgr Baillargeon.—Oraison funèbre.

Le 28 août 1867, Mgr de Tloa rendit les derniers devoirs aux restes vénérés de Mgr Turgeon, et, le même jour, il prit possession du siège archiépiscopal de Québec. Il avait besoin de relire la devise de ses armes : *Non quod ego volo*, pour accepter ce nouvel honneur qu'il avait encore moins ambitionné que les autres. Depuis deux ans, il suppliait en vain le Saint-Père d'accepter sa démission, car malgré son courage, la faiblesse de sa santé lui causait de mortelles alarmes, et son humilité lui faisait croire qu'il était incapable de gouverner l'église de Québec.

« Rien ne fut changé dans ses habitudes et dans sa manière de vivre. On rapporte que, le jour de son ascension au trône archiépiscopal, quelques prêtres se permirent de lui dire : Monseigneur, maintenant que vous êtes archevêque, il faut que vous ayez une voiture, des chevaux, enfin un équipage conforme à votre dignité. L'archevêque réfléchit un instant, et prononça ces paroles d'une voix émue : Du travail donnez-m'en, tant que vous voudrez ; mais de grâce, des honneurs, délivrez-m'en. » (a) Presque toujours malade, il travaillait en

---

(a) M. l'abbé B. Pâquet.

effet plus qu'un homme en santé et ne prenait aucun congé, aucun délassement. Il suffit de lire les nombreux mandements et circulaires qu'il publia pendant les trois années qu'il vécut encore, pour se faire une idée de ses labeurs et des événements importants qui signalèrent son pontificat.

Les yeux toujours tournés vers Rome, Mgr Baillargeon suivait avec angoisse les progrès de la révolution italienne et de la guerre injuste entreprise contre le Souverain Pontife. Aussi quand il fallut donner une petite armée au Père de tous les catholiques de l'univers, il n'hésita pas à recommander avec instance l'œuvre si belle et si grande des zouaves pontificaux. Il aurait voulu que chaque paroisse envoyât un défenseur au Pape, et, grâce à ses appels chaleureux, la somme de six mille piastres fut collectée, dans le diocèse, pour payer le voyage et l'entretien à Rome, des zouaves canadiens.

En 1868, Mgr Baillargeon présida aux travaux des pères du quatrième concile provincial de Québec ; et, l'année suivante, il partait pour Rome, afin d'assister à une assemblée mille fois plus auguste, le concile œcuménique du Vatican ! « A Rome, dit M. B. Pâquet, pendant le concile, on sait comment l'illustre prélat a été vénéré par tous ceux qui l'ont connu, et comment son mérite et sa science ont été appréciés : il était membre de la congrégation de la *discipline*. Mais ce qu'on ne connaît peut-être pas assez, ce sont les souffrances qu'il a endurées et les travaux qu'il s'est imposés, bien qu'à l'agonie, comme il le disait souvent au grand vicaire Taschereau. » (*a*)

(*a*) M. Taschereau était le théologien de Mgr Baillargeon.

Pendant son séjour dans la ville éternelle, Mgr Baillargeon ne manqua pas de conjurer de nouveau le Saint-Père, d'accepter sa résignation ; mais Pie IX lui répondit :

« Moi aussi, je suis vieux ; comme vous, j'ai des infirmités, et plus que vous je suis affligé, et cependant je mourrai sur le champ de bataille, les armes à la main : mourez donc aussi sur le champ de bataille. » Touché de l'état de faiblesse extrême où il voyait l'archevêque de Québec, il lui permit de quitter Rome avant la fin du concile, et le combla des marques les plus touchantes de sa singulière affection.

Ce fut un grand sacrifice pour Mgr Baillargeon, de se séparer du Souverain Pontife et des pères du concile.

Le 26 mars 1870, il écrit à M. Cazeau : « Il faut que la grande question de l'infaillibilité soit définie et passe à l'état de dogme de la foi catholique ; elle le sera certainement et sans trouble, presque tous les évêques étant pour cette définition. Oh ! que je regrette de ne pouvoir rester jusqu'au jour où cette vérité sera proclamée, afin d'y donner mon grand *placet !* » Il eut du moins la consolation de voir ce dogme défini, avant de mourir, et il trouvait dans cette définition un terme à bien des difficultés.

De retour à Québec, au commencement du mois de mai, Mgr Baillargeon se rappela les paroles de Pie IX, et, quoique malade et souffrant, il se mit de suite à l'ouvrage, décidé de travailler jusqu'à la fin. Bien des chagrins vinrent assombrir ses derniers jours et en diminuer le nombre. Son âme se brisa de douleur en apprenant les désastres épouvantables causés par l'incendie du Saguenay. Il se hâta d'écrire une circulaire pour demander des secours.

« Quand la présente vous parviendra, disait-il à ses curés, vous aurez lu dans les journaux les détails navrants de l'incendie qui vient de réduire en cendres un si grand nombre des établissements du Saguenay. Ce désastre, joint à celui du même genre, qui a de nouveau plongé dans l'affliction la pauvre ville de Québec, (a) vous aura sans doute causé, comme à nous, la plus profonde douleur. Ce qui le fait déplorer encore davantage, c'est qu'il s'est apesanti sur ces hommes laborieux et pleins de courage qui ont ouvert le Saguenay à la colonisation, au prix de tant de sueurs et de fatigues, et qui déjà commençaient à recueillir, dans une modeste aisance, le fruit de leurs durs et pénibles travaux.

« Je ne viens pas en ce moment recourir à votre charité en faveur des incendiés de Québec, qui ne doivent compter en ce moment que sur les sympathies de leurs concitoyens ; mais je viens la réclamer avec confiance pour ce grand nombre de malheureux du Saguenay qui, dans l'espace de six heures, sur un parcours de trente-cinq lieues, ont vu détruire par le feu tout ce qu'ils possédaient au monde. Cinq cent-neuf familles ont tout perdu dans l'incendie : maisons, granges, meubles de ménage, hardes, instruments d'agriculture, animaux, provisions, etc., tout est devenu la proie des flammes, qui n'ont pas même épargné le grain semé dans la terre. Cent quarante-six autres familles, sans avoir été ruinées aussi complètement, sont toutefois réduites à un état de dénûment qui demande également un prompt secours. Ce sont donc six cent cinquante-cinq familles, for-

---

(a) L'incendie dont parle Mgr Baillargeon, détruisit une cinquantaine de maisons à Saint-Roch de Québec.

mant quatre mille cinq cent quatre-vingt-cinq âmes, qui se trouvent sans asile et sans pain. Or, ce sont nos frères qui souffrent de la sorte, et, dans leur infortune, c'est, après Dieu, vers nous qu'ils tournent leurs regards, dans l'espérance que nous aurons pitié de leur misère. »

Dans le même temps, les Féniens menaçaient d'envahir le Canada ; à l'exemple de ses prédécesseurs, Mgr Baillargeon ne manqua pas de rappeler aux milices canadiennes que leur devoir était de marcher à la défense de leur pays, et aux parents « qu'ils se rendraient coupables devant Dieu et devant les hommes, si, dans leur tendresse pour leurs enfants appelés sous les armes, ils allaient les détourner d'obéir à ce que leur commandent le devoir et l'honneur. »

Malgré l'état déplorable de sa santé, affaiblie encore par les inquiétudes et le chagrin, Mgr Baillargeon commença, le 21 juin 1870, à visiter les paroisses de son diocèse ; mais le 7 juillet, il était à bout de forces et il s'en revint presque mourant dans sa ville épiscopale. « Je meurs, je le sens, disait-il, mais je meurs les armes à la main. » « Toutefois, dit M. l'abbé Pâquet, la présence de son cher clergé, réuni, quelques semaines après, pour la retraite ecclésiastique, ranima sa vie à demi éteinte, et, le jour anniversaire de son élévation au siège archiépiscopal, il put recevoir les hommages de ses prêtres.

« Ah ! quelle entrevue touchante, et en même temps quels adieux déchirants ! Il fit ses dernières recommandations à ses enfants,—nous l'avions appelé notre père ; à ses compagnons d'armes,—nous l'avions appelé notre chef. Sa voix, qui n'avait plus rien de terrestre et qui semblait venir d'outre - tombe, nous électrisa ; quelles larmes coulèrent lorsqu'il prononça ces paroles : mon successeur possèdera plus de science, plus de qualités, plus de vertus que moi ; mais, vous aimer davantage, c'est impossible ! »

Mgr Baillargeon vécut encore quelques semaines, qu'il passa dans la souffrance et aussi dans la plus parfaite soumission à la volonté de Dieu. C'est le 13 octobre, à cinq heures du soir, qu'il rendit son âme à Dieu, à l'âge de 72 ans. Les funérailles eurent lieu dans la cathédrale et furent extrêmement solennelles. Mgr Bourget célébra le service funèbre, auquel assistaient quatre autres évêques, quatorze vicaires généraux et cent quarante prêtres. M. l'abbé Louis Pâquet prononça l'éloge de l'illustre défunt. Nous n'oublierons jamais l'émotion profonde qui s'empara visiblement de l'auditoire et surtout des vétérans du sacerdoce, quand le jeune orateur, après avoir rappelé les vertus du vénérable archevêque, s'écria dans une éloquente péroraison :

« Il est mort. Jamais plus nous ne contemplerons cette belle et grande figure, ces traits si nobles, cette physionomie si bonne, qui inspiraient à la fois le respect et l'amour. Jamais plus nous n'entendrons cette voix en même temps forte et suave, sympathique et vibrante, qui résonnait si majestueusement sous les voûtes de cette cathédrale, qui, du haut de cette chaire, annonça tant de fois, avec un éclat si doux, les vérités de notre sainte religion. Il est mort. Pendant près de quarante années, il a vécu avec nous comme un chef au milieu de ses soldats, comme un pasteur au milieu de son troupeau, comme un père au milieu de ses enfants. Et maintenant il nous laisse. Nous avons entendu son dernier adieu, nous avons reçu sa dernière bénédiction ; nous nous sommes fait un devoir d'aller baiser une dernière fois ses mains glacées par la mort.

« Il nous laisse. Dans quelques instants nous n'aurons même plus devant les yeux cette relique mortelle qui, depuis cinq jours, a été l'objet de la vénération la plus universelle et la plus profonde. Il nous laisse. Mais sa mémoire, nous l'affirmons ici en toute confiance, certain que nous sommes d'être l'écho fidèle des sentiments de tous les cœurs généreux, sa mémoire demeurera avec nous comme un dépôt précieux, et grandira, grandira toujours avec les années. »

Mgr Baillargeon avait ordonné cent quatre-vingt-dix prêtres et consacré cinq évêques : les seigneurs Laflèche, Chs Larocque, Langevin, Horan et Walsh.

E. A. Card. Taschereau, arch. de Québec

S. E. LE CARDINAL TASCHEREAU

CHAPITRE I

Naissance du cardinal Taschereau.—Ses études au Séminaire de Québec.—Voyage à Rome.—Il vent se faire bénédictin.—Dom Guéranger—Retour à Québec.—Sa vie au Séminaire.—Missionnaire à la Grosse-Ile en 1847.—L'un des fondateurs de l'Université Laval.—Voyage à Rome où il obtient le titre de docteur en droit canonique.—Supérieur du Séminaire et recteur de l'Université.—Voyages à Rome en 1862, 64, 69.—Théologien au Concile du Vatican.—Mort de Mgr Baillargeon.—M. Taschereau nommé administrateur.

Le cardinal Elzéar-Alexandre Taschereau est né à Sainte-Marie de la Beauce, au manoir seigneurial, le 17 février 1820. Son père, l'honorable juge Jean-Thomas Taschereau, était le petit fils de Thomas-Jacques Taschereau, originaire de la Touraine. Thomas-Jacques Taschereau avait quitté la France pour venir en Canada, vers le commencement du dix-huitième siècle, et il avait obtenu la concession d'une seigneurie, sur les bords de la rivière Chaudière. Il épousa à Québec, en 1728, Marie Fleury-D'Eschambault, dont la mère, Claire Jolliet, était fille et arrière-petite-fille de deux hommes célèbres au Canada : Jolliet, le découvreur du Mississipi, et Hébert, le premier colon canadien.

La mère du cardinal Taschereau, dame Marie Panet, était fille de l'honorable Jean-Antoine Panet, premier président de la Chambre d'Assemblée du Canada, et frère de Mgr Bernard-Claude Panet. Cette union fut heureuse : elle donna un juge à la magistrature et un cardinal à l'Église. (*a*)

Le 1ᵉʳ octobre 1828, le jeune Elzéar-Alexandre Taschereau commença ses études au Séminaire de Québec. En dépit d'un âge qui fut toujours beaucoup au-dessous de celui de ses confrères de classe, les *palmarés* attestent les succès brillants qu'il remporta pendant son cours classique. Mémoire aussi active que tenace, jugement sûr, amour du travail, piété solide, modestie profonde, aimable gaieté dans les récréations : telles sont les principales qualités qui se manifestèrent et se développèrent en ce jeune élève, qui semblait dès lors destiné à jouer un rôle important dans la carrière qu'il embrasserait. A peine âgé de 16 ans, il terminait ses études, en 1836, et, le printemps de la même année, il partait pour l'Europe avec M. l'abbé Holmes, du Séminaire de Québec. Ce fut sous la direction de ce savant mentor, qu'il eut l'avantage de visiter les principales contrées de l'ancien continent, et d'enrichir sa mémoire de connaissances que le cours classique seul n'avait pu lui donner.

Le jeune Taschereau prit l'habit ecclésiastique à Rome et il fut tonsuré le 20 mai 1837, dans la basilique de Saint-Jean de Latran, par Mgr Piatti, archevêque de Trébisonde.

Pendant son séjour dans la ville éternelle, il eut souvent l'occasion de voir Dom Guéranger, âgé alors de 32 ans seu-

---

(*a*) Ces deux anciennes familles de robe n'ont jamais cessé de fournir des hommes de loi éminents. L'Honorable Jean-Thomas Taschereau, frère du cardinal, actuellement à la retraite, a été successivement juge de la cour supérieure, de la cour d'appel, et de la cour suprême. Son fils Henri est juge de la cour supérieure. L'honorable Elzéar Taschereau, juge de la cour suprême est cousin du 3e au 2e degré avec le cardinal. Un autre Taschereau (André), cousin germain de Son Éminence, était lui aussi juge de la cour supérieure, à Kamouraska.

lement, et qui travaillait au rétablissement de l'ordre de Saint-Benoît en France. Le futur abbé avait déjà cinq candidats à la règle bénédictine et il s'était établi avec eux à Saint-Pierre de Solesmes. En ce moment, il sollicitait l'approbation du Saint-Siège, qui lui fut en effet donnée le 1er septembre 1837. Cet homme de génie ne manqua pas d'apprécier les talents et les vertus ecclésiastiques du jeune Taschereau, et il vit de suite de quel trésor il enrichirait son abbaye, s'il pouvait lui procurer un pareil sujet. Il lui fit part de ses desseins et il lui offrit de partager ses travaux. Profondément touché par la perspective d'une existence passée au fond du cloître, et consacrée tout entière à la prière et à l'étude, l'abbé Taschereau céda facilement aux instances du prieur de Solesme et il fut sur le point d'entrer dans ce fameux couvent des Bénédictins français.

Ceux qui l'ont connu alors—et il n'a pas changé depuis—comprendront sans peine combien la vie religieuse, et en particulier la vie d'un bénédictin, était conforme à ses goûts et à ses aptitudes. Il aurait facilement ajouté les vœux de pauvreté et d'obéissance à celui de chasteté, qu'il se proposait de faire en entrant dans l'état sacerdotal. Son amour de l'étude aurait trouvé, dans le silence de la cellule monastique, un asile inviolable et sacré ; de concert avec Dom Guéranger, il aurait puisé à pleines mains dans les trésors des vieilles bibliothèques et des manuscrits poudreux, et nul doute que ses travaux eussent été aussi utiles à l'Église qu'honorables à la famille religieuse dont il aurait fait partie.

La divine Providence avait sur lui des vues encore plus élevées, et elle le dirigea comme par la main dans la voie qu'elle lui avait tracée. L'abbé Taschereau ayant communiqué son dessein à M. Holmes, celui-ci répondit : « Mon enfant, votre famille vous a confié à mes soins, c'est mon devoir de vous ramener sous le toit paternel. Une fois au Canada, vous pourrez étudier davantage votre vocation, et revenir en Europe, si Dieu le veut, pour embrasser la règle de Saint-Benoît. »

Le jeune abbé, qui n'avait que 17 ans, s'en revint donc au pays, et la voix de ses directeurs, qu'il avait toujours regardée comme celle de Dieu, lui fit sans doute comprendre qu'il lui serait plus méritoire à lui-même et plus utile aux autres, de consacrer ses talents et ses forces au service du Séminaire et de l'église de Québec. Il n'en a pas moins été un bénédictin par ses œuvres, par sa pauvreté volontaire, son renoncement à tous les plaisirs du monde, son obéissance parfaite et son profond respect pour ses supérieurs, son inviolable fidélité à la règle du séminaire, sa patience et sa persévérance dans le travail. (a)

En septembre 1837, il commença ses études théologiques que ses grands talents et son habitude de la réflexion lui rendirent prodigieusement faciles. A cette époque, les élèves du grand séminaire étaient en même temps professeurs, état de choses vraiment déplorable, mais rendu nécessaire par le nombre insuffisant des prêtres. L'abbé Taschereau, tout en apprenant sa théologie, fit successivement les cours de Cinquième, de Troisième et de Rhétorique.

Il n'avait que 22 ans et demi, quand il fut ordonné prêtre (10 septembre 1842), à Sainte-Marie de la Beauce, par Mgr

---

(a) Dans un des voyages qu'il fit plus tard en Europe, M. Taschereau ne manqua pas d'aller à Solesme, pour présenter ses hommages à Dom Guéranger, et visiter le monastère où il s'était proposé un jour d'aller passer sa vie.

Turgeon, alors coadjuteur de Mgr Signay. Le séminaire réclama aussitôt ses services et lui confia l'enseignement de la philosophie, charge qu'il remplit pendant douze ans. M. Taschereau avait tout ce qui fait l'excellent professeur : la méthode, l'autorité, la clarté, jointes à la science.

Un jour qui fera époque dans sa vie, il fut arraché à ces paisibles occupations, par un cri de détresse qui retentit dans tout le pays : c'était le cri poussé par les innombrables victimes du typhus de 1847 !

Chassés de leur pays par la famine et la peste, des milliers d'infortunés Irlandais vinrent demander asile au Canada; mais la maladie monta avec eux sur les vaisseaux, en détruisit un grand nombre pendant la traversée et suivit les autres à la Grosse-Ile, qui devint le théâtre de la charité et du dévouement des prêtres canadiens. La parfaite connaissance que M. Taschereau avait de la langue anglaise, le désignait d'avance pour l'un des missionnaires qui se succédèrent au chevet des malades et des mourants de la *quarantaine*. Il ne put demeurer que huit jours à la Grosse-Ile, mais il n'y fut pas inactif. Un vaisseau venait d'arriver encombré par six cents émigrés, tous frappés de la fièvre. Deux cents de leurs compagnons, avaient déjà succombé pendant le voyage et dormaient au fond de l'océan. Les survivants entassés sur le navire étaient trop faibles pour être transportés à terre, et l'abbé Taschereau dut leur donner les secours de la religion sur le vaisseau même empesté par les miasmes de la maladie Il y passa des journées entières à administrer les malades et à les préparer à la mort. Mais comme bien d'autres, il ne put résister longtemps, et atteint lui-même par le terrible fléau, dans l'exercice de son héroïque ministère, il se rendit à l'Hôpital-Général, où il fut pendant trois semaines en grand danger de mort. Revenu à la santé, il retourna au Séminaire de Québec, où il remplit tour à tour, jusqu'à son élévation à l'épiscopat, les fonctions de directeur du petit séminaire, de préfet des études, de directeur du grand séminaire, de professeur de théologie, des sciences physiques, et de supérieur. M. Taschereau laissa partout des traces ineffaçables de son passage, fonda parmi les élèves des sociétés littéraires qui sont encore florissantes, fit une refonte complète des règlements du petit et du grand séminaire, et rédigea des traités d'architecture et d'astronomie. Au milieu des charges importantes qui lui furent confiées et des travaux de tout genre auxquels il se livra, l'érudit professeur trouva encore le temps d'écrire l'histoire du Séminaire de Québec, ouvrage immense, resté manuscrit, qui lui coûta bien des recherches et qui renferme les documents les plus précieux pour l'histoire de l'église de Québec. Nous avons eu la bonne fortune de pouvoir consulter ce volumineux travail, et nous y avons trouvé des renseignements qui nous ont été d'une grande utilité.

Mais l'œuvre par excellence à laquelle a travaillé toute sa vie le cardinal Taschereau, c'est l'œuvre de l'Université Laval. Cette institution fut fondée par le Séminaire de Québec, à la prière des évêques de la Province, et érigée civilement par la reine Victoria, le 8 décembre 1852. Les directeurs du séminaire étaient alors au nombre de neuf, parmi lesquels se trouvait M. l'abbé Taschereau, qui fut ainsi l'un des fondateurs de la première université catholique de l'Amérique du Nord. Il est le seul survivant des hommes distingués dont les noms sont inscrits dans la charte royale ; il est aussi celui qui a le plus travaillé et le plus souffert pour assurer l'existence et la prospérité de cette grande institution. (a)

Il fut le premier des professeurs qui furent successivement envoyés en Europe pour se préparer, par de fortes études, à occuper des chaires dans la nouvelle université. Il partit pour Rome, au mois d'août 1854, demeura deux ans au Séminaire Français, dont il fut le premier élève canadien, et suivit les cours de droit canonique, récemment fondés par Pie IX, dans le Séminaire Romain de l'Apollinaire. Le 17 juillet 1856, M. Taschereau obtenait le diplôme de docteur, à la suite d'un long et brillant examen sur toutes les parties des décrétales. Parmi les examinateurs, se trouvaient Mgr Capalti, qui fut plus tard cardinal, et le célèbre professeur Philippe de Angelis, qui a été le plus savant canoniste de son temps, dans la ville éternelle.

Les élèves du grand séminaire de Québec ne tardèrent pas à bénéficier des fortes études de celui qui, pendant deux ans, s'était condamné à redevenir élève comme eux, pour pouvoir leur enseigner ensuite une science puisée à la source la plus pure et la plus abondante.

C'est en 1860, que l'abbé Taschereau devint, pour la première fois, supérieur du séminaire et recteur de l'Université. Il cessa de l'être au bout de six ans, quand la règle de la maison s'opposa à ce qu'il demeurât plus longtemps à sa tête ; les directeurs le réélurent en 1869.

En 1862, il accompagna Mgr Baillargeon à Rome et travailla avec lui dans les intérêts de l'Université. La même

---

(a) Les autres fondateurs de l'Université étaient MM. Louis-Jacques Casault, Antoine Parent, Joseph Aubry, John Holmes, Léon Gingras, Louis Gingras, Michel Forgues et Edward-John Horan.

cause le fit de nouveau traverser la mer en 1864 ; et, en 1869, il fit un autre voyage à la ville éternelle en qualité de théologien de l'archevêque de Québec, pendant le concile du Vatican. Les relations nombreuses qu'il eut avec les cardinaux et avec les évêques, dans ces diverses circonstances, leur donnèrent occasion de connaître et d'apprécier ses grands talents et sa science profonde de la théologie et du droit canonique. Mais c'est surtout dans les mémoires qu'il composa pour défendre l'Université Laval, qu'il donna la mesure de son jugement et de sa puissante dialectique. Rien de plus clair, de plus logique, de plus concluant.

Pendant son dernier voyage à Rome, l'abbé Taschereau fut non seulement le théologien, mais encore le garde-malade du vénérable archevêque Baillargeon, dont la santé faiblissait tous les jours et qui menaçait de mourir entre ses bras. C'est grâce à ses soins continuels et à son dévouement que le prélat put revenir vivant dans sa ville épiscopale. Mgr Baillargeon y vécut encore quelques mois, et mourut le 13 octobre 1870, assisté par celui qu'il avait désigné depuis longtemps pour son successeur et en qui il avait toujours eu la plus entière confiance. Il l'avait nommé son grand vicaire, dès l'année 1862, et, à sa mort, il le chargea d'administrer le diocèse *sede vacante* conjointement avec M. le grand vicaire Cazeau

CHAPITRE II

Arrivée des bulles de Mgr Taschereau.—Son départ du Séminaire.—Son sacre.—Réponses aux adresses.—Son amour pour le petit séminaire de Québec, son dévouement pour les collèges de Sainte-Anne, de Chicoutimi et de Lévis.—Ses rapports avec les ordres religieux.—Fondation de l'Hôpital du Sacré-Cœur.

Les bulles de l'archevêque élu arrivèrent à Québec, le 23 février 1871, et, le 27 du même mois, il quitta le séminaire pour aller résider à l'archevêché. Quelle douloureuse séparation pour lui ! Quel cruel moment que celui de ce départ ! nous nous rappellerons toujours de l'émotion de Mgr Taschereau, et de celle de son auditoire, quand il répondit à la touchante adresse que lui présentèrent ce jour-là même, les professeurs et les élèves de l'Université Laval, du Séminaire de Québec et du Collège de Lévis, réunis dans la grande salle de l'Université.

« Il m'était toujours si doux et si agréable, dit-il, de voir réunie cette nombreuse famille du Séminaire de Québec, de l'Université Laval, du Collège de Lévis, à la tête de laquelle la Providence m'avait placé comme supérieur et comme recteur ! Je savais que dans tous les cœurs mon affection avait un fidèle écho, et je sentais que véritablement nous ne faisions tous ensemble qu'un cœur et qu'une âme, dans la pensée commune de servir la cause de la religion et de la patrie, les uns en commandant ou en enseignant, les autres en se préparant par l'obéissance et par l'étude, à remplir les desseins de la Providence.

» Hélas! messieurs, faut-il donc que des liens si étroits se trouvent brisés tout à coup !

» Il y aura bientôt quarante-trois ans, un tout petit écolier de huit ans et demi endossait pour la première fois le *capot*, et se rendait, livres et cahiers sous le bras, au Séminaire de Québec, pour y commencer ses études classiques. Neuf années plus tard, après une année de voyage en Europe, il entrait au grand séminaire, commençait ses études théologiques, et, au bout de cinq ans, il montait pour la première fois au saint autel. Voilà toute l'histoire de ma jeunesse.

» Les vénérables directeurs du séminaire qui voulurent bien alors agréer mes services, dorment tous, excepté un seul, du sommeil éternel, et reçoivent la récompense de leur dévouement au séminaire. Dieu seul connaît ce qu'ils m'ont accordé de charité et quelle fut ma douleur en les voyant disparaître peu à peu de la scène de ce monde.

« Ma vie sacerdotale de vingt-neuf ans, aussi heureuse qu'elle peut l'être dans cette vallée de larmes, s'est donc écoulée tout entière à l'abri de ces murs vénérables que Mgr de Laval a élevés il y a deux siècles.

« Comme vous le voyez, messieurs, sur le demi-siècle qui a blanchi mes cheveux, le séminaire a eu plus de part que la maison paternelle.

« Hélas! encore une fois il faut quitter cette maison où j'ai trouvé des pères dévoués, des confrères pleins d'affection, des enfants qui m'ont payé au centuple, par leur docilité, le peu de bien que j'ai essayé de leur faire. J'aurais espéré y vivre, y mourir, y reposer au milieu de ceux qui furent autrefois mes maîtres et mes modèles. Triste condition des enfants d'Adam, dont les projets les plus légitimes aboutissent trop souvent à la déception ! A mon grand malheur, j'ai prêché, exalté, recommandé et enseigné l'obéissance avec trop de zèle, pour avoir le droit de m'y soustraire aujourd'hui......... »

Rien n'aurait pu consoler le cœur brisé de cet homme qui, pour ainsi dire, ne faisait qu'un avec le séminaire, sinon la pensée exprimée à la fin de cette touchante allocution : que le toit sous lequel il allait désormais habiter, était voisin de celui qui avait abrité les plus belles années de sa vie. « Je pourrai facilement, disait-il, revoir le séminaire, moins comme premier pasteur, que comme un enfant qui vient dans la maison paternelle par un instinct secret et irrésistible. »

Mgr Taschereau fut consacré dans la cathédrale, le 19 mars 1871, par Mgr Lynch, archevêque de Toronto, assisté des évêques Horan et C. Larocque. Six autres évêques et plus de cent-cinquante prêtres assistaient à cette imposante cérémonie. Mgr Langevin fit le sermon de circonstance et le curé de Québec donna lecture du mandement d'entrée de l'archevêque. « L'obéissance, Nos Très Chers Frères, disait le prélat, l'obéissance à la voix du vicaire de Jésus-Christ nous fait un devoir de monter sur ce trône archiépiscopal de Québec, illustré par le zèle, la prudence et la vertu de nos prédécesseurs. Dieu nous est témoin que nous n'avons ni recherché, ni désiré cette charge redoutable dont nous comprenons, aujourd'hui plus que jamais, les dangers et la responsabilité. » Les lecteurs qui auront eu la patience de lire les notices qui précèdent, sauront reconnaître la vérité de cet éloge que le seizième évêque de Québec a fait de ceux qui eurent avant lui la direction de la première église du Canada. Ses collègues dans l'épiscopat, ses confrères dans le sacerdoce, les laïques eux-mêmes savaient qu'il était digne de leur succéder et de continuer l'œuvre commencée par le saint évêque de Laval. Pas plus que lui, il n'avait ambitionné la mitre ; il pouvait proclamer bien haut qu'il n'avait jamais désiré ni recherché les honneurs de l'épiscopat ; comme Laval, sa vie n'avait qu'un but : faire la volonté de Dieu, travailler jusqu'à la mort pour l'Église et pour son pays.

Dans l'après-midi de ce grand jour, Mgr Taschereau reçut les félicitations du clergé, de l'Université Laval, de la société Saint-Jean-Baptiste, et des élèves du petit séminaire. Plusieurs adresses lui furent présentées et il répondit à toutes avec un tact et une délicatesse qui provoquèrent l'admiration de tous ceux qui eurent l'honneur de l'entendre. Sa réponse aux élèves du séminaire est un petit chef-d'œuvre que nous ne pouvons nous empêcher de citer en partie :

« J'avais naguère, dit le prélat, un beau jardin que je cultivais avec amour, en compagnie de frères dévoués ; nulle pensée étrangère ne pouvait m'en arracher ; j'aimais à m'y promener ; j'aimais à suivre l'épanouissement de ces fraîches roses que le retour de l'année scolaire faisait éclore, et que le soleil de l'étude, avec la douce rosée de la piété, mûrissait peu à peu et convertissait en fruits de bénédiction.

» Un matin, que je me garderai bien d'appeler un beau jour, on vint me dire tout d'un coup : votre jardin s'est agrandi, il est devenu un vaste champ, un diocèse, toute une province !

» Et j'ai dit : *Fiat voluntas !* mais mon cher petit jardin sera toujours à moi, comme je serai toujours à lui. C'est là que la divine Providence me plaça jadis, humble plante, pour m'y faire prendre racine et m'abreuver de sucs bienfaisants ; je tiens à cette terre par trop de fibres pour qu'on m'en arrache sans me faire mourir. Je consens, puisqu'il le faut, à devenir un grand arbre, qui ombragera toute une province, pourvu que mon cher petit jardin soit encore là, près de moi, protégé par mes branches et me réjouissant toujours par ses fleurs et par ses fruits.......... »

Le vénérable archevêque n'a pas abandonné son petit jardin ; il lui a tenu promesse ; il a veillé sur lui et l'a visité tous les jours. Le jardin, de son côté, a fait la consolation de l'auguste jardinier. Depuis le 19 mars 1871, il lui a fourni des plantes de choix, au nombre de cent cinquante-quatre, qui ont fructifié dans le grand jardin du sacerdoce catholique.

Mgr Taschereau ne borna pas ses soins au petit séminaire de sa ville épiscopale ; les collèges de Sainte-Anne, de Lévis et de Chicoutimi ont eu et ont encore une large part dans sa sollicitude et dans ses bienfaits. Que n'a-t-il pas fait pour sauver le Collège de Sainte-Anne d'une ruine imminente ! Un mois seulement après sa prise de possession, il s'y rendit, pour voir par lui-même l'étendue du désastre et pour aviser aux moyens de le réparer. De retour à Québec, il écrivit une circulaire pour faire un chaleureux appel à la charité du clergé et pour lui demander de nouveaux sacrifices. Il fallait payer une dette d'environ cent mille piastres ! « Je n'ai pas besoin, disait le prélat, d'insister sur les motifs particuliers que peut avoir le clergé, de faire, en cette circonstance, quelques sacrifices pénibles sans doute, mais, jusqu'à un certain point, nécessaires pour son honneur et pour celui de la religion. Il faut considérer aussi que ce collège est une pépinière de prêtres pour l'archidiocèse, (a) et que, sans son concours, il serait impossible de pourvoir à tous les besoins nouveaux, que l'accroissement de la population y fait naître. » Un comité fut nommé pour administrer cette importante affaire, des remises furent obtenues d'un certain nombre de créanciers, et les souscriptions les plus généreuses vinrent alléger d'année en année le fardeau de cette dette énorme, dont Mgr Taschereau avait pour ainsi dire chargé ses propres épaules. Un bon cyrénéen vint à son aide, et lui aida à porter cette croix pesante : ce fut Mgr Poiré qui, en donnant à lui seul $14,000.00 entraîna par son exemple une multitude d'autres dévouements, quelquefois vraiment héroïques. (b) L'archevêché, le Séminaire de Québec, les Ursulines, souscrivirent généreusement. Un inconnu donna $500.00 : c'était tout ce qu'il possédait sur la terre. Prêtre du séminaire pendant toute sa vie, il n'avait pu, avec vingt piastres de salaire par année, amasser une grande fortune. Il donnait ce qu'il avait, mais c'était de bon cœur. Cet inconnu était, nous l'avons su depuis, Mgr l'archevêque Taschereau. L'affaire de Sainte-Anne était devenue pour lui une affaire capitale. Il

---

(a) Depuis 1860, c'est-à-dire en dix ans, cette maison avait donné quarante-deux prêtres à l'église de Québec. Depuis 1829, année de sa fondation, quatre-vingt-six prêtres en étaient sortis.

(b) Nous tenons à dire que le regretté Mgr Bolduc fut l'un des membres les plus efficaces du comité de secours. Peu de personnes connaissent tous les services qu'il a rendus au Collège de Sainte-Anne, par sa connaissance des affaires, par les souscriptions abondantes qu'il sut obtenir, et par son invincible persévérance à dire qu'il fallait à tout prix sauver cette institution. Nous le regardons comme l'un des plus grands bienfaiteurs du Collège de Sainte-Anne.

en parle dans quatorze circulaires adressées à son clergé. Enfin le 28 août 1878, le comité rendait ses comptes, la dette était payée, le Collège de Sainte-Anne était sauvé par le dévouement de son évêque, et la générosité de ses amis. Il crut que la meilleure manière de témoigner sa reconnaissance était de donner de nouveaux ouvriers au maître de la vigne, et, de 1871 à 1889, il lui en fournit soixante-et-huit.

Tout en s'occupant du Collège de Sainte-Anne, l'archevêque portait ses regards sur une autre région destinée à devenir un nouveau diocèse et où M. le grand vicaire Racine avait jeté les bases d'un petit séminaire. Mgr Taschereau suivit avec intérêt les progrès de cette maison, et il favorisa de tous ses efforts et de toutes les ressources dont il pouvait disposer, la construction d'un établissement plus vaste et plus en rapport avec les besoins du Saguenay.

Le 25 mai 1872, il écrit à M. Racine : « j'aimerais beaucoup que le nouvel établissement fût placé sous la protection spéciale de la sainte Famille, comme le Séminaire de Québec ; cela intéresserait tout particulièrement saint Joseph, comme chef et protecteur de la sainte Famille, à pourvoir à tous ses besoins...... Ayez un tableau de la sainte Famille pour la modeste chapelle de la maison : Jésus sera le modèle, Marie la mère, et Joseph l'économe de toute la communauté, et ainsi rien ne manquera, ni pour le spirituel, ni pour le temporel.........

» Vive le Séminaire de Jésus, Marie et Joseph ! »

Le 15 août 1873, Mgr Taschereau érigea solennellement le Séminaire de Chicoutimi qu'il regardait « comme une nouvelle faveur accordée à notre pays, » et il lui donna son existence canonique. Ce fut lui qui acheta le terrain sur lequel devait être construit le nouveau collège et qui fit les règlements pour en assurer la bonne administration. Pour en payer la construction, il demanda à ses diocésains la contribution d'un centin par année pendant trois ans. Quand le séminaire fut bâti, Mgr Taschereau crut que le moment était arrivé de diviser son immense diocèse. Le siège épiscopal de Chicoutimi fut érigé, à sa demande, le 28 mai 1878, et le regretté Mgr Racine en devint le premier titulaire.

A l'avènement de Mgr Taschereau, le Collège de Lévis existait déjà depuis plusieurs années, et il était encore sous la direction du Séminaire de Québec. Bientôt il put se soutenir et marcher par ses propres forces, devenir indépendant, et acquérir les droits d'une corporation civile. Ce fut le 12 mai 1879, que l'archevêque approuva l'établissement d'un cours classique. « En vous transmettant cette nouvelle qui, j'en suis certain, vous causera une grande joie, écrivait le prélat à Mgr Déziel (alors supérieur), je vous prie d'agréer mes félicitations, et les vœux sincères que je forme pour la prospérité spirituelle, temporelle et classique de ce bel établissement. »

Ces souhaits ont été réalisés : le Collège de Lévis est aujourd'hui l'une des maisons d'éducation les plus florissantes du pays, sous tous les rapports. Il a déjà fourni neuf prêtres au diocèse de Québec. (a)

C'est ainsi, qu'à l'exemple de ses prédécesseurs, Mgr Taschereau a favorisé et cultivé avec soin les vocations sacerdotales et qu'il a fondé ou soutenu des séminaires pour assurer l'existence du clergé diocésain et national. Il a

---

(a) Il faut ajouter six élèves de Lévis qui sont entrés dans la vie religieuse et quatre autres prêtres qui appartiennent à des diocèses étrangers.

dignement continué l'œuvre commencée par Mgr de Laval et reprise par Mgr Briand. Comme eux, il aime à dire : *mon clergé*, en parlant de ses prêtres ; mais comme eux aussi, il sait apprécier les services rendus par les ordres religieux. Déjà les Jésuites et les Oblats de Marie Immaculée travaillaient aux œuvres de son diocèse ; il a appelé les Pères de la Congrégation du Très Saint-Rédempteur et leur a confié les importantes dessertes de Sainte-Anne de Beaupré et de Saint-Patrice de Québec. Tous ces religieux, auxiliaires presque nécessaires du clergé séculier, prêchent les retraites paroissiales et ecclésiastiques de l'archidiocèse, et c'est toujours l'un d'entre eux qui accompagne l'évêque, en qualité de prédicateur, dans sa visite pastorale.

Ajoutons que Mgr Taschereau a confié des écoles aux Frères du Sacré-Cœur de Jésus, aux Clercs de Saint-Viateur, aux Frères de Saint-Vincent de Paul, aux Frères de la Charité et aux Frères Maristes. C'est sous son administration que toutes ces congrégations ont commencé à enseigner dans le diocèse de Québec.

Les maisons religieuses de charité ont été aussi l'une des parts chéries de son héritage épiscopal. « Qu'il nous suffise de mentionner le zèle, le dévouement et la protection dont il a daigné entourer le berceau d'une institution qui lui est spécialement chère, le florissant hôpital du Sacré-Cœur de Jésus, qu'il a vu naître dans la pauvreté et se développer d'une manière étonnante, sous la double influence de son action épiscopale et du dévouement des dames religieuses et des zélés bienfaiteurs de cette maison. » (*a*)

(*a*) " Le premier cardinal canadien. "

CHAPITRE III

Mgr Taschereau délégué du Saint-Siège à Montréal.—Difficultés religieuses.—Mgr Conroy.—Mgr Smeulders. — Le premier cardinal canadien. — Les fêtes cardinalices.—Discours de Son Éminence le cardinal Taschereau.—Voyage à Rome pour recevoir le Chapeau.

Mgr Taschereau venait d'être consacré, quand il reçut de Rome une mission aussi honorable que difficile : celle de se rendre à Montréal, pour ménager un accommodement entre Mgr Bourget et les Sulpiciens, au sujet du démembrement de la paroisse de Notre-Dame de Montréal, ou du moins pour suggérer les moyens propres à obtenir cette fin désirable. Il partit, le 2 mai 1871, et fut reçu à Montréal avec tous les honneurs dus au représentant du Saint-Siège. Après avoir entendu les deux partis, il adressa au cardinal Barnabo un mémoire élaboré, sur cette importante question, et les mesures qu'il proposait furent trouvées si sages, qu'on se hâta de les prendre pour terminer les différends et ramener la bonne harmonie.

Plût au ciel que ce fût là la seule cause de malaise dans l'église canadienne ! Bientôt les questions de l'Université Laval, des élections politiques, et d'autres encore formèrent des nuages qui assombrirent le ciel du Canada catholique. Le temps n'est pas arrivé, nous l'avons dit ailleurs, d'apprécier le rôle joué par chaque évêque dans ces difficultés religieuses, et de dire en particulier ce que nous pensons de l'attitude prise par l'illustre prélat dont nous esquissons la vie. Rome crut devoir intervenir pour faire cesser des divisions regrettables, et, à deux reprises, elle envoya en Canada des délégués pour aider au règlement des affaires ecclésiastiques et politiques.

Mgr Conroy qui vint le premier donna à Mgr Taschereau, nous en avons été le témoin, de nombreuses marques du profond respect qu'il avait pour lui. Il l'aimait véritablement et le regardait comme son ami. Fatigué par de nombreux voyages et plus encore par les soucis inhérents à sa délicate mission, le prélat fut bientôt à bout de forces, et, le 28 juin 1878, se trouvant alors à Halifax, il écrivait à l'archevêque de Québec :

« Je suis accablé par le pesant fardeau dont on a chargé mes faibles épaules. Je souffre de mon isolement, et souvent je désirerais être près de vous pour confier à votre bienveillance le trop plein de mon cœur. J'ai besoin de vos prières et de vos sympathies, afin que je puisse souffrir mes petites épreuves pour le service de l'Église. » (a)

La tâche était trop lourde pour Mgr Conroy, et bientôt après avoir écrit cette lettre, il mourut à Saint-Jean de Terreneuve. En apprenant cette mort aussi soudaine que lamentable, l'évêque de Portland écrivit de suite à Mgr Taschereau pour lui offrir ses condoléances. « Il (Mgr Conroy) m'a honoré, dit-il, de son amitié et en quelque chose de sa confiance. Et c'est par cette connaissance intime, Monsei-

---

(a) " I am very weary of the heavy load laiden on my weak shoulders. I feel my solitariness very much, and I often wish I were near you to open my heart to your kindness. I have need of your prayers and of your sympathy, that I may suffer my little trials for the sake of the church."

gneur, que j'ai su en quelle estime et affection il vous regardait, et quelle considération il attachait aux vues et aux désirs de Votre Grandeur. Vous avez perdu un ami dévoué, Monseigneur, et l'église du Canada a perdu un grand appui. »

Mgr Smeulders fut le second représentant du Saint-Siège en Canada. Lui aussi fut frappé par la noble figure de l'archevêque de Québec, et, convaincu de ses hautes capacités et de son mérite, il alla jusqu'à recommander à la Propagande de l'élever à la dignité de cardinal !

Ces témoignage d'estime, unis à ceux qu'il reçut si souvent de la part du Saint-Père lui-même, pouvaient consoler Mgr Taschereau des peines qu'auraient pu lui causer les adversaires de ses vues et de sa manière d'administrer les affaires de son église. Quoiqu'il en soit, le Pape trouva qu'il conduisait si bien son diocèse, qu'il décida de l'associer au gouvernement de l'Eglise Universelle ; le 7 juin 1886, Sa Sainteté fit entrer Mgr Taschereau dans les rangs du Sacré Collège.

« Avouons-le, dit la notice publiée dans « Le premier cardinal canadien », si le Canada pouvait avoir quelque prétention à l'insigne honneur que vient de lui faire le Souverain Pontife, les circonstances étaient singulièrement favorables, puisque le siège métropolitain de Québec était occupé par un homme dont la vaste intelligence, la science profonde et la vertu solide offraient au choix du Saint-Père, un sujet tout à fait digne de revêtir la pourpre cardinalice, cette haute dignité n'étant que la récompense d'une vie pleine de mérite. »

Nous n'avons pas besoin de dire combien fut grande l'allégresse produite dans tout le pays par la nouvelle de cette nomination. Protestants comme catholiques n'eurent qu'une voix pour applaudir au décret pontifical et pour faire l'éloge de Son Éminence le cardinal Taschereau.

Québec avait vu bien des fêtes religieuses et civiles. Elles étaient belles, en 1874, les fêtes du deuxième centenaire de l'érection du diocèse de Québec, alors que cinquante-neuf archevêques et évêques, dont les diocèses étaient autrefois renfermés dans le territoire de celui de Québec, étaient invités à célébrer ce consolant et glorieux anniversaire. Vingt-trois de ces prélats et plus de quatre cents prêtres assistaient à cette solennelle démonstration religieuse qui a laissé dans tous les cœurs une impression ineffaçable. Elles étaient belles aussi, en 1878, les fêtes de la translation des restes de Mgr de Laval, si belles que Mgr Conroy, qui eut le bonheur d'y assister, ne put contenir son admiration et qu'il la manifesta dans un document public ; il nous disait à nous-même qu'il n'avait vu qu'une fois dans sa vie une procession aussi digne, aussi grande et aussi solennelle. Elles étaient belles aussi les fêtes de la Saint-Jean-Baptiste en 1880, alors que toutes les sociétés canadiennes du pays et de l'étranger étaient convoquées à un congrès tenu dans la vieille cité de Champlain. Mais plus belles que toutes ces fêtes furent les fêtes cardinalices.

Il a fallu un long volume pour en donner un compte-rendu ; ce volume est intitulé : « Le premier cardinal canadien, » et il est le digne couronnement de toutes les démonstrations et cérémonies qui eurent lieu pendant ces jours d'universelles réjouissances. Il a porté au loin l'écho de notre joie, il a dit éloquemment à Léon XIII notre éternelle reconnaissance. Le comte Charles Gazzoli, garde-noble et délégué officiel du

Saint-Siège, vint remettre la calotte à Son Éminence. Mgr Henry O'Brien, camerier secret du Pape, fut, après lui, porteur de la barrette rouge, et Mgr Lynch, qui avait donné l'onction épiscopale à Mgr Taschereau, lui remit aussi, le 21 juillet, l'insigne de la dignité cardinalice. Un grand banquet suivit l'auguste cérémonie qui venait d'avoir lieu dans la basilique de Québec et plusieurs discours y furent prononcés. Celui du cardinal fut, sans contredit, le plus remarquable ; nous le citons presque entier ; s'il terminait admirablement ce banquet, il terminera encore mieux ce modeste chapitre :

....

« Au delà de deux siècles se sont écoulés, depuis que le premier évêque du Canada, l'illustre et saint Monseigneur de Montmorency-Laval, remontait le Saint-Laurent. Pendant un mois entier que dura ce voyage, il eut le loisir de contempler les deux rives de ce fleuve majestueux dont la sublime grandeur lui faisait deviner l'immensité du pays qu'il devait évangéliser. Son œil d'apôtre se fixait ardemment et avec anxiété sur ces vastes forêts, abritant d'innombrables peuplades *assises à l'ombre de la mort*; et plongées dans les ténèbres de l'ignorance et de la barbarie.

« Plus d'une fois, peut-être, un nuage de découragement et de frayeur fit passer une ombre sur cette grande âme que le zèle, la foi et la charité la plus ardente ne pouvaient soustraire à l'infirmité humaine.

» Permettez-moi de vous dire une histoire, dont je ne garantis point l'authenticité, mais pour laquelle je réclame cependant une foi absolue.

« Un jour donc que Mgr de Laval avait longtemps prié, pour attirer les bénédictions célestes sur lui-même, sur ses missionnaires et sur cette innombrable multitude d'âmes au salut desquelles il était généreusement dévoué, un sommeil profond vint le surprendre.

» Tout à coup lui apparaît un homme portant un vêtement fait de poil de chameau et une ceinture de cuir, tel que l'Évangile nous dépeint le précurseur du Messie. (S. Matth. III, 4.)

» Ne crains point, dit-il à l'apôtre du Canada ; je suis Jean-Baptiste, le patron des Canadiens ; je suis envoyé vers toi pour te montrer ce que deviendra ce pays.

» Ouvre les yeux et porte tes regards sur les rives de ce grand fleuve. Vois-tu ces champs fertiles qui ont remplacé les forêts dont le sombre aspect t'effrayait tout à l'heure ?

» Les maisons échelonnées sur les rives, abritent des familles nombreuses et contentes de leur sort. »

» Regarde ces villages rapprochés les uns des autres, entourant le temple où le Sauveur du monde reçoit les hommages des fidèles et verse sur eux les trésors de sa miséricorde et de son amour. Entre dans cette église de campagne et admire le sentiment profond de piété de ces hommes dont la générosité n'a pas de borne, quand il s'agit de contribuer à la magnificence de la maison de Dieu.

» Dans quelques instants apparaîtra cette ville naisssante où le vicaire de Jésus-Christ a placé le siège épiscopal que tu dois occuper. C'est là que, pendant un demi-siècle d'épiscopat, tu travailleras à la vigne du Seigneur.

» Compte, si tu peux, les provinces et les diocèses qui sur ce vaste continent regarderont l'église de Québec comme leur mère.

» Regarde ces rochers couronnés par une citadelle imprenable ; vois ce que sera dans deux siècles cette cité où doivent reposer tes cendres ; ces nombreux asiles de la piété et de la science. Vois-tu ces immenses constructions ? ce sont ton Séminaire et l'Université qui se glorifiera de porter ton nom. Écoute les accents de la joie universelle qui dans deux siècles retentiront dans tout le Canada, parce que ton quinzième successeur aura été revêtu de la pourpre. Prends part avec moi à cette réjouissance. Vois-tu assis autour de lui dans un banquet, les représentants de l'autorité civile, de nombreux prélats, une armée de ministres du Seigneur, des convives de toutes nationalités et de toutes croyances, levant les yeux et les mains au ciel pour le remercier d'un honneur qui rejaillit sur tout le Canada ?

» Le Canada si petit aujourd'hui et qui compte à peine quelques centaines de Français, le Canada s'étendra alors d'un océan à l'autre, et ces océans seront reliés par un chemin de fer sur lequel rouleront des palais emportés par le feu et l'eau. Sans être une nation indépendante, il en aura tous les privilèges, et l'immortel Pontife qui occupera alors le siège de Pierre, fera tomber sur cette nation un rayon de lumière céleste, et la reconnaîtra comme telle en appelant un de ses enfants à partager avec lui la sollicitude de toutes les églises. A cette occasion, il déclarera solennellement qu'il a voulu récompenser la foi de cette jeune nation destinée à de grandes choses et son attachement au Saint-Siège. Tels seront alors les fruits de cette vigne que tu vas planter et cultiver. Tes sueurs n'auront donc pas été stériles.

« A la vérité, tes successeurs, comme toi-même, auront des fatigues à endurer, des combats à livrer, des jours d'angoisse, des tentations de découragement : il y aura des guerres, des luttes intestines, toutes les misères de cette vallée de larmes... Mais l'or s'éprouve et se purifie par le feu, et les pensées de Dieu qui permet ces épreuves sont trop profondes pour être toujours comprises par l'intelligence humaine.

« Un siècle après ton arrivée, il y aura une guerre terrible entre les deux plus grandes puissances du temps. Voisines sur ce continent nouveau comme sur l'ancien, elles y transporteront leurs querelles Européennes, et le Canada, après une résistance héroïque, passera sous la domination de l'Angleterre. Il y aura grande désolation dans toute la famille canadienne-française. Pour tout cœur bien né, c'est une agonie que d'être séparé d'une mère chérie. Console-toi, pauvre famille orpheline, la Providence veille sur toi, et ce sera précisément cette douloureuse séparation qui fera ton salut et ton bonheur. La France sera bouleversée de fond en comble, elle sera comme une ville bâtie sur un volcan toujours prêt à l'anéantir. Pendant ce temps, la famille canadienne aura sans doute ses jours d'épreuves et de luttes, mais à la tempête succèdera le calme, elle grandira avec une rapidité étonnante ; elle envahira pacifiquement ses immenses forêts, puis se répandra peu à peu d'un océan à l'autre, et jusque dans une grande république voisine ; et tout cela parce que sous l'égide de la puissante Angleterre, elle jouira de toute la liberté religieuse et politique qu'il est possible de désirer. Elle vivra en profonde paix avec les autres familles de diverses origines et de différentes croyances et participera aux avantages que l'union et la concorde produisent infailliblement. Ce sera juste le moment que l'habile Pontife qui gouverne l'Église, choisira pour lui donner une marque solennelle de son affection, et acquitter une dette de reconnaissance pour les courageux défenseurs que cette nation lui aura envoyés dans les jours de péril.

« En ce temps-là, l'Empire Britannique, sur lequel le soleil ne se couchera point, sera gouverné par une Souveraine dont les vertus feront l'admiration et l'édification de ses innombrables sujets, en même temps que sa justice et sa bonté la leur rendront chère comme une mère à ses enfants.

« Que Dieu la conserve longtemps à leur affection !

« A peine saint Jean-Baptiste, le plus canadien des canadiens, avait-il prononcé ces paroles de loyauté vraiment canadiennes, qu'un coup de canon annonce l'entrée au port. Mgr de Laval se réveille tout consolé et émerveillé de cette vision, et se prépare à prendre possession de cette terre qui est devenue sa patrie.

« J'ai fini mon histoire.

« A vous de la juger.

« A moi de vous remercier de la bienveillance avec laquelle vous l'avez écoutée.."

Il ne restait plus au cardinal Taschereau qu'à recevoir le dernier insigne du cardinalat. Il partit pour Rome, le 26 janvier 1887, et le 17 mars suivant, Sa Sainteté Léon XIII lui remit le chapeau, et lui assigna pour titulaire l'église de Notre-Dame de la Victoire. Son Éminence en prit possession deux jours après et se hâta de revenir dans sa ville épiscopale. Ce voyage à Rome était le troisième que le cardinal eut fait depuis sa consécration.

CHAPITRE IV

Règlement de vie du cardinal. — Ses travaux. — Ses mandements. — Ses visites pastorales.—Son zèle pour la colonisation et l'établissement de nouvelles paroisses.—Saint-Joachim.—Longue vie à Son Éminence !

Il serait difficile d'imaginer une vie mieux réglée que celle du cardinal Taschereau. Levé tous les matins à cinq heures, il commence sa journée par l'oraison mentale, exercice auquel il ne manque *jamais.* A six heures, Son Éminence dit la messe au maître-autel de la basilique, quand des cérémonies religieuses ne l'appellent pas dans quelque communauté de sa ville épiscopale. Son action de grâces terminée, il prend un frugal déjeuner, qui dure à peine dix minutes et souvent moins ; alors, qu'il fasse froid ou chaud, tempête ou beau temps, pluie, neige ou soleil, il se rend au jardin du séminaire, pour respirer le grand air et ranimer ses forces par un exercice modéré. Si le temps le permet, il récite en même temps son bréviaire et avant huit heures il est rendu à son bureau, où il travaille invariablement jusqu'à midi. Peu de princes de l'Église sont d'un abord aussi facile que le cardinal Taschereau. Tous ceux qui ont affaire à lui sont certains de pouvoir obtenir une audience, et sans faire antichambre. Sa porte n'est fermée à personne ; les plus petits et les plus pauvres peuvent de suite, quand ils se présentent, exposer leurs besoins et demander des faveurs à Son Éminence. On lui reproche de parler trop peu ; s'il parle peu, que de temps précieux il se ménage par ce moyen ! Et que de vertus il pratique ! Et quel exemple pour ceux qui parlent trop ! En revanche, il écrit beaucoup, et pour un évêque c'est mieux que de parler beaucoup. Si quelqu'un s'adresse à lui par lettre, il est sûr de recevoir, dès le lendemain, une réponse écrite de sa main, et écrite avec autant de clarté que de précision. A midi, le premier coup de la cloche le fait descendre au réfectoire, et à midi et demi le dîner est terminé. Le cardinal est un membre actif de la société de tempérance et on peut sans crainte le citer pour un modèle accompli. Il ne boit ni thé, ni café, ni vin, ni bière. L'eau claire et le lait lui suffisent. Après le dîner, il prend un peu de récréation, en marchant tantôt dans le jardin du séminaire, tantôt dans la cour, où il prend plaisir à voir les ébats de ses chers élèves du petit séminaire, qui seront toujours la portion chérie de son troupeau.

A une heure et demie, il a encore récité une partie de son bréviaire qu'il termine dans le courant de l'après-midi. Jusqu'à six heures et demie, il est à son bureau, et c'est de là qu'il dirige toutes les affaires de son diocèse. Et quels travaux il a faits depuis qu'il est évêque ! Ses mandements et ses circulaires publiés jusqu'à ce jour forment deux gros volumes. Si l'on veut se faire une idée de l'étendue de sa correspondance et seulement sur des sujets importants, qu'il suffise de savoir que les seules lettres enregistrées forment six volumes in-folio d'à peu près neuf cents pages chacun.

A six heures et demie, Son Éminence prend un souper qui dure au plus vingt minutes, et retourne au séminaire pour une heure de recréation, passée avec les élèves du petit ou du grand séminaire. A huit heures, le cardinal fait sa prière et sa visite au Saint-Sacrement, récite son chapelet, et à neuf heures précises il se livre au repos.

Chaque mois, à une date marquée sur son calendrier, il prend un jour, et une fois chaque année six jours, pour se livrer aux exercices de la retraite spirituelle. Chaque semaine, au même jour et à la même heure, il s'approche du sacrement de pénitence ; chaque semaine aussi, il fait le chemin de la croix. Tous les samedis de l'année, à cinq heures précises, Son Éminence se rend à pied à l'église de la basse-ville, pour prier devant le Saint-Sacrement et devant la statue de Notre-Dame des Victoires.

Depuis son intronisation sur le siège épiscopal, Mgr Taschereau a présidé les trois derniers conciles provinciaux ; il a consacré six évêques (a) et ordonné deux cent quatre-vingts prêtres, dont deux cent-trente pour l'église de Québec.

Chaque année, il ne manque jamais de consacrer près de deux mois à la visite de son diocèse, qu'il a déjà parcouru quatre fois dans toute son étendue, et dans ces visites cent seize mille fidèles ont reçu de ses mains le sacrement de confirmation. Pas de missions qu'il n'aît vues par lui-même et dont il n'aît encouragé les commencements toujours si pénibles. C'est en se rendant compte des besoins et des ressources de nos townships, que son zèle pour l'œuvre de la colonisation n'a fait que grandir. Convaincu que pour retenir les Canadiens dans le pays, il ne suffit pas de leur donner des terres à cultiver, mais qu'il leur faut des prêtres pour bénir leurs travaux et des églises où ils puissent se réunir

---

(a) Mgr E. C. Fabre, Mgr A. Racine, Mgr J. T. Duhamel, Mgr L. Z. Moreau, Mgr D. Racine et Mgr L. N. Bégin. (Ces statistiques ainsi que celles qui suivent sont prises au 25 avril 1889.)

et prier, le cardinal s'est efforcé de multiplier les missions et les chapelles, et, par son ordre, de courageux missionnaires vont partager avec les colons les fatigues et les privations que l'on rencontre toujours dans les nouveaux établissements. Avec l'aide de la Propagation de la Foi et d'une société de colonisation dont il est le fondateur, il a érigé canoniquement quarante paroisses et établi trente-et-une missions, dont dix ont actuellement un curé résident.

Dieu a visiblement béni les œuvres de son serviteur fidèle. Et cette bénédiction, le cardinal l'attribue en grande partie à la belle et touchante dévotion des Quarante-Heures, qu'il a établie dans toutes les églises de son diocèse, par son admirable mandement de l'année 1872. Ajoutons que cette bénédiction est due aussi à la grande confiance et à la piété de Son Éminence envers la sainte Vierge et envers saint Joseph.

Au retour de ses visites pastorales, qui sont toujours extrêmement laborieuses et souvent pénibles, le vénérable prélat prend quelques jours de repos, dans sa paroisse natale de Sainte-Marie, et à la maison toujours aimée de Saint-Joachim. C'est là qu'abandonnant pour un instant les soucis de la charge épiscopale, il reprend la belle vie des vacances du séminaire, et répare ses forces en respirant l'air embaumé du Petit-Cap. Là, loin du tumulte des affaires, délivré des exigences de l'étiquette, au sein de la tranquillité et de la paix, il prend part aux promenades des élèves, gravit encore, comme il le fit l'an dernier, la cime élevée du Cap Tourmente, et repose son esprit dans ce séjour enchanteur, sanctifié et béni par la mémoire impérissable de Mgr de Laval et de Mgr Briand.

Son élévation à la pourpre romaine n'a changé en rien le règlement de vie du cardinal Taschereau. Ceux qui demeurent avec lui savent quels combats il a fallu livrer pour lui faire accepter certains honneurs et certaines dépenses jugés indispensables à sa dignité. Simple dans ses goûts, ennemi du faste, le devoir seul peut lui faire supporter des hommages qu'il appelle aimablement *des persécutions*. Ce qu'il accepte le plus volontiers, c'est le travail qui accompagne presque toujours les dignités ecclésiastiques, et ce travail, il le fera longtemps encore, nous l'espérons, pour le bien de l'église de Québec.

C'est le vœu le plus sincère que forme tout le clergé diocésain, et tous ceux qui, comme l'auteur de ce livre, ont l'avantage de connaître les vertus et les hautes capacités de Son Éminence.

Quand il descendra un jour de son siège épiscopal, pour aller s'asseoir sur le trône qui lui est préparé au ciel, il laissera à son successeur un diocèse admirablement organisé, un clergé modèle, un peuple croyant et religieux, une église sanctifiée par ses évêques et honorée à jamais par les gloires du cardinalat.

Fin.

TABLE DES MATIÈRES

	Pages.
Déclaration de l'auteur	3
Avant-propos	5

Mgr DE LAVAL

CHAPITRE I

Naissance de Mgr de Laval.—Sa vie à l'Hermitage de Caen.—Il est nommé vicaire apostolique de la Nouvelle-France.—Son départ.—État de l'église du Canada 7

CHAPITRE II

Arrivée.—Premiers actes épiscopaux.—Affaire de la juridiction.—Vente des boissons aux Sauvages.—Rapports de Mgr de Laval avec les gouverneurs du Canada 12

CHAPITRE III

Triste état de la colonie.—Zèle de Mgr de Laval pour les missions.—Ses visites pastorales 20

CHAPITRE IV

Voyage de Mgr de Laval en France.—Érection de l'évêché de Québec et du Conseil Souverain.—Retour au Canada.—Fondation du Séminaire 27

CHAPITRE V

M. de Mésy.—M. de Tracy.—Cérémonies à la Cathédrale.—Translation de reliques.—Les Hospitalières de Montréal.—La Sœur Bourgeois.—La Mère de Saint-Augustin.—La Mère de l'Incarnation.—Les Jésuites.—Les Récollets.. 36

CHAPITRE VI

Deuxième voyage en France.—Dévotions encouragées.—M. de Frontenac.—Troisième voyage.—Mgr de Laval est gravement malade.—Il veut donner sa démission et fait son quatrième voyage en France.—Éloge que fait de lui Mgr de Saint-Vallier... 42

CHAPITRE VII

Lettre de Mgr de Laval.—Son retour au Canada.—Siège de Québec.—Les deux incendies du Séminaire.—Mort de Mgr de Laval.—Ses funérailles. 53

CHAPITRE VIII

Translation des restes de Mgr de Laval.—Procès de canonisation.—Vertus.—Miracles... 62

Mgr DE SAINT-VALLIER

CHAPITRE I

Naissance de Mgr de Saint-Vallier.—Il est nommé aumônier du roi.—Sa vie édifiante à la cour.—Il est choisi pour succéder à Mgr de Laval.—Traversée de l'Océan.—Son arrivée à Québec............................... 77

CHAPITRE II

L'abbé de Saint-Vallier à Québec.—Ses visites dans les communautés, à Québec et à Montréal.—Voyage en Acadie.—Incendie du Monastère des Ursulines.—Mandements contre les immodesties dans les églises.—Avis au gouverneur.—Retour en France... 85

CHAPITRE III

On redoute au Canada le règne de Mgr de Saint-Vallier.—Son sacre.—Retour des deux évêques.—Visite de Québec et de Montréal.—Bureau des Pauvres.—Fondation de l'Hôpital-Général 94

CHAPITRE IV

Translation des reliques de saint Paul.—Siège de Québec et Notre-Dame de la Victoire.—Difficultés entre l'évêque et le séminaire.—Voyage en France.—Le prélat gagne sa cause.—Son retour à Québec.—Affaire des cures.—Affaire des dîmes.......... 104

CHAPITRE V

Difficultés entre l'évêque et le chapitre.—Querelles avec les Récollets de Montréal.—Le gouverneur fait représenter le *Tartufe*.—Départ de l'évêque pour la France.—On veut lui faire résigner son évêché.—Son retour à Québec.. 115

CHAPITRE VI

Palais épiscopal.—Fondation des Ursulines des Trois-Rivières.—Les Frères Charron à Montréal.—Les Sœurs de la Congrégation.—Missions de l'Acadie.—Les Tamarois.—Nouveau voyage de l'évêque en France....... 125

CHAPITRE VII

Mgr de Saint-Vallier se rend à Rome.—Bulle unissant les trois abbayes de Maubec, de Lestrées et de Bénévent.—Captivité de l'évêque en Angleterre.—Sa délivrance après cinq ans d'exil.—Nouvelles instances du roi pour lui faire résigner son évêché.—Retour à Québec......................... 133

CHAPITRE VIII

Mgr de Saint-Vallier demeure à l'Hôpital-Général.—Visites pastorales.—Mgr de Mornay coadjuteur.—Vente des boissons aux Sauvages.—Synodes.—Conférences ecclésiastiques.—Incendie de Montréal.—Simplicité et pauvreté de vie de Mgr de Saint-Vallier.—Ses aumônes 144

CHAPITRE IX

Dernières années de Mgr de Saint-Vallier.—Sa maladie.—Sa mort.—Ses funérailles.. 150

M̃ɢʀ DUPLESSIS DE MORNAY

Mgr Duplessis de Mornay.. 157

M̃ɢʀ DOSQUET

CHAPITRE I

Premières années de Mgr Dosquet.—Il entre à Saint-Sulpice, passe deux ans au Canada et retourne en France.—Supérieur à Lisieux.—Procureur des Missions-Étrangères à Rome.—Évêque de Samos et coadjuteur de Québec.—Son arrivée en Canada.—Naufrage de *l'Éléphant*...................... 171

CHAPITRE II

Difficultés entre les chanoines de Québec et les communautés.—Mgr Dosquet casse les nominations faites par le chapitre, *sede vacante*.—Histoire de la procession à l'église des Jésuites.—M. de Latour.—Procès du chapitre avec le séminaire.—Zèle de Mgr Dosquet pour les communautés religieuses.—Vente des boissons aux Sauvages.—Départ du coadjuteur pour la France.. 175

CHAPITRE III

Mgr Dosquet devient évêque en titre du diocèse de Québec.—Affaires avec le ministre du roi.—Lettre aux chanoines.—Retour à Québec.—Mandement pour l'instruction de la jeunesse.—État de l'instruction publique à cette époque.—La villa de Samos.—Tableaux donnés aux communautés.—Départ de l'évêque pour la France.—Sa démission.—Sa mort.............. 185

Mgr DE LAUBERIVIÈRE

CHAPITRE I

Naissance et premières années de Mgr de Lauberivière.—Ses vertus.—Lettre de l'évêque de Grenoble.—Nomination à l'évêché de Québec.—Lettre du prélat à son père.—Départ pour le Canada 197

CHAPITRE II

Traversée de l'océan.—Lettre de Mgr de Lauberivière à sa mère.—Ravages de la maladie parmi les passagers.—Dévouement de l'évêque. Miracle attribué à sa prière.—Arrivée à Québec.—Sa maladie et sa mort.—Deuil universel.—Lettre de Mgr de Grenoble.—Éloge par Mgr de Pontbriand. 204

CHAPITRE III

Pèlerinages au tombeau de Mgr de Lauberivière.—Guérisons miraculeuses en France et au Canada 214

Mgr DE PONTBRIAND

CHAPITRE I

Naissance de Mgr de Pontbriand.—Il étudie au collège de Laflèche, puis à Saint-Sulpice.—Il dessert un hôpital fondé par ses vertueux parents.—Vicaire général de l'évêque de Saint-Malo.—Réformes qu'il opère.—Il est choisi pour évêque de Québec.—Son sacre, son départ de France, son arrivée à Québec 219

CHAPITRE II

Joie causée par l'arrivée de l'évêque.—Mandement d'entrée.—Visites de la cathédrale et du chapitre.—Reconstruction de la cathédrale.—Difficultés et procès entre l'évêque, le chapitre et le séminaire 223

CHAPITRE III

Visite des communautés religieuses.—Visite des paroisses.—Vie de Mgr de Pontbriand dans son palais épiscopal. 230

CHAPITRE IV

Suppression de quelques fêtes.—Maladie et famine à Québec.—Conférences et retraites ecclésiastiques.—Jubilé de l'année sainte—Incendie du monastère des Ursulines des Trois-Rivières.—Incendie de l'Hôtel-Dieu de Québec.—Dévouement de l'évêque au milieu des malheurs publics......... 236

CHAPITRE V

Immensité du diocèse.—L'abbé de l'Isle-Dieu.—L'Acadie et la Louisiane.—Patriotisme de Mgr de Pontbriand.—Invasion du Canada.—Siège et capitulation de Québec.—Mémoire de l'évêque à la cour de France.—Il se retire à Montréal.—Lettre aux chanoines.—Mort du prélat............ 246

M_{GR} BRIAND

CHAPITRE I

Naissance de Mgr Briand.—Il fait ses études à Saint-Brieuc.—Après deux années de prêtrise, il quitte secrètement la maison paternelle pour venir en Canada.—Divers emplois que lui confie Mgr de Pontbriand.—Siège de Québec.—Bataille de Sainte-Foye.—Mort de l'évêque de Québec.—Mandement de M. Briand, vicaire général, après la cession du Canada à l'Angleterre............ 259

CHAPITRE II

Instructions données par la cour aux gouverneurs pour l'extinction de la religion catholique.—Députation à Londres pour demander le libre exercice de la religion promis par le traité de paix.—M. de Montgolfier est choisi pour le futur évêque.—Son voyage inutile à Londres.—M. Briand réussit à se faire accepter.—Son sacre.—Ses adieux à sa famille.—Retour à Québec.—Lettre du général Murray............ 268

CHAPITRE III

Pauvreté de l'évêque de Québec.—Il demeure au séminaire.—Reconstruction du palais épiscopal et de la cathédrale.—Difficultés avec le curé et les marguilliers.—Entrée de Mgr Briand dans son église.—Extinction du chapitre.—Ordinations.—Charité du prélat pour les maisons religieuses de Québec et de Montréal.. 281

CHAPITRE IV

Affaire de la coadjutorerie.—Mgr d'Esglis.—Prudence et fermeté de Mgr Briand dans ses rapports avec l'autorité civile.—Murray.—Carleton.—Haldimand.—Loi de l'*habeas corpus*.. 297

CHAPITRE V

Le collège des Jésuites rouvre ses classes à Québec, en 1761.—Bref de suppression de la Compagnie de Jésus.—Le gouvernement s'empare des biens des Jésuites et des Récollets.—Les derniers Pères de ces ordres religieux.. 313

CHAPITRE VI

Révolte des colonies de la Nouvelle-Angleterre.—Adresse du Congrès aux Canadiens, en 1774.—Mandement de l'évêque pour engager les Canadiens à repousser les Bostonnais.—Prise de Montréal et des Trois-Rivières.—Siège de Québec.—Tentatives des Américains pour entraîner le clergé et le peuple.—L'ex-jésuite Carroll.—Etat de la colonie.—Troubles dans les paroisses.—Mandement contre les rebelles. — Sage conduite de Mgr Briand.—*Te Deum* à la fin de la guerre.. 324

CHAPITRE VII

Visites pastorales.—Publication d'un nouveau catéchisme.—Démission de Mgr Briand.—Lettre à Lord Hamilton.—Sacre de Mgr Hubert.—Mort de Mgr D'Esglis et de Mgr Bailly.—Dernière maladie de Mgr Briand.—Sa mort. 347

PAGES.

Mgr D'ESGLIS

CHAPITRE I

Naissance du premier évêque canadien. — Quelques détails sur son illustre famille.—Son ordination.—Il est nommé curé de Saint-Pierre, I. O.—Le gouverneur Carleton le choisit pour le coadjuteur de l'évêque de Québec.—Sa consécration.—Il continue d'être curé.—Il visite les paroisses de l'Ile d'Orléans en 1778... 357

CHAPITRE II

Démission de Mgr Briand.—Mgr d'Esglis prend possession du siège de Québec.—M. Hubert est choisi pour coadjuteur.—Lettre de Mgr D'Esglis au nonce du Pape.—La cour de Londres offre la coadjutorerie à M. de Montgolfier qui refuse.—Sacre de Mgr Hubert.—Mgr D'Esglis conserve l'administration de son diocèse... 362

CHAPITRE III

L'église de Québec n'a pas assez de prêtres. — Le gouvernement refuse des prêtres français.—Arrivée de missionnaires parlant la langue anglaise.—Triste état des Acadiens.—Lettre pastorale de Mgr D'Esglis............ 372

CHAPITRE IV

Affaire de place d'église à Sainte-Anne d'Yamachiche.—Décisions contradictoires de Mgr D'Esglis. — Il casse son grand vicaire. — Sa mort.—Ses obsèques.. 377

Mgr HUBERT

CHAPITRE I

Naissance de Mgr Hubert.—Ses succès au séminaire.—Le premier prêtre ordonné par Mgr Briand en 1766.—Procureur et supérieur du séminaire.—Son dévouement et sa fidélité pendant le siège de Québec.—Le premier secrétaire de l'évêque pendant douze ans.—Missionnaire des Hurons au Détroit.—Recommandation du général Haldimand............................. 381

CHAPITRE II

M. Hubert nommé coadjuteur par Mgr d'Esglis.—Témoignage des citoyens, du Conseil Législatif et de Mgr Briand.—M. de Montgolfier refuse la coadjutorerie que lui offre le gouvernement anglais.—Sacre de Mgr Hubert par Mgr Briand.—Mort de Mgr d'Esglis.—Mgr Hubert prend possession.—Visites épiscopales.—Portrait de l'évêque : son éloquence, son humilité, son aversion pour le monde... 386

CHAPITRE III

M. Bailly est nommé coadjuteur.—Affaire de l'Université mixte.—Mémoire de Mgr Hubert.—Réponse du coadjuteur.—Suppression des fêtes.—Conduite indigne du coadjuteur.—Le Saint-Siège demande quelques changements dans deux mandements de l'évêque.—Mort de Mgr Briand. —M. Denaut est nommé coadjuteur.—Arrivée de l'évêque protestant..... 392

CHAPITRE IV

Arrivée des prêtres français chassés par la révolution française.—Mémoire de Mgr Hubert au Saint-Siège.—Jésuites.—Récollets.—Lettres aux communautés religieuses.—Visite pastorale à la Baie des Chaleurs.—Maladie et démission de Mgr Hubert.—Sa mort.. 402

M_{GR} BAILLY

CHAPITRE I

Naissance de Mgr Bailly.—Il étudie à Paris.—Il fait son grand séminaire à Québec.—Ordination.—Missionnaire en Acadie.—Lettres de l'abbé Bailly. —Il revient au séminaire.—Aumônier d'un bataillon, il est blessé par les rebelles à Saint-Pierre.—Professeur de théologie au séminaire.—Curé à la Pointe-aux-Trembles... 409

CHAPITRE II

M. Bailly va à Londres en qualité de précepteur des enfants de Lord Dorchester.—A son retour il est choisi pour coadjuteur de Mgr Hubert.—Sa consécration.—Ses attaques publiques contre l'évêque.—Il meurt à l'Hôpital-Général, après avoir désavoué sa conduite...... 421

M_{GR} DENAUT

CHAPITRE I

Naissance de Mgr Denaut.—Ses études à Québec et à Montréal.—Prêtrise à Saint-Pierre de l'Ile d'Orléans.—Curé à Soulanges et à Longueuil.—Coadjuteur de Mgr Hubert.—Rapports aimables et édifiants entre les deux prélats.—Démission et décès de Mgr Hubert............................ 431

CHAPITRE II

Mgr Denaut devient évêque de Québec.—Mgr Plessis coadjuteur.—Rapports entre les deux prélats.—Visites épiscopales de Mgr Denaut.—Son zèle pour l'éducation.—Il commence le Collège de Nicolet.—Collecte pour le petit séminaire de Montréal.—Mort du Père Cazot.................. 436

CHAPITRE III

Hostilités des protestants contre la religion catholique en Canada.—Le général Prescot.—Sir Robert Milnes.—Le *bishop* Mountain.—Le gouverneur Milnes offre d'obtenir la reconnaissance civile pour l'évêque.—Lettres de Mgr Denaut et de Mgr Plessis.—Requêtes présentées au gouverneur et au roi.—Éloge de Mgr Denaut.—Sa mort.. 440

Mgr PLESSIS

CHAPITRE I

Naissance de Mgr Plessis.—Études à Montréal et au Séminaire de Québec.—Entrée dans l'état ecclésiastique.—M. Plessis nommé secrétaire du diocèse.—Sa prêtrise.—Il devient curé de Québec.—Mort et oraison funèbre de Mgr Briand. 457

CHAPITRE II

Mgr Denaut choisit M. Plessis pour son coadjuteur.—Opposition du duc de Kent.—Établissement de la caisse ecclésiastique Saint-Michel.—Retards à l'expédition des bulles. — Sacre du coadjuteur.—La mort de Mgr Denaut le fait monter sur le siège épiscopal de Québec.—Il choisit M. Panet pour coadjuteur. 464

CHAPITRE III

État critique de l'église de Québec.—Plan des ennemis de la religion.—Sir Robert Milnes.—Le *lord bishop* Mountain.—M. Ryland.—M. Swell.—Sir James Craig.—Mgr Plessis est accusé à Londres d'avoir pris le titre d'évêque catholique de Québec.—Conversation avec Craig.—Sir George Prévost.—Guerre de 1812.—Mgr Plessis est reconnu comme évêque catholique de Québec.—Sa nomination au Conseil législatif................... 469

CHAPITRE IV

Zèle de Mgr Plessis pour l'éducation de la jeunesse.—*L'Institution royale.*—L'instruction primaire.—Le Collège de Nicolet.—Le Collège de Saint-Hyacinthe.—Le Collège de Saint-Roch.—Cours donnés par l'évêque aux élèves du grand séminaire de Québec.—Son règlement de vie au séminaire.—Sa correspondance... 486

CHAPITRE V

Visites pastorales de Mgr Plessis.—Visites dans la Baie des Chaleurs, dans l'ancienne Acadie et dans le Haut-Canada.—Établissement de la mission de la Rivière-Rouge.—Projet de diviser le diocèse de Québec en cinq diocèses.—Le prélat se décide d'aller à Londres et à Rome.—Mgr Panet nommé administrateur en son absence.. 494

CHAPITRE VI

Départ de Mgr Plessis pour l'Europe.—A Londres il apprend l'érection de son siège en métropole.—Visite à Lord Bathurst.—Il présente trois mémoires : division du diocèse, lettres patentes pour Nicolet, plaidoyer en faveur du Séminaire de Montréal.—Permission obtenue de demander des bulles pour MM. Lartigue et Provancher.—Voyage en France et en Italie.—Trois mois à Rome.— Audience du Saint-Père. — Retour par Lyon, Orléans, Paris.—Audience des rois Louis XVIII et George IV..... 500

CHAPITRE VII

Allocution de Mgr Plessis aux membres de son clergé.—Abolition de la fête du sacerdoce.—Difficultés suscitées à Mgr Lartigue dans le district de Montréal.—Consécration d'évêques.—Projet d'union du Haut et du Bas-Canada.—Démarches et lettres de Mgr Plessis contre cette inique mesure. —Lettre à M. Papineau.—Succès des protestations des Canadiens.— Maladie et mort de Mgr Plessis.—Ses funérailles.—Lettre de Lord Dalhousie... 514

Mgr PANET

CHAPITRE I

Naissance de Mgr Panet.—Ses parents.—Il étudie à Québec.—Professeur de philosophie au séminaire.—Desservant à Batiscan.—Curé à la Rivière-Ouelle.—Élu coadjuteur.—Sacré évêque de Saldes.—Son zèle pour l'éducation de la jeunesse et pour l'avancement de l'agriculture.—Nommé administrateur du diocèse en l'absence de Mgr Plessis...................... 527

CHAPITRE II

Mgr Panet évêque de Québec.—Sa correspondance.—Séminaire de Nicolet.—Collège de Sainte-Anne.—Écoles élémentaires.—Affaire des biens du Séminaire de Montréal.—Instructions à MM. Maguire et Tabeau, délégués auprès du Saint-Siège.. 537

CHAPITRE III

Le choléra de 1832.—Mgr Panet confie l'administration de son diocèse à Mgr Signay.—Il se retire à l'Hôtel-Dieu.—Sa dernière maladie.—Sa mort..... 545

Mgr SIGNAY

CHAPITRE I

Naissance de Mgr Signay.—Ses études au Séminaire de Québec.—Fait prêtre à Longueuil.—Premier curé résident de Sainte-Marie de Monnoir.—Curé de Québec. — Son talent pour enseigner le catéchisme. — Il est nommé coadjuteur, puis administrateur du diocèse et devient évêque de Québec. 549

CHAPITRE II

Mgr Signay choisit M. Turgeon pour coadjuteur.—Le choléra de 1832 et 1834.—Les deux incendies de 1845 à Québec.—Le typhus de 1847.—Dévouement du clergé.—L'abbé Taschereau missionnaire à la Grosse-Ile.—Charité héroïque de l'abbé Cazeau pour les orphelins.—Choléra de 1849. 553

CHAPITRE III

Établissement de la Propagation de la Foi et des Sociétés de Tempérance.—Retraites paroissiales et ecclésiastiques. — Les Oblats et les Jésuites.—Zèle de Mgr Signay pour l'éducation de la jeunesse. — Les écoles primaires.—Les Frères des Écoles Chrétiennes. — Le Collège de Nicolet. — Revenus de l'évêque de Québec.. 559

CHAPITRE IV

Érection du diocèse de Montréal.—Troubles de 1837 et 1838.—Union du Haut et du Bas-Canada.—Érection de la province ecclésiastique de Québec.—Construction du palais épiscopal................ 570

CHAPITRE V

Rapport adressé par l'évêque au Saint-Siège. — Visites épiscopales. — Mgr Signay donne sa démission. — Ses derniers actes. — Sa mort. — Importance de son épiscopat.............. 574

M_{GR} TURGEON

CHAPITRE I

Naissance de Mgr Turgeon.—Il fait ses études au Séminaire de Québec.—Secrétaire de Mgr Plessis.—Destiné à l'épiscopat.—Voyage à Rome.—Il refuse la coadjutorerie en 1825 et l'accepte en 1831.—Nommé par l'évêque, reconnu par le gouvernement, mis de côté à Rome.—Lutte de Saint-Sulpice contre l'Archevêque de Québec.—Lettre du Dr Wiseman.—M. Maguire se rend à Rome.—Mémoire de Mgr Lartigue.—L'abbé Thavenet.—Ses intrigues.—Requête du clergé.—Bulles accordées à Mgr Turgeon.—Son sacre.............. 583

CHAPITRE II

Mgr Turgeon prend part à toutes les œuvres de Mgr Signay.—Construction du palais épiscopal.—Association pour la colonisation des townships.—Le prélat est nommé administrateur du diocèse.—Mandement après le choléra de 1849.—Assemblée des évêques à Montréal.—Mandement et circulaire.—Mort de Mgr Signay.—Mgr Turgeon archevêque de Québec. 602

CHAPITRE III

Mgr Turgeon sur le siège épiscopal de Québec.—Le premier concile de Québec.—L'érection de l'Université Laval.—Zèle de l'évêque pour l'éducation.—Rétablissement des conférences ecclésiastiques.—Mandement sur les tables tournantes.—Deuxième concile de Québec.—Le choléra de 1854.—L'archevêque est frappé de paralysie en 1855 et meurt en 1867... 611

Mgr BAILLARGEON

CHAPITRE I

Remarques préliminaires.—Naissance de Mgr Baillargeon.—Ses études à Saint-Pierre du Sud et à Nicolet.—Professeur au Collège de Saint-Roch et au Séminaire de Québec.—Desservant de l'église de Saint-Roch.—Curé à Saint-François. Ile d'Orléans, et au Château-Richer.—Curé de Québec.—Ses œuvres.—Agent des évêques à Rome.—Nommé coadjuteur de l'archevêque de Québec.—Lettre à son frère................. 617

CHAPITRE II

Arrivée de l'évêque de Tloa à Québec.—Visites pastorales.—Administrateur du diocèse,—Mandements sur l'Immaculée Conception et Notre-Dame des Victoires.—Amour et dévouement pour Pie IX.—Quête de 20.000 piastres pour le Pape.—Denier de Saint-Pierre.—Voyage à Rome.—Deuxième édition du Nouveau Testament................. 628

CHAPITRE III

Prise de possession du siège de Québec.—Les Zouaves pontificaux.—Le IVe Concile Provincial.—Le Concile du Vatican.—Incendie du Saguenay.—Les Féniens.—Dernière visite épiscopale.—Maladie et mort de Mgr Baillargeon.—Oraison funèbre................. 637

S. E. LE CARDINAL TASCHEREAU

CHAPITRE I

Naissance du Cardinal Taschereau.—Ses études au Séminaire de Québec.—Voyage à Rome.—Il veut se faire bénédictin.—Dom Guéranger.—Retour à Québec.—Sa vie au Séminaire.—Missionnaire à la Grosse-Ile en 1847.—L'un des fondateurs de l'Université Laval.—Voyage à Rome où il obtient le titre de docteur en droit canonique.—Supérieur du Séminaire et recteur de l'Université.—Voyages à Rome en 1862, 64, 69.—Théologien au Concile du Vatican.—Mort de Mgr Baillargeon.—M. Taschereau nommé administrateur.. 645

CHAPITRE II

Arrivée des bulles de Mgr Taschereau. — Son départ du Séminaire. — Son sacre.—Réponses aux adresses.—Son amour pour le petit séminaire de Québec, son dévouement pour les collèges de Sainte-Anne, de Chicoutimi et de Lévis.—Ses rapports avec les ordres religieux.—Fondation de l'Hôpital du Sacré-Cœur.. 653

CAAPITRE III

Mgr Taschereau délégué du Saint-Siège à Montréal.—Difficultés religieuses.—Mgr Conroy.—Mgr Smeulders.—Le premier cardinal canadien. — Les fêtes cardinalices.—Discours de Son Éminence le cardinal Taschereau.—Voyage à Rome pour recevoir le Chapeau.. 662

CHAPITRE IV

Règlement de vie du cardinal.—Ses travaux.—Ses mandements.—Ses visites pastorales.—Son zèle pour la colonisation et l'établissement de nouvelles paroisses.—Saint-Joachim.—Longue vie à Son Éminence................. 671

N.-S. HARDY

www.ingramcontent.com/pod-product-compliance
Lightning Source LLC
Chambersburg PA
CBHW071706300426
44115CB00010B/1331